Yves Klein

Commissaire général des expositions : Dominique Bozo
Administrateur du Musée national d'art moderne : Jean-Jacques Aillagon

Commissaire de l'exposition itinérante aux U.S.A. : Dominique de Ménil,
présidente de la Georges Pompidou Art and Culture Foundation

Commissaire de l'exposition : Jean-Yves Mock
Assistante : Véronique Legrand

Secrétariat : Ghislaine Gillet, Marguerite Gentil
Architectes : Katia Lafite, Jacques Vincent
Equipe technique et de restauration du Musée national d'art moderne
Conférences, débats : Catherine Lawless
Programme audiovisuel : Jean-Michel Bouhours, Gisèle Breteau
Service de Presse : Martine Reyss, Nicole Thébert

Conception du catalogue : Jean-Yves Mock
Assistante : Véronique Legrand

Chronologie générale : Jean-Yves Mock, Patrice Bachelard
Biographie d'Yves Klein : Virginie de Caumont, Véronique Legrand
Documentation bibliographique : Évelyne Pomey
Résumés bibliographiques : Patrice Bachelard
Liste d'œuvres : Véronique Legrand

Secrétariat de Rédaction : Jeanne Bouniort

Fabrication : Jacky Pouplard

Conception graphique : Philippe Gentil

Yves Klein

3 mars – 23 mai 1983

Centre Georges Pompidou
Musée national d'art moderne

Remerciements

Cette exposition rétrospective de l'œuvre d'Yves Klein organisée pour célébrer le vingtième anniversaire de la disparition de l'artiste, a été placée sous le haut patronage de M. Jack Lang, ministre de la Culture.
Présentée l'an dernier aux U.S.A. : au Rice Museum à Houston, au Museum of Contemporary Art à Chicago, au Solomon R. Guggenheim à New York, elle a bénéficié du support exceptionnel que lui a apporté la Georges Pompidou Art and Culture Foundation et de l'aide du National Endowment for the Arts, Washington D.C. ; du Cultural Council of Houston ; de la Banque française du Commerce extérieur de New York ; de la Banque nationale de Paris (Houston, Chicago, New York) ; de Michel David Weill, New York ; de la Fribourg Foundation de New York ; de la Menil Foundation de Houston ; de Schlumberger Horizons New York ; de Henry J.N. Taub de New York.

Nos remerciements vont en premier à Mme Rotraut Klein Moquay qui a apporté un concours chaleureux, enthousiaste, et vigilant à ce projet. Sans elle, et sans M. Daniel Moquay, il n'aurait été possible d'en mener à bien la réalisation longue et complexe. Ils ont joué dans sa préparation, et à chaque étape, un rôle majeur, inestimable et discret, d'une efficacité courtoise et essentielle.
Thomas Messer a donné, au Salomon R. Guggenheim, une dimension particulière à cette exposition rétrospective en permettant, avec l'aide de l'International Klein Bureau, la réalisation d'une œuvre posthume d'Yves Klein dans l'esprit et à la mesure de ses espérances.

Nos remerciements renouvelés vont aussi à Marie Raymond et à Rose Gaspérini, la mère et la tante de l'artiste qui nous ont permis de mieux comprendre et de revivre la vie d'Yves Klein. Il serait injuste de ne pas associer à ces recherches, à ce travail avec Dominique de Ménil, ses collaborateurs immédiats et plus particulièrement : M. Walter Hopps, directeur de la Menil Collection, Heidi Renteria, toute l'équipe du Rice Museum, et Elsian Cozens qui a tout coordonné avec une attention efficace et une patience exemplaire.
Nous ont apporté leur enthousiasme et leur concours Jean Tinguely, Claude Pascal, Arman, et Niki de Saint Phalle ; Bernadette Allain, Karl Flinker et Bénédicte Pesles ; Yves Arman, le filleul d'Yves Klein, Iris Clert, Guido Le Noci, Fausta Squatriti et Juliette Caputo ; Yves Klein ; Paul Wember et le regretté Alfred Schmela ; Alexandre Iolas, Sami Tarica, Jan Runnqvist, Liliana Dematteis et George Marci ; Reinhold Lande et M. Quick du Musiktheater im Revier & Städdtisches Orchestrer, Gelsenkirchen ; Berhard Storck du Keiser Wilhelm Museum de Krefeld, Evelyn Weiss du Museum Ludwig à Cologne et Sabine Kimpel du Städtisches Museum de Müchengladbach ; Sybil Albers, Francine Crescent, Henriette Joël, Susan Train ; Monica Kinley, Victor Musgrave, Teresa Calderara ; Ichiro Abe de l'institut Kôdôkan de Tokyo, Kazuo Anazawa, Yoskiaki Tono et Takachiyo Uemura ; Jean de Galzain de la Société rosicrucienne, Oceanside, Californie ; et Pierre Restany dont la connaissance de la vie et de l'œuvre de Klein reste sans égale.

Sans la coopération et la compréhension de nombreux collectionneurs, directeurs et conservateurs de musée, en Europe et en Amérique, bien des lacunes n'auraient pu être comblées, des points précisés, ni rassemblés les œuvres et les documents qui composent cette exposition et illustrent cet important catalogue. C'est ainsi que nous remercions pour leur assitance : Robert T. Buck ; E.L.L. de Wilde, Knud Jensen, Margaret J. Moody, Jane Nitterauer, Nina Œhman, Cora Rosevear, William Rubin, Margriet Suren, Louise Averill Svendsen et les prêteurs de cette exposition :
Yves Arman, New York ;
Gerard Bonnier, Stockholm ;
Mr. and Mrs. Andrew P. Fuller, New York ;
Walter Hopps, Pasadena, Californie ;
Sidney Janis Gallery, New York ;
Ed and Nancy Kienholz, Hope, Idaho ;
Rotraut Klein Moquay, Paris ;
Jan Eric von Löwenadler, New York ;
Collection D. & J. de Menil, Houston ;
Collection Mizne-Blumenthal, Monte Carlo, Monaco ;
Karl-Heinrich Müller, Düsseldorf ;
Mme Georges Pompidou, Paris ;
Robert Rauschenberg, New York ;
Marie Raymond, Paris ;
Fredrick Roos, Stockholm ;
Mr. and Mrs. P. M. Schlumberger, Houston ;
Richard Stankiewicz, Huntington, Massachusetts ;
Henry J.N. Taub, Houston ;
Mr. and Mrs. Burton Tremaine, Meriden, Connecticut ;
et les prêteurs qui ont préféré garder l'anonymat.

Stedelijk Museum, Amsterdam ;
Albright-Knox Art Gallery, Buffalo, New York ;
Van Abbemuseum, Eindhoven,
Dartmouth College Museum & Galleries, Hanover, New Hampshire, U.S.A. ;
Menil Foundation Collection, Houston ;
Louisiana Museum, Humlebaek, Denmark ; The Solomon R. Guggenheim Museum, New York ;
The Museum of Modern, Art, New York ;
Moderna Museet, Stockholm.

Grace au concours de la Ville de Paris, de l'Architecte des Bâtiments de France au Palais du Louvre et du Chef de la section de l'Eclairage et de l'Exploitation à la Direction de la Voierie, l'illumination en Bleu de l'obélisque de la place de la Concorde a pu être réalisée le soir de l'inauguration de l'exposition, le 1er mars 1983.

Sommaire

Les étapes de l'œuvre

Essais critiques

La mémoire des témoins

Chronologie

Bibliographie

Orgueil et angélisme

DOMINIQUE BOZO

Cette exposition rétrospective d'Yves Klein s'est ouverte à Houston il y a un peu plus d'un an, a été vue à Chicago, au Guggenheim cet hiver. Cette grande manifestation est la preuve exemplaire d'un désir d'échanges, de part et d'autre de l'Atlantique, et de confrontation de deux cultures qui n'ont cessé de se nourrir réciproquement et sont un inlassable relais de création – il n'est que de rappeler que le Musée national d'art moderne recevait la première exposition rétrospective de Jackson Pollock en janvier l'an dernier pour que cette évidence prenne toute son ampleur.

Yves Klein aujourd'hui, Jackson Pollock hier, mon propos n'est nullement de comparer mais d'essayer de transmettre au public nos vœux, nos efforts et simplement d'évoquer la patience et le travail que ces dialogues exigent. Celle que je tiens à remercier et à saluer très particulièrement est Dominique de Ménil qui a eu la première avec Pontus Hulten l'idée de cette exposition consacrée au vingtième anniversaire de la disparition d'Yves Klein et, tout comme Alfred Barr sut être un initiateur généreux, stimulant, elle a été en cette occasion l'inlassable continuatrice de ces liens qui unissent l'Amérique et la France, plus que jamais, dans cet inextricable tissu culturel qui caractérise nos deux pays.

Pourquoi Yves Klein, pourrait-on se demander, pour être le sujet d'un tel événement, l'un des artistes européens les plus célèbres aux Etats-Unis, parce qu'au fond son œuvre est moins précisément connue dans son ampleur, sa continuité qu'elle le mérite. Il est peu d'artistes en ce siècle dont l'œuvre soit aussi concentrée et multiple, neuve, et dont la trajectoire fulgurante comporte tant d'invention.

Il y a justement de l'orgueil et de l'angélisme dans l'attitude de Klein – orgueil ou insolence vis-à-vis de l'art mis au défi, puisqu'il s'agit bien comme il le disait lui-même de dépasser l'Art – d'utiliser justement son insolence, ce feu qui brûlait en lui, pour réduire et réinventer en un temps qu'une intuition essentielle lui révélait compté. Ainsi se donne-t-il d'emblée un vocabulaire innombrable : couleur – monochrome – empreinte et moulage, anthropométries, recours aux éléments : l'eau, l'air, le feu auxquels il ajoute le comportement, l'action.

Cette stratégie du renversement des valeurs et des propos prend au piège ses détracteurs qui le qualifiaient de fossoyeur de l'art – qu'il était mais positivement. Ainsi devient-il *le semeur* qui disperse ses expériences. On le voit aujourd'hui dans les développements multiples de son œuvre, en France notamment. Tant de *choses* qui semblent issues formellement d'autres filiations passent pourtant par l'expérience d'Yves Klein.

Il y a dans ce défi, dans cette attitude d'orgueil, de l'angélisme en ce que cette attitude du *saut dans le vide* a de générosité, de prévoyance. En cela sans doute Klein est-il typiquement issu de l'Europe d'après-guerre qui se situait au terme d'un néant et éprouvait le besoin *renaissant* de tout réinventer. C'est ce qui donne au vieux continent éprouvé *l'aspect laboratoire* où s'exprime la nécessité de l'expérience diverse, multiple, rapide, à la différence de l'Amérique où se développent des œuvres d'une certaine façon moins ambitieuses dans leur réflexion, mais plus évidentes, plus sûres dans leur expérience. Je dirai que le contexte assuré de l'Amérique des années 80 lui donne l'ambition de *l'échelle et de l'abouti*.

Yves Klein au contraire est sans doute l'expression la plus juste de l'Europe qui veut tout – notamment la liberté de penser tout, de repenser à partir du degré zéro. Cette expérience de l'absolu, ce comportement rimbaldien, apparemment destructeur, est chez Klein typiquement *renaissant*. Puisque ce saut de l'ange dans le vide est synonyme du rôle de l'artiste qui a pouvoir et mission d'agir sur les éléments, de transmuer la nature. Il y a de l'insolence dans le monochrome mais en apparence. Car si nous nous projetons dans le bleu de l'azur, d'un azur sans le trouble du vol des oiseaux, alors peu à peu l'ange qui nous habite s'exprime et saute dans la profondeur. Celle que Klein reconnaissait dans le propos de Bachelard : *d'abord il n'y a rien, ensuite il y a un rien profond, puis une profondeur bleue.* C'est tout, c'est immense.

People Begin To Fly

DOMINIQUE DE MENIL

Au cours de sa fulgurante carrière, Yves Klein fit preuve d'un sens remarquable de l'événement. Survolté, d'un comportement naïf et assuré, il pouvait emporter l'adhésion ou provoquer l'irritation. Certains furent éblouis, d'autres agacés, presque tous déconcertés ; très peu virent que les plus vieux rêves de l'humanité venaient de trouver une nouvelle expression poétique.

Parti d'éléments naturels – pigments purs, feuilles d'or, feu, corps de femmes –, Yves Klein créa des œuvres de grande beauté. Ses monochromes ont aujourd'hui un éclat magique ; ses impressions du corps de la femme, privilégiant les seins, le ventre, les cuisses, ont la fascination de signes très anciens, très mystérieux.

Sept ou huit années d'un travail forcené laissèrent une production importante : tableaux, sculptures, textes et aussi la décoration d'un lieu public, le hall d'entrée de l'opéra de Gelsenkirchen en Rhénanie où d'immenses panneaux de plâtre bleu outremer frémissent comme l'eau d'un lac, tandis que d'autres avec des myriades d'éponges de ce même bleu intense évoquent les grands fonds sous-marins. Cet ensemble d'une grande noblesse est l'une des rares œuvres monumentales de notre temps.

Avançant toujours sur la corde raide du sublime, au risque de frôler l'absurde, Yves Klein poussa ses idées à leur point extrême. Avec le recul, ses idées apparaissent bien de leur temps et cependant hors du temps par leur radicalité même : œuvres immatérielles, exposition du vide, zones d'espace imprégnées de sa sensibilité. Yves, comme dans certains tableaux de Magritte, marchait dans le ciel. Convaincu de la viabilité d'une « architecture de l'air » qui offrirait aux hommes de larges aires abritées des intempéries par des courants d'air laminés à haute pression, il avait la certitude d'être à l'orée d'une ère nouvelle, une ère où l'homme saurait léviter et connaître enfin le bonheur.

Lévitation, conjuration du vide, attirance de l'invisible, foi dans l'immatériel, tout l'entraînait vers la mort. Il l'avait prévue et sa tombe est peut-être son œuvre la plus poétique : simple plaque de bois, plâtrée et dorée à la feuille, sur laquelle reposent une gerbe de roses artificielles, roses, et une couronne en éponge trempée dans la couleur céleste – sa couleur et sa signature.

Saluée après sa mort au Japon, en Hollande, au Danemark, en Italie, à New York, en Yougoslavie, à Londres, à Berlin, l'œuvre de Klein demeurait peu connue aux Etats-Unis et en France. Seul François Mathey lui avait consacré une exposition en 1969. Le Centre Georges Pompidou se devait d'honorer cet artiste unique et tellement français. Dès 1976, Pontus Hulten y songea. Il était alors directeur du Musée national d'art moderne. Il avait senti dès les premières expositions d'Yves Klein l'importance sans égale de son travail qu'il avait d'ailleurs commenté dans un excellent article paru en Suède. Une date s'imposait : 1982, le vingtième anniversaire de la mort d'Yves Klein. Nous en parlâmes en 1977 et ainsi naquit le projet d'une exposition rétrospective qui circulerait aux Etats-Unis sous le patronage de la Georges Pompidou Art and Culture Foundation avant de se terminer à Paris, à une heure de vol des grandes villes d'Europe. Il était temps que « People Begin To Fly », que j'ai le bonheur de contempler tous les jours à Houston, prenne la voie des airs.

En vérité elle vole, l'humanité d'Yves Klein, et tout, dans son œuvre grandiose, est signe tangible de l'intangible.

Los Angeles,
1er octobre 1982

PONTUS HULTEN

Au moment où ce livre va sous presse, quelques mots encore. Il fallait qu'Yves Klein soit mort pour que la postérité le place là où lui-même de son propre vivant avait conçu et placé sa vie et son œuvre. Et si nous avons voulu que cette exposition rétrospective soit une grande aventure transatlantique, commencée à Houston et terminée au Guggenheim avant d'être vue à Paris, c'était aussi pour saluer et reconnaître le fait que Klein a été plus intimement apprécié, et plus largement, hors de France, d'abord. En Italie, au Japon, en Allemagne et aux Etats-Unis. Lorsque Virginia Dwan par exemple a vu les œuvres de Klein pour la première fois à Paris, chez Jean Larcade à la galerie Rive droite, elle décida immédiatement de montrer Klein à Los Angeles où je suis aujourd'hui et se mit aussitôt d'accord avec Larcade pour recevoir dans sa galerie non seulement les monochromes présentés par Leo Castelli à New York, mais un ensemble parfait de toutes les époques qui montrait Klein dans sa totalité expressive et des œuvres inédites conçues à cette occasion. C'est ainsi que L.A. reçut grâce à elle de plein fouet la présence de Klein et son œuvre le 29 mai 1961.

Certains artistes, les seuls qui importent, sont ceux qui par leur œuvre prouvent qu'ils ne pouvaient faire autre chose. Là est la réalité de Klein, cette nécessité quasi religieuse qui concentre tout. Elle tient ensemble les œuvres, la vie de l'artiste et scinde ce qui est fait par les autres, tout ce qui existe déjà, de leur singularité créatrice. Klein est cela, et rien d'autre. Cette évidence chez Klein a rejoint le tragique. A la fin de sa vie le succès et les déceptions ont fait tout basculer. Les extrêmes annulent la vie, physique et éthique indissociés. Dans l'œuvre et la vie de Klein, chaque façon de faire était liée à cette nécessité intérieure et condamnée par elle. Les IKB et les premiers monochromes expriment le désir de pureté, le désir d'être juste, par rapport aux autres, par rapport aux souches familiales qu'il respecte, accepte, et ne veut surtout pas juger, mais dépasse, et veut dépasser encore. C'est la réaction de nécessité vis-à-vis d'une situation obligée. Ensuite est libre et présente à son œuvre cette espèce d'intuition totalisante, omniprésente qui l'amène à trouver la chose qui exprime tout ce qu'il veut : la domination de l'esprit pur. Intuition initiale qui ne l'a jamais quitté et rend tout légitime y compris les moqueries qu'il a sans cesse rencontrées de son vivant, le nihilisme injustifié dont il fut taxé, et qui l'exaspérait.

La mort de l'homme a placé Yves Klein là où il se voyait lui-même, poussé par un étrange désir d'éternité sur une espèce de nuage amiral, comme aurait dit Jacques Prévert. Et ce qui peut paraître un heureux concours de circonstances, si l'on contemple l'extraordinaire richesse de ce qu'il a laissé, n'est que la cohérence dans l'absolu d'une petite pépite insécable qui était *Yves Klein.*

Vivre un rituel

JEAN-YVES MOCK

Vivre un rituel, avec le temps, avec l'espace – la conscience de soi et la sensation. Etre présent, et un jour, l'être sans l'être. Pour Yves Klein, quelle continuité, quelle mobilité et quelle constance, infléchissable, comme l'horizon de la mer.

Dans son œuvre et dans sa vie, une seule perfection, de l'absolu aux enfantillages, qui écarte tout et ne se refuse à rien. *Everything in a nutshell,* faire fuser les contradictions, convaincre n'importe qui, et de n'importe quoi, quelle élégance, et un jour sublime échapper à la seule dernière, la plus haute de toutes, quand la mort et la vie se réunissent.

Il y a aussi l'extrême de tout exercice, physique et mental, une adoration sans objet, sillage et mouvement – *mouvement vers* – qui assume tout à la fois les habitudes, le quotidien, le dépassement de soi et l'accepté, tous les refus, sans pour autant perdre l'essence de la fraîcheur. Comme Diaghilev l'aurait aimé. Il vivait l'angoisse dans le seul souci de la beauté, le regard noir et mobile fixé sur ce qu'il était seul à voir et allait donner, son travail, l'éphémère devenant par lui couleur irradiante qui envahit, sans partage. Vie et santé, l'irrationnel a le sang bleu.

Il n'est d'art sans désir, sans force convaincante, conscience et vouloir. Les différents moments de l'œuvre de Klein ont la même vigueur soutenue, dépouillée, régulière. Le même mépris de l'inutile, la même joie d'une seule lumière. Une couleur saisie et trouvée, qui a disloqué le reste, son époque, son temps. La vision qu'il portait aurait pu être fugace, elle ne s'est pas flétrie. Par elle, l'homme qui la portait, cette lumière, cette couleur, est vivant, dans son essence.

La force de l'œuvre de Klein, c'est aussi la brièveté de sa vie, dramatisation épurée de ce qui semble une genèse infinie. Elan, arrêt, trajectoire. Il s'en dégage une prophétie qui suit un cheminement exemplaire. Les grands moments de l'œuvre portent les stigmates d'une prise de conscience ultérieure, presque collective, en Europe comme en Amérique, une quête, celle de la génération qui a suivi. La quête de l'esprit, en question, en marche – devant le mouvement, la concentration, le sacré – vers l'absolu.

L'œuvre et la vie de Klein nous invitent à ne pas dissocier le destin de l'accident, la vie journalière du signe et de l'imaginaire, l'homme de tous les jours du saint et du héros. Elles rendent à l'esprit sa nourriture perdue, multiple, faite de tout et de rien, selon la conscience que l'on a de soi et des autres, et la réalité de l'inspiration au corps profond de toute chose : jamais trivial, mais lumineux, et aérien.

Vivre un rituel et vivre le vent. Dans l'œuvre de Klein, les éléments de l'univers, la vie, sont saisis dans leur essence, à la source : l'air, le feu, l'eau, les pigments – la terre. Leur métamorphose informe une œuvre unique, capitale même, qui dépasse les normes habituelles du prévisible et de l'esthétique. La vie et l'œuvre de Klein, sa recherche visionnaire, sont une sorte de mise à l'épreuve de la loi du maintien réciproque du réel et du divin, de l'homme et de l'univers telle qu'elle a été transmise par la plus lointaine tradition ésotérique. L'œuvre de Klein peut apparaître fragmentaire à certains. Elle l'est, mais à la manière des fragments retrouvés, des textes majeurs qui sont à l'octave l'indication d'une recherche, d'une conscience, d'une pensée. Son œuvre se situe dans la perspective de la réconciliation sémantique de l'apparence et du réel, de l'essence et de la personnalité, d'autant plus importante qu'elle est une brèche dans la matérialité historique du vingtième siècle, loin de Freud et de Marx, annonce, peut-être, d'une spiritualité nouvelle, à venir. On peut, en tout cas, regarder ainsi l'œuvre de Klein : esprit d'un artiste, en question avec lui-même ; certitude orientée par le sacré, vers la musique, niveau ultime et premier où tout est vibration.

Klein a vécu de près un moment de l'abstraction géométrique et de l'abstraction lyrique, c'était ce qu'il côtoyait, chaque jour, à Paris. En fait, il portait même en lui leurs formes divisées : la peinture abstraite de Marie Raymond, sa mère, attentive au ton, à la couleur, à l'équilibre des formes et la peinture de Fred Klein où la spiritualité indonésienne se perdait dans un lyrisme de figuration, paysage et chevaux. Si Yves Klein était occidental, par sa culture et ses goûts, européen, un appel passait par lui, d'autres nécessités, d'autres intuitions le guidaient, éloignant une peinture uniquement formelle, révolutionnaire à tout prix ou simplement *écrite* ou voulue.

Comme Mondrian dépassa très vite le canevas du cubisme ou Mark Tobey nourri du Livre des Certitudes de Baha U'llah se détourna d'une tradition académique, quelques phrases de Gaston Bachelard, le livre des Rose-Croix orientèrent l'évolution de Klein et l'aidèrent à définir son œuvre, l'idée qu'il avait d'elle, hors de la simplicité formelle, étroite pour lui, des années cinquante.

Son désir était celui d'une œuvre faite de *propositions* ouvertes, sur le monde, sur l'avenir. La peinture est une pensée visuelle. Il voulait que la sienne soit aussi langage, car la peinture est langage comme l'architecture est langage, la poésie. Il cherchait là où l'espace et le temps se rejoignent dans la liberté. Il a vécu d'une manière totale, plus profonde que la plupart de ses contemporains, la nécessité d'être et de peindre. Son œuvre ne s'est pas contentée d'un rapport de surface avec le monde. Il voulait capter le réel, le sacré. En faire une certitude visuelle, sans bavure, parfaite, désinvolte. Ce côté du ciel et l'autre marqué sur le châssis du tableau, à l'envers, d'une espèce d'étoile. Aspiration au signe, tableau et marque, *passion* avec tous ses arrêts convenus.

Ce qui frappe, c'est la conscience de Klein envers toute chose : dépassée, à faire, à ne pas faire. Analyse instinctive et sans rémission. Son manque de goût pour la peinture au pinceau, Duchamp aussi l'avait connu ; il inventa les ready-made. La certitude que l'un et l'autre avaient du vieillissement du regard et de toute chose, de la peinture, dans ses formes et ses matériaux, plus le goût noble du rite et le dédain de peindre, poussa Klein aux *Anthropométries*. Et craindre la fraîcheur perdue de toute peinture, de sa peinture, lui fit rechercher une autre manière de fixer un pigment sans qu'il perde son pur éclat – hantise encore de ce ciel, parfaitement bleu, réel et imaginaire, mais capté. D'où cette envie sans fin, irrépressible, de franchir, d'aller plus avant, encore et toujours, franchir : léviter. Klein donne et fixe la réponse, à jamais. Elle est visible à tous, en noir et blanc, photographie d'un saut, du toit d'une maison – solitude au voile de Véronique.

Car il n'est d'art sans contrainte, d'art sans sublimation – sans gomme, sans correction, et une photographie peut être un montage. Les historiens se sont penchés sur la photographie de ce fameux saut : témoignage des uns, silence des autres – main courante des polices. Cette image d'un saut dans la banlieue de Paris est riche à plus d'un point. Qu'en est-il de la lumière de Vermeer, de l'érotisme de Sade, nul réalisme physique ou mortel. La solution, dans quelque domaine que ce soit, Klein la voulait toujours parfaite et définitive. Il s'est envolé en lui-même, il le sentait, il fallait que d'autres le voient. Le champ de ses tableaux était peint avec la même minutie que le tableau lui-même, pour qu'il se dégage du mur, comme lui de la bordure d'un toit. Ses IKB et son œuvre conceptuelle, encore mieux peut-être, disent tout cela, et son unique démarche. Si Marcel Duchamp dans les années vingt songea à faire un badge, amulette de quatre lettres D A D A qui *sacrerait* son acheteur, comme il l'écrivit à Tristan Tzara, le projet ne fut jamais réalisé et ce fut Yves Klein, l'artiste le moins dadaïste du vingtième siècle, qui imagina et concocta avec Iris Clert les zones de sensiblité immatérielle.

En Orient, au Japon, le vide n'est pas le néant, il est créatif. Il produit. Il fait naître toute chose, il est origine, il est fin. En Occident, il est perte, non-être, absence, et négatif. En Orient, il est sacré. Et dans l'œuvre de Klein, si merveilleusement *moderne*, tout est lié à cette notion originelle. Son bleu n'est pas absence d'autres couleurs, ou seulement le bleu, mais la couleur élue, la notion, qui les dit toutes, irradiante. Il est, en quelque sorte, le plein visible d'un vide, énergie qui emplit l'espace. La route du judo mène au bouddhisme et le vide, dans l'œuvre de Klein, est présence apophatique.

Avec les *Feux*, les *Feux couleurs*, c'est un autre moment de l'œuvre qui n'est pas moins important. Le feu est mutation, foudre et soleil, absorption et destruction – intermédiaire entre le monde terrestre et les forces célestes. En découvrant le feu et l'intégrant à son œuvre, Klein domine une fascination, l'apprivoise, et va plus avant. Tout se précipite. Quelque chose, là, l'entraîne, entraîne l'œuvre et la vie, toutes traces conquises, vers un autre néant – la mort, peut-être.

Les peintres abstraits de la génération de Klein composaient avec des normes qui n'étaient pas à eux, avec ce qui était déjà fait et continuaient logiquement une histoire de la peinture. Et si Mathieu a dit que le geste est le noyau de la création, il n'échappe pas

cependant pour autant à une composition continue du tableau qui s'inscrit, quelles qu'en soient la nature et l'échelle, dans une histoire prévisible de la peinture contemporaine, américaine et européenne. La logique intérieure de Klein n'était pas de cette famille. Sans être tout à fait celle d'un Oriental véritable, son œuvre nous rapproche d'autres notions où le temps par exemple a un sens et tous les sens, comme dans les longues peintures chinoises en rouleau, où le temps, l'œuvre d'art, appartiennent à la liberté et à une symbolique – ni abstraction, ni réalisme. Ainsi un monde sépare Klein des peintres abstraits ou non figuratifs de sa génération, et même à mon avis des minimalistes. Seul Reinhardt partage avec lui, dans ses peintures ultimes, la réussite d'une sorte de stèle peinte pour la contemplation.

C'est sans doute pourquoi les Japonais qui ont tant de mal à saisir la peinture abstraite du vingtième siècle abordent plus facilement celle d'Yves Klein. Car ils dominent le vide, vivent avec un avec, alors que les peintres occidentaux ne réussissent qu'à allier une incompréhension spirituelle à une décoration rigoureuse. Klein malaxant son *International Klein Blue,* ou dirigeant en gants blancs les femmes pinceaux, est beaucoup plus proche du bonze qui se recueille et médite avant la mort et laisse, dans un dernier geste mesuré, la trace ultime de la conscience, calligraphiée.

Certes, on aurait pu imaginer une exposition rétrospective de l'œuvre de Klein plus vaste, ou différente. Celle-ci propose le parcours logique de l'œuvre entière, du nucleus des premières années jusqu'à cette page d'agenda où Yves n'est plus au rendez-vous.

Que dire qui ne soit : instance, refus, rituel – naissance au bord de la mer, écriture du corps, couleur – quand on parle d'Yves Klein. Il convenait que cette exposition soit d'abord annonce, célébration, ouverture : *paysage de la liberté,* l'expression est de Klein, pour ceux qui la verront et ceux à qui elle donnera l'idée d'en concevoir d'autres. Il fallait prendre date, avec l'avenir, au moment de cette majorité posthume.

Une chose, cependant, semble acquise. Chaque œuvre de Klein est fragment et ensemble. Dans *How to Write,* Gertrude Stein a précisé que *les phrases ne sont pas facteur d'émotion les paragraphes si.* Un tableau de Klein est un paragraphe. Il exige, ponctuation, une immense surface de mur, pour porter à l'espace sa prise de possession. Celle que Klein voulait, espérait, voyait en lui pour celui qui passe, regarde, afin qu'il l'emporte – à jamais.

Qui est Yves Klein ?

PIERRE RESTANY

Vingt ans après sa disparition à Paris (à 34 ans, en juin 1962), Yves Klein apparaît comme un personnage de légende. Tel est sans doute l'effet fascinant qu'exerce sur les contemporains la fulgurance d'une destinée achilléenne. Quelques années d'activité intense lui ont suffi à bâtir une œuvre d'une rigoureuse logique interne dans la complexité de ses dimensions et dont la prophétique influence sur le cours de la recherche esthétique s'avère capitale.

I – Peu de gens connurent Yves Klein...

Peu de gens connurent *vraiment* Yves Klein. En tant que témoin de l'entier développement de sa carrière, je me dois de le souligner. Peu de gens le pratiquèrent au-delà de la superficialité des apparences. Pour ses amis intimes en revanche, la rencontre fut bouleversante, décisive. Au plus fort de l'incompréhension ou de la controverse générale, il y eut toujours, parmi les artistes de sa génération, une minorité inquiète et vivante directement sensibilisée à son message. Aucune de ses manifestations, quel qu'en fût le scandale, n'est demeurée sans réponse. Il a suffi d'une exposition « monochrome » à Milan ou à Düsseldorf pour dynamiser l'ambiance locale, susciter des révélations, orienter des démarches encore errantes ou incertaines. Du groupe Zero de Düsseldorf au peintre milanais Manzoni les exemples ne manquent pas. Sur la Côte d'Azur dont il était originaire et où il continuait à séjourner régulièrement, il fut l'animateur d'une « Ecole de Nice » dont les protagonistes, ses amis Arman et Martial Raysse, peuvent à juste titre se réclamer de son influence. A Paris même, sa rencontre avec Tinguely puis avec Hains – qui fut déterminante pour l'évolution spirituelle de ces deux personnalités – constitue un élément capital de la situation artistique à la fin des années 50 ; de ma réflexion sur cette triple convergence (Klein, Tinguely, Hains) devait naître le groupe des Nouveaux Réalistes, que je fondai en 1960.

II – Tout ce qui ne nous appartient pas est de l'ordre de Dieu

Ce mystique du vitalisme est un réaliste de l'immédiat futur. Ce maître du judo, complet autodidacte pictural bien que né dans une famille de peintres, a ordonné son œuvre autour d'une intuition fondamentale : à un monde nouveau correspond un homme nouveau. Les mutations qui affectent l'espèce humaine intéressent au premier chef le domaine de la sensibilité, de l'émotion, de la perception. Dans l'univers du troisième millénaire, voué à un bain d'énergie et au règne des « mutants supérieurs », le créateur ne se heurtera plus à aucun obstacle technique. Il n'y aura plus de problème de réalisation. Au-delà de la mutation, le temps s'arrête. L'art sera le langage de l'émotion pure, synthétique et souveraine, le langage de la communication directe entre les individus perceptifs, le langage de l'éternel présent.

L'homme doit dès à présent faire l'épreuve de ces modes de perception cosmique, voir et sentir les choses à cette échelle. C'est à la recherche de cette dimension absolue de l'expression que s'est voué Yves Klein qui dès 1959 jette les bases d'une « école de la sensibilité », ouverte à tous ceux qui désirent apprendre le nouveau langage de l'art : il a la foi des grands visionnaires et leur rayonnement. La foi, il la puise dans son amour de la vie, qui est l'objet même de l'art. *La vie qui ne nous appartient pas* est le suprême concept, et en même temps la réalité fondamentale, la manifestation de l'énergie cosmique. La sensibilité picturale s'identifie à la perception de cette réalité immatérielle et donc divine : *tout ce qui ne nous appartient pas est de l'ordre de Dieu*. La vie est l'absolu.

Yves Klein vit au rythme même de sa vérité, et des preuves matérielles qu'il nous en apporte. Chaque réalisation nouvelle correspond à une étape de la démonstration ; il ne s'agit pas à proprement parler d'un essai expérimental mais d'un phénomène de connaissance, de la manifestation localisée et partielle d'une évidence dont seuls les « mutants » peuvent pressentir la totalité des clés.

Nous sommes en présence d'une pensée intuitive qui se révèle progressivement à elle-même et qui n'admet aucune faille.

III – Tout un destin dans la couleur

C'est à travers la couleur pure qu'Yves Klein matérialise ses intuitions sensibles et met en œuvre un mécanisme de perception extra-lucide, un langage psycho-sensoriel entièrement affectif échappant au contrôle de l'intelligence raisonnée.

La couleur est une réalité en soi comme le destin : elle fixe l'image même du monde à travers la conscience qu'en assume le créateur ; elle est en même temps l'élément essentiel de la communication affective entre les hommes par son action directe sur leur sensibilité. Elle nous choque ou nous irrite, elle nous charme ou nous fascine, elle nous invite au rêve ou à la méditation. Véhicule sensoriel des énergies cosmiques en libre diffusion dans l'espace, elle nous conditionne ou – pour employer la terminologie d'Yves Klein – elle nous *imprègne*. Elle nous imprègne, comme nous imprègne le bonheur ou la fatalité.

Cette idée de l'imprégnation universelle par la couleur s'impose à lui dès 1946 à Nice alors qu'il n'a que 18 ans et ce sera le point de départ de la monochromie. Les *propositions monochromes*, panneaux uniformément recouverts d'une couche de couleur à base de pigment industriel pur, n'ont jamais été dans l'esprit de leur auteur des « tableaux » décoratifs ; elles ont un rôle fonctionnel tout à fait différent : elles fixent dans un certain espace et au moyen de la couleur cette énergie diffuse qui agit sur nos sens. Pour éviter toute confusion dans l'esprit du public, après avoir utilisé indifféremment plusieurs tons, Klein se fixe, vers la fin de 1956, sur une particulière variété de bleu outremer qui représente pour lui la révélation : c'est le support plastique des intuitions informulables. Le véhicule des grandes émotions. C'est aussi l'image captée du firmament et de l'infinité des mondes, le rappel de la dimension *immatérielle* de l'univers.

IV – Toute la couleur dans le bleu, tout le bleu dans le vide, tout le vide dans le feu

L'époque « bleue », inaugurée officiellement en janvier 1957 par une exposition milanaise (Galleria Apollinaire), contient en soi les germes de son propre dépassement. Dans la poursuite de l'absolu, le bleu apparaît à Klein comme une approche de la réalité immanente, qui est infinie ; cette énergie immatérielle se suffit à elle-même. Il s'agit d'en prendre et d'en assumer la conscience. Ce sera la fameuse exposition du Vide, en 1958 : 2 000 personnes viennent vernir les murs nus de la galerie Iris Clert à Paris. Ensuite ce seront les zones de sensibilité picturale immatérielle cédées contre un poids d'or fin (fin 1959).

Que faire, après être passé du bleu au vide ? Yves Klein réagit en force, répondant à l'appel d'une vocation prométhéenne qui correspond aussi à un retour à l'humanisme universel, dans la tradition cosmogonique des rose-croix : l'artiste retrouve dans la trilogie des couleurs de la flamme du feu, bleu, rose et or, l'expression alchimiste de la synthèse universelle. Il revient à la monochromie et au bleu, mais aussi au rose qu'il fixe dans un ton carminé et à l'or qu'il traite à la feuille. Sa vision cosmique s'exalte : il intègre bientôt à sa création toutes les manifestations des forces élémentaires. Il emploie les « pinceaux vivants » dans ses *Anthropométries*, qui sont des empreintes sur papier de modèles nus préalablement enduits de peinture bleue. Il annexe les intempéries de la nature : il peint la pluie en bleu, sortant sous l'orage et pulvérisant le pigment pur en très forte émulsion dans l'air : les gouttes d'eau ainsi « imprégnées » à hauteur d'homme inscrivent en arrivant au sol leur image colorée sur une toile posée à plat par terre (« Cosmogonie » de la pluie).

V – L'air, l'éther, l'espace et son théâtre

Un long travail de décoration monumentale sur le chantier du théâtre de Gelsenkirchen (1957-1959) et une étroite collaboration avec le maître d'œuvre, Werner Ruhnau, l'ayant familiarisé avec les problèmes d'architecture, Yves Klein bâtit ses propres théories ; il construit sur l'air dans l'air avec l'air. Ses plans de climatisation de l'espace au moyen de nappes atmosphériques alimentées par des souffleries d'air comprimé, ses projets de retour à l'état de nature dans un éden technique débouchent sur le vieux rêve de lévitation universelle, l'harmonie paradisiaque par auto-sublimation dans l'éther. La dimension prométhéenne reflète le climat spirituel de l'artiste. S'il concurrence Moïse, Yves Klein n'offense pas Dieu le Père, il se comporte en Homme-Christ. L'état d'esprit vitaliste et la tendance à l'effusion panthéiste traduisent le pressentiment d'un accord syncrétique entre le mysticisme occulte rosicrucien et le légitimisme dogmatique de la foi. L'Homme-Christ dans son aventure cosmogonique se conduit en preux chevalier de Saint-Sébastien, l'alchimiste de l'énergie est un bon chrétien. C'est en conformité avec l'ordre de Dieu qu'Yves Klein réalisera les rites d'imprégnation des Nouveaux Réalistes lors de la fondation du groupe (déclaration constitutive, suaire collectif).

C'est dans le même esprit d'effusion qu'il accomplira l'un des gestes les plus chargés de sens de son œuvre entière : l'appropriation d'un jour du monde. De 0 à 24 heures le dimanche 27 novembre 1960 la planète Terre est devenue le Théâtre du vide. L'appropriation se fait par voie de presse : dans le cadre du IIIe Festival d'avant-garde qui a lieu au Palais des expositions de la porte de Versailles à Paris, Yves Klein publie « le journal d'un seul jour », dans le format exact du *Journal du Dimanche* (édition dominicale du quotidien *France-Soir*). Tiré à plusieurs milliers d'exemplaires ce document rassemble toutes ses idées sur le Théâtre du vide, l'inversion du rapport acteur-spectateur, scène-salle, etc.

En première page, sous le titre « Un homme dans l'espace » et la légende « Le peintre de l'espace se jette dans le vide », un photo-montage nous montre Yves Klein se précipitant en vol plané depuis la mansarde d'un pavillon de banlieue. Ce saut dans l'espace symbolise l'accord syncrétique, l'accès à l'éther, la région éthérique du monde physique.

Contrairement au sculpteur Takis qui fut le premier à envoyer un homme – une sculpture vivante. – dans l'espace par lancer magnétique, Yves Klein n'ironise pas sur l'aventure spatiale, elle le fascine, elle le passionne.

Il exécute, parallèlement aux vols intersidéraux des cosmonautes russes et américains, des « reliefs planétaires » qui sont des relevés topographiques anticipés de Mars, de Vénus ou encore de la Terre vue de la Lune, jetant les bases d'une cosmogonie à l'échelle de notre système solaire. Gagarine à son retour lui donne raison : du fond de l'espace, la Terre est bleue.

Dernière étape de cette symbolique de l'imprégnation universelle, il domestique le feu dont il s'empare pour faire des sculptures (jets de gaz incandescent sous pression, Krefeld, 1961) et des peintures (combustions de cartons suédois traités à l'amiante, au contact de brûleurs industriels de gaz de coke). Ultime message humain, il entreprend au terme de son existence une hallucinante série de portraits-reliefs à base d'effigies de plâtre grandeur nature en prise directe. Seul le portrait d'Arman, bleu sur fond or, a pu être terminé (mars 1962).

VI – L'harmonie du cœur et de la tête

L'évolution de Klein considérée dans la suite chronologique de ses développements est significative. En lui s'est fait jour une exigence totale : celle de donner à sa création les normes fondamentales d'une cosmogénèse. Non content de prévoir le monde futur, il a voulu nous en fixer l'image à travers un nouveau langage, une nouvelle méthode de perception des énergies cosmiques. Et c'est par là qu'il exerce sur nous, sursitaires d'un monde en pré-mutation, astreints à nous créer de toutes pièces un nouvel entendement et une psychologie nouvelle, un attrait puissant, une indéniable fascination. Nous avons avant tout besoin aujourd'hui de réapprendre à voir et à sentir. Yves Klein illustre l'avènement d'une sensibilité autre, à l'échelle du monde planétaire de demain. S'il accuse nos limites actuelles, il nous ouvre la voie des plus grands espoirs. Il recharge nos sentiments et aiguise nos perceptions ; avec Klein et à travers son message, nous avons l'impression de ne plus être les jouets passifs des événements, de sentir autrement les choses, de voir mieux et plus grand, de conjuguer la vie au futur.

Installé au cœur de son langage et ne faisant plus qu'un avec lui, Yves Klein était un croyant vivant de son propre sens du divin et un mutant responsable au plus haut degré de sa vision. L'énergie vitale, source de toutes les mutations, est l'ordre de Dieu. Comment y accéder, si ce n'est par la synthèse des synthèses, l'intuition sensible, le Vide ? D'où la fascination exercée sur le peintre monochrome par toutes les formules du christianisme ésotérique, l'occultisme rosicrucien, la Chevalerie (il était chevalier de l'ordre de Saint-Sébastien), les règles de compagnonnage, le mythe de l'Homme-Christ. Contre toutes les tentations de l'orgueil, il évoquait sainte Rita, la patronne des causes désespérées, son ultime recours lorsqu'il éprouvait, devant le Vide ineffable, la peur sacrée de l'ordre de Dieu. Pour Yves Klein, il n'y avait pas de problèmes mais des réponses. Sa mort soudaine en est une : dans la démesure vitaliste du mutant, elle apparaît comme une mesure, un rappel à l'ordre. Le croyant qu'était Yves Klein a assumé l'aventure monochrome dans la parfaite harmonie du cœur et de la tête.

VII – Plus je pense à l'homme Klein...

Plus je pense à l'homme Klein, et plus je me rends compte de la dimension spécifique de sa foi : elle est naturelle, aussi naturelle que l'est la respiration pour l'organisme ; elle est une forme de la sensibilité, une qualité de la vie : sa sensibilité et sa vie. Il est « élu », mais l'orgueil de l'élection est immédiatement tempéré par l'ordre de Dieu. Klein sait qu'il est détenteur d'une vérité fondamentale, mais qu'il en est détenteur à titre précaire, et non une fois pour toutes. Il n'est que le locataire de l'énergie qu'il vend en zones de sensibilité : il s'interdit d'en toucher l'intégralité du prix. C'est avec le bleu de la sensibilité qu'il s'approprie la mesure anthropométrique du corps humain, et non avec le rouge du sang qui en souillerait immanquablement l'empreinte. Tout se passe comme s'il s'exposait volontairement à toutes les tentations prométhéennes en les assumant comme une épreuve, un test révélateur de l'ordre de Dieu. L'ordre de Dieu apparaît comme la plus ineffable des limites : tout ce qui ne nous appartient pas. En s'identifiant à l'Homme-Christ, Klein n'entend pas défier Dieu le Père, mais faire le plein des ressources de son humanité, les utiliser au maximum dans la voie de la connaissance. La connaissance idéale est l'éternel présent : nous n'y parviendrons qu'au terme d'une mutation, imminente dans son déclenchement. Tel est le sens du retour à l'état de nature dans un éden technique, et des deux corollaires de l'architecture de l'air, la disparition de l'intimité individuelle, c'est-à-dire le dépassement du moi et le pouvoir de lévitation. Yves Klein est le grand artiste de l'environnement, mais il entend agir sur la nature éthérique du monde. Son intervention sur la nature physique n'est qu'un préambule, la préfiguration d'un futur qui sera un éternel présent. « Le dépassement de la problématique de l'art » s'inscrit dans la logique de la foi. La période transitoire de mutation sera celle du dépassement de tous les problèmes techniques de réalisation.

En assumant la plénitude affective de sa foi, Yves Klein devient l'archétype de l'artiste contemporain. Il vit d'instinct un moment de la sensibilité qui privilégie le geste par où s'incarne l'idée. Il se situe là au carrefour de toutes les spiritualités agissantes ou créatrices. Il est évidemment l'homme du secret, car l'ordre de Dieu est ineffable. Mais il n'entend pas faire du secret le privilège d'une caste. Les individus perceptifs sont appelés à proliférer au rythme même de la mutation planétaire, et c'est pour hâter ce processus qu'il jette les bases d'un enseignement théorique et pratique, d'une école de la sensibilité. L'Homme-Christ est l'instrument conscient d'une mutation transitoire. Toutes les audaces sont permises, dès lors qu'il s'agit de sentir plus haut et de voir plus grand.

Quand je dis que la mort soudaine d'Yves Klein est une réponse, je ne fais pas seulement allusion à son « dépassement des problèmes », je pense à la cohérence et à la cohésion de son système-message. L'essentiel a été assumé, le reste est du domaine de la preuve, une course contre la montre, contre le temps matériel de la mutation. Une prolongation de son existence « physique » n'aurait rien ajouté.

VIII – Yves Klein demeure une idée immensément présente

Yves Klein demeure une idée immensément actuelle, présente dans l'absence, la monochromie et l'immatériel. Une idée qui correspond à un double profil, pratique et mental de la sensibilité d'une époque, notre époque, l'époque d'Yves Klein. Ce n'est pas par hasard qu'Yves Klein domine tout naturellement les secteurs les plus évolutifs de la recherche créatrice dans le domaine des arts visuels. Il incarne une dynamique poétique généralisée dont les facettes sont multiples : la monochromie de la peinture minimale, le body art et son transfert corporel de l'ego, les divers systèmes de l'appropriation de la réalité au moyen de l'anthropologie culturelle, les énoncés de l'art conceptuel, l'investigation élémentaire de l'écologie (les sculptures de feu ou les empreintes de la nature), les problèmes liés à la dématérialisation de l'œuvre-objet d'art, le vide, l'air, l'anti-gravitation, l'espace à tous les niveaux, la climatisation planétaire, l'architecture et l'urbanisme prospectifs...

Yves Klein est le contemporain du Newman cabaliste, du Reinhardt de la peinture noire, du Kelly presque monochrome ; l'initiateur d'un Manzoni ou d'un Piene, le catalyseur coloré du spatialisme de Fontana, le père spirituel de tous les Ryman du monde ; il est le prophétique révélateur de constats de base, d'évidences opérationnelles qui ont façonné le paysage culturel de notre temps : le corps comme médium, l'espace comme laboratoire structurel, la nature et les éléments comme matière première.

Enfin, ce mystique vitaliste inaugure mentalement et sentimentalement cette période syncopée faite d'alternances contradictoires d'espoir et de peur, de joie et d'angoisse et qui correspond à la fin du siècle et à la fin du millénaire, l'attente du nouvel an mil. La grande peur de l'an 1000 était la peste, celle de l'an 2000 est l'atome : le transfert de paranoïa est le même. Devant les limites du corps et les carences de l'esprit, il est heureux que la sensibilité ait pris le relais des émotions souveraines.

IX – Mais qui est donc Yves Klein ?

Lawrence Weiner écrit à la façon de Klein, et Klein parle comme Malevitch ; Yona Friedman pense comme Klein, et Klein voit à la façon de Sant'Elia ; Vito Acconci dort comme Klein, et Klein rêve comme Bachelard. Klein n'a peur de rien, si ce n'est de Dieu et nul ne sait comment il prie quand il a peur. Personne, sauf sainte Rita de Cascia qui seule pourrait nous dire si la peur sacrée de Klein est celle de saint Jean de la Croix, de Gilles de Rais ou d'Antonio Gaudi. Et finalement cela a-t-il tant d'importance ?

Yves Klein conquistador du vide

THOMAS McEVILLEY

Yves Klein est mort trop tôt. Il est presque un personnage héroïque de l'art européen d'après-guerre.

Légendes et controverses entourent encore l'artiste et sa carrière hors du commun... Sa vie fut un acte poétique et symbolique.

Kynaston McShine [1]

Contrairement à la plupart des artistes, le personnage d'Yves Klein n'est pas inférieur à ses œuvres. Celles-ci sont les hauts faits d'une aventure exceptionnelle, et en sont en quelque sorte les preuves. Mais pour le reste, seul le souvenir demeure. Car Yves Klein s'est autant soucié de ce qui devait disparaître que de ce qui devait rester. C'est pour cela qu'une exposition n'est pas suffisante si elle ne montre que les peintures, les empreintes, les feux, les ors ; elle doit également essayer de retracer toute cette part du travail dont seule la mémoire conserve la trace.

Pierre Descargues [2]

Son influence ne s'est pas tant exercée par ses peintures que par la qualité de toutes ses actions.

Michael Compton [3]

Il était comme quelqu'un qui, pris d'une intoxication soudaine, emplit sa vie de sens au point de suffoquer.

Giuliano Martano [4]

Ce n'est pas facile de le suivre au plus profond de ses espaces... Il avait ses propres idées, sa propre ivresse.

Paul Wember [5]

Il ne peignait pas pour peindre, mais pour révéler sa vérité (...) Pour la saisir, on doit (...) entrer dans son jeu.

Pierre Restany [6]

1

Un peintre doit peindre un seul chef-d'œuvre : lui-même, constamment (...)

Yves Klein

Yves Klein fut un artiste créateur de mythe. Décrétant que sa manière de vivre serait l'événement artistique majeur de ce siècle, il développa une stratégie pour propager un mythe personnel explicite, qui subsisterait après sa mort comme la trace, ou les cendres, de sa vie. Il promulgua ce mythe avec tant de brio, tant d'audace, de charme et, le plus souvent, de bonne humeur qu'il enflamma immédiatement l'imagination du public. Cependant, la forme concrète que prit ce mythe, ses origines et ses buts, aussi bien que sa relation à la vie quotidienne de l'artiste n'ont pas encore été clairement cernés.

Klein fut l'artisan de son mythe ; il le modela directement comme un artiste son matériau. A la fois délibérément et intuitivement, il se mit en devoir de donner corps à une ancienne prophétie dont les éléments symboliques viendraient s'incorporer à sa vie telle une suite de « moments idéographiques » ; il offrit au public le spectacle de ces moments qui s'égrènent comme les *Stations* ou les *Travaux* qui jalonnent le déroulement d'un monothéâtre sacrificiel et ponctuent les étapes de sa progression vers la transcendance. Lorsqu'il apparaissait en public, ce n'était pas sans pose ni souci de son apparence. Il se faisait l'interprète de l'un ou l'autre courant de la force mythique qui le submergeait. Parfois il personnifiait Yves le Monochrome à son apothéose, parfois le maître de la couleur, le champion de la couleur, le conquistador du vide. Par de telles manifestations, il espérait entrer au royaume des archétypes après avoir effacé toute trace personnelle de son origine. Ses écrits, par leurs références à plusieurs codes littéraires apparentés, étayaient ces « moments visuels ». Parfois il se faisait sorcier : « J'ai manipulé les forces du vide... » [7] parfois messie : « Mon but, à l'origine, était de renouer avec la légende du paradis perdu » [8] parfois mystique : « Tous mes gestes, mouvements, activités, créations, étaient cette vie... » [9]

Mais le mythe que développa Klein n'était pas essentiellement littéraire ; il s'enracinait dans ce qu'il ressentait comme les points faibles de sa vie. En effet, comme l'a souligné

Roland Barthes, nul mythe n'est innocent ; chaque mythe tente, pour des raisons précises, de façonner une réalité donnée. Afin de dissimuler les motivations qui le fondent, « le mythe a pour tâche... de donner au contingent l'apparence de l'éternel » [10]. Ainsi la personnalité contingente d'Yves-Marie Klein fut-elle graduellement submergée par le personnage immortalisé d'Yves le Monochrome.

Pourtant, en dépit de la motivation qui le fonde, un tel mythe n'est pas seulement fonction, comme le serait un objet, de la volonté du sujet. Il possède une dynamique propre comme ce jeu qui « attirant les joueurs dans son royaume propre le remplit de son esprit. Le joueur fait alors l'expérience du jeu en tant que réalité irrésistible » [11]. La personnalité historique d'Yves Klein fit donc l'expérience du personnage mythique d'Yves le Monochrome comme de la réalité implacable d'un jeu auquel il ne pouvait délibérément se soustraire sans que le jeu lui-même cessât. Le mythe et l'homme se créèrent ainsi l'un l'autre. Il n'est pas facile de pénétrer les circonstances de cette aventure hors du commun ; l'apparence d'éternité doit y être ramenée à la contingence. Et le paradis perdu, qui formait l'horizon originel du mythe, doit être reconstruit de l'intérieur.

2

Les photographies solennelles des limites humaines.

Paul Eluard. « Pablo Picasso », Les Yeux fertiles, 1936.

L'été venu à Cagnes-sur-Mer, dans le midi de la France, les effluves de mimosa, les cris d'enfants libérés de l'école, le flot des estivants citadins, déferlent sur le village. Les artistes se rassemblent ici depuis des générations, attirés par la lumière méditerranéenne et la beauté de la côte et de l'arrière-pays. Renoir y a peint, ainsi que Modigliani, Braque, Soutine, d'autres encore. Cette ville devait jouer un rôle essentiel dans la vie d'Yves.

Vers la fin du XIXe siècle, son grand-père, un homme d'affaires d'Hanovre, s'était établi comme planteur à Java. C'est là que le père d'Yves, Fred Klein, naquit d'une Hollandaise dont la grand-mère était javanaise. Fred Klein fut élevé en Europe et à peine âgé de vingt ans il décida de devenir peintre. Il peignait dans un style néo-impressionniste qui se rattachait au pointillisme, et réalisait des paysages délicats où caracolaient des chevaux, ou évocateurs de Monet et de ses étangs. En 1925, à 27 ans, il acquit une maison en ruine, sise à flanc de coteau au-dessus de Cagnes, qu'il entreprit de restaurer chaque été pour en faire un atelier.

La mère d'Yves, Marie Raymond, venait de la bourgeoisie niçoise. Son grand-père était grossiste en fleurs pour les fabricants de parfums et son père pharmacien. La sœur de Marie, Rose Raymond, avait épousé un médecin qui passait souvent ses vacances dans le village de Cagnes tout proche. A 16 ans, Marie accompagna à Cagnes sa sœur et son beau-frère appelé au chevet d'un artiste malade. Ce fut son premier contact avec le milieu de l'art ; elle découvrit immédiatement sa vocation.

De retour à Nice elle acheta une boîte de couleurs et se mit à peindre. Elle revint seule à Cagnes les étés qui suivirent. En juillet 1926, alors qu'elle avait 18 ans, elle rencontra Fred Klein à une petite fête de plein air où l'on jouait de la guitare. Ils se marièrent à Nice en octobre et elle partit vivre avec lui à Paris. Bientôt, plus tôt sans doute que ne pouvaient l'espérer de jeunes artistes sans le sou, Marie se retrouva enceinte. L'enfant devait naître en avril 1928 ; comme ils n'avaient pas d'argent pour payer l'hôpital ou un médecin, Fred et Marie descendirent à Nice en voiture et décidèrent d'attendre la naissance chez la sœur de Marie dont le mari, médecin, pourrait assister la future mère. Ce fut donc au sein de sa famille maternelle qu'Yves Klein naquit, le 28 avril 1928 (sous le signe du Taureau, ascendant Gémeaux) [12]. C'était un beau bébé aux yeux de forme insolite (trace exotique de son atavisme javanais) que sa grand-mère, sa tante sans enfant et sa mère pressèrent contre leurs cœurs.

Comme ils n'avaient pas assez d'argent pour s'installer à Paris, les Klein se retirèrent dans la villa de Cagnes toute proche où Yves vécut ses premiers mois dans l'atmosphère paradisiaque, ensoleillée et embaumée, d'une vie rustique et sans contrainte. Son père peignait tandis que sa mère suivait des cours par correspondance pour devenir professeur de dessin tout en travaillant de temps à autre au Centre des arts décoratifs de Nice. Mais, de Cagnes, il était difficile pour Fred Klein de contacter les personnes susceptibles de l'aider à vendre ses œuvres. C'était « un homme charmant mais complètement dans les nuages » [13] (cette définition pourrait plus tard s'appliquer aussi à son fils) qui réussit toute sa vie à échapper à l'esclavage d'une vie salariée. Au fil des années, les Klein vendirent le mobilier de la villa de Cagnes pour se nourrir ; ils durent même se séparer des vases cloisonnés japonais que chérissait Marie (et que sa sœur acheta). Leur situation financière ne s'améliora jamais sensiblement. Avant qu'Yves n'eût un an, Fred se rendit dans plusieurs villes du nord, cherchant à y établir des contacts dans le milieu de l'art, et commença à préparer, pour 1930, une exposition à Amsterdam. Marie le rejoignit bientôt, laissant l'enfant à Nice à la garde de sa sœur, où on avait au moins assez d'argent pour le nourrir. Ce fut la première séparation d'une enfance qui allait être ponctuée de beaucoup d'allées et venues, de nombreux déménagements et de fréquents changements de modèle familial.

Rose Raymond, sans enfant et à présent divorcée, était retournée vivre chez sa mère. Elle s'occupa d'Yves avec une attention qui dépassait la simple affection, la simple bonne volonté. Elle le promenait dans son landau, le portait, le cajolait, le poponnait, et il devint, d'une certaine façon, davantage son fils que celui de Marie. L'enfant eut en fait deux mères entre lesquelles régnait une certaine émulation pour la conquête de son affection et du droit d'orienter son développement. Cette situation était aussi perturbante que celle d'un enfant unique qui ferait la navette entre les domiciles de ses parents divorcés. A mesure que les années passaient et que ses parents continuaient leurs allers-retours (à Cagnes pour l'été, à Paris de nouveau à la fin de la saison) le jeune Yves était soumis à des apprentissages contradictoires. Tante Rose « qui avait les pieds sur terre » et de l'argent, et qui en connaissait la valeur... s'occupait de sa scolarité et des nécessités quotidiennes. « Ce fut vers elle qu'Yves retourna durant toute sa vie chaque fois qu'il avait besoin de quelque chose ; avec elle il se retrouvait à nouveau en terrain solide. »[14]

La grand-mère et la tante d'Yves étaient toutes deux dévotes de la sainte italienne sainte Rita de Cascia dont les miracles supposés avaient donné naissance à un culte populaire dans le sud de la France. Leur dévotion à sainte Rita a été le départ du besoin de rituel et des tendances religieuses d'Yves. Ce fut le fondement de son obsession du magique et du miraculeux. Enfant, il fut voué à la sainte et placé pour toujours sous sa protection (de façon peut-être prémonitoire : sainte Rita est patronne des cas désespérés). Des années plus tard, lorsqu'il ressentait le besoin d'une intervention céleste, il demandait à sa tante de prier sainte Rita pour lui et s'il obtenait ce qu'il voulait il avait coutume de dire : « Sainte Rita l'a obtenu pour moi. » A quatre reprises il se rendit même en pèlerinage à Cascia pour déposer des ex-voto à la sainte et lui demander d'intercéder en sa faveur. Cette piété populaire ne devait jamais le quitter.

Lorsqu'il eut deux ans, sa mère (qui « languissait » de le revoir) demanda à tante Rose (« désespérée » de le perdre) de le conduire à Paris. Pendant deux ans il fit ainsi la navette entre Paris et Nice. A quatre ans on l'installa de façon plus durable chez tante Rose où il demeura presque six ans. Il passait la plupart des étés à Cagnes, avec ses parents, et vivait à Nice le reste de l'année, où on l'avait inscrit dans une école catholique. En réalité il était partagé entre deux univers différents dont les contradictions forment la trame de sa personnalité. Pendant toute sa vie il allait osciller entre deux pôles : d'un côté la vie créative, errante et libre de ses parents, de l'autre l'existence pieuse et respectable de sa tante ; il imiterait l'une et l'autre tour à tour sans jamais réussir à les faire fusionner. Comme ses parents il refuserait tout emploi conventionnel, s'endetterait, se consacrerait à l'art, apprendrait à disparaître. Comme sa tante, il pratiquerait une religion et chercherait à atteindre une sorte de respectabilité. L'univers de ses parents lui plaisait davantage ; cette vie-là intensifiait de façon presque pathologique son imagination et sa conception de la liberté et de l'aventure et pourtant, chaque septembre, ce monde le rejetait, le renvoyait vers la stabilité et la surveillance attentive de sa tante. Dans la mesure où ses deux « mères » luttaient pour son affection, il apprit à les contrôler toutes deux et à obtenir ce qu'il voulait ; la crise de nerfs lui devint une arme pour survivre. Choyé et rejeté à la fois, il se sentait simultanément capable de contrôler le monde extérieur et rejeté hors de lui. Il choisit finalement d'imiter ses parents et de se frayer un accès dans le monde parisien de l'art où il les surpasserait bientôt tous les deux ; mais ce fut à sa tante qu'il fit souvent appel, au plus fort de ses aventures, afin qu'elle intercédât auprès de sainte Rita ou qu'elle l'accompagnât jusqu'à l'autel de la sainte pour la remercier de ce qu'il avait obtenu.

3

Tout jeune j'ai ouvert mes bras à la pureté.
Ce ne fut qu'un battement d'ailes au ciel de mon éternité...

Paul Eluard, « La Dame de Carreau », Les Dessous d'une vie ou la pyramide humaine, *1926.*

« C'était une sorte d'enfant saint », dit son ami Arman ; quelqu'un doué d'un pouvoir particulier et d'un charisme innés. « Il avait le pouvoir de convaincre les autres par son charme personnel [...] Il était toujours entouré d'une bande d'enfants qui le considéraient comme leur chef », rappelle sa mère. L'été, à Cagnes, ils venaient chez lui le matin et demandaient : « Qu'est-ce qu'on fait aujourd'hui, Yves ? » Il organisait des chasses au trésor, des combats de chevaliers. (La chevalerie ne cessa jamais de le fasciner, François Mathey disait de lui : « [c'est] Tintin à la recherche du Graal ».)[15] Il faisait de longues promenades dans les bois et en revenait les bras chargés de fleurs. Pour sa mère, « la grande liberté dont il jouissait (avait) certainement développé son sens de l'aventure et son imagination ». Mais c'était déjà un « bagarreur » qui avait le goût de la victoire militaire. A l'âge de dix ans il exigeait du félon vaincu une reddition en bonne et due forme : « Je dépose les armes. Signé : Antoine ».

Durant l'été 1937 se tint à Cagnes un festival d'artistes pour lequel ses parents décorèrent un pavillon sur les thèmes de l'air, de la terre, de l'eau et du feu (il reproduirait plus tard cette structure élémentaire dans ses propres œuvres). Quelqu'un organisa une course de cafards, un spectacle qu'il allait reprendre à son compte plus d'une fois à Paris et en Allemagne vers l'âge de vingt ans.

L'admiration qu'il vouait à ses parents, et son ressentiment du temps qu'ils passaient loin de lui, son désir d'agir avec leur liberté et leur créativité marquèrent durablement sa personnalité. Lorsqu'en septembre ses parents regagnaient Paris, lui retournait à Nice et à l'école libre qu'il fréquentait. Là, tout n'allait pas pour le mieux. Ses préoccupations étaient déjà bien éloignées des intérêts ordinaires des prêtres et de ses condisciples auxquels il se heurtait. La liberté acquise durant les vacances d'été minait la discipline exigée l'hiver. Il devint un enfant rebelle. Il quitta l'école catholique

l'année de sa première communion (qui eut lieu le 27 mai 1937). L'année suivante, on l'inscrivit dans une école privée (on lui donnait des leçons particulières) et son niveau scolaire s'améliora. Chaque soir, il s'installait pour travailler auprès de tante Rose qui contrôlait patiemment ses devoirs. Ses résultats scolaires semblaient sur le point de s'améliorer lorsque sa mère le réclama auprès d'elle à Paris.

A Paris, à dix ans, son tempérament de « bagarreur » invétéré se confirma, on le renvoya d'un établissement après l'autre. En été 1939 il descendit avec ses parents à Cagnes où la guerre les surprit. Il vécut donc là, en famille, quatre années ; sans doute la liberté dont il jouissait là modéra son agitation, mais sa capacité d'accepter une discipline et, en fait, son éducation scolaire entière furent définitivement compromises.

A cette époque, de nombreux artistes quittaient Paris pour le Midi. Beaucoup passaient chez les Klein-Raymond. Yves fut introduit dans le monde de l'art parisien en exil. Hans Hartung, parmi d'autres, leur rendait fréquemment visite. Nicolas de Staël était un voisin. Loin de la surveillance de tante Rose, Yves cessa totalement de s'inquiéter de l'école et passa de plus en plus de temps à jouer au héros et à imiter les activités des adultes. Il portait un képi militaire que sa mère lui avait donné et on le connaissait dans tout le village comme « le capitaine ». Avec le fils de Staël ils s'emparèrent un jour de toiles que l'artiste avaient remisées et, les empoignant par le châssis, s'en firent des boucliers pour leurs combats de chevaliers. Il commença à écrire de courts poèmes qui donnent déjà un aperçu de ses dons littéraires. Mais la peinture en soi ne l'intéressait pas. En fait, « il en avait marre » de la peinture, il était même « contre », dans la mesure où elle l'avait si longtemps séparé de ses parents [16]. Il passait par contre des heures entières au piano, apprenait à jouer à l'oreille des motifs de jazz, et lisait des bandes dessinées. Ses albums préférés étaient ceux de Tintin (qui, bien qu'encore enfant, vivait des aventures dignes des chevaliers) et ceux de Mandrake le magicien, le maître de l'illusion, en cravate noire et cape, qui lisait dans les pensées.

Durant l'été 1940, tandis que la France s'installait dans la drôle de guerre, Yves organisa une soirée théâtrale d'enfants dans le sous-sol du château-musée de Cagnes. Tandis que les autres enfants construisaient des bancs de planches et de pierres et installaient l'électricité dans la salle, lui concevait et dirigeait le spectacle et faisait répéter leurs rôles à ses camarades. La veille du spectacle il distribua des invitations dans les cafés et les rues du village. Sa mère se souvient qu'il « était déjà capable de tout organiser et de trouver un public ». Beaucoup d'artistes assistèrent au spectacle. La famille Renoir se déplaça des environs, et même la célèbre Valentine Tessier qui attendait elle aussi la fin de la guerre dans le Midi. Le petit capitaine avait gagné un public de qualité !

Mais bientôt le petit capitaine fut adolescent, il devint farouchement indépendant, et incontrôlable. L'été 1942, ses parents louèrent la villa de Cagnes pour financer un séjour à Saint-Dalmas dans les Alpes ; ils laissèrent Yves à Nice. Il en fut profondément affecté et l'été suivant, il avait alors 14 ans, il partit seul, à bicyclette, pour Saint-Dalmas et resta absent plusieurs jours. « C'est alors, dit sa mère, que je compris qu'il était parti pour de bon. » Il était terriblement têtu (« la liberté dont il jouissait »...) et ne pouvait souffrir un refus (des années plus tard ses amis diraient de lui : « il n'admettait aucun obstacle, et ne tolérait pas qu'on lui résiste »).

Mais la vie à Cagnes devenait difficile. Même la nourriture se faisait rare dans le Midi. L'été 1943, la famille regagna Paris occupé et Yves apprit la guerre, le marché noir, la rue. A présent tout était difficile. Fred Klein dut vendre la villa de Cagnes et les parents de Marie vendirent un terrain qu'ils possédaient à Nice et partagèrent l'argent de la vente entre leurs deux filles. Survivre devenait tout simplement problématique. Les dettes s'accumulaient. Paris restait cependant relativement sûr, et les galeries commencèrent à rouvrir leurs portes en 1943. Fred Klein travaillait désespérément pour pouvoir exposer et gagner un peu d'argent. Il vendait une toile de temps en temps, mais ses revenus se montaient à peu de chose. Yves, amoureux de jazz, jouait du piano avec des amis qui venaient chez eux le dimanche, qui avec sa trompette, qui avec sa flûte, ou sa batterie.

En juin 1944, Yves partit faire du camping en Normandie avec un groupe de scouts. Ils revinrent à Paris la veille du débarquement du million et demi d'alliés américains et britanniques. Craignant pour la sécurité de leur fils, ses parents l'envoyèrent chez des amis dans le village de Milhars (Tarn). Il y séjourna environ trois mois, tandis que ses parents vivaient la Libération de Paris, avec les barrages dans les rues, les fusillades au pas de leur porte, et les tanks de Leclerc qui défonçaient les barricades ; le 26 août les Allemands quittaient Paris, on demanda à Yves de rentrer. Il avait 16 ans et revint plein du désir de joindre la Résistance ; il avait apporté avec lui une grenade à main dissimulée dans une miche de pain que sa mère cacha sous les dalles de la cuisine jusqu'à la fin de la guerre puis qu'elle restitua à l'armée.

La guerre avait aiguisé son goût pour l'aventure et, l'année suivante, ses problèmes scolaires s'amplifièrent. Il manquait les cours de plus en plus fréquemment et personne ne pouvait l'obliger à s'y rendre. Il commença à fréquenter les boîtes de nuit et rêvait de devenir musicien de jazz et de jouer dans l'orchestre de Claude Luter (auquel il s'était parfois joint au piano, pour un air facile). Sa mère se souvient qu'en 1946 il se présenta aux épreuves du baccalauréat et échoua. Ce fut une déception, qu'il ressentit cruellement et qu'il tenta de compenser plus tard par diverses fabulations. Une conséquence de cet échec se révéla fâcheuse : Yves, désireux de voyager et de mener une vie aventureuse, nourrissait depuis deux ans le projet d'entrer à l'Ecole de la marine marchande. Son échec au baccalauréat l'empêchait de se présenter au concours d'entrée. Ce fut une seconde déception majeure, qu'il essaya plus tard de compenser par différentes fictions. La légende selon laquelle il aurait été formé à l'Ecole de la marine marchande fut inventée par Yves lui-même, plus tard, lorsqu'il eut honte de son manque de formation académique. Lorsqu'il transposa en termes mythiques les événements de sa jeunesse, il s'inventa avec beaucoup d'imagination des références tout à fait incontrôlables. Sur le coup, sa déception fut adoucie par la perspective d'un voyage avec ses parents.

Dès la fin de la guerre, le monde de l'art se remit à vivre. En 1946, Marie Raymond, qui s'était tournée vers la peinture abstraite pendant la guerre, commença à exposer à la galerie Denise René. On invita Fred Klein à exposer au Centre d'art franco-anglais de Londres. Marie et Fred partirent pour Londres en juillet mais eurent quelques difficultés à obtenir un visa pour Yves. Environ un mois plus tard, le visa obtenu, Yves vint les rejoindre. A leur départ, Yves qui voulait apprendre l'anglais fut laissé dans une famille dont le fils était handicapé. Les deux garçons devinrent amis et Yves fit là la preuve de la gentillesse et de la bienveillance qui, tout au long de sa vie, devaient paradoxalement coexister avec son arrogance et son égocentrisme.

De retour en France, après avoir tâté du voyage et de la liberté, Yves se retrouva, à 18 ans, de nouveau chez sa tante à Nice. Celle-ci s'était remariée entre-temps, devenant Mme Tamarasco, et gérait une concession d'appareils Philips qui marchait bien. Yves était déjà socialement dans une sorte de cul-de-sac. L'instabilité familiale, la pauvreté et la guerre avaient fait avorter son éducation scolaire. Jamais il n'entrerait dans la Marine marchande, ni dans aucun établissement d'enseignement supérieur. Sa personnalité était déjà trop brillante, trop affirmée, trop forte pour se plier aux contraintes conventionnelles. Bien que physiquement adulte, il vivait totalement dans les rêves de l'enfance et lisait toujours Tintin et Mandrake le magicien.

Dans l'espoir de le préparer à une carrière commerciale, sa tante fit installer dans une des pièces de son magasin une librairie dont il s'occupait. Yves était, selon elle, « très compétent ». Mais, dans son for intérieur, il redoutait sans doute de fournir la relève comme revendeur Philips. Il jouait du piano sans méthode et commença à raconter à ses amis qu'il avait joué avec l'orchestre de Claude Luter (il ne faisait jamais une distinction nette entre ce qu'il imaginait et le monde des faits, et ne le ferait d'ailleurs jamais). Le soir, il déambulait sur la digue et allait danser. C'était un excellent danseur de swing et il avait du succès auprès des filles. Parfois le leader d'un groupe l'invitait à se joindre à eux au piano. La vie était agréable mais terne ; il se languissait du monde plus stimulant de ses parents et leur en voulait ouvertement de l'avoir éloigné d'eux. La nervosité qui allait plus tard devenir si célèbre commençait à poindre en lui (« c'était l'homme le plus agité que j'aie jamais connu » dit Tinguely). En dehors de sa vie imaginaire (où il était tout à la fois Mandrake, Tintin, Perceval, Claude Luter et un artiste célèbre) rien de ce qu'il avait expérimenté ne lui appartenait en propre. C'était soit le monde de ses parents, loin duquel on le rejetait toujours, soit celui de sa tante qui le tentait malgré la sécurité étouffante qu'il offrait. La confusion de son enfance mûrissait en une sorte de désespoir. Le paradoxe d'être simultanément négligé et choyé était difficile à vivre ; la négligence de ses parents faisait naître le ressentiment, et le fait d'être choyé une fausse impression de puissance. Il désirait se créer un monde à lui, une réalité qui apaiserait sa colère intérieure et refléterait son sentiment profond d'omnipotence. Il désirait aller au-delà de ce qu'il avait vu.

4

Je suis enfant de la Terre et du Ciel étoilé,
Mais c'est au Ciel seul que j'appartiens.

(Inscription orphique, 300 avant J-C.)

En 1947, il s'inscrivit, pour une quelconque raison, à l'école de judo du quartier général de la police de Nice qui proposait des cours publics. Il y rencontra tout de suite Claude Pascal, puis deux semaines plus tard Armand Fernandez (qui deviendra Arman) ; ils devinrent les amis les plus importants de sa vie. C'est en leur compagnie qu'il allait vivre, dans les quelques années qui suivirent, la « crise mystique » (pour reprendre les termes de Claude Pascal) qui le mettrait au contact de son mythe et fonderait une fois pour toutes les symboles directeurs de sa vie : ceux de « l'espace spirituel ».

Yves était vif et vigoureux bien qu'assez mince ; la lutte sur les tapis de judo révéla pour la première fois ses pleines énergies. Le judo, devait-il dire plus tard, fut sa première expérience de l'« espace spirituel », ce « *sensorium* de Dieu », comme le nommait Henry Moore, qui présiderait aussi bien à la fin qu'au commencement de ses aventures. La tension musculaire, les chutes, l'art de se recevoir au sol sans se blesser, le libéraient des limites qu'imposent d'ordinaire les « faits ». Cela lui donnait une impression de liberté et de puissance. Toute sa vie, il chercherait à atteindre à cette liberté illimitée de l'espace vide, l'évoquant dans son art du Vide, le mettant en scène dans ses œuvres immatérielles, capturant son envol et sa chute dans les *Empreintes,* consommant enfin par son saut dans le vide ce rapport de sexe et de mort. Il le vendrait même, sans toutefois en conserver les bénéfices qu'il verserait au fleuve du temps. L'espace, transparent et brillant, pur et absolu, qui contient tout et n'est rien, fut son point de départ et d'arrivée, le prélude et la péroraison du sermon qu'il prêcha avec sa vie.

Mais le judo seul ne suffisait pas à Yves et ses amis. Ils aspiraient à des épreuves et des aventures, voulaient explorer le monde nocturne de la magie et de la vision lunaire. Ils étaient prêts pour un maître ; et comme le dit la tradition occulte, « quand l'élève sera prêt, le maître viendra ».

« Un jour (à la fin 1947 ou au début 1948), dit Claude Pascal, Yves arriva en disant "regardez, j'ai trouvé !" Il me montra la *Cosmogonie des rose-croix*. Nous avons essayé de lire le livre et découvert que, sans maître, on ne le comprendrait pas. On demandait à tout le monde : "Connaissez-vous quelqu'un qui comprenne la *Cosmogonie* des rose-croix ?" Environ deux mois plus tard, alors que nous quittions le cours de judo, Yves dit : j'ai trouvé quelqu'un. Nous sommes allés jusqu'à une maison, il devait être environ 11 heures du soir, ce qui à Nice à l'époque était très tard, et nous avons frappé à la porte. Elle s'est ouverte sur un très vieil homme en chemise blanche qui nous a demandé : "Que puis-je faire pour vous ?" Yves lui a montré la *Cosmogonie* et il nous dit alors immédiatement : "Ah ! Entrez mes enfants." C'était Louis Cadeaux, un homme de plus de soixante-dix ans et qui faisait profession d'astrologie, d'occultisme, et faisait discrètement du prosélytisme pour la Société des rose-croix. » Par quelque impénétrable arrêt du sort il devint l'artisan de l'aventure icarienne d'Yves dans l'espace enflammé.

Durant presque une année, les trois jeunes gens se rendirent deux fois par semaine chez Cadeaux. Il leur apprit à établir des horoscopes et à méditer, leur fit des conférences sur les doctrines rosicruciennes, sur le surgissement de l'univers des formes qui s'élèvent hors de l'Unité où elles existent à l'état indifférencié, et sur la nécessité d'apprivoiser son moi afin de revenir à cette Unité.

Yves subit une transformation radicale. C'était là, enfin, une éducation qui n'éveillait pas seulement son intérêt mais à laquelle il s'adonnait avec passion. En juin 1948, Claude et lui joignirent la Société des rose-croix (Arman ne le fit pas) et commencèrent à travailler aux leçons qu'on leur envoyait deux fois par mois d'Oceanside en Californie. Tante Rose constatait avec plaisir et surprise que chaque soir il faisait consciencieusement ses « devoirs » (comme elle les appelait).

L'ouvrage de Max Heindel, *La Cosmogonie des rose-croix*, était la référence essentielle qu'utilisaient Cadeaux et la Société rosicrucienne dans son ensemble [17]. Yves y reconnut son mythe personnel. Le choc de cette prise de conscience fit de lui un adepte et, pendant des années, il se plongea quotidiennement dans la *Cosmogonie* avec un sentiment que l'on ne peut décrire qu'en termes de foi religieuse. En 1952 encore, se souvient sa mère, « il avait l'habitude de lire ce livre pendant des heures chaque jour. Il y passait des nuits entières. On apercevait de la rue sa fenêtre éclairée. A deux ou trois heures du matin il lisait encore. Il était profondément pénétré par le rosicrucianisme ». En fait, en matière de lectures Yves était toujours un enfant. Son esprit, ayant refusé ce qu'on apprenait à l'école, était encore vierge, si ce n'est innocent. Ce vide même, cette innocence, permirent aux doctrines des rose-croix de pénétrer au plus profond de son esprit. Il ne les oublierait jamais.

Yves ne lisait pas beaucoup de livres, mais les quelques ouvrages qu'il lut, ou dont il lut des passages, l'influencèrent tous profondément. La *Cosmogonie* de Heindel tout particulièrement. Les écrits personnels d'Yves, qu'il commença à publier alors qu'il était encore rosicrucien, dénotent une habileté croissante dans la manipulation simultanée de plusieurs codes culturels et la capacité de jouer de l'« interface » ainsi créée ; il pouvait de cette manière passer d'un code à l'autre lorsqu'on le pressait de s'expliquer sur l'une de ces interprétations. Le premier de ces codes, celui qui demeura le code essentiel jusqu'à la fin, fut le rosicrucianisme tel qu'il apparaissait dans la *Cosmogonie*. La structure de la pensée de Heindel fonda celle d'Yves ; les autres codes – lorsqu'il les apprit – ne firent que s'y adapter. La certitude dogmatique de Heindel dédommageait Yves de son manque d'éducation supérieure. Le rosicrucianisme fut, en fait, son baccalauréat et son université [18].

« L'esprit pénètre toute chose, même les corps les plus solides », dit le *Tractatus Micreris*, un texte alchimique. Le rosicrucianisme de Heindel est une alchimie psychologique qui aspire à libérer l'esprit de la gangue des corps solides et à le restituer à l'éden de l'Unité, à le fondre dans la transparence sans rupture de l'espace d'avant le premier *fait*. Ce rêve d'une fécondité qui se transcende elle-même, à laquelle on peut atteindre en progressant le long de la grande chaîne de l'être, avant d'apparaître dans l'occultisme européen était déjà présent dans les écoles platoniciennes et auparavant dans la doctrine orphique ; il était pressenti auparavant encore dans le mythe égyptien de la vie après la mort ou dans le rite chamanique. Ce rêve a captivé beaucoup d'aventuriers spirituels ; à présent il prenait possession d'Yves. Yves apprit chez Heindel qu'il « avait rendez-vous avec la fin d'un âge » [19]. Nous approchons, selon Heindel, de la fin de l'âge de la matière où l'esprit est captif des corps solides, et de l'aube de l'âge de l'espace, où l'esprit sera libéré de la forme, ne faisant qu'un avec l'étendue illimitée de l'espace. La loi de la gravité est sur le point d'être invalidée. Bientôt les corps solides pourront léviter et les individus auront le pouvoir de se glisser à volonté hors de la matière et de voyager sous une forme immatérielle, éthérée, à travers les royaumes invisibles, traversant d'immenses distances en un clin d'œil. Ce corps éthéré sera doté d'une sensibilité immatérielle lui donnant le pouvoir de lire « la mémoire de la nature » inscrite dans l'espace vide et, en manipulant ses circuits, d'exercer une puissance toute divine sur le monde des formes.

C'était là une voie qui conduisait « au-delà » des limites des choses, une magie qui dissolvait des frontières séparant Yves de Tintin, de Mandrake et des chevaliers du Graal. C'était une façon de rendre (ou de croire) vrais tous ses rêves. Le visage d'Yves s'illuminait à cette lecture, et son intérieur s'apaisait et bouillonnait tout à la fois. Après tout il était un enfant de l'imaginaire. (En 1960, Tinguely dira : « Il nous racontait des histoires de chevaliers et de quête du Graal. »)

Yves était un de ces hommes qui ne se sentent pas « chez eux » dans le monde de la réalité ordinaire (« sa passion, dit Tinguely, allait toujours au-delà, au-delà de la banalité des choses », et Bernadette Allain ajoute : « il possédait une immense, une étonnante faculté de vivre une vie imaginaire »). Il était un de ceux pour qui la vie dans un corps semble, en raison des limitations que celui-ci impose, une insulte et une punition. Il avait vécu dans plusieurs maisons différentes mais aucune n'était la sienne. A présent les paroles de Heindel sonnaient comme un message venu de sa véritable demeure, qui lui enjoignait de la regagner enfin. Il lui semblait juste et naturel qu'il pût être lui aussi un citoyen de l'infini dont la demeure sans limite n'aurait nulle barrière, ni intérieur ni extérieur, où les notions de propriétaire et d'étranger n'existeraient pas. C'était ce qu'il avait toujours senti sans le formuler clairement dans sa conscience. (« Chez Yves, dit Tinguely, la mégalomanie était un état naturel, non une attitude apprise. ») Il suffisait en ce temps-là qu'on lui rappelât que sa demeure véritable était dans l'espace infini, et que le but essentiel de sa vie consistait à y retourner. Il n'assuma que plus tard – contraint par la réalité ordinaire de la vie qui le plongea au plus profond du mythe – le rôle messianique que Heindel définit sous le terme de « Grand Initié » : le premier homme qui, atteignant à la sensibilité immatérielle, la transmettra aux autres hommes et introduira ainsi l'âge nouveau. Nuit après nuit, assis près d'une lampe, Yves lisait Heindel jusqu'au petit matin, reconnaissant, distinguant toujours davantage son propre visage dissimulé dans cette infinité où l'omnipotence de l'enfant choyé peut se dilater jusqu'à emplir l'univers et la colère de l'enfant rejeté se dissoudre en invisibilité.

Le rosicrucianisme d'Yves ne fut pas une passade. « Cela lui a donné une base » dit sa mère ; et ce qui fonde une personnalité ne change pas. Durant quatre ou cinq années entières – durée moyenne d'une formation universitaire – il lut Heindel quotidiennement, travaillant avec ardeur, avec plus d'ardeur qu'il n'en eut jamais pour les travaux scolaires, aux leçons que lui envoyait la société des rose-croix. Le système d'idées de Heindel demeura toujours le fondement de sa propre pensée. Presque dix ans après, une amie le décrit encore « passionné par les rose-croix » [20]. A cette époque-là, lorsqu'il revint à Paris après ses voyages et commença de promouvoir son mythe, il avait coutume de se présenter comme « initié » et affirmait qu'il avait « subi l'initiation », sans expliciter davantage ce propos pour ménager le mystère. C'était une allusion à l'année de travail avec Cadeaux et aux sessions nocturnes sur la *Cosmogonie* après lesquelles il voyait le monde d'une façon totalement différente. Ses œuvres et ses écrits, comme la suite de personnages symboliques qu'il incarna, furent des tentatives plus ou moins sérieuses d'incorporer ce mythe dans sa vie. A mesure que croissait sa « belle mégalomanie » (comme le dit Tinguely) il allait essayer de l'imposer à son époque. Nul ne peut dire avec précision quelle part, dans cette démarche, revient au dadaïsme, à la foi religieuse ou à la pathologie. Yves devint un maître du geste poétique – et des interprétations nébuleuses entourent son personnage. Celles-ci vont de la formule de Harold Rosenberg, selon laquelle il était capable de créer un bon spectacle à partir de rien, à celle de Restany qui le considère comme « le dernier prophète d'Europe ».

5

*Mille reflets du ciel
Promenaient, éveillés, les charmes de mes songes,
Et venaient éclipser l'étendard du réel.*

Max Jacob, A Modigliani pour lui prouver que je suis un poète.

Sur les tapis d'entraînement, comme en une sorte de théâtre, Yves interprétait le rôle de guerrier spirituel qui allait devenir central à son image de soi. Cet « enfant saint », on s'en souvient, était un « bagarreur » que le pouvoir et la domination fascinaient. Le judo ne l'attirait pas seulement parce qu'il était source de puissance mais aussi parce qu'il faisait de cette puissance même quelque chose d'inoffensif ; il en faisait un jeu, une danse, un art. Yves Klein devint ceinture noire de judo à Nice ; plus tard, il publierait un ouvrage sur le judo et dirigerait des écoles à Paris et à Madrid. Le judo et le rosicrucianisme furent au centre de sa vie pendant dix ans. Sa conception de la virilité, son sentiment d'être « chez lui dans le monde » en vinrent à se fonder sur la faculté d'accroître, par le judo, sa capacité de dominer les autres et d'acquérir simultanément, par le rosicrucianisme, le contrôle de soi nécessaire pour ne pas avoir à s'en servir.

Claude Pascal, de deux ans son aîné, avait une chambre à lui, et Arman, déjà préoccupé de son art, avait installé un atelier dans le sous-sol de la maison de ses parents. Une des pièces de ce sous-sol fut aménagée en « temple » et sur l'un des murs, peint en bleu (allusion à l'âge nouveau de Heindel et au ciel), ils marquèrent l'empreinte de leurs mains. Chaque jour ils se rassemblaient dans l'une de ces pièces, ou encore sur le toit de l'immeuble où vivaient les parents d'Arman (la maison de tante Rose était « trop bourgeoise »), ils parlaient de judo, étudiaient le zen, et cultivaient l'art de s'asseoir comme il fallait pour méditer. L'entêtement qui avait poussé Yves à quatorze ans à partir seul explorer les Alpes, se manifestait à nouveau. Il apprit à dompter la douleur physique jusqu'à réussir à conserver la posture difficile du lotus complet trois heures d'affilée sans bouger les jambes. Tous trois se concentraient sur les « lieux saints » des Indes et du Japon et s'entraînaient aux exercices de visualisation de style tantrique que préconisait Heindel. (La longue pratique d'Yves de ces visualisations fut le fondement plus tard de son « art de l'immatériel ».) Toujours selon les instruc-

tions de Heindel, ils se firent végétariens et le restèrent près de cinq ans, s'abstenant de boire de l'alcool, de fumer, de faire l'amour ; et ressentant une culpabilité certaine lorsque dans les rues estivales et sur les plages de Nice le désir venait les surprendre. Ils jeûnaient (« très sérieusement » selon Arman) un jour par semaine, une semaine par mois, un mois par an.

Durant le long jeûne d'été de 1948 (qu'ils firent installés sur le toit de l'immeuble) ils méditèrent deux ou trois jours d'affilée sans interruption dans la posture *Shavasana,* ou en marchant à la façon zen ; « défoncés » en cet âge pré-psychédélique par le jeûne et la concentration, ils parlaient de sauter du toit et de s'envoler vers la pleine lune – brillant au-dessus de leurs têtes. Yves, en particulier, se perdait dans ce rêve de vol. Les textes rosicruciens statuaient simplement que quiconque s'y serait suffisamment préparé pourrait y parvenir. L'Eglise catholique ne voyait-elle pas dans la lévitation une activité proprement sainte ? Les sorciers, les chamans, les moines, les yogis, les alchimistes aussi, savaient tous, ainsi le clamaient leurs traditions respectives, voler sans ailes. Rien ne semblait pouvoir interdire à Yves lui-même de voler ; sa conviction intime de la vérité de cette pensée semblait la garantir et son absence de formation historique et scientifique le préparait à croire, comme un enfant, à ce qu'il imaginait. Comme les mois passaient et que l'ascèse semblait faire reculer leurs anciennes limitations, ils adoptèrent de nouveaux noms, tels les chevaliers sur le point de partir vers leurs aventures glorieuses. Armand Fernandez (qui gardait Van Gogh à l'esprit) devint Arman, Yves Klein (pour se venger de ses parents ?) devint Yves et Claude Pascal (friand de paradoxes) devint Pascal Claude.

Un après-midi, étendus sur la plage, alors que leurs rêves d'aventures et donc le monde tout entier, ne s'étaient pas encore ternis, ils partagèrent l'univers entre eux (ainsi que Zeus, Poséidon, Hadès l'avaient fait au début de *leurs* carrières). Arman procréateur et protecteur, faiseur de « plein », prit sous sa responsabilité le monde animal. Claude, de tempérament doux et de mémoire lente, prit sous sa protection le monde végétal. Yves, plus dur, plus abstrait, moins à l'aise dans le monde que ses compagnons, définit son royaume propre comme celui du minéral et du vide bleu du ciel inaccessible [21]. S'élevant mentalement dans l'empyrée, il signa de son nouveau nom l'autre côté du ciel – celui où l'on ne trouve ni oiseaux, ni avions, ni nuages, mais seulement l'espace pur et irréductible. C'était la signature

d'un créateur tout-puissant. Ainsi, dit-il, « le ciel bleu est ma première œuvre d'art » [22].

Cet acte ambigu, ce rêve de sa vingtième année, avec son écho du *Phèdre* de Platon et du mythe chamanique devint le symbole central de sa vie. Il était venu d'au-delà du ciel et il y retournerait. Un royaume aussi vaste que le cosmos, qui s'étendait à des distances inimaginables par-delà les frontières de son corps et de son moi, de son histoire personnelle, des maisons de ses parents et de sa tante, de Nice, de la France, et de tous les espaces clos de la vie ordinaire, l'attendait – c'était la destruction du monde, la matrice de l'immatériel, la destination de son saut dans le vide. « La rêverie, écrit Gaston Bachelard qui plus tard influencerait beaucoup Yves, met le rêveur en dehors du monde prochain, devant un monde qui porte le signe d'un infini. » [23] Pour Yves, il s'agissait de quelque chose de plus important qu'une rêverie, de quelque chose qui le touchait trop profondément pour n'être que cela. La croyance qu'il pourrait un jour monter jusqu'à son royaume aérien, s'épanouir à travers l'espace entier et se fondre en lui, ne le quitta jamais complètement. En 1959, lors d'une conférence qu'il donna à l'occasion de l'exposition Tinguely à Düsseldorf, il déclara (se référant secrètement à la prophétie de Heindel) : « Nous deviendrons tous des hommes aériens, nous connaîtrons la force de l'attraction vers le haut, vers le vide et le tout (...). »[24] En 1960, lorsque le cosmonaute soviétique Youri Gagarine menaça d'empiéter sur son domaine, il le remit à sa place en ces termes : « (...) Aujourd'hui le peintre de l'espace doit aller effectivement dans l'espace pour peindre, mais il doit y aller sans truc, ni supercherie, ni non plus en avion, ni en parachute ou en fusée : il doit y aller lui-même, avec une force individuelle autonome, en un mot, il doit être capable de léviter. » [25] Et, toujours en 1960 : « (...) C'est ainsi qu'il me serait bien agréable bientôt de me présenter moi-même sur la scène d'un théâtre allongé dans l'espace à quelques mètres du sol, sans aucun truc ni supercherie, pendant quelque cinq à dix minutes au moins, et le tout sans commentaires. » [26]

« Le ciel, dit Eliade, symbolise par sa simple présence la transcendance, le pouvoir et l'immortalité... La nature entière du ciel est une hiérophanie inextinguible ». [27] Cette hiérophanie transforma la conception de la vie qu'avait Yves ; il avait à présent un but : l'espace sacré, vers lequel il tendait intérieurement, lui était apparu.

C'est une erreur fondamentale, mais très répandue, de minimiser le ton mystique et prophétique des écrits d'Yves et de n'y voir qu'une attitude dénuée de signification ou une provocation dadaïste. Sa propre conduite sembla parfois confirmer cette interprétation, elle demeure pourtant erronée. Comme le dit Arman, « c'était un personnage très particulier et complexe » et, ajoute Tinguely, « il était plein de contradictions ». Yves mêlait systématiquement plusieurs codes culturels dans le but, comme nous le verrons, de protéger son monde intérieur de l'intrusion dangereuse des faits incontrôlables, et cela ajoutait à la confusion. Il utilisait des procédés proches du dadaïsme afin d'exprimer des idées totalement étrangères à ce mouvement. Il se caricaturait lui-même et craignait pourtant le ridicule.

« Yves savait plaisanter, dit Tinguely, il pouvait se tordre de rire par terre... mais en même temps il se prenait terriblement au sérieux. » Et Claude Pascal d'ajouter : « il n'était pas dadaïste. C'était un mystique. Il riait et plaisantait sans arrêt de sorte que les gens ne le prenaient pas au sérieux... mais Yves était *toujours* tout à fait sérieux ». Arman : « Un mystique, oui. Il était timide et sa façon de se donner en spectacle masquait sa timidité. Il a *toujours* été un mystique. » Rotraut Klein : « c'était un mystique, absolument, il était comme Jésus ».

6

Suivez mon chemin,
Vous pouvez venir,
Mes meilleurs amis,
La route est sereine,
Le ciel est ouvert.

Jules Supervielle, Plein Ciel.

Son désir de voyager, de revendiquer pour lui-même la vie libre et bohème de Fred Klein et Marie Raymond ne s'était pas éteint avec l'échec à l'Ecole de la marine marchande. Durant l'été 1948, il visita l'Italie en auto-stop, s'arrêtant dans les couvents pour dépenser moins. Vêtu d'une chemise où il avait apposé l'empreinte de ses mains et de ses pieds, il visita les musées et les monuments. Le rosicrucianisme avait réussi là ou l'école avait totalement échoué : il avait éveillé en lui un intérêt pour le passé. Il commença à regretter plus vivement son absence d'éducation ; il rêvait de devenir un écrivain itinérant qui enverrait en France ses impressions du monde, et il se mit à l'étude des langues.

L'armée, à défaut de la Marine marchande, allait fournir une occasion de voyager ; en novembre 1948, il s'engagea pour le service militaire. On l'envoya dans l'Allemagne occupée par la France et il y resta onze mois, dans l'artillerie. Là, il imita ce qu'il avait vu de la vie de ses parents, organisa des courses de cafards pour amuser ses compagnons et visita les musées et les galeries pendant ses permissions. Les leçons des rose-croix lui parvenaient toujours d'Oceanside et il les réexpédiait fidèlement après y avoir travaillé.

Mais il rêvait d'aventures plus exaltantes et mieux accordées à un chevalier en armes. Deux voies le tentaient : l'une conduisait à Oceanside, où il vivrait chez les sages de la société des rose-croix, l'autre au Japon où il pourrait approfondir sa recherche de l'« espace spirituel » du judo. Le Japon était plus attrayant dans la mesure où il offrait des possibilités d'aventures dignes de Tintin lui-même.

Les chevaliers du Graal se rendraient d'abord en Irlande (pays de cavaliers et d'équitation pour nos trois jeunes Français), apprendraient à monter, puis bien campés sur leurs fiers destriers, partiraient en croisade à travers l'Europe et l'Asie ; leur grande aventure culminerait lorsqu'ils s'embarqueraient de Corée vers le Japon où ils entreraient à l'académie de judo. Yves revint en permission à Nice et discuta de ce projet avec Claude et Arman.

Arman, déjà préoccupé par son œuvre, et qui venait de rencontrer celle qui allait devenir sa femme (et qui ne lisait plus Tintin !), s'excusa de ne pouvoir s'aventurer dans un si long périple. Vers la fin de l'année 1949, lorsqu'Yves eut terminé son service militaire, Claude et lui traversèrent la Manche pour se rendre à Londres afin d'y apprendre l'anglais avant de continuer vers l'Irlande.

Yves et Claude restèrent à Londres environ quatre mois. Ils partageaient une chambre près d'Earl's Court, fréquentaient les écoles de judo et les rassemblements rosicruciens ; trois fois par semaine, James Shorrocks leur donnait des leçons d'anglais. Ils continuaient de mener une vie mystique, travaillant consciencieusement les leçons des rose-croix et suivant toujours la discipline de Heindel. Claude travaillait dans une entreprise de location de smokings, et Yves, par l'intermédiaire de relations de ses parents, avait trouvé un emploi chez l'encadreur qui avait préparé l'exposition de son père en 1946 [28]. Les parents d'Yves leur envoyaient un peu d'argent quand ils le pouvaient ; on appelait souvent tante Rose au secours.

A Londres, en 1950, Yves commença à devenir conscient de sa vocation de peintre. Pour reprendre l'expression de Claude Pascal, il en avait toujours « marre » de la peinture, il était même hostile à l'idée de peindre, et le resterait plusieurs années encore. Son désir de se distinguer de ses parents, de se créer un monde propre plutôt que d'entrer docilement dans le leur, le conduisait vers le judo qui était une façon d'affirmer une individualité guerrière très différente de leur réceptivité d'artistes. Mais cette attitude impliquait un désaccord avec lui-même car ses dons artistiques étaient immenses ; son rejet de l'art violentait sa nature profonde tout en le libérant, en apparence, de son passé. Tandis qu'il projetait au premier plan, comme coordonnées spécifiques de son identité, le judo et le rosicrucianisme, une prise de conscience de la trame artistique souterraine qui sous-tendait sa vie s'amorçait à l'arrière-plan.

Si l'on en croit ses récits plus tardifs, Yves commença à peindre des monochromes dès 1946, mais nul témoin ne peut le confirmer. Par contre, en 1948, peu de temps après qu'il eut signé le ciel, sa première œuvre, il fixa au carnet où il consignait ses « devoirs » rosicruciens un disque bleu. Lorsqu'Arman lui demanda ce que signifiait le disque, Yves lui répondit : « ... c'est la condition de la peinture. » A présent, alors qu'il travaillait chez l'encadreur londonien, Yves se sentait attiré par les pigments en poudre qui restèrent toujours pour lui les « couleurs pures ». Un jour, se souvient Claude, Yves disparut dans la salle de bains assez longuement et en ressortit avec des monochromes réalisés dans différents tons de pastels sur des carrés de carton. « J'ai trouvé ce que je veux faire », annonça-t-il à Pascal Claude. Une telle connivence les unissait alors que Claude approuva cette nouvelle immédiatement et répondit simplement : « bien sûr ».

Ainsi commença l'extraordinaire carrière d'Yves, les mains maculées de couleurs, les yeux brillants, « un homme habité par les rêves... submergé par l'intoxication divine ». [29] Il posa soigneusement les peintures sur la table et sur le lit puis, méticuleux, se lava les mains pour en ôter toute trace de couleur. Il fixa les cartons au mur puis invita aussitôt Shorrocks et deux ou trois autres amis à venir les voir. Mais le retour d'Yves à l'activité de ses parents n'allait être ni aisé ni rapide. Les monochromes londoniens ne sont que la première étape d'un changement d'orientation qui allait s'avérer difficile et qui représente en fait la fin de l'adolescence prolongée d'Yves et sa reconnaissance d'une vocation adulte qui satisfaisait réellement ses besoins les plus profonds. Le monochrome fut pour lui, dès le départ, une façon d'exprimer la pensée rosicrucienne. Arman l'associe directement à l'influence de l'enseignement de Cadeaux. Mais, à un autre niveau, c'était une façon de s'en prendre au milieu artistique de l'époque : c'était aussi bien une remise en question de la peinture figurative de son père que de l'œuvre abstraite de sa mère. Le monochrome rendait l'une et l'autre superflues et, implicitement, les tournait en dérision. « Tous ceux qui voyaient les monochromes, dit Claude, mouraient de rire. Yves et moi riions aussi. » Yves « détestait » toujours la peinture à l'exception des monochromes, mais, petit à petit, comme le dit Claude Pascal, il devenait « peintre sans le vouloir ».

Dans le récit mythique ultérieur qu'Yves fit de ses premières années il présente cet événement comme sa première exposition de monochromes. Il le décrit parfois comme une manifestation publique, parfois comme une présentation privée. Antérieur à l'exposition des peintures blanches de Rauschenberg

(1951), cet incident devint, dans son esprit, un événement de poids et d'importance pour l'histoire de l'art. Pour un « immatérialiste », quelqu'un qui méprisait la « pauvre et banale défroque humaine » [30] et qui disait que ce n'est que « transportés par l'imagination que nous atteignons à l'espace immatériel de la vie elle-même » [31], l'enregistrement des « faits » était une chose méprisable en soi, sans équivalence avec la description de la vérité. Si insignifiant que fût l'événement ponctuel, il prit toute sa dimension dans le théâtre mythique d'Yves. Il ne s'agissait pas seulement de la première expérimentation malhabile d'un jeune artiste, mais de l'annonce, sur le mode prophétique d'un Jean Baptiste, d'un tournant dans l'histoire de l'humanité : c'était le premier signe de l'avènement de l'âge de l'espace de Heindel. Cette « exposition », allait déclarer Yves en 1957, marqua le début « du dépassement de la problématique de l'art ». Aucune problématique ne sous-tendait la peinture monochrome car elle ne représentait pas un choix d'objets tirés du Tout, mais le Tout en soi. *Solvite corpora et coagule spiritu* [32]. Dans le monochrome, tous les corps se dissolvent dans le terreau originel où l'esprit se « coagule » en plénitude chromatique. L'âge de la forme se termine et l'évolution humaine amorce la montée vers le retour à l'espace. Ainsi l'événement dans la salle de bains du meublé londonien déborda-t-il l'espace mental d'Yves et fut-il canalisé par son mythe personnel ; Yves commença de s'approprier l'univers : le futur de l'évolution humaine devint une ramification de ses pensées intimes.

7

Fuis du plus loin de la pointe assassine,
L'esprit cruel et le rire impur
Qui font pleurer les yeux de l'azur...

Paul Verlaine, Art poétique.

En avril 1950, Yves et Claude étaient prêts à pousser jusqu'en Irlande. A l'instar des moines mendiants, ils abandonnèrent leurs possessions (à l'exception de la *Cosmogonie*) à la garde d'amis anglais et partirent en auto-stop avec pour toutes possessions communes trois livres sterling en poche, une miche de pain, et un paquet de sucre. (« Nous n'avions peur de rien à l'époque », se souvient Claude.) En Irlande, ils commencèrent par vagabonder dans la campagne, découvrirent le chemin de la région d'élevage de chevaux et se mirent à la recherche d'un travail – qu'ils trouvèrent. Durant trois mois, ils vécurent chez un éleveur, nettoyant les écuries en échange de leçons d'équitation. (Yves, plus tard, se décrirait comme « un dresseur de chevaux vraiment expérimenté ».) Mais la vie de cavalier n'était pas facile ; ils maniaient beaucoup la pelle en échange de peu de leçons. A mesure que le temps passait la tension montait entre eux. Yves tenait un journal intime, qu'il écrivait de la main gauche et qu'il rédigea en anglais dans sa majeure partie [33] ; il désirait « rattraper » les années où il avait négligé d'apprendre. Il mémorisait dix mots d'anglais par jour, pratiquait la composition anglaise et apprenait à écrire des deux mains. Ce journal dévoile un « bon jeune homme », sensible et remarquablement lucide sur ses insuffisances, qui cherchait consciencieusement à atténuer les aspects excessifs de cet ego qui allait devenir célèbre. Pour bien comprendre le processus de développement ultérieur de sa vie il convient de prendre en compte l'aperçu de son caractère que donne ce journal intime irlandais.

Weds the 11th of July and Thursday the 12th of July.

Last night after the ride, or more exactly after the practise in the ring. I felt happy and in peace with myself, and suddenly when we were dining the idea comes to me that I had not told Claude about the money I was going to receive from my parent, and also that I had to get it in New Bridge as quick as possible... So I broke the usual silence, telling Claude all about ; and asking him for his advice how to ask the permission to Allan (the farm manager). First he said that it was no need that he comes and second – well, a bad interpretation of dry answer from me made him furious and angry !

Now, that book here, will be never read by somebody else without my permission – I will be very strict – so I can speak clearly about ourselves and our two difficult characters – then Claude these last days was in the very same bad period which I was a month ago – I have watched him for a fortnight quite intensely – my purpose was not to be happy looking at an unhappiness, but just to try to find how and why you are catch so strongly by this « Discord Spirit » without any apparent reason at all. (A)

Les efforts d'Yves pour étudier cet « esprit de discorde » en lui-même touchaient aux racines de son psychisme ; il est possible qu'il ne résolut jamais le problème et que cet échec lui coûta la vie.

Claude after that prelude cloudy – starts a deep complaining speech about our comportment one to each other. I was listening, recognizing myself in the same bad state of mind in which I was a month ago – « It's something to become mad, he said, we must do something for it. » I said the very same words in this diary in the pages of about one month ago. But it was nice and I was happy to hear that because I could understand him so well. I know many people would laugh at something like that – but just to give an idea of the strength of that Spirit – when you look at your friend just without any purpose and then when suddenly you see him ugly, bad,

dirty fellow, etc... at the point then when you want to speak to him you are so upset that the words stay in your throat, no there is no laughing matter...

... Now I just know that 'to be in peace with oneself is to be [in] peace with everybody else' that means when you do in everything, every gesture, what the little voice of conscience tells you to do inside, everything goes well.

And I realize now that if we beat all that we will be *free* really in this word !!! (B)

Les jeunes gens se réconcilièrent et allèrent à une soirée donnée dans la région. Yves nota dans son journal : Very funny this world... I was not shaved and I looked very wild among these fraiche and white skin girls ! They do not mind at all ! (C)

En fait, Yves découvrait durant ces années-là que sa vie sexuelle n'allait pas être simple. Son impatience et son tempérament trop excitable s'accompagnaient d'une tendance à l'éjaculation précoce – ce qui ne pouvait qu'encourager chez lui la pratique heindelienne de la sublimation. C'était un lourd fardeau à porter pour ce jeune homme qui plaisait aux filles et aimait leur compagnie. Cela ne facilita pas sa lutte contre l'« esprit de discorde », toujours intense et parfois d'une intensité insupportable et qui ne semble s'être jamais apaisé.

When the Discord Spirit comes it is a strange feeling, this is exactly a fact, that this spirit appears suddenly as quick as a flash – I have no idea at all how and from where it

comes, I just know that it is very hard to take it away. When it comes I make me cold and absolutely without any emotion in order to analyse all the facts and reasons which might have bring this spirit... All the day I was again angry, not against Claude and not against somebody else, but just against everything – the reason was silly, again a question of no control of myself... I should be able to ignore an unsmart and ugly gesture like that now ! No, I can't, I fall in the snare every time and the anger lives in me for as long as it wants. (D)

Et pourtant, durant ces mois, il apprit à rester calme et à refuser la violence face aux événements de la vie en général :

Friday the 13th of July – ... An amazing ride on Pat tonight has again proved to me that softness and softness again is the only way in everything ! Remember ! (E)

Saturday the 14th of July – ... I don't want to say anymore about him (Allan), because I know too well now what it costs to judge our fellow creatures and never one's self. (F)

Durant tout ce temps, les leçons des rose-croix continuaient d'arriver avec leurs feuilles de travail à retourner à Oceanside. Après leur labeur quotidien, Yves et Claude prenaient un repas végétarien (parfois dans un silence monacal) et travaillaient jusque tard dans la nuit à leurs études rosicruciennes. Yves lisait la Bible avec les interprétations théosophiques qu'en donnait Heindel. Souvent il languissait d'acquérir un état d'esprit plus doux, plus libre, moins soumis à son ego.

(A) L'anglais d'Yves Klein est alors très approximatif. Nous n'avons pas cherché à rendre les maladresses, mais seulement le sens de ces textes : « Mercredi, 11 juillet et jeudi 12 juillet
La nuit dernière, après la chevauchée, ou plus exactement après l'entraînement dans le manège, je me suis senti heureux et en paix avec moi-même, mais soudain, alors que nous dînions, l'idée me vint que je n'avais pas parlé à Claude de l'argent que j'allais recevoir de mes parents, ni qu'il fallait que j'aille le chercher à New Bridge aussi vite que possible... Aussi ai-je interrompu notre silence coutumier, pour tout raconter à Claude ; et pour lui demander conseil sur la façon dont il fallait que je demande la permission à Allan [le fermier].
D'abord il m'a répondu qu'il n'était pas nécessaire qu'il vienne aussi, et ensuite une mauvaise interprétation d'une réponse sèche de ma part le mit dans une colère furieuse !
Eh bien, ce journal ne sera jamais lu par quiconque sans ma permission, je serai très strict sur ce point – aussi puis-je m'y exprimer clairement à propos de nous, et de nos deux caractères difficiles. Claude ces derniers temps est passé, comme moi il y a un mois, par la même période difficile. Je l'observe depuis une quinzaine de jours très attentivement. Mon but n'était pas de me réjouir en regardant quelqu'un qui est malheureux, mais d'essayer de comprendre comment et pourquoi l'on se trouve pris, sans raison apparente, par cet « esprit de discorde » et si intensément. »

(B) « Après ce préambule orageux, Claude commence un long discours où il se plaint de notre comportement l'un par rapport à l'autre. Je l'écoutais et je reconnaissais en lui l'état où moi-même je m'étais trouvé il y a un mois. « C'est à devenir fou, dit-il, on doit faire quelque chose à ce propos ». J'ai écrit la même chose dans ce journal, il y a environ un mois. Mais c'était bien, et j'étais content de l'entendre dire ça parce que je pouvais si bien le comprendre. Je sais que la plupart des gens riraient devant une chose comme celle-là, mais, simplement pour donner une idée de la puissance de cet esprit de discorde, [imaginez] qu'en regardant votre ami sans raison précise, vous le voyez tout à coup comme un individu laid, sale et mauvais. etc... au point que quand vous voulez lui parler, vous êtes si bouleversé que les mots vous en restent dans la gorge. Non il n'y a pas de quoi rire...
A présent je sais que « être en paix avec soi-même c'est être en paix avec tous les autres », cela signifie que si tout ce que vous faites, chaque geste, est ce que la petite voix de la conscience à l'intérieur de vous, vous dit de faire, alors tout va bien.
Et je réalise à présent que si on arrive à vaincre tout cela on sera libre vraiment dans ce monde !!! »

(C) « Très drôle ce monde-là... Je ne m'étais pas rasé et j'avais l'air d'un sauvage au milieu de ces filles fraîches à la peau blanche ! Cela leur est tout à fait égal ! »

(D) « Lorsque l'esprit de discorde vient, c'est une sensation étrange ; c'est réellement exact que cet esprit vient soudainement, aussi rapide que l'éclair. Je n'ai aucune idée d'où et comment il vient, je sais seulement que c'est très difficile de s'en défaire. Lorsqu'il fond sur moi, je me fais très froid, et sans aucune émotion, de façon à analyser les faits et les raisons qui ont pu amener en moi cet esprit de discorde...
Encore une fois j'ai été en colère toute la journée, pas contre Claude, ni contre personne d'autre, mais contre absolument tout – la raison en était idiote, encore une fois une question de manque de contrôle de moi-même... Je devrais être capable à présent d'ignorer un geste peu élégant et laid comme celui-là ! Non, je ne peux pas, je retombe dans le piège chaque fois et la colère demeure aussi longtemps qu'elle veut. »

(E) « Vendredi 13 juillet
... une chevauchée étonnante sur Pat ce soir, m'a encore une fois prouvé que la douceur, la douceur encore est la seule façon d'agir en toutes choses. Souviens-toi !... »

(F) « Samedi 14 juillet
... Je ne veux rien ajouter d'autre sur lui [Allan], parce que je sais trop bien à présent ce qu'il en coûte de juger les autres êtres et jamais soi-même... »

Sunday the 15th of July – ... How to do all my possible for everybody ? how to help everybody as much as I can ? Just following the little voice... I know that it is the only way now, but in spite of that I still turn my head and I still look aside knowing perfectly well where is the Good – I look at the Bad or not especially the Bad but I should say that I still make calculs and follow my cunning instinct, which is very clumsy. Oh God, if I could only forget for a little while the world Wisdom, the civilization Wisdom and go in the natural love-way perhaps I would be able afterwards to carry on, looking a foolish at everybody's eyes but happy inside myself knowing that I am doing my best sincerely –

My left hand starts to write better now – (G)

Mais, s'il avait ce désir pieux de « faire tout son possible pour tout le monde », il adoptait dans le même temps le masque satanique et ricanant partiellement imité du fermier Allan, dont il avait haï d'abord le style personnel.

Friday the 11 th – ... I have perfectly understood today the laugh of Allan – when he chuckles sometimes as a devil – I know now what that means exactly and I start to take a pleasure to do it either ! (H)

Avec l'ambivalence caractéristique de ceux que tente la spiritualité, mais qui ont été éduqués dans des traditions manichéennes, il s'imaginait à la fois en démon potentiel et en saint virtuel : To challenge the evil, that should be my motto – I don't think I can really have hatred against anybody now but still too

many voices hum in my innermost – If only my jaw could remember me each time I swallow a mouthful, that I am eating the Christ's body ! I am still not ripe at all ! – too young ! (I)

Le désir d'Yves que la mastication pût lui rappeler le corps du Christ « à chaque bouchée » dénote un programme spirituel proche du « Je veux me rappeler moi-même » de Gurdjieff, du « Attention ! » zen, et des pratiques d'« ouverture de la conscience » du bouddhisme septentrional.

The 5 th of August 1950 [34]

Many persons are like I am, when relaxing my mind and my body I start to dream about... I don't know... just about the first picture which comes into my mind – then my eyes look completely mad and lost in the space – if someone speaks to me when I feel like that it may get the impression so unpleasant of a person who does not listen at all and pay any attention at what is said !

This state is the result of a simple lazyness, I realize that now, as well as we have some difficulties to keep our back straight as well we have difficulties to pay constantly attention at everything around... that question goes very far and I can't really [think] about it tonight properly – but I feel that it might be a big question – I have to think about – because I am afraid it is a little negative to be like that – So now I have to keep a back straight a permanent vision of everything ! (K)

Il est clair qu'Yves n'avait pas encore commencé à douter de la véracité des

affirmations de Heindel, selon lesquelles l'être humain serait perfectible par le seul effort personnel, et qu'aucune force extérieure à lui (telles les expériences de la première enfance) ne pourrait s'y opposer. Durant toutes ces années, les instructions détaillées de Heindel, qui réglaient jusqu'aux plus petites choses – ce qu'il convient de manger, en quelle quantité et avec quelle fréquence, comment respirer, et même comment rêver – dirigèrent sa vie. Heindel promettait que la force accumulée par la pratique de ces règles de vie, durant un minimum de sept ans, non seulement « domestiquerait » l'ego « rusé » mais « transfigurerait » véritablement le corps physique atome par atome jusqu'à le transformer en une créature plus noble, capable de flotter à son gré dans l'espace soyeux et de déchiffrer d'un seul coup d'œil le rébus de la nature. Cette « transfiguration » laborieuse, entreprise sous la direction de Heindel, fut le but directeur de sa vie pendant presque dix ans ; il y investit beaucoup de peine et d'espoir. Nombre de ses œuvres postérieures sont, entre autres choses, des tentatives de traduire symboliquement ce but, et en fait, de s'y soustraire. Mais à l'époque où il rédigea le journal irlandais, cette promesse était encore trop neuve, trop fraîche et trop plaisante pour qu'il pût douter de son bien-fondé.

En 1954, il écrira encore : « Se transfigurer, c'est penser à chaque instant à l'essence même de la pureté ; la respiration fait le reste : c'est-à-dire sur et dans le corps physique, elle distribue une nouvelle vie qui s'imprime sur tous les atomes germes et qui reconstitue toutes les particules infinitésimales du corps physique ordinaire en un corps transfiguré. »[35]

(G) « Dimanche, 15 juillet
... Comment faire tout mon possible pour tout le monde ? Comment venir en aide à chacun autant qu'il m'est possible ? Juste suivre la petite voix... Je sais à présent que c'est la seule façon, mais malgré cela je continue de tourner la tête et de regarder ailleurs. Tout en sachant très bien où se trouve le Bien. Je regarde le Mal, pas exactement le Mal, plutôt, je devrais dire que je fais encore des « calculs » et que je suis mon instinct rusé, ce qui est très maladroit. Oh, mon Dieu, si je pouvais seulement oublier pour quelque temps la prudence du monde, la prudence intéressée de la civilisation, et suivre la voie naturelle de l'amour ; peut-être serais-je capable ensuite de continuer ainsi, je semblerais un idiot aux yeux des autres mais à l'intérieur de moi-même je serais heureux car je saurais que je suis en train de faire de mon mieux, sincèrement. Je commence à mieux écrire de la main gauche à présent... »

(H) « Vendredi 11
... J'ai parfaitement compris aujourd'hui le rire d'Allan – lorsqu'il ricane parfois comme un démon – je sais à présent, exactement, ce que cela veut dire et je commence à prendre du plaisir à le faire moi aussi... »

(I) « Jeter un défi au mal, cela devrait être ma devise. Je ne crois être réellement capable de haine envers qui que ce soit à présent, mais trop de voix murmurent encore au plus profond de moi – Si seulement ma mâchoire pouvait me rappeler, à chaque bouchée que j'avale, que je suis en train de manger le corps du Christ ! je ne suis pas encore assez mûr du tout ! – trop jeune ! »

(K) « Le 5 août 1950
Beaucoup de gens sont comme moi, lorsque je détends mon esprit et mon corps, je commence à rêver... à je ne sais trop quoi... à la première image qui me vient à l'esprit, et alors mon regard semble complètement fou et perdu dans l'espace – si quelqu'un me parle lorsque je suis dans cet état, il peut avoir l'impression que je suis quelqu'un de réellement désagréable qui ne fait pas attention et n'écoute pas du tout ce qu'on lui dit !
Cet état est simplement la conséquence de la paresse, je m'en rends compte à présent, tout comme il est difficile de toujours se tenir droit, il est difficile de faire constamment attention à tout ce qui nous entoure... cette question va très loin, et je ne peux pas vraiment y penser à fond ce soir de façon convenable. Mais je sens que cela peut être une question importante – je dois y penser – parce que je crois que c'est un peu négatif d'être ainsi – Ainsi je dois à présent garder un dos bien droit, une attention constante à toute chose. »

Ces thèmes du journal qu'il écrivit à 22 ans : la lutte contre l'esprit de discorde, l'acceptation du masque satanique et ricanant qu'il se donnait, la croyance que la transfiguration viendrait dans un futur assez proche, demeurèrent importants pour lui jusqu'à sa mort. Plus tard, après qu'il eut assumé publiquement le rôle mythique qu'il s'était choisi, il réagissait par de violentes colères lorsque sa toute-puissance était mise en question ou, plus grave, ridiculisée. Mais, lorsque nul ne contestait ses droits sur le cosmos, il témoignait d'un tempérament profondément doux.

Cette ambivalence qui le faisait hésiter entre un monde profane où il lui fallait défendre les zones de réel qu'il s'était appropriées et le monde de la vie intérieure où nulle revendication n'était contestée s'exprime d'une façon particulièrement poignante dans une note brève du journal irlandais vers la fin de son séjour : It is better to have no friends and so no enemies ! I am afraid it is World-Wisdom and I dont want World-Wisdom. Do I ? (L)

8

Alors, il monta son cheval, et franchit nombre de pays étranges et sauvages, et traversa fleuves, mers et vallées.

Sir Thomas Malory, Mort d'Arthur.

Un jour qu'il travaillait à l'écurie, Yves entra dans une profonde rêverie. Il s'imaginait à cheval, galopant à travers l'Europe et l'Asie ; il se voyait pénétrant l'enceinte d'une académie de judo et revêtu d'un kimono lorsque, sortant brusquement de sa rêverie, il aperçut Claude qui grimaçait d'un air mécontent, sa pelle de fumier à la main. Yves partit en toute hâte, retournant seul à Londres à la fin d'août ; Claude l'y rejoignit environ un mois plus tard. A la fin de l'année, ils étaient de retour à Nice, mais la longue chevauchée ne semblait pas encore en vue. Arman avait d'autres engagements, et lorsque Claude fit une demande de passeport, il s'avéra qu'il avait la tuberculose. Presque deux ans passèrent avant que le pèlerinage ne commençât à se concrétiser, mais Yves ne resta pas inactif. (« Il était trop impatient dit Tinguely, il y avait en lui tant d'angoisse, un tel désir, qu'il ne pouvait supporter d'attendre. »)

Le 3 février 1951, il partit seul pour Madrid, afin d'étudier l'espagnol. Il s'inscrivit à un club de judo ; lorsque le moniteur tomba malade, on lui demanda de le remplacer. Ce fut son premier emploi comme professeur de judo, ce qui allait constituer la source de revenus pendant la majeure partie de sa vie. Il devint très proche du directeur de l'école, Fernando Franco de Sarabia, dont le père était éditeur.

Cependant, sa vocation souterraine d'artiste continuait d'émerger vers sa conscience. Il confia à son journal (en date du 18 février 1951) son intention (ce n'était ni un projet défini, ni une simple rêverie) d'exposer des peintures monochromes avec un accompagnement musical qu'il ne précisa pas. [36] Il est probable qu'il avait alors à l'esprit cette musique à une seule note ou à un seul accord (qui deviendrait plus tard la *Symphonie monoton*) que, selon Claude Pascal, Yves avait « découverte » à Londres peu après le monochrome et qu'il considérait comme le corrélat musical spécifique de ce type de peinture.

Yves, voyageur international, inversait les rôles vis-à-vis de ses parents ; il les invita à venir le voir à Madrid. Ils eurent du mal à réunir l'argent nécessaire puis enfin, au mois de juin, Fred, Marie, tante Rose et la grand-mère maternelle d'Yves (instigatrice de la dévotion familiale à sainte Rita) arrivèrent à Madrid pour un séjour d'environ dix jours en Espagne. A la fin du mois de juin, il revint en France avec eux, après un détour par les Baléares d'où ils s'embarquèrent pour la France. Mais Yves demanda d'abord à Arman, qui avait besoin de travailler, de venir le remplacer quelque temps comme professeur de judo.

A chacun de ses voyages, Yves écrivait à la fois à ses parents et à sa tante ; il demandait souvent de l'argent, mais parfois écrivait simplement pour garder un contact avec eux. Les liens étroits qui l'unissaient à la famille de sa mère, et surtout à tante Rose, ne faiblirent jamais. Ses lettres trahissent une affection presque enfantine. Lorsque sa mère reçut (avec Chapoval) le prix Kandinsky en 1949, il lui écrivit d'Angleterre : « Hurrah pour Maman ! à la fois abstraite *et* célèbre ! Bravo ! » A tante Rose, il écrivit de Londres : « Mille mercis pour les fruits confits ! Avec mille gros baisers et un très très gros câlin. » [37] En fait, il avait du mal à rompre avec la famille de sa mère et à faire son propre chemin. Son adolescence se prolongeait de façon anormale, à la fois à cause de l'attention excessive de sa tante et de son propre refus de suivre les impulsions toujours plus fréquentes qui le poussaient vers une carrière artistique.

De janvier 1951 jusqu'à la fin de l'été 1952, Yves vécut à Paris dans une chambre louée qui se trouvait à environ cent mètres de chez ses parents. Loin de Claude et d'Arman, il se sentait marginal et commença à s'inquiéter de son rôle dans la société. Parce que Paris l'effrayait, il chercha un ancrage dans le rosicrucianisme qu'il continuait d'étudier toute la nuit ; le rosicrucianisme, comme le judo, lui appartenait en propre, ce n'était pas quelque chose qui lui avait été donné par ses parents ou sa tante. A présent, à 23 ans, il se sentait prêt pour la seconde fois à faire son entrée dans le monde des adultes.

La réputation de sa mère était alors au plus haut ; une fois par semaine elle recevait (les « lundis » de Marie Raymond). De nombreuses personnalités du monde parisien de l'art passaient chez elle. Yves se mêlait habituellement à eux. « Il adorait ces réunions, dit sa mère, il aimait la compagnie des artistes. » Son sens du « moment historique » en art ne pouvait être plus finement aiguisé que par sa participation active à ces salons. Il acquit là le second de ses codes culturels : l'avant-gardisme du XXᵉ siècle ; plus tard, dans ses écrits, il le fondrait au code rosicrucien de façon délibérément ambiguë.

Parmi les activités avant-gardistes dont Yves était à présent le témoin privilégié, on trouvait celles des « lettristes » qui revendiquaient la continuation des traditions dadaïstes et surréalistes par le moyen d'une poésie concrète, de performances glosso-lexicales et de projets mettant en œuvre plusieurs moyens de communication à la fois.

Il fit la connaissance d'artistes, comme Raymond Hains, qui étaient à peu près de son âge mais avaient déjà une carrière derrière eux. « Je crains un peu, écrivit-il à tante Rose, mon hésitation devant la vie et d'être encore et toujours en proie à un tel doute. Je rêve toujours du Japon. » [38] Dans l'espoir de pallier son manque d'éducation, il s'inscrivit à l'Ecole des langues orientales pour étudier le japonais. (« Je n'ai aucun diplôme, écrivit-il avec une pointe de désespoir dans une lettre qu'il n'envoya jamais, mais j'ai étudié le japonais avec acharnement pendant des mois. ») [39] La grande question était de savoir s'il lui fallait ou non chercher à entrer dans le monde de ses parents et suivre leur exemple. Le « petit capitaine » était trop indépendant pour cela. Il désirait toujours faire son chemin seul, mais dans un domaine aussi proche que possible de l'univers des chevaliers du Graal : il deviendrait maître de judo.

L'été 1952, il prit des contacts au Japon par l'intermédiaire de connaissances de ses parents, demanda à sa tante de lui payer le billet du bateau (« bien sûr, j'ai accepté ») et partit seul, sans monture, à bord de *la Marseillaise* : il navigua vers le Japon via le canal de Suez, traversa les mers tièdes de l'Inde, passa par Singapour et Hong Kong, et arriva à Yokohama le 23 septembre 1952 [40]. Là, il rencontra Takachiyo Uemura, un critique d'art que ses parents connaissaient, et il s'installa quelque temps chez lui. « Ma chère tante, écrivit-il, tu vois, me voilà enfin au Japon. » Peu après il s'installa à Tokyo, et, le 9 octobre 1952, entra à l'institut Kodokan, le plus prestigieux centre de judo du monde.

9

« Seigneur, dit le jeune homme, il vous serait préférable de demeurer immobile, car rien ni personne au monde ne m'arrêtera. »

Chrétien de Troyes, Perceval.

Yves vécut au Japon quinze mois. Rose Raymond lui envoyait régulièrement de l'argent ; de plus, il donnait des leçons particulières à deux enfants français et enseignait le français à des étudiants américains et japonais. Se renseignant sur le milieu artistique japonais, il organisa trois expositions d'œuvres de ses parents. Simultanément, il poursuivait ses expériences de peintures monochromes qu'il exécutait sur de petits cartons, comme il l'avait déjà fait en Angleterre, et invitait ses amis japonais à venir les voir dans son appartement vide. Comme en Angleterre leur réaction ne fut nullement encourageante [41]. Il pensait faire carrière comme journaliste et écrivit un article sur le Japon qu'il posta à sa mère en lui demandant d'essayer de le proposer à un magazine ; il lui en promettait d'autres si nécessaire [42] (« J'ai beaucoup écrit »). L'intérêt de l'article réside dans le contraste qu'il propose à la fois avec le journal intime irlandais et avec les récits mythiques ultérieurs, publiés à partir de 1958. Lorsqu'il écrivait sur ce qu'il ressentait, comme dans le journal intime irlandais, Yves était souvent charmant et touchant d'innocence. Dans les récits à sa propre gloire, de la fin des années 50, il avait trouvé un ton (en partie imité de Bachelard) plein de puissance et de beauté poétique. Mais lorsqu'il écrivait sur un sujet extérieur à lui-même comme, par exemple, sur la culture japonaise, il devenait mortellement ennuyeux. On ne trouve dans cet article nulle passion, nulle fulgurance dans les sentiments ou l'imagerie, aucune des phrases pleines d'ardeur qui existent dans ses écrits sur lui-même. Sagement, Marie Raymond se garda bien d'envoyer l'article à un rédacteur en chef : le ton en était d'un écolier qui s'essaye à parler en adulte.

Avant tout, Yves pratiquait le judo à l'institut Kodokan et se laissait projeter à travers l'espace spirituel du judo plusieurs heures par jour. Avec la grandeur qui le caractérisait, il se montrait d'une détermination farouche dans sa volonté de quitter l'institut avec le statut de premier judoka d'Europe. Son plan comprenait deux étapes : il commencerait par publier un livre où il montrerait très clairement, au moyen de photographies, l'ensemble des *judokatas,* ou mouvements lents, qui forment la base même de l'entraînement (et qu'Yves répétait mille fois de suite avec une détermination inflexible). Aucun autre livre publié en France n'expliquait vraiment de façon claire ces positions. Il emprunta une caméra et du matériel, s'assura la collaboration d'un cameraman et réalisa un film dont les photogrammes pourraient être utilisés pour ce livre. La seconde partie de son plan était la plus importante : on trouvait alors en Europe beaucoup de judokas ceinture noire 3ᵉ dan, mais très peu de ceintures noires 4ᵉ dan. Yves était décidé à revenir en France en possession du titre de ceinture noire 4ᵉ dan décerné par le prestigieux Kodokan de Tokyo et à gagner le championnat européen de judo puis, enfin, à diriger la Fédération française de judo.

Les ceintures qu'il avait gagnées en France n'étant pas homologuées au Japon, il recommença son entraînement au début, avec cette énergie intense et presque pathologique qui, au fil des ans, caractériserait toujours davantage ses activités. Son maître de judo Tashiro écrivit à tante Rose qu'« Yves s'entraînait si intensément depuis son arrivée au Japon que ses amis s'inquiétaient pour sa santé. » [43] En fait, cette inquiétude de Tashiro était justifiée. Suivant l'exemple des judokas et des lutteurs *sumo* japonais, Yves commença d'absorber divers stimulants afin de se préparer aux prouesses physiques du judo. Entre autres choses, il se faisait des injections de calcium et prenait des amphétamines, alors en vente libre en France et au Japon. L'usage répété de ces amphétamines, qu'il se procurait légalement, persista jusqu'à sa mort et contribua peut-être à la transformation évidente que subit sa personnalité au Japon. Il devint plus grandiose, plus intense. Cela contribua aussi à l'aggravation de sa tendance insomniaque, plus tard bien connue de ses amis [44]. Les lettres à sa famille qu'il envoya du Japon signalent une tension croissante et une ambition toujours plus inflexible.

Voici ce qu'il écrivit à son grand-père à la Noël 1952, à propos de la mort de sa grand-mère survenue en juillet : « Sa photo est en permanence sur la table de ma chambre. Je la regarde aussi souvent que possible... Je suis absolument certain qu'elle nous protège et nous aide sans que nous en soyons conscients... Elle me gardera de tous les dangers possibles et je l'en remercie souvent. » Sa grand-mère, qui l'avait la première voué à la garde de sainte Rita, semblait à présent participer à l'activité de la sainte.

En janvier, il écrivit à tante Rose pour lui demander de l'argent, ainsi serait-il libéré du besoin de donner des leçons de français et pourrait-il « travailler (son) judo du matin au soir... je ne pense qu'à ça ». Lorsqu'il reçut l'argent, il lui répondit : « Tu es vraiment une tantine fantastique ! » Espérant faire fortune par lui-même, il s'essaya aux affaires et conclut un arrangement en vue d'importer en France, par Marseille, des kimonos achetés en Indonésie. Mais il se fit gruger. Tante Rose vint à son secours une fois encore. Yves lui écrivit : « Merci, mille fois merci comme toujours... tu m'as encore sauvé de la catastrophe, avec ces brigands ! » J'ai la tantine la plus formidable du monde ! » Mais la tension qui résultait de tous ces efforts commençait à se faire sentir. « Ici, c'est dur, écrivit-il à tante Rose, et constamment je me souviens comme la vie est douce à Nice, bien soigné par la tantine. Mais je dois absolument travailler ce sacré judo et rentrer en France en grand maître et champion. C'est mon avenir ! » (« Je n'ai pas de diplôme. ») Un an plus tard, il postula le 4e dan (« son avenir ») ; on lui répondit qu'il ne se qualifiait que pour le 2e dan. Il écrivit à tante Rose dans un accès de fureur : « ... j'en ai marre de ce pays, je suis à bout de nerfs, et ne désire qu'une seule chose, rentrer le plus tôt possible en France. Mais je désire par-dessus tout obtenir ce que je suis venu chercher ici. Il faut que j'obtienne absolument le *4e dan du Kokodan*. Sans cela je ne peux pas rentrer, j'aurais perdu la partie, car aujourd'hui en France si je veux être quelqu'un en judo il me faut le 4e. Le 3e que l'on me propose n'est pas suffisant, il y a trop de 3e dan en France à présent (60 environ) alors qu'il n'y a que cinq 4e dan, et encore... tu vois je ne serai pas en tête même si je leur soutire ce 4e dan.

« Ici au Kokodan, j'ai la réputation d'être le meilleur étudiant étranger et tous les professeurs jugent que je vaux le 4e et même le 5e dan, mais hélas ils sont tous plus ou moins anti-étrangers et décidés à ne pas donner de l'avancement à un étranger sans qu'il ne l'ait gagné au moins dix fois ou alors ils se laissent tenter par l'argent. Mais cette dernière manière ne me plaît pas, j'ai été trop sincère avec le judo jusqu'à présent je ne veux pas de trafic d'argent pour payer mon grade. Il y a un moyen de les impressionner, de leur faire comprendre que je vais devenir à mon retour un type très puissant en France et qu'ils auraient intérêt à me mettre de leur côté en me faisant la *faveur spéciale* de m'accorder le 4e dan avant mon départ. A cet effet j'ai demandé à la Fédération espagnole de judo de me reconnaître comme leur directeur technique, ils ont très gentiment

fait cela pour moi et à présent le Kokodan est au courant de ce que je serai le maître du judo de toute l'Espagne... J'ai expliqué au Kokodan que j'allais fonder à Paris *le plus grand* et le plus *beau club de judo de la ville* et peut-être même d'Europe, que j'avais déjà le local en plein centre de la ville, sur le boulevard Raspail et que je le consacrerais au judo du « Kokodan seulement » (bluff) si j'obtenais le 4e dan... »

Il requérait donc sa complicité dans ce coup de bluff : elle devait écrire à Tashiro pour l'informer « clairement et discrètement » que si, et seulement si, Yves devenait 4e dan : « ... j'aurai à ma disposition *trois ou quatre millions* de francs pour l'installation de mon club de judo à Paris... que la lettre soit gentille et familiale mais sans hésitations pour la requête du 4e dan, et les trois ou quatre millions. Je t'en prie fais cela bien, car cette histoire de dan est ma dernière bataille ici et la plus importante, si je la perds je crois que je ne m'en remettrai jamais... Ecris vite ma tantine, mais construis bien ta lettre pour qu'elle *porte*... J'ai hâte d'aller vous revoir tous, embrasse bien parrain pour moi et toi [je] te donne des centaines de milliers de grosses bises, vive tantine... »

Le 18 novembre, « tantine » fit ce qu'on lui demandait : « ... C'est le cœur plein d'espoir que j'ai l'honneur de m'adresser aujourd'hui au Maître incontesté du prestigieux Kodokan, célèbre dans le monde entier, pour qu'il daigne honorer de son attention le sort de l'un de ses élèves, mon neveu, Yves Klein. »

Il apparut qu'Yves avait assez bien saisi la psychologie du Kodokan. Le 7 décembre, Tashiro envoya à tante Rose une lettre qui est un chef-d'œuvre de double langage : « Yves, écrivait-il, est devenu deuxième dan dans un temps très court : c'est vraiment un très beau résultat. »

Mais la brièveté même de son entraînement posait problème : « Moi-même, j'ai commencé à pratiquer le judo à l'âge de 14 ans, et après des exercices quotidiens très durs de huit longues années, je suis devenu enfin 3e dan. » Ayant ainsi établi la nécessité de refuser d'accéder à la demande de tante Rose, il s'en tire avec une aisance étonnante : « Je comprends très bien la pensée affectueuse de votre part, ainsi que des parents d'Yves, mais, à franchement parler, étant donné la situation comme susdite, c'est impossible de lui donner le 4e ou 5e dan dans un délai si court, c'est-à-dire avant la fin de cette année. » La lettre était datée du 7 décembre, onze jours

plus tard, le 18 décembre, l'institut Kodokan décerna à Yves le diplôme de ceinture noire 4e dan. [45] Enfin un diplôme !... Le 9 février 1954, à bord de *La Marseillaise,* en route vers la France, Yves écrivit à tante Rose de Hong Kong : « Et... je suis 4e dan, ce qu'il y a de plus haut en judo en France, c'est vraiment merveilleux... J'espère que je serai à la hauteur... Il n'y a vraiment et sans aucune exagération qu'une seule tantine au monde de cette classe ! »

Ce coup de bluff réussi dévoile plusieurs choses : une détermination à être le premier dans tout ce qu'il entreprend (« à Paris ou peut-être dans toute l'Europe »), un refus de tenir compte des frontières qui séparent les faits et l'imagination quand cette imagination est intense et le concerne directement (« je crois que si je ne l'obtiens pas, je ne m'en remettrai jamais »), une dépendance extrême envers les demandes d'aides enfantines (« mille gros baisers à tantine ») et plus importante peut-être, une tendance à se mettre dans la situation d'être déçu en nourrissant des espérances peu réalistes (« j'espère que je serai le premier en judo »). Ce dernier aspect de sa personnalité, combiné avec son refus d'admettre un quelconque obstacle, allait renforcer en lui l'esprit de discorde dans les années qui suivirent. En fait, il semble qu'Yves ait vécu une transformation importante au Japon. En Irlande, il ne se préoccupait pas de pouvoir mais de « douceur et de douceur encore » (« souviens-toi »). A présent, il se sentait impatient de rattraper le temps perdu, de rejoindre ceux de sa génération qui avaient plus facilement et plus rapidement fait « carrière » ; en bref, il était impatient d'assumer enfin sa destinée héroïque.

Au début de 1953, il cessa de correspondre avec Oceanside et six mois plus tard son adhésion à la société des rose-croix cessa d'être effective. Il y avait encore en lui des zones obscures où guettait l'esprit de discorde. Mais la maîtrise qu'il avait acquise sur les tapis de judo l'abusait. Il se sentait déjà un champion. Il n'était plus un simple « chercheur », mais celui qui a atteint ce qu'il voulait.

10

Patience, patience,
Patience dans l'azur !

Paul Valéry, Palme.

Au début de 1954, Yves retourna en France et immédiatement Franco de Sarabia l'invita à Madrid pour y enseigner le judo. Mais Yves avait d'autres ambitions : les championnats européens de judo l'appelaient. Il visita différents clubs de judo en France et en Italie, donnant des causeries, ou faisant des démonstrations. Les publicités pour ces réunions qu'il avait, semble-t-il, rédigées lui-même, ont un ton presque pathologique par l'intensité de leurs exigences.

« Il y a dans le monde des héros de l'aventure que le grand public ne connaît pas. Yves Klein est l'un d'eux...

Ce n'est pas tous les jours que l'on a la chance de rencontrer et même de voir à l'œuvre l'un des grands maîtres du judo. »[46]

Malheureusement, cette approche ne fut pas la bonne. La situation était plus délicate qu'Yves ne l'avait pensé, et sa compréhension de la psychologie française se révéla moins juste que celle de la psychologie japonaise. Le judo était déjà en France une grosse affaire commerciale, et la Fédération française de judo, qui ne comptait dans ses rangs aucun maître formé au Japon, l'enseignait de façon commerciale comme une discipline sportive. Yves, que l'absence de mysticisme du Kodokan de Tokyo avait déçu, se sentit profondément offensé par le commercialisme du judo français. Il défia inconsidérément cette institution, prenant la parole contre la Fédération dans les clubs de judo. Il représentait la tradition du Kokodan de Tokyo. Il possédait le plus haut niveau de formation en Europe. Et il croyait que c'était à *lui* et non à la Fédération que revenait le pouvoir de diriger le judo français.

Comme on pouvait s'y attendre, la Fédération ne le portait pas dans son cœur. Yves pouvait bien être, en effet, comme il le prétendait, « l'expert de judo le plus qualifié de France », la Fédération déclara que ses qualifications et ses ceintures japonaises n'étaient pas homologuées en France et lui demanda de se soumettre à un nouveau contrôle.[47] Yves refusa avec la colère indignée de qui se sait dans le vrai ; on lui interdit de participer aux championnats européens et même d'adhérer à la Fédération. En privé, on disait qu'il tirait tout à lui, qu'il était un perturbateur et qu'il faisait trop de bruit autour de lui-même.

D'un seul coup, le but vers lequel il avait œuvré avec tant de détermination, qui était le fondement même de sa différenciation en tant qu'individu, et dans lequel il avait placé tous ses espoirs (« c'est mon avenir ») s'évanouissait. Son livre, *Les Fondements du judo,* fut publié chez Grasset, à Paris, en novembre ; mais, en dépit de cette publication, Yves comprit qu'il ne deviendrait pas le maître du judo français qu'il ambitionnait d'être ; tout ce qu'il pouvait espérer, c'était au mieux de diriger un club de judo à titre privé. Sa première et, pensait-il, sa meilleure chance de faire une carrière s'était envolée avant même d'avoir commencé. Plein d'amertume, et préférant subir cette humiliation loin des yeux de ses compatriotes, il fit le projet de s'installer à Madrid, « par pure déception » selon Arman. Comme toujours dans les moments difficiles, Yves appela tante Rose à l'aide : « J'ai besoin d'une voiture, dit-il, pour organiser en Espagne mon royaume du judo. » « Je suis allée à Paris, dit tante Rose et je lui ai acheté une petite 4 CV Renault dont il était enchanté. » (« Ma chère tantine,... cette voiture est absolument sensationnelle !... (...) merci pour la carte de sainte Rita, (...) moi aussi j'y crois dur comme fer ! ») Peu après, en lui promettant ou en se promettant à lui-même que c'était « la dernière fois que tu me gâtes de cette façon », il partit pour l'Espagne. Là, il déversa toute l'énergie de sa frustration dans l'enseignement du judo et connut une réussite éclatante.

A l'évidence, Yves était revenu du Japon transformé : « le judo lui donna la force et la vie », dit sa mère. Et Bernadette Allain qui pratiqua le judo avec lui l'année suivante à Paris dit : « Son vrai métier était d'être judoka. Sur les tapis de judo, il se montrait serein et fort, il se sentait en paix intérieurement. Au Japon, il avait appris le vrai judo, qui n'existait pas dans les écoles françaises. Le judo considéré comme une discipline de l'effort soutenu et comme une ascèse, qui donne au corps un savoir qui ne passe jamais par l'intellect. »

Yves possédait cette « autre » connaissance, infraverbale, pré ou post-intellectuelle : son corps et son attitude, aussi longtemps qu'il resta un judoka, rayonnaient de vigueur et de confiance en soi. Il fit de la Fédération espagnole de Judo, qui n'en possédait que le nom, une institution dynamique et obtint du Kodokan l'autorisation de créer, pour la première fois en Espagne, une lignée de ceintures noires.

Mais tout cela ne lui apportait pas ce qu'il avait désiré, ou ce dont il avait besoin : jouer un rôle prééminent, quel qu'il soit, à Paris, dans le milieu de ses parents. Durant son séjour en Espagne, il fit le plan de tenter une seconde fois la conquête de Paris. Il attaquerait, cette fois, sur un autre flanc. Il allait se consacrer à sa seconde possibilité de carrière : celle à laquelle la fréquentation des « lundis » de sa mère l'avait préparé. Le cul-de-sac où sa carrière dans le judo l'avait conduit, le poussa vers l'art. Comme dit Edouard Adam : « Il ne vint pas tant à la peinture qu'il n'y revint. »

Il y avait cependant encore un problème : il avait déjà 26 ans ; il avait réussi à acquérir une profession de façon honorable ; retourner à présent à Paris en débutant était trop humiliant. Il serait loin derrière Hains, Villeglé et d'autres artistes qui avaient son âge et qui, parce que la route ne leur avait pas été barrée par l'exemple parental contre lequel il avait dû s'insurger, avaient commencé leur carrière dix ans plus tôt.

Il ne fait pas de doute qu'Yves avait au moins conçu l'idée du monochrome dès février 1951, lorsqu'il le mentionna dans son journal. Il est presque certain que les premiers monochromes furent réalisés dès 1949 comme se le rappelle Claude Pascal, et peut-être dès 1948, comme l'affirme Arman. Les preuves concrètes n'existent plus, car, à un moment donné, Yves détruisit ses œuvres les plus anciennes, et les preuves documentaires ont été délibérément manipulées. La seconde date est peut-être la plus plausible dans la mesure où Yves, qui prétendait avoir peint les monochromes en 1946, semble avoir généralement antidaté d'environ deux ans ses « découvertes ». En tout cas il décida de faire commencer sa carrière de peintre de monochromes en 1951 ; avec l'aide de Claude Pascal, qui l'avait à présent rejoint à Madrid, il se disposa à réaliser les preuves qui étayeraient ses dires.

En fait, il continuait d'exécuter de petits pastels monochromes sur carton, comme il l'avait fait en Angleterre et au Japon. C'était devenu une de ses habitudes d'accrocher de telles pièces aux murs de l'endroit où il vivait, telles des icônes rosicruciennes qui avaient leur place à côté des portraits de sa grand-mère et de sainte Rita.

A présent, à Madrid, il accrochait des monochromes dans la salle où il enseignait le judo. Le judo, la doctrine des rose-croix et le monochrome constituaient les trois approches de l'« espace spirituel » qui lui appartenaient en propre et ne portaient pas la flétrissure de l'exemple parental. Le monochrome commença alors à prendre une place de premier plan ; il se présentait comme le ticket d'entrée dans le monde des adultes.

Grâce à l'argent fourni par Rose Raymond, Yves et Claude préparèrent sur les presses du père de Franco de Sarabia un recueil de reproductions des peintures monochromes. Ils en publièrent deux versions (dans un geste aux connotations dadaïstes manifestes), l'une intitulée *Yves Peintures* ; l'autre *Haguenault Peintures* (Yves révélerait plus tard que ce nom était celui d'une marque de pain d'épices). A l'intérieur de chaque livre, on trouvait une préface de lignes noires divisées en paragraphes et signée du nom de l'initié, Pascal Claude, [48] et dix planches en couleurs qui semblaient reproduire des peintures monochromes en vert, jaune, bleu, rose, rouge et orange, chacune datée (1951-1954), certaines portant des noms de villes et des indications de dimensions ; toutes étaient signées « Yves » en bas à droite.

Ces planches semblaient indiquer qu'il existait un ensemble d'originaux de plus grandes dimensions, réalisés dans différentes villes entre 1951 et 1954. De retour à Paris, Yves allait se servir du livre pour établir le « fait » qu'il travaillait déjà à son œuvre depuis quelques années et que son travail avait acquis une maturité suffisante pour justifier une telle publication. Chacune de ses revendications est pourtant hautement contestable. Il n'existe aucune preuve qu'Yves eût déjà réalisé des monochromes de la taille qu'impliquaient les reproductions. En fait, on a remarqué que ces planches ne sont pas des reproductions photographiques, mais des morceaux de papier de couleur collés sur la page. [49] Il n'existe aucune preuve que les originaux qu'elles prétendent reproduire aient jamais existé. Cet ouvrage est intéressant pour ce qu'il nous révèle d'Yves et de sa façon de truquer ; en effet chaque aspect du petit livre peut concorder avec l'une ou l'autre des deux interprétations possibles. Les notations de villes, par exemple Londres 1950, Paris 1951, Tokyo 1952, semblent se justifier secrètement pour Yves non comme des indications de date de réalisation, mais comme des

titres. Aldo Passoni reprend l'histoire, probablement créée par Yves à propos de cette brochure, selon laquelle il aurait organisé à Madrid « une exposition de dix peintures monochromes, chacune dédiée à une ville différente ». [50] Ainsi, Tokyo 1952 peut signifier « voici mon impression de Tokyo en 1952 ». L'exposition, semble-t-il, n'a pas dépassé le cadre de l'accrochage de petits monochromes dans la grande salle d'entraînement de judo.

En tout cas, Yves s'était préparé, à la fin de sa période d'exil, à faire une seconde « entrée à Paris » et avait révisé sa stratégie. Cette décision était d'une importance cruciale. Le judo, passion de sa jeunesse, fut rejeté à l'arrière-plan. Tandis qu'au premier plan s'avança l'artiste alchimiste allant vers son « rendez-vous avec la fin d'un âge ».

11

« Allô, Allô, ici Tintin... Je viens de revêtir mon scaphandre et me voici dans le sas, ce compartiment dans lequel on va bientôt faire le vide... »

Hergé. On a marché sur la Lune, *Casterman, 1954.*

En décembre 1954, tante Rose vint rendre visite à Yves à Madrid. Il revint en France avec elle, s'installa dans l'appartement parisien de sa mère qui vivait à présent séparée de son mari. Là il commença à expérimenter les matériaux et les techniques de son art afin d'arriver à des peintures monochromes d'une grande maîtrise. Rose et Marie vendirent un terrain qu'elles possédaient en commun à Nice et consacrèrent le bénéfice de la vente à l'installation du club de judo à Montmartre sur le Boulevard de Clichy, dans un atelier autrefois utilisé par Léger et où, entre ses cours de judo, Yves commença, dit Arman « à peindre comme un fou ». Ainsi installé, il commença enfin à prendre ses distances vis-à-vis de sa famille et à se créer un nouveau cercle de connaissances.

L'horizon d'Yves s'élargit alors et ses talents remarquables et variés commencèrent à s'épanouir. Mais l'enfant demeura toujours en lui. Yves qui compensait farouchement ses débuts tardifs dans le monde de l'art affirma avec toujours plus de force sa personnalité puérilement grandiose. En fait, il passa d'un « royaume du judo en Espagne » à un royaume de l'art à Paris. A présent, et de plus en plus dans les années qui allaient suivre, il se servait de sa capacité à mobiliser les autres pour ses propres projets. Un des nouveaux intimes d'Yves fut Robert Godet, personnage pittoresque qui vivait en marge du milieu de l'art parisien. Occultiste et adepte de Gurdjieff, il s'intéressait aux religions orientales, à l'art d'avant-garde, aux prophéties utopistes et aux arts martiaux. De toute évidence Yves et lui avaient une affinité d'esprit. Pilote, Godet était comme Yves spectateur de la « hiérophanie inextinguible » du ciel ; il vivait dans un style relativement somptueux que, disait-on, lui permettaient ses activités de trafiquant d'armes. On le vit pendant des années aux côtés d'Yves à La Coupole, l'exhortant à « dépasser » l'état actuel de ses recherches. Il furent très proches jusqu'à la mort de Godet en 1960, survenue alors qu'il transportait par avion au Tibet, paraît-il, un chargement d'armes, peu après l'invasion chinoise.

Ce fut Godet qui présenta Bernadette Allain à Yves. Cette jeune architecte de talent partagea plusieurs années la vie d'Yves et l'aida à expérimenter les techniques et les matériaux de son art. Yves l'initia au judo et elle, à son tour, le guida dans ses recherches d'un fixatif qui stabiliserait les pigments en poudre sans en « tuer la couleur » pour reprendre leurs termes. En 1955, elle le trouva encore « passionnément dévoué au rosicrucianisme » dans lequel « le monde de la couleur pure » représente le royaume métaphysique suprême (le royaume du corps astral) qui est le but que l'initié tente d'atteindre par ses efforts.

« Passionnément intéressée par la couleur pure », elle parlait avec lui du mysticisme de la couleur et d'« aller au-delà des limites, au-delà de la gamme des sensations », de trouver « ce qui arriverait si l'intensité personnelle de quelqu'un grandissait jusqu'à s'étendre au-delà des frontières connues ». Ils étaient convaincus qu'il existait une « certaine hypersensibilité » qui permettrait réellement « d'entrer dans le monde de la couleur » et « d'exister en tant que couleur ». C'était un « problème physique, une question de vibrations, de longueurs d'onde et de résonances » (Bernadette s'identifiait au bleu outremer, couleur avec laquelle elle se sentait « en résonance exacte »). Ayant trouvé, après maintes expérimentations, les ingrédients nécessaires, ils réalisèrent, dans la cuisine de la mère d'Yves, les premiers monochromes qui allaient être exposés ; ils les exécutèrent au rouleau sur du tissu de coton tendu sur des panneaux de contre-plaqué. [51]

Il est important de revenir sur les propos de Bernadette Allain : Yves et elle-même considéraient qu'entrer dans le monde de la couleur était « un problème physique, une question de vibrations, de longueurs d'onde et de résonances ». C'est là une affirmation purement rosicrucienne, du même ordre que celle de Heindel, qu'on peut littéralement apprendre à voler. Cependant cette phraséologie, séparée de ses sources rosicruciennes et considérée du point de vue de la culture parisienne des années 50, rappelle aussi la phénoménologie. Bachelard et Gadamer, par exemple, parlent d'une manière semblable de pénétrer dans le monde de l'œuvre d'art. D'abord Yves puisa la phénoménologie dans l'air parisien, et plus tard il fortifia ses notions par une lecture superficielle de Bachelard. C'était son troisième code, qu'il allait entremêler avec les deux précédents dans ses écrits à partir de 1957. Dans la sémantique multidirectionnelle de ces écrits, la théorie rosicrucienne fournit les structures de

base auxquelles viennent se combiner les autres codes, ceux de la phénoménologie et de l'histoire de l'art. Par cette ambiguïté calculée, comme dans le livre *Yves Peintures*, il pouvait réconcilier ses chimères avec le monde de la réalité ordinaire.

En fait, certains thèmes rosicruciens subsistèrent durant toute la vie d'Yves. Soit croyance, soit habitude, le code rose-croix semble avoir été chez lui une structure à laquelle la définition de sa personnalité profonde était inextricablement liée.

Bien qu'il eût cessé de travailler aux leçons des rose-croix au début de 1953, Yves continua de lire l'ouvrage de Heindel jusqu'en 1956 au moins, époque où il avait virtuellement mémorisé ce livre. A son retour de Madrid il avait ouvertement parlé du rosicrucianisme dans le milieu parisien de l'art et on s'était moqué de lui. Il ne refit pas cette erreur deux fois. A partir de ce moment là, la phénoménologie devint le médiateur de son rosicrucianisme vers le monde extérieur et le néo-dadaïsme lui fournissait une échappatoire lorsqu'on lui demandait des explications ou que l'on exigeait de lui une cohérence dans la pensée. « La culture d'Yves, comme le dit Pierre Restany, était très personnelle et comportait beaucoup de lacunes. Mais d'une certaine façon, c'étaient ces lacunes mêmes qui lui donnaient une personnalité remarquable. »

A l'époque des premiers monochromes, Yves enseignait le judo au club de Montmartre où Bernadette Allain faisait la démonstration des *judokatas* avec lui. La personnalité charismatique d'Yves attirait de nombreux voyous et jeunes du voisinage qui formaient environ la moitié de ses élèves. Yves comprenait leur rébellion, leur violence, leur résistance à toute éducation conventionnelle. Ils étaient potentiellement de meilleurs lutteurs que les étudiants bourgeois. A son tour il les influença beaucoup. Comme le note Bernadette Allain : « lorsqu'un des durs du quartier sera allé au tapis, chaque jour sans exception, pendant trois mois, ce garçon de 18 ans sera transformé, car il sera entré au contact d'une force ». Yves leur enseignait l'éthique du Kodokan, la fraternité des judokas, la sérénité du maître du judo qui, lorsqu'il marche dans la rue, ressemble à n'importe qui. « Il avait déjà, dit Bernadette Allain, ce besoin fou d'être admiré », mais dans son culte du héros durant cette « période de judo pur » il n'avait pas encore commencé à se caricaturer lui-même. Il était paisible et plein de dignité. Il était, au moins à ses yeux, au meilleur de lui-même.

« Le besoin fou d'Yves d'être admiré » ne faiblit jamais. Le choc que lui avait occasionné son semi-échec au judo l'avait inquiété. Il commença à manifester, peut-être comme une sorte de compensation, la conviction intime de sa propre importance, qui ne fit que se durcir et se faire plus fanatique à mesure que le temps passait. Il avait toujours fait preuve d'un esprit « religieux » attiré par le surnaturel du fait de son lien secret avec la prophétie rosicrucienne ; il commença à considérer sa vie comme une histoire sainte. Il assimilait sa destinée à celle de Jésus-Christ et disait à Bernadette Allain qu'il mourrait à 33 ans. (« En fait, il mourrait chaque fois qu'il n'obtenait pas ce qu'il voulait... Yves Klein, âge mental 10 ans », dit-elle en riant.)

Lorsqu'il voulut, sans plus attendre, se jeter dans la mêlée du monde de l'art sans douter un instant de son succès, elle tenta de le retenir (« je savais comment ils achètent, comment ils manipulent, comment ils vendent »). Son cerveau était encore plein des aventures de Tintin, et des récits de chevaliers en armes. Il était « trop naïf, trop infantile, et trop fascinant. Il avait un certain... pouvoir ». En se lançant dans la compétition où il fallait tenter d'attirer l'attention des milieux d'avant-garde, il se mettait en danger de perdre ce que le judo lui avait apporté de paix intérieure. Ce fut l'occasion du premier de ces désaccords qui amèneraient la fin de leur relation.

En 1955 cependant, impatient comme toujours, Yves présenta au jury du Salon des réalités nouvelles un monochrome orange. Comme il refusa d'ajouter un élément graphique à la toile, elle fut refusée, bien que les jurés fussent peu enclins à refuser l'accès au Salon au fils de Marie Raymond qui y participait depuis de nombreuses années. Ce refus ne fit qu'accroître l'énergie d'Yves (« Il ne pouvait supporter qu'on lui résiste », dit Bernadette). Il organisa une exposition de monochromes au Club des solitaires en octobre 1955. Cette exposition se termina sans que personne ou presque ne la remarquât, à l'exception du jeune critique Pierre Restany dont le travail allait dorénavant être lié à l'œuvre d'Yves d'une manière bénéfique et mutuelle. Au fil des années, Restany préfacerait les catalogues d'Yves et organiserait parfois les expositions de ses œuvres. Restany, selon un de leurs amis communs, voulait « devenir Yves ». « Je lui dois beaucoup, dit Restany. Je lui dois à la fois la structure de ma pensée et la conduite de ma vie, mon style de vie. »

Yves, quant à lui, trouvait chez Restany la parole instruite qui lui faisait défaut et qu'il désirait ardemment. Lorsque les mots devenaient nécessaires, il interposait Restany entre lui et le monde, tout en cherchant en secret, à travers la lecture de Voltaire, Hugo, Flaubert, Proust, un style d'écriture qui lui serait propre.

Sa rencontre avec Jean Tinguely, qui était présent quand le jury du Salon des réalités nouvelles avait refusé le monochrome orange d'Yves, fut très importante. Tinguely était au-dessus des conventions et, au fur et à mesure que les années passeraient il s'enthousiasmerait pour les gestes mythiques de plus en plus spectaculaires d'Yves. Le petit capitaine, avec ses croyances enfantines et son intensité enjouée, faisait de la vie un poème débordant de bonne humeur et c'était une magie qui allait au-delà de toute interrogation. Dans les années qui suivirent, plusieurs jeunes artistes de Nice (l'Ecole de Nice se forma véritablement en 1961) allaient monter à Paris : parmi ceux-ci Arman, Martial Raysse, César. Ils avaient tous en commun une certaine qualité d'intensité, une « angoisse » comme le dit Tinguely. « C'était étonnant, dit-il, de voir une telle angoisse venir de la Côte d'Azur. Mais Yves Klein était incontestablement le champion toutes catégories de l'angoisse ; c'était l'homme le plus inquiet que j'aie jamais rencontré. »

Le petit groupe qui allait devenir celui des Nouveaux Réalistes se formait alors. Les yeux étincelants d'Yves et son énergie inépuisable d'enfant le propulsèrent au cœur du mouvement. (« C'était, dit Tinguely, un superbon camarade », en même temps que le « champion de l'angoisse ».) Avec une confiance en soi souveraine, et pour tout dire exagérée, Yves promit aux autres de devenir rapidement célèbre et de les parrainer ensuite.

En 1956, grâce à une recommandation de sa mère, il présenta à la galerie Colette Allendy plusieurs monochromes de couleurs différentes ; il demanda à Pierre Restany d'écrire la préface du catalogue. Restany y suggère qu'Yves était en train de mener à terme l'aventure commencée par Malevitch, une comparaison qui pertuberait Yves de plus en plus au fil des années. Restany y dénonce l'art informel et définit les peintures monochromes comme les icônes de la « contemplation pure » [52]. Mais il y a un effet de contraste intéressant entre « la contemplation pure » de Restany et la description que fait Tinguely de l'état d'esprit d'Yves lorsqu'il peignait : « Il n'y avait là ni contemplation, ni

calme, ni équilibre intérieur. Lorsqu'il peignait les monochromes il devenait fou d'inquiétude à force de se demander si les trois matériaux qu'il utilisait allaient se mélanger convenablement. » Cette contradiction entre le style survolté propre à Yves et l'idéal de la contemplation pure allait s'accentuer au fil des années.

Mais cette exposition de 1956 ne satisfit pas Yves. Les couleurs différentes produisaient un effet trop décoratif pour exprimer la sensibilité profonde de la couleur pure. L'année suivante, il n'utiliserait qu'une seule couleur, le bleu outremer (qu'il appellera plus tard *IKB*, International Klein Blue), la couleur de Bernadette et la couleur de sa première œuvre d'art : le ciel bleu de Nice. [53]

Courant les galeries dans l'espoir de trouver un marchand, Yves arriva un jour chez Iris Clert. Identique à celui du jury du salon fut son jugement de ne pas considérer la toile comme une peinture. Cependant, devant l'insistance d'Yves, elle accepta de l'accrocher, elle la conserva plusieurs jours dans sa galerie et réalisa que cette toile possédait comme son auteur « une certaine force positive ». C'était la force de l'« espace spirituel », de l'« attraction vers le haut », vers la liberté bleue illimitée du ciel. C'était la force qui allait pousser Yves à retourner vers sa demeure infinie.

12

Je suis hanté. L'azur ! l'azur ! l'azur ! l'azur.

Stéphane Mallarmé. L'Azur.

Iris Clert n'était pas encore, à l'époque, le type de marchand à qui les artistes reconnus venaient proposer leur travail. Mais elle était ambitieuse, réagissait vite et voulait participer au mouvement avant-gardiste.

Pour cela, elle se devait de rassembler autour d'elle un groupe de jeunes artistes « angoissés » ; Yves lui en donnait l'occasion. L'arrangement était avantageux pour tous les deux. Dans les années qui suivirent immédiatement, elle présenta des œuvres d'Yves, de Tinguely, d'Arman, et d'autres encore, parmi ceux qui allaient devenir les Nouveaux Réalistes.

Enthousiasmée par l'exubérance juvénile de ses nouveaux associés, elle encourageait leur tendance à l'innovation radicale. Ce jeu de l'avant-garde, lorsqu'il devint une dure réalité, amena chez Yves des transformations profondes. Il devint de plus en plus colérique et manipulateur. « Personne ne pouvait refuser quoi que ce soit à Yves, dit Iris Clert. Il devint une espèce de Nietzsche de la peinture » ; « l'hypertrophie de son ego » submergea tout ; c'était « un gros bébé », « un grand naïf », et surtout « un dictateur ». Comme les jours passaient, leurs brouilles se firent de plus en plus passionnées et hystériques.

Entouré de Robert Godet, Jean Tinguely, Pierre Restany et Iris Clert, Yves commença à changer de la façon que redoutait Bernadette Allain, à devenir une caricature de lui-même ; il commença à exposer publiquement, par étapes, son mythe de lui-même en même temps que son œuvre. Découvrant immédiatement que cette technique lui apportait un succès certain, il poursuivit dans cette voie, sans tenir compte de la destruction qui s'opérait en lui.

L'exhibition d'un personnage mythique se transformait chaque jour davantage en un jeu qui possédait sa dynamique propre, et dont le mouvement s'accélérait sans pitié jusqu'à sa conclusion fatale. Le jeu devint une trappe de laquelle il devenait impossible de se libérer. De plus, le fait d'occulter le fondement rosicrucien de son œuvre en dissimulait la cohérence interne et rendait Yves constamment vulnérable aux mauvaises interprétations qui faisaient de lui un simple amuseur sinon un opportuniste. L'aveuglement du public vis-à-vis de son sérieux intérieur créait chez lui une profonde frustration. Il réagissait, comme dans sa décision téméraire de défier la Fédération française de judo, par toujours plus d'exigences péremptoires. Et comme ses revendications se faisaient toujours plus excessives, Yves s'y trouva pris de plus en plus étroitement. Dans la mesure où l'image qu'il avait de lui-même en vint à dépendre toujours davantage du niveau de ses exigences, son engagement dans le mythe perdit sa dimension ludique ; l'identification au personnage mythique se fit plus entière et plus dangereuse. Simultanément, sa personnalité devenait plus tragique, plus héroïque et comme condamnée. Les témoins de cette transformation l'évaluent différemment. Tinguely, par exemple, considère l'auto-crucifixion d'Yves comme un poème sublime. Sa mère choisit de la considérer comme inévitable, « un destin qui l'avait poursuivi depuis le jour de sa naissance ». D'un autre côté, Bernadette Allain la voit comme l'état pathologique croissant qu'amenèrent sa surexcitation et la perte de son équilibre intérieur, et qu'intensifièrent les encouragements de ceux dont les carrières allaient profiter de ce drame de l'auto-immolation.

En 1957, Yves commença à interpréter publiquement son rôle mythique de messager de l'âge qui vient. Une exposition de monochromes bleus identiques à la Galleria Apollinaire de Guido Le Noci à Milan inaugura l'époque bleue. La façon dont Yves faisait habilement se compénétrer plusieurs codes était à présent solidement installée, et cela à différents niveaux. Le titre même de l'exposition, l'*Epoca blu*, faisait ironiquement référence en termes d'histoire de l'art à la fameuse « période bleue » de Picasso ; en termes rosicruciens, il désignait l'âge où toute matière se dissoudrait et où l'humanité retournerait à l'éden sans matière de l'espace comme pur esprit, que Heindel symbolisait par la couleur bleue. Les monochromes bleus eux-mêmes représentaient la fusion de toutes les formes dans la matière originelle par-delà leurs différenciations internes ; en termes d'histoire de l'art ils réfutaient fermement (et au bon moment) l'art informel ; du point de vue phénoménologique, ils niaient la dichotomie sujet/objet en forçant l'observateur à participer à la création de leur signification. L'accrochage des toiles à environ 25 cm en avant du mur implique également la fusion de plusieurs codes : en

termes rosicruciens, cela indique la fin de l'âge de la gravité et le commencement de l'âge de lévitation (Yves commença à cette époque à parler « de façon obsessionnelle » de lévitation) ; en termes d'histoire de l'art, cela se rattache au projet de « proclamer... l'activité de la peinture dans l'espace réel... (et de révéler)... le tableau comme objet dans cet espace ». [54] Comme Yves allait l'écrire dans l'« Aventure monochrome », [55] il désirait que la peinture « envahisse l'espace de l'observateur », à la fois en contestant les modes habituels de perception de la peinture et en affirmant la doctrine rosicrucienne de l'imprégnation imminente de toute matière par l'esprit.

Le fait que les peintures étaient plus ou moins identiques est également une expression de ce triple code : en termes rosicruciens cela fait référence à l'unité sous-jacente de l'absolu qui fonde la personnalité de l'être et sous-tend tous les êtres individualisés ; en termes d'histoire de l'art c'est le refus de tout illusionnisme qui « insiste sur la qualité matérielle des composants du tableau » [56] ; la lecture phénoménologique montre qu'il s'agit bien d'une stratégie destinée à briser la complaisance perceptuelle de l'observateur.

Il faut souligner que ces peintures auraient très bien pu être exposées sans prétendre qu'elles introduisaient non seulement l'âge nouveau en art mais aussi une phase nouvelle de l'évolution humaine. Mais la magnificence d'Yves exigeait un tel mythe. L'art en soi, sans demandes implicites ou revendications spirituelles exaltées, ne lui suffit jamais. Plus tard il devait déclarer à Claude Parent : « les monochromes c'est moi » ; c'était sa carte de visite de messager du vide bleu, l'emblème héraldique de sa royauté éthérée dans le ciel.

Du seul point de vue de l'histoire de l'art, ces monochromes arrivaient aussi opportunément dans l'Europe de l'époque que les peintures blanches de Rauschenberg ou les œuvres, plus ou moins contemporaines, de Newman et Reinhardt aux États-Unis. Mais ce ne fut pas seulement la perfection d'un geste opportun qui fit entrer les monochromes bleus dans les manuels d'histoire de l'art ; on ne peut nier la force remarquable de ces peintures. Chacune d'elles reflète encore le regard magnétique d'Yves, et à sa surface l'on peut encore lire la touche survoltée de sa création. Elles exercèrent, sans qu'il fût même besoin de recourir pour cela au mythe, une influence immédiate sur des artistes reconnus. A Milan, Fontana acheta un monochrome *IKB* et s'engagea plus avant dans la monochromie. Pie-

ro Manzoni fut converti par les toiles monochromes *IKB* et abandonna son style figuratif antérieur pour se mettre à peindre ses « achromes ». Dans les années qui suivirent, il fit des séjours répétés à Paris, dans l'espoir d'y voir Yves. Son œuvre devint une étrange parodie, peut-être une inversion délibérée de celle d'Yves.

Une exposition de monochromes bleus fut organisée un peu plus tard à la galerie Iris Clert ; Yves présenta conjointement à la galerie Colette Allendy un ensemble étonnamment varié d'œuvres qui annonçaient nombre de ses réalisations futures et aussi, d'une certaine façon, l'art occidental des dix ou vingt années à venir. On y présenta la première sculpture en éponge *IKB,* qui faisait allusion à la doctrine rosicrucienne de l'imprégnation de la matière par l'esprit et annonçait le développement, dans les années 60, de nouveaux moyens d'expression plastique. Des paravents peints en bleu rappelaient l'influence japonaise et signalaient le glissement de sa peinture vers la sculpture monumentale. A l'étage, une salle vide présentait les « surfaces et les volumes de la sensibilité picturale pure » ; le soir de l'ouverture Yves exécuta une « Peinture de feu d'une minute » composée de quatre rangées de quatre feux de Bengale montés sur un support carré de contre-plaqué. Comme l'exposition des monochromes IKB chez Iris Clert, cette manifestation marquait le début de la carrière d'Yves comme messie auto-désigné de l'art, ou messager de l'âge nouveau ; par cette exposition chez Colette Allendy, il revendiquait comme lui appartenant en propre la totalité des moyens techniques d'expression artistique.

Plus tard dans l'année 1957, des monochromes de couleurs différentes furent présentés à Düsseldorf puis Londres. Londres et Paris n'étaient pas convaincus, la réaction fut par contre positive à Düsseldorf et Milan. De jeunes artistes allemands (Heinz Mack, Otto Piene et d'autres) se déclaraient subjugués par les orientations implicites dans le travail d'Yves et, lorsqu'ils l'eurent rencontré, par son personnage d'« homme marqué par le destin ». Les groupes N à Milan et Zero à Düsseldorf se firent les intermédiaires de son influence, puis de son mythe, lorsqu'ils vinrent à le connaître.

Environ dix ans plus tôt, Yves-Marie Klein avait rejeté son origine et son histoire personnelles pour devenir simplement « Yves » ; il s'était choisi, tel un initié orphique, une origine mythique et avait projeté sa véritable demeure par-delà le ciel. A présent, alors qu'il inaugurait l'époque bleue, âge où l'humanité tout entière, grâce à son influence catalysante, allait revendiquer et reconquérir sa nature céleste, il se rebaptisa Yves le Monochrome. Ce titre digne d'un chevalier convenait à ses aventures dans l'espace-couleur infini, mais c'était aussi le signe d'une revendication intime, peut-être inopportune, celle de l'unité sans rupture de ses peintures, et d'un espace intérieur d'un bleu uniforme et serein, où aucune obscurité, aucun enchevêtrement de lignes ne saurait abriter l'esprit de discorde. [57]

13

Devons-nous admettre que dans le vide bleu se trouve le plaisir sans fin ?

Lu Kuei-meng.

Yves avait commencé en 1954, année de l'exil et de l'orgueil blessé, à rédiger ses écrits qui mêlent à la prophétie la théorie de l'art et la revendication d'accomplissements occultes. Il commença à les publier dès 1958 ; parmi ses écrits les plus réussis, citons *Le vrai devient réalité, Attendu que, l'Aventure monochrome* qui révèlent un talent poétique véritable et présentent une qualité littéraire certaine.

Son premier récit, *La Guerre : petite mythologie personnelle du monochrome* (dont certaines parties furent rédigées dès 1954), proposait une interprétation mythique de ses expositions de monochromes. [58] L'opposition rosicrucienne entre l'espace (l'un) et la forme (la multiplicité) y était représentée en termes d'histoire de l'art, par la lutte qui opposait la couleur à la ligne. De même que l'évolution humaine, selon Heindel, était sur le point d'abandonner la forme (la séparation, la limitation) afin de revenir à l'espace (la plénitude, l'infini), de même l'artiste devait refuser la ligne (division, enchevêtrement, névrose) en faveur de la couleur (unité, ouverture, illumination). Tandis que la ligne divise et fragmente l'espace, la couleur le remplit et se fond en lui.

« La couleur est ce qui baigne le plus dans la sensibilité cosmique... La ligne peut être infinie, comme le spirituel l'est, mais elle n'a pas la qualité de remplir le tout incommensurable, elle n'a pas cette faculté de s'imprégner qu'a la couleur. La ligne perfore l'espace... La couleur s'y trouve imprégnée... La ligne court, va à l'infini, tandis que la couleur, elle, « est » dans l'infini. » [59]

La couleur, comme l'enseignait Heindel, n'est que de l'esprit, suffisamment « coagulé » pour devenir visible dans l'espace, mais insuffisamment encore pour se morceler en formes.

La dichotomie entre Delacroix (la couleur) et Ingres (la ligne) était le paradigme de ce combat. Yves avait découvert en 1956 le *Journal* de Delacroix ; ce livre allait rester son livre de chevet pour le reste de sa vie ; il avait pour Yves la valeur d'un document sur un frère d'armes, mais aussi sur un frère en spiritualité. Il était conquis par le mysticisme romantique de ce peintre qui écrivait : « Chez certains, l'étincelle intérieure existe à peine. Je sais qu'elle domine en moi. Sans elle je mourrais, mais elle me consumera. » [60] Cet esprit à la Werther, écrivit Yves, « cherchait à s'exprimer totalement lui-même dans et par la couleur ». [61] C'était en quelque sorte le premier prophète du retour à l'espace. Mais, avant tout, c'était l'insistance de Delacroix sur l'élément « indéfinissable » en art qui apparentait sa démarche, selon Yves, à sa propre approche alchimique de l'art. Les textes alchimiques parlent d'une substance, réelle bien qu'invisible et ineffable, qui distingue l'« or des philosophes » de l'« or commun », le « feu des philosophes » du « feu commun » et ainsi de suite. Le but du Grand Oeuvre était d'obtenir le contrôle de cette substance symbolisée par la pierre philosophale, en l'isolant dans sa propre personne. L'alchimiste gagnait ainsi le pouvoir de l'insuffler à volonté en d'autres entités. Sous la direction de Heindel, Yves avait cherché un tel pouvoir pendant des années.

« L'or des alchimistes anciens peut s'extraire effectivement de tout. Mais ce qui est difficile, c'est de découvrir le don qu'est la pierre philosophale, et qui existe en chacun de nous. » [62]

A présent, inspiré par l'« indéfinissable » de Delacroix, il transposait la doctrine alchimique en termes artistiques : une peinture véritable contient une « substance » invisible et indéfinissable qui la transmue en un absolu éternel.

Une substance immatérielle qu'Yves appelait la « sensibilité picturale pure » est insufflée dans l'œuvre par l'artiste-alchimiste qui a su isoler et purifier cette sensibilité en lui-même ; tout observateur dont la sensibilité personnelle est suffisamment développée peut l'éprouver à son tour dans l'œuvre peinte qu'il contemple, après n'importe quel nombre d'années. L'art se transforme alors d'une expérience sensorielle en une expérience extrasensorielle. De deux peintures visuellement identiques, l'une, qui possède cette substance, participe de l'art, l'autre, qui ne la possède pas, n'en est pas. [63] Un observateur à la sensibilité développée distingue cela immédiatement.

Cette théorie se fondait sur l'enseignement de Heindel, mais Yves en entendait les échos chez Delacroix : « Malheur au tableau qui ne montre rien au-delà du fini. » [64] Yves comprenait l'« indéfinissable » de Delacroix comme l'équivalent de sa « sensibilité picturale pure » et considérait ces deux termes comme synonymes de l'« esprit » de Heindel. L'indéfinissable, disait Delacroix, est « ce que l'âme [du peintre] a ajouté aux lignes et aux couleurs pour toucher l'âme [de l'observateur] ». [65] De façon semblable Van Gogh (qu'Yves enrôla également dans son camp parce qu'il avait « annoncé » le monochrome), écrivait à son frère Théo que les « peintures possèdent une vie propre qui leur vient entièrement de l'âme du peintre ». [66]

Heindel, l'autorité suprême pour Yves, disait également qu'une œuvre d'art véritable possède une âme comme toute créature vivante. L'artiste est alors réellement divin.

Comme disait Yves : « Il insuffle une âme à sa création. » Il se dégage de tout cela une vue synoptique de l'histoire de l'art qui ne prend en compte qu'Yves et ses « précurseurs », à savoir Giotto, Rembrandt, Delacroix et Van Gogh qui, tous, donnèrent une âme à leurs œuvres. De telles revendications étaient bien sûr excessives. Comme le dit Bachelard, « l'or alchimique est une réification d'un étrange besoin de royauté, de supériorité, de domination qui anime... l'alchimiste solitaire ». [67] Cet « étrange besoin » prend peut-être sa source dans l'éternité de l'inconscient, chez l'enfant au berceau qui hurle son exigence d'omnipotence.

On peut discréditer la théorie alchimique de l'art qu'Yves prônait du simple fait qu'il ne savait pas, semble-t-il, « tenir un crayon » [68] et qu'il se trouvait donc dans l'obligation d'avancer des critères de valeur non visuels. Après tout, qui pouvait bien le contredire lorsqu'il prétendait, comme il le fit, qu'il avait isolé en lui-même la pierre philosophale, que son monde intérieur était sans limite et transparent, et qu'il avait insufflé dans ses œuvres la « sensibilité picturale pure » ? Yves pouvait simplement répondre à tout contradicteur que sa sensibilité, à lui, n'était pas suffisamment développée. En d'autres termes, la théorie de l'essence immatérielle de l'œuvre pouvait n'être qu'un artifice de charlatan. Mais il n'est pas si aisé de rejeter comme nulles la théorie et l'œuvre d'Yves.

Iris Clert rapporte [69] qu'au cours de l'année qui suivit la présentation des monochromes bleus d'Yves, elle exposa les monochromes noirs d'un autre peintre et qu'ils n'éveillèrent aucune réaction : il leur manquait manifestement l'aura magnétique et la « sensibilité pure » de ceux d'Yves. En fait, beaucoup de gens découvrirent, face à ces peintures, qu'elles possédaient réellement « une beauté sans mélange, pure mais très sensuelle ». [70]

Un monochrome IKB, considéré hors contexte à l'autre bout du monde, continue d'exprimer la véhémence du moi d'Yves et son aspiration ardente vers la transcendance. De telles vibrations semblent réellement, comme il l'affirme, adhérer à son œuvre, sinon émaner d'elle de façon invisible. Il convient enfin de noter que l'art d'Yves est difficile à définir et donc difficile à critiquer (« suis-je peintre ? demande-t-il dans l'*Aventure monochrome*, oh, bien alors, je suis peintre »). En fait, il ne se consacrait pas à un moyen d'expression unique mais au dessein plus large de donner un corps, une voix, une âme à l'absolu, d'en faire l'une des présences mythiques vivantes de l'époque. C'était un projet multiforme pour la réalisation duquel Yves avait l'intention d'employer l'ensemble des techniques artistiques et scientifiques.

A sa mort, il s'était essayé à la peinture, la sculpture, l'art du comportement, la photographie, la musique, la littérature et il avait formé des projets précis dans les domaines du théâtre, de la danse et du cinéma ; il faudrait également mentionner les divers projets scientifiques, politiques, économiques conçus autour de la notion de vide.

14

Les yeux dans l'expression du jeune barbare étaient brillants et souriaient. Bien que personne qui l'ait approché n'ait pu le prendre pour autre chose qu'un fou, on le trouvait noble et élégant.

Chrétien de Troyes, Perceval.

A l'exposition de 1956 chez Colette Allendy, Yves rencontra un ami de son père qui s'intéressait à l'héraldique et appartenait à un ordre d'archers, les chevaliers de Saint-Sébastien, dont les origines remontent à Charlemagne. Celui-ci invita Yves à se joindre à eux ; il en fut ravi. Une « Table ronde » encore active à son époque !

Yves fut accepté dans leur ordre un vendredi, loua une cape et une épée le samedi (« Il adorait les costumes » dit Arman, « Il aimait se déguiser » dit Claude Pascal), passa la nuit en veille avec les autres candidats à l'initiation et, le dimanche, en présence de ses parents, fut fait chevalier (enfin !) de la main d'un évêque.

Scène de bande dessinée, Station, Travaux mythiques. Yves en chevalier de Saint-Sébastien se tient bien droit, impeccable et concentré, coiffé d'un chapeau à plumes et vêtu de la cape noire marquée du signe des croisés ; il fixe l'espace droit devant lui, un défi voilé brille dans le fameux regard javanais, il est prêt au combat. Il tient à la main droite une peinture monochrome bleue qu'il désigne de la main gauche comme le symbole du royaume qu'il sert. « Ayant été sacré chevalier de l'ordre de Saint-Sébastien, proclame-t-il d'une voix sonore de héros, j'épouse la cause de la couleur pure, qui a été envahie et perfidement occupée par la ligne couarde et sa manifestation en art, le dessin. Je défendrai la couleur, et je la délivrerai, et la conduirai jusqu'à son triomphe final. » [71]

L'année suivante il demanda à sa tante un nouveau costume qu'il porterait chaque année à la Saint-Sébastien. Elle lui envoya un gilet de velours rouge avec des culottes « à l'italienne ». Le champion de la couleur restait toujours un enfant pour sa tante. Il la remercia en ces termes : « Quel velours rouge formidable ! vraiment j'ai encore une fois été gâté, super-gâté par ma tantine ! cela devient insupportable, tout le monde dit que je suis gâté-pourri. »

15

Espoirs suprêmes, esprit des airs, pénétration des cieux à la terre et de la terre aux abîmes les plus extrêmes, espoirs suprêmes, esprit qui me pénètre, me secoue et m'émeut.

Le Grand Papyrus de Paris, cité par C.G. Jung in Mysterium Conjunctionis.

A la Coupole, Tinguely, Iris Clert, Robert Godet et d'autres l'encourageaient à aller « au-delà » du monochrome. D'une certaine façon il l'avait déjà fait, car il avait déjà déclaré sa foi dans l'essence immatérielle de l'art, ce qui naturellement niait le bien-fondé de la couleur aussi bien que celui de la ligne. Le champ coloré ininterrompu n'était pas, à l'évidence, le symbole ultime de la matière originelle avant son émiettement en une multiplicité de formes. En 1958, conscient de ces problèmes et encouragé par ses amis, Yves donna une nouvelle définition de son royaume. Celui-ci désormais n'était plus lié à quelque expérience humaine ordinaire, telle que l'expérience visuelle du bleu du ciel – il devenait à présent la vacuité réelle à laquelle le bleu n'avait fait que faire allusion, l'immatériel en soi ; Iris Clert et lui commencèrent à préparer l'exposition *Le Vide* qui allait faire date.

Immédiatement avant l'ouverture de l'exposition *Le Vide*, au début d'avril 1958, Yves enracina cet événement à la source même de sa personnalité religieuse, auprès des divinités féminines nourricières et tutélaires de sa famille maternelle ; il s'envola secrètement vers Cascia pour un premier pèlerinage à sainte Rita. Il la pria de lui accorder le pouvoir de pénétrer le secret de la magie rosicrucienne sans y perdre son âme. Comme il l'expliqua plus tard à Tante Rose : « Je me suis dit : je crois que cette exposition du vide est plutôt dangereuse... il faut que j'aille voir sainte Rita... »

Station, Travaux mythiques : nous sommes en avril 1958, Yves est seul dans la galerie d'Iris Clert, il se déplace rapidement, attentivement et silencieusement. Ses pieds sont accoutumés à fouler l'« espace spirituel ». Il entrepose le mobilier de la salle dans une autre pièce, balaie le plancher et, lentement, durant deux longs jours, peint en blanc les murs de la galerie, tout en se concentrant comme aux anciens jours de méditation sur la terrasse de Nice ; il conquiert l'accès au premier royaume immatériel et commence à en manipuler les forces. Projetant des images mentales sur la matière originelle, il les stabilise dans l'espace de la pièce. C'est son 30e anniversaire, date traditionnellement associée au début d'un sacerdoce spirituel.

Tandis que le soir tombe, des milliers de gens s'entassent dans la rue étroite. Le Vide lui-même est sur le point de leur révéler ses secrets. Des gardes républicains surveillent l'entrée du *saint des saints.* Des verres remplis d'un liquide bleu circulent de lèvres à lèvres comme lors d'une communion. « Le sang du corps de la sensibilité est bleu. » [72] La porte s'ouvre et Yves le Sorcier apparaît en habit de cérémonie. Il conduit de petits groupes de gens à l'intérieur du vide tout en s'efforçant « de créer un courant magnétique, et d'envoûter les invités » [73]. Beaucoup rient et quittent la galerie immédiatement. Quelques-uns restent silencieux durant une heure ou plus. Un homme « se mit à trembler et ne pouvait retenir ses larmes » [74]. Camus lui-même entra et écrivit dans le livre d'or : « Avec le vide, les pleins pouvoirs ! » (Simple flatterie de circonstance ou sentit-il réellement cette force dans cette pièce ? question.) Les étudiants de l'école de judo d'Yves essayent de faire respecter l'ordre. Les voitures de pompiers arrivent, puis la police, tandis que la foule se disperse, beaucoup de ceux qui sont entrés dans la galerie en ressortent étrangement bouleversés ou stimulés. Ils s'éloignent « imprégnés » de la sensibilité nouvelle de l'âge qui vient. A minuit, à La Coupole, Yves proclame que quatre millénaires de civilisation se sont achevés ; un âge nouveau de sensibilité humaine est arrivé. Il cite Socrate et Cicéron, dénonce Einstein et Roosevelt et annonce que dorénavant « la France lépreuse » sera gouvernée par le bleu. Il conclut son propos par une formule de magicien, afin que ses paroles se concrétisent : « Que cela soit dit et fait » (souvenez-vous, « il était toujours terriblement sérieux »). Cependant, dans son for intérieur, en dépit de la protection de sainte Rita et de sa grand-mère, il se sent un peu effrayé par ce qu'il a fait ; il sent confusément qu'il a cette nuit-là, pris contact avec sa propre mort. [75]

Tous ceux qui avaient bu le cocktail bleu urinèrent bleu les jours suivants : c'était le sang de la sensibilité pure qui suintait de leur corps.

D'autres œuvres sur le vide et l'immatériel suivirent, comme Yves continuait de travailler à son projet visant à éliminer complètement de l'art tout objet visible. L'artiste futur, écrivit-il, reprenant ainsi les idées de Heindel, se contentera de laisser sa vibration dans l'espace, celle-ci sera plus tard captée par les antennes immatérielles de ceux qui viendront dans ce lieu [76]. Dans les années qui allaient suivre, il ferait la démonstration de l'art de son royaume invisible et introduirait l'âge de l'immatériel.

Station : Nous sommes en 1959. On demande à Yves de participer à une exposition de groupe à Anvers. (Vision en mouvement, mouvement en vision.) Le jour de l'inauguration, il reste un instant debout à la place désignée pour son œuvre et récite un passage de Bachelard sur la couleur bleue, puis retourne à Paris. Une place vide dans l'exposition représente son œuvre : une vibration en suspens dans l'atmosphère, un magnétisme sans corps qui conserve dans ses ondes les structures de l'ego de l'artiste.

A Paris, il travaille au projet de vendre des peintures invisibles et envisage de faire une démonstration publique de lévitation.

16

Dans la clairière de tes yeux
Montre les ravages du feu ses œuvres d'inspiré
Et le paradis de sa cendre.

Paul Eluard.

Yves avait compris que ses écrits étaient aussi essentiels à son programme de théâtre mythique que ses œuvres et ses gestes publics. Cependant l'ensemble de son système de croyance, venu de Heindel, et l'engagement total de l'être dans la priorité de l'essence immuable qu'il prônait, étaient anachroniques.

Cette conception n'avait pas sa place dans le Paris de Sartre, Barthes, Lévi-Strauss et Robbe-Grillet (dont l'étude de 1958, *Nature, humanisme, stratégie* pulvérise complètement l'approche « spirituelle » de l'art). C'était cependant un des aspects du génie d'Yves, en quelque sorte sa « méthode », d'être archaïque tout en paraissant ultra-moderne. Il trouva chez Bachelard la meilleure façon d'approcher la pensée contemporaine. Pour un lecteur superficiel Bachelard peut en effet sembler proche de Heindel ; lui aussi écrivait sur l'alchimie et les quatre éléments, sur l'espace spirituel et les errances de l'âme à travers cet espace. Cependant sa « modernité » semblait garantie par Sartre lui-même qui avait fait son éloge [77]. Yves lut, ou lut des passages, des ouvrages de Bachelard sur les quatre éléments et l'espace et acquit une teinture de phénoménologie qui lui servit à nuancer son interprétation littérale de Heindel [78].

« Nous pouvons classer les poètes, dit Bachelard, en leur demandant de répondre à la question : dites-moi quel est votre infini... Est-ce l'infini de la mer ou du ciel ? Est-ce l'infini des profondeurs de la terre ou celui du bûcher ? » [79] Yves l'enfant sans demeure sur terre mais qui possédait, pensait-il, « tout un royaume dans le ciel » ne semble pas tant s'être considéré comme un type d'air que comme un type de feu : c'est en effet le feu qui brûle et fait reculer les limites, qui transforme et convertit la matière solide en cendres que le vent éparpille comme il disperse l'esprit. « L'alchimiste, bien sûr, "est le maître du feu". C'est par le feu qu'il opère la transmutation de la matière dans l'esprit. » [80] « A côté de l'intensité du feu intime, combien les autres intensités sensibles sont détendues, inertes, statiques, sans destin ! Elles ne sont pas de réelles

croissances. Elles ne tiennent pas leur promesse. Elles ne s'activent pas dans une flamme et dans une lumière qui symbolisent la transcendance. » [81] « Je crois qu'au cœur du vide, comme au cœur de l'homme des feux brûlent » [82], écrivit Yves, faisant écho à l'ancienne métaphore de l'âme universelle considérée comme le feu central dont les étincelles dispersées forment les âmes individuelles. « ... C'est en toutes propriétés que le feu intime se dialectise, écrit Bachelard. C'est au point qu'il suffit de s'enflammer pour se contredire. » [83] Chez Yves cela devint un impératif moral désespéré : « On doit savoir se contredire soi-même. » [84]

Car ce feu qui se consume dans le vide, dit Bachelard, est le symbole fondamental de la sexualité (il convient ici de se reporter à la photographie où l'on voit Yves en train d'exécuter une peinture de feu, et à l'angle ithyphallique que fait le lance-flammes pour comprendre le jeu de la sexualité et de la mort dans ces œuvres-là). « Mes tableaux sont les cendres de mon art » dit Yves [85]. « Il parlait sans arrêt de cendres », confirme Tinguely. Les préoccupations de ce genre peuvent être dangereuses. Comme le dit Bachelard, « ... finalement tous les *complexes* liés au feu sont des complexes douloureux. » [86]

« ... Le *refoulement* [est] une activité normale, une activité utile, mieux une activité joyeuse » lorsqu'elle est conduite au service de la « sublimation absolue ». [87] Le terme de refoulement se rapporte, bien sûr, aussi bien à l'alchimie qu'à la psychanalyse et désigne la phase ascentionnelle du Grand Œuvre : « Il s'élève de la terre vers le ciel, puis de nouveau, descend à la terre. » Le rêve de vol d'Yves, qui le transportait de l'autre côté du ciel, n'était qu'une analogie de la sublimation alchimique ; mais sa vie participait également des phénomènes de répression et de sublimation psychanalytiques. La croyance rosicrucienne selon laquelle les énergies sexuelles doivent être emmagasinées en vue de la grande explosion de la transfiguration ne l'abandonna jamais totalement. Elle fut peut-être entretenue par le problème toujours présent de ses difficultés sexuelles.

« L'érotisme pour lui était quelque chose de transfiguré dit Tinguely. Il n'y avait rien en lui de pornographique. » Et Arman se souvient que « sublimation était un des mots-clefs de son vocabulaire ».

En fait, Yves emprunta le terme bachelardien de « sublimation absolue » afin de décrire sa propre alchimie intérieure. « (...) la

libération effective de la personnalité dans tous ses aspects dans l'individu par l'exaspération du moi, pratiquée jusqu'à une sorte de sublimation purificatrice absolue..., » [88]

On peut encore déceler ici l'ascèce archaïque et laborieuse de Heindel, superficiellement adoucie par la terminologie bachelardienne à la mode. L'art restait pour Yves un rite d'auto-immolation et d'auto-libération, la communion cannibale rituelle d'un Dieu qui meurt. « Le peintre, comme le Christ, dit la messe en peignant et donne son corps en nourriture aux autres hommes ; il réalise en petit le miracle de la Cène dans chaque tableau ». [89]

En fait l'interprétation de Heindel semblait lui poser un problème croissant. Il voyait en Bachelard une possible solution de remplacement. Comme les années passaient et qu'Yves ne se sentait toujours pas « réellement libre ici-bas » (comme il l'avait écrit dans son journal irlandais), il en vint à douter de plus en plus de la transfiguration radicale que promettait la *Cosmogonie,* dans laquelle il avait investi la foi et les efforts de dix ans. Bachelard transformait de tels buts en symboles ; il appelait la magie « imaginaire » ; l'ascension et la transfiguration devenaient « les gloires de la rêverie » et non celles du corps physique. En fait, toutes les valeurs glissaient chez lui du pôle objectif au pôle subjectif le long du vecteur de l'intentionnalité : la disposition intérieure importait seule, non le fait concrétisé.

Yves tendait l'oreille à de tels propos. C'était là l'issue qui lui permettrait d'échapper au ciel dévorant. Mais si Heindel avait raison ? Heindel par la bouche duquel s'exprimaient des milliers de sages ? Que savait donc Bachelard de la vérité solitaire de l'ermite et du yogi ? Dans ses écrits Yves effectue un tour de passe-passe avec ces deux auteurs. Tantôt il profère des exigences qui, dans leur interprétation absurdement littérale de Heindel, le font passer pour un imposteur ; tantôt il se réfugie, hors du sens littéral, dans l'imaginaire bachelardien. Cependant en dernier ressort, le combat évolua en faveur du seul auteur qui promettait vraiment la transcendance et l'omnipotence.

Un problème semblable sous-tend l'« invitation au voyage » que nous offre Yves. Chaque poète, selon Bachelard, offre au lecteur une « invitation au voyage » dans son royaume imaginaire, dans son « pays de l'infini », le royaume où « l'imagination est libre et seule... [et] la réalité de l'irréel s'affirme » [90]. La carrière artistique d'Yves n'est qu'une longue invitation, maintes fois reformulée, à voyager dans son royaume de l'espace infini par-delà le ciel. « Maintenant ... je veux aller dans le vide. »[91]

Il est évident que ce désir de se mettre en dehors du monde est dangereux. Mais de ce danger même naissait un héroïsme prodigieux et de la réalisation littérale de ce désir dépendait la gloire. Yves n'était pas prêt à abandonner l'ontologie pour l'épistémologie, ni à échanger le ciel contre des rêves de ciel, moins encore à considérer Heindel simplement comme l'un des « poètes » dont parle Bachelard. Peut-être s'il avait vécu plus longtemps... mais il était encore d'une innocence confondante. Il brûlait encore trop ardemment pour qu'on pût le toucher. Il désirait encore cohabiter avec le feu sauvage. Ainsi la question était-elle, pour reprendre Bachelard, de savoir s'il fallait « prendre le feu ou se donner au feu, anéantir ou s'anéantir, suivre le complexe de Prométhée ou le complexe d'Empédocle... »[92]. Yves (conquistador du vide!) pensait sans doute incarner le complexe de Prométhée ; et pourtant la suite des événements allait montrer qu'il n'était qu'Empédocle en route vers la gueule du volcan.

17

Un songe vrai s'étale...
Le vent rien que le vent me mène où je désire.

André Frénaud, Pays retrouvé.

Yves avait fait la connaissance des artistes du groupe Zero en 1955 ; une exposition de ses monochromes à Düsseldorf, en mai 1957, le mit opportunément au centre de leur attention. Le jour de l'inauguration de l'exposition, la ville de Gelsenkirchen mit en concours la commande de décoration monumentale du nouveau théâtre. Un jeune sculpteur allemand, Norbert Kricke, l'invita à se joindre à un groupe d'artistes qui participaient au concours. Yves accepta avec empressement et on le présenta à l'architecte Werner Ruhnau qu'il fascina immédiatement. Comme les mois passaient, nous dit Restany, « graduellement, imperceptiblement, Yves supplanta Kricke comme chef de groupe ». Poursuivant dans la direction qu'indiquaient ses expositions chez Iris Clert et Colette Allendy, Yves proposa pour le foyer du théâtre un ensemble de peintures monumentales et des reliefs-éponges IKB.

De façon caractéristique, il mobilisa toutes les forces (essentiellement féminines) pour obtenir cette commande. On demanda à Bernadette Allain de travailler aux maquettes et à tante Rose d'intercéder auprès des forces d'en haut. « Comme j'ai prié sainte Rita », se souvient-elle. Plusieurs mois plus tard, lorsque Yves lui téléphona pour lui annoncer que son projet avait été retenu il ne lui dit pas « j'ai gagné » mais : « Tantine, sainte Rita a gagné ! »

Mais bientôt cette commande pour Gelsenkirchen allait amener un changement dans son rapport aux divinités féminines. A l'été 1958, peu après l'exposition du « Vide », Yves descendit à Nice et rencontra chez Arman une charmante jeune Allemande de 18 ans, Rotraut Uecker, sœur de l'artiste allemand Günther Uecker du groupe Zero et peintre elle-même. Elle travaillait au pair chez Arman dont elle gardait le fils, prénommé d'ailleurs Yves. Tout de suite leurs « archétypes » s'accordèrent. Il commença à lui dévoiler cet aspect de lui-même profondément tragique et secrètement condamné. La « technique » d'Yves avec les femmes, selon Marcel Boulois, était de faire appel à leurs instincts maternels et protecteurs.

En fait, Yves offrait à Rotraut une place de premier rang dans son théâtre mythique. Le premier des emblèmes de sa personnalité mythique qu'il lui proposa fut celui de sa dématérialisation imminente dans le vide. « Il devait bientôt quitter Nice, se souvient Rotraut, il me dit : Je ne sais pas si je te reverrai. J'ai fait une exposition qui m'a conduit sur un chemin très dangereux. Et je crois que je vais peut-être devoir en mourir. » Ses yeux avaient une expression sombre, comme s'il allait pleurer ; l'intensité prophétique de sa voix effraya la jeune femme.

En réalité, il devait partir travailler au projet de Gelsenkirchen pour lequel il voyagea beaucoup. En septembre, il se rendit pour la seconde fois à Cascia, en compagnie de tante Rose, dont c'était le premier pèlerinage, afin de prier la sainte, afin de la remercier d'avoir gagné la commande pour son protégé. Il laissa en ex-voto un monochrome bleu, comprememettant ainsi à nouveau sa patronne protectrice dans le mysticisme rosicrucien. Le monochrome exprimait à la fois ses remerciements pour les succès déjà obtenus et la promesse de choses plus importantes à venir. En octobre, de retour à Gelsenkirchen, il se trouva avoir besoin d'un assistant et d'un interprète ; il téléphona à Rotraut et lui demanda de le rejoindre. Elle vint immédiatement.

Il se mit bientôt à travailler aux énormes reliefs-éponges qui, selon Tinguely « furent cause de sa mort » ; pour durcir les éponges avant de les plonger dans la couleur, il les imprégnait de résine de polyester ; il travaillait sans masque, intensivement, douze heures par jour. « A cette époque, dit Tinguely, personne n'était conscient du danger des résines synthétiques. »

De retour à Paris, Yves présenta à la galerie Iris Clert les « bas-reliefs dans une forêt d'éponges » : c'étaient des reliefs-éponges semblables à ceux qu'il avait réalisés pour Gelsenkirchen mais de plus petite taille, accompagnés d'éponges IKB montées sur de fines tiges de métal dressées qui les faisaient ressembler à des feuillages d'arbres. Cet ensemble, comme les monochromes bleus et les œuvres immatérielles, semble trouver son origine dans Heindel, chez qui la saturation des éponges est une image habituelle de l'imprégnation de la matière par l'esprit, le bleu étant la couleur la plus étroitement liée à l'esprit ; le fait de monter ces éponges à l'extrémité de fines tiges rappelant également la description que donne Heindel d'éponges saturées flottant dans le vide de l'espace ; ce procédé, comme l'accrochage des monochromes bleus à distance du mur, signifiait l'ambition d'Yves de parvenir à un art « en lévitation », à des sculptures qui flotteraient dans l'air libérées de toute attache.

Peu après l'ouverture de l'exposition *La Forêt*, Yves se rendit une troisième fois à Cascia et offrit trois petits lingots d'or à sainte Rita ; dans la prière qui accompagnait ce don, il dédia les peintures qu'il allait exécuter pour Gelsenkirchen à Dieu le Père et les reliefs-éponges à sainte Rita elle-même, la priant avec ferveur qu'elle le rende « totalement invulnérable ». [93]

En décembre 1959, Yves assista en compagnie de sa mère et de sa tante à l'impressionnante cérémonie d'inauguration du nouveau théâtre de Gelsenkirchen. Tante Rose se souvient : « Le président de la République allemande était là, comme j'étais fière ! » Yves semblait avoir réellement accompli son ambition d'être « au sommet », telle qu'il la lui avait décrite, par lettre, en quittant le Japon.

Ce succès, peut-être de façon prémonitoire, ne lui apporta pas beaucoup d'argent ; Rotraut, qui était venue vivre avec lui à Paris, se souvient que leur premier dîner ensemble à La Coupole fut payé à crédit.

La connivence d'Yves et Rotraut dura jusqu'à la mort d'Yves. La douceur de tempérament de Rotraut et sa confiance enfantine dans l'imaginaire s'accordaient à merveille avec des qualités similaires chez Yves, même si parfois les colères infantiles et tyranniques d'Yves les éloignaient temporairement. « C'était un enfant, dit-elle, qui était à la fois très heureux et très triste. »

Rotraut joua le double rôle de divinité tutélaire présidant aux mystères et de première spectatrice de son monothéâtre, celle qui regarde à la fois des coulisses et du premier rang. Elle est présente dans son œuvre de la façon la plus directe : un grand nombre d'anthropométries sont des empreintes de son corps ; le grain de sa peau, la texture de sa chair, le battement de son cœur habitent comme « traces de l'immédiat » l'œuvre d'Yves.

Autres Stations du mythe. Seul chez lui avec Rotraut, Yves revêt sa cape de vampire, se fabrique des crocs de papier ; il marque la gorge de Rotraut d'encre rouge. Elle ôte la croix qu'elle porte autour du cou. Lui, fait semblant de boire le sang à sa gorge. « Ne t'en fais pas, dit-il, je n'en ai pris qu'un peu. Je suis un vampire qui se laisse mourir de faim. »

Un vampire qui fut salué par Arman, en vers libres : « Maître du ciel bleu – Vampire monogold – O grand maître de l'Ecole de Nice... »

Aiguillonné par un succès croissant, Yves se livra à des gestes d'appropriation toujours plus ambitieux et délirants. Le 29 mai 1958, il écrivit au président Eisenhower pour annoncer le renversement du gouvernement national français par la Révolution bleue. Ne recevant aucune réponse, il envoya le même message au premier soviétique Krouchtchev, qui ne répondit pas non plus.

Il exposa un jour à l'architecte Werner Ruhnau un projet pour transformer le climat de la terre et construire des villes grâce à une structure de courants d'air comprimé, qui auraient l'avantage de ne pas briser l'unité visuelle de l'espace et de ne pas faire obstacle au vol et aux communications télépathiques des hommes qui auraient le pouvoir de léviter et de lire dans la pensée. Le fait qu'Yves parvenait souvent à convaincre ses interlocuteurs de sa capacité à réaliser de telles choses démontre la force de sa personnalité. Ruhnau accepta d'expérimenter ces projets avec lui dans une usine près de Hambourg ; il conclut rapidement que le toit d'air pulsé était irréalisable ; Yves, quant à lui, n'en sembla nullement convaincu.

Station : luttant contre son démon intérieur il remplit des pages de son carnet des mots : « humilité, humilité, humilité... » [94]

18

L'alchimiste est un rêveur qui se grandit lui-même en désirant de grandes choses.

Gaston Bachelard.

Après le succès du *Vide* en 1958, Yves fit venir Arman, Tinguely, et d'autres artistes amis chez Iris Clert, afin de les aider dans leurs carrières. Il désirait toujours faire « tout son possible pour tout le monde » et se plaisait à mettre en avant ses amis. Il encourageait leur travail dans la direction qui leur était naturelle, et les présentait à des marchands de Paris, Milan, Düsseldorf ; il les faisait profiter de l'aura de sa gloire toute neuve, encensait leur travail devant les critiques et devint pour ses amis artistes une sorte de patriarche bienveillant. Mais le « propriétaire de la couleur » voulait rester le premier en tout. C'était sa condition. Comme le dit Restany, « de temps en temps, un nouveau wagon s'accrochait au train d'Yves ».

Dans la mesure où il aidait ses amis, une école de « disciples » se formait autour et derrière lui. Les problèmes apparurent bientôt : collaborant avec Tinguely à leur exposition *Vitesse pure et Stabilité mono-chrome* (1958), il se référait à leur travail à tous deux comme à « son » travail. Tinguely, lui-même une sorte de samouraï, n'acceptait pas qu'il s'appropriât ainsi son œuvre. Yves lui écrivit de longues lettres tortueuses pour expliquer que, pour quiconque est allé au-delà du moi, le possessif n'est plus utilisé avec la même intention. A l'âge de l'espace d'où tout ego a disparu, toute forme d'art appartient à tous les artistes. Il fallait selon lui « résister à la tentation de matérialiser l'esprit pur » afin d'éviter la chute dans la passion que cela entraîne. « Iris, la reine de Saba », fut requise pour rédiger un affidavit qui spécifiait le « domaine » de chacun des collaborateurs ; ainsi, Yves, Claude et Arman avaient-ils autrefois divisé le monde entre eux. « L'air, l'atmosphère, déclara Iris, sont du ressort de Klein, tandis que le magnétisme, c'est-à-dire la terre, est de celui de Tinguely. »

Dans le contexte de son amitié réelle pour Tinguely, cet événement donna naissance à une nouvelle « Station » prophétique de sa propre mort – que ses incursions dans le Vide attiraient toujours plus près de lui : « La couleur bleue immatérielle présentée en avril 1958 chez Iris m'a rendu inhumain [...] » [95]

Ces heurts suivis de réconciliations difficiles devinrent un trait constant des dernières années. Il se querella tour à tour, pour de semblables raisons de « priorités », avec pratiquement tous ses amis. Il restait pourtant un « compagnon superbe » la plupart du temps et désirait continuer à collaborer avec ses amis.

En octobre 1960, Pierre Restany regroupa sous le nom officiel de « Nouveaux Réalistes » les artistes qu'Iris Clert avait exposés, Yves, Arman, Tinguely et d'autres. Un manifeste fut rédigé et cosigné dans l'appartement d'Yves. Ce dernier avait une forte influence sur Restany (plus forte encore que son influence sur les autres) et celui-ci en vint bientôt à le considérer comme la figure centrale du groupe ; son ouvrage *Yves Klein le Monochrome* [96] constitue le principal appui extérieur du mythe de prophète et de superman qu'Yves s'était lui-même créé.

En 1959, porté par le succès de son aventure dans l'univers du bleu, Yves franchit un point de non-retour dans sa marche vers l'horizon du mythe pur. En Belgique, Pol Bury publia un recueil des directives d'Yves [97] qui exigeaient, pour qu'on les vive totalement, un engagement total de l'être, et qui étaient, à dire vrai, impossibles à suivre.

Là, comme tous pouvaient le voir, il annonçait la venue de l'âge nouveau et exposait le rôle qu'il y jouerait ainsi que son projet de remplacer l'économie keynesienne, et ses prophéties sur l'évolution imminente de l'humanité vers un âge de lévitation, de télépathie et d'immatérialisation. Sa « belle mégalomanie » et ses « délires de grandeur » [98] (l'omnipotence rêvée du petit capitaine : « je dépose les armes, signé Antoine ») appartenaient à présent au domaine public... Il n'existait plus, dorénavant, de possibilité d'échapper au mythe, et de redevenir un « homme ordinaire et banal » comme les autres. En Italie et en Allemagne on accueillit bien ce mythe. A Paris au contraire on ne fit la paix avec Yves qu'après 1965, soit trois ans après sa mort. Sa façon de provoquer l'opinion publique amusait ou fascinait beaucoup de gens : d'autres considéraient qu'il n'était qu'un hâbleur, et attendaient sa chute avec un plaisir non dissimulé.

Il commença à vivre dans l'idée que « le public » exigeait qu'il accomplît son mythe jusqu'à sa conclusion. S'il reculait devant l'épreuve on le considérerait comme un faussaire. Le mythe commença alors, à un moment donné, à révéler son aspect négatif. Il n'avait d'abord pensé qu'aux scènes de triomphe du héros ; plus tard la fin sacrificielle vint au premier plan. Il écrivait avec sa vie un merveilleux poème, mais ce poème se terminait tragiquement – tôt ou tard il lui faudrait y faire face.

Comme les années s'égrenaient, Yves sentit, avec une force croissante, la tension que créait en lui cette ostentation forcenée. Lorsque Rotraut s'éveillait la nuit, elle le trouvait déjà éveillé (ou pas encore endormi), en train d'écrire ou de méditer pour se calmer. En 1959, il essaya de réunir l'argent nécessaire pour financer une pleine page de publicité dans *Match*. Cette annonce devait proclamer en lettres bleu outremer : « le plus grand peintre du monde, Yves Klein, est français ». « Sa grande naïveté et son ambition exarcerbée, écrivit Iris Clert, m'effrayaient. Elles le rendaient vulnérable. Le plus petit contretemps le mettait en miettes. » [99] Tantôt il projetait de suspendre magnétiquement dans l'espace une sculpture, tantôt de réaliser un chemin de croix *IKB* (14 monochromes bleus dans une chapelle toute blanche). A mesure que son domaine se faisait plus complexe les contestations s'élevaient de tous côtés. Il se querellait sans cesse sur des problèmes de priorité.

Cela n'avait rien d'extraordinaire en soi. C'était un des dangers contre lesquels Bernadette Allain avait essayé de le mettre en garde. « Le milieu de l'art tout entier, dit-elle, force les gens à faire quelque chose de nouveau à chaque fois. Si quelqu'un a déjà fait la même chose avant vous, votre œuvre ne vaut rien. En d'autres termes l'œuvre en soi n'a aucune valeur, ce n'est qu'une façon de se faire de la publicité. Il faut faire quelque chose de neuf, dire quelque chose de neuf, plutôt que d'essayer d'approfondir son travail et de réfléchir sur sa qualité. On se fabrique une légende pour se faire de la publicité et, rapidement, la légende prend possession de l'homme et il doit conformer sa conduite à ce que veut sa légende, à ce qu'exige sa publicité. C'est de cela qu'Yves est mort. »

« Il n'avait aucun calme. Il n'avait rien de ce qu'il aurait été normal d'avoir si on fait de la monochromie », dit Tinguely. Depuis la « crise mystique » de 1948 en compagnie d'Arman et de Claude, le monde intérieur d'Yves s'était épanoui pendant environ dix ans, puis avait commencé à se rétrécir autour de certaines contradictions. Le jeune homme sérieux et aimable du journal irlandais, qui luttait consciencieusement et silencieusement pour développer son monde intérieur s'était durci jusqu'à devenir Yves le Monochrome à son apothéose, un personnage mythique dont le monde intérieur était prétendument sans rupture. Cette prétendue unité intérieure était cependant contredite par son ambition, sa jalousie et surtout par ses « éclats de colère célèbres » [100]. Car l'esprit de discorde était toujours vivace en lui et lui tendait des pièges avec une fréquence croissante. « Il était d'un tempérament violent mais se contrôlait presque toujours, dit Rotraut, son visage devenait alors blanc puis bleu. On aurait dit qu'il allait exploser. »

Pour Claude Pascal, son plus vieil ami, « son plus grand problème, et je crois qu'il en est mort, c'étaient les terribles colères qui le saisissaient ; son visage devenait totalement blanc. Et parfois à propos de rien du tout. C'était quelque chose qui venait de l'intérieur de lui, et qu'il ne pouvait pas empêcher. Je crois que c'est cela qui l'a détruit. »

Le mythe du ciel bleu et transparent se révélait difficile à pratiquer quotidiennent. En fait, c'était un piège. Il s'était taillé un rôle de prophète et de maître parfait et luttait désespérément pour le tenir : « le Vide m'appartient », affirmait-il. [101] C'était une revendication difficile à vivre. « Je suis dans un état spirituel qui s'amplifie de jour en jour, mon seul problème est de le garder pur et authentique [...] » [102]

Pour Yves, l'artiste véritable devait être une sorte de saint ou de yogi, quelqu'un qui a purifié son essence de toute contamination. Il cherchait à unifier son tempérament, sa vie, son art, en les enracinant tous dans le terreau de l'esprit pur. Cette unité intérieure, pour les alchimistes, fonde le Grand Œuvre : « Le fait que j'existe comme peintre sera le travail pictural le plus formidable de ce temps. » [103]

Mais que deviendrait-on, serait-on même encore quelque chose après avoir atteint cet état psychologique de l'*Un* ? Yves rumine des pensées zen, sans trouver de réponse : « ... ma sortie dans la solution de mon problème, c'est de ne plus rien faire du tout [...] » [104]

19

J'ai vu le ciel très grand,
le beau regard des gens privés de tout...

Paul Eluard. « A Pablo Picasso », Les Yeux fertiles, 1936.

En août 1959, alors qu'elle passait ses vacances en Grèce, Iris Clert reçut cette note d'un collaborateur de la galerie : « M. Klein est venu reprendre toutes ses œuvres. Il m'a dit que si un client venait en acheter, je devais lui répondre que ses tableaux sont invisibles, car immatériels, dans l'espace de la galerie, et que s'il veut en acheter il lui suffira de me faire un chèque. Il m'a précisé que le chèque devait être bien visible. Je crois que M. Klein est devenu fou. » [105] Yves, à présent que sa carrière était lancée, abandonnait Iris pour aller chez un marchand plus établi, Jean Larcade.

Mais le charme d'Yves le Monochrome était tel que le premier client à qui le collaborateur de la galerie répéta ses paroles [106] répliqua qu'il était prêt à acheter une peinture invisible et qu'il ne demandait qu'un reçu signé d'Yves en échange. Yves fit la preuve de son sérieux en refusant cette occasion de faire un geste à la Duchamp. Le transfert des réalités immatérielles avait de profondes et importantes implications qu'Yves comprenait parfaitement. Quelques mois plus tard, il concevait les « Règles rituelles de la cession des zones de sensibilité picturale immatérielle, 1957-1959 ». (Notons au passage l'antidatation de deux ans.) « Pour que la valeur fondamentale immatérielle de la zone lui [à l'acheteur] appartienne définitivement et fasse corps avec lui, il doit brûler solennellement son reçu [...] » [107]

Le revoilà le feu qui se consume dans le vide – de même les prêtres taoïstes envoient-ils un message vers l'enfer en le brûlant, et Paracelse dit-il que l'âme s'élève à sa plus haute vibration par le feu. Une zone immatérielle, après tout, c'est plus ou moins une « âme ». L'or seul peut l'acheter (puisque les « esprits sont intimement mêlés à l'or, et fixés par lui ») et la nature doit recevoir son dû (puisque la transmutation est l'œuvre de la nature, aidée seulement par l'art de l'alchimiste). [108]

Yves Klein doit, en présence de témoins, jeter la moitié de l'or reçu dans un fleuve, l'océan ou dans un endroit où cet or ne pourra plus être récupéré. [109]

Station : 18 novembre 1959, une berge de la Seine. Yves, qui porte un nœud papillon et un pardessus, souriant et énergique, professionnel même, vend contre reçu l'autre côté du ciel, une zone de vide prégnante de potentialité, contre de l'or dont le fleuve entraînera une partie. Des photographies conservent la trace de cet événement. (« Était-ce là, demande Iris Clert, la naissance de l'art conceptuel ? »)[110]

20

(...) Et le feu aux nuages
Et le feu aux oiseaux
Et le feu dans les caves (...)
Tout se vide et se remplit
au rythme de l'infini...

Paul Eluard, Poésie ininterrompue, 1946.

La multiplicité d'œuvres et d'idées qu'Yves présenta sans interruption après être devenu, en 1955, « un peintre involontaire » n'était pas uniquement la conséquence de sa tentative « d'aller plus loin » chaque fois parce « qu'il fallait être d'avant-garde », comme le suggère Bernadette Allain. Même si cette nécessité joua un rôle ici, l'œuvre d'Yves recèle une unité thématique sous-jacente. Le rosicrucianisme de Heindel en était le fondement. La question se pose cependant de savoir si, passé un certain âge, Yves doit encore être considéré comme un rosicrucien. L'affirmation d'Arman selon laquelle « il n'était pas rosicrucien, il n'était rien ; il utilisait simplement tout ce qui pouvait lui servir » n'est pas entièrement fausse. Comme le dit Bernadette Allain, Yves « possédait un certain instinct, un certain savoir intuitif de ce qu'il pouvait utiliser, aussi bien du point de vue des livres, que des gens ou des matériaux. Il se nourrissait des choses, il en faisait sa nourriture puis les transformait de façon intuitive... lorsque par hasard il trouvait un texte qu'il pouvait utiliser, ne fût-ce qu'un paragraphe dont il pouvait tirer la substance, ou sur lequel il pouvait s'appuyer, il devenait enthousiaste ».

Le fait qui doit être souligné ici est qu'Yves n'utilisait pas n'importe quoi ; il exerçait un choix subtil et intelligent. Dans un premier temps il assimila Heindel, son programme artistique consista alors en une adaptation visuelle du rosicrucianisme. C'était une sorte d'action magique « sympathique » destinée à induire l'aube de l'âge nouveau où Yves pourrait se sentir plus à l'aise. Sa manipulation artistique des théories de Heindel et le fait qu'il leur donna une forme poétique plutôt que dogmatique dénote qu'Yves se nourrissait également de l'œuvre de Gaston Bachelard. Il trouva chez lui de nombreux passages qu'il assimila parce qu'ils lui semblaient proches de Heindel. En superposant Bachelard à Heindel, Yves pouvait mieux comprendre Heindel en termes artistiques.

Yves reconnut pour la première fois publiquement l'influence de Bachelard en 1959, lors de son exposition immatérielle qui se tint à l'Hessenhuis d'Anvers, où il lut un extrait de *L'Air et les songes* tiré du chapitre intitulé « le ciel bleu » : « (...) d'abord il n'y a rien, puis un rien *profond,* ensuite il y a une *profondeur* bleue. » [111]

En décembre de la même année, lors de l'inauguration à Gelsenkirchen à laquelle assistèrent ses « deux mères », on lut en allemand, à sa place, un texte prétendument de sa main qui était en réalité un passage extrait de ce chapitre de Bachelard. Ce type d'emprunt sans référence ne lui était pas inhabituel. Dans ses nombreux écrits, Yves ne mentionne Max Heindel qu'une seule fois. Son désir de donner l'impression d'exceller en toute chose, d'être un grand athlète, un artiste, un amant, un intellectuel de qualité, devenait particulièrement aigu dans les disciplines où il n'excellait nullement (« Il avait un tel désir d'être ce qu'il n'était pas, dit Edouard Adam, que cela le rongeait littéralement »).

En juin de la même année, lors de la conférence à la Sorbonne, Yves prit grand soin de faire référence à sa première lecture de Bachelard en avril 1958. [112] Cette date, qui est contestable du seul fait qu'Yves la donna, est cependant proche de la vérité. L'exposition *Le Vide* chez Iris Clert s'ouvrit au mois d'avril 1958. Il est évident que, pour lui, cette exposition avait des connotations rosicruciennes. De plus, la transition du bleu en tant qu'absolu à l'immatériel est mentionnée de façon explicite par Bachelard dans le chapitre qu'Yves cita, de façon répétée, l'année qui suivit. Après avoir parlé de l'« azur », Bachelard note : « La marque vraiment aérienne se trouve, d'après nous, dans une autre direction (autre que la couleur bleue). Elle se fonde, en effet, sur une dynamique de la dématérialisation. L'imagination substantielle de l'air n'est vraiment active que dans une dynamique de dématérialisation. (...) Mais c'est en parcourant une échelle de *dématérialisation* du bleu céleste que nous pourrons voir en action la rêverie aérienne. (...) *la fusion* de l'être rêvant dans un univers aussi peu différencié que possible, dans un univers bleu et doux, infini et sans forme, *au minimum de la substance.* » [113]

En fait, Yves fit plus tard référence à l'exposition *Le Vide* comme à la présentation d'une couleur bleue immatérielle. Il est possible qu'il ait lu Bachelard avant le mois d'avril 1958 et ce passage du bleu à la notion d'immatériel peut en partie refléter la convergence entre

Bachelard et Heindel qui tous deux considéraient le bleu comme le dernier voile dissimulant le vide. Il est également possible de voir dans l'idée d'une lutte entre la ligne et la couleur, l'influence de Bachelard qui affirmait : « ... le sentiment du ciel bleu apparaîtra comme une expansibilité sans ligne. » [114]

En général, la « méthode » d'Yves était de réagir aux convergences qu'il découvrait entre Heindel, Bachelard et son environnement immédiat. [115] Sa tentative de créer une « architecture de l'air » en est un exemple clair : Heindel appelle, de façon caractéristique, à une dématérialisation de l'environnement humain par l'union de la science, de l'art et de la religion, en vue de préparer l'avènement de l'âge du « corps éthéré ». Cette création nouvelle de l'environnement est l'un des devoirs imposés au Grand Initié, qui se doit de montrer la voie. C'est là la base « mythique » ou prophétique de l'architecture de l'air. Les œuvres d'Yves se fondaient *toutes* sur le mythe et la prophétie. Cela est explicite dans la grande toile intitulée l'*Architecture de l'air* (ANT 102) où les corps semblent en état de lévitation. Cependant, Yves ne semble pas s'être immédiatement intéressé à cette partie du système rosicrucien ; il ne le fit que lorsqu'il fut poussé par la lecture d'un passage apparemment analogue chez Bachelard. *La Poétique de l'espace* (dont Yves possédait six exemplaires à sa mort) fut publiée en 1958, année où Yves fit pour la première fois allusion à l'architecture de l'air. Dans le second chapitre (section 6) il trouva les lignes suivantes : « Ma maison (dit Georges Spyridaki) est diaphane, mais non pas de verre. Elle serait plutôt de la nature de la vapeur. Ses murs se condensent et se relâchent suivant mon désir...

(...) Ainsi, une immense maison cosmique est en puissance dans tout rêve de maison. De son centre rayonnent les vents. (...) Une maison si dynamique permet au poète d'habiter l'univers. Ou, autre manière de dire, l'univers vient habiter sa maison.

(...) l'image de ces maisons qui intègrent le vent, qui aspirent à une légèreté aérienne...

(...) Maison de vent, demeure qu'un souffle effaçait... »

Ce passage de Bachelard retint l'attention d'Yves du fait que l'auteur disait que de telles maisons seraient « rejetées par un esprit positif, réaliste ». Pour Yves, qui pouvait passer une soirée entière à essayer de convain-

cre un interlocuteur que la Terre était plate et carrée, c'était un défi à relever. Il proposait donc un univers opposé à celui que conçoit un esprit positif et réaliste, « un univers fondé sur une irrationalité inspirée ».

Selon Iris Clert, Bernadette Allain serait l'instigatrice de l'idée, vague encore, d'une architecture de l'air. Bernadette Allain le confirme en ces termes : « Je fus le précurseur de l'architecture de l'air. » Werner Ruhnau, de son côté, revendique la même priorité. Il faut ici souligner que de telles revendications démontrent une mauvaise compréhension de la méthode d'Yves ; cette attitude se comprend d'ailleurs fort bien dans la mesure où la méthode d'Yves était ambiguë. Si on considère cette œuvre du point de vue de sa dimension prophétique, Heindel en fut le précurseur et Bernadette Allain, Werner Ruhnau, ou n'importe qui d'autre, ne fut que le détonateur qui libéra l'énergie d'Yves par rapport à cet aspect particulier de la philosophie de Heindel. Qu'Yves fut, comme l'affirme Bernadette Allain, « la personne la moins intellectuelle que j'aie jamais connue », ne doit pas cacher un fait plus important : il fut extraordinairement influencé par certains livres, d'abord par la *Cosmogonie,* puis par les œuvres de Bachelard. Ses idées ne naissaient pas seulement du contact avec son environnement, mais de l'interaction entre des événements (ou des remarques) de son environnement et les structures de pensée qu'avaient imprimées en lui ses lectures.

En fait, la plupart des revendications qui s'élèvent à propos de son œuvre, semblent naître d'une mauvaise compréhension de sa méthode de travail. Bernadette Allain, par exemple, pense qu'elle suggéra à Yves la prééminence du bleu sur les autres couleurs ; Iris Clert, au contraire, pense que ce fut elle-même qui la lui suggéra. En dernier ressort il semble que ce fut Heindel, pour qui le bleu était la couleur même de l'esprit, qui fut l'élément déterminant dans la décision d'Yves – même si d'autres personnes par leurs suggestions l'ont dirigé vers cet élément déjà présent dans le système heindelien. Une incompréhension semblable apparaît dans l'attitude de Takis qui pense qu'Yves lui a emprunté l'idée de la sculpture aérostatique libérée de la gravité. [116]

On peut rejeter ces revendications comme dénuées de fondement mais ce n'est là qu'un aspect des choses. Il est clair qu'Yves « empruntait » des idées. Mais il n'empruntait que ce qu'il sentait lui appartenir déjà en raison de la relation privilégiée qui le liait à la prophétie rosicrucienne. Il greffa les « poétiques » bachelardiennes sur les structures rosicruciennes qui l'imprégnaient profondément de façon à former un réseau de structures mentales qu'il tendait dans le monde qui l'entourait ; lorsque quelque chose s'y prenait il l'utilisait, mais il n'utilisait *que* ce qui se prenait dans les mailles. Lorsqu'une idée, celle du monochrome bleu par exemple, ou celle de la sculpture en éponge, de la sculpture aérostatique, ou de l'architecture de l'air cadrait dans son système, il considérait qu'elle lui appartenait en droit. Même si quelqu'un d'autre avait formulé l'idée avant lui, cette personne n'avait aucune priorité réelle car l'« idée » à l'état potentiel avait été présente dans son système personnel plus tôt encore. (Tel était l'irrationalisme du prophète.) Pour Yves, qui avait appris « dans l'air du temps » ce qu'il savait d'histoire de l'art ou de phénoménologie, il était évident que, comme le dit Georges Poulet, « les idées n'appartiennent à personne. Elles passent d'un esprit à l'autre comme les pièces de monnaie de main en main ». [117] D'une certaine façon, la question de l'origine des idées est hors propos. Ce fut Yves qui en façonna les divers éléments en un corps homogène, en une œuvre spécifique et cohérente, dont chaque partie est marquée de sa touche personnelle.

Yves ne parlait ouvertement de son « système » et du fondement « prophétique » de son art qu'à peu de personnes ; il n'en parlait qu'à ceux dont la sympathie était acquise. A la fin des années cinquante, par exemple, il cessa de parler du rosicrucianisme à Arman, qui ne prenait plus cela au sérieux (ni ses pèlerinages à Cascia). Il en parla par contre à Robert Godet et, plus brièvement, à Tinguely. (« C'était un messager de l'âge futur », écrivit Tinguely. [118]) Quiconque ignorerait son « système de pensée » et n'y verrait que des incursions entreprises un peu au hasard dans différents médias, pourrait aisément voir en lui un opportuniste et un dadaïste. Ce fut précisément ce que beaucoup de gens pensèrent autour de lui, et qui lui causa tant de tourment et de frustration. « *Dada* était utilisé comme insulte », dit Tinguely.

Après 1958, il essaya de s'affirmer comme disciple de Bachelard. Mais Yves qui comprenait assez bien Heindel, ne comprenait pas réellement la pensée phénoménologique de Bachelard, qu'il interprétait faussement à travers Heindel. Cela lui fut douloureusement démontré par Bachelard lui-même lors d'une visite qu'Yves lui rendit en 1961. Yves commença en effet à lui expliquer qu'il était une espèce de cryptorosicrucien, et Bachelard le congédia froidement. Arman se souvient que le vénérable ancien pensa qu'Yves était « complètement fou ». L'interprétation de Heindel lui posa également un problème durable. Le dessein d'Yves de transformer et reclimatiser l'environnement se fondait sur la *Cosmogonie*, livre dans lequel il s'était plongé à 18 ans pour y découvrir l'avènement futur de l'âge de l'espace, de la lévitation, et de la télépathie. Mais l'un des points-clefs, qu'Yves comprenait mal (ou qu'il n'acceptait pas), était que Heindel n'annonçait pas l'avènement de cet âge avant plusieurs siècles. Yves, semblable à un prêtre antique accomplissant chaque année les rites de renaissance de l'univers, tentait de forcer cet âge à naître *maintenant*.

21

Tous mes désirs sont nés de mes rêves (...)
A quelle créature fantastique me suis-je donc confié,
dans quel monde douloureux et ravissant mon
imagination m'a-t-elle enfermé ?

Paul Eluard, « A la fenêtre », Les Dessous d'une vie.

Lorsque Bernadette Allain sortit du cercle de ses intimes, Yves eut besoin d'un nouvel « assistant » pour dessiner et réaliser ses maquettes. C'est alors qu'il fit la connaissance de l'architecte Claude Parent. « Ce qui m'intéressait chez Yves, dit Parent, c'était une sorte de générosité, et sa capacité réelle de scandale... la liberté avec laquelle il vivait rayonnait de lui, tous la ressentaient, dans ses actions, son tempérament, sa façon d'être avec les autres. Il était extrêmement spontané... C'était un camarade extraordinaire et toujours plein d'idées... tout ce que vous entrepreniez avec lui devenait une aventure (...) C'était très difficile, au départ, lorsque je dessinais pour Yves, de savoir ce qu'il voulait exactement. Soudain je découvris que plus romantique était le dessin, plus dynamique la façon de dessiner le ciel, plus cela lui plaisait. C'était un style de dessin qui ne se faisait plus du tout à ce moment-là (...) Je ne lui demandais pas de me payer mon travail. C'était une affaire entre amis. Puis, un jour, il voulut me donner quelque chose. Il me dit : qu'est-ce que tu préférerais avoir de mes œuvres ? Je lui répondis : un relief éponge. Il me dit : non. Ce n'est pas réellement moi. Tu devrais prendre un monochrome. Ça c'est moi. »

En juin 1959, Iris Clert organisa une conférence à la Sorbonne où Yves et Ruhnau parleraient de « l'évolution de l'art vers l'immatériel ». Pour Yves, qui lisait encore Tintin et Mandrake le magicien (« je n'ai pas de diplôme »), c'était un triomphe exceptionnel, en quelque sorte la confirmation (comme s'il en avait encore besoin) de son rôle particulier de Grand Initié. Claude Parent et Tinguely assistèrent tous deux à la conférence, qui se déroula à l'amphithéâtre Turgot. Yves donna les grandes lignes de son projet pour un Centre mondial de la sensibilité ; il parla de réformer le système économique mondial et de réaliser une œuvre d'art qui consisterait à reclimatiser la France entière, et ensuite, le monde. (« L'alchimiste est un rêveur... qui se grandit lui-même en désirant de grandes choses. »)

« Les conférences en Sorbonne, dit Claude Parent, étaient d'ordinaire glaciales et intellectuelles, d'un ennui mortel, mais irréprochables. Une fascination émanait d'Yves. Il séduisait le public. Tout le monde en était conscient, c'était une façon très douce de séduire l'assemblée tout entière. »

Les journaux couvrirent l'événement en le qualifiant de grand spectacle Dada. Les seules personnes à le prendre au sérieux furent quelques activistes de gauche qui virent dans ce projet, non un spectacle Dada ni les imaginations d'un alchimiste solitaire, mais le début d'un mouvement fasciste. Les voyages d'Yves au Japon et en Espagne, son intérêt pour les arts martiaux et son désir évident de lancer des mouvements, contribuèrent à renforcer chez eux cette impression. Mais Yves bien sûr, n'était pas « politique » au sens ordinaire du terme ; son programme c'était de renverser la loi de la gravitation universelle. Les problèmes de politique pratique ne le concernèrent jamais, pas plus qu'ils ne concernent un enfant. Il organisait des mouvements à Paris comme autrefois le « petit capitaine » avait organisé des jeux d'enfants à Cagnes-sur-Mer. Comme le dit Tinguely, « il n'était ni de droite, ni de gauche ; il n'était rien du tout. Il était au-delà de tout cela. C'était un vrai poète, qui vivait sa transe de rêve total ».

22

« Ha ! Ha ! Ha ! vous voyez, capitaine, que sur la lune, la pesanteur est réellement six fois moindre que sur la terre ! »

Hergé. On a marché sur la Lune.

Stations, travaux, ... : 1960 – Yves continue sa progression, conduisant son alchimie symbolique à sa conclusion. Il présente au Musée des Arts décoratifs, lors de l'exposition *Antagonismes*, le premier *Monogold*, symbole de l'accomplissement du Grand Oeuvre. Il apparaît en habit de cérémonie bleu devant une assemblée assise à la Galerie internationale d'art contemporain et dirige l'orchestre qui commence à interpréter la « Symphonie monoton ». Il fait un autre signe ; trois filles nues apparaissent, couvrent leur corps de peinture bleue, et se pressent sous sa direction contre des feuilles de papier.

Yves, écrivant à propos de cet événement, souligne qu'il conserve sa distance par rapport au sujet tandis qu'il contrôle l'action mais n'intervient pas par le toucher : « Je me dresse là, présent à la cérémonie, immaculé... »[119]

A présent, la couleur elle-même est profane, comparée à la sainteté de l'Immatériel !

Il développe la fonction magico-artistique qui consiste à « recevoir l'art naissant au monde tangible » et cherche la naissance de la nature telle qu'elle se révèle par la « trace de l'immédiat »[120], lieu où les royaumes se rencontrent, en permettant aux éléments de se concrétiser directement sur la matière. Il fixe une toile au toit de sa voiture et fait un aller-retour de Paris à Nice. En qualité de citoyen de l'infini, il observe les processus du monde fini.

Malheureusement, les empreintes furent cause d'une tension accrue avec ses amis qui entacha quelques-unes de ses amitiés les plus sincères. La première anthropométrie eut lieu dans l'appartement de Godet en 1958. (Il en résulta une toile entièrement bleue, non une silhouette en empreinte.) Mais l'origine de l'idée reste peu claire. Iris Clert pense qu'Yves la lui a empruntée, Arman pense que cette idée vient de lui. Yves répondit qu'à 18 ans il avait

pour la première fois « projeté sa marque personnelle hors de lui-même » en imprimant les traces de ses mains et de ses pieds sur ses vêtements[121].

Mais les incursions du monde extérieur dans son domaine s'aggravèrent. Il s'efforçait de défendre les frontières de son royaume, parfois de façon hystérique. Selon Iris Clert, il avait eu l'intention de faire un procès au cinéaste Claude Chabrol pour son film, *Les Godelureaux,* où le metteur en scène montrait un peintre procédant à des anthropométries comme un exemple de la dégénérescence de l'art. L'avocat d'Yves, qui le compara à Giotto pour la profondeur de son bleu, l'en dissuada. Lorsqu'Yves apprit qu'Iris Clert possédait dans sa galerie des empreintes exécutées par un autre artiste il lui envoya la police et menaça de la poursuivre en justice. Son domaine était devenu trop vaste pour qu'il pût le défendre efficacement.

Ses amis les plus proches lui contestaient certaines priorités. Il avait constamment besoin d'argent et appelait fréquemment à l'aide tante Rose qui, généralement, acceptait de l'aider. Lorsque l'argent arrivait, il le dépensait en une seule nuit à Montparnasse avec des amis. S'il ne recevait pas d'argent, il déchirait la lettre offensante et frappait le mur à coups de poings, comme il avait dû le faire à 3 ans. En fait, il se rebellait de plus en plus contre les divinités féminines. Et, lorsqu'il descendait à Nice, il ne vivait plus chez sa tante mais chez Arman.

Pendant ce temps, sa relation avec Rotraut souffrait parfois des changements abrupts d'humeur et d'attitude qu'elle avait du mal à suivre. Plus d'une fois elle le quitta, et revint.

Le problème de l'endettement s'aggrava en 1959, lorsqu'Yves cessa de donner des leçons de judo, et avec lui tous les autres problèmes. « Ce fut lorsqu'il abandonna le judo, dit Bernadette Allain, qu'il perdit la capacité de se réajuster intérieurement, de conserver l'équilibre nécessaire pour continuer à vivre aussi intensément qu'il le faisait. Même physiquement il ne semblait plus aussi fort. »

Un judoka allemand de moindre classe le jeta, paraît-il, au tapis trois fois de suite très facilement ; alors que la rencontre ne devait être qu'une démonstration[122]. Ses amis commencèrent à le considérer comme un paranoïaque. « Il était si agité qu'il ne parvenait même plus à dormir, dit Tinguely, c'était l'homme le plus angoissé que j'aie jamais connu. La nuit il fallait qu'il écrive pour ne pas être déchiré par le désespoir. Il écrivait, ou trouvait d'autres moyens pour ne pas sombrer dans le cauchemar. » «Il vivait, dit Iris Clert, comme si ses jours étaient comptés. » [123]

Ce fut à cette époque, dans cette situation, qu'Yves décida d'aller jusqu'au bout de son mythe (« au sommet »), de faire son saut dans le vide. « Tout ce petit groupe de jeunes artistes qui gravitaient autour de lui, dit Bernadette Allain, peu à peu, je me mis à éprouver une réelle aversion à leur égard, parce qu'ils étaient en train de le tuer. C'était à cela que ça aboutissait, en l'obligeant à chaque fois à aller plus loin parce qu'il était nécessaire d'être avant-garde ; il était nécessaire d'aller " plus loin " que les autres. On forçait, en quelque sorte, les gens à se jeter dans le vide. »

23

Cet élan absurde du corps et de l'âme, ce boulet qui atteint sa cible en la faisant éclater, oui, c'est bien là la vie d'un homme !

René Char, Tu as bien fait de partir, Arthur Rimbaud.

Chez Yves, le rêve de vol était très ancien. Ce rêve dominait toutes ses ambitions spirituelles au moins depuis la première lecture libératrice de Heindel sous la conduite de Cadeaux en 1948. Le ciel comme transcendance signifiait à la fois la plénitude et une échappée pour quelqu'un qui était fondamentalement insatisfait des choses d'ici-bas. De la plage de Nice, il s'était envolé en imagination jusqu'à l'autre côté du ciel ; et tout en méditant sur le toit de la maison d'Arman, il avait intensément visualisé, des heures durant, l'acte de s'élever et de s'envoler vers la Lune.

Le vol magique, comme la peinture monochrome qui semble d'ailleurs avoir pénétré sa conscience au même moment et avec les mêmes connotations, resta une constante de sa pensée ; c'était plus qu'une icône, plus qu'une image dont on se sert pour se définir soi-même ; c'était une conviction. Comme le dit Rotraut : « Il était certain de pouvoir voler. Il me disait qu'à une certaine époque les moines savaient entrer en lévitation et que lui aussi y parviendrait. C'était une obsession. Il était comme un enfant, réellement convaincu qu'il pourrait le faire. Il parlait même d'une machine dans laquelle on pourrait apprendre aux gens à voler. »

C'était là, bien sûr, une fonction essentielle de son rôle de Grand Initié, et de messager de l'âge de la lévitation. Aux termes du mythe, ce n'était pas seulement son destin mais encore son devoir d'être le premier à faire la démonstration du vol et d'enseigner aux autres à voler, jusqu'à ce que tous puissent le faire. A partir de 1957, le mythe commença réellement à se déployer et le rêve de vol semblait à nouveau proche. Il en parlait de façon obsessionnelle non seulement à Rotraut mais à tous.

Il est également vrai que le vol et la dématérialisation, les deux points culminants du mythe qu'il incarnait, étaient tous deux associés à l'idée de mort dans son esprit ; le fait de s'envoler vers le ciel lui semblait une forme de sacrifice magique. Un des éléments habituels du mythe du messager ou du sauveur est que sa mort sacrificielle est requise pour cimenter le nouvel âge bien en place. Au fur et à mesure que le mythe d'Yves devenait plus tragique et condamné, il se mit à parler plus fréquemment à la fois de vol et de mort, en général simultanément.

« Il parlait de sa propre mort, dit Claude Parent, c'était un sujet qui l'intéressait passionnément... Qu'est-ce donc qu'il avait l'habitude de dire ?... il disait qu'il ferait un saut dans le vide, un fameux saut... » Et Tinguely, « Il parlait sans cesse de deux choses : il parlait de lévitation et il parlait de disparaître. »

Station : nous sommes à l'automne 1960. Le roi du ciel lève le rideau pour un nouvel acte de son monodrame. Yves, vêtu d'un complet d'homme d'affaires et d'une cravate, donne une démonstration de vol. Il se tient sur le rebord d'un 2e étage et regarde en bas vers la rue, puis en haut vers le ciel, sa demeure. Lorsque les photographes sont prêts, il bande ses muscles entraînés par le judo et s'élance avec un mouvement ascendant dans une liberté splendide. Fixant d'un regard intense le ciel (les yeux étincelants) sans penser à la dureté du sol au-dessous de lui, il reste un instant suspendu au plus haut de son saut (on entend le déclic des appareils) puis s'élève avec grâce par-dessus les toits de Paris, se perd dans les nuages un instant et disparaît dans l'au-delà du ciel, sa demeure véritable.

Cette photographie magnifique est un objet qui remplit d'une crainte sacrée et à propos duquel les rumeurs et les controverses foisonnent, comme autour des miracles revendiqués par un candidat à la sainteté que l'on soupçonnerait de tromperie. On a souligné qu'Yves lui-même, lors de la première publication de la photographie (dans *Dimanche* le 27 novembre 1960), posa la question de savoir si ce plongeon avait été réalisé « avec ou sans filet » et que le récit qui fut ensuite publié à propos de ce saut, sous le contrôle d'Yves, a peut-être été rédigé de façon à accroître l'ambiguïté sur ce point [124]. En particulier, le cycliste que l'on voit en bas à droite de la photographie parue dans *Dimanche* (tel le laboureur qui ne remarque pas la chute d'Icare ; motif que Breughel a repris d'Ovide) est omis dans une publication plus tardive de la photo. Aujourd'hui, beaucoup de personnes, y compris les photographes, affirment connaître les dessous de l'histoire... et en donnent des versions contradictoires. Plus curieux encore, les diverses explications d'Yves à ce sujet diffèrent

Yves Klein saute dans le vide
version préliminaire à l'œuvre conceptuelle, 1960

autant que celles des témoins oculaires. Selon Arman, qui ne fut pas un témoin oculaire, « il a dit, tout de suite, sans problème, que c'était un montage... mais ensuite il a insisté sur le fait que de toute façon il *pouvait* le faire ». Et Claude Parent : « il me jura qu'il pouvait entrer en lévitation. Il ne me laissait pas tranquille à ce propos ». Les faits qui entourent cet événement ont été si habilement dissimulés et l'image si bien vidée de tout élément qui permettrait de la dater que des écrans protecteurs s'y attachent encore. Une chose est certaine à propos de la photographie parue dans *Dimanche*. Un agrandissement réalisé à partir du négatif montre avec une évidence absolue la ligne de montage qui traverse la photographie de droite à gauche sous les pieds d'Yves et qui part en zigzag dans le feuillage derrière lui.

Mais cette photographie, en aucune façon, ne raconte toute l'histoire. Comme nous le verrons, ce ne fut pas Yves qui posa le premier la question du filet. Elle anticipa l'événement photographié et lui fut imposée par les circonstances de telle façon qu'il ne pouvait éviter de la poser. Pour commencer il y eut au minimum trois sauts, effectués dans des circonstances différentes, dont des personnes différentes furent témoins, et qu'il convient donc de considérer séparément. Il est probable que personne, à l'exception d'Yves lui-même, n'eut connaissance de l'existence de tous les trois.

Pierre Restany nous indique la date et le cadre du premier saut. « Chez Yves, dit-il, beaucoup de choses arrivaient comme l'aboutissement d'une fixation, d'une insistance intense... Un jour il me dit qu'il allait faire quelque chose de très important, il dit : Je vais faire une démonstration pratique de lévitation. » Restany fut invité à se rendre à l'appartement d'Yves, rue Campagne-Première, puis à l'accompagner jusqu'au lieu du saut, afin d'être témoin de cette « démonstration ». Malheureusement, Restany, retenu par d'autres affaires, arriva en retard à l'appartement d'Yves. Juste comme ce dernier était de retour après l'événement. « Lorsque j'arrivai là, dit Restany, Yves était extraordinairement excité ; il était dans une sorte d'extase mystique. Il semblait réellement avoir accompli à l'instant un exploit physique exceptionnel. Il me dit : Tu viens juste de manquer l'un des événements les plus importants de ta vie. Il boitait légèrement à cause d'une entorse. En vérité si je n'étais pas allé chez lui et si je n'avais pas été témoin de l'état dans lequel il était, j'aurais toujours pensé que c'était un montage photographique. »

Deux points essentiels doivent ici être éclaircis. D'abord, l'agenda de Restany pour 1960 indique que « la démonstration pratique de lévitation » eut lieu le 12 janvier ; une facture établie au nom d'Yves pour un travail réalisé par les photographes Harry Shunk et John Kender fournit deux dates pour un travail sur un « saut » : 19 et 25 octobre 1960 [125]. Ces dates de Shunk et Kender se réfèrent au saut dont la photographie fut publiée par *Dimanche* ; l'événement auquel Restany fait allusion eut lieu quelque dix mois plus tôt. Il s'agit donc de deux événements différents. De plus, le souvenir que Restany garde d'une entorse qui faisait légèrement boiter Yves concorde exactement avec un souvenir semblable chez Bernadette Allain, et chez elle seule. Il est très probable que ce saut dont Restany ne fut pas témoin, fut celui qu'elle vit.

Bernadette Allain, qui n'a jamais auparavant fait de déclaration à ce propos, affirme qu'elle fut témoin d'un saut, qui eut lieu chez Colette Allendy, rue de l'Assomption. Elle décrit l'événement en ces termes : « Pour un judoka qui savait tomber il n'y avait là rien d'extraordinaire... On pouvait s'attendre de la part de quelqu'un qui avait atteint ce niveau d'entraînement à ce qu'il sache se ramasser et tomber. Il le fit par défi, par provocation, pour prouver qu'il était capable de sauter dans le vide. C'est-à-dire, non pas de sauter par une fenêtre, mais de plonger *vers le ciel*. Il voulait que cela se sache... il n'y avait rien au-dessous, si ce n'est la rue. Rien ! Ce n'était pas truqué... Je n'étais pas surprise parce que je l'avais vu faire des choses beaucoup plus extraordinaires sur les tapis de judo ; lui aussi savait qu'il pourrait le faire. Il n'y avait que le public pour être surpris. Mais dès qu'il devint célèbre tout le monde prétendit avoir été présent, et on raconta des histoires, et encore des histoires. »

Les événements qui suivirent furent la conséquence directe de l'absence de Restany lors du saut. Lorsqu'ils se retrouvèrent à l'appartement d'Yves, celui-ci lui dit : « je suis terriblement déçu que tu n'aies pas été là, parce que *tu es mon témoin* ». Il est facile de comprendre le dilemme d'Yves et la suite des événements. En fait, il avait sauté sans filet, et voulait rendre public l'événement, mais son témoin officiel, celui que l'on aurait généralement cru dans le monde de l'art, ne pouvait pas garantir l'événement.

On peut se demander pourquoi, le 12 janvier, Yves effectua son plongeon bien que son « témoin » officiel ne fût pas là.

D'abord, Yves avait à plusieurs reprises avoué à son partenaire de judo Marcel Boulois que ce saut lui faisait peur. Le 12 janvier, la scène était en place, il avait bandé tout son courage pour l'épreuve et, plutôt que de devoir s'y préparer à nouveau un autre jour, il décida d'effectuer ce saut. En second lieu, on peut voir un étrange rapport poétique et symbolique entre l'obsession du vol et de la mort chez Yves et la mort en vol de son ami Robert Godet. Le carnet de rendez-vous de Pierre Restany en date du 12 janvier, jour du saut, indique que plus tard dans l'après-midi Yves et lui allèrent ensemble jusqu'à l'appartement de Godet. Yves boita tout le long du chemin. L'occasion de la visite était inhabituelle. « C'était, dit Restany, le jour du départ de Godet pour ce voyage dont il ne devait jamais revenir. » La chute de l'avion en flammes de Godet, qui s'écrasa dans l'Himalaya, et qu'Yves allait considérer comme une prémonition de sa propre mort, fut elle-même annoncée par le saut passionné d'Yves du haut du mur de Colette Allendy. Une telle concordance dans le temps a peut-être suggéré à Yves lui-même l'influence d'une force mythique sous-jacente.

Pendant quelque temps, après le 12 janvier, Yves se vanta de ce saut et constata que personne ne le croyait. Le second et le troisième saut doivent être considérés non comme des événements séparés, réalisés pour eux-mêmes, mais comme des tentatives de fonder la crédibilité de l'exploit accompli sans témoin « officiel ». « Lorsqu'il parlait de son saut, dit Arman, tout le monde disait que c'était impossible. On se moquait de lui. Il y avait un escalier à la galerie Rive droite, et Yves voulut prouver qu'il pouvait sauter d'une certaine hauteur. Il sauta de l'escalier et se blessa sérieusement à l'épaule ; cela lui fit mal pendant deux ou trois mois. Il dut la faire bander et tout. » Jean Larcade et Rotraut se souviennent tous deux que ce saut ne se fit pas d'un escalier mais par-dessus une table. En tout cas, cela n'ajouta rien à sa crédibilité.

Ce fut alors, tandis qu'il ressassait cette suite d'événements, et que son épaule se remettait, qu'Yves décida d'utiliser un filet et donc de falsifier l'événement devant des photographes. (Pourquoi risquer à nouveau de se casser une jambe ou de se démettre l'épaule alors que l'exploit avait déjà été accompli ?) Ce plongeon vers le ciel ne serait pas l'acte magique et important que fut le premier saut, mais quelque chose de complémentaire qui allait parfaire l'événement précédent en fournissant la preuve documentaire de sa réalité. Il devint alors nécessaire de dissimuler le jour et le lieu de ce saut photographié de telle façon que le document puisse se greffer sur la réalité de l'événement antérieur.

Shunk et Kender furent engagés pour photographier le saut dans l'espace du 19 octobre, et pour recréer l'illusion d'un saut sans filet grâce à un montage photographique. Un lieu fut choisi : Fontenay-aux-Roses, à la fois parce que Colette Allendy était morte entre-temps (le 22 février) et parce qu'il y avait un club de judo de l'autre côté de la rue. Yves connaissait tous les judokas de Paris et savait qu'il pouvait compter sur leur aide. Kender se souvient qu'on demanda à environ une douzaine de judokas de le recevoir [126]. Il existe des photographies qui montrent ces judokas en place ; lorsqu'Yves sauta ils le rattrapèrent dans une bâche. On recommença plusieurs fois pour que l'expression du visage soit juste. Un montage supprima de la photographie les judokas et leur bâche. Rotraut, mais non Bernadette Allain, était présente à ce saut et se le rappelle ainsi : « Voulez-vous réellement connaître la vérité ? C'est idiot d'essayer de le cacher. Il sauta réellement, mais d'abord il se rendit au club de judo et en revint avec les judokas ; ils tendirent une espèce de bâche... il sauta, 4, peut-être 5 fois [puis] il se sentit prêt à sauter sans bâche. C'était terrible. J'étais complètement affolée. A un moment donné je me suis fâchée. Je pensais : *il va se tuer.* Cela le fascinait énormément. »

Dissuadé par Rotraut, il ne fit pas ce dernier saut qui, s'il l'avait réussi, aurait établi sa crédibilité grâce aux témoins oculaires incontestables. Au lieu de cela, étant donné qu'un plongeon semblable avait réellement été effectué dix mois plus tôt, il fit jurer à Rotraut, Shunk et Kender de ne rien dire à propos du filet et publia la photographie sans date et sans spécifier le lieu. La seconde date de Shunk et Kender, le 25 octobre, peut se rapporter à un travail de développement... peut-être l'inclusion de la scène de rue avec le cycliste.

En définitive, il est certain que l'histoire de cette image iconique n'est pas l'élément le plus important : c'est avant tout une image qui annule le temps, l'image d'une échappée hors des limites de l'histoire et des contingences, et son message ne réside pas dans les détails de sa fabrication. L'intensité de l'image en soi et la richesse de sa signification lui donnent sa valeur. A un niveau, c'est l'image terriblement poignante d'un impatient désir de paradis, d'une tentative désespérée de faire se dévoiler le paradis *maintenant,* avant qu'il ne soit trop tard. Si le messager de l'âge nouveau

s'est déjà manifesté, s'il a déjà proclamé du haut des toits sa prophétie symbolique, l'âge nouveau lui-même ne peut plus être très éloigné.

Considéré, non comme un acte magique mais comme une manifestation artistique, le saut dans le vide est peut-être la formulation la plus dérangeante et la plus attachante de « l'invitation au voyage » que nous propose Yves. C'est une icône intemporelle du besoin de transcendance et de sa terrible conséquence pour le corps de l'ego.

L'espace se présente tout autrement dans les innombrables mythes, contes et légendes relatifs aux êtres humains ou sur-humains qui s'envolent au ciel et circulent librement entre la Terre et le ciel, soit à l'aide des plumes d'oiseaux, soit par d'autres moyens. Ce n'est pas la vitesse avec laquelle on s'envole, ni l'intensité dramatique du voyage aérien qui caractérisent ce complexe mythico-folklorique – mais le fait que la pesanteur est abolie, qu'il s'est effectué une mutation ontologique dans l'être humain lui-même... Le motif est universellement répandu et il est solidaire de tout un groupe de mythes concernant aussi bien l'origine céleste des premiers humains que la situation paradisiaque de l'illud tempus primordial...

... Si l'on considère dans leur ensemble le « vol » et tous les symbolismes parallèles, leur signification se révèle d'emblée : tous traduisent une rupture effectuée dans l'univers de l'expérience quotidienne. La double intentionnalité de cette rupture est évidente : c'est à la fois la transcendance et la liberté que l'on obtient par le « vol ».

La création infiniment reprise de ces innombrables univers imaginaires où l'espace est transcendé et la pesanteur abolie, en dit long sur la véritable dimension de l'être humain. Le désir de rompre les liens qui le tiennent rivé à la Terre, n'est pas le résultat de la pression cosmique ou de la précarité économique – il constitue l'homme en tant qu'existant, jouissant d'un mode d'être unique dans le monde. Un tel désir de se délivrer de ses limites, senties comme une déchéance, et de réintégrer la spontanéité et la liberté, désir exprimé, dans l'exemple qui nous occupe, par les symboles du « vol », doit être rangé parmi les modes spécifiques de l'homme.

La rupture de niveau effectuée par le « vol » signifie... un acte de transcendance,... le désir de dépasser « par en haut » la condition humaine, de la transmuer par un excès de « spiritualisation ». Car on peut traduire tous les mythes, les rites et les légendes auxquels nous venons de faire allusion par la nostalgie de voir le corps humain se comporter en « esprit », de transmer la modalité corporelle de l'homme en modalité de l'esprit. [127]

25

*Je hume ici ma future fumée,
Et le ciel chante à l'âme consumée
Le changement des rives en rumeur.*

Paul Valéry, Le Cimetière marin.

Toute la carrière d'Yves fut un long processus d'appropriation, élément par élément, strate par strate, de l'univers entier qu'il fit fusionner à son mythe ; un processus qui symboliquement appliquait sa conception de l'essence sur tout être vivant. En un sens, cette activité rejoint la métaphysique (« le métaphysicien n'est-il pas, demande Bachelard, l'alchimiste des idées trop grandes pour être réalisées ? » [128]), mais, dans un autre sens, c'est aussi un théâtre cosmique. L'auto-désignation imaginaire de l'artiste comme « metteur en scène » du drame universel.

Yves était, bien sûr, comme le dit Tinguely, « un cas superdramatique ». En un sens, ce furent les implications théâtrales toujours présentes qui unifièrent son « œuvre ». Dans la mesure même où il interprétait le mythe de la quête héroïque de la transcendance, sa vie entière devenait un rôle. Les diverses manifestations d'immatérialisation (le vide, les « cessions » et les anthropométries) participaient toutes d'une espèce de théâtre. En fait, la plupart de ses œuvres (les reliefs en éponge, les sculptures IKB, les cosmogonies, les empreintes), en mettant en évidence le processus de leur création, postulent un axe temporel qui implique une forme de théâtralité. Georges Mathieu avait démontré explicitement les implications théâtrales de l'*action painting* dès 1956 en exécutant publiquement, au théâtre Sarah Bernhardt, une grande peinture. Cet événement a peut-être influencé Yves qui semble avoir voulu aller plus loin, délibérément, dans les anthropométries (Mathieu, par une ironie du sort, assista à la première performance anthropométrique). Mais Yves eut toujours d'autres sources d'inspiration que le monde artistique contemporain. Il savait que, traditionnellement, les peintres japonais peignaient en public des œuvres qui « doivent être exécutées.. sans hésitation » de façon à intégrer « ce quelque chose d'indéfinissable » sans lequel « la peinture doit être considérée comme un échec ». [129] La référence à la tradition zen apparaît dans l'emploi du terme « indéfinissable » et dans un texte comme celui-ci : « Les bons tableaux sont exécutés très vite, sans hésitation, directement, et j'en suis content. » [130]

En 1960, Yves se tourna de façon plus précise vers le théâtre, et ses actes d'appropriation s'étendirent aux limites de l'univers, dans *Dimanche,* qui est peut-être son œuvre la plus remarquable. Ce faux quotidien de quatre pages, qui fut sa contribution au Festival d'art d'avant-garde, reprenait le format d'un journal parisien, et fut placé dans des kiosques, un dimanche matin... (donnant lieu, n'en doutons pas, à d'amusantes scènes aux tables de petits déjeuners). Le texte en est un étonnant tour de force ; on y voit Yves Klein poursuivant Yves Klein dans un labyrinthe de théâtres et sous des déguisements imaginaires, affirmant et démontant simultanément le mythe de sa propre omnipotence. S'il écrivit réellement ce texte durant ses nuits d'insomnies, pour éviter d'être « déchiré par le désespoir » ou de « sombrer dans le cauchemar », on ne peut qu'être encore une fois frappé d'admiration par son pouvoir alchimique de transmuer la tension intérieure en force créatrice.

Yves commence, comme Dieu en personne, dans la simple date du journal : « *Yves Klein présente le dimanche 27 novembre 1960* » (Fiat lux!) et en dessous : *la révolution bleue continue.* Le titre à la une : « *théâtre du vide* » et, à côté cette photographie qui impose une crainte sacrée où l'on voit Yves plongeant dans le vide, les yeux tournés vers le ciel, les cheveux au vent... « *Le peintre de l'espace se jette dans le vide* ». L'article à la une proclame son omnipotence infinie, semblable à celle d'un dieu, et l'appropriation de tout l'espace et de tous les êtres qui y vivent.

Ce jour-là, chaque habitant du monde, promu acteur-spectateur, fut dirigé par Yves Klein dans une production universelle. Ce fut « une date historique pour le théâtre » qui, pour la première fois, s'étendit jusqu'à englober toute entité. Ce théâtre universel participe de l'art conceptuel, qui, en déclarant que nos actes quotidiens ne sont que des rôles dramatiques que nous interprétons, crée en nous une distance ; comme dans la définition que Shklosky donne de l'art : « Une défamiliarisation, une façon de rendre les choses peu familières... un renouvellement de la perception. » [131]

Dans ce théâtre macrocosmique s'insèrent diverses scènes microcosmiques dont certaines exacerbent les gestes de Meyerhold, Brecht, Dada (par exemple : attacher les spectateurs à leurs siège). Yves Klein propose un théâtre « sans acteur, ni spectateur, sans décor et sans scène » qui exprime l'unité profonde et le mystère de ce qui se produit partout, tout le temps. Contre une somme fixée, un siège vide sur lequel serait inscrit votre nom, resterait pour toujours vide, parmi d'autres sièges également vides, face à une scène vide, dans une salle aux portes fermées et verrouillées :

« (...) Cette constante représentation, dans cette salle où ne pénètre plus personne après son installation, doit avoir des moments plus intenses que d'autres ; signalés, au début, aux abonnés, par un programme qu'ils reçoivent par la poste ou... autrement ! A ces moments particuliers (...) le théâtre doit être illuminé, brillamment, de manière que cela se voie bien de l'extérieur.

« (...) Le directeur d'un tel théâtre devra rechercher dans la ville ou au cours de longs voyages effectués à cet effet, les acteurs qui conviennent et ainsi constamment renouveler la troupe. (...) Le nouvel acteur ainsi choisi n'aura rien d'autre à faire qu'à savoir qu'il est un acteur et à passer pour toucher ses cachets après chaque séance ou « au moment d'hyperintensité » indiqué dans le programme des abonnés.

« Après avoir ainsi été engagé, l'acteur s'enfuira chargé de cette nouvelle et grave responsabilité d'être un acteur et disparaîtra dans la foule, dans la société, pour devenir enfin un visiteur sérieux dans le gigantesque musée du temps passé qu'est devenu le monde moderne d'aujourd'hui. » (*Dimanche*, Théâtre du vide, p. 2.)

Il y a là une quantité de théâtres et de métathéâtres s'entrecoupant en cercles infinis. Avec, au centre et à la périphérie qui les enclôt, le théâtre mythique propre à Yves, mandataire auto-déclaré du vide. En première page du journal *Dimanche*, on voit Yves s'envolant vers l'espace ; au-dessous de la photographie, se trouve la reproduction d'un de ses monochromes ; la légende dit : « l'espace lui-même ». (Ainsi plonge-t-il à l'intérieur même d'une de ses œuvres.) Dans les pages intérieures, il explique la signification de son plongeon vers le ciel : « (...) A vrai dire, cela ne sera qu'un pas dans le chemin de la « capture du vide » réelle, qui se fera après ma disparition définitive (...) Cette « capture du vide », elle sera réalisée par ceux qui auront compris cette pensée ou, plutôt, ce principe et qui le vivront comme une action pure et statique d'une manière toute naturelle enfin. »

Ceci, bien sûr, est du messianisme pur. Il ne dit pas « ma mort » mais « ma disparition totale » (*cf.* Zalmoxis, Mithra, Quetzalcoatl, le Christ). Il est le rédempteur, celui qui, en gagnant les cieux, frayera la voie pour d'autres à sa suite. Mais ceci n'est qu'un regard jeté au kaléidoscope. Ailleurs la « disparition finale » est interprétée comme une imagination de l'âme traversée de désirs et d'une langueur romantique ; le passage suivant doit être considéré comme « l'invitation au voyage » la plus explicite d'Yves :

« Quand je pense à toi
Le même rêve revient toujours
Nous marchons enlacés
Dans le chemin sauvage de nos vacances
Et puis, peu à peu,
Tout semble disparaître autour de nous
Les arbres, les fleurs, la mer
Au bord du chemin,
Il n'y a plus rien non plus soudain
Nous sommes à notre bout du monde
Alors... Allons-nous retourner ?
Non... Tu dis non je sais
Viens avec moi dans le vide !
Si tu reviens un jour
Toi qui rêves aussi,
A ce vide merveilleux
A cet amour absolu
Je sais qu'ensemble,
Sans aucun mot à nous dire,
Nous nous jetterons
Dans la réalité de ce vide
Qui attend notre amour,
Comme moi je t'attends chaque jour :
Viens avec moi dans le vide ! »

Il y a dans cette ballade un cri de solitude qui fait écho aux chimères que Jung découvrit dans les œuvres des « alchimistes solitaires ». Un psychanalyste remarqua un jour que les idées d'Yves s'apparentaient singulièrement à un processus d'auto-hallucination. Cependant, à l'opposé de l'individu réellement victime d'une illusion, Yves était capable de mettre entre parenthèses sa réalité personnelle pour la transformer en mythe, en art, en théâtre. A l'abri de ces zones privilégiées, tel un moine dans un monastère, il pouvait vivre jusqu'au bout son mythe en tant qu'action « pure » qui ne se référait à rien hors des parenthèses.

Cependant, la réalité autre que le créateur de mythe transporte avec lui, bien qu'elle ne menace pas la société, risque d'engloutir sa dimension proprement humaine et de ne lui permettre que la vie désincarnée d'un monument, d'un artefact, d'un symbole. En dernière page du quotidien d'Yves on trouve un étrange petit texte : « *La statue* », qui atteste que son mythe lui pesait parfois, et lui semblait sclérosant ; il désirait alors s'échapper de ses parenthèses et, tel Odysseus dans les *Lois* de Platon, déposer le fardeau du héros et redevenir un simple citoyen du monde : « Lorsque je serai enfin devenu comme une statue par l'exaspération de mon moi qui m'aura amené à cette sclérose ultime... Alors, alors seulement, je pourrai mettre cette statue en place et sortir de moi dans la foule pour aller voir le monde, enfin. Personne ne s'apercevra de rien car ils regarderont tous la statue et moi je pourrai me promener, enfin libre... » [132].

26

Bonne chance, criai-je, et je voyais une mer de flammes et de fumée au ciel.

Arthur Rimbaud, Une Saison en enfer.

Les dernières années d'Yves furent extrêmement productives. Son énergie était à son maximum d'intensité et il utilisait son temps – en dépit d'une nonchalance apparente et étudiée – avec une efficacité diabolique. Le catalogue de Wember dénombre 1 077 œuvres réalisées entre 1956 et 1962 [133]. On ne produit pas un tel ensemble d'œuvres simplement parce qu'on recherche la publicité. Il peut être vrai, ou non, qu'Yves travaillait pour échapper à un cauchemar intérieur ; mais il est certain qu'il travailla intensément et constamment. « Il travaillait sans répit, comme une armée qui mobilise, dit Arman, lorsqu'il avait décidé de faire quelque chose. » Au début de 1961, Yves reçut la preuve ultime du succès pour un jeune artiste : on lui consacra une grande exposition rétrospective au musée Haus Lange de Krefeld. A cette époque, son programme d'alchimie artistique, fondé sur l'art du feu, de la terre, de l'air, de l'eau, de la matière originelle et de l'or, était sur le point d'être accompli. La série des *Monogolds* (1959-1961) achevait symboliquement le Grand Œuvre de perfectionnement de la matière par la nature. « Le soleil est or, faire de l'or c'est être Dieu », dit un texte alchimique. Le grand triptyque *Monobleu, Monorose, Monogold* (1960), aux connotations rosicruciennes, était l'aboutissement du mysticisme de la couleur et son accomplissement. Le thème de l'unité du commencement absolu et de la fin absolue reçut un traitement « à l'égyptienne » dans les trois obélisques bleu, rose et or de l'année suivante. Cette voie s'arrêtait là, sauf à dissoudre à nouveau ce qu'elle avait entrepris [134].

C'est cette dissolution, cet évanouissement des formes par la combustion interne de l'esprit surchauffé qu'annoncent les sculptures de feu de 1961. Le thème de l'homme faisant partie de la nature, à l'aise dans n'importe lequel des éléments, était apparu dans l'architecture de l'air comme un symbole de liberté et d'ascension ; à présent, dans l'architecture de feu présentée à Krefeld, il se teintait des connotations plus agressives de la destruction.

Station : Yves, en costume trois pièces et cravate devient Prométhée domestiquant le feu pour en faire des fontaines, des murs, des peintures. En janvier, il expose à Krefeld les *Murs de feu* et les *Fontaines de feu*. De retour à Paris, il réalise au Centre d'essais du Gaz de France la première peinture de feu-couleur en brûlant le panneau au lance-flammes puis en ajoutant le pigment de façon sélective.

Les peintures de feu, la plupart de 1961-1962, belles en soi et qui marquent le point culminant de la période alchimique, rayonnent de connotations sinistres si on les considère en fonction du mythe d'Yves. « La dernière phase de l'Œuvre, dit la tradition alchimique, durant laquelle l'alchimiste contemple l'apparition de la lumière du feu, est la plus dangereuse [135]. » Il y a dans ces œuvres davantage qu'une « trace de l'immédiat » : un frisson lié au sexe et à la mort, une agression prométhéenne, la marche d'Empédocle jusqu'au bord extrême du cratère fumant. Les peintures de feu-couleurs possèdent quelque chose de la « volupté de l'enfer » nietzschéenne. La célèbre photographie du mur de feu de Krefeld est une *Station* qui parle de mort. Le corps d'Yves s'y consume au milieu de 50 flammes tandis que l'on aperçoit sa tête flottant dans un isolement spectral au-dessus d'elles. La *Fontaine de feu* nous rappelle cette loi d'Héraclite : « Toutes les choses s'échangent contre le feu, et le feu contre toutes choses. »

En 1960, Yves et Rotraut se rendirent à Cascia (c'était pour lui la quatrième et dernière fois) afin de remercier sainte Rita du succès obtenu pour ce « cas désespéré ». Yves laissa un ex-voto (des pigments purs et un peu d'or obtenu par la vente des « zones immatérielles ») ainsi qu'une longue prière qui s'achevait par « puissent tous mes ennemis devenir mes amis, et si cela est impossible, puissent leurs attaques contre moi demeurer sans effet. Rendez-moi, ainsi que toutes mes œuvres, totalement invulnérable » [136].

27

« Allô, Allô, ici fusée lunaire...
   L'atmosphère devient irrespirable... Et la dernière bonbonne des scaphandres a été utilisée !... Déjà mes compagnons gisent sans connaissance... Je me demande si nous arriverons vivants... »

Hergé. On a marché sur la Lune.

Tinguely : « C'était sa personnalité qui l'empêchait d'être pris au sérieux. Il était trop vivant. Un artiste ne peut pas être si charmant, aussi formidablement convaincant, avoir une telle articulation d'idées. Il était presque inconcevable qu'un artiste puisse être comme Yves Klein. Son charme extraordinaire, sa gentillesse, son côté camarade, c'était un handicap pour lui. Il était beau, pas assez moche. Il faut être moche pour être artiste – ivre, ou malade, ou avoir dix enfants. Il était tout simplement superbe, alors ça, ça agace. »

Bernadette Allain : « Après sa période judo il avait besoin d'avoir toute une cour autour de lui, des amis, des filles. C'était sa façon de se relaxer. On pourrait dire qu'il était indifférent à la plupart, et que d'une certaine façon il les traitait mal. Mais, d'un autre point de vue, il les acceptait vraiment, il les laissait réellement participer à ses aventures. Ils étaient ses assistants. Ils s'occupaient de lui, les hommes aussi bien que les femmes – comme d'un enfant gâté, un fils unique que ses parents, que toute sa famille adore. »

Tinguely : « Son atelier était peint en blanc. Au fond, il aurait voulu que tout soit en miroirs pour ne se voir que lui. S'il avait eu l'argent, il l'aurait fait. Ce n'était pas un projet qu'il envisageait seulement, éventuellement, de faire. »

Yves Klein : « Sainte Rita de Cascia, patronne des causes impossibles et des cas désespérés, merci pour l'aide puissante, décisive, et merveilleuse que vous m'avez apportée jusqu'à aujourd'hui. Merci infiniment ». [137]

Fred Klein : « Nous étions des copains à 100 %. C'était vraiment un ami. Mais plus tard nous nous sommes un peu perdus de vue. »

28

Plus de doute, ils tirent d'en bas, me chargeant de lest, de lest de plus en plus...
Je descends... le poids en moi, le poids à nouveau, à nouveau la terre aux pieds. Que viens-je encore faire sur terre ?

Henri Michaux, Après l'accident.

Au début de l'année 1961, Leo Castelli annonça une exposition à New York, « *Yves Klein le Monochrome* », qui allait s'ouvrir le 11 avril. Ainsi, on l'incitait (enfin !) à étendre son domaine par-delà l'océan, jusqu'aux États-Unis où, selon Heindel, devait naître la nouvelle humanité de l'âge de l'espace. Yves et Rotraut s'envolèrent pour New York et s'installèrent pour deux mois au Chelsea Hotel. Le 12 avril, le lendemain de l'ouverture chez Castelli, Youri Gagarine, le premier cosmonaute, annonça que vue de l'espace la Terre semblait toute bleue : cela ravit Yves. Il y vit une confirmation intime que l'âge du retour à l'espace allait poindre, à l'époque où il vivait. Cependant, une fusée n'a rien à voir avec la lévitation, et la science seule (Heindel était très clair sur ce point) ne pouvait accomplir les anciennes prophéties.

Yves demeurait fidèle à Heindel, bien qu'il eût pu aisément prendre alors ses distances en faveur d'une interprétation plus souple. Youri Gagarine n'était pas le messager ; son vol était un signe avant-coureur mais ce n'était pas l'événement attendu. Yves écrivit : « Ni les missiles, ni les fusées, ni les spoutniks ne feront de l'homme le conquistador de l'espace. » [138] « La liberté totale représente un grand danger pour qui ne sait pas ce qu'elle est. » [139]

Cependant, en dépit de ces signes prémonitoires plus ou moins favorables, l'exposition chez Castelli n'eut pas de succès. Les critiques new-yorkais la tournèrent en ridicule.

Have you ever been all Blue ? demanda le *Herald Tribune* ; « *I've got the Yves Klein Blues* » se lamenta le *New York Times* ;

Art News le baptisa « *The latest Sugar-Dada to jet in from the Parisian Common Market* », « *The George H. Koan of French Neo-Dada,* et « *a Dali-junior-Grade* ». *

En fait, l'exposition était mal conçue, anachronique ; elle présentait, comme en 1957, les seuls monochromes bleus et ne reflétait nullement l'ampleur et la profondeur que le travail d'Yves avait atteintes en 1961.

Les réactions des artistes new-yorkais aux tentatives d'Yves, qui essaya pendant deux mois de les annexer à son royaume, furent mitigées (l'École de Nice n'avait-elle pas en définitive remplacé l'École de New York ?). Quelques-uns, Larry Rivers, Barnett Newman, Marcel Duchamp, lui firent bon accueil ; d'autres furent rebutés. Il fit la connaissance de Rothko qui se détourna de lui sans un mot. Reinhardt fut aimable mais ne s'engagea pas. Yves proposait à tous les peintres qui travaillaient sur le monochrome de devenir les barons de son empire ; mais il en resterait le roi. Dans le même esprit, il vit en Rothko un « précurseur » de sa propre œuvre. Ce type de discours ne « passait » pas à New York ; la plupart des artistes boycottèrent délibérément l'exposition et on ne vendit rien.

C'était une catastrophe et Yves accusa le coup. Il n'était pas ici « le fils unique que toute la famille adore ». Lorsque quelqu'un se moqua publiquement de lui, et le traita de raté, il fut pris d'une colère d'une rare violence (« lorsque l'esprit de discorde s'installe, je me fais absolument froid, sans aucune émotion ») et envoya, par quelques prises de judo, son tourmenteur à l'hôpital. Il fumait sans arrêt et parfois buvait trop.

Extérieurement, il arborait toujours son sourire de « compagnon superbe ». Mais, en privé, il disait de plus en plus fréquemment à Rotraut qu'il se sentait « vieux et seul », ou faisait des remarques inattendues de la part d'un homme très jeune. A mesure que la fin sacrificielle se rapprochait de lui, la mort pénétrait plus avant dans ses pensées.

En juin, Yves et Rotraut s'envolèrent pour Los Angeles, à l'occasion d'une

---

* Les deux premiers jeux de mots se fondent sur le sens double en anglais de blue qui désigne la couleur mais apparaît aussi dans des expressions telles que To get the blues, to be blue, etc. avec un sens similaire à celui de « noir » en français (avoir des idées noires, broyer du noir, avoir le cafard, avoir le blues, etc...). De plus, la première phrase insiste sur le côté uniforme et égal des monochromes (« all blue »). La troisième phrase joue sur le rapprochement homophonique « Dada et Daddy ». L'expression argotique « Sugar Daddy » désignant le protecteur, généralement âgé, d'une jeune femme ; et fait allusion aux problèmes d'exportation de produits alimentaires du Marché commun.

exposition d'Yves à la Dwan Gallery et découvrirent vite que l'atmosphère y était différente et plus amicale. Un groupe d'artistes de Los Angeles lui demandèrent un jour s'il avait réellement sauté dans le vide, comme on pouvait le voir sur la couverture de *Dimanche* ; il répondit oui, et ils le crurent, tout simplement ! Cette bienveillance était en partie due à Tinguely, qui avait préparé la voie l'année précédente, et était devenu un ami très proche de Kienholz et d'autres artistes ; mais c'était aussi une attitude culturelle qui leur faisait approuver spontanément la plupart des choses que New York condamnait tout aussi spontanément. Dans l'atmosphère plus détendue, plus chaleureuse, moins intimidante de la côte ouest, Yves et Rotraut se firent touristes ; ils visitèrent le château des Hearst, assistèrent aux corridas de Tijuana, allèrent à Disneyland – qui leur plut énormément, comme à tous les enfants – et dont ils rapportèrent deux albums-souvenirs.

Mais une vibration étrange et délétère continuait de planer au-dessus d'Yves ; son échec à New York le blessait vivement. Il participa à une chasse au requin dans le Pacifique, avec un des collaborateurs de la Dwan Gallery : ils regardèrent les requins, rendus fous par le sang, se dévorer l'un l'autre autour du bateau. Plus tard Yves parla avec une fascination horrifiée de cette expérience.

Rotraut et lui partirent un jour en Land Rover avec Edward Kienholz et Walter Hopps pour une traversée du désert Mojave ; ils se dirigeaient à la boussole. Yves insistait pour aller jusqu'à la Vallée de la mort, où il voulait exécuter une fontaine de feu et, bien que les autres lui eussent répété qu'ils n'iraient pas si loin, il ne cessait de leur demander s'ils étaient arrivés, et sembla même convaincu qu'ils étaient réellement dans la Vallée de la mort. Il était amusé et fasciné par le thème de la mort.

« Un après-midi, raconte le peintre de Los Angeles Ed Moses, je l'emmenai chez moi, dans les collines, pour lui montrer mon travail. On m'avait dit que c'était un vantard. Au lieu de cela il s'est montré charmant, ouvert et amical, il a tout regardé comme il fallait, avec simplicité et intérêt. Ensuite, comme il devait retourner très vite à la galerie, je l'ai raccompagné par le canyon, on roulait vraiment à tombeau ouvert, une vraie course à la mort. Mais ce type-là n'a pas bronché ; il est resté complètement calme. Il plaisantait simplement, alors que je prenais les virages à la corde, il disait qu'il avait fait des cercueils, ou quelque chose de ce genre, qu'il était un artiste-fossoyeur. » (« Tantine ! la voiture est absolument sensationnelle ! ») Il montait à l'arrière de la moto de Kienholz pour des courses à travers bois. La Dwan Gallery lui fournit même un jour un hélicoptère avec lequel il adorait descendre du ciel et y remonter.

29

Je vais dévoiler tous les mystères : mystères religieux ou naturels, mort, naissance, avenir, passé, cosmogonie, néant. Je suis maître en fantasmagories.

Arthur Rimbaud, Une Saison en enfer.

De retour à Paris, Yves commença la série des *Reliefs planétaires*, en partie inspirée du vol dans l'espace de Gagarine. Mais il ne s'intéressait plus aux matériaux usuels de l'art et désirait travailler directement l'étoffe organique de la vie pour en extraire ses forces et ses expressions cachées. Cette idée était riche d'une grande force occulte ; Heindel avait écrit : « Le sang est le véhicule de la mémoire inconsciente. » [140]

Ayant lu dans un livre sur la sorcellerie que le sang menstruel était celui qui avait le plus fort pouvoir, Yves paya les services d'une prostituée de Montmartre, en choisissant le bon moment du mois, afin d'exécuter des anthropométries avec son sang. La fille paniqua avant la fin – elle était déjà barbouillée de son sang mais l'empreinte n'avait pas été faite – et devint hystérique. Il fallut appeler Pierre Restany à la rescousse pour la calmer.

Sans se décourager, Yves révisa sa stratégie. Il fit une seconde tentative avec Rotraut, en utilisant cette fois-ci du sang de bœuf. Il en résulta dix empreintes. C'est alors qu'arriva une terrible nouvelle : un jeune artiste japonais, en partie influencé par le saut d'Yves et par ses anthropométries (peut-être tout particulièrement l'empreinte « Hiroshima » *Ant 79)* s'était tué en se jetant du haut d'un grand bâtiment sur une toile posée sur la chaussée ; il avait légué la toile au Musée d'art moderne de Tokyo qui, à ce qu'on dit, la refusa.

Yves fut profondément perturbé par cette nouvelle. Il craignait que ses empreintes réalisées avec du sang ne fussent, de façon occulte, la cause de cette tragédie. Après tout, le sang était « en contact avec la mémoire de la nature », avec le tableau de contrôle central de l'Univers dont les circuits sont infinis et impénétrables. Les empreintes faites avec du sang étaient « diaboliques » ; elles étaient peut-être des prémonitions cryptiques, données par le tableau de contrôle central de l'univers, qui annonçaient la proximité de sa propre mort. L'événement qui avait eu lieu au

Japon n'était-il pas en un sens, un avertissement ? Afin de prendre sur lui le poids de ce présage et d'en préserver Rotraut, Yves signa chacune des anthropométries d'une empreinte digitale faite avec son propre sang, puis demanda à Restany de venir chez lui, à minuit, être le témoin de la destruction par le feu de cette série d'empreintes.

30

Je suis l'amant
J'ai des ailes
Je t'apprendrai à voler.

Max Jacob.

Le 21 janvier 1962, Yves et Rotraut se marièrent à l'église Saint-Nicolas-des-Champs, à Paris, au son de la « Symphonie mono-ton-silence ».

Yves, qui aimait les rituels et les déguisements, portait son chapeau à plume et sa cape de chevalier de Saint-Sébastien ; il était escorté d'une suite de chevaliers. Le mariage fut un événement extraordinaire, une fête solennelle, une cérémonie qui n'était pas sans rappeler l'union sexuelle rituelle qui précède le sacrifice dans les anciens rites de fertilité. Rotraut était enceinte de leur fils Yves.

On festoya tard dans la nuit ; les anciens amis qui s'étaient brouillés se retrouvèrent et se réconcilièrent.

Bientôt, l'esprit de discorde allait prendre définitivement possession d'Yves.

31

Il va vers un endroit de quiétude et de paix où il cesse enfin d'être vent.

Henri Michaux, Le Vent.

Dès la formation officielle du groupe des Nouveaux Réalistes, qui eut lieu chez Yves en octobre 1960, celui-ci avait tenté d'intégrer le mouvement à son œuvre, de faire de son travail la matrice d'où les autres membres du groupe tireraient leurs espoirs d'immortalité. En novembre, il avait à nouveau réuni les membres du groupe dans son appartement afin de réaliser une empreinte collective sur le thème du vide. En 1962, alors que son drame personnel approchait de son terme, il œuvrait plus énergiquement encore pour faire participer les autres à sa transfiguration prochaine. L'éphémère empreinte collective deviendrait immortelle sous forme d'un portrait-relief collectif. On ferait des moulages en plâtre des membres du groupe, dont on coulerait des bronzes que l'on peindrait ensuite aux couleurs héraldiques d'Yves (les couleurs du vide) ; puis ces sculptures rendues intemporelles comme les statues des pharaons égyptiens seraient présentées toutes ensemble. Mais la composition du groupe sculpté se révélait nettement hiérarchique. Les membres du mouvement des Nouveaux Réalistes seraient peints en bleu *IKB* et présentés sur fond or ; Yves lui même serait au centre du groupe, en or sur fond *IKB* tel un personnage surnaturel, venu d'un autre monde, un roi spectral entouré de ses chevaliers. La transfiguration même que ce projet annonçait le fit avorter. Seul le moulage d'Arman fut fondu en bronze ; ceux de Martial Raysse et de Claude Pascal restèrent à l'état de plâtres non peints ; les autres membres du groupe ne furent jamais moulés [141].

Station : en présence de Pierre Restany, de Jean-Pierre Mirouze (qui l'avait aidé à Gelsenkirchen, et avec lequel Yves avait le projet de réaliser des films) et de ses plus vieux amis Arman et Claude Pascal, le vampire Monogold rédige son testament : en qualité de propriétaire du vide, il lègue aux autres l'espace immatériel, ainsi que le droit d'exécuter des œuvres en *IKB*, et de les signer de son nom. Ainsi perpétue-t-il de façon sacramentelle sa nature chez ses disciples.

Station : le citoyen de l'infini est photographié, reposant comme mort sur la tombe *Ci-gît l'espace* recouverte de feuilles dorées. Il retourne enfin vers sa demeure dans l'absolu.

32

Ils vous ont fait payer le pain
Le ciel la terre l'eau le sommeil
Et la misère
de votre vie

Paul Éluard, La Victoire de Guernica.

En 1961, George Marci, qui était la collaboratrice du marchand d'Yves, Jean Larcade, demanda à un metteur en scène italien de réaliser un film sur Yves et sur son œuvre, qui présenterait l'exécution des anthropométries sous un jour sérieux, de façon à réparer le dommage causé par Chabrol dans son film *Les Godelureaux*. Le film serait dirigé par Gualtiero Jacopetti ; Yves serait filmé par Paolo Cavara, un cameraman pour lequel il éprouvait une certaine confiance. On lui versa 3 000 francs pour couvrir ses dépenses, et, en juillet 1961, il réalisa des anthropométries (*Ant. 81* et *82*) au son de la *Symphonie monoton*. C'était une re-création de la célèbre performance de mars 1960 que Chabrol avait parodiée. Durant des semaines Yves parla de ce film qui, il en était convaincu, établirait à nouveau sa réputation au plus haut : son sens critique était faussé.

De retour en Italie, à l'insu d'Yves, le film fut coupé, et on en tira une séquence brève d'à peine cinq minutes qui, présentée hors contexte, prenait un aspect comique. La *Symphonie monoton* de la bande-son fut remplacée par une chanson populaire américaine insipide. L'extrait fut inclus comme sketch dans le film *Mondo Cane* qui est un ramassis vulgaire de bizarreries filmées qu'un commentaire *off* méprisant ridicule totalement. Tout cela se révélait encore plus négatif que le film de Chabrol ; de plus, *Mondo Cane* fut distribué à plus grande échelle.

Une avant-première du film devait être présentée à Cannes en mai 1962. Rotraut, enceinte de 6 mois, n'y vint pas. Yves s'envola pour Cannes le 11 ou le 12 mai et y rejoint George Marci en compagnie de laquelle il se rendit en taxi, le soir du 12, à la projection. La légende qui veut qu'Yves arriva en Rolls-Royce bleue, vêtu d'un smoking du même bleu serait inexacte (bien qu'Yves fût, semble-t-il, à l'origine de ce bruit). Yves s'attendait, en toute naïveté, à voir un film d'environ vingt minutes qui lui soit entièrement consacré.

Yves se sentit coincé, écrasé, par cette collision entre son mythe personnel et une perception plus objective du monde extérieur. Assis dans la salle obscure, entouré de gens qu'il avait désiré impressionner, il pouvait se voir sur l'écran : un personnage de bande dessinée, un nouveau Mandrake le magicien, au jeu d'yeux et de mains absurdement appuyé que la caméra transformait en burlesque. Il est difficile, pour quiconque admire la carrière d'Yves, de regarder cette séquence ; l'importance qu'il s'y donne, son manque apparent de distance ironique, donnent presque envie de fuir. (Comment *lui-même* a-t-il pu vivre cela ?) Et il n'était même pas le personnage principal de ce spectacle de monstres ; simplement un acteur parmi d'autres personnages absurdes et triviaux d'une suite de sketches qui montraient des gens en train d'avaler des insectes ou de boire du sang de tortues.

Jamais un tel piège ne fut inventé pour capturer un animal traqué ! Yves et son image de soi idéale, et intransigeante, Yves qui voulait toujours être le premier en tout, Yves qui ne tolérait aucun obstacle, le maître du ciel bleu, le propriétaire de la couleur, le conquistador du vide ! S'il y avait une chose qu'il ne pouvait tolérer c'était d'être ridiculisé, et c'était arrivé ! (« Son plus grand problème, et je crois qu'en fait il en est mort, c'étaient ces terribles colères.. C'était quelque chose qui venait du plus profond de lui-même, une chose à laquelle il ne pouvait pas résister. ») (« La douceur, la douceur encore..., souviens-toi !...)

Après la projection, rapporte George Marci, Yves était furieux et nerveux, mais il luttait pour contenir sa colère. (« Son visage devenait totalement, totalement blanc. ») Déjà, avant la projection, il s'était plusieurs fois plaint de ne pas se sentir bien. Ce qui était inhabituel chez lui qui, autrefois, avait défini l'art comme la santé. Il se retira seul dans sa chambre d'hôtel pour y passer une nuit sans sommeil, luttant contre ses cauchemars et ses démons intimes, tandis que l'esprit de discorde se déchaînait en lui. Le matin suivant, George Marci, venant le chercher comme prévu à son hôtel, découvrit qu'il était déjà parti ; il était rentré seul à Paris.

Pendant plusieurs jours, Yves lutta contre l'esprit de discorde. L'idée que son destin risquait de sombrer dans le ridicule le rendait encore plus fragile. Malheureusement il lui fallait faire une apparition publique presque immédiatement ; avant qu'il n'ait pu exorciser l'esprit de discorde en lui.

Trois jours après la projection de *Mondo Cane*, Yves participa à une discussion publique qui se tint au Musée des Arts décoratifs. Eugène Claudius-Petit, qui présidait le débat, ne pouvait pas connaître la condition physique et mentale délicate dans laquelle Yves se trouvait. Peu de temps auparavant, François Mathey, conservateur du Musée des Arts décoratifs, avait organisé un entretien d'Yves, Restany et Tinguely avec un industriel spécialisé dans les technologies à base d'air comprimé, afin de discuter des possibilités pratiques de l'architecture de l'air. L'homme d'affaires les avait traités « comme des imbéciles » (d'après Restany) et particulièrement Yves, le porte-parole du groupe.

Au cours du débat sur les rapports de l'art et de l'industrie, le souvenir de cet événement s'empara d'Yves qui se lança dans une diatribe furieuse sur la stupidité des hommes d'affaires. Se tournant vers Restany et Tinguely, également présents parmi les invités du débat, il leur cria : « Vous n'avez rien fait, rien dit, vous n'êtes absolument pas venus à mon secours. » Claudius-Petit, interprétant cette sortie comme un caprice infantile, le fit taire de façon péremptoire. « Yves est devenu blanc comme un linge », se souvient François Mathey. Pour un chevalier du Graal, plein d'un « étrange besoin de royauté », une telle rebuffade en plein milieu d'une phrase, devant sa cour de chevaliers, était une humiliation insupportable.

A la fin du débat, Yves, Restany et Rotraut allèrent à pied jusqu'à la galerie Creuze, pour le vernissage de l'exposition « *Donner à voir* » ; Restany y avait organisé la salle des Nouveaux Réalistes, où était exposé le portrait-relief d'Arman. Yves était silencieux, tendu et pâle. Peut-être la crise cardiaque avait-elle déjà eu lieu. A un moment, il dit qu'il devait s'asseoir, et s'arrêta pour prendre un cognac. A la galerie, une douleur inhabituelle gagna graduellement sa poitrine et ses épaules ; vers la fin du vernissage, la douleur était devenue insupportable. Il ne pouvait plus marcher correctement. On l'amena voir un médecin. Le diagnostic ne laissait aucun doute : son cœur se « brisait ». Même pour quelqu'un qui avait essayé de devenir immortel, il devenait impossible d'ignorer le temps [142].

Deux jours plus tard, assis « très calmement » sur le sol de son appartement presque vide, il dit à Claude Pascal qu'il avait failli mourir. Il avait dans les yeux une expression nouvelle ; solennelle et sobre. Il ne jouait plus un rôle.

Son médecin lui demanda de suivre des recommandations très strictes s'il voulait rester en vie. Mais le conquistador du vide pouvait difficilement accepter de telles conditions. Sa frustration éclata une nuit, après dîner, alors que Jean Laffont, le directeur de La Coupole qui était aussi un ami de longue date, le reconduisait jusqu'à la porte. « Tout va mal, lui dit Yves, le docteur prétend que je dois rester chez moi. On me permet à peine de bouger. Au Japon j'ai commencé à prendre des stimulants ; cela m'a aidé pour le judo mais regarde où j'en suis à présent. Tu me connais, pour moi rester allongé est hors de question. C'est tout bonnement impossible ! »

33

N'eus-je pas une fois une jeunesse aimable, héroïque, fabuleuse, à écrire sur des feuilles d'or...

Arthur Rimbaud, Une Saison en enfer.

Sa fin fut parfaitement mythique et annoncée par des signes prémonitoires. La mort se rapprochait de lui et il semblait en être conscient. Le 13 mai, Franz Kline mourut et Joan Miró, pensant qu'il s'agissait d'Yves, envoya ses condoléances à Rotraut. Yves conservait cette lettre dans sa poche ; il la montrait à ses amis pour s'amuser. Le 2 juin il écrivit à Miró : « Ce petit mot, juste pour vous montrer que je suis bien vivant. »

Cependant, dans le même temps, il semblait persuadé que Miró avait prophétiquement raison, même si du point de vue des faits il avait tort. Le 26 mai il écrivit à Larry Rivers : « J'ai eu une crise cardiaque il y a dix jours et je vais en avoir une autre. » La mort lui semblait plus facile à accepter qu'une vie d'invalide. « Ce qui est curieux, dit Rotraut, c'est qu'il ait tout mis en ordre, comme quelqu'un qui s'apprête à partir en voyage, ou à mourir. Il a répondu à tout son courrier, et s'est assuré qu'il me resterait de l'argent. Il a décidé à l'avance du nom de son fils et désigné le parrain [Arman]. Tout était prêt. » Il ne semblait ni effrayé ni désespéré par l'idée de la mort ; après tout elle avait toujours été associée à son rêve le plus profond et le plus cher, celui de s'envoler hors du monde, ou d'en disparaître en se dématérialisant. « Il pensait toujours à la mort comme à l'immatériel, dit Rotraut, c'était une obsession chez lui. »

Cependant, sa détermination vacillait. Il croyait que sa carrière atteignait un tournant crucial mais, par moments, n'était pas sûr de ce dont il s'agissait vraiment. Était-ce la « performance finale », la mort, ou simplement un nouveau tournant de sa carrière ? Vers la fin du mois de mai, il quitta le marchand Larcade, comme autrefois il avait brusquement quitté Iris Clert, et le 4 juin, deux jours avant sa mort, il se présenta à la galerie Karl Flinker sans s'être annoncé, et demanda une entrevue. On fixa un rendez-vous à dîner pour le 7 juin.

Le lendemain, Yves rencontra Édouard Adam et se plaignit à lui, comme il l'avait fait à d'autres, de l'effet des stimulants sur sa santé et de la sévérité des prescriptions du médecin : « Il veut que j'arrête tout effort, que je me mette à peindre des miniatures ; moi qui ne veux peindre que l'espace ! C'est impossible ! »

En fait, il était profondément déprimé par son état de santé et les prescriptions impossibles à suivre que lui donnait son médecin. Cette nuit-là, comme il dînait à La Coupole avec Rotraut, « il avait, dit-elle, les yeux noirs et tristes comme je les lui avais vus, avant de partir à Gelsenkirchen, lorsqu'il m'avait parlé de sa mort [...] et nous sommes partis. J'avais la sensation qu'il était menacé [...] »

Et en effet, quelqu'un ou quelque chose semblait bien être sur la trace d'Yves cette nuit-là. « Vers trois ou quatre heures du matin, se souvient Rotraut, on a frappé à la porte. Yves m'a dit : "C'est bizarre. Va voir qui c'est." C'était un architecte allemand ou quelque chose comme ça, personne que nous connaissions, qui désirait rencontrer Yves. Je ne l'ai pas laissé entrer. » Ces coups anonymes avant l'aube résonnèrent comme un présage dans l'appartement presque vide.

Au matin, un autre visiteur inhabituel arriva. Le médecin d'Yves avait téléphoné à Fred Klein pour l'informer de la gravité de l'état de son fils et celui-ci venait lui dire son inquiétude. Il conseilla à Yves de partir tout de suite dans le Midi, en vacances. Yves bien sûr avait d'autres rendez-vous. Lorsque son père le quitta, il alla déjeuner avec Jean Larcade, et il semble qu'une réconciliation entre les deux hommes fut alors proche. A la fois énervé et rendu perplexe par ce dilemme, Yves mangea beaucoup, but du vin, puis partit en annonçant qu'il devait rentrer chez lui pour se reposer quelques heures comme son médecin le lui avait conseillé. Arrivé chez lui, comme l'ascenseur était en panne, il monta à pied.

Il ne se reposa pas immédiatement en arrivant mais discuta avec ardeur quelques instants sur la façon dont sa carrière pourrait continuer étant donné son état de santé. Plutôt que de peindre des « miniatures » comme il disait avec mépris, il se consacrerait à des œuvres immatérielles afin de se libérer totalement de tout labeur physique, contre lequel le médecin le mettait en garde et auquel il ne survivrait pas. Cette idée lui plut un moment, dans la mesure où elle le libérait également de la nécessité de se procurer un atelier, ce qui avait toujours été financièrement impossible et qui restait pour lui la source d'une grande frustration. Il se tenait debout devant un monochrome rouge accroché au mur. « Dorénavant, le monde entier sera mon atelier », dit-il. Ce fut son ultime revendication d'omnipotence, sa dernière appropriation de l'univers. « Je ne ferai plus que des œuvres immatérielles. »

Entre-temps, s'il ne lui était pas permis de travailler il pouvait du moins, comme son père le lui avait suggéré, partir en vacances. Un ami vint et Yves lui demanda de conduire sa voiture jusqu'à Nice, puisque le médecin lui avait dit que la conduite le fatiguerait trop, tandis que Rotraut et lui prendraient l'avion. Alors même que l'on mettait au point les détails de cet arrangement, un appel au médecin leur apprit qu'il n'était absolument pas question pour Yves de partir en vacances ni d'ailleurs d'aller où que ce soit. Tout ce dont il avait besoin c'était de « repos ». Le conquistador du vide devait rester tranquille, comme un oiseau domestiqué, et ne plus faire d'efforts pour voler.

Lorsqu'il se retrouva seul avec Rotraut, il semblait enfin décidé à « se reposer. Il était assis sur le lit, il s'étendit. Il était couché de tout son long sur le lit ; je lui ai lancé un baiser en lui disant : "je t'aime", comme je le faisais souvent. Il m'a répondu : "Ne dis pas ça, ne dis jamais ça", ce qu'il n'avait jamais fait auparavant... Puis, après un instant, il me dit : "appelle le médecin je me sens tout drôle". » Lorsqu'elle quitta la pièce pour aller téléphoner, cette sensation étrange se mit à gagner Yves dans tout son corps. Son cœur avait éclaté. L'amour « absolu » du vide se précipitait enfin à l'intérieur de son être, tandis qu'une partie de lui-même, quelque vibration dorée ou peut-être quelque paradoxe brûlant s'arrachait de lui (« libre enfin ! ») pour s'envoler, libéré de la pesanteur et disparaître en un instant au-delà du ciel.

Lorsque Rotraut revint, son corps gisait, dans une flaque de vomissure, sur le lit. Il était environ 6 heures du soir, cinq semaines après son 34e anniversaire. Arman, protecteur du règne animal, arriva quelques instants plus tard, et aida à préparer le corps.

« Et quand il est mort, dit Tinguely, sa mort, pour moi, était encore une chose à lui : j'étais méfiant (...) Parce qu'il avait parlé de deux choses. Il avait parlé d'élévation et il avait parlé aussi de disparition. »

34

Ta mère le ciel étend ses bras vers toi.
Lors, tu es uni à ta mère le ciel.

Cantique égyptien pour la mort du pharaon.

Station. Dans le journal *Dimanche*, Yves prévoyait sa mort comme la conséquence de sa suprême solitude et de l'isolement d'un être qui n'était pas quelqu'un d'ordinaire mais un personnage mythique. Un certain jour, à une certaine heure, chaque citoyen de France rentre chez lui. Les rues, la campagne, les jardins publics sont totalement désertés. Yves, seul, est saisi violemment par ses compatriotes et jeté dehors contre sa volonté. Totalement seul, inaperçu des regards humains, il commence à cesser d'exister tandis qu'il marche le long des rues vides. Bientôt il a complètement disparu. Les autres citoyens français, ouvrant les portes de leurs maisons, recommencent à vivre.

Son approche toujours changeante du vide, marquée de Stations ou de Travaux, se terminait donc par cette séparation désolée d'avec l'humanité. Yves le petit capitaine, revenant d'une promenade en forêt les bras chargés de fleurs de mimosa ; Yves s'envolant de la terrasse jusqu'à la Lune ; Yves interprétant dans son costume de croisé son rôle de champion de la couleur, prêt à nous délivrer de tous les traquenards de la ligne ; Yves, avec son regard magnétique et brillant, mettant en forme l'espace pur dans une salle vide de la galerie Iris Clert ; Yves en train de vendre des zones de vide (étaient-elles *vraiment* à lui pour qu'il pût ainsi les vendre ?) ; Yves poursuivant son Grand Œuvre afin d'atteindre à la matière originelle à travers les quatre éléments, libérant le feu destructeur (combien de temps pourrait-il le garder sous sa coupe ?) ; Yves se réjouissant d'être le sorcier aux pieds duquel de jeunes femmes nues et soumises rampent dans la boue ; Yves en train de sauter vers le vide, souriant de toutes ses dents de vampire ; ou couché dans le tombeau de l'espace. Yves s'évanouissant dans l'air tandis qu'il marche seul dans les rues désertées, s'évanouissant, s'évanouissant,... disparaissant enfin.

(« A partir de maintenant, je ne ferai plus que des œuvres immatérielles. »)

Ces gestes font encore un bruissement de vie dans nos esprits ; leur humanité même les y inscrit en lettres d'or. Les questions les plus fondamentales, concrétisées en moments réels de vie individuelle, jaillissent dans toute leur force vive. Les universaux frayent leur chemin à travers cette faible densité de matière, y pratiquent des ouvertures, soulevant des zéros pleins de sens, des points d'interrogation.

Pour Yves, l'art, comme toute ascèse spirituelle, signifiait la tentative de déraciner le moi en faveur d'un principe supérieur dont il était peut-être possible de canaliser le flot. C'était une voie qui conduisait vers la profondeur bleue d'où toutes les divinités et tous les anges s'élevaient ou descendaient temporairement sous forme de nuées, comme des apparitions. Ses œuvres étaient des guides vers le « plus profond » ; des icônes de l'abysse au cœur de chacun et en toute chose, grâce auxquelles l'on pouvait se laisser flotter jusqu'à l'infini.

Ses œuvres, à l'évidence, contribuèrent largement à orienter l'art à partir des années soixante : la peinture monochrome, la sculpture environnementale, l'art non statique, l'art conceptuel et l'art minimal ; il expérimenta des techniques nouvelles, des techniques mixtes. Pourtant, c'est la pureté radicale de son entreprise, compte tenu des problèmes qu'elle pose et de ses imperfections, qui reste la dimension la plus impressionnante de son œuvre. Yves donna à la fois un corps et une voix à l'art absolu ; et comme si cela ne pouvait suffire, il lui donna également un arrière-plan mythique. Ses tentatives de fondre une signification universelle à son image publique par des gestes symboliques doivent être vues comme une entreprise héroïque même si, comme la majorité des œuvres héroïques, elle furent fatales.

Parmi les critiques, Edward Lucie-Smith semble avoir assez bien évalué cette carrière : « Je crois réellement, dit-il, que Klein fut parfaitement sincère et sérieux dans ce qu'il entreprit. De plus, je crois sincèrement que ce qu'il a fait était plein de sens. Klein voulait aussi nettoyer le temple ; il désirait abolir la dimension matérialiste de l'art (qui pour lui rejoignait sa matérialité) car cela lui semblait corrompre l'art, l'entraîner sous son poids. On pense souvent que les héros sont des hommes dont les actions possèdent une sorte de qualité positive qui souligne une valeur morale. Si l'on s'en tient à cette définition, Klein était certainement une espèce de héros. »

Et ces lignes de Mallarmé (dont la « page blanche » semblait avoir englouti Yves) pourraient lui constituer une épitaphe :

« Je fuis et m'accroche à toutes les croisées
D'où l'on tourne l'épaule à la vie, et, béni,
Dans leur verre, lavé d'éternelles rosées,
Que dore le matin chaste de l'Infini.

Je me mire et me vois ange ! et je meurs, et j'aime
– Que la vitre soit l'art, soit la mysticité –
A renaître, portant mon rêve en diadème,
Au ciel antérieur où fleurit la Beauté !

Mais, hélas ! Ici-bas est maître : sa hantise
Vient m'écœurer parfois jusqu'en cet abri sûr,
Et le vomissement impur de la Bêtise
Me force à me boucher le nez devant l'azur.
Est-il moyen, ô Moi qui connais l'amertume,
D'enfoncer le cristal par le monstre insulté
Et de m'enfuir, avec mes deux ailes sans plume
– Au risque de tomber pendant l'éternité ? »[143]

35

Apprécions sans vertige l'étendue de mon innocence

Arthur Rimbaud, *Une Saison en enfer.*

Le langage n'est jamais innocent

Roland Barthes.

« La fonction du langage, dit Roland Barthes, est de maintenir une conscience claire »[144]. Le « moi » de l'auteur est validé par l'imposition qui lui est faite, comme une sorte de masque, d'un code littéraire auquel il confie son besoin d'identité. C'est une tentative de se recréer à travers un style de langage.

Yves Klein fit preuve, dans sa façon de s'engager dans un code littéraire pour y chercher sa personnalité, d'une franchise, d'une ouverture (d'une naïveté ?) inhabituelles. Pour diverses raisons, moins naïves, plus habiles, il nuança son code littéraire fondamental, celui de l'initié occulte, en le mêlant à celui de l'ironiste, qu'il nuança à son tour en faisant retour au premier code – avec le ricanement du maître au-dessus de tout cela.

Cette façon de confirmer, puis d'infirmer tour à tour chaque code qu'il s'était choisi, était destinée à créer un espace dans lequel il pourrait s'exprimer sans gêne comme individualité ; mais cette démarche ne semble lui avoir procuré que peu de liberté. Les opinions divergent sur ce qu'Yves aurait fait s'il avait vécu plus longtemps. Restany suggère qu'il aurait poursuivi ses recherches dans le domaine de l'architecture immatérielle et des prophéties technologiques correspondantes. Arman pense qu'il se serait tourné vers la politique ; Rotraut vers le théâtre ; à George Marci il avait confié son intention de « peindre avec une caméra ». Sa personnalité constamment contradictoire et créatrice aurait peut-être inventé une occupation jusqu'alors mal définie, qui aurait regroupé toutes ces activités-là et d'autres encore. De toute façon il semble certain qu'il lui aurait fallu, d'une manière ou d'une autre, échapper à son mythe ou, à tout le moins, le vivre de façon atténuée, et se dissocier du code littéraire qui, conçu comme une solution possible, s'était révélé à l'usage une impasse. La croyance qu'un artiste peut se façonner lui-même pour atteindre à une forme de perfection humaine, comme il façonne un matériau inanimé pour en tirer une œuvre, semble mal fondée. L'artiste est déjà façonné ; et les marques de ses premières expériences ne peuvent être effacées. Sous la pression de la frustration, les exigences rigoureuses du désir de perfection de soi en viennent à glisser vers une *sprezzatura* [145].

Des schémas réducteurs divers, qui intègrent principalement les phénomènes de compensation destinés à pallier les déficiences des premières expériences, peuvent être pris en compte pour comprendre la motivation d'Yves dans cette entreprise mythique. Dominant tout cela on trouve une certaine forme d'espérance issue de la tradition chrétienne de la grâce, mais faussée : la croyance en la transformation instantanée et permanente de Saül en Paul qui implique que les expériences cruciales ont des effets permanents. Yves eut le malheur non seulement de considérer ses premières expériences mystiques comme les signes de transformations durables mais encore de les présenter publiquement comme telles.

Mais, mis à part le problème de ses motivations, il nous faut reconnaître sa réussite. Il ne fait aucun doute qu'Yves créa un mythe, ou plutôt une variante mythique, l'exemplification d'une structure mythique fondamentale, et que son mythe doit être considéré comme une œuvre en soi.

Les célèbres photographies qui le représentent en champion de la couleur, ou sautant dans le vide, nous donnent à voir un personnage mythologique revêtu de la parure rituelle de l'art dans le feu de l'interprétation de ses *Travaux mythiques*. L'œuvre dans son ensemble est accomplie, subtile, pleine d'esprit, provocante et forte.

Disraëli a décrit avec justesse les dandys comme « les princes d'un monde imaginaire » [146] ; la combinaison spécifiquement française du romantisme, du mysticisme et du dandysme donne cette tradition qu'Yves utilisa. Balzac, Barbey d'Aurevilly, Baudelaire et Sartre ont tour à tour décrit le dandysme comme une forme de spiritualité transcendantale [147]. Barbey d'Aurevilly, en particulier, décrivit le dandy comme le premier parmi les artistes dans la mesure où « il fait de sa vie un art ». En effet, dans la mesure où le dandy se crée lui-même, il devient le reflet d'un absolu agissant. Il abolit le temps et la causalité, et

transcende leurs impératifs. Le dandysme à tous les niveaux implique « la contradiction perpétuelle et l'ambiguïté » comme constantes [148].

L'amour d'Yves pour le costume, ses démonstrations publiques, sa délicatesse exagérée, son prétendu contrôle absolu de soi-même, la façon dont il se faisait de la publicité et se présentait comme l'œuvre accomplie d'un être parfait, son désir d'intégrer à son personnage les plus grandes contradictions sont tous des traits caractéristiques du dandysme transcendantal sur lequel Barbey d'Aurevilly, Baudelaire et Sartre écrivirent. Mais Yves porta cette tradition vers des royaumes et des exigences plus malaisés en y incorporant des attitudes de samouraï (peut-être pour éviter l'association du dandysme et de l'homosexualité ?), le mariage et la procréation (tous deux rigoureusement exclus du dandysme pur) et surtout par l'incorporation dans toute sa dimension d'un rôle héroïque, qu'il feignit de jouer jusqu'au bout, en prétendant exiger des autres qu'ils le prennent au sérieux. La difficulté de cette entreprise aux multiples facettes, combinée à la production d'un important ensemble d'œuvres majeures séparées du personnage, peut difficilement être surestimée.

Schelling, porte-parole de l'esthétique transcendantale romantique, définit l'art comme « l'aboutissement d'une contradiction infinie en un produit fini » [149]. Yves, dont l'appréhension de l'art était similaire, essaya de se transformer lui-même en objet fini à l'intérieur duquel les forces infinies luttent et cherchent à s'annihiler l'une l'autre, et tenta de leur donner vie directement dans son propre corps et dans son esprit, dans une tentative d'atteindre à la perfection d'un auto-sacrifice religieux.

Les modifications mineures qu'il apporta aux preuves extérieures nécessaires pour la bonne réalisation du programme sont de peu d'importance. Ce n'était là qu'une contrepartie pour cette image remarquable qu'il nous offre en cadeau avec tant de simplicité et de curiosité. Cette ascèse qui le détruisit fut le prix à payer pour préserver cette attitude élaborée et excessive. Il y a sans doute quelque chose de vrai dans l'opinion parfois émise selon laquelle une mort précoce était pour Yves une solution.

Si l'on considère l'œuvre d'Yves comme un tout, on peut y voir le mythe soit comme une création parmi d'autres, qui souligne la diversité étonnante des matériaux

utilisés et des genres pratiqués, soit comme la matrice de toutes les œuvres existantes, qui leur donne une cohérence thématique surérogatoire. Plus d'un mythe est ici en jeu. Restany a comparé Yves à la fois à Prométhée et Achille [150]. Ce dernier exemple est le moins juste, sauf à considérer la célèbre ingénuité du héros qui semble perpétuellement avoir 18 ans ; la première comparaison quant à elle souffre quelques réserves.

La structure essentielle du mythe d'Yves est le vol magique, l'ascension, ou encore, dans sa version mentaliste, platonique et magique, l'aptitude à percevoir le monde des formes. En termes artistiques, l'artiste se fait hiérophante, et permet à tous de voir le réel. Comme le disait Schelling, « lorsqu'une grande œuvre est réalisée, c'est comme si le rideau invisible qui sépare le monde réel du monde idéal se levait » [151]. Que ce soit par l'envol, la vision, l'expansion dans l'unité de l'espace, le héros d'un tel mythe établit dans sa personnalité propre le lien symbolique qui réunit l'ici-bas et l'au-delà et suggère un échange fructueux de pouvoirs sacrés.

Le mythe d'Yves, dynamisé par les antithèses matériel/immatériel, Terre/ciel, ligne/couleur, et par les structures médiatrices de l'envol magique et de la dématérialisation, est aussi ancien que celui de l'homme-oiseau de Lascaux. Il prend de nombreux aspects auxquels nous renvoie la nature riche et contradictoire d'Yves et contient, à la façon d'un microcosme, les couches stratifiées de l'histoire humaine. La dimension chamanique est suggérée par l'imagerie concrète de l'envol vers le ciel, et par l'intérêt porté à des substances taboues comme le sang ; la spiritualité néolithique d'un Dieu qui meurt se dévoile dans la théorie sacramentelle qu'Yves donne de la peinture. Dans son amour de la royauté et du vol, on peut voir le roi de l'âge du bronze qui retourne vers le ciel lointain comme, dans le mythe égyptien de l'au-delà, le pharaon règne sur la cour de Rê-Osiris, parmi les étoiles circumpolaires. Mais le mythe d'Yves peut être mis en parallèle de façon plus significative avec le rêve orphique de la « descente du ciel » et l'espoir d'y retourner par des moyens magiques et ascétiques. Dans le messianisme perse et le christianisme, l'Être venu de l'au-delà du ciel en descend, afin de guider d'autres êtres après lui dans sa ré-ascension. On trouve un écho de ce thème dans la structure alchimique de la sublimation et de la précipitation, et il est clairement désigné par Yves dans *Dimanche*.

En termes de critique littéraire, le mythe d'Yves possède des connotations variées, dont la moindre n'est pas la résonance inévitable avec la définition que donne Aristote de la *faute* tragique. « La grande majorité des héros tragiques, dit Northop Frye, se caractérisent par l'*Hubris*, un esprit fier, passionné, obsédé et élevé, qui amène la chute, compréhensible du point de vue moral... le héros tragique appartient généralement... à la catégorie des imposteurs au sens où il se trompe lui-même, où il s'étourdit par *Hubris*. » [152]

Lorsque l'on considère la vie-mythe d'Yves comme une suite de tableaux symboliques, elle présente des affinités avec la procession et les cortèges médiévaux, avec les mystères et les miracles de cette époque. Lorsqu'on la considère du point de vue hostile de ceux qui attendirent sa chute, on le voit plastronner comme le *Miles Gloriosus*.

Il faut remarquer que les genres littéraires auxquels la vie d'Yves ressemble le moins sont les genres les plus réalistes : ceux du roman et de l'histoire. Son esprit rapide et sensible captait et se mettait en résonance avec chaque motif qui s'apparentait aux thèmes de la quête et de l'ascension, tout en essayant d'en extraire ce qui était souillé par l'histoire et les origines. Pour citer une dernière fois Tinguely, « il était un vrai poète qui vivait sa transe de rêve total ».

Traduit de l'américain par Annie Pérez

1. *Yves Klein,* catalogue de l'exposition au Jewish Museum, New York, 1967, pp. 4, 7.

2. *Ibid.,* p. 16.

3. *Yves Klein,* catalogue de l'exposition à la Tate Gallery, Londres, 1974, p. 8.

4. Giuliano Martano, *Yves Klein, il mistero ostentato,* Turin, Martano editore, 1970, p. 154.

5. Paul Wember, *Yves Klein,* Cologne, Verlag DuMont Schauberg, 1969, p. 45.

6. *Yves Klein,* catalogue du Jewish Museum, *op. cit.,* p. 11.

7. « Attendu que », dans le catalogue *Yves Klein,* Alexandre Iolas Gallery, New York, 1962 (reproduit dans ce catalogue).

8. *Ibid.*

9. « Le vrai devient réalité ».

10. Roland Barthes, *Mythologies.*

11. Hans-Georg Gadamer, *Wahrheit und Methode : Grundzüge einer philosophischen Hermeneutik,* Tübingen, J.C.B. Mohr, p. 104.

12. Yves Klein commença à s'intéresser à l'astrologie et établit quelques horoscopes vers la fin des années 40. Son horoscope personnel fut interprété par un certain M. Berthon sur la demande de Virginie de Caumont, le 16 mars 1981.

13. Les références aux entretiens sont données sous le nom de la personne interrogée. Ici : Bernadette Allain. Dominique de Ménil, Benedicte Pesle, Virginie de Caumont et moi-même avons mené les entretiens dans l'ordre suivant : Bernadette Allain (22 mai 1980, Paris) ; Rotraut Klein-Moquay (30 juin 1977, Paris, 25 mai 1979, Houston ; 26 mars 1981, Paris). Claude Pascal (3 juillet 1977 ; 26 mars et 4 mai 1981, Paris) ; Arman (29 décembre 1977, New York ; 27 mai 1979, Houston ; 15 janvier 1981, Paris) ; Rose Raymond Tamarasco Gasperini (30 juin 1980 ; 16 et 29 avril 1981, Nice) ; Marie Raymond (10 juin 1980 ; 17 avril 1981, Paris) ; Fred Klein (par téléphone le 12 décembre 1980, Paris) ; Pierre Restany (28 juin et 26 décembre 1980 ; 30 avril 1981, Paris) ; François Mathey (2 avril 1980, Paris) ; Jean Tinguely (17 juin 1980, Paris) ; Claude Parent (1er juillet 1980, Paris) ; Edouard Adam (24 février 1981, Paris) ; Karl Flinker (7 mars 1981, Paris) ; Ed. Moses (26 février 1981, Los Angeles) ; Iris Clert (10 mars 1981, Paris) ; Jean Larcade (26 mars 1981, Paris) ; Tarica (20 mars 1981, Paris) ; Marcel Boulois (2 mai 1981, Paris) ; Jean Laffont (6 mai 1981, Paris) ; George Marci (par téléphone, le 14 juin 1981) ; Walter Hopps (13 octobre 1981, Houston).

14. Bernadette Allain.

15. Dans *Yves Klein,* catalogue de l'exposition au palais des Beaux-Arts, Bruxelles, 1966.

16. Claude Pascal.

17. Il convient de distinguer la société rosicrucienne d'Oceanside, Californie, de l'ordre des Rose-Croix (AMORC). Cette première société se constitua en organisation autonome vers le début du siècle.

18. *Cf.* mon étude « Yves Klein et les rose-croix », qui présente une documentation détaillée sur l'influence rosicrucienne. Nous ne mentionnerons ici que les aspects majeurs de cette influence.

19. Saint-John Perse, *Vents.*

20. Bernadette Allain.

21. Cette division en royaumes animal, végétal et minéral vient de Heindel. Arman se souvient qu'ils prirent modèle sur Homère lors de cet événement (*l'Illiade,* V, 185 et sq.).

22. Arman.

23. Bachelard, *Poétique de l'espace,* Paris, P.U.F., 1957, chap. VIII, « l'immensité intuitive », p. 168.

24. Janvier 1959.

25. *Dimanche,* « le journal d'un seul jour », première page. Il s'agit du tour de force de Klein : une contrefaçon de quotidien qui fut sa contribution au Festival d'art d'avant-garde de Paris en 1960 (Voir le document qui illustre la chronologie, en fin de catalogue).

26. « Du vertige au prestige ».

27. Mircea Eliade, *Mythes, rites et symboles.*

28. Il s'agit de Robert Savage, dont l'atelier se trouvait à Old Brompton Road, Londres.

29. Saint-John Perse, *Vents.*

30. MS V 2288 : « Compte rendu de l'exposition en collaboration avec Jean Tinguely chez Iris Clert », archives Klein.

31. Discours prononcé à l'occasion de l'exposition Tinguely.

32. Nicolas Valois, alchimiste, « Dissoudre le corps et coaguler l'esprit », dans *Alchemy, the Secret Art,* Stanislas Klossowski de Rola, Bounty, New York, 1973, p. 17.

33. Archives Klein.

34. Il s'agit du seul passage spécifiant l'année de rédaction ; mais cette année-là ne correspond pas toujours au jour de la semaine donné par les différents passages du journal. Par exemple, le 14 juillet tombait un vendredi en 1950 et un samedi en 1951. Il se peut que Klein ait noté une mauvaise date pour le 5 août, ou qu'il se trompa d'un jour par rapport à la date réelle dans toutes les entrées du journal. Cette dernière hypothèse semble d'ailleurs presque certaine. On retrouve la même erreur dans une lettre écrite le 11 juillet, corrigée ensuite dans une lettre du 21 juillet (voir note 37).

35. Archives Klein.

36. *Ibid.*

37. La famille d'Yves Klein nous a généreusement permis de photocopier de nombreuses lettres personnelles.

38. 20 avril 1952.

39. Brouillon de lettre, novembre 1951 (archives Klein).

40. La date exacte de son départ n'est pas connue ; il s'agit sans doute du 22 ou du 23 août.

41. M. Shinichi Segi, de Tokyo, rapporte dans un entretien accordé à Jean-Yves Mock en août 1980 qu'il rencontra Klein à l'exposition de peintures de ses parents organisée à la Bridgestone Gallery de Tokyo. Il assista également à la présentation de monochromes qui eut lieu chez Yves Klein. Il signale que ce dernier n'avait utilisé pour ces monochromes que des couleurs primaires ; choix vers lequel il allait plus tard revenir.

42. L'auteur possède dans ses archives personnelles une photocopie (fournie par Marie Raymond) de l'article écrit au Japon.

43. Lettre à Rose Raymond Gaspérini du 7 décembre 1953.

44. Yves Klein devait plus tard se plaindre (auprès de Marcel Boulois, Jean Laffont, Édouard Adam et d'autres personnes) de l'effet néfaste produit par ces stimulants sur son cœur. Edouard Adam se souvient qu'à son retour du Japon Yves prenait des amphétamines « pour améliorer ses performances de judo ». Marcel Boulois le confirme, et ajoute qu'« à cette époque tous les étudiants prenaient de la Benzédrine ». Rose Raymond se souvient que Klein prenait souvent du Maxiton. Rotraut Klein-Moquay dit qu'Yves « avait toujours avec lui des capsules qu'il prenait s'il se sentait fatigué ou s'il commençait à travailler. Il disait que c'était à base de calcium et d'autre chose. Je ne sais pas qui lui fournissait ces capsules ; il en avait toujours ». Il serait peu judicieux de ne pas tenir compte de l'influence que cette médication a pu avoir sur son style de vie. Concernant la période où il connut le plus intimement Yves (1948-1952), Claude Pascal se souvient qu'il dormait beaucoup (le plus souvent 8 heures et parfois 9 ou 10 heures par nuit). Par contre, ceux qui le connurent à son retour du Japon s'accordent pour dire qu'il dormait très peu. Selon George Marci : « Ce garçon-là ne dormait jamais. Je le quittais à 11 heures du soir et lorsque je le revoyais à 8 ou 9 heures du matin le lendemain, il me racontait tout ce qu'il avait fait entre-temps. » Tinguely confirme cela, ajoutant que Klein se plaignait souvent de souffrir de manque de sommeil. Rotraut Klein-Moquay se souvient que généralement lorsqu'elle se réveillait la nuit, Klein était déjà éveillé et debout.

45. Selon l'institut Kodokan, le titre d'Yves « ceinture noire 4ᵉ dan » fut homologué le 12 décembre (?) 1953. (Lettre d'Ichiro Abe, division internationale, institut de judo Kodokan de Tokyo, à l'auteur en date du 27 octobre 1980.)

46. Archives Klein.

47. Dans ce domaine la compétence relative de Klein par rapport aux membres de la Fédération française de judo ne peut être évaluée de façon précise. Arman et Bernadette Allain estiment qu'une ou deux années après son retour du Japon, Yves était probablement le meilleur judoka de France. Par contre, selon Marcel Boulois, lui-même professeur de judo, « Yves était un judoka médiocre. Il y avait des membres de la Fédération, qui, bien qu'ils fussent seulement 1ᵉʳ dan, étaient cinq fois meilleurs ».

48. Selon Claude Pascal, l'idée d'une préface de lignes noires distribuées en paragraphes venait d'Yves. Yves expliqua plus tard : « Vous savez qu'en héraldique les lignes horizontales désignent le bleu [...] à l'époque je ne le savais pas, la coïncidence est curieuse. » (MS 1 2174, archives Klein : fragments d'un entretien avec Pierre Restany.)

49. A ma connaissance, Nan Rosenthal (Piene) fut la première à attirer l'attention de la critique sur ce recueil et à le considérer non comme une falsification à proprement parler mais comme un artifice. (« The Blue World of Yves Klein », thèse de doctorat Harvard University, 1976. L'auteur y mène une analyse, de l'ambiguïté délibérée d'Yves Klein, qui rejoint l'étude de Ronald Hunt « Yves Klein », dans *Artforum*, janvier 1967, pp. 33 -37.)

50. *Yves Klein, peintures, reliefs, sculptures*, Belgrade, Muzej Savremene Umetnosti, 1971. Traduction du serbo-croate vers l'anglais de Goran Milutinovic pour The Institute for the Arts, Rice University, Houston, Texas.

51. Edouard Adam.

52. « La minute de vérité ». L'exposition qui se tint du 21 février au 7 mars s'intitulait « Yves : Propositions monochromes ».

53. Yves fit breveter son bleu spécifique en mai 1960 sous le nom de *International Klein Blue*. On le décrit parfois comme un bleu de cobalt ; visuellement, cette couleur se situe entre le bleu outremer et le bleu de cobalt, mais se rapproche davantage de l'outremer. Un descriptif dactylographié de la formule de ce bleu se trouve dans les archives Klein : « Médium fixatif de l'IKB. 1 kg 200 Rhodopas (c'est un produit pâteux) MA (Rhône Poulenc) (Chlorure de vinyle)/2 kg 200 alcool éthylique. 95 % Industriel. Dénaturé/0,600 kg acétate d'éthyle/(total) : 4 kg/mélanger à froid/en agitant énergiquement/ne jamais chauffer à feu nu. Danger ». Puis, écrit de la main de Klein : « 700 kilos Outremer bleu pur/réf. 1311. »

54. Sheldon Nodelman parle en ces termes des peintures de Stella dans *Marden, Novros, Rothko : Painting in the Age of Actuality*, Seattle, University of Washington Press (pour The Institute for the Arts), Rice University, 1978, p. 13.

55. *L'Aventure monochrome* consiste en un ensemble d'écrits d'Yves Klein rassemblés en vue d'une publication. Sa mort fit avorter le projet. L'original dactylographié du livre se trouve dans les archives Klein.

56. *Marden, Novros, Rothko, op. cit.*, p. 65.

57. Klein affirme également « l'évidence aveuglante de [sa] paternité du monochrome, au XXᵉ siècle ». En fait cette paternité n'est pas d'une telle évidence. Le monochrome bleu que Miro réalisa en 1925 peut être considéré comme exceptionnel. Mais, aux environs de 1950, un certain nombre d'artistes avaient considéré que l'une des expressions dernières de la peinture du XXᵉ siècle était le monochrome. En 1951, Rauschenberg exposa des monochromes blancs ; à partir de 1953, Reinhardt se consacra entièrement à la peinture monochrome. D'autres peintres allaient rapidement suivre cet exemple.

58. Le texte intégral de « La Guerre » fut publié dans *Dimanche*, en 1960.

59. *L'Aventure monochrome*.

60. *Journal* d'Eugène Delacroix (5 octobre 18882).

61. « La Guerre ».

62. *L'Aventure monochrome*.

63. *Ibid.*

64. Cité par Klein, dans « La Guerre ».

65. *Ibid.*

66. Lettre 459 ; citée par Klein dans « La Guerre ».

67. Bachelard, *La Poétique de la rêverie*, Paris, P.U.F., 1960, p. 62.

68. Iris Clert, François Mathey, etc.

69. Iris Clert, *Iris-Time*, Paris, Denoël, 1978, pp. 146-147.

70. *Donald Judd, Complete Writings, 1959-1975*, New York, New York University Press, 1978, p. 68.

71. Klein ajouta ce texte à la photographie qu'il conservait dans son album ; on peut le lire comme la « bulle » d'une bande dessinée.

72. « Préparation et présentation de l'exposition du 28 avril 1958 ».

73. Iris Clert, *Iris-Time*, p. 155. Les témoignages sur le nombre de personnes admises à l'intérieur de l'exposition en une seule fois ne concordent pas ; il s'agirait de dix selon Klein, de trois selon Iris Clert, de cinq selon Claude Pascal.

74. *Ibid.*, p. 156.

75. *Le Dépassement de la problématique de l'art*, La Louvière, éditions de Montbliart, 1959.

76. Cette idée revient de façon répétée dans les écrits de Klein, par exemple dans son texte : « Préparation et présentation de l'exposition du 28 avril 1958 ».

77. *L'Être et le Néant*.

78. Les archives Klein contiennent de nombreux ouvrages de Bachelard : *l'Eau et les rêves*, Paris, José Corti, 1942 ; *La Terre et les rêveries de la volonté*, Paris, José Corti, 1948 ; *La Terre et les rêveries du repos*, Paris, José Corti, 1948 ; *La Philosophie du non*, Paris, P.U.F., 1949 ; *La Dialectique de la durée*, Paris, P.U.F., 1950 ; *La Formation de l'esprit scientifique*, Paris, librairie philosophique J. Vrin, 1957 ; et *La Poétique de l'espace*, Paris, P.U.F., 1958. Les archives Klein rassemblaient en juillet 1977 six exemplaires de ce dernier ouvrage. Bien qu'on n'y trouve aucun exemplaire de *La Psychanalyse du feu* (Paris, Gallimard, 1949), ni de *l'Air et les Songes* (Paris, José Corti, 1943), il est évident, selon d'autres indices, que Klein avait lu ces livres.

79. Gaston Bachelard, *Sur l'imagination poétique et la rêverie*.

80. Mircea Eliade, *Mythes, rites et symboles*.

81. *La Psychanalyse du feu*, Paris, Gallimard, 1949, p. 182.

82. « Attendu que ».

83. *La Psychanalyse du feu, op. cit.*, p. 182.

84. « Le vrai devient réalité ».

85. « Le Dépassement de la problématique de l'art ».

86. *La Psychanalyse du feu, op. cit.*, p. 183.

87. *Ibid.*, p. 164. *Cf.* également *La Poétique de l'espace*, et *La Poétique de la rêverie*.

88. « Du vertige au prestige ».

89. « La Guerre ».

90. *Sur l'imagination poétique et la rêverie*.

91. « Les vrais créateurs ». (Archives Klein.)

92. *La Psychanalyse du feu, op. cit.* p. 183. Prométhée vola le feu du ciel ; Empédocle se précipita dans la gueule fumante de l'Etna.

93. Archives Klein.

94. *Ibid.*

95. *Cf.* MSS.V 2288 et C 2310, archives Klein : « Compte rendu de l'exposition en collaboration avec Jean Tinguely chez Iris Clert » *Cf* aussi la déclaration d'Iris Clert : « A la suite d'une série de terribles malentendus ». En 1967 Tinguely décrivit Klein en ces termes : « Un merveilleux mégalomane [...] le meilleur ami et le plus grand provocateur que j'aie jamais rencontré ».

96. Paris, Librairie Hachette, 1974.

97. *Le Dépassement de la problématique de l'art*.

98. Jean Tinguely.

99. Iris Clert, *Iris-Time, op. cit.*, p. 175.

100. *Ibid.*

101. « Le vide m'appartient », lettre à un certain M. Yamazaki, datée du 15 février 1960 (exemplaire dactylographié conservé dans les Archives Klein.)

102. *L'Aventure monochrome*.

103. *Ibid.*

104. *Ibid.*

105. *Iris-Time, op. cit.*, p. 185.

106. Peppino Palazzoli, directeur de la Galleria Apollinaire de Milan où fut inaugurée l'« Époque bleue » en 1957.

107. Archives Klein.

108. Gaber, *The Sum of Perfection*, cité par E.J. Holmyard dans *Alchemy*, Baltimore, Penguin, 1957, pp. 134, 140.

109. *Cf.* « Rituel pour la cession des zones de sensibilité picturale immatérielle », cité dans sa totalité dans l'étude de Nan Rosenthal pour le présent catalogue.

110. *Iris-Time, op. cit.*, p. 185.

111. *L'Air et les songes, op. cit.*, p. 194.

112. La conférence d'Yves Klein en Sorbonne fut enregistré sur deux disques 33 tours intitulés *Conférences à la Sorbonne, 3 juin 1959*, Paris, RPM, s.d.

113. *L'Air et les songes*, p. 188.

114. *Ibid.*, p. 191.

115. Le fond des écrits d'Yves vient essentiellement de Heindel, par contre on retrouve, au niveau du style de ses écrits, de nombreux échos de la langue de Bachelard.

116. Il convient de remarquer que cette idée est en réalité très ancienne ; elle apparaît dans le contexte des religions à mystères grecques et égyptiennes qui sous-tendent de façon lointaine les doctrines rosicruciennes. Pline l'Ancien dit : « L'architecte Timochare avait commencé à utiliser de la magnétite (oxyde naturel de fer magnétique) pour construire la voûte du temple d'Arsinoë à Alexandrie, de telle façon que la statue de fer qui y serait abritée donne l'impression d'être suspendue dans l'espace, mais le projet fut interrompu par la mort de l'architecte et par celle du roi Ptolémée, qui avait commandé ce travail en hommage à sa sœur. » Klein et Takis projetèrent tous d'eux d'utiliser des aimants.

117. « Criticism and the Experience of Interiority », dans *The Structuralist Controversy*, textes réunis par Richard Macksey et Eugenio Donato, Baltimore, John Hopkins University Press, 1972, p. 59.

118. *Espace intérieur et espace extérieur*, catalogue de l'exposition au Moderna Museet, Stockholm, 1966.

119. « Attendu que ».

120. *Ibid.*, les « Cosmogonies » constituent un autre exemple de convergence entre Heindel et Bachelard. Le fondement des idées de Klein chez Heindel est étudié dans « Yves Klein et les rose-croix », que l'on trouvera dans le présent catalogue. Yves a pu trouver dans *La Poétique de l'espace* de Bachelard « les images des quatre éléments, les quatre principes des cosmogonies intuitives ».

121. Shinichi Segi (lors d'un entretien avec Jean-Yves Mock, à Tokyo, en août 1980) se souvient d'une conversation importante qu'il eut avec Klein en 1953, au Japon. Ils parlaient de la technique traditionnelle japonaise qui consiste à « encrer » un poisson puis à l'appliquer sur le papier afin d'obtenir une empreinte de la disposition des écailles. Le mot qui désigne ce procédé est *gyotaku*, prononcé par Klein avec l'accent français ce mot devenait *jyotaku*. Segi lui dit alors que cette prononciation transformait la signification du mot, qui désignait à présent une femme, non un poisson, qui serait couverte d'encre et dont on reproduirait l'empreinte.

122. Cette anecdote est rapportée par Werner Spies, qui dit la tenir de Norbert Kricke, témoin oculaire de l'événement.

123. *Iris-Time, op. cit.*, p. 175.

124. *Cf.* l'étude de Nan Rosenthal dans le présent catalogue.

125. Archives Klein.

126. Entretien avec Nan Rosenthal à New York en 1975 (*Cf.* également « The Blue World of Yves Klein »).

127. Mircea Eliade, *Mythes, rêves et mystères*, Paris, Gallimard, 1957 (réédition coll. Idées, 1972, pp. 132-135).

128. *La Poétique de la rêverie,* Paris, P.U.F., 1960, p. 68.

129. *Cf.* Henry T. Bowie, *On the Laws of Japanese Painting,* New York, Dover, s.d., pp. 15, 79, 82-83.

130. *L'Aventure monochrome.* Notons également l'influence du *gassaku* japonais, « une image impromptue à laquelle plusieurs artistes participent successivement » *(On the Laws of Japanese Painting, op. cit.* p. 13), telle qu'elle se manifeste dans l'empreinte collective réalisée par les Nouveaux Réalistes, et dans le poème collectif écrit à la façon des « cadavres exquis » sur un long rouleau de papier par Klein, Arman, Claude Pascal et Restany, où la poésie se mêle aux images visuelles et qui participent également des traditions sino-japonaises. En fait, toutes les empreintes et quelques-unes des « cosmogonies » dénotent l'influence japonaise. *Cf.* mon étude « Yves Klein et les rose-croix ».

131. Frederik Jameson, *The Prison House of Language,* Princeton University Press, 1972, pp. 50-51.

132. Ce texte suggère que Klein avait lu, outre les textes rosicruciens, d'autres ouvrages sur l'alchimie. Jung note à plusieurs reprises que la statue indique à l'évidence l'aboutissement du processus, la pierre philosophale ou son équivalent. Par exemple dans le livre de Komarios : « Le corps se revêtit de la lumière de la divinité et les ténèbres le quittèrent, et tous furent unis dans l'amour, le corps, l'âme et l'esprit, tous devinrent un [...] et la maison fut scellée, et la statue fut érigée, remplie de lumière et de divinité. » *(Cf.* C.G. Jung, *Mysterium Conjunctionis,* seconde édition, Princeton University Press, 1970, pp. 391).

133. Paul Wember, *Yves Klein, op. cit.*

134. Le statut de ce triptyque n'est cependant pas sans ambiguïté. Nous possédons la preuve que les trois toiles furent exécutées séparément par Klein, achetées une par une par le même acheteur, et qu'elles furent réunies sous forme de triptyque soit par le premier acheteur, soit par le propriétaire actuel, le Louisiana Museum. On ne sait pas si le consentement de Klein fut jamais obtenu à ce propos. Cependant, la réunion de ces trois toiles en un triptyque n'est pas totalement arbitraire. Après l'exposition des mono-chromes de différentes couleurs chez Colette Allendy en 1956, Klein avait dénoncé la pratique qui consistait à établir des rapports de polychromie entre les monochromes de différentes couleurs. Mais, en 1960, après l'exposition *Yves Klein le Monochrome* à la galerie Rive droite de Jean Larcade, Klein revint à la pratique antérieure d'accrochage de monochromes de couleurs différentes en relation les uns avec les autres ; particulièrement en ce qui concerne les monochromes roses, bleus et or. Ces trois couleurs possédaient, selon la doctrine rosicrucienne de Heindel, un caractère sacré particulier : elles représentaient en effet le corps de la divinité. Dans le transfert qu'il opéra de la magie rosicrucienne vers la dévotion à sainte Rita, Klein en vint à associer ces trois couleurs à la sainte. L'ex-voto qu'il lui dédia en novembre 1961 était un triptyque réalisé en pigments purs rose, bleu et or. S'il convient de critiquer le triptyque du Louisiana Museum, ce ne peut être que du point de vue de l'agencement des couleurs entre elles selon le spectre de la lumière (rouge, jaune, bleu). Tout tend à suggérer qu'Yves Klein aurait placé le panneau bleu au centre.

135. M. Caron et S. Hutin, *The Alchemists,* New York, Grove, 1961, p. 147.

136. Cette œuvre est décrite en détail par Pierre Restany, dans son article pour le présent catalogue.

137. Ex-voto à sainte Rita.

138. « Attendu que ».

139. « Le vrai devient réalité ».

140. *The Rosicrucian Cosmo-Conception,* Oceanside, California, 1937, p. 397.

141. Le moulage en plâtre d'Arman fut peint en bleu et monté sur un fond doré avant la mort d'Yves. La fonte en bronze d'Arman fut réalisée à partir du plâtre après sa mort. Notons que les parties sexuelles des trois moulages réalisés sont identiques, ayant été moulées sur une statue classique.

142. L'idée que le film *Mondo Cane* a tué Yves Klein reste vivace, si l'on en croit les témoignages oraux. George Marci, quant à elle, dément farouchement qu'il ait eu une crise cardiaque alors qu'il se trouvait à Cannes ; Klein lui-même semble corroborer ce fait, dans la mesure où l'on trouve dans ses lettres et dans ses conversations plusieurs indications qui tendent à démontrer que la première crise eut lieu lors du vernissage de la galerie Creuze. En fait, ni l'opinion de George Marci, ni celle de Klein ne peuvent faire autorité du point de vue médical. La crise cardiaque (si l'on entend par là l'instant où la majeure partie du tissu cardiaque meurt) peut soit précéder, soit suivre de plusieurs jours ou même de plusieurs semaines la douleur qui en est le symptôme. Elle peut ne s'accompagner au début que de cette sorte de malaise modéré dont Klein se plaignit à Cannes, parfois même d'aucun malaise immédiat. Tout ce que l'on peut dire à propos de la date de cette première crise cardiaque de Klein c'est qu'elle se produisit apparemment durant cette période qui inclut aussi bien la projection à Cannes que l'inauguration à la galerie Creuze. Quant à la « cause » réelle de cet infarctus, qu'il s'agisse de l'utilisation prolongée de stimulants, de l'inhalation de vapeurs de résines synthétiques, ou encore de « ses crises de colère bien connues », il convient de garder à l'esprit que Klein semble correspondre assez exactement au « profil du cardiaque » ou à la « personnalité cardiaque » tels que les définissent les médecins.

143. Stéphane Mallarmé, « Les Fenêtres ».

144. Roland Barthes, *Le Degré zéro de l'écriture.*

145. Castiglione mettait ainsi en garde contre la *sprezzatura,* cette attitude d'auto-immortalisation des aristocrates de la Renaissance.

146. Ellen Moers, *The Dandy : Brummell to Berrbohm,* New York, Viking Press, 1960, p. 101.

147. *Ibid., passim.*

148. Maud Sacquard de Belleroche, *Du dandy au playboy,* Paris, éditions Mondiales, 1964, p. 55.

149. Friedrich Wilhelm Joseph von Schelling, « System of Trans-cendental Idealism », VI. 3, dans *Philosophies of Art and Beauty,* textes réunis par Albert Hofstadter et Richard Kuhns, Chicago, University of Chicago Press, 1964, p. 372.

150. *Yves Klein,* catalogue de l'exposition au palais des Beaux-Arts de Bruxelles, 1966. *Cf.* l'étude de Restany qui démontre la survivance de ce mythe.

151. « System of Transcendental Idealism », VI. 3, dans *Philosophy of Art and Beauty, op. cit.,* p. 373.

152. *The Anatomy of Criticism,* Princeton, Princeton University Press, 1977, pp. 210, 216.

Yves Klein : a Retrospective
*Exposition au Rice Museum,
Houston, février 1982*

Vingt ans après

PIERRE RESTANY

La parution simultanée au printemps 1982 à Paris, New York et Munich [1] de mon livre sur Yves Klein marque, bien plus qu'un anniversaire, le signe d'une onde récurrente dans la mémoire collective du monde de l'art. Yves Klein est mort le 6 juin 1962 à Paris, et l'abondance des commentaires sur mon ouvrage publiés dans la presse parisienne vingt ans après cette date fatidique, presque jour pour jour, est significative de cette prise de conscience.

Je prends quelques témoignages au hasard. De Pierre Cabanne [2] à Catherine Millet [3], ils concordent tous : 20 ans après la mort d'Yves Klein, sa fascination reste intacte.

De quelle fascination s'agit-il ? C'est peut-être Alain Macaire [4] qui est allé le plus loin dans l'explicitation de mon propos, lorsqu'il écrit : « Plus que l'œuvre de Klein elle-même, c'est la façon dont elle fait aujourd'hui *figure* qui est esquissée ici, laissant dire ce qui revient à travers elle pour faire sens esthétique, rhétorique et poétique. La vocation du *monochrome*, symbole exemplaire de l'œuvre de Klein, n'est-elle pas d'en faire le véhicule immatériel d'une sensibilité créatrice et exacerbée mais aussi contagieuse, et par là d'en imprégner le monde ? »

Il s'agit bien, en fait, d'un retour. Le 6 juin 1962 Yves Klein est entré dans la légende, et il en sort vingt ans après, à l'occasion d'un livre et d'une grande exposition itinérante [5]. A quel niveau se situe cette nouvelle présence ? A quel niveau de notre sensibilité, de nos questionnements, de nos aspirations ? Là encore les réactions de mes confrères me sont précieuses et particulièrement éclairantes. C'est dans la pleine dimension vitaliste de la monochromie que le message d'Yves Klein est perçu en 1982 en tant que modèle de présence. Plus encore, c'est par le biais de la phénoménologie que le vitalisme du monochrome affirme l'actualité de sa présence.

Et c'est à juste titre certes qu'Alain Macaire déclare que mon propre regard sur Klein « paraît lui envier une vérité que le peintre avait déjà consumée à 34 ans : la vie n'a qu'une valeur, celle de sa propre plénitude ». Cette plénitude vitale, l'énergie cosmique, s'incarne tangiblement dans le bleu du ciel : « bleu sur bleu », « le bleu de l'autre côté du ciel », l'insonore bleu des nostalgies cher à Arp. Fort significativement Marie-Christine Hugonot [6] rappelle que lorsque sur la plage de Nice, un jour de 1946, Yves Klein, Arman et Pascal Claude se partagent le monde, « Yves Klein choisit le ciel et sa dimension d'infini ». Pour Jacques Michel [7], « Yves Klein, c'est comme un morceau de ciel niçois dont seuls les oiseaux perturbent la parfaite monochromie ».

La liaison entre le bleu du ciel et l'infini énergétique, principe universel de vie, marque dans nos esprits le passage d'une métaphore de l'absence à un modèle de la présence existentielle. Dans la perspective post-kantienne d'Husserl il s'agit là d'un dépassement total de la dialectique entre forma formans (le bleu) et forma formata (le ciel). Cette soudure phénoménologique est un rappel à l'ordre vitaliste des choses, à la réalité de la proposition monochrome. La réalité d'Yves Klein est la réalité de Marcuse dans son esthétique du désir, une réalité qui ne s'identifie pas simplement aux données spatio-temporelles du moment, mais qui inclut aussi toute l'énergie virtuelle, tout le pouvoir de l'imaginaire, tout l'influx créateur — bref, tout ce qui échappe à la durée, tout ce qui est « in-actuel » c'est-à-dire constamment actuel au-delà de l'actualité. C'est sur le fil de cette intuition que J.A. França [8] cite la fameuse déclaration de Klein : « Pour moi la peinture n'est plus en fonction de l'œil aujourd'hui ; elle est en fonction de la seule chose qui ne nous appartienne pas en nous, notre vie ». Et Pierre Cabanne se met sur la même longueur d'onde lorsqu'il souligne que « pour Klein l'objet de l'art n'était pas la peinture, mais la vie en tant que principe universel ».

Ce retour au modèle de la présence après la tentation métaphorique de l'absence, voilà la clé de lecture d'Yves Klein en 1982. Nous situons le monochrome au cœur du problème de l'ontologie dynamique, à la charnière de Kant et de Hegel, ou plutôt de leurs postérités respectives, Husserl et Heidegger d'une part, Marcuse et Sartre de l'autre. Et ce n'est pas par hasard : la relecture kantienne et hégélienne à travers les prismes parallèles de la phénoménologie et de l'existentialisme s'est opérée durant la période qui couvre les deux dernières décennies, et plus précisément à partir de 1968 en ce qui concerne la réflexion fondamentale sur l'esthétique. Après le désenchantement de la révolte étudiante et la grande faillite des idéologies, la révision des valeurs esthétiques a porté avant tout sur l'ensemble du support matérialiste du modèle de la présence, sur le concept du temps et de la contemporanéité, sur la modernité technologique. Le glissement idéaliste qui en est la conséquence colore aujourd'hui notre entière conscience de l'être, notre entière vision perceptive. Assimiler le bleu de Klein au ciel, la forma formans à la forma formata, c'est abolir toute opposition, toute distance entre le moi empirique et le moi transcendantal, c'est donner une réalité tangible à la proposition monochrome, manifestation empirique du moi transcendantal. C'est aussi combler d'un seul coup la distance abyssale qui sépare, dans la perspective de pensée cartésienne, le moi pensant de la réalité sensible, l'idée monochrome du tableau bleu.

Cette option est capitale. Les deux dernières décennies ont été marquées en France par un transfert radical de la réflexion ontologique, du statisme cartésien au dynamisme phénoménologico-existentiel, du « Cogito » au « Da Sein ». Ce qui pourrait se traduire, au niveau de Klein, à travers une équivalence elliptique, en ces termes de paraphrase : nous sommes passés du « Cogito azuréen » (je pense bleu donc je suis) à un « Da Sein vitaliste » à un « être là », riche de toutes les virtualités poétiques et énergétiques d'une présence qui se situerait entre l'être et le néant.

Ce « Da Sein vitaliste » ressemble comme un frère au non-être hégélien, à ce vide dynamique qui est l'énergie motrice du réel, de toute vie et de toute création. Le vide d'Yves Klein nous apparaît dès lors dans sa plénitude vitale du non-être. Il n'est plus le signe sublimant de l'absolue négativité mystique, mais au contraire la brillante contrepartie de l'être, l'élément décongestif des tendances hypertrophiques du moi. Toute la méthodologie « éthérique » d'Yves Klein, considérée à travers cette optique, prend la pleine valeur d'une

aventure totale de l'être. D'où la fascination nouvelle qu'elle exerce sur nous aujourd'hui. Il ne s'agit plus d'une sublimation mystico-sentimentale, mais du mode le plus authentiquement esthétique d'assumer la vie dans l'instant énergétique du non-être.

De ce fait, les réserves mystico-sentimentales à l'égard du personnage tombent d'elles-mêmes, comme de purs résidus formalistes. Si Cabanne emploie le terme de mystique en parlant de Klein, c'est pour l'associer à sa « voyance » futuriste de prophète du troisième millénaire. Quant à Alain Macaire il n'hésite pas à assimiler sa démarche expérimentale à l'extrémisme exigeant et visionnaire d'un peintre « traditionnel » et « classique ». Quand je pense qu'en 1969, lors de la première exposition rétrospective d'Yves Klein dans un musée à Paris, Christiane Duparc [9] pouvait encore écrire : « Ce qui agace chez Yves Klein, c'est la sauce symbole, les résidus christiques, sainte Rita, les rose-croix, le krak des Chevaliers, Nostradamus, le judo mystique, l'ordre de Saint-Sébastien... il pataugeait dans une sorte de religiosité exaspérante » – et que je compare l'état d'esprit de la presse parisienne en 1982, j'en crois à peine mes yeux.

L'idéologie rosicrucienne elle-même devient l'incarnation méthodologique et l'aspect référentiel de la dynamique du non-être, l'illustration suprême du dépassement de toute dichotomie entre l'espace et la forme du phénomène vitaliste. L'éthérisme du vide est aujourd'hui conçu comme une notion phénoménologique, comme une pulsion globalisante de l'être Klein.

Il est significatif de noter qu'au moment où toute une partie de la critique française « picturalise » sa vision de Klein, un courant anglo-saxon représenté par Werner Spies et surtout Thomas McEvilley [10] renverse la vapeur et insiste sur la motivation ésotérique de l'aventure monochrome. Pour McEvilley la dimension phénoménologique n'est qu'une distorsion phraséologique des sources rosicruciennes. Alors que Paris tend aujourd'hui à voir en Klein – homme et œuvre réunis – un modèle esthétique de la présence existentielle, voici relancée, dans l'esprit tatillon et minutieux de quelques analystes américains ou allemands, la querelle du croyant et du mutant.

Si le phénomène Yves Klein est désormais hors de portée du scandale, il demeure un objet de controverse. Et c'est tant mieux. Pour ma part, je ne peux qu'approuver l'actuelle approche française de l'aventure

monochrome, qui tend à en faire une phénoménologie de la cosmogénèse. En dedans ou en dehors de sa propre légende, cette aventure restera marquée par le sceau vitaliste de l'énergie intemporelle, la projection dans un éternel futur.

Une éducation catholique dès la tendre enfance, suivie de quelques années d'études rosicruciennes et d'une intense formation de judoka, assorties de la pratique de l'intercession auprès de sainte Rita, ainsi que de la participation à l'ordre de chevalerie de Saint-Sébastien : voilà sans doute les étapes formelles de la phénoménologie existentielle du monochrome. Il faut divers ingrédients pour réaliser la synthèse entre la forme et le fond des choses. Soyons réalistes. Pour un nombre de plus en plus grand d'artistes et de chercheurs, le « cas » Yves Klein est devenu un « modèle » de la présence existentielle, l'illustration exemplaire de la vertu dynamisante du non-être hégélien. En assumant le vide, il a parfaitement su allier l'empirisme à la transcendance : voilà où se trouvent la grandeur de son œuvre, et le secret de sa fascination. Voilà pourquoi, pour Yves Klein, il n'y avait pas de problèmes mais des réponses. Si l'énergie vitale, source de toutes les mutations, est l'ordre de Dieu, comment y accéder, si ce n'est en suivant la pulsion dynamique du non-être ? Certes, installé au cœur du phénomène et ne faisant qu'un avec lui, Yves Klein était un croyant vivant son propre sens du divin et un mutant hautement responsable des pulsions dynamisantes de l'être. Oui, il lui arrivait d'évoquer sainte Rita, la patronne des causes désespérées, son ultime recours lorsqu'il éprouvait devant le vide ineffable du non-être, la peur sacrée de l'ordre de Dieu. Oui, Yves Klein était un homme de foi. Mais je me rends bien compte, à vingt ans de sa mort, de la dimension spécifique de sa foi : elle est naturelle, aussi naturelle que l'est la respiration pour l'organisme, aussi naturelle que l'est le cours de la conscience entre l'être et le néant.

1. Paris : Hachette, éditions du Chêne
  New York : Abrams Inc.
  Munich : Schirmer-Mosel.

2. *Le Matin,* 2 juin 1982.

3. *Art Press,* n° 62, septembre 1982. A l'heure où j'écris ces lignes Catherine Millet rédige un livre consacré à Yves Klein, qui sera publié aux éditions Art Press-Flammarion.

4. *Canal,* n° 47/48, juin 1982.

5. Dates de l'exposition Klein : Rice Museum, Houston (fév.-mai 1982) ; Museum of Contemporary Art, Chicago (juin-août 1982) ; The Solomon R. Guggenheim Museum, New York (nov. 1982-janv. 1983) ; Centre Georges Pompidou, Paris (mars-mai 1983).

6. *Le Quotidien de Paris,* 22 juillet 1982.

7. *Le Monde,* 25, 26 juillet 1982.

8. *Colloquio-Artes,* Lisbonne, n° 53, juin 1982.

9. *Le Nouvel Observateur,* 17 février 1969, à l'occasion de l'exposition Yves Klein au Musée des Arts décoratifs.

10. La presse new-yorkaise a été unanime dans sa louange du brillant essai de Thomas McEvilley, reproduit dans le présent catalogue : Grace Glueck (*New York Times,* 19 nov. 1982), Kay Larson (*New York Magazine,* 13 nov. 1982), Roberta Smith (*The Village Voice,* 7 déc. 1982), reprennent à leur compte la vision ésotérique du monochrome, mais en forçant la dose dans le sens de la mégalomanie. La presse allemande est plus nuancée dans son interprétation de la légende d'Yves Klein (le ton et l'esprit de l'article de la *Frankfurter Allegemeine Zeitung* du 10 avril 1982 sont en net contraste avec ceux du commentaire que *Der Spiegel* du 20 septembre 1982 consacre à mon livre).
Ce sont les artistes, de part et d'autre de l'Atlantique, qui se sont révélés les plus sensibles à la qualité humaine et esthétique du modèle existentiel qu'incarne Yves Klein. Lors d'un symposium sur Yves Klein qui s'est tenu au musée Guggenheim à New York le 21 novembre 1982, les interventions de Joseph Kosuth, d'Olivier Mosset et de Julian Schnabel ont été particulièrement explicites. Les témoignages d'artistes recueillis dans ce catalogue le sont tout autant. N'est-ce pas là le plus important, au moment où cette œuvre atteint, selon l'heureuse expression de Jean-Yves Mock, sa « majorité posthume » ?

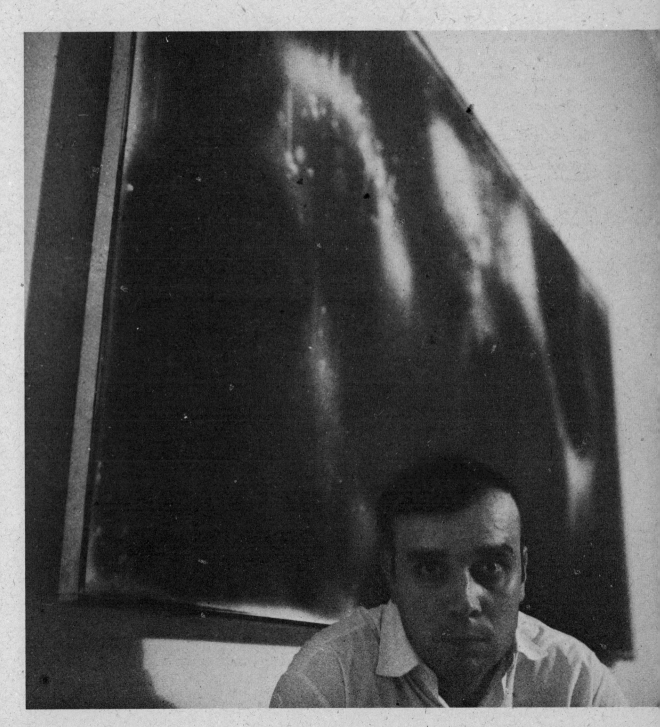

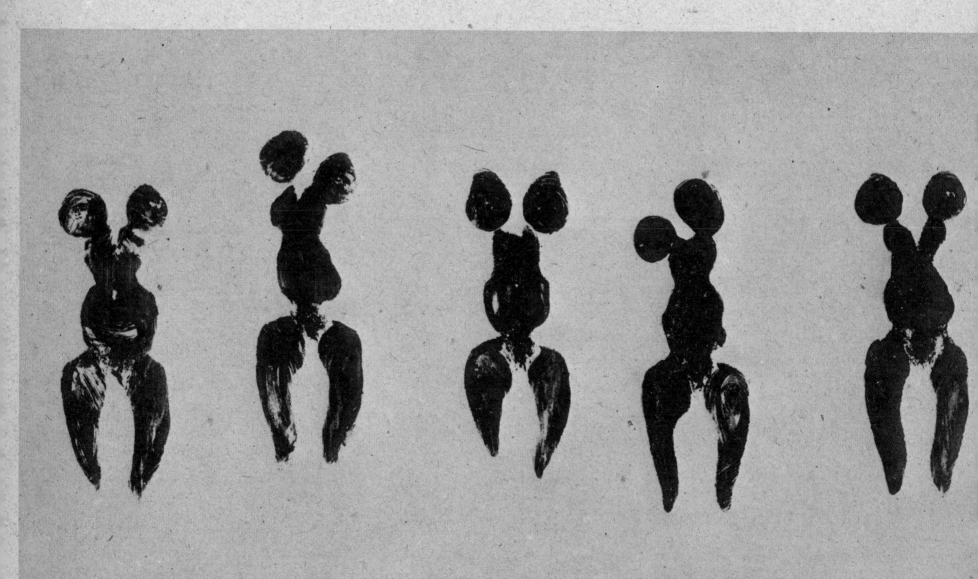

Anthropométrie sans titre
(ANT 85), 1960

Mémoire
d'Yves Klein

REMO GUIDIERI

6 août

J.-Y. m'écrit pour me demander de quelles images je voudrais faire accompagner le texte. J'ai tout de suite pensé aux photos qui, avec astuce ou innocence, retracent et fixent ce qui n'est en aucune œuvre de K., tout au plus dans les témoignages que lui-même ou d'autres ont donnés de son aventure. Ce qui, depuis toujours, et dans les meilleurs cas, fait de la photo une véritable énigme : le souvenir, même cruel, d'un instant – un « dépôt », dirait D.R. –, ou, pour reprendre ici une célèbre formulation de K., mais tronquée à dessein, « un transfert de zones immatérielles ».

Or, justement, la photo ne *dit*, pour K., que ceci : que la forme, *désormais,* « n'est plus une simple valeur linéaire mais une valeur d'*imprégnation* ». Je souligne ce « désormais » car il permet d'attribuer un sens à cette « valeur d'imprégnation » qu'est une présence, toute présence, *désormais*. De même que m'intéresse le lexique de K. : « reliefs » qui sont justement les photos ; « anthropométries » qui sont soit des moulages, soit des traces sur la toile, véritablement, des « imprégnations » au sens littéral du mot. Que la photo soit un relief, cela vient peut-être de ce que ce terme veut dire aussi « reste (après un repas) ». La photo, à l'évidence, est ce reste ; mais plus précisément elle appartient à cette « activité de surface » (D.R.) qu'est le faire humain dans son ensemble et interminablement.

Relief, par photo. Anthropométrie comme imprégnation. Parmi les œuvres de K. de nombreuses présences ne sont que des traces, à la lettre. Seuls les monochromes n'en sont pas, mais pour eux l'expression de « dépôts » demeure encore adéquate. Or, bleu, rouge. Dépôts de matières originairement fluides. Canevas aussi sur lesquels K. a *déposé* la couleur. Car ces monochromes exercent leur droit d'exister comme surfaces autrement encore : parties d'un tout, et inversement. Où les rapports entre tout, partie, fragment, totalité se renversent. Non pas dans le sens pictural d'un Rothko ou d'un Newman, pour lesquels ce qui se passe est encore dans la surface peinte, dans la peinture. Mais au sens « réaliste » d'une

volonté d'annuler la distinction entre copie et modèle. Voilà pourquoi, peut-être, K. est actuel : contemporain.

7 juillet

Je me souviens d'avoir lu dans le catalogue de Turin le texte d'une conférence (la dernière ?) où K. parle de tombeau, de vide, et ajoute : « Je voudrais maintenant, avec votre permission – et je vous demande la plus extrême attention – vous révéler la phase de mon art qui est peut-être la plus importante, certainement la plus secrète. Je ne sais pas si vous allez le croire ou non, mais c'est le cannibalisme. Après tout, être mangé n'est-il pas préférable à mourir sous les bombes ? Il m'est extrêmement difficile de développer cette idée, qui m'a hanté pendant des années. Donc, je vous la livre telle quelle... » La suite de la conférence ne mentionne plus cette détermination jusqu'alors cachée de l'œuvre. Comme si elle n'était dicible qu'à travers ce mot : cannibalisme. Il semble en effet éclairer l'effort de K. vers la limite, pendant les huit années intenses qui précèdent sa mort, la partie de sa vie consacrée à l'art, comme on dit. Qu'est le cannibalisme sinon une manière d'atteindre le vide par la transgression d'un tabou qui chez nous du moins est *très* fort ? Dépasser la limite (et le tabou est bien la forme archétypale de la limite), et ainsi s'abolir. « Le vide, ma préoccupation essentielle. »

« Je suis certain qu'au cœur du vide comme au cœur de l'homme il y a des feux qui brûlent. » (K.) Le vide s'atteint à travers le rien, en le dépassant, dit quelque part K. Mais c'est un vide qui n'est pas occidental. K. a toujours insisté sur cette source qu'est pour lui l'Orient. Instinctivement, comme pour toutes les choses qu'il faisait. Pense-t-il à ce que l'interlocuteur japonais de H. appelle le « rayonnement sensible » – le *iki* – qui est « bien davantage que du sensiblement perceptible, quel qu'il soit » ; ce rayonnement qui baigne dans la couleur (*iro*). « Nous disons *konon*, dit le Japonais, c'est-à-dire le vide, l'ouvert, le ciel, – et le supra-sensible... Nous disons : sans *iro* (couleur), nul *konon*... (Mais) nous nous étonnons aujourd'hui encore et nous nous demandons comment les Européens ont donné dans l'idée de prendre dans un sens nihiliste le rien... Pour nous (Orientaux) le vide est le nom le plus haut pour cela que vous aimeriez pouvoir dire avec le mot *être*... »

Là où le philosophe dit « être », K. après avoir noté qu'il a « repoussé le rien pour découvrir le vide », parle de la « profondeur bleue ».

25 mars

A Houston, traversant les salles blanches de l'expo. Les lieux, ce matin, sont déserts. Il me faut peu de temps – le temps que H. me laisse seul – pour penser que je me promène dans une caverne immaculée remplie de dépôts, ou dans un vaisseau spatial abandonné. Mélange de structures et de formes techniques – lignes droites, fenêtres-vitrines donnant sur le vide blanc – et les résidus humains, traces de la main. Impression que je ressens surtout en découvrant des niches carrées qui protègent, comme des fontaines gelées, des pluies bleues et rouges, bâtonnets qui figent un mouvement (mais au juste quel est le *mouvement* de la pluie ?), des cageots posés horizontalement contenant des reliefs géographiques lapis-lazuli.

Ce n'est ni une pinacothèque, ni même un musée. Ces lieux n'abritent ni des trésors ni une mémoire. Même les quelques portes, effacées par le blanc et le silence, donnent l'illusion que tout l'édifice ne repose plus sur terre.

Et la photo agrandie du saut de K. à Fontenay-aux-Roses, placée à l'entrée de l'expo, a ostensiblement quelque chose de funèbre. Avec les dates qui limitent sa vie, inscrites à côté : 1928-1962. Le plongeon, l'instantané, fixe K. « hors de la gravité ». Fronton d'un lieu en état d'apesanteur, où est illustrée la seule manière de l'habiter pendant la visite, de voir et de se voir en même temps. (Me suis demandé, plus tard, si K. avait pensé au miroir, quelles idées il pouvait avoir eues sur l'image spéculaire.)

Yves Klein : a Retrospective
*Exposition au Rice Museum,
Houston, février 1982*

25 mars : après-midi

Après tant de souvenirs muséographiques, de déambulations de mémoire en mémoire, surgissait tout à l'heure le souvenir de ces abris loin de l'Europe, au cœur des

forêts, où l'humidité s'arrête au seuil du trou qui descend dans la terre et où les cris des oiseaux sont soudainement lointains. Caves, cavernes – ou caveaux : demeures chtoniennes, enveloppées de terre sèche, compacte ; ou labyrinthes – et le labyrinthe n'est le plus souvent qu'un pressentiment de cave. Des abris : non seulement des masses servant à protéger le vide, mais des lieux où l'absence et la présence semblent se confondre (ainsi de ces maisons américaines où de grandes vitres protectrices filtrent les choses claires visibles de l'extérieur, cherchant un dosage entre le silence du caveau et le bruissement).

Jusqu'où l'expo que je viens de visiter a-t-elle été conçue pour abriter effectivement des objets-Klein (et dans quelle mesure cette manière de vouloir abriter devient-elle un mode d'être dans le présent, surtout en Amérique, où le poids des choses est écrasant, impérieux, inéliminable) ? Questions à écho, évoquées et répétées en pleine immobilité du corps, et qui me font peu à peu oublier les choses-Klein, au profit de ce que j'appelle maintenant la « chose-abri », ce lieu qui contient des objets rares, uniques, à l'identité indécise (« c'était peut-être un ostensoir ; ceci est peut-être un paravent d'initié ; cela, peut-être, fut fait par X, ou son école, ou son atelier, etc. »), à jamais solitaires parce qu'ayant perdu à jamais leur support, ou origine ; destinés, ici, à être *sauvés*, dit-on, et se prêtant à une contemplation gratuite, fugitive, comme le souvenir pour une mémoire affaiblie. Les musées. Je me répète : « L'édifice, ce matin, est en moi comme la réplique contemporaine du refuge. Je l'ai pénétré – *l'ho varcato* – en passant sous une inscription et une image. » Image et inscription s'évanouissent et il ne reste que la phrase : « Ci-gît l'espace. » J'y suis entré et j'ai parcouru l'aventure du vide, par étapes : monochromes, éponges, reliefs, anthropométries, empreintes, où toujours le corps domine. Ainsi que dans l'image du corps de K. qui vole. Saut dans le vide. Victoire de l'espace sur la pesanteur.

26 mars

Je suis assailli par les monochromes-or. Aujourd'hui ils m'éblouissent, et brillent par-dessus tous les autres jusqu'à les écraser (à l'aéroport ; la lumière du midi brillait sur les vitres de la tour de contrôle et se réverbérait jusqu'aux arbres alentour).

Je *pense* à l'or ; mais à un or sans forme définie : diadème, pendentif, monnaie, etc. Ni, non plus, à un or naturel (pépite, poussière, etc.). Mais à quelque chose que je formule ainsi : à une pesanteur-lumière. Même naïvement, l'or est « alchimique ». Et plus encore que les autres matières qu'il emploie, l'or est la signature alchimique de K. Quelque chose comme un sceau, une trace individualisée, qui parachève jusqu'à l'éblouissement le succès d'une œuvre. Si je compare maintenant, peut-être pour atténuer en moi cet éblouissement qui, de la mémoire où il s'exerce, trouve un écho dans le soleil du matin, l'or et le bleu. Je m'aperçois que je pourrais aussi parler de K. dans son rapport aux traditions (et les rose-croix à Kassel syncrétisent plusieurs traditions, justement). En l'occurrence, s'agissant de matières archétypales, de ce qui *n'est pas, n'est plus* mouvement : pneuma, action ; n'est pas trace laissée ; n'est pas imprégnation, au sens de : relief, photo, anthropométrie, etc., mais, justement, monochromie.

La monochromie est une surface, dense et homogène, ou bosselée irrégulière, *chargée* – qui me semble, si je pense à l'or et au bleu, donner à la « matière » un mode d'apparaître qui fait vaciller la séparation radicale entre *esse* et *nihil*. Le type de présence qu'est la monochromie-K. dément ce hiatus. J'y retrouve cette plénitude du vide qui a toujours intuitivement hanté l'oriental Y.K. (Dans une note K. a écrit : « Malevitch, ou l'espace vu de loin » ; *a lato,* comme légende d'une toile qui est le modèle que le peintre peint, on lit : « monochrome servant de nature morte à Malevitch pour ses compositions ».)

Il y a aussi des monochromes rouges. A examiner la possible complémentarité des trois – or, bleu, rouge – on risque d'en venir à « symboliser » ces fondamentaux : par recours aux connotations alchimiques, aux figures et aux noms presque innombrables que les couleurs ont toujours eus dans les traditions qui précèdent ou suivent ou se fondent dans les écoles alchimistes. Or, avec les monochromes-K. c'en est fini de cette frénésie cryptologique, de ce sémiotisme répétitif qui veut toujours faire dire quelque chose à quelque chose, en quête du « sens partout ». Avec K. et les Américains, à commencer par les giclures de Pollock, s'annonce la nuit des littérateurs qui couvrent de leurs mots comme d'une glu les surfaces et les objets.

Par le bleu, c'est au ciel, « la plus grande et la plus belle de mes œuvres », que K. renvoie. Mais comme *une* couleur renvoie à *la* couleur ; non comme un signifiant à un signifié. Le bleu est, dirais-je, le fondamentalcomme-pur, ou encore : l'ob-stant (*Gegenstan-dige*), ce « se-tenir en face, caractéristique de l'objet » (Heidegger). Fondamental, parce qu'inviolé, éloigné de la terre ; loin de tout ce qui s'y passe : mélanges, corruptions. Loin donc de cet espace de mouvement qui trompe et égare. Mais où on peut aussi se complaire, et jouir de la confusion des matières jusqu'à s'en intoxiquer. Tandis que l'air n'est violé que par tout ce qui n'est pas humain – ou à peu près et de moins en moins : le temps de K. est déjà loin.

Si je reviens à l'or, je me dis pour la première fois que l'or échappe, tout en restant aussi fondamental que les autres grands éléments que K. cite et travaille, à toute transformation, comme l'absolu indépassable de la matière. Sa lourdeur, et les délires qui l'ont fixé pendant des millénaires, tient, peut-être, à cette singulière irréductibilité. (Maintenant, dans la carlingue, il n'y a que du bleu.)

15 août

Ne plus avoir d'intermédiaire entre moi et la chose et être *dans* la chose sans m'abolir.

Si je veux être dans la chose c'est que je veux être *réellement* dans le réel. Ainsi l'artisan, le savant, *et l'artiste,* du moins pendant les siècles qui ont fait fructifier le penchant pour les images profondes. Et, sans doute, K. propagateur du « nouveau réalisme », et qui prétendait être « l'artiste le plus classique du siècle », justement pour cela. J'ajouterai que, de ce point de vue, K. participe de ce mouvement qui veut salutairement abolir l'écran instauré par la psychologie et tout le mauvais fatras où se rejoignent mysticisme, théosophie, « abstraction » en peinture, etc. Cela vaut aussi pour les grands, de Mondrian à Rothko.

Etre dans le réel, c'est donc *s'objectiver,* ou simplement objectiver ? Mais je peux faire l'un et l'autre en décrivant par exemple les choses qui m'entourent : les dire, les écrire, les reproduire. Devenir enregistreur. Répliquer comme un instrument, où résonnent en écho présences et bruits du réel qui est là. Mais « être instrument » c'est seulement exprimer par le geste qu'on reflète l'extérieur. Je peux aussi *m'approprier* un objet. Je tends la main, et je m'empare d'une chose. Geste banal. Cette appropriation peut effectivement n'être qu'une manière passive, indifférente, de consommer. Consommer, surtout dans notre monde, est la forme simple de l'appropriation,

justifiée par la nécessité (et on sait que le seuil de la nécessité est depuis longtemps en Occident surélevé, halluciné). Mais il existe aussi un autre sens, auquel K. fait probablement allusion dans sa conférence à la Sorbonne, sous forme d'une boutade-aphorisme difficile à expliciter – « ma plus profonde préoccupation a toujours été le cannibalisme ». Or le cannibalisme est consommation. C'est généralement ce qui a attiré et c'est aussi ce qu'on réprouve dans le cannibalisme. Ce qui l'a rendu célèbre ; ce qui pousse aujourd'hui les ethnologues, mus par un racisme à l'envers, à en nier l'existence. Toutes ces attitudes achoppent sur l'essentiel, à savoir que les raisons « simples » de nécessité de consommation ne valent pas pour l'acte de manger son semblable. Rejetée la simple raison physiologique – manger pour se nourrir –, le cannibalisme apparaît comme une « absurdité ». A quoi bon alors, demandent nos spécialistes de l'exotique (qui était, il y a encore peu de temps, merveilles et absurdités) ? Mais c'est une absurdité qui a sa propre nécessité, qui n'est ni alimentaire, ni vaguement supra-alimentaire – « religieuse ». Une nécessité obscure, comme on dit. Et impérative, sans aucun doute aussi. Nécessité où l'infra et le supra coïncident comme dans le sexe. Et comme dans le sexe, entourée le plus souvent d'interdits, parfois transgressés, naguère encore redoutables.

Ce que le cannibalisme a de commun avec d'autres formes d'appropriation plus banales, n'est certes pas la manducation, mais l'effet double qui en découle : destruction d'une chose, devenue chose consommée, et alimentation d'une autre, sans quoi l'être alimenté risquerait de disparaître. Or, à l'évidence, K. a un rapport singulier – et probablement central comme il l'affirmait lui-même – non pas avec la manducation mais avec la consommation et la destruction. S'il en fallait une preuve tangible, si jamais il en fallait dans ce genre de choses, je mentionnerais un objet élu chez K. qui emblématise remarquablement ce que je viens de dire : c'est l'éponge *. Objet, matière, organisme – et outil ; qui s'approprie – avale les matières en s'en imprégnant. Qui assimile et, en assimilant, se change dans l'« essence » de la matière assimilée sans perdre la sienne (l'éponge bleue reste éponge). L'être même de l'imprégnation. Noter le déroulement du processus : avaler, imprégner, prendre une autre *couleur,* tout en restant soi-même. L'imprégnation, avec l'éponge, apparaît dès lors comme la plus parfaite manière d'illustrer ce qu'est pour K. assimiler.

* *Voir page 233 et suivantes.*

19 juin

Ce n'est qu'après avoir touché une statuette Mawo (Nigeria) que je repense à l'un des thèmes les plus communs de ce siècle : celui de l'énergie, de son emploi, de sa consommation, etc. K. est une sorte de dynamo qui en produit et qui, ce faisant, relie couleurs et objets par des écoulements.

Mais cette production doit aussi *fixer* l'énergie, qui autrement resterait diffuse. « La peinture abstraite est abstraite. Elle vous fait face. Il y a quelque temps, un critique a écrit que mes tableaux n'avaient ni commencement ni fin. Il ne l'entendait pas comme un compliment, or c'en était un. C'était même un beau compliment. Seulement, il ne le savait pas (...) Quand je peins, c'est avec une idée d'ensemble de ce que je veux faire. Je peux contrôler la coulée de peinture... » (Pollock) Problème archaïque, en ce double sens : déjà présent, obsessionnellement, chez le *rain-maker* d'Australie, il le demeure jusqu'à nous. Je dirai même de plus en plus intensément, aussi bien dans la technologie que dans l'art. A l'aborder, on constate qu'il mène, obligatoirement, à celui du vide, ou *noyau* : où commencent le mouvement, l'énergie, etc. D'où aussi, ce qui, chez K., est une constante : la dimension pneumatique de l'œuvre, la mise en boîte de l'énergie. Paquet de sorcier ; churinga-rhombe ; réacteur nucléaire. Et « œuvre ».

4 juillet

Toujours à propos de l'appropriation. Toujours à propos de la « magie ». En recourant à ce mot, je me dis, comme chaque fois que je l'emploie, qu'il est trompeur à cause de l'ignorance qui l'entoure.

L'appropriation serait quelque chose comme : « je fais mienne la chose à travers sa représentation ». Lieux communs utilisés pour décrire la pensée primitive. Pour formuler les choses autrement, en pensant justement à K. : ce faisant, je veux atteindre l'élémentaire. Ou, mieux, l'élément. Je peux, par exemple, réaliser une « icône » : une *description* de ce que je *veux* ; la chose, que ce soit le visage (du Dieu), ou son corps, ou sa présence (aura, halo, lumière), avec ou sans environnement : jardin, montagne, lac, ville, désert, etc.

Ou je veux atteindre hors de tout inventaire et description. Cette voie non descriptive, mais qui se maintient dans le cadre de

Peintures rupestres
Grottes de Belegudo, Australie

A

B

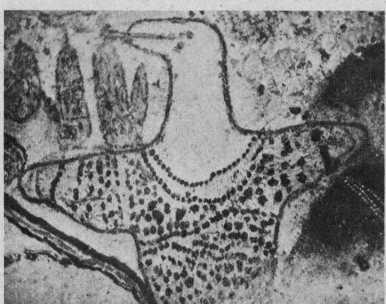

Peintures rupestres
A. Grotte de Bindjibi, Australie
B. Près du Mont Barnett, Australie

la représentation, doit réaliser ce que je pourrais provisoirement appeler une « essentialisation ». Une *reductio*, donc, en vue d'atteindre des « fondamentaux ». Lesquels ne peuvent être – ne seront – que des *éléments*.

Ainsi, l'élémentaire ne serait plus ce lisse, cette équivalence globale de tous les éléments dont parlait Matisse à propos du Cézanne tardif de sa collection – « où il n'y a aucun point qui s'enfonce ou qui devance » –, mais un fragment *tiré* du réel : matière, couleur, calque.

14 juillet

« En art il n'y a pas de problèmes ; il n'existe que des solutions, c'est-à-dire des démonstrations nécessaires pour convaincre le public » (K.) Le côté facile de l'argument : que pour « convaincre » il n'y a pas besoin de problèmes. Le pertinent de l'argument c'est qu'il *faut* convaincre. Persuader un public par une « démonstration », concrétisée ou pas par un ou des objets. Souvent, la démonstration laisse des « dépôts ».

Je regarde deux « démonstrations » : la Madonna Rucellai (version miniature à Sienne), un monochrome-K. (quel qu'il soit). Du point de vue de la « démonstration », l'une est aussi opaque que l'autre. Ce que j'appelle opacité tient à ceci : que maintenant que je les regarde, l'une et l'autre me paraissent définitives, achevées. Toutefois ce sentiment, si la mémoire qu'on a est abolie, disparaît. Je peux les détruire : les scier, les recouvrir d'une autre couleur, etc.

Et si le Duccio est *pour tout le monde* plus précieux que le K. c'est en grande partie seulement parce qu'il est relique : reste de ce que fut l'homme, le monde, la technique, au XIIIe siècle. Pour le dire avec le lexique de K. : Duccio est relique ; le monochrome, cendre de l'art de K. (Mais la cendre n'est-elle pas aussi un reste ?)

Et si convaincre était un *faire*, opposé à l'objet, un « rite » ? Mot redoutable, galvaudé, banalisé. Un « spectacle » plutôt, c'est-à-dire une récupération du rite : sa forme sécularisée. Mais la sécularisation du rite s'appelle aussi mondanité, forme mondaine de l'exhibition. K. nous invite à reconnaître ce qu'on n'a pas assez souligné, et qui vaut surtout pour notre modernité, à savoir les liens entre « art » et « mondanité ». Ces liens, bien sûr, ont toujours existé. L'« œuvre » est publique, etc.

Et le côté « mondain » se trouve aussi dans l'« art pour le peuple ». Etre mondain, c'est exhiber et s'exhiber. Etre sur scène et créer la scène. Créer un champ magnétique (« l'avènement lucide et positif d'un certain règne du sensible », dit l'invitation au vernissage de K. chez Iris Clert en 1958). Des intensités qui attirent. L'intensité du superflu, du risible, de la beauté qu'ont l'un et l'autre. Une beauté dite facile. Celle du fard. L'aimant de l'inauthenticité, la positivité du faux-semblant. Sur le dépaysement et l'irréalité dans la mondanité, on peut toujours se référer à Baudelaire. On parle, pour elle, d'« ébriété ». Etre adapté à cette ébriété, la rechercher, en ressentant toujours cette « morsure » qui au XIXe siècle s'appelle « spleen », c'est être dans le monde. Grands et anonymes vivent cette morsure. L'histoire se promène sur les Boulevards (*Paris, capitale du XIXe siècle,* Benjamin). Les dandies et les artistes : les uns dans les autres. Rubempré devient Andy. C'est là la véritable épiphanie de mon temps. K. l'anticipe et la vit *prématurément.*

2 septembre

Che nulla ormai possa avvenire nella pittura. Giacché ciò che doveva avvenirvi è già avvenuto. E' avvenuto questo : che il súo spazio si è esaurito, come altre cose, forse come l'idea di un Dio vero : unico in quanto direttamente legato a tutti gli uomini. Cioè un antenato. Resta ciò che non avviene mai. O che avviene epifanicamente, solo epifanicamente : quanto è detto il Bello.

Houston – Moresco – Paris, 1982

Feu couleur sans titre *(FC 1), 1961*
« Dans le cœur du vide aussi bien que dans le cœur de l'homme, il y a des feux qui brûlent. » Y.K.

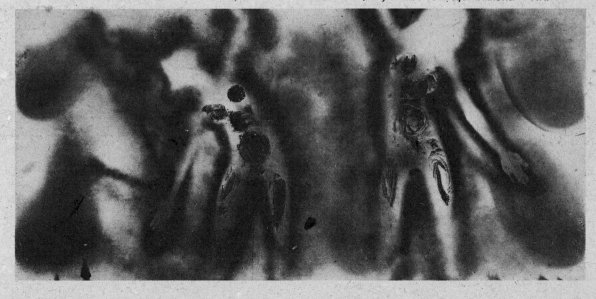

Entrée de l'exposition Fred Klein et Marie Raymond.
Galerie Bridgestone, Tokyo, 1952

Le réaliste
de l'immatériel

SHINICHI SEGI

Yves Klein était au Japon depuis un an lorsque je le rencontrai pour la première fois. A l'automne, en 1953, je commençai à rendre compte d'une manière régulière des expositions qui avaient lieu à Tokyo, et l'une des toutes premières que je visitai fut celle de Marie Raymond et Fred Klein. Elle se tenait à la galerie Bridgestone, galerie et musée d'art moderne privé qui avaient été créés par un industriel mécène très célèbre. C'était leur première exposition au Japon et elle avait été organisée par le critique d'art Takachiyo Uemura grâce au concours financier du groupe de journaux Manaichi qui participait d'une manière généreuse à des événements culturels très multiples.

L'exposition avait eu beaucoup de succès, avec même une espèce d'excès lyrique de la part de la critique, sans doute à cause de la personnalité très différente des deux artistes (Marie Raymond avec un sens très raffiné de l'abstraction géométrique et Fred Klein dans une tradition néo-symboliste de la figuration) qui contribuait à donner au public japonais une idée précise de deux courants de l'École de Paris à cette époque : l'abstraction et la figuration.

L'exposition avait été préparée par Yves, le fils des deux artistes, et c'est ainsi que nous nous sommes rencontrés. Il vivait alors assez éloigné du monde artistique japonais. Il habitait dans Kajimachi, un quartier de Tokyo, et c'est une passion quasi exclusive pour le judo qui l'avait conduit au Japon. C'était un jeune homme d'une extrême jovialité, chaleureux, et très solitaire. Il était peu passionné par la culture et l'art japonais traditionnels. Sa seule passion allait au judo, il l'étudiait à l'institut Kodokan de Tokyo. Il avait 25 ans et semblait totalement immergé dans ses études. Il n'était à la recherche d'aucune forme d'exotisme. C'était un puriste. Mais déjà sa fougue, son enthousiasme laissaient percer une hantise, et je compris mieux pourquoi, et ce qu'elle serait, peut-être, quand il invita un petit groupe de ses amis à se rendre dans cette grande maison qu'un couple d'Américains avait en partie mise à sa disposition.

Et je dirai très vite que cette visite est aujourd'hui pour moi et ceux qui s'en souviennent encore à la fois la plus grande déception, l'incompréhension la plus gauche, et en même temps une date dont aucun de nous ne savons le jour ni l'heure, mais date, cependant, dans la peinture du XXe siècle. Au départ une chose très simple, une invitation à visiter un jeune artiste, lui-même fils de deux artistes étrangers qui exposaient à Tokyo, à voir ses œuvres, et notre gêne, à tous, lorsqu'il nous a montré ses premiers essais : œuvres sur papier, toutes du même format, une feuille de papier à lettres, œuvres donc assez petites, et d'une seule couleur. Il était là, devant ses amis, avec ses petits tableaux, le regard noir, interrogateur. Il était là, dans une ville étrangère, une grande maison vide, avec des gens qui parlaient peu le français, nous montrant ses propres recherches : une peinture qu'il voulait neuve, différente. Et il constatait notre embarras devant ces petits monochromes de couleurs différentes, jaunes, rouges, verts unis, et tous de couleurs primaires. Son audace, cet appel irrésistible, fait de refus et de simplicité, rencontraient la politesse, un peu de silence, une gêne qui le gagnait. Nous étions dépassés. On sentait chez lui un immense désir de surprendre, d'entraîner – de séduire, par une chose qu'il voulait, certes, qu'il ne dominait peut-être pas encore, mais qui était là, *et qu'il voulait.*

Il faut dire qu'à cette époque, la peinture abstraite géométrique occidentale nous paraissait à nous Japonais un peu dure et un peu sévère, sommaire peut-être, et ces monochromes alignés dans cette chambre ne signifiaient rien pour nous. Ils semblaient un peu fous, mais d'abord pas assez surprenants. Il y avait eu un peu partout au Japon des expositions de peintres surréalistes qui avaient attiré notre regard d'une manière passionnée. Cette première déception colmatée, de part et d'autre, l'extrême sens de la vie, de la vie physique chez Yves et la foi qui le traversait, la certitude indéniable qu'il avait de lui-même, et qui éclatait à tout moment généreusement, ne firent que le porter plus encore vers le judo : exercices quotidiens et discipline – discipline du corps et exercice de l'esprit.

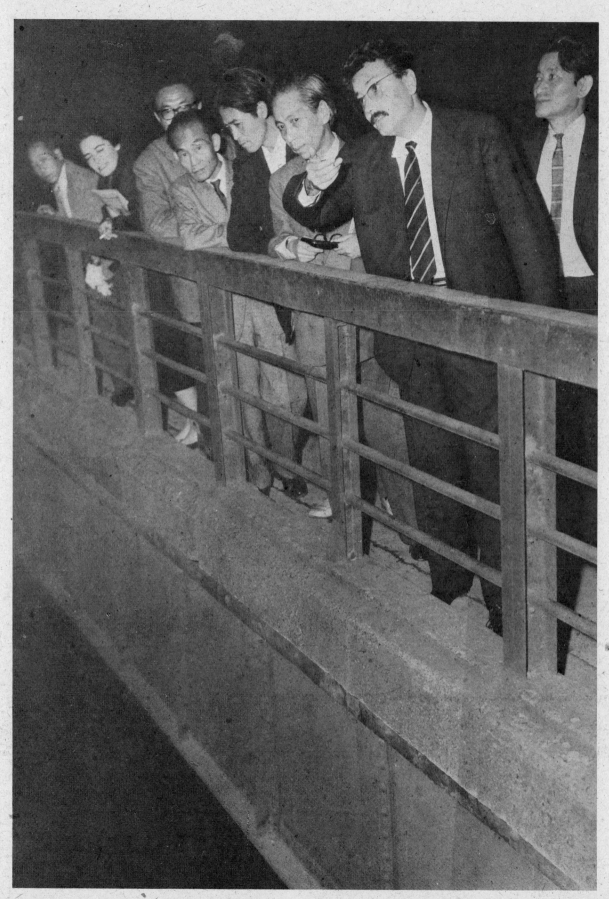

Pierre Restany jette un lingot d'or dans
la Baie de Tokyo.
Œuvre conceptuelle posthume de
l'International Klein Bureau.
5ᵉ à partir de la gauche : Shinichi Segi.

Cette petite réception qu'il avait souhaitée être comme les lundis de sa mère, ce n'était que partie remise. L'indifférence des autres, leur incompréhension, sa force physique consciente qui lui donnait une démarche aérienne, l'enfermaient sur ses certitudes, ses recherches. Il y avait plusieurs années qu'il cherchait une solution à son idée de simplicité monochrome, mais chacun versait une goutte de citron sur le bord de l'huître – et Yves repartait, solitaire, avec son absolu, après avoir montré ses tableaux.

Il retourna à Paris en 1955 et deux années plus tard, à l'automne 1957, alors que je me trouvais à Paris moi-même, je le rencontrai un jour par hasard. Les choses avaient beaucoup changé. Il était devenu célèbre dans les milieux d'avant-garde à la suite de ses expositions chez Iris Clert et Colette Allendy. Ses expériences avec la couleur étaient en quelque sorte terminées. Il avait élu une couleur, *sa couleur,* un bleu très pur et très vif, et il était devenu *Yves le Monochrome.* Quelques jours après cette rencontre, je me rendis à son atelier, à Montparnasse. Là aussi, dans ce cadre très simple, tout était bleu, du même bleu. Les œuvres, au sol, sur le mur... et, l'avouerai-je, cette extrême simplicité me choqua, une fois encore. Je ne savais comment interrompre ou saisir l'incertitude que je ressentais. Mais si, au début, avec lui, on perdait contenance, très vite on était gagné par sa conviction, sa chaleur. Il n'était jamais préoccupé par les doutes qu'il ressentait chez les autres ou plutôt c'est avec eux qu'il composait. Ils faisaient partie de la *matérialité* avec laquelle il fallait vivre et qu'il fallait dépasser. On ressentait son propre enthousiasme au-delà des doutes, son charme, son élégance et aussi, quelque part, son extrême détachement.

Chaque fois, depuis ces années lointaines, que j'ai repensé à Yves Klein, ou si je regarde brusquement une de ses œuvres dans une galerie ou un musée, c'est toujours la même certitude presque lumineuse de contradictions irrémédiables et peut-être irrésolues qui m'assaille : le réel, le doute, l'imaginaire ; l'absolu, la simplicité, l'angoisse ; l'esprit, et la matière. C'est ainsi que d'une manière extrêmement sensible et spontanée les arguments qu'il développait vous libéraient de toute forme d'incertitude, car Klein était présent, positif, et l'expression matérielle d'une flamme immatérielle. Sans questionner la géométrie ou un lyrisme quelconque, il faisait sien un territoire neuf, au-delà de toute notion d'abstraction. C'est pourquoi aussi sa solitude d'homme et sa solitude d'artiste étaient totales. Il se

sentait devant la plupart de ses interlocuteurs comme un conquérant en terre étrangère. Heureusement, à ses côtés se tenaient le poète Claude Pascal et le critique Pierre Restany.

On se rencontrait presque quotidiennement en ville, ou dans son atelier. On mangeait, ou buvait, c'étaient des conversations sans fin. Pierre Restany était alors l'un des plus jeunes critiques d'art à prendre des positions à contre-courant et particulièrement engagées. Nous étions comme trois frères, amusés et turbulents. Au fond s'ils m'adoptèrent si vite, la raison en était très simple : leur grande solitude à l'un et à l'autre. Pierre avait passé son enfance au Maroc, il avait peu d'amis à Paris. Il dédaignait l'art informel qui florissait à Paris et je me rappelle qu'il organisait seul dans une petite galerie, la galerie Kramer, des expositions qui sont restées à l'image de ses goûts et de sa rigueur. Et Claude Pascal, lui, était poète.

C'est à peu près à la même époque qu'Yves Klein s'était vu refuser sa participation au Salon des réalités nouvelles avec son fameux grand tableau d'une seule couleur : le *Mine-Orange.* J'avais quitté Tokyo, au moment de l'exposition de l'art informel, pour Milan et Paris et je me trouvais dans un état d'esprit très proche de celui de Klein. Il vivait alors avec une architecte qui lui était entièrement dévouée et très présente. Il enseignait le judo dans le sous-sol de l'American Center où il me montra ses premiers films sur ce qui était sa grande préoccupation mentale, sa vraie discipline : le judo, et le film qu'il réalisa sur son exposition à la galerie Colette Allendy. Les œuvres de cette exposition étaient retournées dans son atelier où je pouvais les voir pendant nos longues conversations : le paravent, les monochromes, le petit globe terrestre – l'œuvre la plus impressionnante car elle était la prémonition même de la remarque que ferait Youri Gagarine au retour de son voyage sur la Lune : *la Terre est bleue.*

Les réactions du grand public à l'œuvre de Klein étaient encore fraîches et distantes si toutefois Londres, Düsseldorf, Milan recevaient le message du bleu et si dans un espace de temps très court, Yves Klein fit totalement bouger l'avant-garde.

En 1958, ce fut le « Vide » chez Iris Clert alors qu'il entreprenait avec Tinguely et Kricke les travaux de Gelsenkirchen, la conférence de la Sorbonne datée de 1959. C'est aussi l'époque des premiers reliefs-éponges, sa participation à la Biennale de Paris et les

premières activités des Nouveaux Réalistes ; le monde se tournait vers lui, une ère nouvelle commençait dans l'art occidental. Ce qu'il réussissait à faire à Paris aurait été totalement impensable au Japon : un succès fait de la reconnaissance d'un vrai petit groupe d'amateurs mais à laquelle la curiosité d'une autre fraction du public, mondaine, et beaucoup plus désinvolte, se joignait. C'est l'époque aussi où Rotraut Uecker, la jeune artiste allemande, entra dans sa vie et travailla pour lui comme assistante. Elle devait beaucoup l'aider dans son travail et dans la mise en place des reliefs à Gelsenkirchen où je les accompagnai avec Jean Larcade lors de l'inauguration. On percevait derrière l'immense façade de verre du Städtische Opera les reliefs bleus qui absorbaient la lumière d'une manière très énigmatique : curieuse fantasmagorie faite toute à la fois du vide immense du hall, des reliefs bleus, et de l'architecture rectiligne de métal et de verre. J'ai aussi le souvenir d'une visite en Allemagne au Haus Lange Museum, à la terrasse dessinée par Mies van der Rohe, et d'une conversation au sujet d'une future exposition des œuvres de Klein au musée, avant une visite à l'atelier de Uecker, le frère de Rotraut qui commençait alors la grande série de ses reliefs blancs à clous : très purs, agressifs et visionnaires.

A deux pas de l'atelier, il y avait encore les ruines d'un quartier bombardé mais comme un peu partout en Europe, quels que soient les lieux, l'intérêt qui est porté à l'art entraîne une forme de vie beaucoup plus simple qu'au Japon. A la nuit on arriva à la galerie où l'on montrait les poubelles d'Arman : ramassis d'un peu de tout, dans des boîtes en plastique. Il y avait des déchets, des morceaux de choux, de tomates. D'un côté c'était crasseux, de l'autre d'une vraie beauté insolite. Je dis à Arman : « Et le collectionneur qui va les acheter, ces déchets qui pourrissent. » Il parut surpris de ma remarque, mais pas gêné le moins du monde. Il y avait beaucoup de monde, de plus en plus de gens, et la présence d'un critique japonais venu spécialement dans cette ville de la Ruhr intriguait tout le monde. Je comprenais mal les questions. Mais, en Allemagne, il y a toujours autant de verres de bière que de réponses entre ceux qui sont pour et ceux qui sont contre.

Les Allemands étaient les plus conservateurs, Larcade était avec eux – les galeries de la rive droite sont généralement plus conservatrices. Notre côté, c'était la rive gauche, et l'on riait beaucoup. Tout le monde était sérieux, plein d'énergie, enthousiaste, pour des choses importantes et des riens. Si l'on repense au « saut » de Klein, à cet extraordinaire désir de lévitation, œuvre conceptuelle parfaite, et à ce qui l'a entouré à l'époque, on est saisi par le manque de jugement objectif devant une pureté tout aussi visionnaire et essentielle que celle des monochromes.

Klein avait le sens inné de la stylisation, de l'arbitraire dans la liberté, de l'essence des choses. Et grâce à l'ingénieuse coordination qu'il apportait à chaque détail, il faisait de l'impossible et des contradictions un superbe nœud gordien. Je pense en disant cela, plus particulièrement encore, à la soirée de la « Symphonie monoton-silence » et des anthropométries. Trois modèles nus, vingt musiciens, sous sa direction, à la galerie d'Art international contemporain. Un public mondain en tenue de soirée, des femmes nues, des femmes-pinceaux, Klein en maître de cérémonie, une invention spontanée maîtrisée, une musique difficile et fluide – le moins que l'on puisse dire une acrobatie, un exercice sans filet où Yves Klein rejoint magnifiquement bien un sens historique très français du phénomène stylistique où tout s'appartient : le modèle dialectique, sa réalisation, le refus de peindre et peindre, la solitude du créateur et le public qui est convié à être témoin et spectateur.

Le souvenir de cette soirée me remet en mémoire une conversation que nous avions eue au Japon en 1953. Yves était assez étranger à l'art moderne vu par les Japonais. Il aimait la musique, le sport, rencontrer des filles, en homme simple, jeune, très gai. Un jour la conversation était tombée sur une technique très ancienne et très populaire au Japon : les transferts à l'encre. On met, par exemple, de l'encre de Chine sur un poisson, et la forme est transférée sur un papier à dessin. Or l'expression japonaise est *gyotaku*, prononcée « guio taku », le mot *gyo* signifiant poisson ; le son *jyo* veut dire fille, jeune fille, et l'expression n'a plus de sens, mais Klein a beaucoup ri et peut-être ce jour-là a-t-il imaginé une *femme encrée* ou couverte de peinture laissant une empreinte sur un mur, sur le sol, sur une toile. Car si la calligraphie l'intéressait, la monochromie était son obsession : la contradiction résolue de peindre sans peindre. Son amour inné des jolies filles et une contrepèterie firent peut-être leur chemin dans son esprit vif, ouvert et toujours en mouvement que guidait un sens aigu de la performance et du spectacle. D'autant qu'un autre jeu de mots l'avait frappé, justement à propos du transfert de formes de différents poissons. Je lui avais fait remarquer que la seiche se dit *ika* et qu'elle jette son encre pour se cacher dans un nuage où disparaissent sa

frayeur et sa timidité, alors que l'expression *iku* signifie l'homme qui s'élève dans l'orgasme sexuel aux plus hauts plaisirs, ce que lui-même vivait imparfaitement – d'où, sans doute aussi, son désir de transcendance et de quasi-chasteté.

Dès son retour à Paris, Klein s'essaya à des « anthropométries » à l'encre noire, mais l'encre était trop fluide. Les modèles étaient excitées. Il y avait Jeanette et une autre. Lors de ce premier essai, on a passé des heures à les laver. L'encre restait dans les pores et elles étaient furieuses. Mais la soirée privée de la galerie d'Art international fut un événement extraordinaire. Yves Klein au milieu du XXᵉ siècle, a retrouvé les traces symboliques des plus anciens millénaires où l'homme, dans les cavernes, peignait et ressaisissait d'un seul geste la peur, l'esprit et le symbole. Mathieu, qui représentait l'art informel, se dressa très agressif contre Klein et Restany. Ce soir-là, quelque chose changea, grâce à Klein, dans l'art moderne ; un virage était pris.

Je me rappelle une autre chose qui a bouleversé Klein et dont il parlait souvent. Un soir, en 1956, il me semble, nous étions allés voir un film de Fumio Kamei qui s'appelait *Ikite-iteyokata*, un film fait après l'éclatement de la bombe atomique à Hiroshima. Le titre pourrait se traduire par « L'ombre sur la pierre ». Dans le grand bouleversement, sur des marches, un homme fut désintégré, en une seconde, peut-être moins, et son ombre à la plus vive des lumières possibles resta gravée – disparition, devant l'éternité, pour chaque personne qui passe.

L'émotion d'Yves était à son comble. Il était catholique, il ne cessait de répéter : « C'est ce qui est le plus proche d'un monochrome. » Mort, vie et absence de vie, et couleur quand même. Il m'en a beaucoup parlé. Une pierre teintée par l'ombre d'un homme ; fondus l'un dans l'autre, par l'extrême chaleur, la pierre et le corps. Corps couleur – absence du geste de peindre, et peindre : il m'a dit combien cela l'avait influencé et incité à faire ses anthropométries. Les premières furent exposées à la galerie Rive droite en 1960 et le succès fut immédiat. Finalement, Klein était reconnu.

Et puis ce fut la création du groupe des Nouveaux Réalistes, le 27 octobre 1960, réuni autour de Klein par Pierre Restany. C'était un autre moment dans sa carrière et dans sa vie. Un tournant aussi en Europe, plus encore peut-être en Amérique où s'effectuait un chan-

gement du néo-dada au pop'art – deux mouvements qui allaient fusionner ultérieurement, dans les années 60.

La première fontaine de feu de Klein, qui inaugura en 1961 son exposition rétrospective au Haus Lange Museum, où j'étais présent, fut un événement considérable. Il y avait cette sculpture, cette flamme vivante, cette conquête de l'air, et dans le musée un ensemble remarquable d'œuvres qui donnaient à voir pour la première fois d'une manière cohérente l'aspiration de Klein à créer une vision absolue, impossible à créer par les seuls moyens du feu et de l'eau, les éléments les plus immatériels. Le soir du vernissage, les gens manifestèrent un enthousiasme délirant devant cette « vision », cette *image* au fond indescriptible, faite de lumière et de nuit – la vigueur furieuse du feu et de l'eau, lutte et tuerie réciproques, harmonie finale de l'un.

Dès son retour à Paris, Klein, par une sorte de conséquence et de continuité inévitables, réalisa sa première peinture de feu. Une idée qu'il avait approchée à plusieurs reprises dans nos conversations et qu'il mit en action au Gaz de France. Traces de corps et de feu auxquelles il ajouta ce qu'il baptisa lui-même *les couleurs Nouveaux Réalistes*. Ce furent peut-être les journées et les nuits les plus furieusement actives d'Yves, travail et expositions incessantes, à la poursuite de ses propres idées. Il naissait une tension toujours plus grande entre l'idée et la réalisation, et particulièrement dans cet antagonisme irréconciliable de l'eau et du feu. Cela fut très sensible à l'exposition de novembre de la galerie Apollinaire de Milan, en 1962 : un chef-d'œuvre après l'autre.

Quand je lui rendis visite en avril, il y avait un ensemble unique d'œuvres nouvelles. Yves avait finalement créé son propre univers cosmique, avec sa propre métaphysique ; ses espoirs, l'avenir, devenaient sans limites.

Chaque fois que nous nous voyions, il semblait s'élever d'une marche et dans l'angoisse et dans la certitude. L'attitude à son égard avait changé. Ceux à qui naguère il payait ses dettes avec des œuvres, en achetaient maintenant, comme Georges, le jeune fils du patron de La Coupole.

Je me souviens, en mars 1962, être passé à son atelier. Il écoutait de la musique de Mozart. Contre le mur il y avait des *Feux couleurs* et « Arman », suspendu. Après

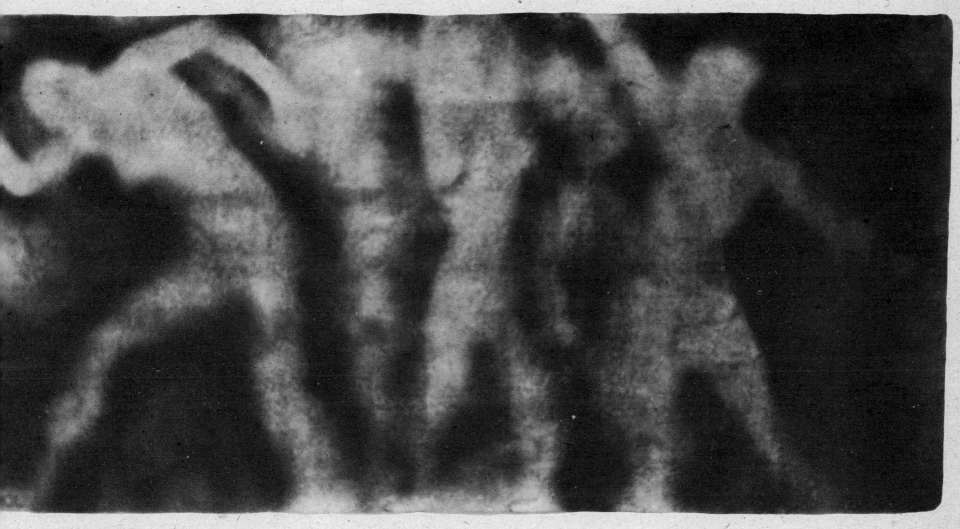

Hiroshima *(ANT 79)*
Empreinte négative

« L'ombre » sur les marches après l'explosion
de la bombe atomique sur Hiroshima.
15 décembre 1948.

le moulage d'Arman, ce furent ceux de Martial Raysse et de Claude Pascal. Terminés, en bronze. L'idée était de les assembler, peints en bleu sur fond or. Il projetait de prendre un moulage de Pierre Restany et de moi pour compléter la série. C'est à ce moment qu'une certaine irritation se glissa, plus précise, dans ses paroles, son comportement. Jacopetti, l'auteur de documentaires italiens, avait le projet de tourner *Mondo Cane* et Yves lui avait donné l'autorisation de le filmer en train de faire une anthropométrie. Mais, après la séance de tournage, les désagréments commencèrent. Le film fut montré à Cannes. L'esprit que Klein avait apporté à cette collaboration et à cette réalisation fut défiguré, et après la projection qui eut lieu malgré ses vigoureuses protestations, Yves Klein souffrit d'une violente crise cardiaque. Il se remit, mais il était indigné. Quand je vis quelque temps après le film au Japon sous un nouveau titre, « Les contes mondiaux de l'atrocité », je compris hélas pourquoi son cœur avait failli éclater.

Au printemps de cette même année, il allait prendre quelques semaines de repos dans le Midi : Arman était venu nous chercher à l'aéroport de Nice car je l'accompagnais ce 26 mars. Nous descendîmes à Saint-Paul-de-Vence, à la Colombe d'Or. C'est là qu'il rencontra Henri-Georges Clouzot qui habitait l'annexe de l'hôtel avec sa femme, l'actrice Véra Clouzot. Un soir, Yves montra à Clouzot les films qu'il avait faits. Celui-ci, qui avait réalisé *Le Mystère Picasso*, y prit un très vif intérêt. C'était un autre aspect de la création artistique. Leurs vues divergeaient, mais tard dans la nuit ils décidèrent de faire un film ensemble. C'est de cette manière que j'eus la possibilité de voir tous les films d'Yves Klein d'affilée.

Yves allait mieux : je partis pour Rome le 31 et il m'accompagna à l'aéroport. Il rentra à Paris peu après et nous nous revîmes. Je lui proposai d'organiser une exposition à Tokyo et Yves retint l'idée de faire une sorte de forum public, par exemple à l'université de Tokyo, où il lirait un poème. Il me récita quelques lignes d'un poème qu'il avait en mémoire, le « Poème du Vide ». Comme toujours il était très tard, et nous étions à La Coupole. Je partais pour Tokyo le 2 mai.

Un mois après, j'apprenais sa mort, incroyable. On ne pouvait que douter. En quel espace, en quel vide, bleu peut-être, avait-il trouvé refuge ? Ses grandes périodes de création s'étalaient sur cinq années prodigieuse-ment longues par l'œuvre, prodigieusement brèves, aussi, dans le temps.

...« La mort vient, à la fin ». Elle frappe de toute manière. D'une manière aussi inattendue, c'est extrêmement rare. Yves était vigoureux, équilibré. Il se présentait comme un athlète généreux, plein de vie, et chacun pensait qu'il était de la race des immortels : quelle obscure raison derrière tout cela ? Si l'on y repense, un étrange présage semble indiquer que cette mort n'était pas un accident soudain. La dernière lettre de lui qui me parvint était datée du 6 juin, et le cachet de la poste était clairement lisible : *6 juin*, ce qui veut dire qu'elle avait été écrite dans la nuit du 5 et postée soit tard dans la nuit, soit dans la matinée, très tôt. De toute façon, elle fut écrite juste avant sa mort.

« ... j'ai eu une légère crise cardia-que il y a deux semaines. Je dois me reposer pendant quelques semaines... Je pense partir pour Cagnes-sur-Mer le 15 juin... » Il m'écrivit cette lettre à la veille de mourir, avant d'avoir une crise ultime grave.

L'année suivante, je produisis un film de quarante minutes, *Yves Klein le Mono-chrome*, en offrande à sa mémoire, à partir des négatifs que Rotraut m'avait faits parvenir. Mais, en France, Clouzot abandonna son pro-jet ; il ne fit jamais son film consacré à la vie et à l'œuvre de Klein.

Yves est mort, préparé à mourir – fou d'être si peu concerné réellement par lui-même, ce que Pierre Restany m'a répété de nombreuses fois : « Sa ferveur allait vers l'ave-nir, inondée par l'espoir... »

Un corps humain est fait de chair et de sang, de vie, de circulation, d'espoir-matérialité, dans le temps, dans l'esprit. Le corps matériel d'Yves Klein allait vers l'imma-tériel, le portait. Il en demeure le réaliste éternel.

Textes rassemblés et traduits par Jean-Yves Mock

Nota : le film produit par Shinichi Segi a été monté par Shinkichi Noda, musique de Toru Takemitsu, typographie de Kohei Sugiura, mu-sique jouée par Toshi Ichiyanagi, Kenji, Ko-bayashi et d'autres.

Yves Klein, la peinture subtilisée

CATHERINE MILLET

Lorsque, dans les années 69-70, eurent lieu les premières manifestations d'art conceptuel, land art, body art, etc., Yves Klein, et quelques autres – Manzoni par exemple, mais aussi Moholy-Nagy –, furent souvent cités en référence. L'exposition du Vide, les travaux faisant intervenir les éléments naturels comme la pluie, le vent, le feu, furent considérés comme les premiers et – si l'on ose dire s'agissant du vide – spectaculaires exemples d'un art se dérobant à tout support stable, voire à tout support matériel. La personnalité de Klein, totalement engagée dans l'œuvre, organisant l'événement et dosant le scandale, jouant de la provocation comme de la séduction, préfigure aussi le comportement de nombreux artistes dont nous avons vu se confondre l'œuvre et la vie. Toutefois, Klein déclarait : « ... *Je suis peintre, bon eh bien je ferai quelque chose qui doit être de la peinture aux yeux de tous...* » [1]. Le monochrome avait incarné l'idéal de cette peinture et ceux qui avaient un peu trop rapidement interprété l'exposition du Vide comme un geste iconoclaste s'étaient dits surpris ou déçus par les « anthropométries » qu'ils regardaient comme un « retour » à la tradition du nu...

Aujourd'hui aussi, d'une manière générale, on parle de « retour ». A nouveau, l'art se trouve circonscrit par le rectangle de la toile et beaucoup soupçonnent Dada et tout ce qui s'ensuivit jusqu'à l'art conceptuel, de nous avoir fourvoyés. J'avouerai que pour moi qui suis plongée professionnellement et personnellement au cœur de cette crise, l'aventure de Klein qui, à l'entrée des deux décennies de surenchère avant-gardiste, synthétise leurs contradictions et finalement boucle leur cycle chaotique, m'aide à envisager quelques questions. Comment avons-nous pu répéter avec les formalistes qu'un carré était un carré (Stella) et négliger à l'exemple de Lawrence Weiner toute formalisation de l'œuvre (« *La pièce peut ne pas être réalisée* »), comment avons-nous pu nous accrocher si fermement à la matière et au matérialisme (Carl Andre : « *(mon travail) est... matérialiste parce que constitué de ses propres matériaux* ») et nous laisser envoûter par quelques chamans, tels que Joseph Beuys ou Mario Merz ?

Signer ou ne pas signer, telle n'est plus la question

Exprimés dans sa langue à lui, certes plus poétique que celle de la critique formaliste, certains préceptes de Klein, ceux qui justifient la monochromie, sont pourtant presque superposables aux sentences greenbergiennes les plus radicales. Greenberg : « *Ces artistes* [2] *préfèrent des bordures nettes et franches, tout simplement parce qu'elles attirent moins l'attention sur elles-mêmes en tant que tracés – et, ce faisant abandonnent le terrain à la couleur.* » Klein : « *J'éprouvais la sensation que les lignes et toutes leurs conséquences : contours, formes, perspectives, composition, composaient très précisément comme les barreaux de la fenêtre d'une prison. Au loin dans la couleur, la vie, la liberté...* » Greenberg : « *(La couleur) ne plaide que pour elle-même* » ; Klein : « *Je cherche à montrer la couleur.* »

De même que Greenberg éprouva au début des années 60 un peu de dégoût pour ce qu'il appelait « *the tenth street touch* », c'est-à-dire l'académisation de l'expressionnisme abstrait, de même peut-on imaginer qu'Yves Klein, en contact par l'intermédiaire de sa mère Marie Raymond avec le milieu de l'abstraction lyrique, éprouva le besoin, lorsqu'il commença lui-même à peindre, d'éviter toute affectation dans le maniement du pinceau. La tendance, par réaction, était à la simplicité, à la pureté. Greenberg regrette que les formes planes et les contours nets de Mondrian et du Bauhaus aient disparu « *sous un déluge de coups de pinceaux* » ; on connaît la filiation ironique (et à rebours) que Klein établit entre Malevitch et lui : « *Malevitch a peint une nature morte d'après l'un de mes tableaux monochromes.* »

Tâtonnant, au début des années 50, à la recherche d'une formule qui sera bientôt celle de l'IKB (le fameux outremer baptisé *International Klein Blue*), Klein use de quelques procédés que les peintres américains systématiseront à grande échelle. Les papiers sur lesquels Klein se contente de déposer la couleur et de la laisser s'écouler librement (autour de 1957) évoquent la technique caractéristique de Morris Louis. L'Américain en exploitera toutes les qualités plastiques mais chez lui comme chez Klein, l'aléatoire des couleurs a pour finalité de se substituer à la personnalisation de la touche et du dessin. La couleur est à ce point considérée comme primordiale qu'elle en est fétichisée : Klein expose des bacs remplis de pigment pur (chez Colette Allendy, en 1957) et Stella prétend conserver la couleur « *aussi bonne que quand elle était dans le pot* ».

L'abandon de la touche, c'est-à-dire le refus de l'expression comme chargeant la peinture d'un sens qui ne lui appartient pas en propre, amena les artistes américains à poser la couleur sur la toile selon des modes quasi mécaniques, ne laissant aucune chance aux accidents, pulsionnels ou autres. Klein, lui, opte pour le roulor. Large, sans souplesse, l'outil donne peu de liberté au mouvement du poignet ; il ne laisse aucune trace de son passage pouvant être interprétée comme un dessin.

Klein est allé très loin dans le sens de cette dépersonnalisation de l'œuvre d'art. Sa philosophie était violemment anti-individualiste (« *le fléau moral de l'Occident, l'hypertrophie du moi...* ») et la peinture devait être un apprentissage, la libération de l'homme des entraves psychologiques. Toute la première partie de la conférence qu'il prononça à la Sorbonne (1959) exalte le travail collectif (à ce moment-là, Klein travaille en collaboration avec l'architecte Werner Ruhnau). Il accorde soi-disant si peu d'importance à l'authentification de l'œuvre qu'il affirme : « *je trouverais tout naturel et normal d'apprendre un jour que l'un des membres du fameux pacte* (de collaboration) *a signé spontanément un de mes tableaux sans même parler de moi... De même tout ce qui me plaira parmi les œuvres des autres membres du pacte, je m'empresserai de le signer...* » En 1967, l'une des règles que se fixèrent Buren, Mosset, Parmentier et Toroni prévoyait que chaque membre du groupe pouvait réaliser le tableau de l'un des trois autres. Quelques années plus tard, Mosset exposa des tableaux qui ressemblaient beaucoup à des Buren et Buren se fâcha un peu. Cela prouve que les déclarations en faveur du travail collectif, de l'anonymat ou du refus de la propriété artistique sont bien sûr volontaristes mais elles sont le leitmotiv de l'avant-gardisme des années 70, que ce soit chez les

L'ARTISTE QUI VOLA L'ART

Il était une fois un homme qui voulait devenir artiste. Il avait ce qu'il fallait. C'est-à-dire que si on composait une nature morte avec une bouteille, quelques pommes, un plâtre et quelques drapés, il pouvait la reproduire fidèlement. Et il pouvait sculpter la figure humaine avec adresse. Mais il était mal à l'aise car son art ressemblait toujours à l'art d'autres artistes. Le problème était qu'il n'avait aucune idée personnelle.

Il décida que si l'art ne pouvait lui appartenir, il le volerait. Il fit le choix d'une sculpture exposée dans un jardin public. Une nuit il fora un trou dans la sculpture, puis remplit le trou avec une autre substance. Et ainsi nuit après nuit. Il forait un trou puis remplaçait la matière par une autre substance. Enfin une nuit il fora le dernier trou et le remplit. Pendant une année entière, morceau par morceau, il avait volé la sculpture. Il avait volé l'art.

Moralité : L'art n'est pas dans les choses ; il est dans l'air.

John Baldessari, extrait de l'album Ingres and Other Parables, *1971, repris dans* Studio International, *Londres.*

marxistes de la Jeune Peinture qui peignent en commun de grandes compositions ou chez les disciples de Wittgenstein, animateurs de la revue d'art conceptuel *Art Language*, qui co-signent la plupart de leurs textes. Mondrian avait autorisé un ami à signer certains de ses tableaux mais il s'agissait d'œuvres de sa première époque qu'en quelque sorte il reniait, ne les considérant plus comme siennes. Question de l'identification de l'artiste à l'œuvre que Lawrence Weiner ne se pose plus lorsqu'il suggère que *« la pièce peut être réalisée par quelqu'un d'autre »* et qu'*« il appartient à l'acquéreur éventuel de préciser les conditions de réalisation de l'œuvre »*. L'art conceptuel a parachevé le processus d'objectivation de l'œuvre d'art que les surfaces unies de Stella, le cube de Tony Smith et le roulor de Klein avaient amorcé.

Si l'« openness » de Greenberg donnait sur l'infini de Klein

Le refus par Greenberg et son école de ce qui dans la peinture risque de faire appel au sens du toucher, focalise l'attention sur les purs phénomènes optiques. L'animation du tableau ne dépend que des vibrations de la lumière. L'œuvre de Dan Flavin est un développement techniciste de cette tendance.

En nommant ses premières œuvres « icônes », Flavin a montré que les fondements de son art étaient bien d'ordre formaliste. L'icône se caractérise par sa frontalité et par *« une présence physique sans tactilité »*[3], exactement comme une peinture de Noland ou de Stella dans les années 60. Cependant, un grand souci du formalisme était l'épaisseur minimum que présente le tableau monté sur châssis. C'est pour atténuer cette matérialité que Flavin eut l'idée, vers 1961-1962, de fixer à ses tableaux des ampoules électriques puis des tubes fluorescents. L'objet disparaissait ainsi dans le halo lumineux.

Sans raccordement électrique, un monochrome de Klein produit un effet comparable et sans doute plus pur. Grâce à la qualité du ton, que Klein apprit à préserver techniquement, il impose au regard une expérience à la limite du soutenable. Le rayonnement du bleu est si puissant qu'il tend non seulement à dissoudre son support mais aussi à déteindre sur son environnement. Pour cette raison, les monochromes de Klein sont souvent présentés dans les musées de façon relativement isolée.

Outre la luminosité de l'outremer, Klein employa quelques autres astuces pour dématérialiser le tableau : bords arrondis, accrochage à quelques centimètres de la cimaise, etc. Dans le même esprit, Stella déclare : *« Si l'acte visuel se situant sur la toile est assez fort, je ne ressens pas fortement la matérialité de la toile. Elle disparaît. Je n'aime pas ce qui souligne les qualités matérielles. »*

Ainsi, même chez les plus « peintres » des avant-gardistes, le destin du tableau est, d'une façon ou d'une autre, de disparaître. Klein a toujours présenté l'expérience du Vide comme étant d'ordre pictural. L'exposition d'avril 1958 chez Iris Clert est en fait la présentation de *« la sensibilité picturale à l'état matière première »*, *« stabilisée »*. *« Cet état pictural invisible dans l'espace de la galerie doit être en tous points ce qu'on a donné de mieux jusqu'à présent comme définition de la peinture en général, c'est-à-dire : rayonnement. »* Si Klein a pris soin de repeindre en blanc les murs de la galerie, l'ambiance de celle-ci est toutefois légèrement adoucie par un néon bleuté. On n'est plus très loin de Dan Flavin qui en 1963 décide d'abandonner le tableau et de ne conserver que les tubes de néon : *« Le support intérieur et ses composants, les murs, le plancher et le plafond, peuvent "supporter" une bande de lumière sans nuire d'aucune façon à l'éclairage, se contentant de l'envelopper. Il suffit de regarder la lumière pour être fasciné sans pouvoir d'ailleurs en saisir les extrémités. »*

Cette lumière, dont on ne saisit pas les extrémités, transpose dans des matériaux industriels l'« openness » de la peinture formaliste, de même que l'infini de Klein en opère la déviation métaphysique. Désormais, l'œuvre « ouverte » à l'espace sans limite n'est plus réductible à un objet. Voilà l'interprétation littéraire que Klein donne de l'« indéfinissable » de Delacroix auquel il fait si volontiers allusion.

En 1970, l'indéfinissable est devenu la condition même d'une œuvre d'art conceptuelle, telle cette proposition de Robert Barry : *« Ceci est totalement indéterminé, sans traits spécifiques, entièrement ineffable, n'a jamais été vu et n'est pas accessible. »*[4]

Au-delà de la peinture : la vie, le mur, l'argent, les médias...

Si j'insiste tant sur quelques similitudes entre la démarche de Klein et les conséquences du formalisme c'est que je crois important de relativiser cette influence de Duchamp par laquelle on a eu un peu trop tendance à expliquer les formes artistiques

Jet d'eau vertical, avril 1969
Klaus Rinke

Iris .Clert dans sa galerie
... « l'envers du positivisme ambiant »

n'utilisant plus les matériaux traditionnels. D'ailleurs, Klein s'élève contre la formule de Restany, « *40 degrés au-dessus de Dada* » (« *Pas d'accord !* », lui écrit-il) et Mario Merz, représentant de l'arte povera, explique à propos de ses assemblages : « *Les premiers imperméables et les bouteilles renversées des premiers objets ne sont pas des objets trouvés ; ce n'est pas du dadaïsme, c'est absolument autre chose.* » [5] Il serait donc plus intéressant d'envisager comment certains artistes se sont arrangés des pressions contradictoires exercées par la tradition de la peinture moderne et par le néo-dadaïsme. On peut considérer *Une et trois chaises* (1965) de Joseph Kosuth comme une sorte d'analyse du ready-made mais l'agrandissement photographique qu'il réalise de la définition du mot « painting » peut être aussi regardé comme l'application à la lettre du principe de l'auto-définition de l'art, défendu par Greenberg ! Bien sûr, Greenberg ne reconnaîtrait pas cet enfant-là mais l'histoire de l'art moderne est peuplée de bâtards.

La peinture elle-même a apporté sa contribution, aux côtés de Dada, à la désintégration de son identité. Lorsque Robert Ryman, qui n'utilise que de la peinture blanche, abandonne au support ou à l'éclairage le soin de « colorer ses surfaces », il se soumet aux mêmes conditions que Klein « spécifiant » l'ambiance lumineuse de la salle d'exposition. Quant aux vis, boulons, rubans adhésifs qui retiennent au mur les œuvres du peintre américain et que celui-ci se plaît à mettre en évidence, ils sont, à une échelle différente, de même nature que le meuble-vitrine conservé par Klein dans la galerie d'Iris Clert. A force de vouloir démontrer que la peinture n'est pas seulement un objet, mais une extension infinie des phénomènes qui déterminent cet objet, les peintres ont souvent, comme les néo-dadaïstes, moins exposé des tableaux que l'environnement de ces tableaux.

Aux États-Unis, cette conception de l'œuvre ouverte a donné naissance vers 1969, date de l'exposition « Anti-illusion : Procedures/Materials » au Whitney Museum de New York, à ce que l'on a appelé process art. Le process art a montré non des objets finis mais des objets en cours de réalisation ou gardant les traces des étapes de leur fabrication. L'influence des divers facteurs extérieurs s'y trouvait donc enregistrée. Afin de rendre leur démonstration plus claire, les artistes ont parfois fait appel à des matériaux naturels et à des expériences d'ordre purement physique : Lynda Benglis répandait du caoutchouc liquide sur le sol (un peu comme César réalisait ses expansions), Richard Serra projetait du plomb en fusion sur le mur, Hans Haacke exposait de l'herbe en train de pousser, Michael Asher une sculpture qui fait penser aux murs et aux toits d'air imaginés par Klein pour son architecture : il s'agissait d'une masse cubique d'air pulsé, uniquement perceptible par la différence de pression ressentie par le visiteur qui la traversait. En France, Claude Viallat, l'un des fondateurs du mouvement Support-Surface, enregistra sur ses toiles les altérations dues à leur exposition au soleil, à la pluie, à leur séjour sous terre.

Les *Cosmogonies* ont été, déjà, des « process works ». Certaines ont été exécutées en pulvérisant la couleur sous la pluie qui, ainsi chargée de pigment, venait frapper perpendiculairement une feuille de papier. D'autres sont des empreintes de roseaux enduits de peinture et couchés par le vent sur le papier, d'autres encore ont été plongées dans l'eau teintée de la rivière... La plus fameuse est celle que Klein fixa sur le toit de sa voiture et où les tourbillons de couleur témoignent des intempéries rencontrées au cours du voyage de Paris à Nice. Désormais les aléas météorologiques ou la transformation organique de la matière décident à la place du peintre. De plus en plus, celui-ci n'assume qu'une responsabilité symbolique : il signe la forme sans en avoir décidé.

Ainsi que l'a prouvé, par exemple, l'évolution de Hans Haacke, les phénomènes naturels ont vite fait d'interférer avec les phénomènes sociaux. Une des conséquences de l'exposition du Vide est que Klein a été l'un des premiers artistes à soumettre au regard du public non pas un objet mais le lieu conventionnel destiné à recevoir l'objet : la galerie. Lorsqu'en 1966, Robert Morris, dans une exposition au Finch College à New York, projeta sur les murs l'image filmée, grandeur nature, de ces murs, – lorsque dans son premier texte important, *Mise en garde* (1969), Daniel Buren se donne comme objectif la « *révélation du lieu lui-même comme nouvel espace à décrypter* » et qu'il dénonce le « *point de vue* » unique de la galerie, du musée, du catalogue, l'un et l'autre enregistrent bien ce déplacement du centre d'intérêt.

Au moment où il présenta le Vide, Klein n'envisageait sûrement pas les implications sociologiques de son action. Toutefois, il devait s'y trouver confronté peu de temps après.

Le rituel auquel donne lieu la cession des zones de sensibilité picturale immatérielle est d'autant plus apparent que l'objet de l'échange est invisible... Les photographies de Harry Shunk le mémorisent dans toutes ses phases. Le paiement exigé en or, la dispersion de cet or dans l'eau de la Seine, la disparition des traces de l'échange au moment où l'acquéreur brûle son reçu, toute cette transsubstantiation de la matière évoque bien sûr une manipulation alchimique (on reconnaît Klein rose-croix). Surtout, cette alchimie symbolise le destin de toute œuvre d'art. Lorsqu'un artiste est parvenu à concrétiser sa pensée dans un objet plastique, n'est-ce pas à la fois sa condition sociale et son drame que d'assister à la conversion de cette pensée en son équivalent d'or ?

Il y eut quelques mauvais esprits pour s'amuser du fait que les collectionneurs d'art conceptuel n'amassaient que des reçus et des certificats, seules preuves de l'existence des œuvres. Ces collections de papier ont au moins le mérite de révéler à quel point est illusoire l'appropriation de l'œuvre d'art et sur quels malentendus repose son commerce. En 1971, Edward Kienholz exposa un ensemble d'aquarelles toutes rigoureusement identiques à l'exception d'un prix en dollars inscrit dans leur centre en très gros caractères et qui variait dans des proportions importantes. Chaque aquarelle était vendue le prix indiqué. L'idée avait déjà traversé la tête d'Yves Klein qui explique dans la conférence à la Sorbonne : « *J'expose des peintures monochromes toutes identiques, de même format et de même ton... L'observation la plus sensationnelle est celle des acheteurs. Ils choisissent parmi les onze tableaux exposés, chacun le leur, et le paient chacun le prix demandé. Les prix sont tous différents bien sûr.* »

Poursuivant son appropriation de l'espace, Klein finit par proposer comme une fabuleuse pièce de théâtre, 24 heures de la vie du monde, exactement le *Dimanche* 27 novembre 1960. A partir de ce moment, comment reconnaître l'œuvre d'art de la vie quotidienne ? En mettant en évidence ses conditions sociales. Par exemple, dans le cadre du « Théâtre du vide », Klein invite l'acteur, qui se contente de mener sa vie normale, à passer simplement au théâtre pour toucher son cachet. C'est le cachet qui fait l'acteur comme c'est le lieu sociologique du musée qui fait du ready-made une œuvre d'art [6].

Le procédé inverse du ready-made et en même temps sa vérification, consiste à introduire l'objet artistique dans un lieu non conventionnel. Telle est précisément la fonction du « journal d'un seul jour », le 27 novembre 1960. Klein y publie ses textes comme de quelconques informations, le journal étant imprimé et diffusé dans les kiosques comme un grand quotidien. Restany signale que Joseph Kosuth eut longtemps le « journal d'un seul jour » accroché dans son atelier. Lorsque le chef de file de l'art conceptuel loua des espaces publicitaires dans les journaux pour y publier des synopsis du *Thesaurus (2e investigation*, 1968) ou lorsque pour la série *Text-Context* (1978-1979), il se servit d'affiches dans la rue, il réalisa sur le même modèle une sorte de mise à l'épreuve de l'acte artistique au travers de sa diffusion banalisée.

L'ère des grandes réconciliations

Klaus Rinke m'a raconté que lorsqu'il vit pour la première fois, en 1957, une exposition d'Yves Klein, il était alors étudiant aux Beaux-Arts et l'enseignement post-Bauhaus qu'il recevait lui imposait d'exécuter des monochromes en guise d'exercices. Il fut choqué de découvrir que de semblables monochromes pouvaient être présentés comme la recherche la plus avancée de l'avant-garde. Plus tard, il devait au contraire porter un grand intérêt à la peinture de Klein. Il lui parut important que la monochromie de ce dernier se distinguât de celle des Américains en ce qu'elle prétendait avoir une portée spirituelle.

L'idéalisme de Klein ne servit évidemment pas sa gloire posthume au cours des décennies marxistes que nous venons de traverser. Comparés au scientisme dont s'accommoda pendant ce temps la critique d'art, ses propos manquent un peu de rigueur, tandis que l'immatériel échappe à la compétence des formalistes qui refusaient « *de parler de quelque chose dans une œuvre d'art qu'il eût été impossible de désigner précisément...* » [7] On comprend alors la réserve de Stella qui dit posséder une œuvre de Klein mais s'interroge sur ce qui « *n'est pas radical dans l'idée de vendre de l'air* ». En vérité, si l'on y regarde de plus près, on s'aperçoit que l'idéalisme de l'art moderne n'est que l'envers du positivisme ambiant et le symptôme d'un mal que le marxisme a dissimulé sans guérir.

Chaque fois ou presque que l'art moderne aborde la question religieuse, il fait resurgir des mythes et des rites païens, c'est-à-dire ce qui entretient un lien concret entre l'homme et le monde. Les modernes à la recherche d'une unité perdue ont été fascinés par les croyances primitives. Même lorsqu'il est fait référence à la religion chrétienne c'est toujours, en fait, au travers de ses hérésies mêlées de paganisme : Mondrian est théosophe, Yves Klein rose-croix.

Dépossédé de la dimension religieuse, l'art moderne, y compris celui qui a le plus fermement dénoncé le matérialisme du siècle (c'est le cas pour Klein), est resté prisonnier de l'idéologie du réel, se contentant d'opposer un réel naturel à un réel technologique, une bonne nature à une société pervertie. Selon une logique paradoxale, Klein est devenu un manipulateur des éléments naturels en voulant émanciper l'art des contraintes matérielles.

C'est souvent, non pas au nom de Duchamp le sceptique mais au nom de son antithèse, l'artiste démiurge, que les récentes générations abandonnèrent les pinceaux pour toutes sortes d'objets et de matériaux hétéroclites. Dans *Naturemétrie*, Klein parle de lui-même comme d'un « *paysagiste* » et Mario Merz de son côté précise que pour lui « *rassembler la table, les journaux, les fagots, les verres et l'électricité, c'est faire un paysage très très traditionnel* ». Mais ce paysagisme-là consiste à replacer l'homme, le créateur, au centre de l'Univers.

Toutes les œuvres de Klein où interviennent les éléments naturels ainsi que l'Architecture de l'air qui synthétise ces recherches, contiennent les prémices de cet « arte povera » qui utilisa des matériaux bruts, rudimentaires. Grâce à une sensibilité « au-delà des sens », développée par la monochromie, Klein entendait provoquer une sorte d'osmose entre l'homme et la nature. L'Architecture de l'air, avec ses toits d'air, ses murs de feu et de lumière, recrée les conditions d'une vie paradisiaque où l'homme maîtrise totalement les éléments naturels. Comme en écho, Merz se plaint ainsi : « *L'autre problème dans l'organisation théorique, scientifique, techniciste du monde occidental d'aujourd'hui, c'est qu'il n'y a plus de démiurge...* »

Un autre artiste de l'arte povera, Giovanni Anselmo, a suivi un parcours qui recoupe en de nombreux points celui de Klein. Par exemple, cette contradiction qui existe entre l'infini de l'Univers et le fini du monde perceptible. De même que Klein spécifiait les zones immatérielles en les repeignant ou en y prononçant un petit discours, de même Anselmo inscrit le mot « détail » sur un mur, un objet, fragments du tableau sans limite qu'est l'Univers. Anselmo a également utilisé la couleur outremer comme symbole de l'infini. Enfin une photographie intitulée *Entrer dans l'œuvre* le montre courant dans un vaste paysage nu. Comment ne pas penser à cette photographie fameuse prise par Harry Shunk, où l'on voit « *le peintre de l'espace se jeter dans le vide* » ?

Dans certaines de ses actions, Klaus Rinke a également cherché à renouveler les rapports de l'homme avec le monde, notamment en s'immergeant (*Sculptures corporelles subaquatiques*, 1976). Son jet d'eau si parfaitement vertical pourrait être aussi regardé en symétrie par rapport à la flamme haute de trois mètres que Klein exposa en 1961 à Krefeld.

A partir de l'Architecture de l'air, Klein rêve d'une société idéale, d'un âge d'or où l'homme n'a plus à combattre la nature mais au contraire l'aménage de manière à la plier à ses besoins tout en la préservant. L'utopie débouche sur un véritable programme politique, la révolution bleue. Restany commente en faisant de Klein un précurseur des écologistes. Aujourd'hui un artiste, Joseph Beuys, est un des leaders du mouvement des « verts »...

Anthropophages

Apothéose de la fusion de l'art, du monde et du créateur, les *Anthropométries* apparaissent comme la dernière étape avant le body art. La revue américaine *Avalanche*, qui fit la promotion de cette forme d'art, consacra dans l'un de ses premiers numéros, en 1971, plusieurs pages au reportage de Harry Shunk sur les *Anthopométries* réalisées en public, le 9 mars 1960. J'ai toujours eu le sentiment, face aux anthropométries, qu'elles renversaient la fonction de la peinture. Alors que celle-ci garde traditionnellement l'image d'une réalité, d'une figure qui a disparu ou qui disparaîtra, les anthropométries au contraire sont la trace souvent brouillée d'une réalité vers laquelle s'est déportée toute l'attention : la beauté des photographies montre que le spectacle auquel donna lieu l'exécution de tableaux comptait autant que les tableaux. Curieusement, Klein qui avait agi au nom de la nature, « de la chair », ne conservait que des papiers maculés et des linges qui s'intitulent parfois *suaires*.

Dans *Run off* (1970), Vito Acconci, nu, après s'être échauffé en courant sur place, applique son corps contre un mur. A cause de la transpiration, le mur déteint et la peinture qui le recouvre se dépose sur le corps de l'artiste. En renversant le principe des anthropo-métries, Acconci, en quelque sorte, le para-chève. L'artiste arrache au monde qui l'envi-ronne la preuve colorée de son existence, mais la trace, confondue avec son corps, est aussi éphémère que ce corps lui-même. Dans son rêve d'assimilation généralisée, Klein est allé très loin, jusqu'à exprimer les fantasmes anthro-pophagiques (il parle de « *cannibalisme univer-sel* »). Une autre action d'Acconci s'intitule *Trademarks* (1970) : l'artiste se « fabrique » en mordant son propre corps, mesurant cette fois son existence en s'auto-dévorant...

En nous plongeant dans l'IKB, Klein a voulu nous confronter à la peinture réduite à sa quintessence lumineuse ; en réali-sant les anthropométries, il a voulu faire entrer la vie dans la peinture. Mais cette expérience de la peinture au-delà de toute autre expérience débouche sur le vide et les noces de l'art et de la vie n'enfantent que des fantômes. Le combat de la peinture moderne contre l'illusion-nisme a trouvé une complicité dans l'appropria-tion tous azimuts qu'opère le néo-dadaïsme. C'est dans l'atelier de Klein, *le plus vaste du monde,* que s'ourdit le complot.

1. Les citations sont principalement extraites de la conférence à la Sorbonne et de quelques autres textes, pour l'instant inédits ou reproduits dans ce catalogue.

2. La plupart des citations d'auteurs américains sont données dans la traduction qu'en a faite Claude Gintz dans *Regards sur l'art américain des années 60,* ed. Territoires.

3. Les citations de Dan Flavin sont extraites de son autobiographie, catalogue édité par la galerie Nationale du Canada, Ottawa, 1969.

4. Extrait du catalogue édité par le Stedelijk Museum d'Amsterdam, 1974.

5. Les citations de Mario Merz sont extraites d'un entretien avec Jean Christophe Ammann et Suzanne Pagé, catalogue de l'A.R.C., 1981.

6. Dans cet esprit, beaucoup de « pièces » de Klein sont à rapprocher du théâtre Fluxus.

7. C'est Rosalind Krauss qui définit ainsi le formalisme.

Sir Henry loses his voice

THE Premier, Sir Henry Bolte, had a win and a loss at Flemington yester-day.

His win was in the Cup Hurdle, when Bri-gade, which is owned by Sir Henry, Mr T. S. Carlyon and Sir Mau-rice Nathan, won at 4-1.

But his loss was a sad one for a politician —his voice.

After attending Flem-ington, Sir Henry and Lady Bolte returned to their South Yarra flat.

Lady Bolte said: "Sir Henry has lost his voice and is in bed.

"We're trying to save his voice as much as possible."

Lady Bolte said she thought her husband had a throat infection.

● SIR HENRY at Flemington . . . he ended up losing his voice.   ● MR McA

With $250, 'way

From TOM P

"I WOULD like to stay with a bit more mon who won the $250,000 Cup sweep yesterday.

"I haven't had time to plan the future," said Mr Bert Douglas.

III. COMMUNICATION OF IDEAS

D. INDICATION

566. INDICATION
567. INSIGNIA
568. RECORD
569. RECORDER

Store poème

Œuvre réalisée par Yves Klein le 1er mars 1962
avec la collaboration de Arman, Claude Pascal et
Pierre Restany.
Inscriptions, poèmes, dessins, empreintes : pigments
bleu, rose et noir, résine synthétique sur toile,
14,80 m × 78 cm.

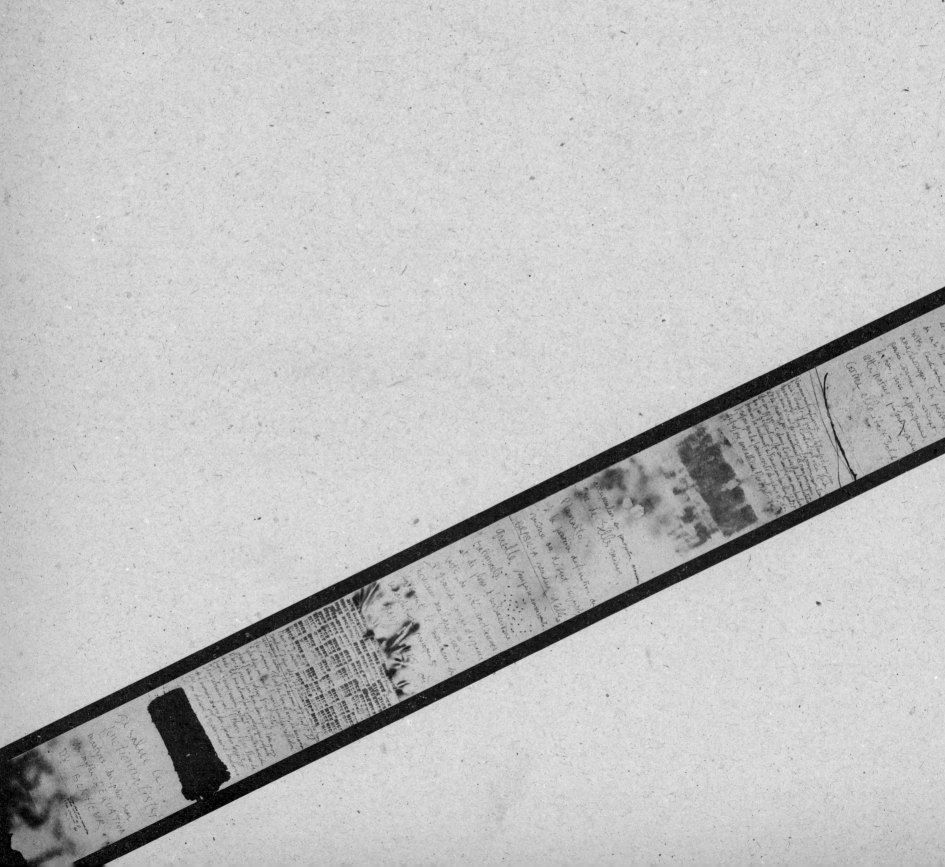

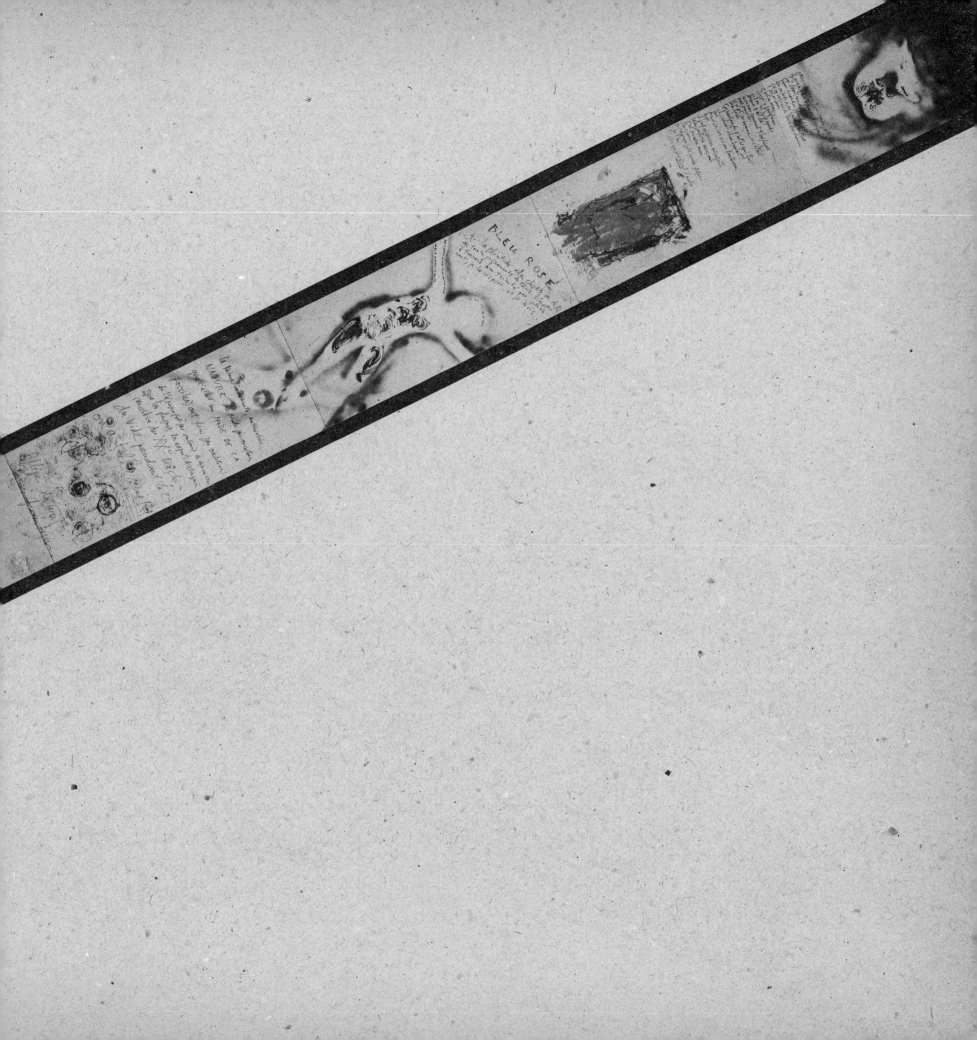

Store poème *(détail)*

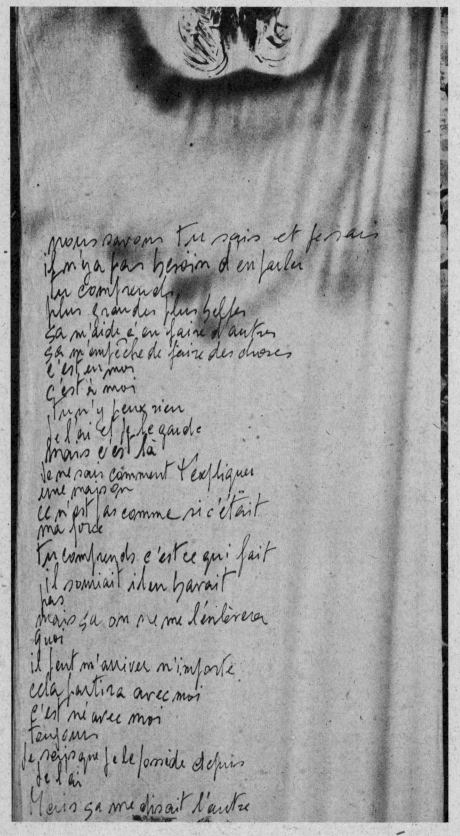

NICE NICE NICE NICE NICE NICE NICE NICE
NICE NICE NICE NICE NICE NICE NICE
NICE NICE NICE NICE NICE NICE NICE NICE
NICE NICE NICE NICE NICE NICE NICE NICE
NICE NICE NICE NICE NICE NICE NICE NICE
NICE NICE NICE NICE NICE NICE NICE NICE
NICE NICE NICE NICE NICE NICE NICE NICE
NICE NICE NICE NICE NICE NICE NICE NICE
NICE NICE NICE NICE NICE NICE NICE NICE
NICE NICE NICE NICE NICE NICE NICE NICE
NICE NICE NICE NICE NICE NICE NICE NICE
NICE NICE NICE NICE NICE NICE NICE NICE
NICE NICE NICE

Mais à l'envers.

construit d'après idée. Il se creuse un autre trou
celui-ci tout autour. Il fait des murs. Il bâtit. Il
va s'ennuyer. Il sort du trou et avec la terre amon-
Cela dure un temps. Puis il finit par réfléchir
quand il pense se protéger First Step
Alors il creuse un trou dans le sol. Pour avoir
dents. Est-ce une atmosphère psychologique néfaste
froid. Des impressions partout. Des bêtes avec de
Il se retrouve seul. Dehors. Nu. Avec la
de l'homme chassé du Paradis Terrestre
4/4 me disant Tu connais l'histoire

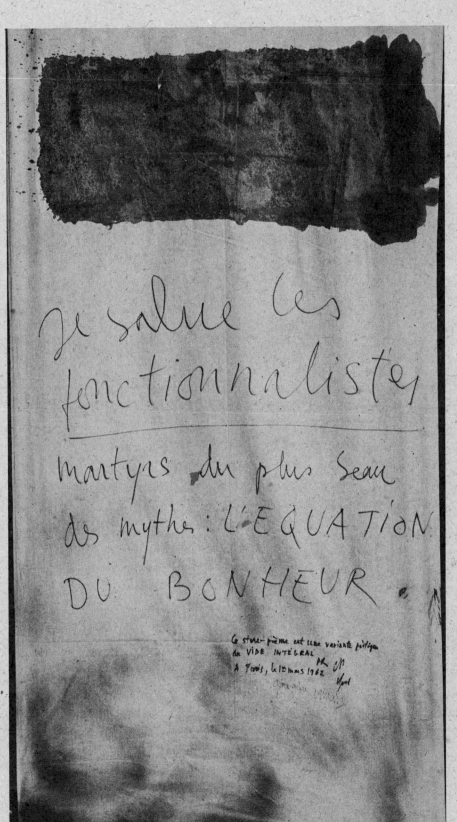

Je salue les fonctionnalistes

martyrs du plus beau
des mythes : L'ÉQUATION
DU BONHEUR

Ce stru-pème est une variante poétique
du VIDE INTÉGRAL
à Tunis, le 18 mars 1962

Les étapes de l'œuvre

... Alors vous comprendrez pourquoi je n'aurai jamais de problème à me renouveler chaque année dans une manifestation au public. Ce sera toujours et chaque fois nouveau et imprévu si je réussis à me maintenir dans le spirituel pur explorant la sensibilité pure !

La sensibilité c'est de l'enthousiasme pur, de la joie profonde, gaie et grave à la fois.

Feux de Bengale – Tableau de feu d'une minute.

Monté sur un chevalet d'atelier un panneau de bois peint en bleu sur lequel étaient fixées des quantités de fusées de Bengale à effet bleu ; cela donnait la sensation aux lecteurs après que le tableau se soit consumé, de s'agrandir dans le souvenir, dans la mémoire visuelle.

Tout le monde voit avec son affectivité mieux qu'avec n'importe quel autre sens.

Je crois appartenir à la « civilisation de l'image » car je suis peintre et fils de peintres.

... l'intention abstraite

Mes propositions monochromes sont des paysages de la liberté ; je suis un impressionniste et un disciple de Delacroix.

A la conférence-discussion de l'I.C.A. de Londres, un homme s'est levé, et furieux s'est écrié : « Tout ceci est une gigantesque plaisanterie, que penser en effet d'une symphonie à une seule note continue ? » C'est alors et ainsi que j'eus la victoire dès le début. J'avais là mon magnétophone sur lequel il y avait, enregistrés effectivement, plusieurs cris humains très longs et continus. Je descendis de l'estrade pour toute réponse et pris le magnétophone par terre pour le poser sur la table et le mettre en fonctionnement : la salle rugissait de joie.

Le geste avait fait la victoire seul, car je ne pus passer finalement les sons et les cris, il n'y avait pas de prise de courant à proximité. On me fit crédit. Le geste seul avait suffi. Le public avait accepté l'intention abstraite. Juin 1957

Lundi 17 mars 1952
Si je réussissais...
Un jour seulement !
A aimer
chacun des instants
de ma vie
avec enthousiasme.
Je veux bien croire
qu'à la fin du jour
je ne serais plus
qu'un petit tas
de cendres.

Mardi 18 mars 1952
Je suis grand
beau et vrai
Je suis solide et fragile
à la fois,
Je suis élégant
et je souffre et je délire
d'être petit
laid et faux
d'être fragile et solide
à la fois
et d'être inélégant.

L'immatériel
... Très important le vide
et le branchement sur l'immatériel...

Le vide m'appartient.
Depuis longtemps je crée,
malgré tous les concepts.

Yves Klein

Monochrome rouge sans titre
extrait du cahier d'esquisses d'Yves Klein, 1954

X . mai . 55 .

10
Monochrome vert sans titre
(M 35), 1957

14
Monochrome rouge sans titre
(M 63), 1959

13
Monochrome jaune ➔
sans titre
(M 46), 1957

6
Monochrome orange sans titre
(M 6), 1956

9
Monochrome bronze sans titre
(M 23), 1957

8
Monochrome rouge sans titre
(M 27), 1956

2
Monochrome
rouge-orange
sans titre
(M 7), vers 1950

32
Paravent bleu
(IKB 62), 1957

102
Reliefs bleus
(S 1,
S 3,
S 4,
S 5), 1957

56
Globe bleu
(RP 7), sans date

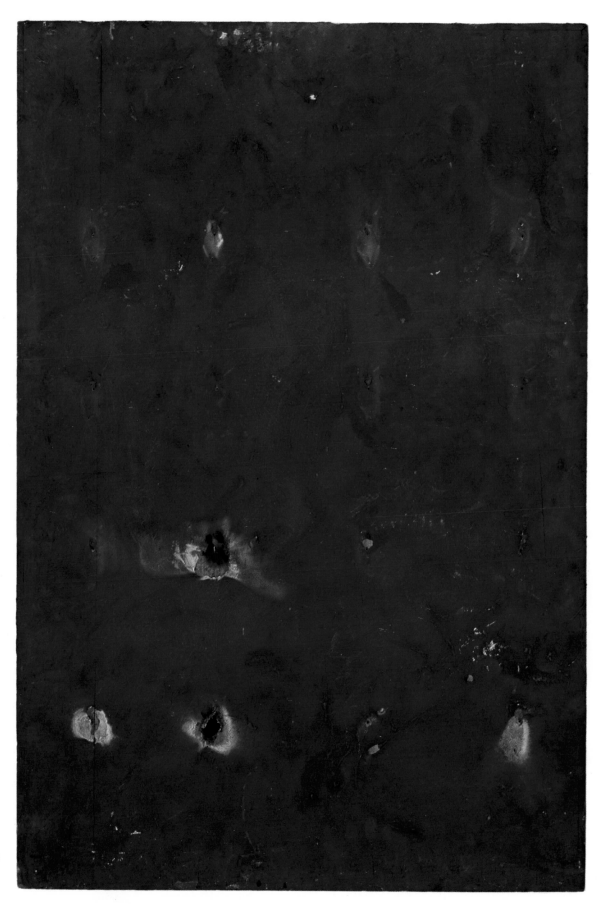

11
Feux de Bengale –
Tableau de feu bleu
d'une minute
(M 41), 1957

104
« Escavatrice de l'espace »
(S 19), 1958 – Yves Klein et Jean Tinguely

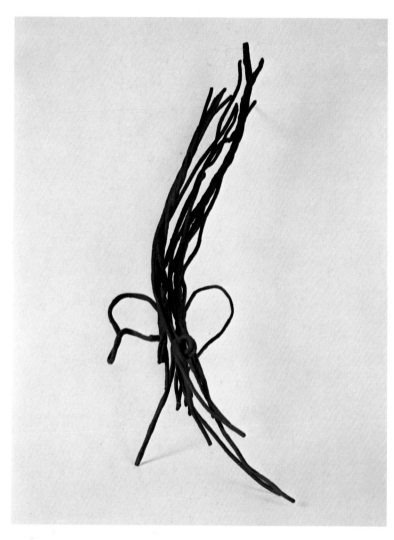

103
Fil de fer bleu
(S 18), vers 1957

101
Piège bleu pour lignes
(S 14), 1957

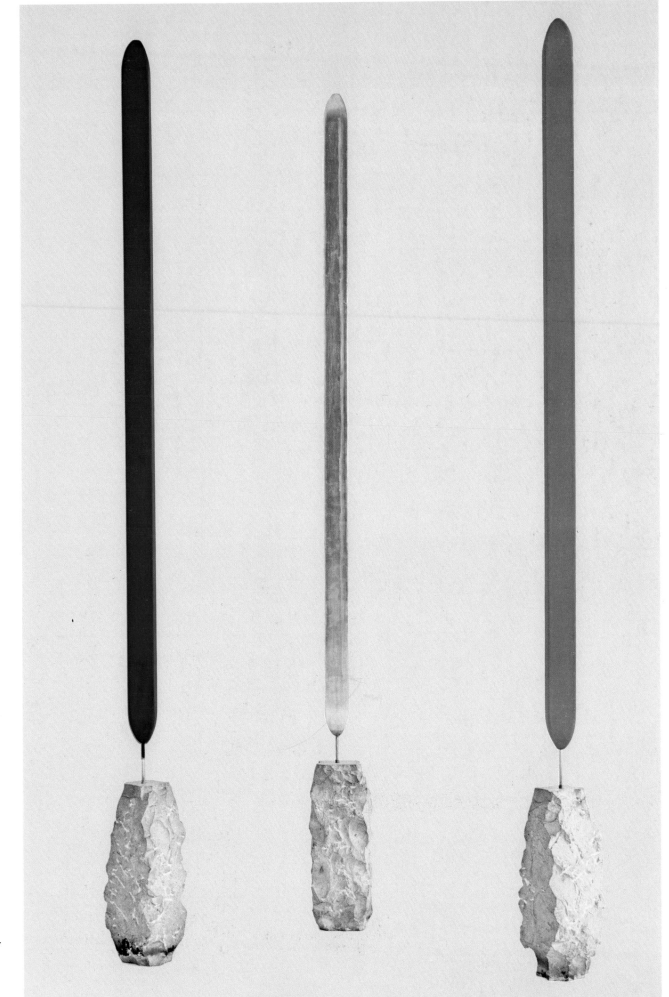

**Obélisques, bleu,
rose et or**
*(S 33, S 34, S 35),
1960*

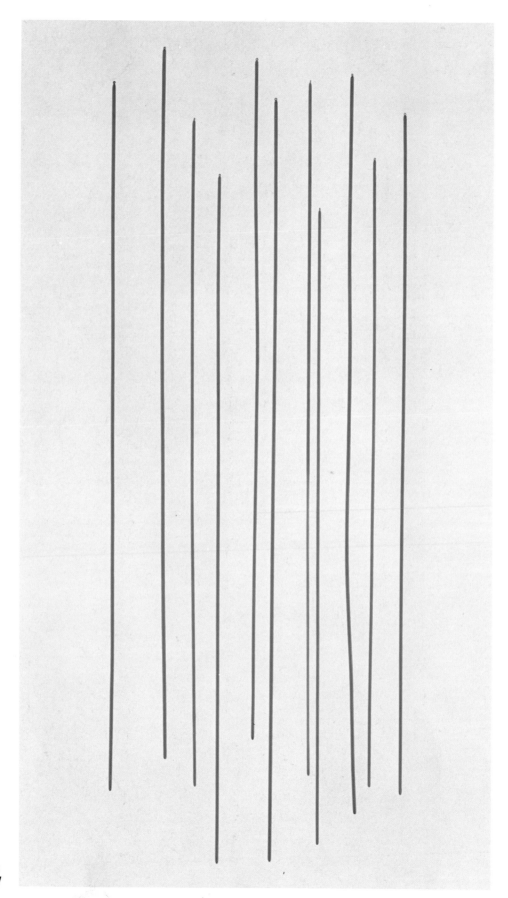

107
Pluie rouge
(S 37), 1961

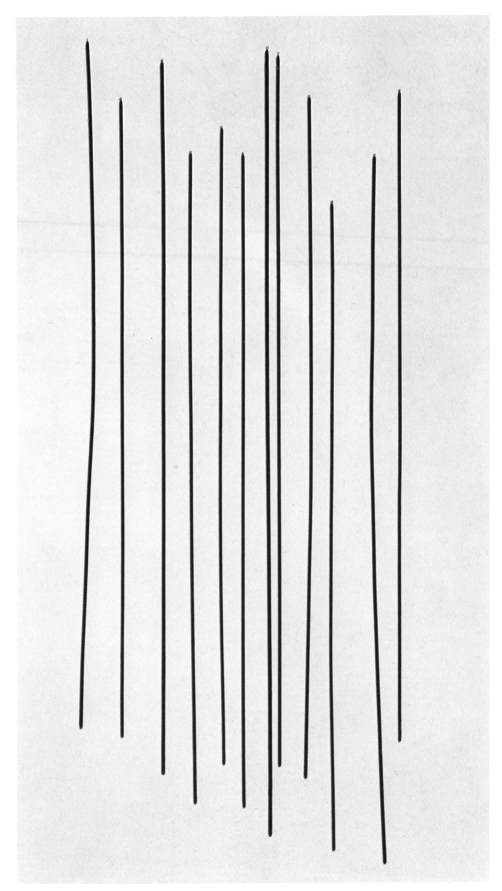

106
Pluie bleue
(S 36), 1961

**15
Monochrome
bleu sans titre**
(IKB 48), 1958

16
Monochrome bleu sans titre
(IKB), 1959

Monochrome bleu sans titre
(IKB 172), 1959

17
Monochrome bleu sans titre
(IKB), 1959

87
Sculpture éponge bleue
(SE 33), 1960

88
Sculpture éponge
(SE 90), sans date

86
Sculpture éponge
(SE 205), 1959

84
Sculpture éponge
(SE 160), 1959

83
Sculpture éponge
(SE), 1959

90, 91, 92
Lecteurs IKB
(SE 171, SE 172, SE 198), 1960

93
L'Arbre, grande éponge bleue
(SE 71), 1962

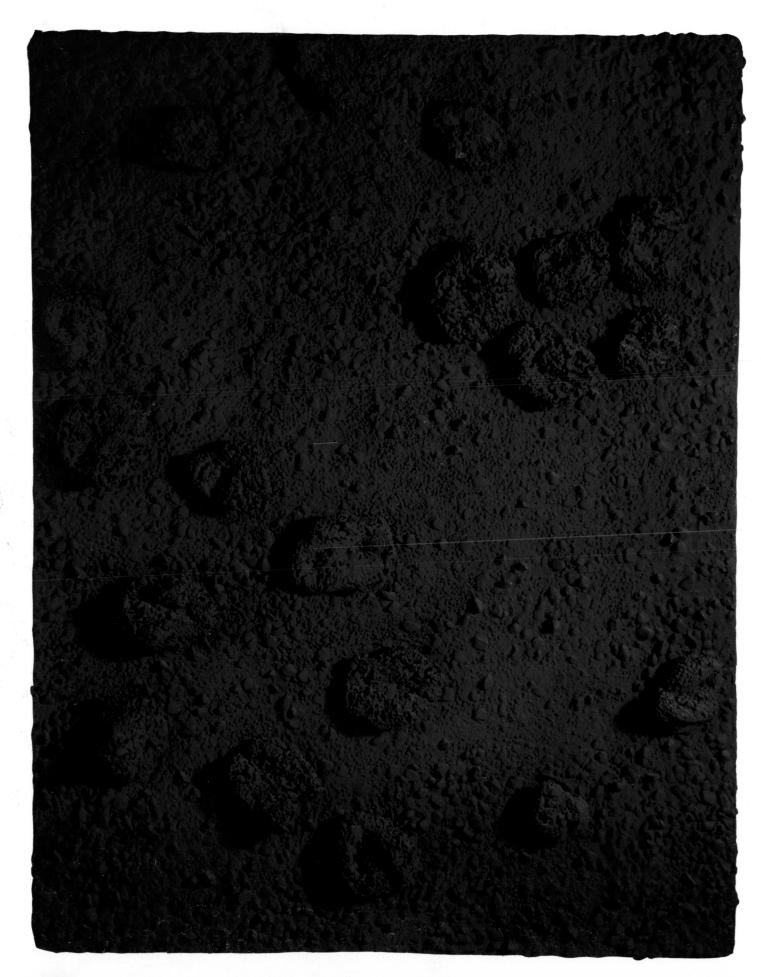

46
Do, Do,
Do,
(RE 16),
1960

48
Relief éponge bleu sans titre
(RE 24), 1960

47
Requiem
(RE 20), 1960

Stadt Opera, Gelsenkirchen (R.F.A.)
Vue extérieure

Relief éponge, *1959 (détail)*
Stadt Opera, Gelsenkirchen (R.F.A.)

**Relief éponge et grand
monochrome bleu,** *1959*
Stadt Opera, Gelsenkirchen (R.F.A.)

49
Relief éponge or sans titre
(RE 47), 1961

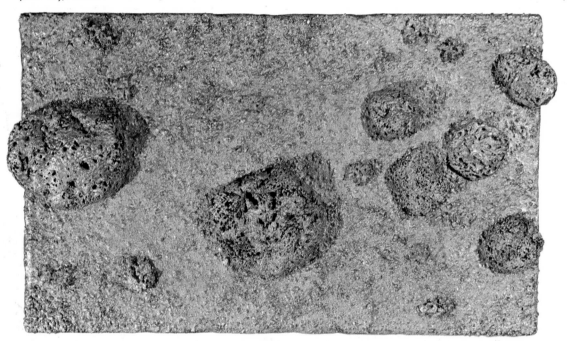

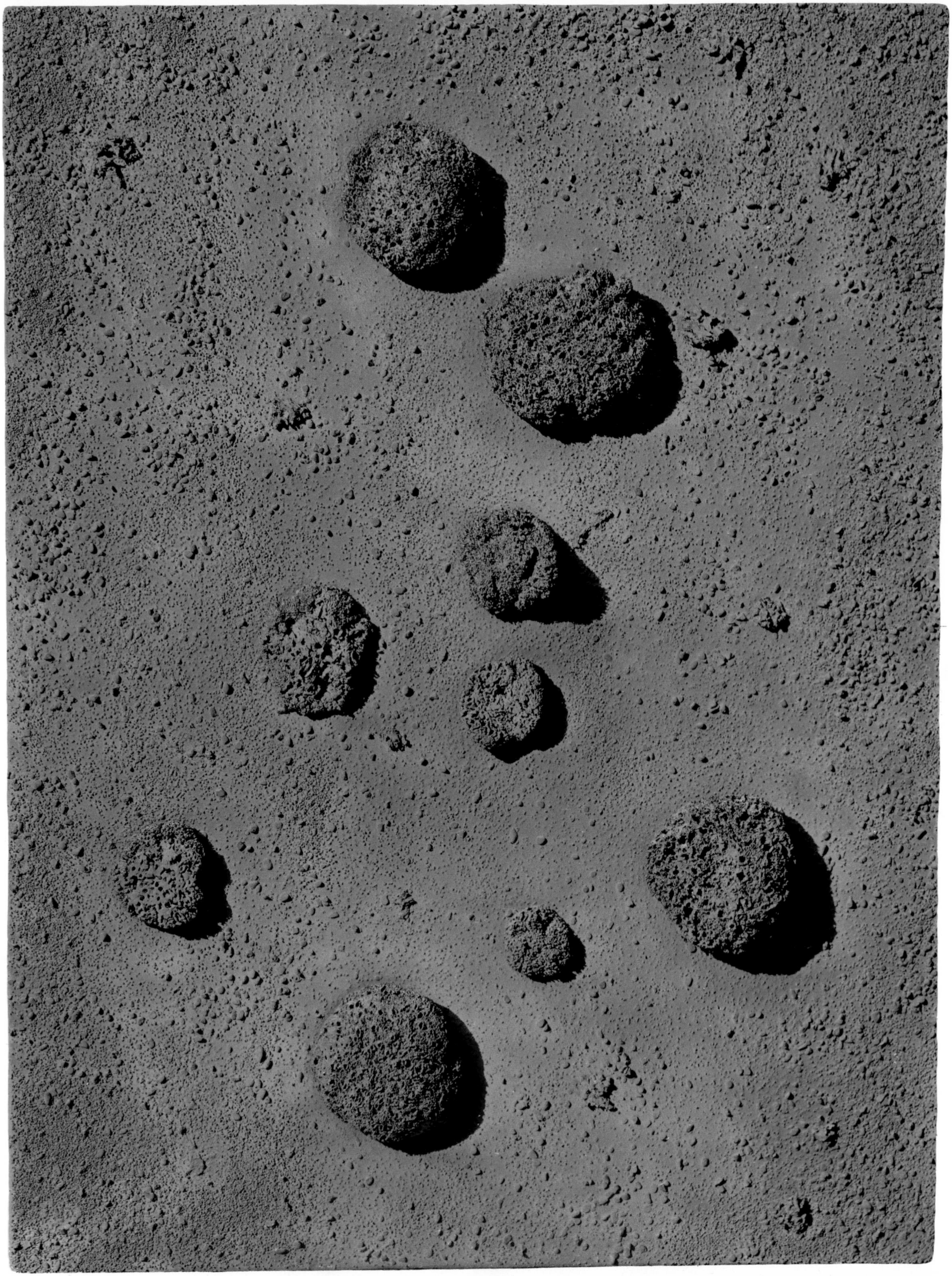

43
Le Rose du bleu
(RE 22),
vers 1960

20
Monochrome bleu sans titre
(IKB 63), 1959

21
Monochrome bleu sans titre
(IBK 82), 1959

25
Monochrome bleu sans titre
(IKB 83), 1960

28
← **Monochrome bleu sans titre** *(détail)*
(IKB 68), 1961

23
Monochrome bleu
sans titre
(IKB 42), 1960

31
Monochrome bleu sans titre
(IKB), 1962

22
Monochrome bleu sans titre
(IKB 3), 1960

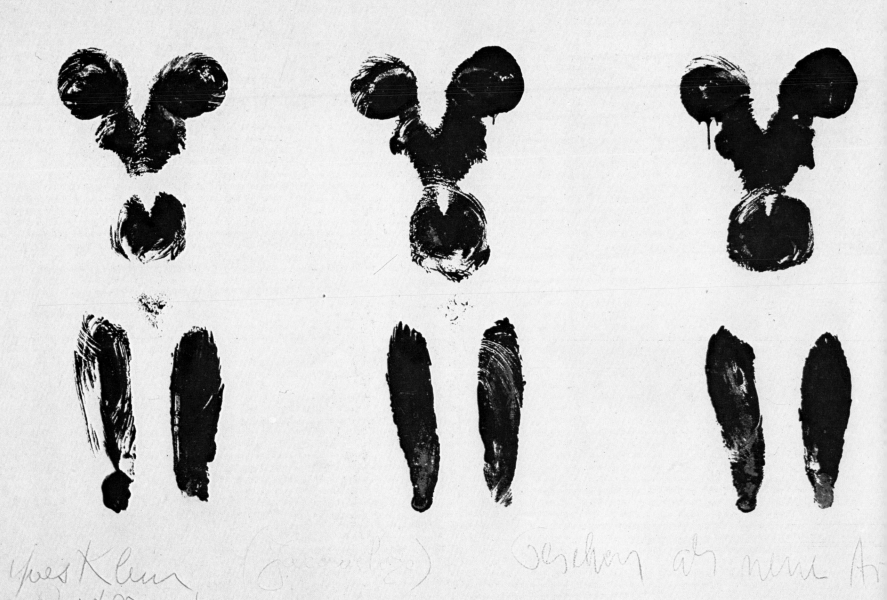

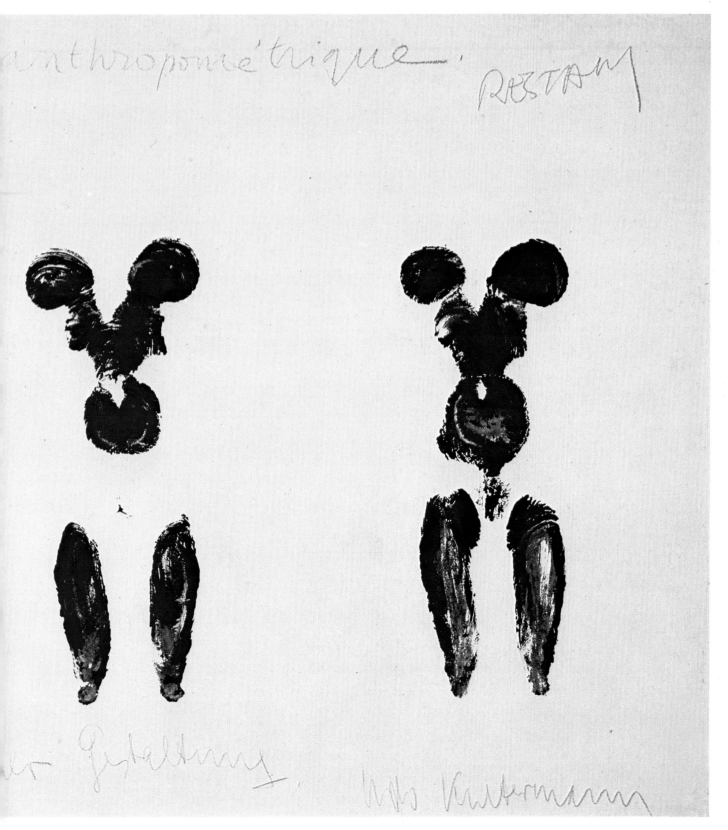

69
Anthropométrie sans titre
(ANT 101), sans date

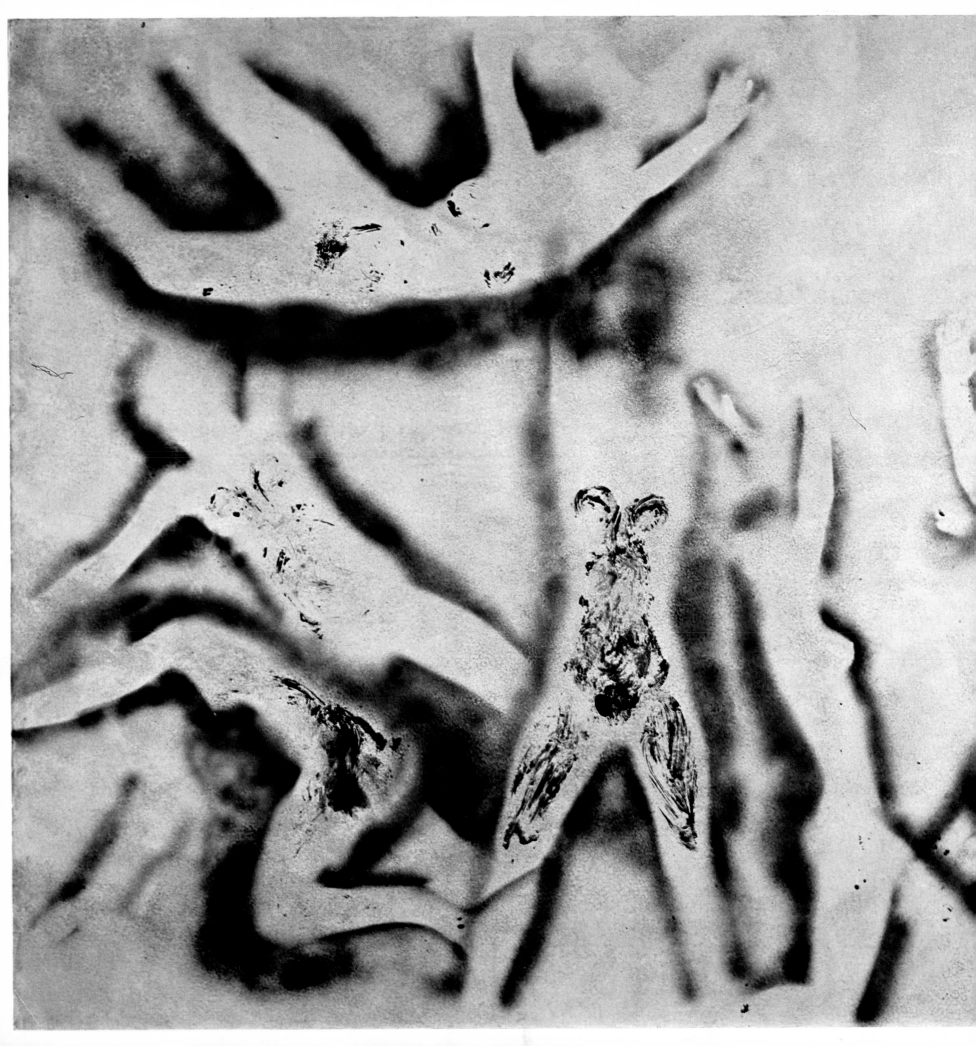

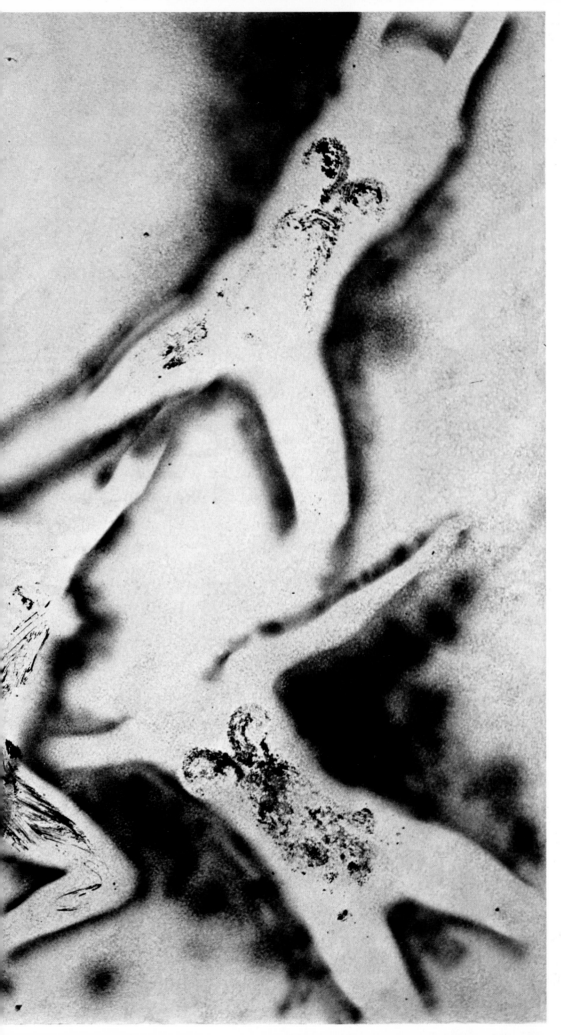

66
People Begin to Fly
(ANT 96), 1961

63
Grande Anthropophagie bleue
Hommage à Tennessee Williams
(ANT 76), sans date

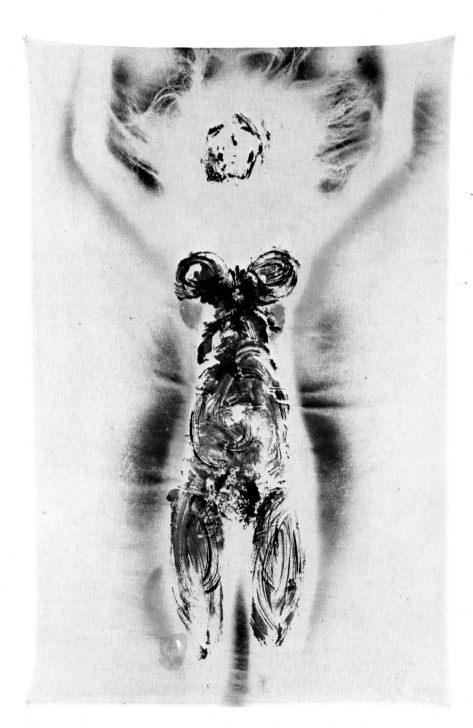

71
Suaire sans titre
(ANT SU 4), 1960

73
Vampire
(ANT SU 20), vers 1960

68
Anthropométrie sans titre
(ANT 85), 1960

64
Hiroshima
(ANT 79), vers 1961 ➔

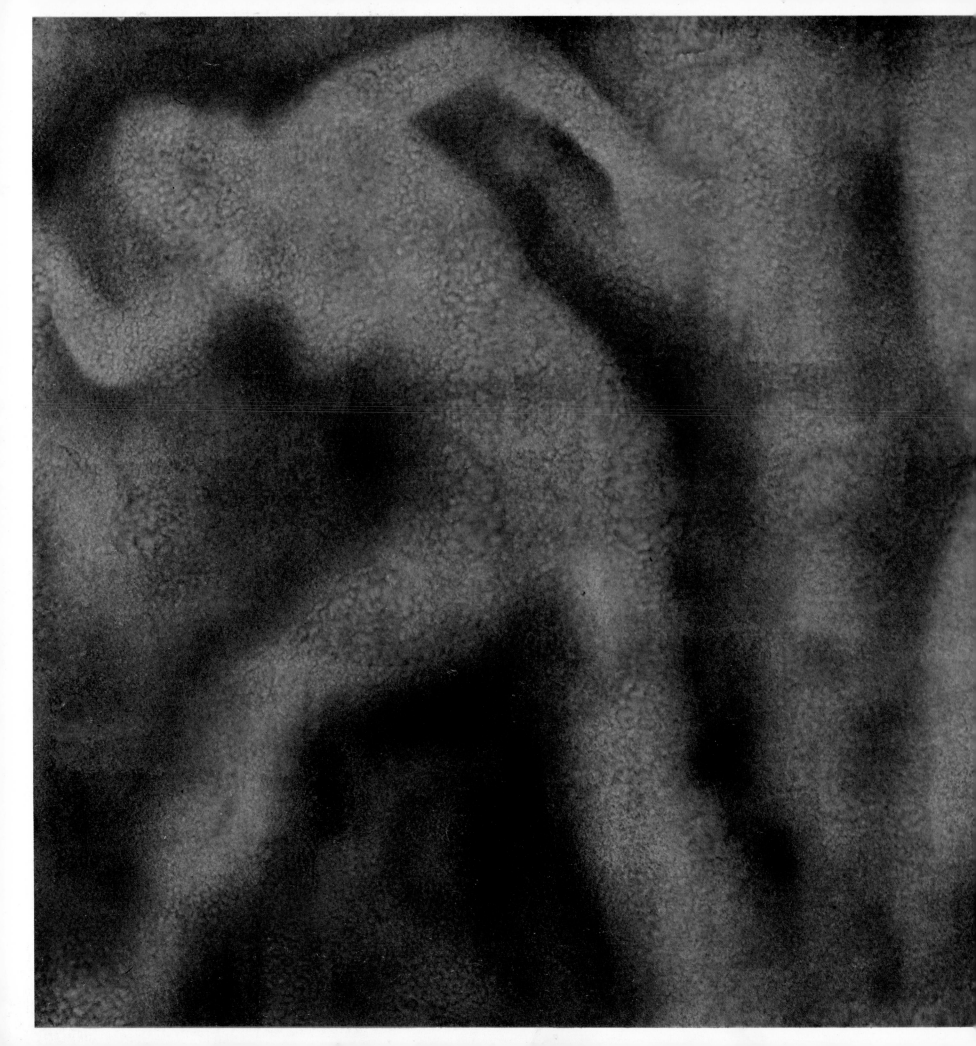

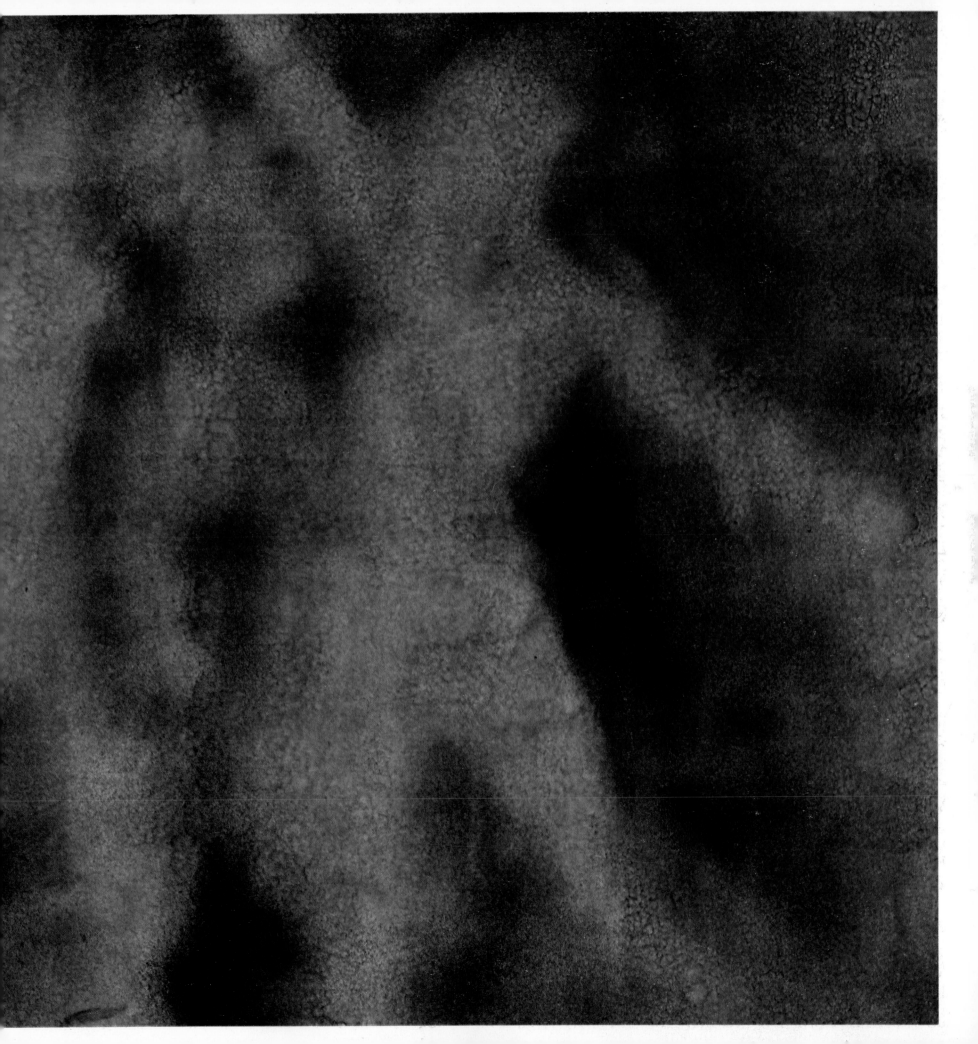

"L'acclimatisation de l'atmosphère à la surface de notre Globe"

... la conclusion technique et scientifique de notre civilisation

est enfouie dans les
entrailles de la terre et assure
le confort par le contrôle absolu du
Climat à la surface de tous
les continents, devenus vastes
salles de séjour communes.

..... C'est une sorte de retour à l'éden
de la légende. (1951.)

.. Avènement d'une société nouvelle, destinée à
subir des métamorphoses profondes dans sa
condition même. Disparition de l'intimité
personnelle et familiale. Développement
d'une ontologie impersonnelle.
La volonté de l'Homme peut enfin
régler la vie au niveau d'un
"merveilleux" constant.

L'Homme libre.
l'est à tel point, qu'il
peut même léviter !
Occupation : Les loisirs.
.. Les obstacles autrefois subis dans
l'architecture traditionnelle sont
éliminés.

Soins du corps par des méthodes
nouvelles, telles le lit d'air

67
Architecture
de l'air
(ANT 102),
1961

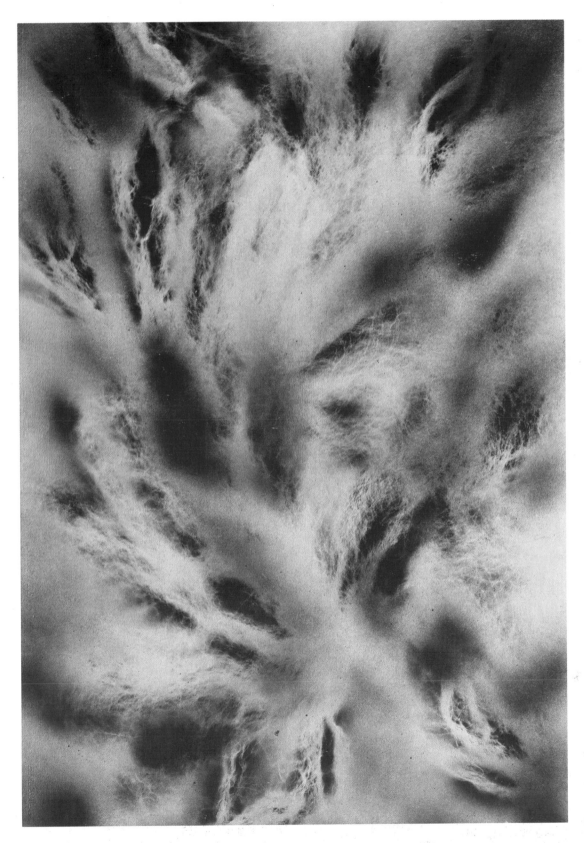

65
Cheveux
(ANT 46), 1961

111
**Sculpture de feu
et mur de feu**
*Museum Haus Lange,
Krefeld (R.F.A.), janv. 1961*

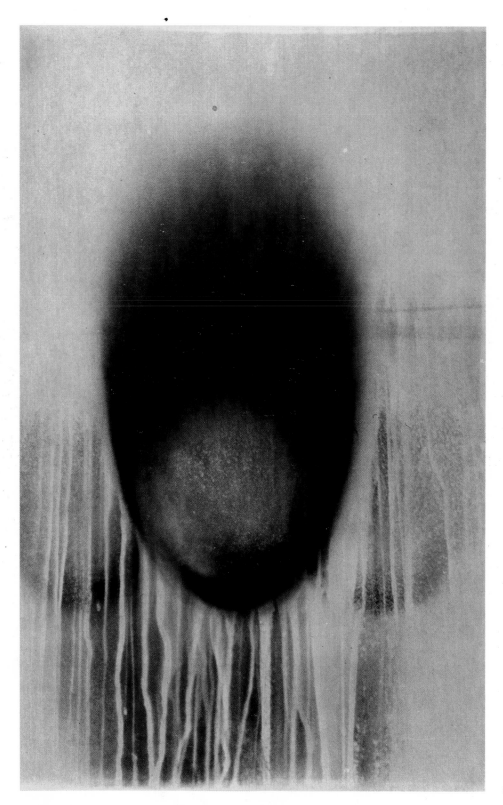

75
Peinture feu sans titre
(F 2), 1961

80
Peinture feu sans titre
(F 81), 1961

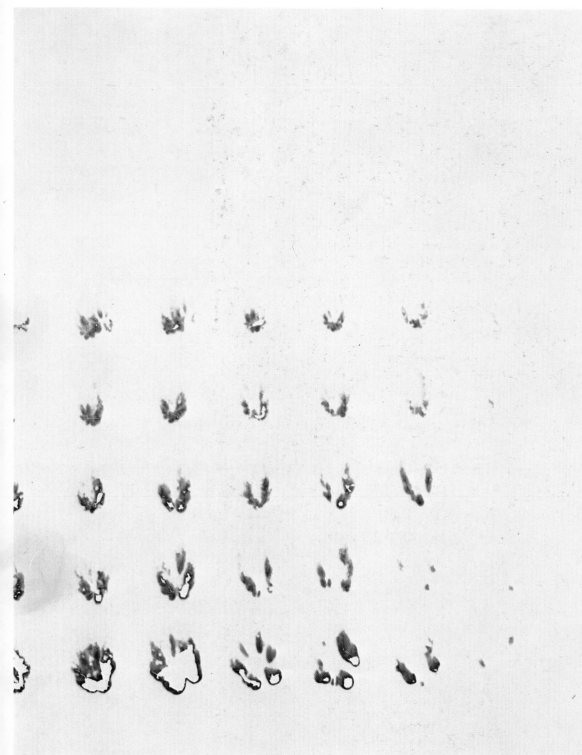

79
Peinture feu sans titre
(F 74), 1961

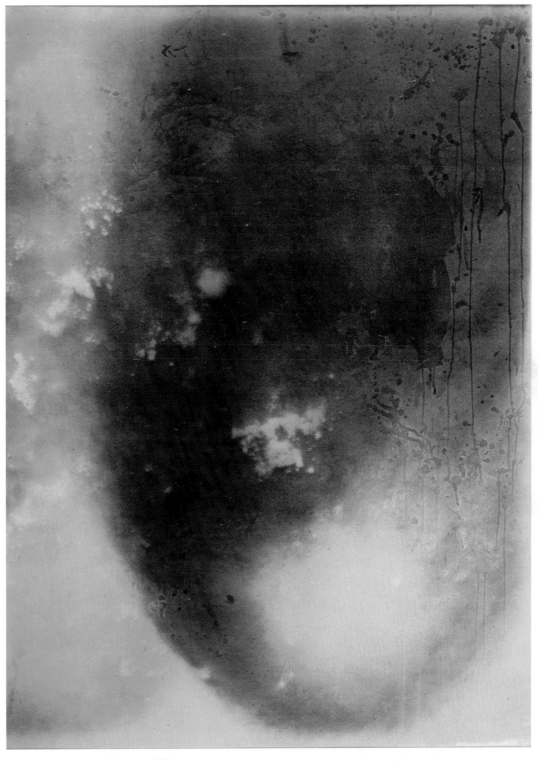

78
Peinture feu sans titre
(F 54), 1961

82
Peinture feu-couleur sans titre
(FC 3), 1962

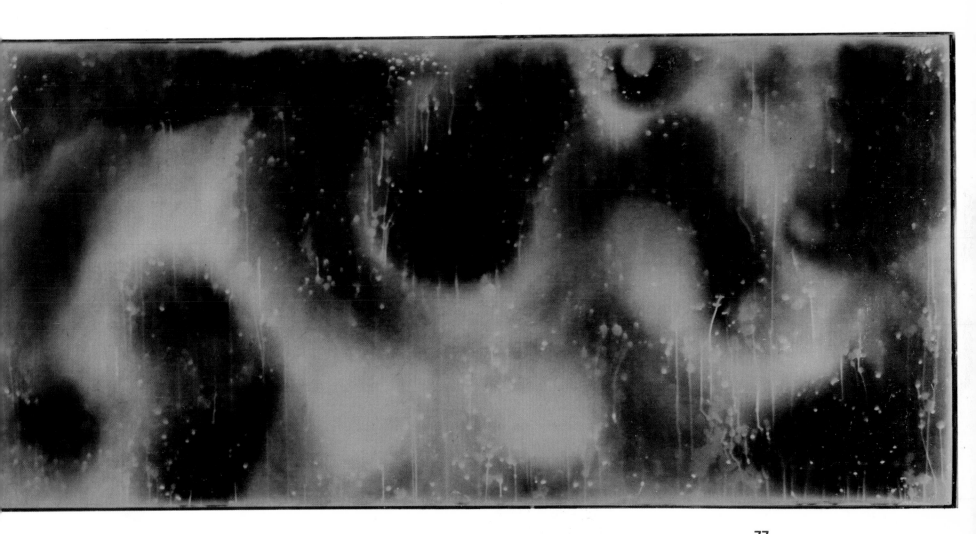

77
Peinture feu sans titre
(F 24), 1961

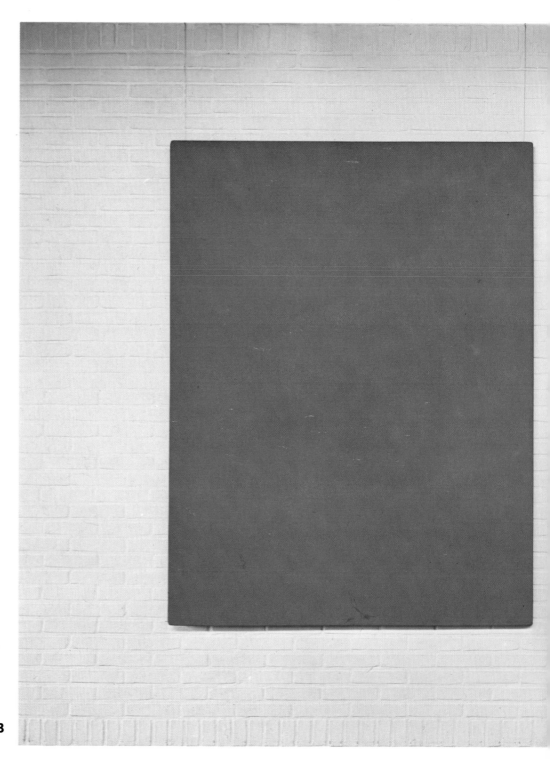

33, 24
Triptyque : Monopink, Monogold, IKB
(MP 16, IKB 75, MG 17), 1960

  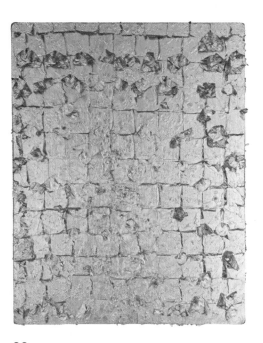

34
Monochrome rose sans titre
(MP 15), 1962

25
Monochrome bleu sans titre
(IKB 83), 1960

36
Monochrome or sans titre
(MG 8), 1962

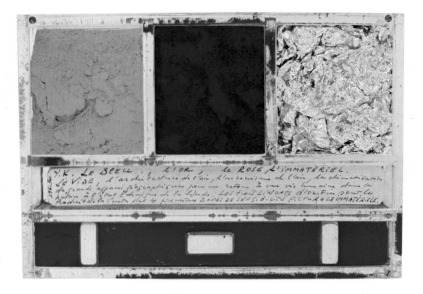

Ex-voto *offert par Yves Klein au sanctuaire de sainte Rita de Cascia (Italie), 1961*

53
Cosmogonie rose – vent
(Cos 24), vers 1961

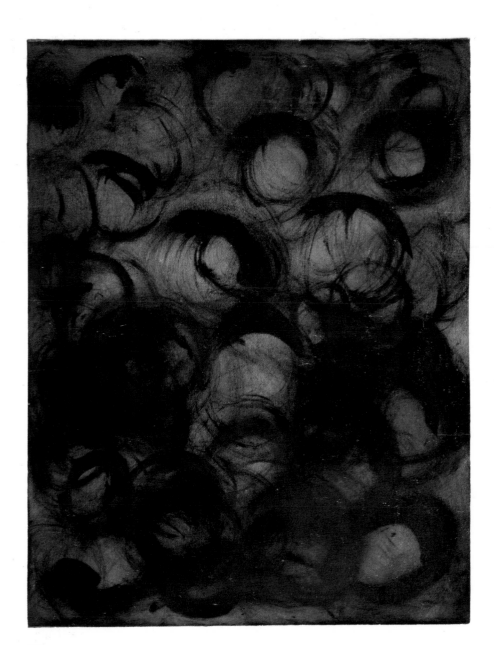

51
Vent Paris/Nice
(Cos 10), 1960

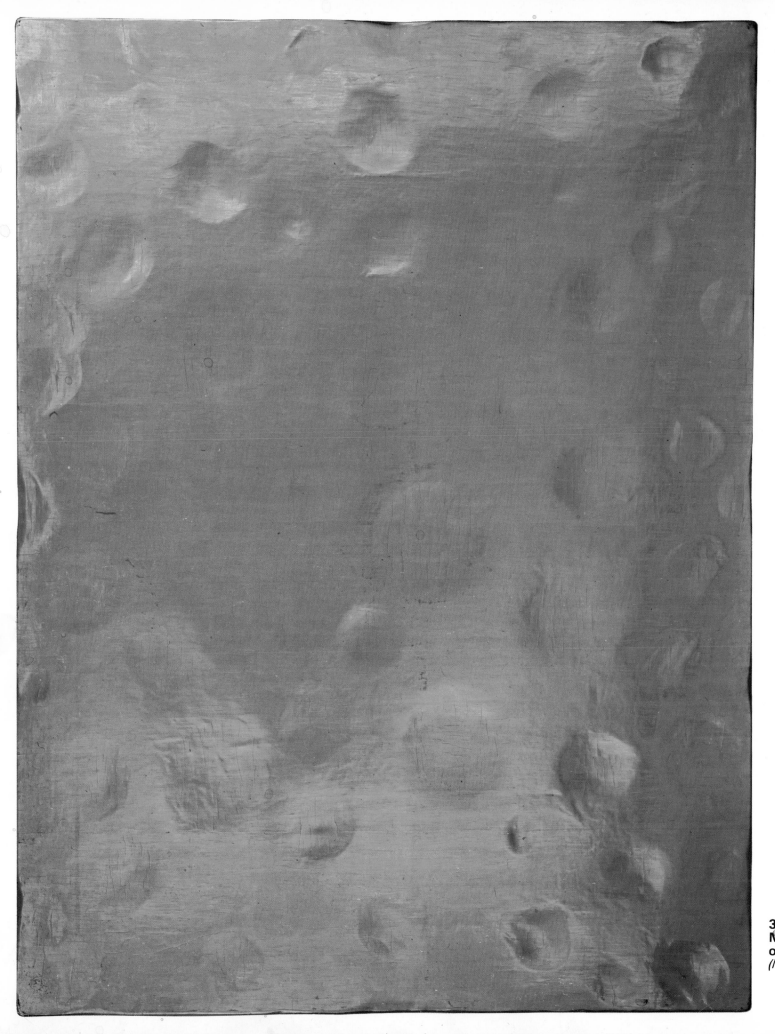

**35
Monochrome
or sans titre**
(MG 7) sans date

40
Monochrome or sans titre
(MG 21), 1961

108
Victoire de Samothrace
(S 9), 1962

41
Monochrome or sans titre
(MG 24), 1961

Relief planétaire sans titre
(RP 17), 1961

57
Relief planétaire sans titre
(RP 4), 1961

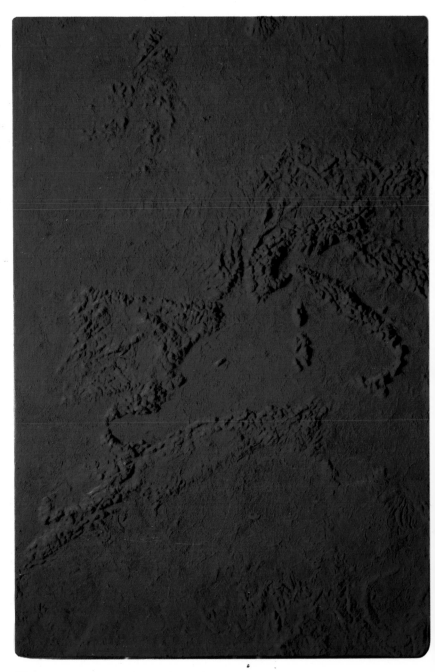

60
Europe-Afrique
(RP 11), 1961

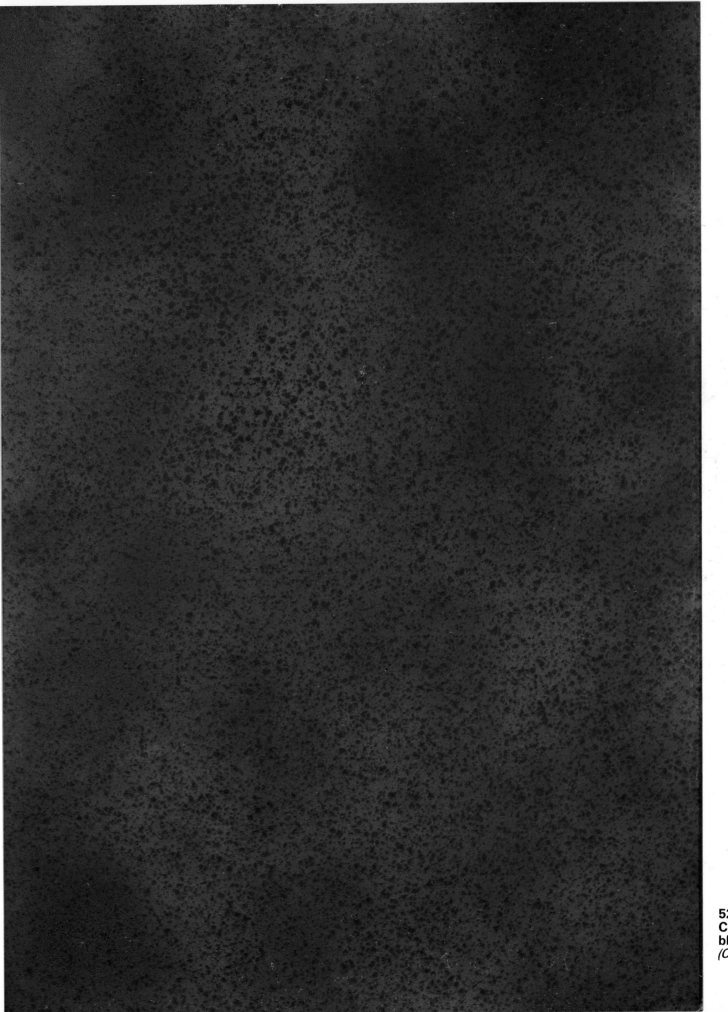

52
**Cosmogonie
bleue – pluie**
(Cos 12), 1961

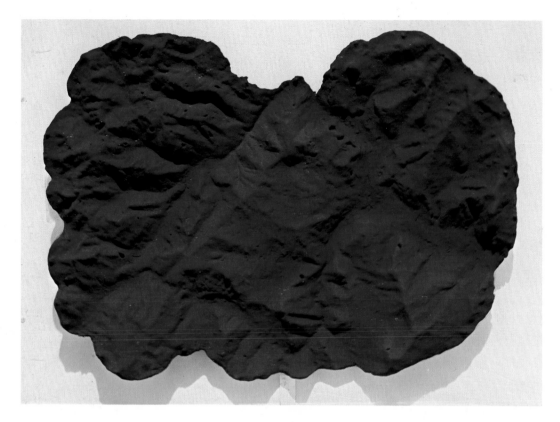

59
Relief planétaire sans titre
(RP 10), 1961

Imprégnation *du Guggenheim*
Museum réalisée par
l'International Klein Bureau
à New York
le 18 novembre 1982.

55
Ci-gît l'espace ➞
(RP 3), 1960

Arman
(PR 1), 1962

Fliegender Holländer
für Yves Klein

HELMUT HEISSENBÜTTEL

hi ho silver o deliver me from nowhere

woncha hear my last prayer hey ho rocknroll deliver me from nowhere

die Spiegelscherbe das Segel das mich wegträgt

gespiegelt in Segelscherbe die mich wegträgt

Segelscherbe die mich wegträgt spiegelnd gespiegelt verspiegelt

nicht segelt fliegender Holländer sitzt in keinem Boot aus Eisen
   durchkreuzt kein Meer die Wellen schneidend

fliegender Holländer flieg

manche haben gesagt der sich aus dem Fenst Stürzende sei nur aus
   dem Fenster gestürzt

das ist nicht richtig er konnte fliegen

alles was er unternahm war fliegen

fliegen kann wer weiß daß er fliegen kann

blau eingefärbte Flügel

blau eingefärbte Flügelscherben

blau eingefärbte Frauenkörper in ultramarinblauem Flug

fliegen hat die Farbe ultramarinblau und spiegelt

die spiegelnden Segel die mich wegtragen sind ultramarinblau

ultramarinblau spiegelnde Segel zerschneiden die Fläche des Himmels

die Fläche des Himmels ist aufgeschnitten aufgerissen aufgeschlitzt

Gold quillt aus den Schlitzen hervor und blüht auf rot rot

königliche Farbe Hegels Synthese

orientierungslos unorientiert

da steht einer auf der schmeißt Nichts in den Wind

da steht einer auf der redet mit leerem Mund volltönend

ich will auch reden volltönend mit leerem Mund

hi ho o deliver me from nowhere

woncha hear my last prayer hey ho rocknroll deliver me from nowhere

Spiegelsegel zerschneiden mein eingetrübtes Blickfeld

Spiegelsegel schneiden mein Blickfeld in Stücke

Segelspiegel zerschneiden mich gar

runterstrudelnd runtergurgelnd runtertrudelnd

kopfüber zerschmettert öffnet sich ist geöffnet kopfüber das Loch
   in die Weite

weit geöffnet kopfüber offen from nowhere

weit geöffnet kopfüber offen from nowhere

weit geöffnet kopfüber offen from nowhere

in Schächten abwärts tief und tiefer bohren

im Drinnen drinnen schwarzgekocht verloren

was Farbe ist und Frauenarsch ineins

libidinös abstrakt meins seins eins alles keins

hi ho silver o deliver me from nowhere

woncha hear my last prayer hey ho rocknroll deliver me from nowhere

Hollandais volant
pour Yves Klein

HELMUT HEISSENBÜTTEL

hi ho silver o deliver me from nowhere

woncha hear my last prayer hey ho rocknroll deliver me from nowhere

fragment reflété la voile qui m'emporte

reflétée en fragment de voile qui m'emporte

fragment de voile qui m'emporte reflétant reflété reflet fragmenté

hollandais volant ne fait voile à bord de nul navire en fer ne sillonne
   nulle mer fendant les vagues

vole hollandais volant

d'aucuns ont dit celui qui se jette par la fen est seulement tombé de la fenêtre

pas vrai il savait voler

tout ce qu'il entreprenait c'était voler

peut voler qui sait qu'il sait voler

ailes teintes en bleu

fragments d'ailes teints en bleu

corps féminins teints de bleu en vol couleur d'outremer

voler est couleur d'outremer et reflète

les voiles reflétant qui m'emportent sont couleur d'outremer

voiles aux reflets d'outremer fendant l'étendue du ciel

l'étendue du ciel fendue fêlée fissurée

l'or sourd des fissures il éclôt rouge sur rouge

couleur royale synthèse hégélienne

fourvoyée dévoyée

quelqu'un se dresse et jette au vent le néant

quelqu'un se dresse et parle harmonieusement la bouche vide

moi aussi veux parler harmonieusement la bouche vide

hi ho o deliver me from nowhere

woncha hear my last prayer hey ho rocknroll deliver me from nowhere

des voiles reflétées déchiquettent le champ trouble de ma vision

les voiles reflétées découpent en morceaux le champ de ma vision

les voiles reflétées moi-même me déchirent

qui coule en tournoyant tournevire en glougloutant

précipité tête en avant s'ouvre est ouvert tête première le trou dans l'espace

grand ouvert tête première ouvert from nowhere

grand ouvert tête première ouvert from nowhere

grand ouvert tête première ouvert from nowhere

sombrer dans des puits de plus en plus profonds

dans le dedans dedans tourbillon noir perdu

ce qui était couleur et trou de lune confondus

abstraitement libidineux mien tien sien un tous aucun

hi ho silver o deliver me from nowhere

woncha hear my last prayer hey ho rocknroll deliver me from nowhere

Traduit par Louis Fessard

L'aventure monochrome

YVES KLEIN

1ère PARTIE

"Le Vrai devient Réalité".

ou

Pourquoi Pas !

"Qui ne croit pas aux miracles n'est pas un réaliste !"

"Ben Gourion"

AVANT-PROPOS

—

Je suis conscient du fait qu'en écrivant ce
livre, je fais une erreur de diplomatie dans le monde
traditionnel, formel, ou même informel (tout en
ne l'étant pas) de l'art d'aujourd'hui. Je sais que
toutes ces notes et pensées sont confuses, très confuses, mal dites, emphatiques, primaires, souvent, naïves
certainement, car ça a été écrit au jour le jour.
Je sais que ce sera considéré par les imbéciles comme
du blâbla bla de mauvais goût. Mais ça m'est égal; je
ne suis ni un littéraire, ni un homme distingué. Je
suis un artiste, et j'aime ma liberté qui n'est ni de la
vanité, ni de la candeur stupide.

Mon individu fondamental est en guerre contre
ma personnalité psychologique multiple. J'aime en moi
tout ce qui ne m'appartient pas; c'est à dire ma vie, et
je déteste tout ce qui m'appartient; mon éducation, mon
hérédité psychologique, optique apprise, traditionnelle,
mes vices, mes défauts, mes qualités, mes manies, en un
mot tout ce qui me conduit chaque jour irrémédiablement
à la mort physique, sentimentale et émotionnelle.

* * *

Y. K.

AVANT-PROPOS

Je suis conscient du fait qu'en écrivant ce livre, je fais une erreur de diplomatie dans le monde traditionnel, formel, ou soi-disant informel (tout en ne l'étant pas) de l'art d'aujourd'hui. Je sais que toutes ces notes et pensées sont confuses, très confuses, mal dites, emphatiques, primaires, souvent naïves sans doute, car elles ont été écrites au jour le jour.
Je sais que ce sera considéré par beaucoup comme du blablabla de mauvais goût. Mais ça m'est égal ; je ne suis ni un littéraire, ni un homme distingué. Je suis un artiste, et j'aime ma liberté qui n'est ni de la vanité, ni de la candeur stupide, même si je frise l'idiotie de temps en temps.
Autre chose encore, ma manière d'écrire peut sembler agressive parfois et faire croire ainsi que j'entretiens une certaine aigreur vis-à-vis d'antagonistes ou vis-à-vis tout simplement des difficultés que j'ai rencontrées avec ma proposition monochrome et tout le reste depuis plus de quinze années.
Je tiens à affirmer qu'il n'en est rien. Je ne suis pas du tout triste ni aigri, bien au contraire, je suis très heureux de tout ce qui s'est passé : ce fut jusqu'à ce jour un merveilleux contrat plein de Vie et de Fantastique. Et je peux proclamer sans emphase que j'aime vraiment profondément tous mes ennemis.

Mon individu fondamental est en guerre contre ma personnalité psychologique multiple. J'aime en moi tout ce qui ne m'appartient pas, c'est-à-dire ma vie, et je déteste tout ce qui m'appartient : mon éducation, mon hérédité psychologique, cette optique apprise et traditionnelle, mes vices, mes défauts, mes qualités, mes manies, en un mot tout ce qui me conduit chaque jour irrémédiablement à la mort physique, sentimentale et émotionnelle.

Y.K.

Première partie

« Le Vrai devient Réalité »
ou
Pourquoi Pas !

« Qui ne croit pas aux miracles
n'est pas un réaliste »
« Ben Gourion »

Par la couleur, je ressens le sentiment d'identification complète avec l'espace, je suis vraiment libre.

Dès qu'une couleur n'est plus pure, le drame peut prendre des proportions effarantes.

La liberté totale représente un grand danger pour qui ne sait pas ce qu'elle est.

Les béotiens me répètent souvent : « Mais qu'est-ce que ça représente ? » Je pourrais répondre, et je l'ai d'ailleurs déjà fait dans les débuts, que ça représente tout simplement du bleu en soi, ou du rouge en soi, ou bien que c'est le paysage du monde de la couleur jaune par exemple, ce qui n'est pas inexact, mais ce qui importe le plus à mon avis, c'est le fait que je sorte, en peignant ainsi une seule couleur pour elle-même, du phénomène « spectacle » qu'est le tableau conventionnel ordinaire, classique de chevalet.

On pourrait me dire « d'accord, plus de lignes, de dessins ; mais pourquoi pas deux couleurs ? » A ce sujet, je crois qu'il serait amusant que je raconte comment je fus refusé au Salon des Réalités nouvelles en 1955, ça ne manque pas de saveur et c'est bien en corrélation avec ce point-là.

En 1955 donc, je m'inscris dans les délais fixés, après avoir précisé au secrétariat que je ne suis pas figuratif du tout (puisque les statuts du Salon refusaient d'exposer toute œuvre figurative) et montré des photos (desquelles, me dit-on, il sera peut-être difficile de tirer un bon cliché pour le catalogue). On accepte ma cotisation et l'on m'inscrit. Quelques mois plus tard, je reçois l'avis d'apporter mon envoi pour l'accrochage au Palais des beaux-arts de la Ville de Paris.

Là devant ma toile, les différents membres du comité présents hésitent un instant, mais conviennent tous rapidement que ça peut aller, par des sortes de « Oui, évidemment ». On me donne alors un reçu en échange et l'on entrepose mon tableau que j'avais intitulé « Expression du monde de la couleur Mine Orange ». Et il était bien orange en plus ! (Ce n'était pas encore l'époque où je prétendais que l'orange était bleu et vice-versa).

Je rentre chez moi enthousiasmé à l'idée d'être accroché pour la première fois dans un grand Salon parisien, mais cette illusion ne dure pas longtemps hélas ! Le lendemain après-midi, je reçois une lettre très sèche m'annonçant le refus de m'exposer, et me demandant de passer le plus rapidement possible retirer ma toile « faute de locaux pour remiser les envois refusés ». Tel est le ton brutal de la lettre.

Stupéfait, je réponds par pneumatique (il ne restait que deux jours avant le vernissage), pour protester, signaler que je suis en parfait accord avec leurs statuts, qu'ils ne refusent jamais les peintres non figuratifs et que je ne comprends pas leur attitude. Bref, je les assure de mes intentions sincères et sérieuses dans la présentation de mon envoi à leur Salon, craignant peut-être qu'ils aient cru à une plaisanterie provocatrice de mauvais goût de ma part, contre l'esprit du Salon, toujours très avant-garde et souvent raillé par la presse à cause de cela même.

Ma mère, bien connue de tous les membres du comité du Salon, ses confrères, reçoit alors un extraordinaire coup de téléphone d'une de ces personnalités dont je ne peux ici citer le nom, bien sûr, et la conversation se résume à ceci : « Vous comprenez, ce n'est vraiment pas suffisant tout de même ; alors si Yves acceptait au moins d'ajouter une petite ligne, ou un point, ou même simplement une tache d'une autre couleur, nous pourrions l'accrocher, mais une seule couleur unie, non, non, vraiment ce n'est pas assez, c'est impossible ! »

Comme je refuse catégoriquement d'ajouter quoi que ce soit, je reçois une seconde lettre le lendemain matin, très polie et courtoise, cette fois, mais toujours très ferme et dont je ne citerai que le dernier paragraphe, absolument inc... ...otalitaire : « Nous serons heure... ...ée, si, considérant les choses ... les ai dites, vous vous décidez a... ...us dans la mesure où, ayant vu ... verrez la possibilité d'accorder ve... le nôtre. »

... Bref, la dictature en plei... un Salon qui se targuait d'être largement ouvert à toutes les tentatives, idées, et recherches les plus avancées !

Cette petite histoire m'est revenue à propos de : « Pourquoi pas deux couleurs à la fois ? »

Eh bien ! parce que je refuse dans ma peinture de donner un spectacle. Je refuse de comparer et de mettre en présence, pour les faire ressortir, tel ou tel élément plus fort, et d'autres plus faibles.

La représentation même la plus civilisée est basée sur une idée de « combat » entre différentes forces, et le lecteur assiste dans un tableau à une mise à mort, à un drame morbide par définition, qu'il s'agisse d'amour ou de haine.

Le tableau pour moi est comme un individu, je désire le considérer tel qu'il est et ne pas le juger, surtout ne pas le juger !

Dès qu'il y a deux couleurs dans un tableau, un combat est engagé ; du spectacle permanent que donne ce combat des deux couleurs dans le domaine psychologique et émotionnel, le lecteur tire un plaisir raffiné, peut-être, mais non moins morbide d'un point de vue philosophique et humain pur.

De deux personnes, je ne veux absolument pas choisir la meilleure, selon les critères traditionalistes et appris dont je ne suis pas du tout certain, et refuser l'autre, tout en la gardant à côté de la première pour bien montrer que j'ai choisi la meilleure !

Ce règne de la cruauté, je sais qu'il a existé et qu'il existe encore ; pour moi il signifie la mort vivante, le morbidisme suintant, l'obscurantisme et surtout la condamnation féroce de la liberté.

Tout comme les impressionnistes dont je me considère l'un des continuateurs, tout comme, plus directement encore, Delacroix dont je me considère le disciple, je flâne et rencontre des états de choses sympathiques, un paysage réel ou imaginaire, un objet, une personne, ou tout simplement un nuage de sensibilité inconnu que je traverse soudain par hasard, une ambiance...

De la conversation muette qui s'ensuit entre l'état des choses et moi, naît une [uni]té impalpable, « indéfinissable » comme [dir]ait Delacroix. C'est cet « indéfinissable », ce moment poétique ineffable, que je désire fixer sur ma toile puisque mon mode d'être (attention, je ne dis pas d'expression) est de faire de la peinture. Je peins donc le moment pictural qui est né d'une illumination par imprégnation dans la vie elle-même.

... Sentir l'âme sans l'expliquer, sans vocabulaire et représenter cette sensation... C'est, je crois, l'une des raisons qui m'a amené à la monochromie !

Pour moi l'art en peinture, c'est de produire, de créer de la liberté à l'état matière première.

Les lignes, barreaux de prison psychologique à mon sens, sont en nous et dans la nature bien sûr, mais elles sont nos chaînes, elles sont la concrétisation de notre état de mortels, de notre sentimentalité, de notre intellect, et même de notre domaine spirituel. Elles sont notre hérédité, notre éducation, notre squelette, nos vices, nos aspirations, nos qualités, nos astuces... Bref notre monde psychologique au grand complet, jusque dans ses recoins les plus subtils.

La couleur, au contraire, à l'échelle de la nature et de l'homme, est ce qui baigne le plus dans la sensibilité cosmique. Or la sensibilité n'a pas de recoins, elle est comme l'humidité dans l'air. La couleur, c'est pour moi la sensibilité « matérialisée ».

La couleur baigne dans le tout au même titre que tout ce qui est sensibilité indéfinissable, sans forme et sans limite. C'est bien la matière-espace abstraite et réelle en même temps.

La ligne peut être infinie, comme le spirituel l'est, mais elle n'a pas la qualité de remplir le tout incommensurable, elle n'a pas cette faculté de s'imprégner, qu'a la couleur.

« L'esprit peut bien des choses, sire chevalier, écrivait Delacroix, c'est un être adroit, intelligent, qui voit le côté faible de son voisin qui en profite et qui sait se tenir coi quand l'orage des passions est trop fort mais la valeur est un gaillard vigoureux à qui rien ne peut résister qui va contre vents et marées, et marche droit au but. »

En reprenant ces mots j'aimerais dire : « La ligne peut bien des choses, sire chevalier, c'est un être adroit, intelligent, qui voit le côté faible de son voisin et qui en profite, et qui sait se tenir coi quand l'orage des passions est trop fort. Mais la couleur est un gaillard vigoureux à qui rien ne peut résister qui va contre vents et marées, et qui marche droit au but. »

La ligne perfore l'espace, elle est toujours en transit, elle s'inscrit ; elle est une touriste.

La couleur se trouve imprégnée dans l'espace, elle l'habite...

La peinture pour moi, c'est une sorte de réalisme mystique. « Malheur au tableau qui ne montre rien au-delà du fini, le mérite du tableau est l'indéfinissable, c'est justement ce qui échappe à la précision », recopie Delacroix dans son journal.

Il y a des couleurs gaies, majestueuses, vulgaires, douces, violentes ou tristes.

Les couleurs sont humaines par cela même qu'elles sont extérieures à nous, tout en faisant partie intégrante de notre personne et de notre vie intérieure ; là elles sont chargées de toute notre affectivité sentimentale. Ce qu'il y a d'extraordinaire, c'est que si l'on réalise bien ceci, l'on est libre ; car la couleur, elle, est libre ! Elle est dissoute dans l'espace instantanément. En contemplant une couleur terriblement triste, par exemple, nous nous sentons baignés, dissous dans un espace incommensurablement et extradimensionnellement triste, c'est la liberté triste plus vaste que l'infini !

La ligne court, va à l'infini, tandis que la couleur, elle, « est » dans l'infini.

Pour moi les couleurs sont des êtres vivants, des individus très évolués qui s'intègrent à nous, comme à tout. Les couleurs sont les véritables habitants de l'espace. La ligne, elle, ne fait que voyager à travers l'espace et le parcourir ; elle ne fait que passer... Chaque nuance est seulement de la même race que la couleur de base mais possède une vie propre et autonome, ce qui implique que le fait de peindre une seule couleur n'est pas limité, car il y a des myriades de nuances de toutes les couleurs, et chacune en soi a sa valeur individuelle et particulière.

Le tableau n'est que le témoin, la plaque sensible qui a vu ce qui s'est passé. La couleur à l'état chimique que tous les peintres emploient, est le meilleur médium capable d'être impressionné par « l'événement ». Je pense donc pouvoir dire : Mes tableaux représentent des événements poétiques ou plutôt ils sont des témoins immobiles, silencieux et statiques de l'essence même du mouvement et de vie en liberté qu'est la flamme de poésie pendant le moment pictural !

Mes tableaux sont les « cendres » de mon art. C'est avec la monochromie que je me grise le plus. Et cependant j'ai essayé bien des manières. J'ai été peintre comme il est admis d'être peintre, j'ai été plus avant et avant-garde même ; toutes les périodes, je les ai passées, j'étais insatiable, et les plaisirs, les consolations, je suis déjà blasé... Je crois en tout cas que ce n'est qu'avec la monochromie que je vis vraiment la vie picturale. La vie de peintre dont je rêvais. C'était exactement ça que j'espérais de la peinture ! J'y suis, et dans cette matière spéciale, la matière picturale, je m'épanouis. C'est vrai, je suis pour la première fois grisé et satisfait pleinement en peignant monochrome. La vie de la couleur ! Et cela me rappelle les marchands de pierres précieuses qui vous vidaient, à Colombo, sur demande le sac de saphirs, ou le sac d'aigues-marines, de rubis, et ça faisait des petits tas sur une table recouverte de velours incolore sale. Quelle eau ! Quel scintillement infini !

C'est ce que je veux retrouver dans la matière colore, cette eau particulière et vive, pleine de luxure et de sérénité à la fois.

Tout cela est bien emphatique, et cependant c'est bien peu de griserie en proportion de ce que sont les faits.

[...]

Continuant cette action pendant plus de vingt ans sa femme s'avisa de lui faire observer que les autres joueurs de flûte, eux, émettaient plusieurs sons harmonieux, mélodieux, etc. et que tout de même c'était peut-être plus intéressant et plus varié.

Ce à quoi le joueur de flûte « monoton » répondit que ce n'était pas sa faute si « lui » avait trouvé la note que les autres étaient tous encore en train de « chercher » !

Chacune de ces propositions bleues toutes semblables en apparence furent cependant reconnues par le public bien différentes les unes des autres. L'amateur passait de l'une à l'autre, comme il convenait et pénétrait en état de contemplation instantanée dans les mondes du bleu.

Mais chaque monde bleu de chaque tableau, bien que du même bleu et traité de la même manière, se révélait être d'une tout autre essence et atmosphère, aucun ne se ressemblait, pas plus que les moments picturaux ni les moments poétiques ne se ressemblent. Bien que tous de même nature, supérieure et subtile (repérage de l'immatériel).

L'observation la plus sensationnelle fut celle des « acheteurs ». Ils choisirent parmi les onze tableaux exposés, chacun le leur et le payèrent chacun le prix demandé. Les prix étaient tous différents bien sûr. Ce fait démontre que la qualité picturale de chaque tableau était perceptible par autre chose que l'apparence matérielle et physique d'une part, et d'autre part, évidemment que ceux qui choisissaient reconnaissaient cet état des choses que j'appelle la « sensibilité picturale ».

Pour ceux qui me répètent qu'après ce sera fini, que je ne pourrai aller plus loin, je vais continuer ainsi. Ayant détecté ainsi l'existence de la sensibilité picturale. D'ailleurs je le redis encore une fois ici, mon maître Delacroix l'avait, bien avant moi, dénoncée, sous le nom de l'« indéfinissable », mais il m'avait été nécessaire de la redécouvrir moi-même pour en être bien conscient ; l'époque bleue fit l'initiation du public et en même temps la mienne !

C'est à cette époque que je décidai de pénétrer plus avant dans le nouveau terrain conquis : le tableau physique ne doit son droit de vivre en somme qu'au seul fait que l'on ne croit qu'au visible, tout en sentant obscurément la présence essentielle d'autre chose, bien autrement plus important, parfois fort peu visible !

Là encore Delacroix ne se laisse pas faire, et s'écrie dans son journal : « Eh réalisme maudit, voudrais-tu par hasard me produire une illusion telle que je me figure que j'assiste en réalité au spectacle que tu prétends m'offrir ? C'est la cruelle réalité des objets que je fuis, quand je me réfugie dans les sphères des créations d'art. » Dans l'art dit abstrait d'aujourd'hui, la réalité est représentée par des objets psychologiques du domaine du subconscient comme de l'inconscient.

Delacroix de nouveau : « Malheur au tableau qui ne montre rien au-delà du fini, le mérite du tableau est l'"indéfinissable", c'est justement ce qui échappe à la précision. Qu'est-ce donc ? C'est ce que l'âme a ajouté aux couleurs et aux lignes pour aller à l'âme. »

A l'époque de Delacroix, le mot âme n'était sans doute pas encore usé et exaspérant comme il l'est devenu aujourd'hui. C'est pour cela que j'ai jusqu'à présent évité de l'employer... Et je pense le remplacer avantageusement par des mots beaucoup moins compromis tels que la « sensibilité » humaine ou cosmique, ou bien même encore « énergie pure ».

Donc je suis à la recherche de la réelle valeur du tableau, celle qui fait que de deux peintures rigoureusement identiques en tous les effets visibles et lisibles, tels lignes, couleurs, dessin, formes, format, épaisseur de pâte et technique en général, mais peintes l'une par « un peintre » et l'autre par un habile « technicien », un « artisan », bien qu'officiellement reconnus tous deux comme « peintres » par la collectivité ; cette valeur réelle invisible, fait que l'un des deux objets est un « tableau » et l'autre pas (Vermeer, van Meegeren).

Le peintre est celui qui sait spécialiser cette valeur réelle, cette sensibilité qui naît de la croyance et de la connaissance qu'il a de la poésie, si la matière est de l'énergie concentrée, comme le conclut en dernière analyse la science.

Il y a donc possibilité de ne plus concentrer l'énergie et d'atteindre par cette inaction apparente seulement, la décontraction de l'énergie.

Le tableau est de l'énergie poétique concentrée, contractée plus exactement du point de vue psychologique, en couleurs, d'abord, médium qui se charge et se sature le mieux de cet état des choses subtil : et ensuite les lignes, le dessin, la forme et la composition font le discours d'apprêt pour excuser presque l'intrusion de la liberté solidifiée dans l'emprisonnement de la tradition.

J'ai donc pensé que l'étape suivant l'époque bleue serait la présentation au public de cette sensibilité picturale, de cette « énergie poétique », de cette matière liberté impalpable à l'état non concentré, non contracté.

Ce serait un tableau réellement informel, tel qu'il est et doit être. J'ai donc dans ma dernière exposition double à Paris, chez Iris Clert et Colette Allendy en 1957, présenté dans une salle au premier étage chez Colette Allendy une série de surfaces de sensibilité picturale invisible à l'œil nu bien sûr, mais bien présente cependant.

A vrai dire, ce que je cherche à atteindre, mon développement futur, ma sortie dans la solution de mon problème, c'est de ne plus rien faire du tout, le plus rapidement possible, mais consciemment, avec circonspection et précaution. Je cherche à être « tout court ». Je serai un « peintre ». On dira de moi : c'est le « peintre ». Et je me sentirai un « peintre », un vrai justement, parce que je ne peindrai pas, ou tout au moins en apparence. Le fait que « j'existe » comme peintre sera le travail pictural le plus « formidable » de ce temps.

C'est identique au fait qu'un poète, qui n'écrit pas de poèmes, est bien plus dans la poésie qu'un poète qui conclut toutes ses « pontes » noir sur blanc. C'est indécent et obscène de matérialiser ou d'intellectualiser. C'est déjà assez sensuel dans l'abstrait de vivre consciemment la poésie, la peinture ou l'art tout court !

Les peintres ne sont pas créateurs dans le sens primaire qu'on voudrait quelquefois nous faire admettre.

Ils ne sont pas des enfanteurs de tableaux. La création artistique est, à mon avis, bien distincte de la procréation animale ou humaine. En effet, est-ce que les tableaux créent ? Sont-ils capables de créer d'autres tableaux par leurs rapports entre eux ? Ont-ils des sexes ? Sont-ils hermaphrodites ?

Les tableaux sont des présences vivantes et autonomes, et c'est bien là le point crucial de toute l'affaire, ce qui démontre bien que la création d'art est d'une autre nature plus subtile, beaucoup plus subtile que l'on pense, tout en étant très réelle. Cette idée me fait penser à l'enthousiasme cathare du Moyen Age.

Les tableaux créent des ambiances, des climats sensibles, des états phénoménaux et natures particulières, perceptibles mais non tangibles, mobiles et statiques à la fois, balancés hors de la phénoménologie du temps !

A vrai dire de tous les objets et tous les états-matière émane ainsi quelque

chose, mais à un degré plus ou moins grand ; les tableaux sont plus perfectionnés dans leur genre, dirons-nous.

Les peintres doivent ressembler à leurs tableaux qui finissent par devenir des exemples pour eux (dans un sens) car ils créent, ils procréent véritablement de l'art, ou plutôt non ; c'est la vie elle-même qu'ils créent, la vie première, la vie en soi, les vrais tableaux créent quelque chose qui est le dépassement de la problématique de l'art ! Ils émanent de cette substance phénoménale que l'on peut appeler soit de la sensibilité picturale, de la liberté à l'état matière première, de la vie tout court, spécialisée et comestible pour nos sens supérieurs, de perception des états de choses abstraits et purs.

C'est pour cela que je répète souvent, au mépris des sourires railleurs de mes confrères : l'on se doit, lorsqu'on peint, de mettre le meilleur de soi-même seulement et uniquement dans la spécialisation d'espace qu'est le fait de peindre !

Donc les tableaux donnent l'exemple aux peintres qui les produisent, car eux, ils ne peignent pas de tableaux, ils n'ont plus besoin de cela pour s'assurer qu'ils existent et qu'ils sont capables de créer à leur tour. Délivrés du monde psychologique, ils savent et sont des tableaux tout simplement mais d'une façon tout aussi étonnante.

A ce degré de sensibilité (attention ne pas confondre avec sensiblerie), on peut faire l'expérience de retirer un tableau, un « vrai », d'une pièce où il a séjourné assez pour avoir eu le temps de spécialiser l'atmosphère autour de lui ; on s'apercevra très vite qu'il manque, car sa présence effective était très forte, par l'effet psychologique de l'appui matériel qu'il représentait, pour se pencher sans danger dans le vide-plein de la sensibilité picturale.

Mais après un temps, accoutumé à son absence, on percevra la nouvelle présence émanée et créée par lui lors de son séjour physique passé ; cette présence sera une présence-présence, en quelque sorte, et existera en soi, autonome et distincte de tous les autres états des choses dans la pièce où manquera le tableau.

Et il s'agira bien là d'une création d'art, d'art pur et vrai. Et non plus de suggestion, de ceci ou de cela, de pittoresque, de cristallisation de désirs, ou d'état psychologique, etc. etc.

Le rôle du peintre dans la société future, sera de vivre en « externe », « dans » la collectivité dont il spécialisera, par sa présence, les états les meilleurs, les plus purs et les plus subtils de sa sensibilité et de son atmosphère, afin que celle-ci soit saine, gaie et bonne tout simplement !

Et l'on pourra dire que la peinture comme la poésie est l'« art de créer des âmes pour tenir compagnie aux âmes ».

Un peintre, collaborant avec un architecte pour la décoration d'une construction neuve par exemple, ne peindra plus des décorations murales figuratives, abstraites, ou monochromes sur les murs, mais tout simplement donnera, par sa présence dans sa collaboration avec l'architecte, à la construction de l'édifice une sensibilité ; une vie sensible, une chaleur, que l'édifice aurait acquise, lui-même en collaboration avec ses habitants en mettant beaucoup plus longtemps, et certainement pas dans des conditions de douceur, de gentillesse, de fantastique, de formidable, d'extraordinaire et de merveilleux, qui seront celles que le peintre de l'avenir pourra faire, par sa seule présence effective, de temps en temps, dans l'édifice pendant sa construction.

L'édifice sera décoré de matière « sensibilité picturale ». Ainsi l'architecte moderne pourra enfin, tout à sa guise, ne penser qu'à l'utilitaire strict et laisser le soin à l'artiste peintre de créer le climat de vertige poétique pictural dans toute l'atmosphère neuve de la construction.

Ce sera du « réalisme-merveilleux », du fantastique au vingtième siècle, de l'art-science, « du feu et de l'eau mélangés ». Delacroix pour qui décidément je ressens de plus en plus de sympathie, recopie dans son journal le propos d'une conversation qu'il avait eue avec Chopin. « Je lui demandais, écrit-il, ce qui établissait la logique en musique. Il m'a fait sentir ce que c'est qu'harmonie et contrepoint ; comme quoi la fugue est comme la logique pure en musique et qu'être savant dans la fugue c'est connaître l'élément de toute raison et de toute conséquence en musique. J'ai pensé combien j'aurais été heureux de m'instruire en tout cela qui désole les musiciens vulgaires. Ce sentiment m'a donné une idée du plaisir que les savants, dignes de l'être, trouvent dans la science. C'est que la vraie science n'est pas ce que l'on entend ordinairement par ce mot, c'est-à-dire une partie de la connaissance différente de l'art. Non, la science envisagée ainsi, démontrée par un homme comme Chopin, est l'art lui-même, et par contre l'art n'est plus alors ce que le croit le vulgaire, c'est-à-dire une sorte d'inspiration qui vient de je ne sais où, qui marche au hasard et ne présente que l'extérieur pittoresque des choses. C'est la raison elle-même ornée par le génie mais suivant une marche nécessaire et contenue par les lois supérieures. Ceci me ramène à la différence de Mozart et de Beethoven. Là, m'a-t-il dit, où ce dernier est obscur et paraît manquer d'unité, ce n'est pas une prétendue originalité un peu sauvage, dont on lui fait honneur qui est en cause, c'est qu'il tourne le dos à des principes éternels. Mozart jamais, chacune des parties a sa marche, qui, tout en s'accordant avec les autres forment un chant et le suivent parfaitement ; c'est là le contre-point, « punto contra punto ». Il m'a dit que l'on avait l'habitude d'apprendre les accords avant le contrepoint, c'est-à-dire la succession des notes qui mènent aux accords. Berlioz plaque des accords et remplit comme il peut les intervalles. »

« Ces hommes épris à toute force du style, qui aiment mieux être bêtes que ne pas avoir l'air grave. »

Voilà une belle conversation digne de véritables artistes. D'artistes qui sentent et cherchent vraiment, qui ne sont pas là graves et mystérieux en apparence seulement pour cacher leur incompétence et leur incompréhension. Et que voulez-vous que je vous dise ? Je respecte Delacroix à cause de sa conscience réaliste de véritable homme de l'art, et non pas tant à cause de sa peinture qui, tout en étant importante, n'est pas, à mon avis, la plus importante.

Delacroix, par son attitude sensible et spirituelle révélée dans son journal, est pour moi l'un des plus grands hommes à l'état de « peintre ».

Voici encore ce qu'il dit de tous ces pauvres gens qui pensent que parler d'art est impossible, tabou, indécent et non autorisé pour un peintre vraiment inspiré.

« Dans tous les arts, sitôt que le style, le caractère, le sérieux en un mot, vient à se montrer, le reste disparaît. »

Je déteste les artistes qui se vident dans leurs tableaux, comme c'est bien souvent le cas aujourd'hui. Le morbidisme ! Au lieu de penser au beau, au bien, au vrai, ils rendent, ils éjaculent, ils crachent toute leur complexité horrible, pourrie et infectieuse dans leur pein-

ture, comme pour se soulager et charger les autres, « les lecteurs » de leurs œuvres, de tout leur fardeau de remords de ratés.

Mes tableaux, je les exécute très vite, en très peu de temps.

C'est quand je n'ai pas d'inspiration, que je suis vide et démoralisé, morbide ou affaibli psychiquement, que je travaille beaucoup chaque tableau, la matière ; je recommence sans cesse, je rate, je reviens sur de vieilles choses. Mais, quand tout va bien, quand je suis en forme, les bons tableaux sont exécutés très vite, sans hésitation, directement, et j'en suis content. Ça me fatigue mais c'est de la bonne fatigue.

C'est en 1947 que l'« idée », la vision consciente « monochrome » m'est venue. Je dois dire qu'elle m'est venue alors plutôt intellectuellement ; elle était le résultat de toutes mes recherches passionnées d'alors.

Judo (1946), cosmogonie des rose-croix (1947) (interprétation Max Heindel, Océan-side Californie), jazz, je jouais du piano et rêvais d'avoir un grand orchestre, de composer de la musique avec un seul ton, « une grande symphonie monoton » (cependant pas nécessairement d'esprit ni de rythme jazz) avec une seule masse musicale s'imprégnant dans l'espace, accompagnant comme mélodie, fondue en une seule et unique même note continue du début jusqu'à la fin. (J'ai d'ailleurs créé cette grande symphonie deux ans plus tard en 1949.) Ce « son » continu était privé de son attaque et de sa fin par un procédé électronique et ainsi sortait de l'espace tout en y restant, et y pénétrait de nouveau au retour au silence. Durée : vingt minutes. (Quarante minutes à l'origine, mais cela n'avait pas d'importance car le fait que le son continu étiré ait été privé de son attaque et de sa fin créait une sensation de vertige, d'aspiration de la sensibilité, hors du temps – cette symphonie n'existait pas, tout en étant là, sortant de la phénoménologie du temps parce qu'elle n'était pas née, ni morte après existence au monde de nos possibilités de perception consciente. C'était du silence, présence audible !) A cette époque (1946-1947) aussi je peignais et dessinais mais peu ; le fait que mon père et ma mère étaient peintres m'agaçait et m'éloignait de la peinture. Cependant j'étais tenu grâce à eux au courant des plus extrêmes idées avant-garde en peinture. Je cherchais d'ailleurs un peu à cause de cela à aller toujours plus loin inconsciemment.

C'est dans ces circonstances que je ne sais plus trop comment mes recherches m'ont conduit à peinturlurer à la gouache des surfaces composées de taches monochromes dans une sorte de manière pointilliste, mais avec une seule couleur ; ensuite grâce à la force et à la témérité de ma jeunesse, je suppose, je décidai d'envoyer tout promener et de remplir la surface d'une seule couleur rigoureusement monochrome et unie.

Cependant ce n'est pas à cette époque-là que je pris conscience de la valeur de ma découverte, mais deux années plus tard à Londres en 1949.

C'est là vraiment que la lumière se fit pour moi dans ce domaine. Toutes mes idées avaient déjà mûri un peu, et celle-là en particulier.

J'étais parti en Angleterre subitement avec mon ami de Nice Claude Pascal. Avec lui, nous avions décidé d'étudier deux langues, l'anglais et l'espagnol, en séjournant respectivement dans les deux pays. Puis nous devions partir ensemble au Japon à cheval pour le judo, en sortant d'Espagne par le Maroc, endroit où il était alors possible de se procurer des chevaux pour assez bon marché.

Le projet était si bien ancré dans nos esprits que nous l'aurions mis intégralement à exécution si Claude n'était tombé gravement malade au retour de Londres à la fin 1950.

Nous avions même subi un très sérieux entraînement d'équitation à cet effet en Irlande dans les Curragh derrière Dublin pendant six mois, à cheval presque du matin au soir.

A Londres donc pendant environ une année, je travaillais clandestinement pour gagner ma vie chez un ami de mon père, fabricant d'encadrements, Robert Savage, dans Old Brompton Road. C'est là qu'en travaillant à la préparation des colles, des couleurs et vernis, des assiettes à dorer, je m'approchais de la matière, je la manipulais en gros. Et aussi en passant couche après couche sur les cadres, en les ponçant, en ayant soin de ne laisser aucun grain indésirable ou une quelconque irrégularité, je voyais un beau blanc à la colle, pur, net et sec. Puis à la deuxième couche, c'était tantôt un gris rouge très pâle ou un rose clair. Il fallait constamment s'approcher de très près, à quelque cinq à six centimètres même de la surface pour l'inspecter en détail (ma vue était parfaitement normale) et voir si elle était bien régulière, ouatée, douce ou volontairement rugueuse.

Et l'or, c'était quelque chose ! Ces feuilles qui volaient littéralement au moindre courant d'air, sur le plat coussinet que l'on tenait dans une main pendant que de l'autre on les attrapait au vol avec le couteau. Et puis, le coup du peigne que l'on se passe dans les cheveux, la feuille que l'on pose délicatement sur la surface à dorer, enduite au préalable d'une assiette et mouillée à l'eau gélatineuse chaque fois. Quelle matière ! Quelle meilleure école du respect de la matière picturale ! Enfin venait le polissage à la pierre d'agathe etc.

L'illumination de la matière dans sa qualité physique profonde, je l'ai reçue là, pendant cette année chez « Savage ». Chez moi, en rentrant le soir dans ma chambre, j'exécutais des gouaches monochromes sur des morceaux de carton blanc et de plus en plus je me servais beaucoup du pastel. J'aimais beaucoup le ton pastel ! Il me semblait que, dans la matière pastel, chaque grain de pigment restait libre et individuel sans être tué par le médium fixatif, et j'en exécutais de très grands mais hélas ! ou bien fixés au vaporisateur, ils perdaient tout leur éclat et baissaient de ton, ou bien non fixés, ils se détérioraient irrémédiablement et tombaient en poussière peu à peu, et la beauté de la couleur était là mais sans la force picturale.

Je n'aimais pas les couleurs broyées à l'huile. Elles me semblaient mortes ; ce qui me plaisait par-dessus tout, c'était les pigments purs en poudre tels que je les voyais souvent chez les marchands de couleurs en gros. Ils avaient un éclat et une vie propre et autonome extraordinaires. C'était la couleur en soi véritablement. La matière colore vivante et tangible.

Ce qui me désolait, c'était de voir que cette poudre incandescente, une fois mélangée à une colle ou à un médium quelconque destiné à la fixer au support, perdait toute sa valeur, se ternissait et baissait de ton. On pouvait obtenir des effets d'empâtement, mais en séchant ce n'était plus la même chose ; la magie effective colore avait disparu.

Chaque grain de poudre paraissait avoir été tué individuellement par la colle ou l'ingrédient quelconque destiné à le lier, aux autres comme au support.

Irrésistiblement attiré par cette matière nouvelle monochrome, je décidai d'entreprendre les recherches techniques nécessaires pour trouver un médium capable de fixer le pigment pur au support sans l'altérer. La valeur couleur serait alors représentée d'une manière picturale. Évidemment la possibilité de laisser les grains de pigment en totale liberté, tels qu'ils se trouvent en poudre, mêlés peut-être mais indépendants, tout en étant tous semblables, me souriait assez. « L'art c'est la liberté totale, c'est la vie ; dès qu'il y a emprisonnement d'une manière quelconque, il y a atteinte à la liberté, et la vie diminue en fonction du degré d'emprisonnement. »

Pour laisser en liberté le pigment poudre que je découvrais chez les marchands de couleurs, tout en le présentant en tant que tableaux, il aurait fallu l'étaler par terre tout simplement. La force d'attraction invisible l'aurait retenu à la surface du sol sans l'altérer. A l'époque, je ne jugeais pas cette solution possible et surtout acceptable pour le public des arts plastiques le plus informel soit-il. Aussi, je me suis mis au travail dans la forme picturale, c'est-à-dire je me suis mis à peindre des tableaux monochromes !

La technique était (et est encore, à un stade beaucoup plus perfectionné aujourd'hui bien sûr) la suivante : je me contentais de rester dans le format classique, rectangulaire pour ne pas choquer psychologiquement le lecteur qui, ainsi, se voyait présenter une surface colore et non une forme colore plane. Ce que je désirais à l'époque, c'était présenter d'une manière un peu artificieuse peut-être, une ouverture sur le monde de la couleur, une fenêtre ouverte sur la liberté de s'imprégner d'une manière infinie et sans limite dans l'état colore incommensurable. Mon but était de présenter au public une possibilité d'illumination de la matière picturale colore en soi qui fait que tout état de choses physique, pierre, roche, bouteille, nuage peut devenir un objet de voyage, par imprégnation, pour la sensibilité humaine du lecteur dans la sensibilité cosmique, sans limite, de toute chose.

Un tel lecteur idéal devant une de mes surfaces colores devenait alors, en sensibilité seulement, bien sûr, « extradimensionnel » à un tel degré qu'il était « tout dans tout », imprégné dans la sensibilité de l'univers.

Alchimie

Les bons hommes d'affaires sont des alchimistes dans leur genre au même degré que les artistes. Tout ce qu'ils approchent, touchent, tout ce à quoi ils s'intéressent, devient, produit ou rapporte de l'argent ou de l'or. C'est une sorte de pierre philosophale qu'ils ont développée eux-mêmes inconsciemment et qui leur donne ce pouvoir extraordinaire quelquefois.

L'or des alchimistes anciens peut s'extraire effectivement de tout. Mais ce qui est difficile, c'est de découvrir le don qu'est la pierre philosophale, et qui existe en chacun de nous.

Il en est de même pour les peintres les plus grands et les plus classiques comme Rembrandt par exemple : il savait qu'il devait aux yeux de tous peindre et représenter des personnages, des objets, des paysages tels que les gens de son époque les voyaient ou se voyaient pour se faire admettre dans la collectivité-société dans laquelle il vivait ; mais en réalité, le tableau était alchimique et hors de l'époque. Il ne représentait rien de réaliste, il était une présence picturale créée par le peintre qui savait spécialiser une surface pour en faire une sorte de plaque photographique très sensible destinée non pas à photographier comme une machine, mais destinée à être un témoin présent du moment pictural poétique : inspiration, état de communion et d'illumination en présence de tout, de l'artiste.

Le tableau avait vu, un instant, l'« indéfinissable » entre un homme vraiment libre poétiquement et lui-même, et il devenait pour l'éternité périssable des siècles, le témoin du « moment pictural ».

De même, les alchimistes ne recherchaient pas plus la formule de la transmutation des métaux en or que les peintres n'ont recherché la ressemblance dans leurs portraits, la perspective exacte des paysages qu'ils représentaient sur leurs tableaux. Au Moyen Age, les alchimistes se devaient d'avoir une raison valable aux yeux du grand public pour manipuler leurs cornues, fours et autres instruments étranges et merveilleux ; sans cela ils risquaient d'être qualifiés de sorciers et cela ne pardonnait pas à l'époque.

Cette pierre philosophale, ce don personnel est ce qui nous permettrait de convertir ou de transmuter en or un quelconque état des choses de la nature bien définie, extérieur à soi mais bien exactement fait pour soi. La découverte en soi de la pierre philosophale est une seconde naissance dans la vie d'un homme, c'est un sens réaliste des états des choses, c'est un choix, un accord harmonieux entre la nature, l'univers et tout son être.

Ma vision n'a rien à voir avec celle de Malevitch ou celle de Mondrian.

C'est la couleur pour elle-même que je veux constituer en tant que présence. Ensuite il y a le problème pictural : je ne savais pas très bien jusqu'ici si je devais m'intituler « peintre » ou pas. Eh bien ! oui, je suis peintre : car la peinture, à mon avis, n'est de la peinture que si le peintre qui l'exécute peut y transmuer par sa qualité justement de créateur, cette matière impalpable, cette matière picturale vivante qui imprègne le tableau et lui donne la vie éternelle ou tout au moins permanente en fonction de sa durée d'existence périssable.

Le reste, tous ces replis stupides tel un certain nombre de lignes, de formes et de couleurs dans un certain ordre assemblés, n'est pas ressortissant du domaine de l'art. C'est bon certainement, mais ce n'est pas l'essentiel de la peinture.

L'essentiel de la peinture, c'est ce « quelque chose », cette colle éthérique, ce produit intermédiaire que l'artiste sécrète de tout son être créateur, et qu'il a le pouvoir de placer, d'incruster, d'imprégner dans la matière picturale du tableau.

Le phénomène propre donc à tous les artistes vrais et qui ne saurait être uniquement pictural ou tout au moins réservé aux peintres, mais à tous les artistes et imprégnant tout ce que vous désirez imprégner, en y laissant la vie éternelle gravée. La ligne, elle, vous fera avancer à travers tout, elle transpercera les couches les plus reculées des mystères de votre inconscient, sans pourtant jamais vous en révéler la vie sensible. Sa seule victoire sera la sensualité.

La ligne ne peut que suggérer en dernière analyse alors que la couleur, elle, « est ».

C'est une présence déjà en elle-même qui peut être chargée par l'artiste d'une vie particulière mettant sa présence à portée de la sensibilité humaine.

Les scènes de la vie de Jésus décrites dans les Évangiles frappent vivement nos sens et nous touchent presque corporellement ; plus qu'un récit, plus qu'une représentation, c'est une présence. Pourtant pas une couleur n'est nommée, pas un visage ni un paysage n'est décrit, nous sommes constamment face à face et seul à seul avec des « états ».

Je veux créer des œuvres qui soient nature et esprit.

Les couleurs, l'époque bleue ensuite étaient pour moi le comble de la liberté dans l'art de peindre, et maintenant je me rends compte que cette liberté n'est qu'un intervalle, une frontière. Je rentre à présent dans un autre pays, un autre royaume qui m'est encore complètement inconnu mais qui existe bien.

L'« art » est le secret intérieur. La barrière : c'est la ligne toujours présente comme Lucifer.

On éprouve toujours la foi et l'amour profonds imprégnés dans la couleur. On s'identifie à elle – alors qu'avec le dessin, on ne peut que le lire, le déchiffrer.

J'ai en face de moi, au mur, ce qu'on appelle un mauvais tableau figuratif.

Ce que je vois au premier abord sur la toile doit être d'après ce que je crois pouvoir imaginer, la manière dont un être humain dénué de toute sensibilité poétique, de toute capacité d'illumination de la matière, de toute dynamique de libération de l'esprit, doit voir effectivement. Les sujets représentés sont des montagnes. Ce qui a tué la peinture lorsqu'elle est entrée dans cette phase académique du culte de la perspective, c'est que justement la perspective véritable dans un tableau, c'est la perspective extra-dimensionnelle de la sensibilité humaine et de la nature. Cette perspective-là ne se voit pas à l'œil nu.

L'art n'est pas de la magie ni de l'occultisme comme certains voudraient le croire. La magie comme l'occultisme du point de vue de l'art est un détournement illicite, malsain, de mauvais goût et mal venu. (Surréalisme, Dada.)

De même qu'à la religion de Moïse comme à celle du Christ s'opposait la magie parce que celle-ci était un détournement illicite de la puissance de Dieu. Dans la Bible, en effet, le miracle n'est guère différent du prodige magique ; seulement, l'un est réalisé par la volonté et avec l'aide de Jéhovah, tandis que l'autre a lieu avec l'assistance du Malin.

De même dans l'art, le phénomène l'œuvre d'art n'est guère différent d'une réalisation magique. Seulement l'un est réalisé avec la volonté et l'aide de la poésie (matière sensibilité poétique extraite de l'espace), tandis que l'autre a lieu avec l'assistance de la raison traditionnelle (académisme dénué d'inspiration).

La présence de l'indéfinissable entre l'homme et la nature est aussi évidente pour moi que l'est la couleur entre la lumière et les ténèbres.

La religion a parlé de Dieu.

La science a dit (par la voix d'Einstein) : « Le domaine du mystère est celui qui nous promet les plus belles expériences. »

L'art a dit par Delacroix dans le domaine pictural : « Malheur au tableau qui ne montre rien au-delà du fini, le mérite du tableau est l'indéfinissable : c'est justement ce qui échappe à la précision. C'est ce que l'âme a ajouté aux couleurs et aux lignes pour aller à l'âme. »

La brève description des « travaux » de Robert Desoille qui va venir est nécessaire dans mon livre ; elle montre comment dans d'autres domaines on s'est préoccupé de cerner cette nouvelle dimension, cette sensibilité qui me préoccupe depuis toujours.

J'avoue n'avoir découvert personnellement Gaston Bachelard que depuis un an seulement.

Ma mère m'a offert pour mon anniversaire le 28 avril 1958, le soir même du vernissage de mon époque pneumatique le premier livre que j'aie jamais lu de Gaston Bachelard, L'Air et les songes.

Je dois dire que ça a été pour moi une révélation de ne plus me sentir tout à fait seul !

Ces travaux de Robert Desoille jetteront aussi sans doute une lumière psychologique scientifique sur le succès extraordinaire de la chanson que j'ai inspirée à Armando Modugno, « Nel blu dipinti di blu », en exposant à Milan mon époque bleue en 1957.

Quelques extraits de mon journal en 1957

Vendredi 23 août 1957 – Chamonix

Mes propositions monochromes sont des paysages de la liberté ; je suis un impressionniste et un disciple de Delacroix.

Lundi 26 août

Je disais à Claude, un jour où il me présentait son dernier manuscrit à lire : « Le jour où tu me présenteras quelque chose qui est vraiment de la poésie, je crois que déjà en prenant le manuscrit dans mes mains, je le sentirai. Quelque chose sera changé partout ! »

Samedi 31 août – Venise

Ce qui m'a inspiré avant tout dans mes dernières gouaches, c'est le thème « dissolution de la forme par ou dans la couleur ». Le résultat apparent est pour moi comme un retour à l'âme de « vitesse infinie » que j'estime avoir dépassé déjà et qui est de toute façon, un stade actuellement dépassé. C'est le lyrisme du déplacement. C'est le retour au romantisme du mouvement. Tandis que la monochromie pure est vraiment actuelle, elle montre la liberté statique de sensibilité universelle et sa toute-puissance défiant et dissolvant toute espèce de mouvement ; ce qui ne signifie plus du tout « vie » aujourd'hui pour quiconque « sait », mais « mort » alors que la vraie manifestation actuelle, la véritable efficacité hors de l'agitation pittoresque est le « statique ».

Mardi 3 septembre

Je suis bien définitivement contre ces peintres qui ne savent pas ce qu'ils sont ni ce qu'ils font et qui piaillent, pour leur sauvegarde misérable d'impotents, qu'un peintre ne doit jamais parler de peinture ; sinon (ce serait une règle à leurs yeux), ils ne seraient pas de bons peintres.

Je déteste l'obscurantisme soi-disant mystique et occulte de ces faux peintres. Un peintre doit comprendre ce qu'il est et ce qu'il fait, et pouvoir s'exprimer en termes primaires, peut-être, mais doit pouvoir le faire sur sa peinture.

Venise, vendredi 6 septembre

Sur la place Saint-Marc, on tourne un film ; il y a beaucoup de figurants habillés en costumes de 1880-1900. Un groupe d'évêques et de prélats somptueusement vêtus me fait réfléchir à « l'habit qui ne fait pas le moine ».

Là c'est l'évidence même : ces ecclésiastiques ne le sont qu'extérieurement, et combien d'autres sont tels, bien qu'« engagés » tout de même. Ce qui fait donc l'ecclésiastique, c'est bien ce qu'on ne voit pas, c'est abstrait, mais c'est ce qui compte vraiment. De même en peinture, ce qui fait le « peintre et sa peinture », ce n'est pas son aspect extérieur, mais ce qui ne se voit pas.

Samedi 7

La peinture abstraite c'est de la littérature pittoresque sur des états psychologiques. C'est pauvre. Je suis heureux de ne pas être un peintre abstrait.

Les « peintres et les poètes » véritables ne peignent pas, ni n'écrivent de poèmes. Ils sont tout simplement des peintres et des poètes à l'état civil. Leur présence est le seul fait qu'ils existent comme tels, c'est leur grande et unique œuvre et là vraiment on revient, ou plutôt on atteint au chef-d'œuvre, non pas comme ces peintres d'aujourd'hui qui battent monnaie en produisant leurs tableaux au lieu de les peindre.

Un peintre doit peindre un seul chef-d'œuvre : lui-même, constamment, et devenir ainsi une sorte de pile atomique, une sorte de générateur à rayonnement constant qui imprègne l'atmosphère de toute sa présence picturale fixée dans l'espace après son passage. Ça c'est la peinture, la vraie au vingtième siècle : l'autre, c'était autrefois les exercices justifiés d'élagage et de travail d'introspection.

La peinture ne sert qu'à prolonger, pour les autres, le « moment » pictural abstrait, d'une manière tangible et visible.

Delacroix : « J'adore ce petit potager ; ce soleil doux sur tout cela me pénètre d'une joie secrète, d'un bien-être comparable à celui qu'on éprouve quand le corps est parfaitement en santé. Mais tout cela est fugitif, je me suis trouvé une multitude de fois dans cet état délicieux, depuis les vingt jours que je passe ici. Il semble qu'il faudrait une marque, un souvenir particulier pour chacun de ces moments. »

Les tableaux pour les peintres sont ordinairement les marques de ces « moments ». Comme les poèmes le sont pour les poètes.

Les tableaux ne servent pour le peintre qu'à faire le point sur ces « moments », à se rendre compte de quelle nature ils sont ou plutôt qu'est-ce qu'ils sont ? Peu à peu, par tâtonnements, à coups de tableaux, il arrive à vivre le « moment » continuellement.

Les collectionneurs ou amateurs achètent les tableaux, inconsciemment à la recherche de l'indéfinissable, parce qu'ils sentent (non pas tellement parce qu'ils voient) le « moment » et que, eux aussi, l'ont ressenti d'une manière encore plus vague que le peintre et en tout cas sans le pouvoir créateur.

Pour chaque peintre, le « moment » est en général toujours le même, on ne change que très rarement.

C'est la « qualité » du « moment » qui détermine la manière du peintre.

Il existe bien des « qualités » et des « degrés » du « moment », et l'amateur reconnaît bien vite ce moment dans la manière d'un peintre, qu'il a eu ou ressenti lui aussi, et après lequel il court éperdument, car ce moment a illuminé sa vie comblée par l'ennui.

Tous les peintres sont bons peintres, chacun à leur niveau. Comme tout le monde goûte à la béatitude, au Paradis selon Dante, mais chacun à son niveau. Les amateurs ne manquent pas pour les peintres que nous appelons les mauvais peintres, ils sont vulgaires, grossiers et ordinaires ; ce qui n'est pas mal du tout. Le principal, c'est de réussir à faire la marque pour que les autres la reconnaissent. Les mauvais tableaux ne sont pas plus mauvais que les bons ; ils sont pour une plus grande majorité d'individus. Cette majorité offre plus de possibilités matérielles dans l'ensemble car elle représente le nombre en tout cas, et presque toujours la richesse matérielle en même temps.

Ce qui fait que les peintres médiocres réussissent mieux que les peintres non médiocres, mais à la première manche seulement (cette première manche peut durer quelquefois tout la vie du peintre).

Quand le public, le grand public a en soi « en masse » le sens du grand moment à l'état supérieur, et lorsque le peintre qui peint des moments de haute qualité, peut, par je ne sais quel déclic, toucher aux sens de perception des grands moments que perçoit la masse, alors, c'est la gloire justifiée sur-le-champ.

Les collectionneurs sont d'une autre race encore. Ils ont compris que derrière les différentes manières personnelles des peintres, se trouvent des moments, tous de nature particulière et différente, et ils achètent et collectionnent par esprit de prudence, à l'égard d'un certain inconnu qu'ils poursuivent et qui les assure sur l'avenir.

Delacroix (journal page 239 – 8 avril 1854) : « L'homme heureux est celui qui a conquis son bonheur ou le moment de bonheur qu'il ressent actuellement. Le fameux progrès tend à supprimer l'effort entre le désir et son accomplissement : il doit rendre l'homme plus véritablement malheureux. L'homme s'habitue avec cette perspective d'un bonheur facile à atteindre : suppression de la distance, suppression du travail dans tout. »

La composition, la trame même de mes tableaux, c'est la texture de la matière picturale, elle doit être très effacée, très travaillée, forte, sérieuse, pour laisser voir dans toute sa splendeur, la couleur. Delacroix dit encore avec raison : « Je ne sais si je me trompe, mais je crois que les plus grands artistes ont eu à lutter grandement contre cette difficulté, la plus sérieuse de toutes. Il ressort plus que jamais l'inconvénient de donner au détail par la grâce ou la coquetterie de l'exécution un intérêt tel qu'on regrette ensuite mortellement de les sacrifier quand ils nuisent à l'ensemble. »

Ils sont nombreux les peintres et les spécialisateurs d'espaces qui s'ignorent.

A une Américaine qui m'interviewait il y a quelques mois pour la radio, je répondis alors qu'elle venait de me dire « Si j'ai bien compris, dans votre peinture, vous avez pulvérisé la barrière de la forme ? » : « Oui, je pourrais même dire que, dans mes tableaux, j'ai réussi à supprimer l'espace qui existe devant le tableau, dans le sens où la présence du tableau envahit cet espace et le public lui-même. »

A la conférence-discussion de l'I.C.A. de Londres, un homme s'est levé et furieux, s'est écrié : « Tout ceci est une gigantesque plaisanterie ; que penser en effet d'une symphonie à une seule note continue ? » C'est alors et ainsi que j'eus la victoire dès le début, j'avais là mon magnétophone sur lequel il y avait, enregistrés effectivement, plusieurs cris humains très longs et continus. Je descendis de l'estrade pour toute réponse et pris le magnétophone par terre pour le poser sur la table et le mettre en fonctionnement : la salle rugissait de joie.

Le geste avait donné la victoire car je ne pus passer finalement les sons et les cris, il n'y avait pas de prise de courant à proximité. On me fit crédit. Le geste seul avait suffi. Le public avait accepté l'intention abstraite. A cette même conférence de Londres des amis me défendaient mal répétant : C'est pur ! Il est la puretée pure, etc., etc. Une jeune fille, s'étant levée après la projection du film sur l'époque bleue à Paris dans lequel Bernadette toute blonde apparaissait un moment, protesta en disant : s'il est si pur, que penser de cette jolie blonde par rapport à lui dans le film que nous venons de voir ? Je me levai à mon tour et la regardant bien en face je lui répondis : « J'aime les belles filles blondes à la folie, et j'en ai beaucoup, et vous, vous me plaisez dans le fond beaucoup aussi. J'aimerais bien vous voir en particulier après tout ceci, sans penser à ma peinture. »

Elle n'ajouta plus rien, s'assit, toute rougissante !

L'art

« Donner une existence réelle aux choses qui, dans les phénomènes de la nature, sont restées à l'état d'intention. » Goethe.

10 mai 1952

Un instant,
C'est une perle,
C'est rond,
Plat et carré
Comme la Terre,
Ou comme nous !
Un instant
Vient au monde,
Pour aimer,
De toutes ses forces
Il voudrait être aimé.
Tous les instants,
Autour de nous,
Nous regardent...
Anxieux et ils soupirent...
« Pourquoi ne pas nous vivre,
Pour nous aimer » Il faut,
Nous marier avec l'un...
Après l'autre !
Pour la haine, c'est en foule,
Que ça se passe...
L'orgie comme c'est obscène !
Vivre un instant c'est mourir !

Mercredi 12 mars 1952

Le soleil est sorti,
Mais...
De moi, car hélas,
Quand il me réchauffe,
Et que je le vois,
C'est qu'il n'est plus,
Au-dedans de moi !

Jeudi 13 mars

Un jour c'est de l'espace,
Une année aussi,
Une heure,
Une seconde,
Une vie.
Doit-on vivre à l'année ?
A l'heure ?
A la vie ?
Au jour ?
A la seconde ?
... J'aime l'espace,
Et je me sens vaste,
Quand je songe
A l'infiniment grand,

A l'infiniment petit,
L'équilibre n'existe pas dans l'espace,
Ce n'est pourtant pas le chaos !
C'est bien ça, je
Je le sens, c'est ça...
Je veux l'espace.

Vendredi 14 mars

La journée est bleue
Le silence est vert
La vie est jaune
La lumière trace
Des lignes et ne finit plus
Et moi je traîne,
Transpercé d'indifférence !

Samedi 15 mars

Si l'on devient comme un miroir
Ceux qui vous regardent
Se voient en vous,
On est alors invisible !

Dimanche 16 mars

Mettre en soi la discipline,
C'est se prendre soi-même pour disciple.
Se prendre soi-même pour disciple, c'est reconnaître
Qu'on est deux
Et cependant, il y a bien d'autres solutions encore.

Apport des rose-croix hollandais en 1954

La transfiguration : se transfigurer, c'est penser à chaque instant à l'essence même de la pureté ; la respiration fait le reste : c'est-à-dire sur et dans le corps physique, elle distribue une nouvelle vie qui s'imprime sur tous les atomes germes et qui reconstitue toutes les particules infinitésimales du corps physique ordinaire en un corps transfiguré.

Ce qu'il faut donc, c'est respirer avec joie une atmosphère et un climat spirituel intense créé par notre ego pour purifier notre corps physique, vital et du désir.

Des bases (fausses), principes, etc. et condamnation de l'évolution

La loi d'échange est en fonction de la loi de comparaison des bases.

Dans l'histoire de l'humanité, nous voyons que depuis toujours le monde évolue alors qu'il devrait créer. Par « évoluer », j'entends et je décris le fait que l'on construit toujours le nouveau sur l'ancien, que l'on progresse et que l'on s'améliore grâce aux erreurs passées en tenant compte de l'« expérience ».

Si l'on construit une maison neuve sur une « ruine », la maison pourra être d'une solidité à toute épreuve, mais elle s'écroulera, car la base n'est que ruine.

« Toutes les bases sont des ruines. »

Toute sagesse, philosophie, expérience, science, pouvoir, etc. tout cela n'est qu'amoncellement d'erreurs, car ça ne représente que des tentatives d'amélioration à l'infini grâce à des bases fausses : ce qui peut mener très loin et cependant nulle part !

L'homme ne pourra jamais créer directement la perfection tant qu'il se limitera dans le cycle infernal de l'infini.

« Concevoir c'est (dit d'une manière vulgaire, mais cependant exacte) se castrer, se transformer en eunuque, se transmuer en l'impuissance même. »

Erreurs ! et nouvelles bases ! les progressions et la découverte de la vérité par « analogies ». Rien ne peut être comparé dans l'univers, rien ne se ressemble, tout est différent, privilégié. Il faut deux êtres visuellement différents pour en créer un troisième. Le système de l'évolution produit le phénomène de développement, d'épanouissement, de dégénérescence.

Améliorer constamment, c'est s'attendre à voir tout crouler jusqu'aux civilisations.

Améliorer constamment, perfectionner, remanier, c'est ce qui a donné jusqu'à présent la cascade d'écroulements de toutes les petites et grandes civilisations.

Construire et créer, voilà l'action enthousiaste, mais non sur des bases fausses et incomplètes. Il faut toujours détruire avant de reconstruire ; détruire ne veut pas dire « faire tout sauter ». On peut construire une maison neuve à côté d'une maison vieille et, de cette manière, on détruit la vieille par l'indifférence.

Il faut être indifférent devant les grands exemples que nous offrent les vieillards (il y a de jeunes vieillards), détruire leur ricanement d'impuissants et de désespérés par l'indifférence toute-puissante. Il faut refuser leur expérience souffreteuse, malsaine et poussiéreuse.

Si seulement la jeunesse « jeune » écoutait son enthousiasme pur – car enfin sa grande erreur à elle c'est de créer des découvertes trop sublimes pour être comprises, et tout passe inaperçu. Personne n'aurait jamais pensé à l'« infini », source de désespoir, si l'on n'avait pas senti la stupide nécessité des « bases » (sans lesquelles on a l'illusion qu'on ne peut édifier).

La jeunesse est éternelle si l'on ne tient pas compte du mal – or les erreurs, l'expérience, c'est la manifestation du mal – « c'est l'arbre de la science ».

Mal = destruction
Bien = édification
Mal + Mal = mal
Destruction+édification=création.

Ce qui fait vieillir, c'est le fait d'assimiler les erreurs au lieu de les expulser et de les détruire : savoir se renouveler, c'est savoir oublier. « Savoir lâcher la proie pour l'ombre. »

Quant à ceux qui traitent la jeunesse en action de « naïve », ils ne se doutent pas qu'être naïf, c'est vivre, et ne pas l'être, c'est se suicider.

Autre triste caractéristique du système « évolution » : cette tendance à vouloir du solide, du résistant. Chacun, dans l'état actuel de la société, est conduit par son éducation et son entourage à ne s'occuper que de sécurité matérielle, cristallisante au dernier degré (je ne suis ni un philosophe, ni un économiste, ni rien d'autre, et je me borne à n'exprimer mes idées qu'en tant qu'utopies).

Tous les instants ont été créés par l'esprit ; l'intellect et les sens acceptent les instants, l'intelligence et les sens ont été créés par l'esprit.

Il y a plusieurs sortes d'êtres dans le temps – tout comme dans l'humanité : il y en a qui sont hors du circuit normal, ce sont des externes du temps, ce sont les instants.

Avec les instants nous avons des rapports, parfois ; ce sont des êtres comme nous, leur caractéristique est qu'ils sortent des limites des dimensions.

Faire sa petite révolution intime, c'est remettre tout en question sous un autre angle, ou sous une ou plusieurs autres dimensions, ça n'apporte rien.

C'est de l'éternel retour.

C'est du perfectionnement, ça n'avance à rien. L'enthousiasme est le seul moyen d'investigation véritable et direct, l'enthousiasme amène toujours au but qui est la création.

L'enthousiasme vit et crée, le reste meurt.

L'enthousiasme ne réfléchit pas, ne calcule pas, ne parle pas et ne donne pas d'explications.

Souvenez-vous donc, railleurs éventuels, que celui qui sourit devant le spectacle de l'enthousiasme est un désespéré qui garde sa dignité. Celui qui éclate de rire devant le spectacle de l'enthousiasme est un désespéré qui perd sa dignité. Et que celui qui raille l'enthousiasme est un désespéré qui a perdu sa dignité. Il ne lui reste plus rien, c'est un cadavre.

Les gens qui citent des cas, qui donnent des exemples ont tort, même s'ils ont raison. Seuls ceux qui produisent, présentent et réussissent à créer du fantastique, du monstrueux, de l'odieux ou de l'inconcevable

sont des gens qui ont raison, même s'ils ont tort.

Hier soir, à deux heures, assis en face de François Dufrêne, dans le bar de La Rotonde, à la place même, j'en suis sûr, où Lénine, trente ans auparavant pondit la bombe de la révolution russe...

... Je pouvais enfin parler et m'adressant à Dufrêne, l'exalté éducateur public aux films sans « pellicules » :

« Tu comprends, lui dis-je, c'est un monde sans dimensions, on n'en sortait plus parce que depuis toujours, on se recherche soi-même. C'est pour cela que l'on n'a jamais de place pour le véritable esprit en nous.

« Un type qui arriverait à se connaître, à se comprendre, n'arriverait à rien, car il se délimiterait de plus en plus.

« En effet, on est obligé, si on veut s'amuser, de s'engager dans le nouveau, en inventant de nouvelles dimensions. On n'en voit pas la fin, c'est le piège.

« C'est pour cela qu'on a été obligé de reconnaître que la ligne droite est courbe dans l'univers. On s'était aperçu qu'à un certain moment, la ligne droite ne pouvait plus avancer, elle tapait contre la coque à l'intérieur de laquelle elle était enfermée. Alors ils ont tous crié : « Il faut être souple, il faut se plier », et la ligne droite devenant alors courbe, put évoluer, tourner et retourner en spirales en dedans l'univers, l'infini, pour toujours revenir au même point.

« Ainsi, quoique sans avenir, elle évoluait, cette ligne courbe, dans l'infini sans pouvoir en sortir. Tu comprends ce que je veux dire ?

« Enfin franchement, quelle absurdité devant le véritable esprit de voir la raison admettre qu'une ligne droite est courbe alors qu'elle est droite.

« Tu comprends, plus de dimensions, plus rien, plus d'infini, plus de néant, plus de divin, mais de l'inconcevable, ce qu'on se refuse, insensés que nous sommes, de voir et de contempler et d'utiliser parce que c'est trop éblouissant, parce que ça brûle la raison ».

Entrer dans un monde sans dimensions. Et qui n'a pas de nom. Réaliser bien exactement par quel moyen on y pénètre. Il semble que ce soit par imprégnation. On le contient tout entier. Pourtant, il n'a pas de limites. Quand on se retourne pour voir émerveillé l'infini, on voit beaucoup plus loin encore, tout est extraordinairement clair, distinct, varié. Il y a des solides, des gaz, des désirs, des pensées de la vie, du divin, de l'inconcevable et puis du nouveau, des touts, des riens... Mais ce qui plaît par-dessus tout : c'est cette soudaine facilité de voir au-delà de l'infini et d'en sortir, de ne plus se déplacer pour bouger, mais de s'imbiber pour avancer.

Article publié en juin 1952

Deuxième partie

« La sensibilité, c'est de l'enthousiasme pur, de la joie profonde, gaie et grave à la fois. »

La Terre est plate et carrée

En effet, quelle absurdité de croire que la Terre est un globe dans l'espace. Voilà encore une conséquence grave de l'optique apprise des hommes tourmentés par leur domaine psychologique, par la tradition.

La tradition veut que la Terre soit ronde (scientifiquement, l'époque la veut ainsi). Les anciens qui croyaient, avant Galilée, que la Terre était plate, ne se trompaient pas, bien que, ne tenant cette information que des prêtres et initiés, qui à l'époque ne s'expliquaient guère volontiers auprès du peuple, eux-mêmes ne recevant toute leur science qu'intuitivement et d'une manière presque mystique.

Si la Terre était réellement un bloc solide et plein comme on nous l'apprend aujourd'hui, tournant sur elle-même, nous serions, nous et tout ce qui n'est pas fixé à la surface, projetés depuis longtemps dans l'espace. En effet, essayez donc de placer sur la surface d'une toupie, une fourmi, un insecte et faites tourner la toupie sur elle-même ; elle ne restera pas une seconde accrochée à la surface, à moins de se trouver tout près de l'axe, ce qui voudrait dire que pour tenir à la surface de la Terre, si elle était réellement un bloc, tournant sur elle-même, nous devrions tous, l'humanité, nous contenter prudemment de vivre au pôle Nord ou au pôle Sud.

Non, la Terre n'est pas un globe : elle est plate, mais attention, non pas dans le sens primaire et naïf où les peuples anciens le croyaient.

Faites tourner très vite une pièce de monnaie sur elle-même, elle apparaît comme un globe à la vision, ce globe est l'illusion optique de la Terre, qui est ronde, car la Terre est plate comme une pièce de monnaie et nous vivons sur la surface constituée par les bords de la pièce. Non pas sur la face devenue par sa rotation sur elle-même, interne, de ce globe optique, et créée par la rotation de la pièce sur elle-même.

Comme le croyaient les anciens (sauf les initiés sans doute qui savaient, nous verrons par la suite ce qui laisse supposer cela).

Donc, cette mince et étroite surface des bords de la pièce est la surface terrestre, car la Terre plate tournant sur elle-même ainsi à une terrible vitesse, dépassant nos possibilités vibratoires de perception d'une telle rapidité, offrirait effectivement non seulement pour nous l'aspect visuel d'une surface globale, mais encore est une surface bien tangible sur laquelle nous marchons, et nous appuyons de tout notre poids, attirés par la force d'attraction qui est enfin expliquée ainsi d'une manière logique, claire et simple : en tournant sur elle-même, la Terre plate crée à l'intérieur de sa rotation un vide qui fait que sur la surface des bords qui sont presque à chaque instant partout à la fois, la force d'attraction règne.

C'est ainsi que dans de nombreuses civilisations anciennes notamment chez les Égyptiens, Aztèques et Mayas, à ma connaissance, l'on peut observer dans beaucoup de fresques et peintures initiatiques des écoles de vie, le stade dit « de pénétration des neuf mystères mineurs » représenté naïvement (mais pas tellement cependant) par un adepte plongeant, mains jointes en avant, et tête baissée dans la terre ferme ! C'est que le candidat arrivé à un certain degré de perception des vibrations hyper-rapides et extra-humaines, pouvait voir le moment infiniment court du passage des bords de la Terre et pénétrait sur la surface interne, sur la vraie face de la Terre, dans le vide intérieur, pour en sortir de l'autre côté.

Evidemment, l'on m'objectera des tas de choses, et en particulier : pourquoi trouve-t-on des montagnes, des vallées, des mers, des déserts irrégulièrement disposés à la surface illusoire de la Terre. Pourquoi, si vraiment elle est plate et tourne sur elle-même, et que nous vivons en fait sur une surface créée par la mince surface des bords de la Terre plate, passant à chaque instant sous nos pieds, à quelque endroit de la surface illusoire en forme de globe où nous nous trouvons, pourquoi les montagnes ne sont-elles pas alors toutes pareilles, et sur une même ligne, les vallées aussi, les mers, etc. Parce que, à mon avis, les poussières cosmiques de l'atmosphère attirées par le vide créé par la rotation de la Terre plate sur elle-même, n'ont pu passer le barrage de la terrible vitesse de rotation, et sont retenues comme nous (tout ce qui est matériel à notre degré de concentration de vibration) et ont formé une croûte terrestre irrégulière, parfaitement ajustée à la surface du globe illusoire.

Enfin, la Terre, c'est-à-dire la surface plate tournant sur elle-même, pour constituer notre globe, n'est pas ronde mais carrée, et là, il m'est difficile de développer davantage la proposition, car je ne suis pas mathématicien, mais tout ce que je puis dire, c'est que nous retrouvons là le fameux problème de la quadrature du cercle ; et que rien n'est un cercle dans la nature, tout est carré. Le carré c'est le signe de l'homme, comme le signe de la divinité pure et totale.

A chacune de mes expositions ou manifestations, j'ai toujours été régulièrement bombardé par la question « et après, que ferez-vous ? Impossible d'aller plus loin » comme l'a d'ailleurs écrit Dino Buzzati, dans le *Corriere de la sera* (janvier 1957) à l'occasion de mon exposition de l'époque bleue : « En fait, comme renoncement au figuratif, comme pureté formelle, et comme expression abstraite, il ne sera pas possible d'aller plus loin que cela, dans les siècles des siècles à venir. »

Un an plus tard, l'exposition de la sensibilité picturale, immatérielle, prouvait qu'il était possible d'aller plus loin, toujours plus loin. Le tour est pour moi, simple ; je suis dans un état spirituel qui s'amplifie de jour en jour, mon seul problème est de le garder pur et authentique, et de ne pas le laisser contaminer par le domaine psychologique.

S'il est toujours vrai que le monde de la matière tangible est un reflet direct du monde spirituel, alors, vous comprendrez pourquoi je n'aurai jamais de problème pour me renouveler chaque année dans une manifestation au public. Ce sera toujours et chaque fois nouveau et imprévu, si je réussis à me maintenir dans le spirituel pur et explorant la sensibilité pure !

Je prévois aujourd'hui pour l'avenir que la réelle manière de visiter l'espace, plus loin, infiniment plus loin que notre univers solaire et autres univers, sera non pas par des fusées, rockets, ou des spoutniks, mais par imprégnation. L'homme se laissera imbiber par la matière première « sensibilité de l'espace » et imprégnera ensuite sa sensibilité ainsi climatisée, nouveau véhicule humain, nouveau sens immatériel de notre corps, pour l'instant à l'état latent en nous, qui aura été alors repéré et étudié scientifiquement et voyagera dans l'espace incommensurable, non pas en le traversant, mais en l'habitant. La nouvelle aristocratie sera alors composée d'hommes à la sensibilité forte, sereine et pure, capables de se dissoudre dans l'infini. (D'hommes n'ayant pas eu la peur de leur espace intérieur, et du vertige qu'il produit quand on s'y laisse dissoudre.)

Préparation de l'exposition du 28 avril 1956 chez Iris Clert, 3, rue des Beaux-Arts, à Paris

« La spécialisation de la sensibilité à l'état matière première en sensibilité picturale stabilisée. » *Époque pneumatique*

(De nombreux détails seront omis car ils seraient trop nombreux.)

L'objet de cette tentative : créer, établir et présenter au public un état sensible pictural dans les limites d'une salle d'exposition de peintures ordinaires. En d'autres termes, création d'une ambiance, d'un climat pictural invisible, dans l'esprit de ce que Delacroix appelait en peinture l'« indéfinissable », dont il parle souvent dans son journal comme étant l'essence même du tableau. Cet état pictural invisible dans l'espace de la galerie doit être à ce point présent et doté d'une vie autonome qu'il doit être littéralement ce que l'on a donné de mieux jusqu'à présent comme définition à la peinture en général, « rayonnement ».

Invisible et intangible, cette immatérialisation du tableau doit agir, si l'opération de création réussit, sur les véhicules ou corps sensibles des visiteurs de l'exposition, avec beaucoup plus d'efficacité que les tableaux physiques, ordinaires et représentatifs habituels qui, dans le cas où ils sont évidemment de bons tableaux, sont aussi dotés de cette essence particulière picturale, de cette présence affective, en un mot, de sensibilité, mais transmise par la suggestion de toute l'apparence physique.

3 000 invitations sont envoyées, dont 300 sur Paris même. Nous décidons encore d'ajouter une sorte de bon d'entrée gratuite.

Précisant bien que sans cette petite carte spéciale le prix d'entrée sera de 1 500 francs par personne.

Cette manœuvre est nécessaire car bien que toute la sensibilité picturale que j'expose soit à vendre par lambeaux ou d'un seul bloc, les visiteurs dotés d'un corps ou véhicule propre de la sensibilité, pourront malgré moi, bien que je retiendrai de toutes mes forces l'ensemble de l'exposition en place, m'en dérober par imprégnation, consciemment ou non, quelque degré d'intensité. Et ça, ça surtout ça doit se payer. Ce n'est vraiment pas cher, après tout, 1 500 francs.

Ensuite, nous décidons du dispositif scénique et de la présentation matérielle de l'exposition (comme publicité autre : deux grandes affiches place Saint-Germain-des-Prés pour 5 jours seulement sont prévues, lettres bleues en relief sur fond blanc, texte : galerie Iris Clert, 3, rue des Beaux-Arts, Yves le Monochrome, du 28 avril au 5 mai. Ensuite, nous annonçons l'exposition par un petit encart ordinaire dans « Arts » et dans « Combat » pour Paris, et dans « Arts » pour l'Amérique).

La galerie Iris Clert est toute petite, 20 m², elle a vitrine et porte d'entrée sur rue. Nous fermerons l'entrée par la rue, et nous ferons passer le public par le couloir d'entrée de l'immeuble, dans lequel il y a une petite porte donnant dans le fond de la galerie. De l'extérieur de la rue, il sera impossible de voir autre chose que du bleu, car je peindrai les vitres avec le bleu de l'époque bleue de l'année dernière. Sur et autour de la porte d'entrée de l'immeuble par où le public aura accès dans la galerie par le couloir, je placerai un monumental dais en tissu bleu, toujours du même ton outremer foncé.

De chaque côté de l'entrée, sous ce dais, seront placés le soir du vernissage, les Gardes républicains en grande tenue présidentielle. (Cela est nécessaire pour le caractère officiel que je veux donner à l'exposition et aussi parce que le véritable principe de la république, s'il était appliqué, me plaît, bien que je le trouve incomplet au jour d'aujourd'hui.)

Nous recevrons le public dans le couloir d'environ 35 m², où un cocktail bleu sera servi (préparé par le bar de La Coupole à Montparnasse, gin, cointreau, bleu de méthylène).

Une fois dans le couloir, les visiteurs verront sur le mur de gauche une grande tapisserie bleue qui masquera la petite porte d'accès dans la galerie.

Nous prévoyons aussi un service d'ordre privé pour faire face aux 3 000 personnes, composé de quatre hommes prêts à toute éventualité, c'est bien urgent et nécessaire, d'autant plus que je m'attends à des actes de vandalisme.

Ces hommes sont entraînés à la bagarre, et recevront l'ordre absolu d'observer la plus grande courtoisie vis-à-vis du public tant que celui-ci se conduira décemment et ne manifestera pas trop désagréablement.

Deux de ces « gardes du corps » en quelque sorte, seront placés à l'entrée de l'immeuble sur la rue, avec la Garde républicaine, pour contrôler les cartes d'invitation et deux autres à l'entrée de la galerie, dans le couloir, sur les côtés de la tapisserie, et feront entrer le public par groupes de 10 à la fois seulement dans la galerie. Moi, je me tiendrai à l'intérieur en leur demandant de ne pas stationner plus de 2 à 3 minutes au plus pour permettre à tous d'entrer.

Dispositif scénique de la galerie. Afin de spécialiser l'ambiance de cette galerie, sa sensibilité picturale à l'état de matière première, en climat pictural particulier individuel et autonome stabilisé : je dois, d'une part, pour la nettoyer des imprégnations des expositions précédentes et nombreuses, peindre les murs en blanc. En les peignant en blanc, je désire par cet acte, non seulement purifier les lieux, mais encore et surtout en faire, par cette action et ce geste, momentanément mon espace de travail et de création, en un mot, mon atelier.

Si, en passant une à plusieurs couches de couleur sur les murs de la galerie avec ma technique habituelle, conscient de mon acte et enthousiasmé par le principe de ma démonstration, je travaille comme à un grand tableau avec le meilleur de moi-même et toute la bonne volonté possible, avec du blanc lithopone pur, et broyé dans mon vernis spécial à l'alcool, acétone et résine vinylique (qui ne tue pas le pigment pur en le fixant au support), étalé au rouleau laqueur ripolin, je pense atteindre mon but.

En ne jouant pas au peintre en bâtiment, c'est-à-dire en me laissant aller à ma facture, à mon geste de peindre, libre et peut-être légèrement déformé par ma nature sensuelle, je pense que l'espace pictural que j'étais arrivé à stabiliser autrefois devant et autour de mes tableaux monochromes sera, dès lors, bien établi dans l'espace de la galerie. Ma présence en action pendant l'exécution dans l'espace donné de la galerie créera le climat et l'ambiance rayonnante picturale qui règnent habituellement dans tout atelier d'artiste doté d'un réel pouvoir ; une densité sensible abstraite mais réelle existera et vivra, par elle-même et pour elle-même, dans les lieux.

Pour cela, rien ne doit choquer la vue dans la galerie... qui cependant, ne doit pas être trop nue délibérément. Donc, pas de meubles, nous laisserons la vitrine encastrée dans le mur du fond, à gauche, et je la peindrai, tout simplement, en blanc comme tout le reste, sauf les montures en métal, je laisserai le placard table de la vitrine sur la rue et je peindrai la partie bois en blanc, toujours de la même manière, et recouvrirai le dessus avec du tissu blanc.

La vitre de la vitrine et de la porte d'entrée sur rue condamnée, sera peinte en blanc à l'intérieur comme l'ensemble. Tout sera blanc pour recevoir le climat pictural de la sensibilité du bleu immatérialisé. Je ne peindrai pas le plafond ni le plancher, par terre je laisserai en place la moquette gris noir neuve que vient de faire poser Iris il y a quelques jours.

Pour bien préciser à l'extrême que j'abandonne le bleu matériel et physique, déchet et sang coagulé, issu de la matière première sensibilité de l'espace, je désire obtenir de la Préfecture de la Seine et de L'Électricité de France, l'autorisation d'illuminer l'obélisque de la place de la Concorde en bleu. De telle manière que par des cadres bleus placés sur les projecteurs déjà installés, on illumine l'obélisque tout en laissant la base dans l'ombre, ce qui en redonnant tout l'éclat mystique de la haute Antiquité à ce monument, apportera par la même occasion la solution au problème en sculpture depuis toujours, « le socle ». En effet, ainsi éclairé, l'obélisque planera, immuable et statique dans un monumental mouvement de l'imagination affective, dans l'espace sur toute la place de la Concorde au-dessus des réverbères préhistoriques à gaz, dans la nuit, comme un immense trait vertical non ponctué d'exclamation.

Ainsi, le bleu tangible et visible sera dehors, à l'extérieur, dans la rue et à l'intérieur, ce sera l'immatérialisation du bleu. L'espace coloré qui ne se voit pas, mais dans lequel on s'imprègne.

D'abord, il n'y a rien, ensuite, il y a un rien profond, puis une profondeur bleue.

Le mercredi 23 mai, à 23 heures, l'autorisation d'illuminer l'obélisque en bleu pour le soir de mon vernissage ayant été accordée par la Préfecture, Iris Clert et moi, nous avons rendez-vous place de la Concorde avec les techniciens de l'E.D.F. Quand nous arrivons, de loin déjà, nous sommes transportés d'enthousiasme par cette vision extraordinaire et d'une rare et exceptionnelle qualité. Les surfaces couvertes de hiéroglyphes deviennent une matière picturale d'une richesse profonde et mystérieuse, inouïe et bouleversante.

C'est grandiose.

Les essais sont en tout point concluants.

Samedi matin, à 8 heures, je me mets au travail dans la galerie. J'ai 48 heures pour la peindre entièrement, tout seul, et dimanche, tout doit être terminé pour l'aérer proprement ensuite avant le vernissage.

Le tapissier pose le dais lundi matin. Lundi après-midi, à 14 heures, j'écris mon discours d'inauguration du mouvement de la sensibilité que je prononcerai après le vernissage, vers 1 heure du matin, à la Coupole, entre amis, au drink final.

Tout est prêt, vers 19 heures, je suis dans la galerie. Soudain le téléphone retentit (le téléphone sera pendant l'exposition placé dehors, dans le couloir). C'est la Préfecture de police, une voix laconique m'annonce qu'on a décidé à la Préfecture de supprimer l'éclairage de l'obélisque à cause du caractère trop personnel de cette manifestation et de la publicité faite autour de ce geste par la radio et les journaux. Je suis effondré.

J'essaie de joindre Iris qui est partie se préparer pour le vernissage qui va commencer à 21 heures. Je la trouve, elle est désespérée, et se précipite à la Préfecture, mais c'est trop tard, tout le monde est parti, plus rien à faire. Le lendemain, nous apprenons que cette décision, brusque et imprévue, de l'autorité, est due aux coups de téléphone désobligeants et infâmes de jaloux qui ont protesté calomnieusement contre cette faveur officielle à mon égard.

A 20 heures, je me rends à la Coupole chercher le « cocktail bleu » préparé spécialement pour l'exposition.

A 20 heures 45, je suis à la galerie, derniers préparatifs. A 21 heures, arrivée de la Garde républicaine en grande tenue.

Paris, le 29 avril 1958

LETTRE OUVERTE

à Monsieur le Préfet de la Seine
Hôtel de Ville
Paris

Monsieur le Préfet,

Une injuste décision, émanant de votre autorité, a interdit l'illumination bleue de l'obélisque de la place de la Concorde. Ce geste, rien ne le justifiait, puisque vous aviez auparavant donné votre accord et que les services techniques de l'E.D.F. avaient procédé en ma présence, mercredi dernier, aux essais préliminaires.

Il ne s'agit pour vous sans doute que d'un acte administratif sans importance. Mais cette manifestation revêtait pour moi une bien autre signification. Elle consacrait l'aboutissement d'une série d'efforts et de recherches menées sans trêve depuis cinq ans, et tendant à prouver les immenses possibilités de la couleur et ses résonances affectives sur la sensibilité humaine. Elle trouvait sa place dans le calendrier des manifestations que j'organise en ce moment dans la galerie Iris Clert, rive gauche. Il n'y avait là aucune intention susceptible de troubler l'ordre public, mais la volonté d'affirmer devant tous ma conviction spirituelle la plus profonde.

En me privant, par un abus de pouvoir non motivé, des moyens d'affirmer la puissance du bleu, vous avez dépossédé Paris d'un spectacle rare et qui aurait contribué au prestige de notre capitale.

Au cours des essais techniques, j'ai eu l'immense joie de saisir enfin ma vision de l'obélisque bleu : j'en suis personnellement satisfait. Je regrette cette interdiction pour les autres, pour tous les spectateurs éventuels de cette minute inoubliable.

En m'indignant de cet acte d'aveugle autorité, je vous prie d'agréer, Monsieur le Préfet, l'expression de ma haute considération.

Yves Klein
artiste peintre

Je leur offre aussitôt un cocktail bleu d'honneur avant qu'ils se placent sous le dais, à l'entrée, au garde-à-vous.

Arrivée presque simultanée des 4 hommes du service d'ordre privé. Je leur explique leurs offices à chacun, ils répètent, et déjà, les premiers visiteurs arrivent...

21 heures 30. Tout est comble, le couloir est plein, la galerie aussi, dehors s'amasse la foule qui arrive difficilement à pénétrer à l'intérieur.

21 heures 45. C'est délirant. La foule est si dense qu'on ne peut plus bouger nulle part. Je me tiens dans la galerie même. Chaque 3 minutes, je crie et répète à haute voix aux personnes qui s'entassent dans la galerie de plus en plus (le service d'ordre n'arrive plus à les contenir et à régler les entrées et sorties) : « Mesdames, messieurs, veuillez avoir l'extrême gentillesse de bien vouloir ne pas stationner trop longtemps dans la galerie pour permettre aux autres visiteurs qui attendent dehors d'entrer à leur tour. »

21 heures 45. Restany arrive conduit par Bruning de Düsseldorf à Paris, juste en même temps que Kricke avec sa femme, qui sont venus aussi.

21 heures 50. J'aperçois soudain, dans la galerie, un jeune homme en train de dessiner sur un mur. Je me précipite, l'arrête et lui demande de sortir poliment, mais très fermement. En l'accompagnant jusqu'à la petite porte à l'extérieur de laquelle se trouvent les deux gardes (la foule dans la galerie est silencieuse et attend ce qui va se passer) je crie aux gardes qui sont à l'extérieur : « Saisissez cet homme et jetez-le dehors avec violence. » Il est littéralement extirpé et disparaît happé par mes gardes...

22 heures. La police en force (trois cars pleins) arrive par la rue de Seine ; les pompiers en force, eux aussi, avec même la grande échelle, arrivent par la rue Bonaparte, mais ne peuvent s'engager plus loin dans la rue des Beaux-Arts, à travers la foule, que jusqu'au niveau de la galerie Claude Bernard...

22 heures 10. 2 500 à 3 000 personnes sont dans la rue, la police par la rue de Seine, les pompiers par la rue Bonaparte tentent de repousser la foule vers les quais de la Seine. Pendant qu'une patrouille se présente à l'entrée pour demander des explications (certaines personnes furieuses

d'avoir payé 1 500 F d'entrée pour ne rien voir du tout de leurs yeux à l'intérieur sont allées se plaindre). Mes gardes du corps leur déclarent laconiquement et fermement : « Ici nous avons notre service d'ordre personnel, nous n'avons pas besoin de vous. » La patrouille ne peut pénétrer légalement et se retire.

22 heures 20. Arrivée du représentant de l'ordre de Saint-Sébastien en grande tenue (bicorne et cape à la croix de Malte rouge). Beaucoup de peintres se trouvent à un même moment dans la salle, Camille Bryen s'exclame : « En somme, c'est une exposition de peintres ici ! »

Dans l'ensemble, la foule entre dans la galerie en colère et ressort satisfaite pleinement. C'est ce que la grande presse sera contrainte de constater officiellement en écrivant que 40 % des visiteurs sont positifs, saisissant l'état sensible pictural et sont saisis par le climat intense qui règne, terrible, dans le vide apparent de la salle d'exposition.

22 heures 30. Les Gardes républicains se retirent écœurés, les élèves des Beaux-Arts depuis une heure, leur tapent sur l'épaule familièrement en leur demandant où ils ont loué leurs costumes et s'ils sont des figurants de cinéma !

22 heures 50. Cocktail bleu épuisé, on court à la Coupole en chercher encore. Arrivée de deux jolies Japonaises en kimonos extraordinaires.

23 heures. La foule qui a été dispersée au-dehors par la police et les pompiers revient par petits groupes exaspérés. A l'intérieur, ça grouille toujours autant.

Minuit et demi. Nous fermons et partons à la Coupole.

A la Coupole, grande table de quarante personnes, au fond.

1 heure du matin. Je prononce en tremblant de fatigue mon discours révolutionnaire.

1 heure 15. Iris s'évanouit.

Lendemain matin. Convocation urgente d'Iris à la Garde républicaine. Là, elle subit un interrogatoire de deux heures et est inculpée d'atteinte à la dignité de la République.

Tout est réparé le lendemain lorsque le commandant en chef de la Garde vient visiter lui-même les lieux (du soi-disant délit, d'après les calomniateurs). (Voir documents officiels.)

L'exposition prévue pour huit jours doit être prolongée une semaine de plus. Chaque jour plus de deux cents visiteurs se précipitent à l'intérieur du siècle.

L'expérience humaine est d'une portée considérable presque indescriptible. Certains visiteurs ne pourront pas entrer comme si un mur invisible les en empêchait. L'un des visiteurs me crie un jour de la porte : « Je reviendrai quand ce vide sera plein... » Je lui réponds, lorsqu'il sera plein vous ne pourrez plus entrer !

Souvent des personnes restent des heures à l'intérieur sans dire un mot et certaines tremblent ou se mettent à pleurer.

Paris, le 1er mai 1958

Madame,

Je vous prie de nous excuser du déplacement auquel nous vous avons obligée hier, et de l'« interrogatoire » que nous vous avons fait subir.

Je joins à cette lettre une copie de la transmission du rapport du lieutenant qui vous a reçue. Je vous prie de n'en point faire état.

J'espère que cette histoire ne comportera aucune suite, et vous tiendrai au courant.

J'ai visité votre exposition, et ai regretté votre absence. Vous arriverez à toucher le grand public, après avoir conquis ce qu'on appelle « les élites », souvent de moins bon goût que la masse.

Il vous faudra, pour cela, remuer beaucoup d'opinions, vaincre beaucoup de préjugés, et essuyer pas mal de déconvenues et de sarcasmes. Je pense que vous êtes taillée pour surmonter tout cela, et, votre enthousiasme et votre sincérité aidant, que vous y parviendrez. En tout cas, je vous souhaite de réussir.

Je vous prie de donner mes amitiés à Monsieur Klein que j'ai eu beaucoup de plaisir à rencontrer, et de croire, Madame, à mes hommages respectueux.

F. Delisle

Jean Tinguely : Pour un ultime hommage

I.K.B.

(INTERNATIONAL Klein Blue

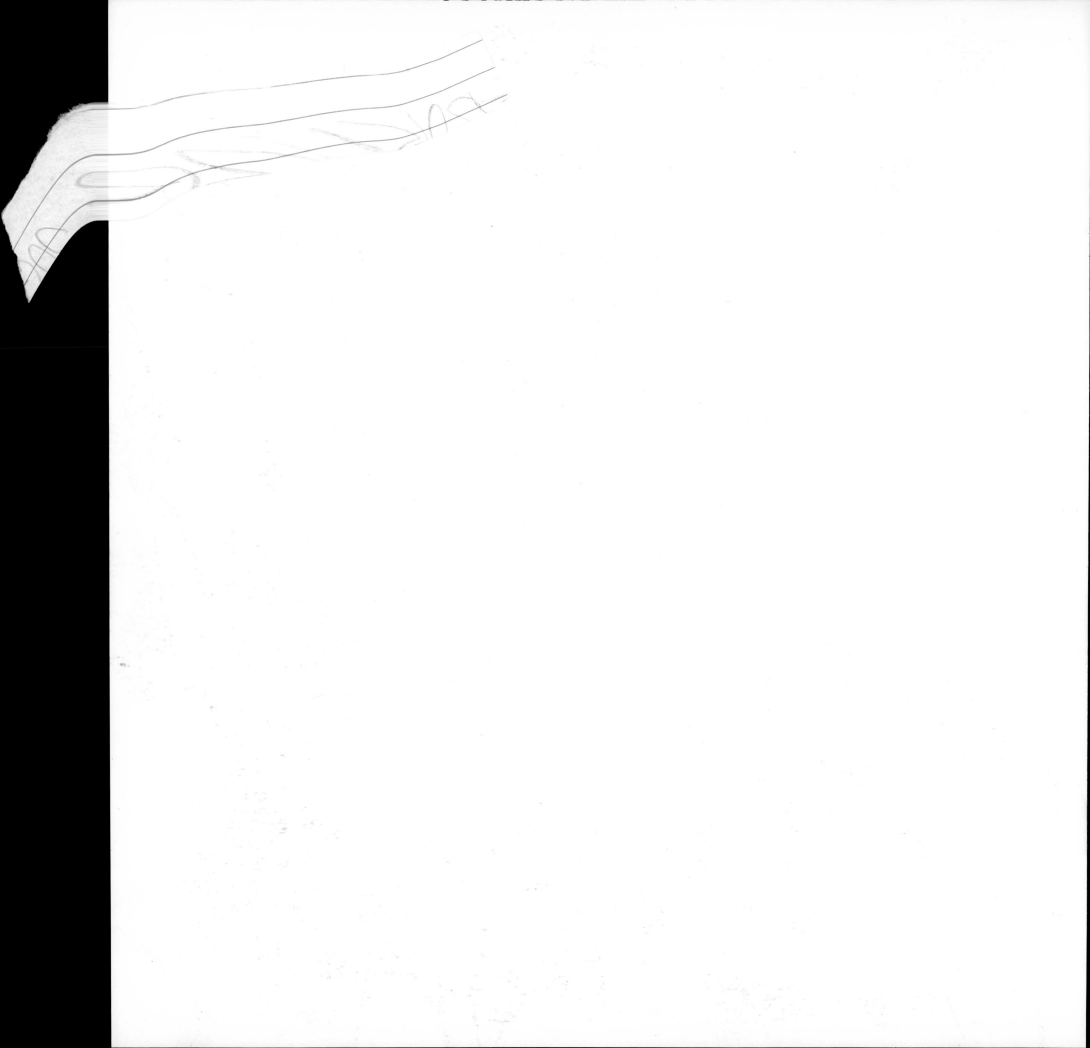

Yves Klein

le
merveilleux

Yves
le
Sysiphe
-iste

Sysiphos

Le MONOCHROME

Yves Klein : est un - /Attaccant superbe

→ Foudroyant - ~~Classik~~ (Ataquant ?) le Météor

→ fait l'Acte Gratuit total.

~~Vite~~→ est très FORT et souple.

→ Pulverisateur des donné établie.

→ ARCHItEcte Génial (beau) -

→ Grand maitre & très bon MEGAlomane.

→ le meilleur CAMARade.

→ Le meilleur PROVOCateur que j'ai trouvé.

→ UN (GRAND) Poète ⟶ très RICHE

→ Concentré / Frequentable ?

→ ~~Absolument→ Fraiquentable~~ → Aère

→ Percutant et vraiment vivant

→ un très Grand INVenteur

→ Logique ~~ubssa~~ & absurde

& Efficaçsse ⌐ & Humain &

AGRéable & ANTi ~~fascist~~ Faschiste

(sinon jamais ~~Kui~~ "ANTi ")

→ très bon Peintre

→ GRAND Sculpteur

W Yves :

Jean TINguely →

le 12. oct. 1967

toujours OK 1183

(MeTA centre)

RAGtime & Yves le MONOCHROMe

es : »Der
Einzige
und sein Eigentum «
MAX STIRNER

Pour rendre
un ultime hommage à Yves Klein
entre l'Aventure monochrome
et le Dialogue avec moi-même

Jean Tinguely
a composé une série
de collages, d'aquarelles
et de dessins

qui sont ici reproduits
grâce à l'obligeance
de la Georges Pompidou Art and Culture
Foundation et de la Menil Collection.

Paris, janvier 1983.

Yves Klein
dialogue avec lui-même

Symphonie monoton : 1 mn 15. Ensuite Yves Klein commence à parler :

« Mais...
en train de créer quelque chose, seul
pour eux le principal
c'est
de savoir
en somme que
la vérité
n'existe pas
seule
l'honnêteté existe
l'honnêteté
elle est
toujours de mauvais goût
puisque après tout
l'honnêteté
tant qu'elle est humaine
elle n'est
qu'un ensemble de lois
d'optique apprises etc. etc.
Mais
ça devient
la vie
la vie elle-même
la puissance cette force étrange de la vie
qui n'appartient ni à vous ni à moi ni à personne
la vie c'est la vie...

tout ce que
j'ai dit là
tout ce que je viens de dire
c'est pour essayer
de m'approcher de ce que je veux faire ce soir
mais je n'y arrive pas encore
tout ce que j'ai dit là
c'est faible c'est de la blague
c'est du petit racontar devant soi-même
non c'est très
difficile de prononcer
la pensée...
je tente
cette expérience
parce que je voudrais ne pas avoir à écrire
en écrivant
c'est curieux
on peut penser mieux on peut
rêver mieux
et tracer sur papier inscrire
écrire
mais
en parlant on s'entend
on articule
on prononce
très curieux
je ne comprends pas très bien encore ce qui se passe

en écrivant évidemment
on peut mieux
réfléchir
se concentrer
pour retrouver
ce qui s'est passé
vraiment
pendant l'acte
de penser
penser n'est pas exactement
le mot
quand on pense
souvent on n'est pas illuminé
l'illumination
elle elle est pensée plus autre chose
plus la visite de l'esprit
cet esprit étrange
on ne peut pas dire
qu'il n'existe pas tout de même cet esprit
même si on est matérialiste
il existe
c'est un moment favorable
peut-être un moment organique favorable
tout fonctionne soudain très bien...

C'est terrible parce que
j'ai un magnétophone
je peux tenter cette expérience
j'étais là
on venait de terminer de dîner
et ça y est ça a commencé tout à coup
oh! c'était une rêverie illuminée
assez ordinaire dans le fond
j'en ai eu de bien plus vastes
de bien plus enthousiasmantes
mais
ça revenait
la visite
c'était comme ça soudain
alors là je me suis tout à coup dit
il faut tenter de tout de même une fois
de dire
essayer de
rêver
continuer à rêver
en parlant...
entendre...
essayer de capter cette atmosphère de l'esprit
mais je n'y arrive plus maintenant j'ai envoyé
aussitôt Rotraut se promener
mais
ça n'était pas possible
elle ne comprenait pas pourquoi je l'ai envoyée se promener
elle ne voyait pas la raison pour laquelle
je l'ai envoyée se promener
je lui en ai donné une comme ça
celle d'aller chercher une fille pour coucher avec
je me suis dit dans le fond
si ça marche
ce sera agréable

et puis aussi
si ça ne marche pas ça risque
de me remettre dans la rêverie
car
c'est étrange mais
après avoir parlé ainsi
je sens
que si j'avais
de la sensualité autour de moi
une sensualité
intelligente
saine honnête
non sentimentale
je pourrais peut-être
retourner
et parler

ce n'est pas bien réaliste tout ce que je viens de dire
dans le fond
ce que je voudrais
c'est vraiment mettre à nu
tout ce qui se passe
en moi
tout ce que je veux tout ce que je ne veux pas
tout ce que je suis tout ce que je ne suis pas etc. tout ça
je voudrais vraiment
l'enregistrer
enregistrer
la manière dont je me parle à moi-même
durant
des rêveries
en me parlant à moi-même
je me rappelle
des détails maintenant tiens
ça commence
je peux à la fois me parler à moi-même
comme à la fois
parler à d'autres les entendre répondre
calculer leurs réponses
si je dis ça il répondra ça
voilà c'est comme ça que ça se passe
en somme
il y a beaucoup de suppositions
ça c'est quand on trace des plans quand on
calcule
en somme si je fais ça il arrivera ça
si je fais ceci
il se passera ça
on analyse bien
tout
en conséquence
des actes
et conclusions
est-ce que ça vaut la peine
est-ce que c'est intéressant de commencer
ou bien vaut-il mieux ne rien faire du tout
vaut-il mieux s'intéresser à autre chose
vaut-il mieux changer complètement de sujet...
alors...
changer de sujet

faire autre chose
c'est ce que je fais
je révise toujours avant de quitter le sujet toutes
les possibilités...
dans le domaine de l'art par exemple
et de la création de mes œuvres.

C'est amusant parce que
d'abord j'ai une idée
puis en général
je vois déjà comment elle sera réalisée
assez
brutalement
je vois des détails
des petites choses
des petits détails de construction
je la dessine volumétriquement dans l'espace de mon imagination
je la construis
j'en fais un archétype
puis
cet archétype
je le soumets en somme
à
une comparaison à tout ce que je sais
qui a existé
pour savoir
si je ne suis pas en train de refaire quelque chose qui a été fait déjà
ça ne devrait pas être
puisque dans le fond
ça n'a aucune importance
si ça a été fait déjà mais je n'aime pas
faire quelque chose que quelqu'un d'autre a fait
ou explorer quelque chose que quelqu'un d'autre a déjà exploré
je n'aime pas aller dans un territoire où quelqu'un est déjà allé
quelqu'un de ma race
n'importe comment
c'est-à-dire humaine
si l'idée a la chance d'être très vierge
de n'avoir été visitée
par
aucun humain encore dans l'histoire
à travers l'histoire
alors
rassuré
je recommence à penser
de manière constructive
dans le sens est-ce valable
est-ce que ce sera une fois
matérialisé une fois créé...
oui une fois créé par moi
est-ce que ce sera
permanent est-ce que ça aura
une valeur
en somme est-ce que je vais créer quelque chose qui
sera une entité
un compagnon
des autres comme de moi-même c'est-à-dire de nous tous et d'un seul à la fois
un compagnon étrange de la sensibilité
et
j'étudie bien cela dans tous les détails

mais alors là c'est là où c'est difficile de parler
car j'étudie ça
en qualité
c'est-à-dire
je cherche
je ne peux pas exprimer encore bien
ce que je veux dire je cherche
une sorte...
je ne trouve pas les mots...
je vois son rayonnement
je la vois visuellement
en somme
la chose
comme si elle était créée
en comparaison
avec d'autres
et puis aussi sans comparaison en me disant
mais dans le fond
pourquoi comparer
ça
n'a aucune
raison d'être
et
ça doit
être
et ça est déjà
mais
est-ce que ça a de la qualité
est-ce que
c'est nécessaire
est-ce que c'est vrai
est-ce que
c'est beau et laid à la fois
est-ce que c'est bien et mal à la fois
est-ce que c'est complet
c'est très curieux parce que
je me dis tout ça
et je vois toujours l'œuvre
et pendant ce temps
je sens
qu'elle se fait
et qu'un rayonnement commence
à émaner d'elle
et me répond
et converse avec moi
ça c'est plutôt pour
expliquer comment
va se passer la création
la création d'un objet
c'est-à-dire un tableau une sculpture une peinture
en réalité
c'est toujours la même chose
ce que je crée
et ce qu'il y a de plus valable dans ce que je crée
et ce que je ne crée pas
puisque c'est ça qui m'intéresse
ce que je fais en ce moment
m'analyser moi-même
analyser ma manière de penser
me mettre à nu

c'est indécent
je le sais
ça ne devrait pas se faire
c'est romantique
c'est
psychologique
je n'aime pas le psychologique
mais pourquoi je fais ça
parce que je me dis
au-delà
de cette rêverie
affective
éveillée
extralucide
visitée par l'esprit
etc. etc.
cette rêverie
qui en somme visite un humain
elle est humaine
elle correspond avec l'humain
elle est universelle mais elle est humaine
eh bien si je me mets à nu ainsi
comme les gens vivront nus dans
l'architecture de l'air
car il n'y aura plus d'intimité
on saura tout ce que les autres pensent
tout ce que les autres font
peut-être
une autre intimité viendra alors
de plus loin de plus loin encore
quelque chose
dont nous ne pouvons même pas
nous faire une idée aujourd'hui
et qui existe
et ce qui est étrange c'est de penser qu'au-delà de ça
existe encore autre chose aussi encore plus grand et plus vaste
et ainsi de suite et ainsi de suite
alors je ne sais plus très bien
faut-il profiter bêtement
des moments simples et bêtes de la vie
être simplement un humain normal
sans se forcer sans
simplement être soi-même comme on est
ou alors faut-il être intelligent
faut-il
penser
faut-il
être honnête c'est-à-dire aller toujours plus loin
tenter d'aller toujours plus loin...
c'est la logique de l'honnêteté
ou alors faut-il tout simplement ne pas s'en faire
vivre bien
vivre heureux
être irresponsable
c'est ça dans le fond
c'est la responsabilité que commande
la prise de conscience
qu'il y a toujours mieux
le perfectionnisme
dans le fond

je suis
un perfectionniste
mais est-ce que c'est mauvais ça
parce qu'on n'est jamais heureux
on sait que toujours il y a mieux et qu'on peut faire mieux
il existe mieux il existe au-delà
jamais satisfait...
et puis
d'autre part
être satisfait
c'est médiocre
on est là on est satisfait
on ne sait plus quoi faire
et on ne fait rien
parce que
sans ça on n'est plus satisfait
on a la philosophie
de
s'immobiliser
d'être
bêtement en sachant
que
des milliers d'autres possibilités existent
ça vient du tempérament
je sais qui vous pousse
qui pousse les gens comme moi à chercher plus loin
et d'autres à rester là où ils sont
et pourtant
c'est là où on est
qui est intéressant aussi
il faudrait pouvoir à la fois rester là où on est
aller toujours plus loin
en somme c'est la mesure
c'est la mesure qui compte toujours l'éternelle mesure
est-ce que vraiment
la France est le pays de la mesure ça
on le dit
et je n'en sais rien
mais il est certain aussi que
c'est depuis que je suis rentré ici
de mon voyage en Amérique de trois mois
que je me sens de nouveau
capable de penser à cette mesure
que je n'observe pas du tout que je ne connais
pas du tout encore
et que j'admire
et que j'envie et cependant
que je voudrais comprendre
et que je voudrais vivre
cette mesure toute-puissante créatrice
et tranquille à la fois
paisible
et
dynamique et
exclusive à la fois. »

Sur la monochromie

YVES KLEIN

De jeunes peintres tels que Alberto Burri, Tapiès, Mack, Dawing, Jonesco, Piene, Manzoni, Mubin, et d'autres encore, que je ne connais pas, en viennent à peindre d'une manière presque monochrome à présent. Mais ce n'est pas grave pour moi, bien au contraire. Ce n'est pas important, « qui a fait le premier un tableau monochrome ».

Malevitch, par une voie différente qui est l'exaspération de la forme, en est arrivé presque à la monochromie bien que ça n'ait jamais été son but, cela quarante ans avant moi (*Carré blanc sur fond blanc* du Musée d'art moderne de New York).

Un peintre polonais, disciple de Malevitch, a peint des monochromes avec une composition de formes en relief dans la manière dite « Uniste ». Tout cela n'est pas important. C'est l'idée fondamentale qui importe à travers les siècles, moi, je considère comme réel précurseur de la monochromie que je pratique, Giotto, pour ses monochromes bleus d'Assise (appelés découpages du ciel par les historiens d'art mais qui sont bien des fresques monochromes unies) et les hommes préhistoriques qui peignaient entièrement l'intérieur de leur caverne en bleu de cobalt. Et puis, il y a les écrits des peintres à la pensée monochrome, tels que Van Gogh, Delacroix. Moi, je me considère du côté lyrique de la peinture.

Ces exaspérés de la forme, les Polonais Unistes, les suprématistes et les néoplasticiens, vivent toujours dans le visuel, le côté académique de la peinture. Je vais m'étendre un peu sur ce cas, car il m'apparaît important aujourd'hui de faire (provisoirement, en tout cas) le point.

En juin 1957, j'exposais à Londres, et là j'eus l'occasion de rencontrer et de parler longuement du cas Malevitch avec un attaché de l'ambassade soviétique.

Il me raconta comment, quelque temps après la révolution d'octobre, Malevitch et quelques-uns de ses élèves ou suiveurs organisèrent une grande exposition à Moscou ; certains de ses disciples exposaient même, paraît-il, des surfaces rectangulaires ou carrées complètement unies, blanches, noires, ou colorées, mais bien dans l'intention de réduction aux phénomènes formes, et non couleurs. Par un manifeste qui est, paraît-il, épuisé et perdu, Malevitch et ses compagnons ont déclaré à cette occasion qu'ils considéraient avoir atteint les limites de la peinture, et que, par conséquent, ils retournaient à présent à la collectivité.

Ils se seraient, en effet, tous séparés pour aller travailler en usine, ou aux champs dans les kolkhozes dès la clôture de l'exposition.

Cette histoire, vraie ou fausse, est bouleversante car elle montre où des hommes honnêtes peuvent être conduits par l'obscurantisme que produit l'académisme, c'est-à-dire la peur...

La ligne et ses conséquences, contours, formes, composition, etc. avaient détourné ces chercheurs passionnés vers une impasse par le pouvoir de suggestion d'une réalité éphémère. Le matérialisme dialectique. La poésie, la sensibilité les avaient abandonnés à l'embranchement de la vie éternelle et de la fatalité où ils auraient dû, s'ils avaient été de vrais peintres, se diriger vers le pouvoir pictural affectif absolu de la couleur. En atteignant ainsi à l'exaspération de la forme sans plus d'espoir immatériel et spirituel que donne la couleur, il était tout naturel pour eux de quitter l'art et d'entrer au travail avec les camarades de la grande expérience sociale communiste, qui est, elle aussi, tout à fait dans cet esprit-là, « l'exaspération du matérialisme dialectique, et le terre à terre réalisme bien tangible ». Le communisme soviétique est bien une exaspération de la forme, aussi, dans le sens de la structure sociale en opposition aux sociétés chrétiennes, et aux civilisations illuminées du Moyen Age. C'est ainsi que le communisme unifie, monochromise, mais en tuant l'individu, l'âme, alors que la démocratie chrétienne tente de dynamiser l'individu avec le défaut, cependant, de préciser la personnalité et de l'amener à une conception de l'unité collective par son fond affectif et spirituel, et non pas par son patrimoine matériel.

Je me permets ici de rappeler que dans ma peinture, j'ai toujours cherché à préserver chaque grain de pigment poudre d'une quelconque altération, qui m'éblouissait de son rayonnement à l'état naturel, en le mélangeant à un médium pour le fixer sur la toile. L'huile tue l'éclat du pigment pur, mon médium ne le tue pas, ou beaucoup moins, toutefois.

Dans la querelle Ingres-Delacroix, je vois le départ du côté Ingres d'une lignée d'académistes terrorisés par l'espace qui aboutirait pour moi en passant par le réalisme (Courbet), les cubistes (dans le sens théorique et non pas dans les cas exceptionnels où les peintres sont des peintres malgré eux, malgré leur attachement à travailler d'après une théorie), Dada, les néo-plasticiens, Unistes et tous les abstraits, dits froids ou géométriques, pour en arriver à Malevitch, le comble de l'exaspération de la forme.

Alors que du côté de Delacroix, on peut atteindre nos jours par le lyrisme des impressionnistes, pointillistes, fauves, d'un certain surréalisme affectif, des abstraits lyriques jusqu'à la monochromie que je pratique et qui n'est pas la monoforme du tout, mais qui est, par la couleur, la recherche en toute sensibilité de l'immatériel de l'art.

Ici, je citerai ce passage extrait de *L'Air et les songes* de Gaston Bachelard, page 293 : « On nous objectera sans doute que nous faisons état d'une image bien spéciale. On nous objectera aussi que notre désir de penser une image pourrait se satisfaire du vol de l'oiseau qui, lui aussi, est emporté dans sa totalité par son élan, qui, lui aussi, est emporté par sa trajectoire. Mais ses lignes ailées dans le ciel bleu sont-elles autre chose pour nous que le trait de craie sur le tableau noir dont on a si souvent dénoncé l'abstraction ? De notre point de vue particulier, elles gardent la marque de leur insuffisance, elles sont visuelles, elles sont dessinées, simplement dessinées, elles ne sont pas têtues dans leur volonté, qu'on cherche tant qu'on voudra, il n'y a guère que le vol onirique qui nous permette, en notre totalité, de nous constituer comme mobile, comme un mobile conscient de son unité, en vivant de l'intérieur, la mobilité totale et une. »

J'ai interrogé à la Biennale de Venise en septembre 1958 un critique d'art soviétique sur Malevitch pour contrôler la valeur de ce que m'avait communiqué le diplomate russe de Londres un an auparavant. Sa réponse a été quelque peu différente. Il m'a dit que Malevitch, après cette fameuse exposition de groupe, avait commencé à peindre (et cela avait ensuite duré jusqu'à sa mort, soit dix ans environ) dans une manière réaliste trompe-l'œil, style seyant, etc. et voilà où le visuel et l'exaspération de la forme conduisent quand on s'écarte de la réelle valeur de la peinture : la couleur. Ils conduisent aux misérables « trompe-l'œil » !

On ne peut pas douter de l'honnêteté de Malevitch. On ne peut pas supposer qu'un tel homme que je respecte profondément pour son engagement absolu (car pour moi il est un peintre malgré lui comme je l'ai déjà dit) et c'est là où ça devient dramatique : qu'il ait été contraint par le régime d'en venir là. Kandinsky quitta la Russie après la révolution d'octobre, pour travailler libre. Malevitch aurait été certainement un homme à quitter la Russie aussi s'il s'y était senti mal à l'aise, pour continuer à peindre et évoluer dans sa manière. Or, affectivement, il avait atteint non pas les limites de la peinture mais les limites de son art, de sa peinture à lui qui déjà, n'était plus (en réalité) de la peinture dès le moment où il avait abandonné l'illumination de liberté totale par la couleur.

Jamais par la ligne, on n'a pu créer dans la peinture une quatrième, cinquième ou une quelconque autre dimension ; seule, la couleur peut tenter de réussir cet exploit.

La monochromie est la seule manière physique de peindre permettant d'atteindre à l'absolu spirituel. En imaginant que le cinéma ait toujours existé, que l'on n'ait connu que des images mouvantes, le créateur d'une éventuelle image fixe aurait été aujourd'hui génial.

Manifeste de l'hôtel Chelsea

YVES KLEIN

Attendu que j'ai peint des monochromes pendant quinze ans,

Attendu que j'ai créé des états de peinture immatérielle,

Attendu que j'ai manipulé les forces du vide,

Attendu que j'ai sculpté le feu et l'eau et que, du feu et de l'eau, j'ai tiré des peintures,

Attendu que je me suis servi de pinceaux vivants pour peindre, en d'autres termes du corps nu de modèles vivants enduits de peinture, ces pinceaux vivants étant constamment placés sous mes ordres, du genre : « un petit peu à droite ; et maintenant vers la gauche ; de nouveau un peu à droite », etc. Pour ma part, j'avais résolu le problème du détachement en me maintenant à une distance définie et obligatoire de la surface à peindre.

Attendu que j'ai inventé l'architecture et l'urbanisme de l'air – bien sûr, cette nouvelle conception transcende le sens traditionnel des termes « architecture » et « urbanisme », mon but, à l'origine, étant de renouer avec la légende du paradis perdu. Ce projet a été appliqué à la surface habitable de la Terre par la climatisation des grandes étendues géographiques, à travers un contrôle absolu des situations thermiques et atmosphériques, dans ce qui les relie à notre condition d'êtres morphologiques et psychiques.

Attendu que j'ai proposé une nouvelle conception de la musique avec ma « Symphonie monoton »,

Attendu que, parmi d'autres aventures sans nombre, j'ai recueilli le précipité d'un théâtre du vide,

Je n'aurais jamais cru, il y a quinze ans, à l'époque de mes premières tentatives, qu'il m'arriverait un jour, brusquement, d'éprouver le besoin de me justifier – la nécessité de satisfaire votre désir de savoir les pourquoi et les comment de tout ce qui s'est passé, et les pourquoi et les comment de ce qui est encore plus dangereux pour moi, à savoir l'influence de mon art sur les jeunes générations d'artistes à travers le monde d'aujourd'hui. Je suis gêné d'entendre dire qu'un certain nombre d'entre eux pensent que je représente un danger pour l'avenir de l'art – que je suis l'un de ces produits désastreux et nocifs de notre époque qu'il est indispensable d'écraser et de détruire complètement avant que les progrès du mal aient pu s'étendre. Je suis désolé d'avoir à leur apprendre que telles n'étaient pas mes intentions ; et d'avoir à déclarer avec plaisir, à l'intention de ceux qui ne croient pas au destin d'une multiplicité de nouvelles possibilités que ma démarche laisse entrevoir : « Attention ! » Aucune cristallisation de ce genre ne s'est encore produite ; je suis incapable de me prononcer sur ce qui se passera après. Tout ce que je peux dire c'est qu'aujourd'hui je ne me sens plus aussi effrayé qu'autrefois de me trouver face au souvenir du futur.

Un artiste se sent toujours un peu gêné quand on lui demande de s'expliquer sur son œuvre. Ses ouvrages devraient parler par eux-mêmes, particulièrement quand il s'agit d'ouvrages de valeur.

Par conséquent que dois-je faire ? Faut-il que je m'arrête ?

Non ! car ce que j'appelle l'« indéfinissable sensibilité picturale » interdit absolument, et précisément, cette solution personnelle.

Alors...

Alors je pense à ces mots qu'une inspiration soudaine me fit écrire un soir : « L'artiste futur ne serait-il pas celui qui, à travers le silence, mais éternellement, exprimerait une immense peinture à laquelle manquerait toute notion de dimension ? »

Les visiteurs des galeries – toujours les mêmes, et comme tout le monde – porteraient avec eux cette immense peinture, dans leur mémoire (une mémoire qui ne dériverait pas du tout du passé mais qui serait à elle seule la connaissance d'une possibilité d'accroître indéfiniment l'incommensurable à l'intérieur de la sensibilité humaine de l'indéfinissable). Il est toujours nécessaire de créer et de recréer dans une incessante fluidité physique en sorte de recevoir cette grâce qui permet une réelle créativité du vide.

De la même manière que je créai une « Symphonie monoton » en 1947, compo-

sée de deux parties – un énorme son continu suivi d'un silence aussi énorme et étendu, pourvu d'une dimension illimitée –, je vais tenter aujourd'hui de faire défiler devant vous un tableau écrit de ce qu'est la courte histoire de mon art, ce qui sera suivi naturellement, à la fin de mon exposé, d'un pur silence affectif.

Mon exposé se terminera par la création d'un irrésistible silence « a posteriori », dont l'existence dans notre espace commun qui n'est autre, après tout, que l'espace d'un seul être vivant, est immunisée contre les qualités destructrices du bruit physique.

Cela dépend beaucoup du succès de mon tableau écrit dans sa phase technique et audible initiale. C'est alors seulement que l'extraordinaire silence « a posteriori », au milieu du bruit aussi bien que dans la cellule du silence physique, engendrera une nouvelle et unique zone de sensibilité picturale de l'immatériel.

Ayant aujourd'hui atteint ce point de l'espace et de la connaissance, je me propose de me ceindre les reins, puis de reculer de quelques pas, rétrospectivement, sur le plongeoir de mon évolution. A la manière d'un champion olympique de plongeon, dans la plus classique technique du sport, je dois me préparer à faire le plongeon dans le futur d'aujourd'hui en reculant tout d'abord avec la plus extrême prudence, sans jamais perdre de vue cette limite consciemment atteinte aujourd'hui – l'immatérialisation de l'art.

Quel est le but de ce voyage rétrospectif dans le temps ? Simplement je voudrais éviter que vous ou moi nous ne tombions au pouvoir de ce phénomène des rêves qui décrit les sentiments et les paysages qui seraient provoqués par notre brusque atterrissage dans le passé. Ce passé qui est précisément le passé psychologique, l'anti-espace, que j'ai abandonné derrière moi au cours des aventures vécues depuis quinze ans.

A présent, je me sens particulièrement enthousiasmé par le « mauvais goût ». J'ai la conviction intime qu'il existe là, dans l'essence même du mauvais goût, une force capable de créer des choses qui sont situées bien au-delà de ce que l'on appelle traditionnellement l'« œuvre d'art ». Je veux jouer avec la sentimentalité humaine, avec sa « morbidité », froidement et férocement. Ce n'est que très récemment que je suis devenu une sorte de fossoyeur de l'art (assez curieusement, j'utilise en ce moment les termes mêmes de mes

ennemis). Quelques-unes de mes œuvres les plus récentes sont des cercueils et des tombes. Et dans le même temps je réussissais à peindre avec du feu, utilisant pour ce faire des flammes de gaz particulièrement puissantes et dessiccantes, dont certaines avaient près de trois à quatre mètres de hauteur. Je leur faisais lécher la surface de la peinture de telle sorte que celle-ci enregistrait la trace spontanée du feu.

En somme, mon propos est double : tout d'abord enregistrer l'empreinte de la sentimentalité de l'homme dans la civilisation actuelle ; et ensuite, enregistrer la trace de ce qui précisément avait engendré cette même civilisation, c'est-à-dire celle du feu. Et tout ceci parce que le vide a toujours été ma préoccupation essentielle ; et je tiens pour assuré que, dans le cœur du vide aussi bien que dans le cœur de l'homme, il y a des feux qui brûlent.

Tous les faits qui sont contradictoires sont d'authentiques principes d'une explication de l'univers. Le feu est vraiment l'un de ces principes authentiques qui sont essentiellement contradictoires les uns aux autres, étant en même temps la douceur et la torture dans le cœur et dans l'origine de notre civilisation. Mais qu'est-ce qui provoque en moi cette recherche de la sentimentalité à travers la fabrication de super-tombes et de super-cercueils ? Qu'est-ce qui provoque en moi cette recherche de l'empreinte du feu ? Pourquoi faut-il que j'en cherche la trace elle-même ? Parce que tout travail de création, sans tenir compte de sa position cosmique, est la représentation d'une pure phénoménologie – tout ce qui est phénomène se manifeste de lui-même. Cette manifestation est toujours distincte de la forme, et elle est l'essence de l'immédiat, la trace de l'immédiat.

Il y a quelques mois, par exemple, je ressentis l'urgence d'enregistrer les signes du comportement atmosphérique en recevant sur une toile les traces instantanées des averses du printemps, des vents du sud et des éclairs. (Est-il besoin de préciser que cette dernière tentative se solda par une catastrophe ?) Par exemple, un voyage de Paris à Nice aurait été une perte de temps si je ne l'avais pas mis à profit pour faire un enregistrement du vent. Je plaçai une toile, fraîchement enduite de peinture, sur le toit de ma blanche Citroën. Et tandis que j'avalais la nationale à cent kilomètres à l'heure, la chaleur, le froid, la lumière, le vent et la pluie firent en sorte que ma toile se trouva prématurément vieillie. Trente ou quarante ans au moins se trouvaient réduits à une seule journée. La seule chose ennuyeuse dans ce projet était que de tout le voyage je ne pouvais me séparer de ma peinture.

Les empreintes atmosphériques que j'enregistrai il y a quelques mois avaient été précédées d'empreintes végétales. Après tout, mon but est d'extraire et d'obtenir la trace de l'immédiat dans les objets naturels, quelle qu'en soit l'incidence – que les circonstances en soient humaines, animales, végétales ou atmosphériques. Je voudrais maintenant, avec votre permission – et je vous demande la plus extrême attention – vous révéler la phase de mon art qui est peut-être la plus importante et certainement la plus secrète. Je ne sais pas si vous allez me croire ou non, mais c'est le cannibalisme. Après tout ne serait-il pas préférable d'être mangé que d'être bombardé à mort ?

Il m'est très difficile de développer cette idée qui m'a tourmenté pendant des années. Aussi je vous la livre telle quelle afin que vous en tiriez vos propres conclusions à propos de ce que je pense être l'avenir de l'art. Si nous faisons de nouveau un pas en arrière suivant les lignes de mon évolution, nous arrivons au moment où j'imaginai de peindre avec l'aide de pinceaux vivants. Il y a deux ans de cela. Le but de ce procédé était de parvenir à maintenir une distance définie et constante entre la peinture et moi pendant le temps de la création.

Bien des critiques se sont écriés que par cette méthode de peinture je ne faisais rien d'autre que recréer simplement la technique de ce que l'on a appelé l'« action painting ». Mais j'aimerais maintenant que l'on se rende bien compte que cette entreprise se distinguait de l'« action painting » en ceci que je suis en fait complètement détaché de tout travail physique pendant le temps que dure la création.

Pour ne citer qu'un exemple des erreurs anthropométriques entretenues à mon sujet par les idées déformées répandues par la presse internationale, je parlerai de ce groupe de peintres japonais qui, avec la plus extrême ardeur, utilisèrent ma méthode d'une bien étrange façon. Ces peintres se transformaient tout bonnement eux-mêmes en pinceaux vivants. En se plongeant dans la couleur et en se roulant sur leurs toiles, ils devinrent les représentants de l'« ultra-action painting » ! Personnellement, jamais je ne tenterai de me barbouiller le corps et de devenir ainsi un pinceau vivant ; mais au contraire, je me vêtirais plutôt de mon smoking et j'enfilerais des gants

blancs. Il ne me viendrait même pas à l'idée de me salir les mains avec de la peinture. Détaché et distant c'est sous mes yeux et sous mes ordres que doit s'accomplir le travail de l'art. Alors, dès que l'œuvre commence son accomplissement, je me dresse là, présent à la cérémonie, immaculé, calme, détendu, parfaitement conscient de ce qui se passe et prêt à recevoir l'art naissant au monde tangible.

Qu'est-ce qui m'a conduit à l'anthropométrie ? La réponse se trouve dans les œuvres que j'ai exécutées entre 1956 et 1957 alors que je prenais part à cette grande aventure qu'était la création de la sensibilité picturale immatérielle.

Je venais de débarrasser mon atelier de toutes mes œuvres précédentes. Résultat : un atelier vide. Tout ce que je pouvais faire physiquement était de rester dans mon atelier vide, et mon activité créatrice d'états picturaux immatériels se déployait merveilleusement. Cependant, petit à petit, je devenais méfiant, vis-à-vis de moi-même, mais jamais vis-à-vis de l'immatériel. A partir de ce moment-là je louais des modèles à l'exemple de tous les peintres. Mais contrairement aux autres, je ne voulais que travailler en compagnie des modèles et non pas les faire poser pour moi. J'avais passé beaucoup trop de temps seul dans cet atelier vide : je ne voulais plus y rester seul avec ce vide merveilleusement bleu qui était en train d'éclore.

Quoique cela puisse paraître étrange, souvenez-vous que j'étais parfaitement conscient du fait que je n'éprouvais nullement ce vertige ressenti par tous mes prédécesseurs quand ils se sont trouvés face à face avec le vide absolu qui est tout naturellement le véritable espace pictural. Mais à prendre conscience d'une telle chose, combien de temps serais-je encore en sécurité ?

Il y a de cela des années, l'artiste allait tout droit à son sujet, il travaillait à l'extérieur, dans la campagne, et il avait les pieds sur la terre – salutairement.

La peinture ne me paraissait plus devoir être fonctionnellement reliée au regard lorsque, au cours de ma période monochrome bleue de 1957, je pris conscience de ce que j'ai appelé la sensibilité picturale. Cette sensibilité picturale existe au-delà de nous et pourtant elle appartient encore à notre sphère. Nous ne détenons aucun droit de possession sur la vie elle-même. C'est seulement par l'intermédiaire

de notre prise de possession de la sensibilité que nous pouvons acheter la vie. La sensibilité qui nous permet de poursuivre la vie au niveau de ses manifestations matérielles de base, dans les échanges et le troc qui sont l'univers de l'espace, de la totalité immense de la nature.

L'imagination est le véhicule de la sensibilité ! Transportés par l'imagination (efficace) nous touchons à la vie, à cette vie même qui est l'art absolu de lui-même. L'art absolu, ce que les mortels appellent avec un délicieux vertige la somme de l'art, se matérialise instantanément. Il fait son apparition dans le monde tangible, alors que je demeure à un endroit géométriquement fixé, dans le sillage de déplacements volumétriques extraordinaires, avec une vitesse statique et vertigineuse.

L'explication des conditions qui m'ont mené à la sensibilité picturale se trouve dans la force intrinsèque des monochromes de ma période bleue de 1957. Cette période de monochromes bleus était le fruit de ma recherche de l'indéfinissable en peinture que le maître Delacroix était déjà capable de signaler en son temps.

De 1946 à 1956, mes expériences monochromes effectuées avec d'autres couleurs que le bleu ne me firent jamais perdre de vue la vérité fondamentale de notre temps, c'est-à-dire que la forme n'est désormais plus une simple valeur linéaire mais une valeur d'imprégnation. Alors que j'étais encore un adolescent, en 1946, j'allai signer mon nom de l'autre côté du ciel durant un fantastique voyage « réalistico-imaginaire ». Ce jour-là, alors que j'étais étendu sur la plage de Nice, je me mis à éprouver de la haine pour les oiseaux qui volaient de-ci de-là dans mon beau ciel bleu sans nuage, parce qu'ils essayaient de faire des trous dans la plus belle et la plus grande de mes œuvres.

Il faut détruire les oiseaux jusqu'au dernier.

Alors, nous, les humains, aurons acquis le droit d'évoluer en pleine liberté, sans aucune des entraves physiques ou spirituelles.

Ni les missiles, ni les fusées, ni les spoutniks ne feront de l'homme le « conquistador » de l'espace. Ces moyens-là ne relèvent que de la fantasmagorie des savants d'aujourd'hui qui sont toujours animés de l'esprit romantique et sentimental qui était celui du XIXe siècle. L'homme ne parviendra à prendre possession de l'espace qu'à travers les forces terrifiantes, quoiqu'empreintes de paix, de la sensibilité. Il ne pourra vraiment conquérir l'espace – ce qui est certainement son plus cher désir – qu'après avoir réalisé l'imprégnation de l'espace par sa propre sensibilité. La sensibilité de l'homme est toute-puissante sur la réalité immatérielle. Sa sensibilité peut même lire dans la mémoire de la nature, qu'il s'agisse du passé, du présent ou du futur ! C'est là notre véritable capacité d'action extra-dimensionnelle !

Et si besoin est, voici quelques preuves de ce que j'avance :

Dante, dans la *Divine Comédie,* a décrit avec une précision absolue ce qu'aucun voyageur de son temps n'avait pu raisonnablement découvrir, la constellation, invisible depuis l'hémisphère Nord, connue sous le nom de Croix du Sud ; Jonathan Swift, dans son Voyage à Laputa, donna les distances et les périodes de rotation de deux satellites de Mars alors complètement inconnus. Quand l'astronome américain Asaph Hall les découvrit en 1877, il réalisa que ses mesures étaient les mêmes que celles de Swift. Saisi de panique, il les nomma Phobos et Deimos, « Peur » et « Terreur » ! Avec ces deux mots – « Peur » et « Terreur » – je me retrouve devant vous, en cette année 1946, prêt à plonger dans le vide.

Longue vie à l'Immatériel !

Et maintenant,

Je vous remercie de votre aimable attention.

Hôtel Chelsea, New York 1961

Interview

Interview d'Yves Klein par André Arnaud (Europe 1) 29 avril 1958

Yves Klein : le monde sensible de la peinture c'est la couleur qui peut le rendre. C'est d'ailleurs bien l'opinion de Delacroix et c'est à cause de cela que je me considère comme un de ses disciples d'alleurs direct.

André Arnaud : Mais en somme vous établissez un trait d'union entre le peintre en bâtiment et l'artiste peintre.

Yves Klein : Non pas du tout, je n'étale pas de la couleur sur les murs, c'est une illusion, encore une des dernières parce qu'en réalité ce que je veux présenter ici ce soir ce n'est pas du tout les murs de cette galerie mais c'est l'ambiance de cette galerie, j'ai peint les murs de cette galerie moi-même simplement pour y voir clair dans ma propre atmosphère.

André Arnaud : Je vais vous donner mon impression maintenant, vous me direz ce que vous en pensez. Je suis rentré, j'ai regardé, il n'y a rien du tout, c'est une pièce entièrement vide dont les murs sont blancs et je me suis dit ça pourrait peut-être faire une très belle salle de mariage dans une mairie.

Yves Klein : Ah... Je pense que la peinture est invisible. Elle est absolument indéfinissable et invisible, elle est impalpable, elle est présente, c'est une présence, n'est-ce pas, elle habite, elle habite un lieu, elle habite un endroit et pour moi ma peinture pour l'instant habite cette galerie, mais je voudrais qu'elle prenne des dimensions incommensurables presque, qu'elle se répande, qu'elle imprègne n'est-ce pas l'atmosphère, voire même d'une ville d'un pays, n'est-ce pas.

André Arnaud : En tout cas votre nature n'a pas horreur du vide puisque vous avez essayé de peindre le vide et que nous nous trouvons dans le vide que vous avez peint ce soir. C'est un vide tout blanc...

Yves Klein : Oui... (rire)... mais le blanc est bleu, vous savez... (rire)

André Arnaud : Et le bleu comment est-il si le blanc est bleu ?

Yves Klein : Je trouve que le bleu, tel qu'on le représente, est orange, pour moi je l'ai toujours su, même avant que je m'en aperçoive.

André Arnaud : L'orange alors, l'orange, comment est-il ?

Yves Klein : Alors à ce moment-là vous rentrez dans le problème des complémentaires.

André Arnaud : Vous avez demandé que l'on éclaire en bleu l'obélisque de la place de la Concorde.

Yves Klein : Oui, pour moi aujourd'hui c'est vraiment la fête du bleu, l'obélisque bleu, le dais bleu, tout cela se trouve dans la rue, à l'extérieur, c'est pour ça que je dirai ce que vous ne trouvez pas à l'intérieur, demandez-le à l'extérieur, s'il vous plaît, sortez de la contemplation et laissez-nous tranquilles ! (rire)

Paris, le 29 avril 1958
Reproduit avec l'aimable autorisation de Europe 1

Essais
critiques

La lévitation assistée

NAN ROSENTHAL

1

Si l'on devient comme un miroir
ceux qui vous regardent
se voient en vous,
on est alors invisible !

Yves Klein, journal, *15 mars 1952* [1]

La carrière artistique publique d'Yves Klein couvre la période 1954-1962. Ces années furent d'une importance historique cruciale pour l'art d'après-guerre. Klein fut sans doute l'un des artistes européens les plus intéressants de sa génération – cette génération qui succéda à celle de l'expressionnisme abstrait et à sa contrepartie européenne, l'Art informel – comme le prouvent les séries de monochromes, les reliefs, les empreintes anthropométriques et les peintures de feu qu'il réalisa, ou encore les performances publiques, l'utilisation qu'il fit du document photographique et le corpus imposant de ses écrits, publiés ou non. Klein est aussi l'un des rares artistes européens de la seconde génération d'après-guerre à avoir suscité un intérêt persistant aux États-Unis. Cela est sans doute dû à la qualité de son travail, mais également aux questions fondamentales que son œuvre a soulevées ; comme le disait il y a environ quinze ans Frank Stella à ce propos : « Qu'est-ce qui n'est pas radical dans l'idée de vendre de l'air ? » [2]

L'intérêt que les historiens témoignent à Klein se fonde en partie sur ses liens avec l'École de Paris qui fut, avant celle de New York, au cœur du modernisme dans le domaine des arts visuels. Pour comprendre l'art de la seconde génération d'après-guerre, il est nécessaire d'en examiner et d'en comprendre les prémisses par-delà les frontières de l'École de New York. L'œuvre de Klein se fonde et se développe indépendamment de l'art américain qui lui est contemporain. Elle constitue en cela, un peu comme le papier de tournesol réagissant aux acides, le test des « acides » (compris ici comme certaines caractéristiques communes) de l'art de sa génération qui est aussi celle de Jasper Johns, Robert Rauschenberg, Andy Warhol, Donald Judd, Ellsworth Kelly et Allan Kaprow qui furent tous, à quelques années près, strictement contemporains de Klein, né en 1928.

On considère souvent Klein comme l'un des principaux instigateurs du regain d'intérêt, ou de l'inflexion neuve de l'intérêt, pour Malevitch et Marcel Duchamp, qui caractérise une grande partie de l'art de la seconde génération d'après-guerre. Il serait plus juste de dire que son œuvre traite invariablement d'un « champ » de significations qui intègre simultanément certaines caractéristiques des œuvres de ces deux artistes. L'on pourrait décrire ce « champ » comme celui d'une oscillation entre une attitude profondément idéaliste et une attitude cynique ou misanthrope ; ou encore d'une hésitation entre les recherches utopiques et les manifestations les plus évidemment frauduleuses. (« Évidemment » étant ici entendu dans le sens de « non dissimulées » et, en effet, les manipulations de Klein n'étaient pas dissimulées mais proposées à l'attention de l'observateur.)

L'œuvre de Klein nous questionne sans cesse sur sa signification : est-ce là la création d'un mystique que les problèmes de transcendance, de silence, de pureté préoccupent ou est-ce, au contraire, la production d'un anti-utopiste qui s'arme d'humour ? Cette question de l'exploration des inflexions variées qui naissent du rapport entre l'idéal et le réel dans son œuvre est l'un des thèmes majeurs de son art. De même qu'une oscillation est sensible au niveau de ses objets et de ses écrits aux contradictions apparentes, de même peut-on déceler dans son auto-édification en personnage mythologique, simultanément à la création de l'image héroïque, un « déboulonnage » du héros. De ce point de vue, l'œuvre de Klein questionne une tradition vieille de près de cinq siècles : cette tradition occidentale qui naquit avec la Renaissance et s'épanouit pleinement au XIXe siècle alors même qu'on la mettait à l'épreuve, et selon laquelle : « L'art présente un monde supérieur, plus parfait que celui dans lequel nous vivons [...]. L'artiste est semblable à un dieu qu'inspire une vision d'un ordre supérieur. » [3]

Une variante de cette conception idéalisée de l'art et de l'artiste continuait de prospérer dans la France où grandit Klein. Elle fonctionnait toujours dans le contexte de la mode intellectuelle de l'existentialisme. A Paris, pendant et immédiatement après la seconde guerre mondiale, il était généralement admis dans les milieux intellectuels que l'artiste existentialiste, confronté à la toile vierge ou à l'argile informe, était un individu dont les décisions prenaient une importance capitale, quelqu'un qui prenait continuellement le risque de ne pas être fidèle à son moi héroïque. Tout en étant attiré par la tradition idéaliste qui attribuait à l'artiste des pouvoirs de sensibilité particuliers et faisait du peintre, même du peintre de la vie moderne, le « citoyen spirituel de l'Univers », et un « prince » [4], Klein ne manquait jamais, dans son travail comme dans les méthodes de travail qu'il utilisait et autour desquelles il faisait une publicité éclatante, de s'en moquer ; particulièrement lorsque cet idéalisme se manifestait par les prises de position existentielles courantes dans les ateliers de Montparnasse. Ce faisant, il exprimait de sérieuses réticences sur la viabilité, dans le monde de l'après-guerre, de ce mythe de la supériorité de l'artiste.

Klein écrivit beaucoup. Il existe quatre recueils importants de ses écrits, particulièrement riches d'enseignements, qu'il fit publier en partie au cours de sa brève carrière. Le premier est une anthologie des manifestes, descriptions de performances publiques, discours prononcés à l'occasion d'inaugurations, notes autobiographiques, et il parut en 1959 sous le titre : *Le Dépassement de la problématique de l'art* [5]. A la fin de l'année 1960, il publia un faux périodique de quatre pages imité d'un journal parisien et intitulé *Dimanche* [6] qui réunit des textes et des photographies traitant des arts visuels, du théâtre et du cinéma. *Dimanche* comprend le texte « La Guerre » qui propose une histoire de l'art imaginaire allant du paléolithique à l'impressionnisme, et présente pour la première fois cet extraordinaire auto-portrait photographique de Klein sous-titré « Le peintre de l'espace se jette dans le vide ! »

Le troisième long texte de Klein rassemble le manuscrit de l'enregistrement de la conférence de 70 minutes qu'il donna à la Sorbonne [7] en juin 1959 et qu'il intitula « L'évolution de l'art vers l'immatériel ». Il existe également un original dactylographié de 145 pages, *l'Aventure monochrome* qui réunit des textes variés de Klein (mais aussi des extraits de textes dont les auteurs sont parfois indiqués, parfois passés sous silence.) [8] On y trouve aussi bien un poème qu'il écrivit en 1939, à 17 ans, que de brefs extraits de son journal intime, des lettres envoyées à des (ou reçues de) personnages officiels à l'occasion de performances publiques, ou encore des déclarations théori-

ques sur l'art, souvent formulées comme des anecdotes. Klein fit circuler ce manuscrit parmi les artistes, les conservateurs de musées et les critiques d'art en 1959 et 1960, dans l'espoir de le faire publier en plusieurs langues.

Tout cet appareil d'écrits et de documents (la correspondance abondante de Klein, les journaux intimes qu'il tint sporadiquement de 1948 à 1957, ses biographies fréquemment modifiées, les albums de photographies, les communiqués de presse concernant ses expositions, les diagrammes et les croquis au stylo-bille, les bandes de film qui font revivre les performances publiques et les expositions), sa bibliothèque aussi, sont autant d'outils précieux pour reconstituer à la fois les faits de sa carrière et la façon dont il les présenta [9]. Ses écrits, l'importante somme documentaire qu'il nous a laissée, ainsi que le témoignage de ceux qui furent les témoins de son activité, rendent possible l'approche « archéologique » et permettent d'opérer la distinction entre l'homme historique et le personnage mythologique qu'il avait lui-même créé. Cette documentation nous permet donc d'entreprendre une interprétation critique de l'œuvre et du mythe et de tâcher d'établir une correspondance entre ceux-ci, la culture contemporaine dans laquelle ils se situent, et le public auquel ils s'adressent : à savoir la culture artistique de l'époque (ses parents étaient tous deux peintres et il se familiarisa, à travers eux, avec les tendances de l'avant-garde parisienne d'après-guerre) et la culture sociale (comme Alain Robbe-Grillet et Jean-Luc Godard, Klein fut adolescent pendant la seconde guerre mondiale et, jeune homme, lut dans la presse les sophismes et les demi-vérités qui paraissaient sur la guerre froide et la désagrégation de l'empire colonial français).

Dans cette étude, je tenterai de présenter brièvement le contexte artistique parisien d'où est issu l'art de Klein, ainsi que les éléments biographiques essentiels à la compréhension de quelques-unes de ses performances artistiques. J'étudierai ensuite, à travers quelques œuvres fondamentales, le registre de significations de son art qui va des conceptions utopiques aux manifestations misanthropes ; depuis les monochromes bleus aux multiples résonances et les objets *IKB* qui suggèrent les significations multiples de ces peintures, jusqu'à la présentation du *Vide* ou de *l'Immatériel* (la cession de zones de sensibilité), considéré comme œuvre d'art ; j'étudierai aussi cet autre registre de son travail où il tente une approche de la représentation visuelle qui permette simultanément d'illustrer un sujet et

d'en présenter les traces littérales : on en voit un exemple dans les empreintes qu'il fit des corps nus de modèles couverts de peinture bleue. Lorsque je commençai mes recherches sur Klein il y a quelques années, la prise de conscience de quelques-unes de ses caractéristiques psychologiques se révéla très utile, elle me permit de reconstituer quelques faits à la fois du point de vue chronologique et du point de vue de sa démarche. Je crois cependant qu'une interprétation critique de l'œuvre de Klein ne doit pas dépendre d'une telle prise de conscience. Il est nécessaire d'opérer une distinction entre la psychologie de l'individu et les significations de son œuvre. Et ceci semble d'une importance particulière dans le cas d'un artiste qu'il est possible de replacer dans la tradition duchampienne du fait même qu'il fit de sa propre vie une œuvre d'art.

Une note encore sur la méthode suivie ici : lorsque je parle de l'art de Klein, je ne me réfère pas uniquement aux œuvres ou aux objets existants mais également aux performances, aux discours publics, aux textes et aux photographies qu'il publia ou qu'il eut le projet de publier avant que la crise cardiaque et la mort le surprennent à l'âge de 34 ans. Bien que les performances publiques de Klein et les textes qu'il écrivit soient extrinsèques à l'œuvre matérielle qu'il laissa, ils sont intrinsèques à son art comme les notes de la *Boîte verte* de Duchamp le sont au *Grand Verre*. La formule apparemment excessive de Klein, « mes tableaux sont les cendres de mon art », se révèle très éclairante [10].

2

Je déteste les artistes qui se vident dans leurs tableaux, comme c'est bien souvent le cas aujourd'hui. Le morbidisme ! Au lieu de penser au beau, au bien, au vrai, ils rendent, ils éjaculent, ils crachent toute la complexité horrible, pourrie et infectieuse dans leur peinture, comme pour se soulager et en charger les autres, « les lecteurs » de leurs œuvres, de tout leur fardeau de remords de ratés. Mes tableaux, je les exécute très vite, en très peu de temps. [11]

Dans la mesure où ses parents étaient tous deux peintres, Klein possédait une connaissance peu commune de l'art moderne contemporain et du monde parisien de l'art, qui devinrent un des sujets de son œuvre. Bien qu'il ne fût nullement un intellectuel, Klein jouissait d'une intelligence intuitive remarquable et d'un esprit rapide, prompt à assimiler toutes choses. S'il fut un élève indiscipliné, rebelle au système français d'éducation et s'il échouat au baccalauréat, cela ne le rendit que plus prompt à emmagasiner l'information qui venait d'autres sources, par exemple les enseignements qu'il puisait dans le milieu de ses parents.

Dans les années qui suivirent immédiatement la deuxième guerre mondiale, la mère de Klein, Marie Raymond, participa activement aux cercles parisiens d'avant-garde ; elle organisait chaque lundi des soirées où se réunissaient des artistes et des critiques et ce fut par ce biais que Klein devint familier de ce milieu. Vers 1954, lorsque sa carrière artistique commença réellement, Klein était très au fait des démarches artistiques contemporaines et de leurs nuances, dont discutaient les « lundistes » de sa mère.

Contrairement à sa mère, son père, le peintre hollandais Fred Klein, ne fit jamais partie des milieux d'avant-garde. Fred Klein avait quitté les Pays-Bas pour venir s'installer à Paris dans les années 20 et avait développé un style figuratif habile mais sans grande originalité qui reflète les influences de Monet, du néo-impressionnisme pointilliste, de Redon et de Dufy. Les sujets habituels de ses huiles, de ses aquarelles et de ses pastels sont des jardins en fleurs, des scènes de plages méditerranéennes, des personnages de cirque.

Il vendit peu mais régulièrement au fil des années, souvent par l'intermédiaire de galeries peu connues des Pays-Bas. Vers la fin des années 40 ou le début des années 50, le pastel devint de plus en plus son moyen d'expression privilégié. Il est probable que cet aspect de son art, ainsi que son intérêt durable pour les tonalités franches, influencèrent les tentatives d'Yves Klein vers le milieu des années 50, lorsqu'il chercha à inventer une peinture qui se contenterait de « suspendre » sous sa forme pulvérulente le pigment pur, sans adjonction d'un liant qui ne ferait qu'affaiblir l'intensité de couleur de la fleur sèche du pastel [12].

A Paris, dans la décennie qui suivit la deuxième guerre mondiale, l'avant-garde artistique se manifestait de façon complexe et variée. Picasso et Matisse restaient les figures héroïques dominantes, au sommet de la hiérarchie artistique ; cependant, considérés du point de vue de l'avant-garde « quotidienne » d'alors, ils étaient pour ainsi dire « hors concours » aux yeux des artistes de la génération postérieure... cette génération d'artistes nés, comme les parents de Klein, entre le tournant du siècle et les années 20. Picasso et Matisse refusaient tous deux l'abstraction et cela eut peut-être pour conséquence, dans le contexte de l'École de Paris, de donner à toute œuvre abstraite un caractère plus radical qu'elle n'en possédait réellement.

Immédiatement après la guerre, l'abstraction géométrique se fit le porte-parole de la peinture abstraite ; ce mouvement, pour les Français, prenait sa source de façon très évidente chez Mondrian, mais aussi dans les groupes parisiens d'avant-guerre, comme Cercle et Carré et Abstraction-Création, et dans les œuvres de la seconde et de la dernière période de Kandinsky – dont la France découvrit la peinture post-expressionniste principalement après la guerre. D'importantes expositions d'art concret et de peintures de Kandinsky se tinrent en 1945 à la galerie René Drouin. Au printemps 1949, Michel Seuphor organisa à la galerie Maeght une grande exposition historique, « Les premiers maîtres de l'art abstrait », qui soulignait les sources constructivistes de la peinture abstraite et qui se prolongea par un ouvrage qui devint, des deux côtés de l'Atlantique, la référence obligée en ce qui concerne l'abstraction. A partir de 1946, chaque année, le Salon des réalités nouvelles se consacra exclusivement à l'art abstrait ; durant ses premières années d'existence, il présenta également, comme le magazine mensuel d'André Bloc *Art d'aujourd'hui* dont le premier numéro parut en 1949, l'abstraction géométrique. La galerie Denise René, qui se consacrait également à l'abstraction géométrique, ouvrit en 1945.

Un courant artistique différent, dont les meilleurs exemples apparaissent dans l'œuvre de Jean Dubuffet ou dans celle de Jean Fautrier et que soutenaient des écrivains éminents tels que Jean Paulhan, Francis Ponge et André Malraux, produisit quelques-unes des œuvres les plus intéressantes et les plus neuves de l'École de Paris dans les années d'après-guerre. Pour ces auteurs, la représentation humaine aux formes grossières et radicalement déformées que ces peintres proposaient témoignait de la tragédie de la guerre et de l'absurdité de la condition humaine. Le relief de la touche, la texture affirmée de la surface, qu'on appela plus tard « matiériste », étaient caractéristiques de cette peinture. On appliqua cette étiquette stylistique à de nombreux autres peintres, que leur œuvre fût figurative ou abstraite, par exemple à Nicolas de Staël et André Lanskoy qui étaient tous deux des amis des parents d'Yves Klein [13].

Il est significatif qu'un certain nombre de peintres et de poètes surréalistes, comme André Breton, qui s'étaient dispersés durant la guerre, retournèrent à Paris pour y travailler, exposer et publier. Dans le midi de la France, pendant la guerre, l'œuvre de Picabia (qui faisait figure de personnage quasi légendaire à Cannes) avait rendu évidentes les leçons du dadaïsme ; dans l'immédiat après-guerre, son travail – y compris des exemples nombreux de la période dadaïste de 1915-1925 – fut très souvent présenté à Paris. Le style qu'on appela l'abstraction gestuelle et pour lequel cette période est la plus connue, se développa presque simultanément à, et en partie en réaction contre, l'orthodoxie sévère de l'abstraction géométrique. Ce type d'abstraction fut interprété de diverses façons par des peintres tels que Wols et Hans Hartung, tous deux allemands et émigrés en France avant la guerre, Jean-Paul Riopelle, Camille Bryen – auparavant poète surréaliste –, Pierre Soulages et Georges Mathieu. Ce dernier décrivait leur style par l'expression « abstraction lyrique » [14]. La théorie surréaliste antérieure de l'automatisme psychique est en partie la source de cet art figuratif.

Mathieu fut un défenseur extrêmement actif de l'abstraction lyrique ; il réalisa quelques expositions-clés telles que « H.W.P.S.M.T.B. » [15], à la galerie Colette Allendy en 1948, et écrivit pour le catalogue de cette exposition un texte qui reflète l'éthique existentialiste du moment :

« La liberté, c'est le vide. Accorder à l'homme un affranchissement métaphysique total, ce serait le frustrer des derniers prétextes qui justifient sa présence. S'il n'a rien fait encore pour mériter sa libération, il n'a pas tellement démérité pour qu'on ait la cruauté de le rendre libre. Il semble que ce soit récemment seulement que notre civilisation ait pris conscience de cette conjoncture dont le tragique s'illustre dans l'actualité et la nécessité de la notion de choix. Le débat s'est élevé, l'ambiguïté a remplacé l'exiguïté... La poésie, la musique, la peinture, viennent en effet de se débarrasser des dernières servitudes : le mot, la tonalité, la figuration. Les aspérités rassurantes auxquelles s'accrochaient les sécrétions des hommes ayant disparu, deux moyens de transcendement leur restent offerts : l'un, illusoire, qui coagule les sensibilités dans l'universalité cosmique, l'autre, qui les exacerbe et les exalte par la revalorisation de tous les possibles dans l'étanchéité des consciences individuelles. » [16]

Mathieu fut sensible, au moins dès 1948, à la signification de la nouvelle peinture abstraite américaine ; cela l'amena sans doute à réaliser ses huiles calligraphiques sur des supports de très grandes dimensions. Il fut également un homme de performances publiques : le 28 mai 1956, il réalisa, sur la scène du théâtre Sarah Bernhardt devant un public de 2 000 personnes, une toile de 12 mètres de long en 20 minutes. Dans les années qui suivirent, il continua de faire de telles démonstrations publiques d'enregistrement spontané de « moments créateurs » dans différentes villes européennes [17]. Yves Klein connaissait Mathieu personnellement et il est clair que les performances publiques existentielles de Mathieu, son intellectualisme de pamphlétaire et peut-être la prodigalité dont témoignait son style de vie, devinrent pour Klein, de sept ans son cadet, un défi à relever [18].

Concurremment au mouvement abstrait qui soulignait l'importance du geste, certains artistes, tels Roger Bissière, Jean Bazaine, Alfred Manessier, Maurice Estève, Marie-Hélène Vieira Da Silva, exécutaient des œuvres apparemment abstraites où subsistait cependant une forme résiduelle de figuration et dont la composition était dérivée du cubisme. Michel Ragon désignait sous les termes de « paysagisme abstrait » ou de « naturalisme abstrait » ce style de peinture, dont

participait alors l'art de Marie Raymond, la mère de Klein.

Celle-ci était pratiquement auto-didacte ; aux alentours de 1938, elle commença à peindre dans un style qui se rapprochait de l'abstraction ; son imagerie s'inspirait du cubisme curvilinéaire tardif du Picasso des années 30. Dans les années 40 et 50, elle peignit des huiles et des gouaches de couleurs franches, de composition équilibrée, dont l'espace peu profond, inspiré de l'espace cubiste, et les lignes en arabesques se réfèrent de façon symbolique mais discrète à certains aspects de la nature dans des paysages ou des vues du ciel imaginaires. L'influence du vocabulaire formel de Staël est parfois visible dans son œuvre. Marie Raymond fréquentait aussi bien les peintres « naturalistes abstraits » que les artistes proches de l'abstraction géométrique. Elle exposait régulièrement au Salon des réalités nouvelles et participait aux petites expositions collectives des galeries Denise René et Colette Allendy. En 1949, elle reçut le prix Kandinsky. Sa réputation se maintint suffisamment pour lui valoir un texte d'une demi-colonne dans le *Dictionnaire de la peinture abstraite* de Seuphor qui reflétait le goût parisien du milieu des années 50. Charles Estienne, un critique plus âgé qui s'était fait après la guerre le champion de l'abstraction géométrique, était l'un de ses défenseurs. Plus tard Estienne se montrera hostile à ce style géométrique qu'il considérera comme un procédé académique ; dès 1954, il utilisa le terme de « tachisme » pour désigner l'abstraction gestuelle.

L'ami de Georges Mathieu, le critique Michel Tapié, était, comme Mathieu lui-même, réceptif à la nouvelle peinture américaine et particulièrement au travail de Jackson Pollock. Dans son ouvrage de 1952, *Un Art autre,* qui lança cette expression comme celle d'« art informel », Tapié attaque la tradition de la « belle peinture » en ces termes : « Depuis Nietzsche et Dada, l'art se présente comme la plus inhumaine des aventures [...] [les] notions de beauté, de forme, d'espace esthétique ne sont plus adéquates. » [19] Tapié défendait à la fois l'art brut de Dubuffet et ce qu'il appelait le « paroxysme » de l'abstraction gestuelle. Il vaut de noter que dans cet essai de 1952, Tapié souligne l'importance de Duchamp et de Picabia pour l'art d'après-guerre ; en effet, il semble souvent qu'aux yeux de la critique d'art américaine des années 60, les critiques des États-Unis furent pratiquement les seuls, dans les années 50, à prendre au sérieux le travail de Duchamp. D'autres critiques français, comme

Alain Jouffroy [20], commençaient également une réévaluation de la dimension ironique et « cérébrale » de l'œuvre de Duchamp.

Il est difficile d'évaluer précisément l'étendue des connaissances de Klein sur Dada et le surréalisme dans la période qui précède sa propre carrière. Klein connaissait Robert Lebel, le biographe français de Marcel Duchamp, mais ceci ne nous permet nullement d'affirmer qu'il possédait une information précise et importante sur son travail ; Klein ne rencontra d'ailleurs Duchamp qu'au printemps 1961, lors de son voyage à New York [21]. Arman, l'ami de Klein depuis les années de jeunesse à Nice, se souvient que celui-ci lui prêta le catalogue de l'exposition *Le Surréalisme en 1947*, une année environ après que cette grande exposition eut lieu à la galerie Maeght ; Duchamp avait réalisé la couverture de ce catalogue qui s'ornait d'un sein en caoutchouc mousse accompagné de la légende : « Prière de toucher » [22]. Par contre, il se peut que les contacts fluctuants qu'il entretint avec le mouvement lettriste durant l'hiver 1951-1952, passé à Paris, lui aient fourni une source assez exceptionnelle d'informations sur le mouvement Dada. Les lettristes, sous la conduite du poète roumain Isidore Isou puis, plus tard, sous celle du poète français Maurice Lemaître, formaient un groupe d'avant-garde agressif, toujours prêt à théoriser, et qui reconnaissait dans les mouvements Dada et surréaliste leurs ancêtres immédiats [23]. Comme l'écrivit plus tard Lemaître à propos de ces années d'immédiat après-guerre :

« A une époque sombre de la culture française où les déchets obscurantistes de la "poésie de la Résistance" et de son chef Aragon ternissaient la ligne d'or du lyrisme français, les lettristes furent à peu près les seuls [Lemaître ajoute en note « avec les grands surréalistes comme Breton (...) »] à maintenir l'idée que Dada était un moment nécessaire de l'art. Ils soutinrent furieusement la position juste que Tzara et Breton n'étaient nullement "dépassés", ni "démodés", par l'erreur jdanoviste du néo-classicisme patriotique. [24] »

Les lettristes se consacraient à une forme de poésie concrète qui utilisait des mots ou des pictogrammes dénués de signification. Ils insistaient sur la légitimité d'utiliser simultanément plusieurs moyens d'expression, le cinéma aussi bien que la musique, la peinture ou la poésie. Klein entra en contact avec ce mouvement et avec Isou grâce à son ami François Dufrêne, alors poète lettriste. Les lettristes développaient une théorie sociale qui substituait à la notion du prolétariat celle de la jeunesse comme facteur révolutionnaire désirable. Au début des années 50, ils publièrent une feuille périodique, *Soulèvement de la jeunesse,* pour laquelle Yves écrivit un article (en juin 1952) qui stigmatisait le sérieux de la génération précédente et appelait à une société utopique fondée sur la notion d'« enthousiasme » [25].

3

J'ai heureusement toute la vie devant moi et je ne tiens pas du tout à m'encroûter déjà dans « une situation stable » [...] Je vais encore vous demander une chose cette fois très précise : Pouvez-vous rapidement (pour avoir si possible le choix) écrire ou contacter une personne susceptible de vous délivrer un certificat de travail. C'est-à-dire, par ce certificat, la personne garantit pouvoir m'employer à un travail quelconque, soi-disant capable de me faire vivre, ceci uniquement pour me justifier auprès des autorités anglaises afin qu'on me laisse tranquille et qu'on me permette d'habiter en Angleterre au moins 1 an.

Lettre d'Yves Klein écrite de Nice le 31 octobre 1949, à ses parents alors à Paris [26].

Lorsqu'il était encore enfant, Klein passait parfois l'hiver à Nice chez sa tante ; il vécut à Paris avec ses parents durant les dernières années de la deuxième guerre mondiale, dans le petit appartement qu'ils occupaient au sud du jardin du Luxembourg. Immédiatement après la guerre, durant cette décennie où fleurit l'École de Paris telle que je viens de la décrire, Klein quitta Paris à plusieurs reprises ; en deux occasions au moins, il suivit ses parents à l'étranger lorsqu'ils exposèrent en Angleterre et aux Pays-Bas. Il voyagea également en Italie en auto-stop, visitant les monuments antiques et de la Renaissance, ainsi que plusieurs sites touristiques alors en vogue, comme Capri [27].

Il commença le judo en 1947 à Nice, à l'école de judo de la police. Là, il se lia d'amitié avec Arman et un autre jeune homme de son âge, Claude Pascal, qui plus tard voulait devenir poète. L'année suivante, Pascal et Klein s'inscrivirent aux cours par correspondance d'une société rosicrucienne établie près de San Diego, en Californie. A la fin 1949, après que Klein eut achevé son service militaire dans le secteur français de l'Allemagne de l'Ouest, Pascal et lui vécurent environ dix mois à Londres, puis en Irlande où ils apprirent rapidement l'anglais tout en continuant à pratiquer le judo et à correspondre avec la société rosicrucienne [28]. Par l'entremise de son père, Klein put travailler pendant plusieurs mois à l'atelier londonien de Robert Savage, un encadreur d'excellente renommée. Savage se souvient qu'à 21 ans, à Londres, Klein « ne peignait pas. J'avais l'impression qu'il rejetait l'art à cause de son intérêt pour le judo » [29].

Il a gardé de Klein le souvenir d'un jeune homme joyeux, amical, intelligent, qui n'avait aucune connaissance technique, n'était pas très habile de ses mains et n'essayait pas particulièrement de développer, par le travail à l'atelier, sa dextérité manuelle. Son travail consistait essentiellement à appliquer les différentes couches d'enduit sur les cadres de bois et à polir chacune de ces couches au papier de verre afin de les rendre totalement lisses. Cette préparation était préliminaire au travail plus spécialisé qu'exécutaient d'autres artisans : l'application des fonds rouges puis de la dorure sur les cadres. Klein apprit également dans cet atelier à maroufler une toile sur un cadre de bois plat de façon que le grain du bois n'apparaisse pas une fois la touche finale appliquée. Cette technique est celle que Klein utilisa à partir de la fin 1955 pour les panneaux de bois et les supports d'aggloméré sur lesquels il exécutait ses monochromes. Ces mois passés dans l'atelier de Savage constituent, exception faite de ce qu'il a pu apprendre avec ses parents, l'essentiel de son apprentissage technique des matériaux artistiques, antérieurement au début de sa carrière propre [30]. Son ami Claude Pascal affirme que durant les mois qu'ils passèrent à Londres, Klein exécuta plusieurs pastels de petites dimensions, non figuratifs et monochromes. Si l'on en croit Pascal, Klein accrocha ces pastels au mur de l'appartement qu'ils louaient près de Earl's Court et invita quelques amis – leur professeur d'anglais James Shorrocks par exemple – à venir les voir [31]. Shorrocks ne se rappelle pas la technique dans laquelle ces petites pièces furent réalisées, mais raconte qu'elles furent accueillies par un fou rire général que Klein lui-même encouragea [32]. Plus tard, Klein affirma à maintes reprises, dans ses discours ou ses écrits, que cette présentation fut sa première exposition personnelle [33].

On ne trouve nulle mention de ces pastels, ni d'aucune autre peinture monochrome dans le journal détaillé que tint Pascal des voyages de Londres et d'Irlande où se trouvent par contre consignées dans le détail les œuvres qu'ils virent à la National Gallery. Nulle trace de ces monochromes dans les deux volumes du journal de Klein rédigé durant le séjour en Irlande. Ce journal intime témoigne très clairement qu'il n'avait pas encore décidé à ce moment-là d'entreprendre une carrière artistique.

Klein et Pascal quittèrent Londres en avril 1950 pour une ferme d'élevage de chevaux près de Dublin ; là, durant 6 mois, ils travaillèrent comme valets de ferme et garçons de cuisine contre gîte et couvert. Ils désiraient apprendre à monter afin de réaliser leur rêve le plus cher : chevaucher jusqu'au Japon et étudier le judo dans son pays d'origine même. Ce désir était en quelque sorte battu en brèche par le manque d'empressement de leur employeur à leur apprendre l'équitation. On peut lire le commentaire suivant, très révélateur de son attitude ultérieure vis-à-vis de l'activité artistique, dans le journal intime que Klein rédigeait à présent en anglais : « We know now just enough to stay (a) few minutes on a horse back and that will probably be enough for the *idea* "to travel on horseback to Japan". » *34

Klein partit pour Madrid au début de 1951 (Pascal, qui se remettait d'une tuberculose, ne l'accompagna pas). C'est dans le journal qu'il tint à Madrid entre février et juin 1951 35 que l'on trouve la première attestation de son intention de réaliser des peintures monochromes. Le journal espagnol révèle des préoccupations touristiques « éclairées » et un souci de gagner sa vie tout en apprenant l'espagnol et en continuant le judo à Madrid. Deux notes brèves écrites durant ces cinq mois sont très significatives. Le 22 février, Yves note dans un espagnol peu syntaxique, mais rapidement acquis, que le soir précédent, alors qu'il quittait en compagnie d'un ami sud-américain le café Gijon (café connu où se réunissaient les écrivains) : « Volvimos al Café Gijon ayer por la tarde y salimos a las ocho, al paso súbitamente empecé a refeir la idea de los cuadros a un solo color. Como eso parecía gustarle, le hablé de la exposición que me gustaría presentar con musica apropriada. Tambien a él todo ha parecido intersarle y preguntará noticias para una sala de exposición y [mot illisible] musicos (!Be Bop !) » *

Le 25 février, Klein nota que ce même ami : « [Joaquín] ha insistido tanto que he empezado a pintar pero previniendole que mi pintura (si se puede llamarla pintura) no le gustara. En efecto él se desilusiono y para reparar la disastrosa impresion hecha, salé a pintar rapidamente una acuarelita de Toledo

* « A présent nous en savons juste assez pour rester en selle quelques minutes ; cela suffira probablement pour l'Idée "de chevaucher jusqu'au Japon." » (L'italique et les guillemets sont d'Yves Klein.)

* « Nous allâmes au café Gijon, hier dans la soirée et partîmes à huit heures, tout en marchant, je commençai soudain à penser aux tableaux d'une seule couleur. Comme cela semblait l'intéresser, je lui ai parlé de l'exposition que j'aimerais faire avec un accompagnement musical approprié. Tout cela paraissait l'intéresser et il demanderait une salle pour exposer et [mot illisible] des musiciens (Be Bop !) »

---

segun una tarjeta ; eso, mas realista, le agrado. »*

Le long journal de Klein et les feuillets manuscrits libres, datés de l'hiver 1951-1952 passé à Paris, ne font aucune référence à la peinture monochrome et révèlent son indécision totale quant à sa carrière future ; cette indécision le rendait malheureux. Cet important ensemble de notes introspectives traite essentiellement du judo, du rosicrucianisme, de la guerre des nerfs qu'il menait contre une concierge ; il nous renseigne sur son absence de discipline personnelle (particulièrement en ce qui concerne les cours de langue japonaise qu'il suivait alors), son opinion sur les travaux des lettristes, et propose des esquisses de projets visant à créer une société utopique qui serait établie dans une petite île de la Méditerranée et gouvernée par un « petit roi » conduisant ses sujets à la prospérité économique. Parmi cet ensemble, deux pages non datées, mais dont l'écriture se rapproche de celle des journaux de 1952, semblent anticiper la conviction qui sera plus tard la sienne : que les couleurs et plus particulièrement les couleurs primaires possèdent des propriétés affectives. Ces pages n'établissent aucun lien entre couleurs et arts visuels ; elles ne font aucune référence à une activité artistique quelconque de Klein. Elles se proposent plutôt comme l'esquisse d'un sondage d'opinion sur ce qu'expriment les couleurs primaires. Du bleu, du jaune, du rouge, laquelle possède la plus grande force ? Laquelle est la plus faible ? Quel est l'effet psychologique habituel de chacune d'elles ? La vue d'une de ces couleurs « à l'état pur » éveille-t-elle chez l'observateur un quelconque sentiment ? 36

Le voyage tant attendu au Japon se concrétisa grâce à des relations de Marie Raymond, dont le critique d'art japonais Takachiyo Uemura. Klein vécut à Tokyo « à l'européenne » de l'automne 1952 à la fin de l'année suivante ; il se rendait presque quotidiennement aux cours de judo des *dojos* de l'école de la police et à l'institut Kodokan qui était plus ou moins la référence officielle internationale en ce qui concernait les qualifications de judo. Il vivait grâce à l'argent que sa tante lui envoyait de Nice et donnait également des leçons de français ; la vente de toiles de ses parents lors de l'exposition de novembre 1953 qui se tint

* « Joaquin a tellement insisté que j'ai commencé à peindre tout en le prévenant que ma peinture (si on peut appeler ça peinture) ne lui plairait pas. En fait il était déçu et pour réparer l'impression désastreuse que cela avait fait, je suis sorti et j'ai rapidement peint une petite aquarelle de Tolède d'après une carte : cela, plus réaliste, lui a plu. »

à la Bridgestone Gallery de Tokyo 37 lui apporta également quelque argent. Le Kodokan lui décerna finalement le titre de ceinture noire de judo quatrième dan – ce qui était alors considéré comme une qualification exceptionnelle pour un étranger. La lettre de qualification et d'autres documents démontrent assez clairement qu'il dut cette qualification davantage à ses capacités d'enthousiasme et de manipulation qu'à son habileté réelle 38. S'assurant le concours d'un cameraman que Uemura lui fit rencontrer, il réalisa, durant ce séjour au Japon, un court métrage sur le judo.

Ni les lettres qu'il envoya d'Asie à sa famille, ni son journal, ni ses albums de photographies ne font référence à une quelconque activité picturale. Dans le cas précis des albums, l'absence de tout document visuel ou verbal relatif à des peintures qu'il aurait faites semble significative ; en effet, ces albums rassemblent une documentation très riche sur ses voyages et présentent les photographies prises lors d'escales effectuées en Asie du Sud-Est, celles de ses compagnons de judo, de ses amis européens ou japonais à Tokyo, des sites qu'il visita à Kyoto et aussi des vues d'ensemble de l'accrochage de l'exposition des peintures de ses parents qu'il organisa avec le concours de Uemura. De plus, son journal révèle son peu d'empressement lorsqu'on lui suggéra de gagner sa vie à Tokyo en faisant des dessins de mode ou des illustrations publicitaires ; il préférait occuper un emploi qui n'exigeait de lui aucun « génie » et lui permettait de se consacrer totalement au judo. Uemura, qui rencontra souvent Klein à Tokyo, écrivit que celui-ci ne semblait manifester alors aucun intérêt pour une carrière artistique, qu'il ne vit aucune exposition de peintures de Klein au Japon, et que ce dernier ne recherchait nullement la compagnie des artistes 39. Malcolm Gregory, un des proches amis de Klein à l'époque, confirme que Klein ne peignit rien lors de son séjour japonais. Gregory était un judoka anglais que Klein avait connu à Londres. Il vécut au Japon (où il étudiait lui aussi le judo au Kodokan) durant toute la durée du séjour de Klein 40. Gregory connaissait l'œuvre des parents de Klein ; il visita l'exposition de Fred Klein et Marie Raymond à la Bridgestone Gallery. Par la suite, Klein affirma souvent dans ses lettres, ses biographies, ses catalogues et même, implicitement, dans ses déclarations orales, qu'une exposition de ses œuvres s'était tenue à Tokyo en 1952 ou 1953. Il tempéra parfois cette affirmation en décrivant cette exposition comme « une manifestation monochrome privée » 41. Il semble peu probable qu'une exposition, même privée, ait eu lieu sans qu'e ni le critique d'art Uemura, ni Gregory l'ami de Klein aient été présents et sans qu'ils aient eu connaissance de cet événement.

Lorsque Klein quitta Tokyo en 1954 pour regagner Paris, il se rendit compte qu'en dépit de sa qualification de ceinture noire de judo quatrième dan, la Fédération française de judo ne l'accueillait pas comme une « vedette ». Bien qu'il ait publié un livre chez Grasset à la fin de 1954 intitulé *Les Fondements du judo,* et enseigné de façon intermittente durant au moins six mois le judo à Madrid avant de revenir s'installer .définitivement à Paris, il semble que la carrière dans le monde du sport qu'il avait sérieusement envisagée ne lui parut alors plus possible. Ce tournant marque le début réel de sa carrière artistique ; il se considérait dorénavant comme un artiste qui réalisait des œuvres destinées à être présentées au monde.

YVES

PEINTURES

10 PLANCHES
EN COULEURS

PREFACE DE
PASCAL CLAUDE

4

On ne devient pas peintre, on découvre tout à coup qu'on l'est ![42]

Le premier geste de sa carrière publique d'artiste fut la publication, à la fin de l'année 1954, d'un petit ouvrage intitulé *Yves Peintures* qui « reproduisait » des peintures monochromes soigneusement légendées, dont rien ne prouve l'existence antérieure à cette publication. Klein réalisa cet ouvrage à Madrid, dans l'atelier de gravure que dirigeait l'un de ses compagnons de judo. Ce remarquable ensemble de prétendues reproductions anticipe audacieusement les trois caractéristiques majeures de l'œuvre postérieure de Klein : d'abord sa façon de se moquer, par le biais de la publicité personnelle, de la croyance idéaliste en la supériorité de l'artiste ; ensuite, son habitude de dévoiler les significations cachées de monochromes absolument non figuratifs grâce à un ensemble complémentaire d'indications ; enfin, sa manière de proposer une gamme de significations possibles en excluant qu'une seule puisse être considérée comme l'unique explication valable.

Cet ouvrage se présente comme un petit livre de 24 cm sur 19 cm, réalisé dans un papier blanc au grain épais et de fort grammage. Les mots « Yves/Peintures/10 planches/ Préface de Pascal Claude » sont imprimés à l'encre noire sur la couverture. La préface occupe trois pages libres de toute typographie si l'on excepte, en haut de la première page, le mot « préface » et la signature inversée de son ami « Pascal Claude » au bas de la troisième page. Les lignes imprimées sont remplacées par des lignes noires horizontales qui s'organisent en paragraphes et se brisent pour indiquer la longueur des phrases. Les paragraphes et les phrases sont identiques à chaque page sauf dans le cas du dernier paragraphe où une ligne a sauté pour laisser place à la signature de l'auteur. Les dix planches, soit dix feuillets de ce même papier blanc qui sert pour la couverture et la préface, suivent cette introduction. Ce sont des rectangles de papier de couleur unie, de taille différente (probablement de papiers encrés industriellement) qui sont collés séparément sur chacune des pages de reproductions. La première « reproduction » collée est d'un bleu

d'œuf de rouge-gorge, elle mesure exactement 195 mm sur 97 mm ; à gauche du papier collé on peut lire la légende « Yves » et à droite « à Londres, 1950 (195 × 97) ». Viennent ensuite un papier d'un brun-rouille légendé « Yves/à Madrid 1951 » (130 × 81) ; un papier pourpre, « Yves/à Nice, 1951 (195 × 97) » ; un papier vert, « Yves/à Paris, 1951 (130 × 81) » ; un papier capucine « Yves/à Tokyo, 1952 (195 × 97) » ; un papier jaune, « Yves/à Tokyo, 1953 (100 × 65) » ; un papier bleu outremer, « Yves/à Paris 1954 (195 × 97) », et ainsi de suite. Chaque fois les dimensions indiquées dans la légende – qui, conventionnellement, devraient désigner les dimensions, en centimètres, de l'original –, correspondent aux dimensions réelles en millimètres, des papiers colorés collés. Le colophon de *Yves/Peintures* est rédigé ainsi : « Cette édition illustrée de 10 planches en couleurs a été achevée d'imprimer sur les presses du maître imprimeur Fernando Franco de Sarabia à Madrid, Jaen, le 18 novembre 1954. Il a été tiré cent cinquante exemplaires numérotés de 1 à 150. Exemplaire n° , tous droits réservés pour tous pays. Propriété de l'auteur »[43]

Il existe également une autre édition de ce livre, pratiquement identique si l'on excepte le titre : *Haguenault Peintures* ; « Haguenault » se substitue également au nom d'Yves dans les légendes. Celles-ci sont imprimées dans un caractère légèrement différent de celui utilisé pour *Yves Peintures* et fournissent une information supplémentaire, habituelle aux légendes de reproductions, celle de la provenance de l'œuvre. On trouve par exemple les légendes suivantes : « Haguenault – Tokyo, 1952 (130 × 81), collection particulière » et « Haguenault – Paris, 1951 (162 × 97), collection Raymond Hains »[44].

« Hier soir, mercredi, nous sommes allés dans un café d'abstraits (...), des abstraits étaient là. Ils sont facilement reconnaissables parce qu'ils dégagent une atmosphère de tableaux abstraits et puis on voit leurs tableaux dans leurs yeux. Peut-être ai-je des illusions, mais j'ai l'impression de voir tout cela. En tout cas, nous nous sommes assis avec eux [...] Puis on en est venu à parler du livre *Yves Peintures.* Plus tard, je suis allé le chercher dans la voiture et l'ai jeté sur la table. Aux premières pages déjà les yeux des abstraits changèrent. Leurs yeux s'allumèrent et dans le fond apparaissaient de belles et pures couleurs unies. »[45]

Au début de l'année 1955, Klein s'installa définitivement à Paris. Comme le texte ci-dessus et d'autres documents l'indiquent, quelques semaines après avoir achevé *Yves Peintures* à Madrid, il se donna la peine de montrer ce petit livre aux artistes connus, à tout le moins reconnaissables, qu'il rencontrait dans les cafés de Montparnasse.

Que signifie ce livre ? C'est d'abord la proposition d'une idée, celle de réaliser des peintures consistant en l'application régulière d'une couleur unie. Le titre même du livre et les informations que donnent les légendes des planches semblent indiquer qu'il s'agit de reproductions de peintures originales. Klein fit souvent, et clairement, référence à une interprétation de ce type dans sa correspondance et dans les notes biographiques que l'on trouve à la fin de sa publication de 1959, le *Dépassement de la problématique de l'art* où il parle d'*Yves Peintures* comme d'un « recueil de reproductions de ses œuvres » [46]. Dans une lettre à un critique d'art datée de l'été 1955 et dont il rédigea plusieurs brouillons, Klein cite le livre (il signale également ses expositions à l'étranger, et les diverses collections où figurent ses œuvres), afin de suggérer l'image du jeune peintre au talent prometteur. Voici ce qu'il écrit à ce critique : « Une plaquette de reproductions de mes œuvres a été éditée à Madrid en juin 1954 (épuisée pour l'instant mais l'éditeur dispose je crois de quelques exemplaires particuliers) ». Klein donne ensuite l'adresse de l'éditeur madrilène. Dans un brouillon antérieur de cette lettre, Klein avait mis des guillemets autour des mots « de reproductions de », ces guillemets disparurent dans les versions suivantes [47].

On peut donner plusieurs réponses à la question de savoir pourquoi Klein a utilisé des papiers encrés du commerce plutôt que des reproductions photomécaniques de ses œuvres. D'abord, les bonnes reproductions de peintures monochromes sont rares, cela pouvait être une façon de résoudre le problème. Peu après la publication de ce livre il devint évident que Klein préférait à la brillance de la plupart des planches de reproductions en couleurs, l'aspect mat des papiers découpés. En second lieu, il ne fait aucun doute qu'il était moins coûteux pour un jeune artiste de coller à la main des papiers colorés que de faire faire des clichés puis de les imprimer. Enfin, Klein ne pouvait ignorer l'antécédent célèbre des *papiers découpés* de Matisse aux couleurs franches et saturées [48].

L'autre raison pour laquelle Yves a utilisé des papiers découpés collés, en lieu et place de reproductions photomécaniques, est sans doute que les peintures qu'il désirait reproduire n'existaient pas. Comme je l'ai suggéré précédemment dans l'analyse rapide de l'activité de Klein entre 1950 et 1953, ce fut certainement le cas. Si l'on interprète les légendes dans le sens conventionnel, en y voyant des indications de dimensions données en centimètres, il faut accepter de croire que *toutes* les peintures « reproduites » ici ont été perdues. En effet, aucune toile de ces dimensions n'apparaît dans le *Catalogue raisonné* de l'œuvre de Klein établi par Paul Wember [49]. De plus, aucune toile de dimensions correspondantes ne fut présentée du vivant de Klein dans les expositions sur lesquelles une documentation est disponible (par exemple, l'importante rétrospective du Museum Haus Lange à Krefeld au début 1961) [50]. Si on lit en millimètres les indications des légendes, on ne trouve pas davantage d'œuvres de dimensions correspondantes dans le *Catalogue raisonné,* ni d'ailleurs dans les listes d'œuvres exposées du vivant de Klein – qui plus est, dans ce cas, il semble que le lecteur ait été délibérément abusé dans la mesure où rien dans la rédaction conventionnelle du colophon n'a pu le préparer à cet écart de la pratique courante de l'édition. L'historien qui examine *Yves Peintures* ne peut que conclure que ce livre est bien la preuve de l'existence d'une *idée*, mais ne prouve nullement l'existence antérieure d'œuvres *réelles.*

Cette plaquette témoigne de la volonté de Klein d'établir, avec force dates et localisations biographiquement exactes (mais aussi valorisantes, car en ce début des années 50 il n'était pas facile pour un Européen de voyager), qu'il avait eu l'*idée* de peindre des monochromes cinq ans au moins avant de commencer à montrer le livre, dès janvier 1955, aux artistes qu'il rencontrait dans les cafés parisiens. Le concept du monochrome semble alors avoir compté au moins autant, sinon plus, que l'exécution réelle des peintures. Cependant les conclusions auxquelles on arrive – que cet opuscule présenterait une information fanfaronne, si ce n'est totalement inventée, sur l'œuvre antérieure de Klein ; ou qu'il indiquerait son désir de se bâtir une carrière rétroactivement ; ou encore que sa priorité dans le temps aurait été alors l'élément le plus important pour lui – restent des suppositions d'historien.

L'important est de savoir si l'analyse critique du livre *Yves Peintures* et de son jumeau *Haguenault Peintures* nous conduit quelque part. De plusieurs points de vue, ces livres ne se présentent pas avec un caractère d'univocité tel que l'on puisse assurer que quiconque en comprendra immédiatement la teneur, et saura comment il convient de les interpréter. La page de titre, le colophon, et jusqu'à un certain point les planches, semblent à première vue conformes au modèle conventionnel : *Yves Peintures* peut alors n'être que l'édition limitée d'un recueil de planches en couleurs reproduisant des peintures réelles (bien que tout à fait inhabituelles) dont le dessein apparent est de présenter la couleur à l'état pur. Mais les illustrations présentent d'une bien étrange façon les informations que l'on trouve habituellement dans ce type d'ouvrage. Les légendes des reproductions donnent en effet trop ou trop peu d'informations. Pour commencer, dans une monographie, on ne répète jamais le nom de l'artiste au-dessous de chacune des illustrations, surtout dans un ouvrage de la dimension d'*Yves Peintures* où le titre seul suffit. En second lieu, les légendes des reproductions sont censées fournir les titres des œuvres et non une information sur le lieu d'exécution des œuvres ; ce dernier trait participant plutôt de l'autobiographie. En troisième lieu, il est convenu que la hauteur et la largeur, si le mot « centimètres » ou son abréviation n'apparaissent pas, *désignent* expressément des centimètres dans le cas de reproductions de peintures ; ici, au contraire, les dimensions que donne Klein ne se réfèrent pas à des originaux reproduits en réduction pour les besoins du livre mais bien à ce que l'on voit sur la page : Klein donne en effet la hauteur et la largeur réelles, en millimètres, des papiers colorés collés.

Ceci peut être considéré comme une bizarrerie somme toute mineure, que l'on peut négliger (à tort selon moi) en y voyant une preuve de l'inexpérience juvénile de Klein lorsqu'il réalisa ce livre ou encore une manifestation de ce que, rétrospectivement, nous avons appris à connaître comme son amour de la publicité. On ne peut cependant ignorer que ces extravagances mineures sont introduites par une excentricité plus évidente : l'étonnante préface de l'ouvrage qui consiste en trois pages de lignes noires libres de toute typographie ; ces « premières pages » à la vue desquelles, écrivit Klein, « les yeux des abstraits changèrent ». On imagine aisément qu'ils le firent. Klein défie ici le lecteur d'accepter pour reproductions véritables de simples papiers colorés de façon uniforme et collés à la page et donne à lire en guise de préface ou des « belles lettres » élogieuses d'un Jean Paulhan écrivant sur Dubuffet ou d'un Jean-Paul Sartre sur Giacometti, un essai en prose où ne figure aucun mot. Que signifient donc ces lignes noires de 1954 ? Peut-être que le lecteur a la possibilité de rédiger lui-même sa préface, c'est-à-dire de conduire sa propre herméneutique. Ou encore que les peintures présentées dans l'ouvrage sont signifiantes par-delà les mots et chargées d'un tel sens que la spécification critique ne pourrait que les amoindrir. Enfin, que si l'on prend au sérieux ces lignes noires on est un sot ; dans ce cas le livre se présente comme une satire des collections de planches d'artistes célèbres. Klein donne ici suffisamment d'indices pour justifier chacune de ces hypothèses, mais pas assez pour que l'on puisse opter sans hésiter pour l'une d'entre elles.

Toute une gamme de significations nous est imposée. Ceci fournit peut-être une réponse partielle à la question de savoir pourquoi Klein désigna deux personnes différentes comme auteurs de ces peintures : Klein et Haguenault. Deux lectures différentes, au moins, sont possibles : d'un côté ce livre serait l'œuvre d'un artiste que concernent le silence et la couleur pure ; de l'autre, il s'agirait d'une satire [51]. D'autres glissements de sens sont également visibles ici ; Yves Klein se servit d'*Yves Peintures* dès le début de 1955 afin de suggérer que sa carrière artistique remontait au moins à 1950, et qu'en 1954 sa réputation était suffisante pour justifier la publication par un éditeur d'un ouvrage de reproductions de ses œuvres. C'est-à-dire qu'il entreprit de se poser, dès le départ, comme un artiste dont l'œuvre était non seulement bien réelle, mais encore reconnue. J'ai déjà signalé que ses écarts vis-à-vis des conventions de rédaction des légendes dans *Yves Peintures* nous amènent à nous interroger sur cette plaquette ; le contexte même de sa présentation au « public » ajoute encore aux soupçons. La plupart des peintres de la génération d'Yves Klein commencèrent leur carrière en présentant des peintures, pas des reproductions de leurs peintures. L'acte même de présenter, en guise de première œuvre destinée au public, un livre de « reproductions » de peintures que personne n'avait jamais vues est en soi suffisamment étrange pour frapper l'imagination et tend à faire penser que les originaux n'existaient pas ; tout ce qu'il y a à voir serait donc là : un original qui se propose comme un recueil de reproductions.

On peut voir dans cet original-là un commentaire sur la pratique des artistes d'avant-garde de l'époque à Paris, qui antidataient parfois leur travail. Dans *Yves Peintures*, Klein fait exactement cela et, dans le même temps, nous indique qu'il a pu le faire ; il semble se moquer de cette pratique assez commune dans le milieu de l'art. Croire qu'il a

simplement tenté de tromper son monde rejoint l'attitude qui consisterait à prendre pour argent comptant sa déclaration : « En aucun cas je ne me considère comme un artiste d'avant-garde. Je tiens à préciser que, bien au contraire, je pense et crois être un classique, peut-être même l'un des rares classiques de ce siècle ! » [52] Cette affirmation est imprimée noir sur blanc dans le pamphlet de 1959, *Le Dépassement de la problématique de l'art*, quelques pages après la description détaillée (et extrêmement drôle) qu'il donne de cette soirée scandaleuse durant laquelle il présenta, en guise d'œuvre, l'espace totalement vide de la galerie Iris Clert. Lorsqu'il accentue ainsi les pratiques de l'avant-garde jusqu'à la caricature, il nous force à mettre en doute la tradition idéaliste qui tend à assimiler créativité et originalité.

Rétrospectivement, il n'est pas surprenant qu'en 1954, soit trois ans exactement après la publication, très commentée en France, des *Voix du silence* [53] de Malraux, Yves Klein – dont les écrits témoignent de l'intérêt qu'il portait aux parcours historiques amples allant des peintures rupestres aux paysages Sung et à Van Gogh – réalise une œuvre d'art originale, *Yves Peintures,* qui se révèle être une œuvre *à propos* d'œuvres d'art uniquement visibles sous forme de reproductions. En dépit des critiques qu'il souleva immédiatement, le concept de « musée imaginaire » de Malraux, où se trouvent rassemblées des reproductions en nombre infini, donnait aux reproductions et particulièrement aux planches en couleurs un statut neuf et revitalisé d'artefacts culturels. A propos de ce musée imaginaire, Malraux regrette au passage que les œuvres d'art de techniques, de tailles, de périodes différentes perdent leur qualité d'objets dès qu'elles se transforment en planches hors-texte dans un livre. En d'autres termes, comme Walter Benjamin l'avait souligné 15 ans plus tôt dans « L'œuvre d'art à l'ère de sa reproductibilité technique », les œuvres reproduites perdent l'aura qui s'attache aux originaux [54] ; de plus comme l'indique Malraux, les œuvres d'art considérées hors contexte perdent les fonctions qui leur étaient à l'origine dévolues. Malraux donne pourtant l'impression que, de son point de vue, les pertes d'aura et de fonction de l'œuvre sont en quelque sorte compensées par ce que l'homme découvre sur l'histoire des « grands styles » en art et donc, selon Malraux, sur son destin, du fait de la simple juxtaposition des reproductions. Il est ici suggéré qu'en remontant le cours de ce destin à travers l'histoire des styles, l'homme peut retrouver son humanisme dévoyé dans les

guerres et les révolutions avortées du XXe siècle.

Lorsque débuta la carrière de Klein, il se trouvait immergé, consciemment ou non, dans le contexte de la parution des *Voix du silence* de Malraux, et des myriades de réactions qu'elle suscita [55]. Ces réactions concernaient en général quelques-uns des problèmes de finalité que Walter Benjamin avait déjà soulevés plusieurs années auparavant (et auxquels il avait apporté des conclusions très différentes) et que le livre de Malraux popularisa. Selon Benjamin, la reproduction mécanique dégrade la « qualité de présence » de l'œuvre réelle ; elle met en danger l'autorité de l'objet. Duchamp, en 1919, adopte une position proche lorsqu'il dessine une moustache et un bouc à une petite reproduction de la Joconde qu'il rebaptise *L.H.O.O.Q.* A la veille de la deuxième guerre mondiale, Duchamp propose encore, avec la *Boîte en valise*, son musée portatif, une seconde réflexion : les reproductions en miniature peuvent devenir des supports d'idées remarquablement efficaces. Benjamin avait également souligné : « La technique peut transporter la reproduction dans des situations où l'original lui-même ne saurait jamais se trouver [...] en multipliant les exemplaires ; [les reproductions] substituent un phénomène de masse à un événement qui ne s'est produit qu'une fois. En permettant à l'objet reproduit de s'offrir à la vision ou à l'audition dans n'importe quelle circonstance, elles lui confèrent une actualité. » [56]

Dans *Yves Peintures,* Klein démontre l'intérêt qu'il porte à de tels problèmes, ainsi que sa volonté de jouer sur tous les tableaux : le livre est une œuvre originale bien qu'il se donne comme un exemplaire d'une édition tirée à 150. Cependant, si l'on tient compte des indices que Klein nous fournit et qui tendent à prouver qu'il ne s'agit pas simplement d'une édition de luxe à tirage limité mais bien d'un original, ce livre acquiert une aura particulière. Comme le dit Klein, cette plaquette eut au moins le pouvoir de « faire s'éclairer les yeux des artistes et d'y faire apparaître de belles et pures couleurs unies ». Le petit commentaire de Klein fonctionne ici comme un « supplément » à l'œuvre originale et nous décrit la façon dont il convient de réagir. D'un autre point de vue cependant, ces papiers colorés légendés qui servent de planches sont censés être des reproductions et se référer à d'hypothétiques originaux « extérieurs » au livre. Ces papiers collés légendés sont donc eux-mêmes complémentaires de la fiction centrale : l'idée qu'un champ rectangulaire où il n'y a à voir qu'une couleur pure uniformément appliquée constitue une peinture. Le fait que Klein propose ces papiers colorés en tant que reproductions sauvegarde la qualité idéale des originaux hypothétiques ; et il n'est pas fortuit, au regard de son œuvre postérieure, qu'ils les maintiennent dans un état immatériel. Si l'on considère *Yves Peintures* comme le supplément des peintures originales cela suggère encore que les originaux ne sont pas (pas encore ?) assez forts pour s'affirmer seuls ; sinon ils n'auraient nul besoin de cet appui extérieur. Ils ont besoin d'être explicités. Le concept du monochrome de couleur pure et unie est donc « expliqué » et proposé comme une forme artistique valable par ce petit ouvrage subordonné à l'œuvre, qui pose la validité de l'idée dans la mesure même où l'on a jugé important de lui donner une réalité. Ces suppléments proposés comme renforts d'un concept central abondent dans l'œuvre de Klein.

5

Les pauvres possibilités de la perspective en peinture, le « trompe-l'œil » comme l'on dit si bien, sont l'apanage des impuissants qui se sentent des sculpteurs ratés. Le vrai peintre ne vit que dans sa couleur et la brasse, l'applique sur toute sa toile comme pour la retisser de nouveau avec toute la science de la tension de la surface qui doit être innée.[57]

Yves Peintures constitue sans doute une introduction concise et un bon outil pour comprendre les conceptions de Klein et son *modus operandi*, l'un des aspects les plus remarquables de ce petit ouvrage résidant sans doute dans l'affirmation que l'art consiste peut-être en la communication d'une information artistique. D'un point de vue visuel cependant, ce ne saurait être un objet d'un attrait tel qu'il suffirait à asseoir la réputation d'un peintre. A ce point de notre étude, il peut être utile de faire un bond de cinq années dans le futur et d'examiner quelques-unes des œuvres les plus sensuelles et les plus puissantes, visuellement, de Klein : cette suite de panneaux monochromes bleu outremer soutenu, d'environ 200 cm sur 150 cm, qu'il réalisa entre 1960 et 1961. Il existe environ seize monochromes bleu outremer de ce format (que Klein désignait par « 2 m × 1,50 m »), c'est-à-dire à peine plus hauts que la moyenne des spectateurs et d'une largeur légèrement inférieure à l'envergure des bras.

Comme la plupart des œuvres de Klein, les peintures attirent l'attention sur les problèmes de surface picturale. Elles traitent avant tout de ce plan où viennent littéralement se fondre l'illusion et la réalité, un espace pictural profond et le rendu du monde réel. Ces toiles possèdent une véritable profondeur, et cela pour diverses raisons. Lorsque nous contemplons une toile, fût-elle aussi « plate » et aussi dénuée d'images qu'un monochrome *IKB*, nous apportons avec nous une expérience artistique antérieure et l'idée que les peintures *sont* des fenêtres donnant sur le monde idéal. Ainsi, si nous regardons ces toiles en gardant à l'esprit l'expérience qu'a fait naître en nous, par exemple, la *Vue de Delft* (dont Klein admirait profondément l'auteur), et son horizon de nuages par-dessus les toits se reflétant dans la rivière, ou celle qu'éveille en nous n'importe quel autre chef-d'œuvre (ce qui dans l'univers des musées imaginaires n'est pas toujours une expérience aisée mais reste un événement inoubliable, s'il s'est produit), alors, nous attendons de ces peintures qu'elles aient une profondeur. Nous projetons dans les monochromes *IKB* la mémoire antérieure laissée en nous par la vision conventionnelle. Ces peintures gagnent également une profondeur à nos yeux grâce à une seconde association mentale, liée cette fois à la mémoire de la nature, non à celle de l'art. En effet la mer et le ciel, les deux éléments les plus profonds, les plus illimités, auxquels nous confronte notre expérience quotidienne de la nature, sont bleus. Il est difficile de regarder une surface unie de couleur bleue sans l'associer mentalement, même de façon fugace, à ces éléments naturels. De plus, l'art même de Klein, le bleu à la nuance toute particulière qu'il a choisi, ajoutent à la profondeur de ces toiles. Ce bleu outremer spécifique de Klein n'est pas seulement d'une étonnante richesse, il est sombre et soutenu, plus sombre que celui qu'utilisa Ellsworth Kelly dans plusieurs monochromes, plus sombre que le bleu de la plupart des papiers découpés que fit Matisse à la fin de sa vie [58].

Cette qualité de couleur donne de la profondeur aux peintures. Mais encore, les toiles bleues de ce format tiennent davantage des « peintures conventionnelles » que la plupart des autres monochromes que peignit Klein. Ce ne sont ni des panneaux muraux, ni des tableaux de chevalet au format maniable, leur épaisseur – que Klein peignait également en général – est peu importante par rapport au format. Bien que ces peintures aient une indéniable profondeur, elles sont parmi les peintures les plus « plates » jamais réalisées. Aucun élément de composition n'en vient animer la surface, aucun signe n'oppose son motif au fond. Mais elles possèdent une texture très riche, une matière sèche, grenue, luxuriante, qui met en valeur la matérialité du pigment et flatte notre sens tactile. Cela provient en partie de la formule chimique du bleu spécifique que Klein créa et qu'il déposa en 1960 sous le titre *International Klein Blue (IKB)* et sur laquelle nous reviendrons. Le spectateur a envie de toucher ces peintures, un peu comme on a envie de palper un velours, de caresser une peau, de laisser le sable s'écouler entre ses doigts. Cela, ainsi que les qualités objectales indéniables des toiles (leurs angles légèrement arrondis, leurs tranches peintes, la finesse des toiles marouflées sur bois ou sur des panneaux), les font pénétrer de façon très directe dans notre espace quotidien. Les plus réussis des monochromes bleus parviennent ainsi à créer l'illusion d'une profondeur pure et sans faille à l'intérieur même de l'espace réel du quotidien. N'est-ce pas, après tout, ce que l'on peut exiger de mieux de la peinture ? Mais cette illusion d'un infini rendu palpable dans l'ordinaire de la vie dure peu (si je m'en tiens à mon expérience personnelle de ces peintures), elle ne dépasse probablement pas la durée de cette « minute de vérité » que Klein a souvent prétendu vouloir susciter. Cette impression d'infini dure moins longtemps, en tout cas, que celle qui naît de la contemplation de la *Vue de Delft* où le jeu mystérieux de l'eau et du ciel, de l'illusion et de la surface, défie toute explication et crée un émerveillement durable. Aussi nous retrouvons-nous là, debout au milieu de l'accrochage de monochromes *IKB* de « 2 m × 1,50 m » en train de nous poser une autre question : que faisons-nous là, à regarder ces panneaux bleus ? Nous nous posons en réalité la question de savoir si nous ne sommes pas fous d'être là, et il ne nous reste que l'espoir de revenir une autre fois, pour, à nouveau, le temps d'une seconde, vivre l'expérience de l'infini rendu présent.

Revenons en arrière et tentons d'approcher la signification de ces œuvres, de comprendre comment Klein a développé leurs propriétés visuelles et pourquoi il décida de présenter de telles toiles au public. Ce fut vers le milieu de 1955 que Klein proposa pour la première fois un monochrome au jury du Salon des réalités nouvelles. C'était un monochrome orange de format horizontal qui dépassait légèrement deux mètres de largeur. La couleur en était relativement mate (sans doute une première version de la « formule » Klein), et avait été appliquée de façon régulière sur un fond préparé en blanc qui recouvrait entièrement la surface du mince panneau. De plusieurs points de vue, cette toile diffère des monochromes que Klein réalisa par la suite. Elle s'intitule *Expression du monde de la couleur mine orange* et est signée au recto, de façon très visible, d'un monogramme calligraphié composé des lettres Y et K, et datée « mai 55 ». Les angles de la toile sont aigus ; les photographies de l'époque semblent indiquer que Klein l'avait entourée d'une mince baguette. Lorsque Klein présenta cette œuvre au jury du Salon des réalités nouvelles – le salon des abstraits – en 1955, le caractère alors radical de cette toile abstraite où n'apparaissait nul signe lui attira immédiatement une sanction officielle : le refus par le jury de cette toile constitue l'une des anecdotes bouffonnes de l'histoire de la peinture moderne en France. Klein a pris la peine quelques années plus tard de raconter,

de façon fragmentaire, cet épisode dans l'*Aventure monochrome* [59].

Pourquoi donc Klein tira-t-il de cet incident une si longue parabole (qui, de façon caractéristique, semble surtout concerner la réaction d'autrui vis-à-vis de ses peintures) ? Il est clair qu'en agissant ainsi il rendait manifeste le désaccord qui l'opposait aux représentants officiels de l'art abstrait, ceux de la génération de sa mère. De plus, il essayait ainsi de démontrer qu'il était plus « avancé », plus audacieux que les artistes de sa génération : ces « abstraits » auxquels, quelques mois auparavant, il présentait *Yves Peintures*. Klein « interpréta » plusieurs fois par la suite ce rôle où s'accomplissait sa rupture avec l'abstraction géométrique et l'abstraction gestuelle ; le style demeura relativement semblable. Au lieu de citer des noms – par exemple celui d'un de Kooning – Klein questionne de façon typique la sincérité des positions prises par les peintres informels en faisant naître, par sa conduite, des interrogations sur l'authenticité de l'art abstrait. Son texte en est l'exemple même. Dès le début du texte, Klein englobe au nombre probable et attendu de son public une « circonscription » tout à fait extérieure au monde de l'art, celle des « béotiens », terme qui désigne les philistins, ou mieux encore, les crétins ignorants et les imbéciles. Sous le prétexte d'exposer leur point de vue, il pose la vieille question des vêtements neufs de l'empereur : ou plus clairement, cette question qui ne s'élevait pas fréquemment chez les *cognoscenti* de la peinture abstraite vers le milieu des années 50 : « Qu'est-ce que cela représente ? » Klein attribue à des lourdauds cette bien embarrassante question : « Qu'est-ce que cela signifie ? » Mais c'est de lui-même qu'il relie, immédiatement et très directement, cette question à ses monochromes. Plus encore, il rapporte que ses démêlés avec le jury furent « amusants » et qu'ils ne « manquent pas de saveur ». Ce ton s'accorde mal à ce qui suit, à son indignation stupéfaite et à l'affront dont est cause l'« esprit totalitaire » auquel il se heurta. Tout en assurant le jury du Salon (et le lecteur) de ses « intentions sincères et sérieuses (...) craignant peut-être que (les membres du comité du Salon) aient cru à une plaisanterie provocatrice de mauvais goût », Klein soulève lui-même la question de sa sincérité – peut-être ses monochromes n'étaient-ils après tout qu'une blague. Sauf à vouloir donner au lecteur l'occasion de se poser effectivement cette question, il n'avait aucune raison de l'énoncer, particulièrement dans un texte qu'il a mis au point plusieurs années après l'événement et à une époque où il commençait à être reconnu.

Plus encore, plutôt que de décrire sobrement la peinture refusée, il persifle à son propos : « et il était bien orange en plus. (Ce n'était pas encore l'époque où je prétendais que l'orange était bleu et vice-versa.) » Cette période n'a en fait jamais existé ; en vérité il n'existe que trois ou quatre monochromes orange. Que signifie donc, de toute façon, une si grand légèreté de ton et que vient faire une revendication apparemment absurde dans l'historique de l'événement ? De tels indices d'ironie donnés au lecteur signalent qu'il ne faut pas prendre tout ce que dit Klein au premier degré. Il ne fait aucun doute que la remarque entre parenthèses est également l'indice de son attirance pour la complémentarité, c'est-à-dire pour ce phénomène selon lequel, en commençant par un monochrome orange, on peut faire naître visuellement le bleu sous cette forme immatérielle que Klein en vint à préférer.

En un certain sens, le monochrome orange de Klein fut présent au Salon de 1955, sous une forme immatérielle. En dépit de la longueur de son récit, Klein ne nous a pas tout dit : en effet, lui-même et plusieurs de ses amis étaient convenus d'un arrangement et, comme Arensberg se rendant à l'exposition des *Independent Artists* et demandant à voir la « Fontaine » de R. Mutt, ils venaient s'enquérir à intervalles réguliers de l'emplacement de la toile de Klein (qui était restée à l'atelier). [60]

6

Après être passées par plusieurs périodes, mes recherches m'ont amené à peindre des tableaux unis monochromes. Mes toiles sont donc recouvertes par une ou plusieurs couches d'une seule couleur unie après une certaine préparation du support et par de multiples procédés techniques. Aucun dessin, aucune variation de teinte n'apparaît ; il n'y a que de la couleur bien unie. En quelque sorte la dominante envahit tout le tableau.

Je cherche ainsi à individualiser la couleur, car j'en suis venu à penser qu'il y a un monde vivant de chaque couleur et j'exprime ces mondes. Mes tableaux représentent encore une idée d'unité absolue dans une parfaite sérénité ; idée abstraite représentée de façon abstraite, ce qui m'a fait me ranger du côté des peintres abstraits. Je signale tout de suite que les abstraits, eux, ne l'entendent pas ainsi et me reprochent entre autres choses de refuser de provoquer des rapports de couleurs.

Je pense que la couleur "jaune", par exemple, est bien suffisante en elle-même pour rendre une atmosphère et un climat "au-delà du pensable" ; de plus, les nuances du jaune sont infinies, ce qui donne la possibilité de l'interpréter de bien des façons... [61]

En 1955 et 1956, Klein réalisa des monochromes dans toutes les couleurs du spectre solaire et des monochromes noirs, de formats très divers allant de celui de la toile horizontale de 2,13 m de largeur qu'il avait proposée au jury du Salon, à un panneau jaune vertical d'environ 2,15 m sur 1,65 m. Klein utilisa pour la plupart de ces monochromes une peinture vinylique qu'il préparait lui-même et appliquait directement au rouleau sur la fine toile blanche marouflée sur un support de bois ou d'aggloméré. L'exemple très proche des peintres « matiéristes » tels que Dubuffet ou Fautrier qui avaient contribué à attirer à nouveau l'attention sur l'importance de la surface du tableau, ainsi que leur utilisation de techniques mixtes (ils mêlaient le goudron, le plâtre, le ciment, le sable et le bitume) conjointement ou à la place de la peinture à l'huile, encourageaient Klein à expérimenter avec divers matériaux.

Selon Edouard Adam, fournisseur de matériel pour artistes et de produits chimiques dont Klein fréquentait la boutique de Montparnasse, ce dernier cherchait à faire apparaître le pigment de la façon la plus directe et la plus mate possible ; il désirait aussi travailler très vite [62]. L'huile permet difficilement cela, et on ne trouvait pas encore de couleurs acryliques dans les boutiques françaises à l'époque. La peinture synthétique qu'Adam conçut pour Klein comprenait, comme presque toutes les peintures, un pigment, un liant, un diluant. L'ingrédient neuf, pour l'époque, de cette formule étant le liant transparent : un acétate de vinyle polymère fabriqué par Rhône Poulenc et commercialisé sous le nom de Rhodopas M 60 A ; c'était un composé de vernis industriel utilisé par les fabricants de cartes et de livres. Ce liant n'était pas soluble dans l'eau ; Klein utilisait donc comme solvants l'alcool et l'acétate d'éthyle. Il achetait les ingrédients nécessaires chez Edouard Adam en grosses quantités et les mélangeait à l'atelier [63]. La peinture ainsi obtenue séchait vite et présentait une surface dure.

Les monochromes réalisés entre le milieu de 1955 et la seconde moitié de 1956 sont de facture très diverse. Parfois la couche de surface de ces toiles est mince et présente un grain semblable à celui du papier de verre ; parfois elle est lisse, ou encore elle rappelle par les tourbillons et les grumeaux de sa texture, un glaçage pâtissier grossièrement appliqué sur un gâteau « fabriqué à la maison ». Quelques monochromes présentent aujourd'hui des craquelures importantes. Ces différences de facture entre les toiles indiquent à l'évidence que Klein expérimentait alors différentes formules de peinture où la proportion respective des ingrédients variait, et qu'il essayait des rouleaux de peintre diversement gainés. Il fixait presque toujours quatre bords sur chacun des côtés du support central de bois ou d'aggloméré qu'il utilisait de façon à construire des sortes de boîtes de faible profondeur, ouvertes vers l'arrière. Quelques-unes sont profondes d'environ 9 cm. Il limait les quatre angles du panneau central de façon à les arrondir et peignait les côtés de la même façon que le support frontal. Parfois, sur la face arrière des tableaux, des équerres de bois permettaient de suspendre l'œuvre non pas contre, mais à quelques centimètres en avant du mur ; lors de la seconde exposition Klein à Paris, qui se tint à la galerie Colette Allendy de la fin février au début mars 1956, quelques-unes parmi la douzaine de toiles présentées furent d'ailleurs accrochées ainsi [64]. Le format de ces toiles est une autre caractéristique qui ajoute à la qualité d'objets de ces « morceaux » de couleur rectangulaires. Certaines de ces toiles ont en effet des proportions inhabituelles pour l'époque ; par exemple l'une d'entre elles est carrée, et plusieurs autres sont de format extrêmement allongé.

Les textes de Klein sur les monochromes, rédigés au moment des expositions de 1955 et 1956 à Paris, possèdent une saveur néo-symboliste qui disparaît dans ses écrits plus tardifs. Mais déjà alors, au moment où nous pensons qu'il est sur le point de nous fournir un indice sur l'impression que nous devons nous attendre à ressentir en contemplant une couleur précise, il nous dit que les nuances de cette couleur « sont infinies, ce qui donne la possibilité de l'interpréter de bien des façons ». Ce genre de déclaration est absolument caractéristique de Klein dans la mesure où elle refuse de se cantonner à une signification unique et encourage le spectateur à s'engager dans une réflexion personnelle. Lorsque, plus tard, il écrivit à propos de l'exposition de 1956, Klein omit toute description des toiles elles-mêmes mais raconta à la place les réactions des spectateurs vis-à-vis de son œuvre, réactions qu'il prétend avoir observées à l'occasion d'une discussion sur les monochromes organisée un soir à la galerie :

« A cette occasion, je remarque tout de suite une chose importante : le public en présence de la cimaise, où sont accrochées plusieurs toiles de différentes couleurs, reconstitue les éléments d'une polychromie décorative. Prisonnier de son optique apprise, ce public, bien que choisi, n'arrive pas à se mettre en présence de la *couleur* d'un seul tableau. C'est ce que provoque mon entrée dans l'époque bleue. » [65]

Klein indique ici au lecteur la façon dont il ne faut *pas* regarder son œuvre ; il le fait avec un tact qui implique que le lecteur est, d'une certaine façon, plus sage que les habitués du milieu artistique qui, de façon erronée, lisent un accrochage de monochromes de couleurs différentes comme une sorte de Mondrian, ou comme une œuvre unique composée de toiles en relation l'une avec l'autre comme le seraient les différents éléments d'une composition.

7

A la galerie Apollinaire de Milan (j'eus) une exposition consacrée à ce que j'ai osé appeler mon époque bleue. (Je me consacrais en effet, depuis plus d'un an déjà à la recherche de la plus parfaite expression du « bleu ».) Cette exposition était composée d'une dizaine de tableaux bleu outremer foncé, tous rigoureusement semblables en ton, valeur, proportions et dimensions. Les controverses assez passionnées soulevées par cette manifestation m'ont prouvé la valeur du phénomène et la profondeur réelle du bouleversement qu'il entraîne chez les hommes de bonne volonté, fort peu soucieux de subir passivement la sclérose des concepts reconnus et des règles établies (...)
Chacune de ces propositions bleues toutes semblables en apparence furent reconnues par le public bien différentes les unes des autres. L'amateur passait de l'une à l'autre, comme il convenait, et pénétrait en état de contemplation instantanée dans les mondes du bleu.
Mais chaque monde bleu de chaque tableau, bien que du même bleu et traité de la même manière, se révélait être d'une tout autre essence et atmosphère, aucun ne se ressemblait, pas plus que les moments picturaux ni les moments poétiques ne se ressemblent. Bien que tous de même nature, supérieure et subtile (repérage de l'immatériel).
L'observation la plus sensationnelle fut celle des « acheteurs ». Ils choisirent parmi les onze tableaux exposés chacun le leur et le payèrent chacun le prix demandé. Les prix étaient tous différents bien sûr. Ce fait démontre que la qualité picturale de chaque tableau était perceptible par autre chose que l'apparence matérielle et physique d'une part, et d'autre part, évidemment que ceux qui choisissaient reconnaissaient cet état de choses que j'appelle la « sensibilité picturale » (...)

Donc je suis à la recherche de la réelle valeur du tableau, celle qui fait que de deux peintures rigoureusement identiques en tous les effets visibles et lisibles, tels que lignes, couleurs, dessin, formes, format, épaisseur de pâte et technique en général mais peints l'un par un « peintre » et l'autre par un habile « technicien », un « artisan » et bien que officiellement reconnus tous deux comme « peintres » par la collectivité ; cette valeur réelle invisible qui fait que l'un des deux objets est un « tableau » et l'autre pas (Vermeer, van Meegeren). [66]

L'époque bleue de Klein débute avec les préparatifs pour l'*Epoca blu,* exposition qui rassembla, en janvier 1957, onze monochromes pratiquement identiques dans la très petite galerie Apollinaire de Milan. Elle atteignit une sorte d'apogée en mai de la même année à Paris où Klein reprit cet accrochage de Milan dans la petite galerie que tenait Iris Clert à Saint-Germain-des-Prés et organisa concurremment, dans un quartier plus éloigné, chez Colette Allendy près du bois de Boulogne, une exposition d'objets destinés à indiquer au spectateur les diverses interprétations possibles pour les mystérieux monochromes.

Tous les monochromes outremer pratiquement identiques qui furent exposés à Milan, puis à Paris en 1957, mesurent approximativement 78 cm × 56 cm ; chacun d'eux présente une surface mate, entièrement unie, où apparaissent de légères ondulations : « des rides légères et régulières comme celles des enduits de plâtre de nos appartements »[67]. Cette texture se continue sur les côtés des tableaux non encadrés. Les toiles étaient suspendues par un système d'équerres qui les projetait à quelque 20 cm par-devant le mur. Quelques mois après ces expositions, Klein écrivit qu'il avait « réussi à supprimer l'espace qui existe devant le tableau dans le sens que la présence du tableau envahit cet espace et le public lui-même ». [68]

Ces expositions, comme cette déclaration, étaient une façon remarquable de s'opposer à l'art informel de l'Europe d'alors. En effet, quelle qu'en fût la vigueur, la touche personnalisée des artistes informels tendait soit à rester contenue dans le périmètre du plan, soit à en rencontrer les bordures ou à y faire écho en un équilibre asymétrique de la composition. A l'inverse, la surface que Klein obtenait au rouleau ne se contentait pas de bannir tout élément de composition, elle semblait, à première vue au moins, impersonnelle ; cet aspect était d'ailleurs renforcé par la présentation en série de peintures qui paraissaient absolument semblables et donnaient l'impression d'être aisément reproductibles. La richesse chromatique des panneaux, la texture fine de leur surface, leurs bords peints et non encadrés suggéraient qu'il s'agissait là de peintures qui « débordaient » vers l'avant et de tous côtés, par-delà les limites de l'espace pictural traditionnel. L'accrochage inhabituel des monochromes à 20 cm des murs, dans l'espace de très petites galeries, accentuait la nature d'objets de ces tableaux (qui étaient au sens littéral des *panneaux*) et leur qualité de solides présents dans l'espace immédiat du spectateur.

Ces monochromes soulèvent la question de savoir si nous devons les désigner sous le nom de « peintures » ou recourir au terme de *specific objects* [69] (objets spécifiques) forgé plus tardivement par un admirateur de l'œuvre de Klein, Donald Judd, et qui s'applique plus particulièrement aux œuvres tridimensionnelles. Si nous choisissons ce dernier terme, il reste encore à observer une caractéristique intéressante de ces monochromes de 78 cm sur 56 cm : leurs proportions se situent dans un rapport de 5 à 3,5. Ces proportions sont proches de celles des toiles tendues sur châssis couramment proposées dans les magasins de fournitures pour artistes. Ainsi Klein choisit-il de présenter, lors de ces manifestations déroutantes où il proposait en guise de peintures onze panneaux apparemment identiques dénués de tout motif représentatif, non les œuvres rectangulaires aux formats inhabituels expérimentés l'année précédente, mais des panneaux dont la dimension rassurait les observateurs dans la mesure où, d'un point de vue au moins, ces curieuses planches muettes auxquelles on les confrontait ressemblaient beaucoup à ce qu'ils avaient l'habitude de nommer des peintures.

Klein continua à utiliser, entre 1957 et 1962 (année de sa mort), des formats dont la hauteur se situe par rapport à la largeur dans un rapport 5 à 4 pour plusieurs séries de monochromes bleus tous pratiquement identiques par le format et la facture à l'intérieur d'une série donnée. Ce rapport 5-4 des proportions se retrouve dans d'autres œuvres plus éloignées du concept de « peintures ». [70] Klein créa également des monochromes dont il harmonisait le format – ni trop monumental, ni trop petit – avec le lieu auquel ils étaient destinés. Pour la rétrospective de 1961 qui eut lieu dans le bâtiment spacieux mais non immense du Museum Haus Lange de Krefeld par exemple (lequel était à l'origine une maison d'habitation conçue par Mies van der Rohe dans les années 20), Klein réalisa des panneaux bleus de 2 m sur 1,50 m. [71]

Klein continua aussi parfois à accrocher ses panneaux monochromes de façon à ce qu'ils fassent saillie (ou semblent le faire) au-devant du mur. Nous en avons un exemple extrême dans les œuvres réalisées pour le nouvel opéra de Gelsenkirchen. A la fin de l'année 1957 une équipe d'artistes à laquelle Klein s'était joint reçut commande d'une décoration murale pour le nouvel opéra de la ville. Cette commande allait permettre à Klein de réaliser six œuvres monumentales : quatre reliefs-éponges bleus de 10 m de long (deux pour le long mur du foyer principal dont la façade est vitrée et deux pour le vestiaire du niveau inférieur), et deux monochromes bleus d'environ 7 m sur 20 m (destinés aux murs latéraux du foyer principal) [72]. Ces peintures sont en réalité des reliefs réalisés en plâtre armé de fil de fer et peints au pistolet dans un bleu *IKB* dérivé de la formule spécifique de Klein. Leur épaisseur est d'environ 10 à 20 cm, leur texture est d'apparence très sèche et présente à sa surface, sur la peinture de gauche, de nombreuses vagues verticales et, sur la peinture de droite, de fines ondulations horizontales. Même ces œuvres-là, qui sont les plus monumentales qu'ait jamais réalisées Klein, étaient accrochées conformément à ses conceptions ; ces peintures ne sont pas en effet à proprement parler des « peintures murales ». Bien plutôt, elles sont accrochées aux éléments structurels du bâtiment qui font une saillie considérable par rapport aux murs latéraux non portants qui y sont attachés. Les murs latéraux se continuent au-dessus des peintures, mais non au-dessous d'elles. Les bords inférieurs des peintures aux angles arrondis débordent en fait de plusieurs centimètres sur la limite inférieure des murs latéraux non portants. Il ne fait aucun doute que c'est la raison pour laquelle les œuvres furent agrandies des 6 m prévus à l'origine du projet jusqu'à 7 m lors de leur réalisation. Dans la mesure où ces peintures sont fixées sur les éléments structurels verticaux, en saillie, et dépassent vers le bas les murs latéraux, elles semblent « flotter » au-devant de ces murs en dépit de leur format monumental.

Dans tous les exemples dont il a été question ici, Klein a tenté, en utilisant les caractéristiques physiques de ses monochromes et la façon de les présenter, d'abolir toute distance entre le monde de l'imagination, c'est-à-dire le monde de l'espace pictural, et notre prétendu monde réel. C'est là un des aspects distinctifs de son style visuel que de tenter de créer un pont entre le virtuel et le réel par des moyens à la fois sensuels, littéraux et explicites. Sa volonté de ne pas se confiner à une interprétation unique, sans détours ni ambiguïté, est tout aussi caractéristique de la signification de son œuvre.

L'une des réactions à l'exposition de 1957 à Milan fut : ne suffit-il pas de voir un seul monochrome bleu outremer d'Yves, d'un certain format et d'une facture donnée, pour les avoir tous vus ? Un compte rendu favorable à l'exposition et dont Klein eut connaissance, décrivit ce type de réaction [73]. Klein lui-même a bien sûr provoqué ce genre d'attitude en présentant, ce qui était sans précédent alors, une série de peintures sans aucun motif, qui semblaient identiques à tous points de vue, en guise d'exposition. A supposer que seuls aient compté pour Klein la couleur et l'environnement, et qu'il ne se soit attaché qu'à présenter, de la façon la plus convaincante possible, une teinte étonnante, unique, destinée à « envahir » l'espace réel du spectateur, il aurait pu montrer

des peintures bleu outremer foncé, de formes toutes différentes et cependant en harmonie ; il le fit d'ailleurs plus tard en diverses occasions. Il aurait également pu s'autoriser à faire usage d'une convention simple, sans valeur de provocation, afin de distinguer les différentes œuvres d'une série : donner aux monochromes des titres descriptifs ou simplement un titre suivi d'un chiffre, pour identifier les différents panneaux bleus. Il est frappant que, bien qu'il donnât souvent des titres spécifiques à des œuvres réalisées dans d'autres techniques, il ne le fit pas dans le cas des séries de monochromes [74]. Son but était de laisser au spectateur le soin de discerner les différences entre les toiles (dans un contexte où se posaient évidemment la question de la possibilité d'opérer une telle distinction et celle de sa validité).

Ces expositions de 1957, à la galerie Apollinaire et à la galerie Iris Clert, soulèvent des questions perfides à propos de la valeur unique des peintures originales et elles peuvent être comprises comme un autre défi que Klein lançait à l'esthétique de l'art informel. Elles sont, au moins, une attaque contre l'idéologie informelle telle que la promouvaient des critiques au franc-parler, comme Tapié dont Klein connaissait les écrits. Les affirmations de ce dernier, selon lesquelles les œuvres informelles naissaient d'un paroxysme d'expression, comme les démonstrations publiques de Mathieu étaient ridiculisées par cette exposition de onze peintures apparemment identiques, sans trace de ligne, où rien de la touche personnelle de l'artiste ne semblait à première vue transparaître.

Les expositions de Milan et Paris de 1957 peuvent être comparées, en tant que défis à l'abstraction gestuelle, aux collages presque identiques que fit Rauschenberg la même année : *Factum I* et *Factum II*. En répétant presque exactement sur ces deux « objets fabriqués » les coulées et les taches associées au style expressionniste abstrait, Rauschenberg remettait en cause les conseils que le critique Harold Rosenberg donnait dans son étude de 1952, *The American Action Painters*, à savoir que le spectateur « doit devenir conscient des différences de degré qui séparent l'automatique, le spontané et l'évoqué ». [75] Le phénomène des *ready-made* de Duchamp constitue d'une certaine façon un antécédent de l'exposition milanaise de Klein. Les *ready-made* étaient choisis parmi des objets fabriqués en série qui pouvaient être facilement remplacés en cas de perte ; en un sens, la contemplation d'une salle de galerie où sont accrochées onze peintures virtuellement identiques soulève, plus immédia-

tement encore que le *ready-made*, la question de la valeur de l'œuvre d'art unique.

De façon caractéristique, Klein, en de nombreuses occasions, recréa par le discours ces expositions de 1957 où il avait présenté des monochromes bleus identiques, complétant le fait central que constituait l'exposition des peintures par un ensemble varié de considérations à leur propos. Il le fit lors d'une conférence à l'Institute of Contemporary Art de Londres en 1957 [76] ; dans un article paru en avril 1958 dans *Zero,* journal des artistes du groupe de Düsseldorf ; au début 1959, dans un discours prononcé devant les officiels de Gelsenkirchen, en relation avec la commande de décoration murale ; lors de sa conférence en Sorbonne en juin 1959 ; enfin dans ce livre toujours inachevé, *L'Aventure monochrome*, d'où est tiré l'extrait cité au début de l'analyse de l'époque bleue. Il faut noter au passage que, bien que chacune des descriptions que donne Klein en ces occasions se réfère au discours cité, Klein présente les choses de façon sensiblement différente selon le public auquel il s'adresse, ce qui a pour résultat de mettre chaque fois l'accent sur des aspects différents de ces expositions de l'époque bleue. Ce discours peut servir à évoquer l'ineffable ou à attirer les collectionneurs ; dans quelques-unes de ses versions, celle que j'ai citée par exemple, il semble faire les deux à la fois et laisse au lecteur le soin de décider si l'orateur est un mystique ou s'il s'agit d'un mystificateur.

Le premier des « suppléments » verbaux à l'exposition de Milan est dans le titre même de l'exposition. Les peintures étaient volontairement dénuées de titre, dans le double but de garantir l'impact de leur similitude et de laisser au spectateur le soin d'en percevoir lui-même les différences. Par contre, l'exposition elle-même reçut un titre : celui pour tout dire extraordinairement drôle de *Epoca blu*, l'époque bleue [77]. On ne trouve dans les documents qu'a laissés Klein nul indice indiquant qu'il convient de comparer les *IKB* de Klein aux peintures bleu turquoise sentimentales que peignit Picasso de 1901 à 1904 (aucune indication non plus d'un désir sérieux de Klein d'englober un courant de peinture en camaïeu, à partir de Whistler) et Klein n'était évidemment pas assez âgé en 1957, ni assez connu, pour que l'on pût justifier un découpage de son œuvre en périodes historiques définies.

Qu'il ait choisi de se présenter ainsi fut sans doute un « coup » publicitaire, un coup qui, comme le livre *Yves Peintures*, impliquait rétroactivement une carrière considérable. Ce fut surtout une façon de railler, et cependant d'exploiter, les conventions du monde de l'art : ici, une convention aussi universellement connue que les reproductions de la Joconde. En utilisant les conventions ainsi, Klein donnait un « cadre » à ses panneaux non encadrés et évoquait à nouveau l'éventualité d'une plaisanterie. Dans le texte cité, Klein présente la plaisanterie que constitue le titre « Époque bleue » avec une certaine humilité (« ce que j'ai osé appeler ») et poursuit en rappelant combien l'exposition de Milan souleva de controverses puis affirme hypocritement que sa valeur résidait dans la confusion même qu'elle avait créée. Après avoir décrit la similitude rigoureuse des toiles, Klein déclare, ce qui est plus facile à faire au moyen du langage que par les œuvres, que les observateurs se rendirent compte que chacun de ces monochromes bleus de même format, etc. était différent des autres : « d'une tout autre essence et atmosphère, aucun ne se ressemblait ». Comme le lecteur commence à se laisser convaincre qu'il s'agit d'une qualité spirituelle des œuvres, non d'une qualité matérielle (« autre chose que l'apparence physique et matérielle [...], la sensibilité picturale »), Klein revient rapidement au domaine matériel pour affirmer que « les prix étaient tous différents, bien sûr ». Bien sûr ? Ne nous étonnons pas que, lorsqu'il répéta cette phrase à la conférence en Sorbonne de 1959, l'auditoire éclata de rire.

La vérité est que l'idée de faire payer des prix différents pour des peintures de la même couleur et de la même taille ne lui vint pas à l'esprit avant, mais soit au cours de l'exposition, soit après. Un compte rendu digne de foi, en contradiction avec le récit de Klein, signalait que les prix des monochromes étaient extrêmement modestes, environ 30 000 anciens francs *par toile*. [78] De plus, contrairement à l'affirmation, implicite dans le texte de Klein, selon laquelle toutes les peintures se seraient vendues (ce qui a pour but de vanter leur attrait et de donner la preuve que de nombreuses personnes s'accordaient à y voir une valeur), il n'y eut en fait que trois ou quatre acheteurs, parmi lesquels le peintre-sculpteur-créateur d'environnement milanais Lucio Fontana. [79]

Il existe des documents indiquant que Klein eut l'idée des prix différents, pour des œuvres apparemment identiques, durant le mois qui suivit l'exposition de Milan. Le 15 février 1957, un critique du *Monde* mentionne que Klein « il y a peu, proposait à des prix différents des toiles rigoureusement monochromes et de même format » [80]. Dans une critique parue dans le journal de Stockholm *Tidningen*, le 30 octobre 1957, sur les deux expositions parisiennes de l'« Époque bleue » en mai, Pontus Hulten signalait que Klein « était même capable de vendre, à la même exposition, des peintures de même couleur et de même taille à des prix différents » [81]. Qui de Klein ou d'Iris Clert fut à l'origine de cette décision en mai 1957, importe peu. Mais il est significatif que Klein a transmis l'idée aux critiques, dans la mesure où cela indique qu'il était décidé à faire de la valeur marchande des œuvres d'art un sujet de débat plutôt qu'une occasion de profit, bien avant qu'il n'ait commencé à vendre le « vide » en 1958, ou les « zones de sensibilité picturale immatérielle » en 1959, et avant qu'il n'ait présenté pour la première fois un « monogold », panneau couvert de feuille d'or, à Paris, en février 1960.

Le fait qu'il ne demanda pas des prix différents pour des peintures identiques avant la fin de l'exposition de Milan semble exemplaire de la façon dont Klein, par un discours écrit ou oral, indique la signification des objets qu'il crée après avoir eu une réaction publique à leur sujet. Une étude attentive de quelques-uns des monochromes bleus des différentes séries montre naturellement des différences entre les peintures. Les panneaux des séries de 2 m sur 1,50 m de 1960 et 1961, par exemple, varient en dimensions de plusieurs centimètres, et présentent des différences de texture. Si l'on compare *IKB 68* et *IKB 69* (les numéros sont posthumes), on remarque que Klein a mêlé à la peinture de la première toile, dans la partie inférieure droite, de petits graviers ; les panneaux ne sont donc pas tout à fait identiques. En plus de ses écrits sur les différences entre les peintures et de sa façon de créer ces « écarts » entre des œuvres pratiquement identiques – qui ne sont visibles que pour une petite partie peut-être significative du public : celle des observateurs attentifs –, Klein attira l'attention sur les factures diverses des séries successives en réalisant deux assemblages à partir de rouleaux à peindre usagés, couverts de peau de mouton d'un grain notablement différent. Des différences minimes entre les monochromes, à l'intérieur d'une série de format identique et de texture semblable, sont nécessaires au maintien d'une certaine tension (lorsqu'ils sont accrochés ensemble comme le voulait Klein) entre l'effet immédiat global de l'ensemble et l'intérêt individuel qui naît de la perception de variantes : en effet ces différences ne seraient pas aussi significatives si elles ne se produisaient pas dans le contexte d'une similitude globale. Les toiles de Klein ne sont pas simplement des copies l'une de l'autre, ni les variantes d'un modèle original, mais à l'évidence ce ne sont pas non plus des pièces uniques et la tension formelle que peut ressentir celui qui observe d'une salle de monochromes bleus donne aux œuvres une partie de leur vitalité.

La tension formelle dont il vient d'être question trouve une contrepartie dans la dimension de commentaire sur la nature de l'art que possèdent les œuvres. Considérées sous cet angle, les peintures de Klein sont peut-être proches de ce que Walter Benjamin a appelé « la reproduction faite de main d'homme, et considérée par principe comme un faux ». [82] L'utilité du terme qu'utilise Benjamin réside dans le fait qu'il crée une zone imprécise entre les originaux (le « grand art ») et les reproductions mécaniques : celle de la copie faite à la main qui oscille de façon ambiguë entre le faux et la nouvelle interprétation d'un sujet connu. Il n'est pas aisé de définir le registre auquel un ensemble de monochromes de Klein est supposé se rattacher et cela fait à nouveau poindre la possibilité d'une énorme farce ; mais aussi la possibilité qu'il s'agisse d'authentiques œuvres d'art.

La question de la signification se pose également à propos du texte de Klein sur les peintures de l'époque bleue. En effet, il écrivit que ce qu'il cherchait, c'était leur « réelle valeur », et que celle-ci était « invisible ». Il développe cette idée, assez inhabituelle dans le cas de l'art visuel, et postule que la « collectivité » ne sait pas faire la différence entre un « peintre » et un « artisan », ni d'ailleurs entre un Vermeer et un van Meegeren. Du simple fait qu'il mentionne le fameux faussaire (une sorte de héros légendaire de la fin des années 40), Klein soulève la question de la capacité du public à faire la différence entre l'art authentique et l'art authentifié par les experts – dans ce cas précis, les experts en art flamand qui avaient acheté des van Meegeren pour les musées flamands, persuadés que c'étaient d'authentiques Vermeer [83]. Cela suggère que le public ne peut pas faire la différence entre des œuvres authentiques et des faux par la seule appréciation du savoir-faire de l'artiste, ni par l'érudition traditionnelle. La valeur réelle de l'art, écrivait Klein, est invisible ; elle réside au-delà de ce que l'on peut voir. Cette façon de mettre en question l'authenticité de l'œuvre, par opposition à l'œuvre authentifiée, implique également un défi lancé aux conventions en vigueur dans le monde de l'avant-garde où Klein avait grandi et travaillait : à savoir qu'il était interdit de douter de la sincérité des centaines et des centaines de peintres abstraits dont les œuvres remplissaient le Salon annuel des Indépendants ; et qu'il n'était peut-être pas convenable de mettre en cause leur talent. Qui plus est, en faisant allusion à van Meegeren, Klein, une fois de plus, emploie la technique déjà utilisée lorsqu'il avait suggéré la possibilité que le monochrome orange présenté au Salon des réalités nouvelles ne fût qu'une « plaisanterie provocatrice de mauvais goût ». Le fait de mentionner ce faussaire a pour effet de signaler la possibilité d'une falsification de sa part.

Il y a donc ici, dans l'expression « réelle valeur », trois intonations possibles et trois façons de la comprendre : on peut y voir le ton du critique se lamentant sur le fait que les historiens d'art ont parfois des motivations douteuses, et que les peintres abstraits sont peut-être des faussaires ; ou bien le ton de l'imposteur qui suggère qu'il participe peut-être de l'activité qu'il critique ; enfin celui du véritable artiste qui, en touchant aux opinions taboues sur les artistes et en permettant que l'on puisse se poser des questions sur l'hypocrisie de certains d'entre eux, y compris lui-même, démontre combien il est sincère. On ne peut pas établir avec certitude lequel de ces trois tons domine chez Klein : j'ai signalé plus haut qu'à l'occasion des deux expositions de Paris en mai 1957, Klein avait indiqué dans ses écrits, mais aussi au moyen d'objets ou de manifestations, les diverses lectures possibles des onze panneaux de l'époque bleue présentés chez Iris Clert. La publicité et les invitations pour les deux expositions, comme le contenu même de la présentation chez Colette Allendy, constituent une somme d'interprétations et de distorsions du sens des peintures monochromes.

8

Ces distorsions soulignent la diversité des significations – parfois exclusives, parfois multiples – que les panneaux eux-mêmes ne transmettent pas toujours avec évidence. Klein se servit de la manifestation chez Colette Allendy pour illustrer ses propres œuvres au moyen d'autres œuvres. En un sens, cette manifestation anticipe de façon microcosmique son travail ultérieur : ce cortège de livres, de longs textes, de manifestations à caractère théâtral, de photographies et d'objets destinés à créer l'illusion, au moyen duquel Klein cherchait à exprimer son doute sur la capacité de la peinture abstraite à *signifier* par elle-même.

L'exposition chez Iris Clert commença le soir du vendredi 10 mai 1957, quatre jours avant l'ouverture de l'exposition chez Colette Allendy. On convoqua à cette première ouverture un public sensiblement plus large que celui des habitués au moyen de ballons bleus attachés en grappes (1 001 selon Klein) qu'on achemina par les rues depuis la galerie de la rue des Beaux-Arts jusqu'à la place Saint-Germain-des-Prés, où on les lâcha devant l'église. Devant la galerie, la chaussée fut peinte en bleu. Par ce geste publicitaire, qui montait de la rue jusqu'au ciel et prenait des allures de fête, Klein réaffirmait son aptitude à faire parler de lui dans les journaux et fit la première démonstration publique (au caractère littéral typique de Klein), de son attirance pour l'éphémère et ce qui est libre de toute entrave. Il prétendit plus tard que ces ballons bleus étaient sa première « sculpture aérostatique » qui, ajoutait-il, devait résoudre le « problème du socle ». La publicité sur cette manifestation double la présentait comme une exposition de « peintures » chez Iris Clert, et de « pigments purs » chez Colette Allendy. Klein y fut désigné, pour la première fois sur un document destiné au public, sous le nom d'Yves le Monochrome (à distinguer de « Yves, peintre de monochromes »).

Le rapport intime que Klein tissait entre lui-même et les objets qu'il fabriquait commença probablement avec les légendes autobiographiques de la plaquette de 1954 *Yves Peintures* (« à Londres, 1950 » ; « à Tokyo,

1952 ») ; on peut en voir le point culminant dans la décision, en 1960, de déposer la formule de sa peinture synthétique spécifique sous le nom de *International Klein Blue* et de désigner dorénavant les séries de toiles comme la peinture elle-même par l'abrégé *IKB*. C'est un paradoxe propre à Klein que, bien que la *patte* de l'artiste semble impersonnelle, il personnalise sa peinture et, comme je le montrerai plus loin, fait de beaucoup de ses œuvres des créations anthropomorphes.

Les cartes postales-invitations annonçant la double manifestation parisienne de 1957 suggèrent aussi qu'Yves tenta d'attirer un public plus large que le seul public d'habitués. Les timbres apposés aux cartes étaient de Klein : c'étaient des rectangles de papier bleu outremer de la taille d'un timbre aux bords perforés. Klein continua à utiliser ces « timbres » pour envoyer ses invitations en France au moins aussi longtemps qu'il exposa chez Iris Clert (et donc jusqu'en 1959), et il se sentait si inquiet de savoir si les envois arrivaient bien malgré les faux timbres, qu'il s'adressa à plusieurs reprises des cartes à lui-même et conserva les retours à l'envoyeur pour cause de changement d'adresse. Si l'on en croit Iris Clert, ces envois étaient en fait payés au tarif réglementaire à la poste et on donnait à la pièce à l'employé pour qu'il n'oblitère pas les enveloppes et les cartes postales trop près ou sur les timbres de Klein [84]. C'était pour Klein une façon d'élargir le champ d'action de son art et, dans ce cas précis, d'impliquer et de faire participer le gouvernement. Chaque timbrage de l'administration des postes équivalait à une validation officielle et signifiait l'approbation du gouvernement, chaque facteur devenait pour un instant le messager du bleu de Klein et chaque destinataire de ces missives en devenait en quelque sorte le récipiendaire.

Les timbres de Klein étaient également une pseudo-décoration qu'il s'accordait à lui-même : en effet, les timbres édités par le gouvernement français reproduisaient des œuvres connues ou célébraient des personnalités du monde culturel importantes au niveau national ; les timbres bleus de Klein suggéraient que les peintures *IKB* étaient des œuvres importantes. Mais ces timbres sont avant tout, comme les papiers collés du livre de 1954, les monochromes originaux d'une série très nombreuse. Chaque timbre mesure 2,5 cm sur 2 cm. Leur hauteur et leur largeur sont, comme celles de tant de panneaux des séries monochromes, dans un rapport 5-4. Si l'on examine les différentes œuvres dont les proportions sont dans le même rapport (y compris les monochromes de la série dont il a été question et d'autres encore), on prend conscience non seulement du rapport qui les unit, en termes de dimensions réelles, aux espaces auxquels elles sont destinées, mais aussi de leurs relations réciproques. De ce point de vue, le sens des proportions de Klein, comme sa conception de la surface picturale, semblent prendre en compte le lieu où leur matérialité d'objet rencontre ce que l'on peut considérer comme la notion personnelle qu'avait Klein de leur contenu métaphysique. C'est-à-dire que si nous devions aligner tous les monochromes bleus dont les proportions sont dans un rapport 5-4, depuis le timbre jusqu'aux panneaux de 2 m sur 1,50 m (l'ordre n'est pas ici chronologique), on pourrait suggérer que Klein, dans la mesure où il créait des œuvres qui s'accordaient profondément à chaque environnement spécifique, créait aussi des œuvres dont la taille pouvait être adaptée par homothétie à n'importe quelle situation. En attirant l'attention sur la façon dont ses objets pouvaient être soit diminués, soit agrandis, Klein suggérait la possibilité que leur taille pourrait être réduite à rien, mais aussi augmentée jusqu'à l'infini.

Parmi les œuvres les moins spectaculaires, les plus simples et les plus didactiques présentées chez Colette Allendy, on trouve un ensemble de huit petits objets semblables à des boîtes de faible profondeur auxquels Klein se réfère dans son album sous le terme de *reliefs bleus*. Après sa mort on les a classés parmi les sculptures, et les quatre exemplaires qui existent encore apparaissent dans le catalogue de Wember sous le titre de *Sculptures 1, 3, 4, et 5*. Chez Colette Allendy, les huit reliefs faisaient saillie sur le mur en deux rangées verticales de quatre reliefs chacune ; ils étaient séparés par des intervalles à peu près égaux. Chacun de ces objets a une profondeur de 19,5 cm et une surface frontale de 12 cm sur 9,5 cm. C'est-à-dire que chacun d'eux se projette à 19,5 cm au-devant du mur et présente une surface de 12 cm de hauteur sur 9,5 cm de largeur. Les lignes de jonction des faces et les quatre angles de la face frontale ont été légèrement arrondis. Les « sculptures 1, 3, 4 et 5 » ont été restaurées, il est donc difficile aujourd'hui de savoir avec certitude comment se présentaient leurs surfaces en 1957. Elles présentent aujourd'hui un aspect poreux, mais non sans vigueur.

Si l'on en juge d'après une photographie générale de l'accrochage de l'époque (photographie que Klein colla dans son album), on peut situer la hauteur d'accrochage, par rapport à l'une des portes de la galerie,

approximativement un peu au-dessus du niveau des yeux pour les plus hautes pièces ; les plus basses descendant jusqu'au niveau de la poitrine ou même un peu en dessous. Nous pouvons aisément comprendre aujourd'hui qu'un artiste qui prenait grand soin de peindre les côtés de ses peintures de la même façon que la face frontale n'eut jamais l'intention de les encadrer. On comprend moins facilement que ce même artiste, qui accrochait ses peintures à plusieurs centimètres au-devant du mur, ait pu, au départ, fixer les reliefs bleus directement *contre* le mur. Il est important d'avoir une vision assez claire de l'installation originale de Klein dans la mesure où l'on estime que les œuvres exposées chez Colette Allendy constituent en quelque sorte la « signalisation » sous forme d'objets, des « qualités » des monochromes présentés chez Iris Clert.

Les reliefs bleus font référence aux panneaux monochromes de multiples façons. La caractéristique la plus immédiatement remarquable de ces reliefs consiste dans le fait que leur dimension la plus grande est la profondeur, ce qui est inhabituel même dans le cas du haut-relief. Ces reliefs font saillie dans l'espace réel de l'observateur d'une façon directe, et ce fait a peut-être éclairé les premiers observateurs sur l'accrochage des toiles, chez Iris Clert, à 20 cm du mur, qui les faisait se projeter elles aussi dans l'espace réel du spectateur. Il est également évident que, du fait de leur accrochage serré, ces reliefs formaient une série ; peut-être même ne faisaient-ils qu'une seule œuvre. Cet arrangement en œuvre unique mettait l'accent sur l'ambiguïté de l'exposition chez Iris Clert, sur l'identité et cependant les différences qui s'établissaient entre les dix ou onze monochromes présentés. De plus le profil arrondi des lignes de jonction des plans, et des angles où trois faces se rencontrent, est rendu d'autant plus visible dans les reliefs qu'ils participent des trois dimensions. Ceci était peut-être destiné à attirer l'attention sur les angles arrondis moins évidents des panneaux monochromes, aspect qui, comme je l'ai noté, nous encourage à les considérer comme des objets. De fait, la morphologie en forme de boîte des reliefs bleus tend à nous faire considérer les peintures elles-mêmes comme des « boîtes ». Mais la correspondance la plus intéressante qui s'établit entre les reliefs bleus et les panneaux monochromes exposés chez Iris Clert provient du fait que, si nous nous mettons dans la posture traditionnelle de qui regarde un tableau – c'est-à-dire face à lui – les surfaces frontales des reliefs ont des proportions familières : le rapport entre la hauteur (12 cm) et la largeur

(9,5 cm) est de 5 à 3,9. Ceci renforce la similitude entre les reliefs présentés chez Colette Allendy et les monochromes exposés chez Iris Clert, mais aussi celle qui les unit aux timbres sur les cartons d'invitation pour ces deux expositions et à une série postérieure de toiles, dont les proportions sont dans le même rapport.

Ces reliefs semblent donc suggérer que les peintures de Klein, dont les surfaces s'imposent et qui vivent réellement dans notre espace réel, possèdent également une profondeur. La profondeur est la dimension essentielle de ces objets que Klein nommait des reliefs. Cette profondeur « illustre » l'illusion d'un espace profond dans les peintures.

L'exposition chez Colette Allendy fut, pour Klein, la première occasion de présenter des œuvres en éponge, un matériau « trouvé » étonnant et élégant qui se révéla être une métaphore signifiante de son désir de faire participer le public à l'univers bleu et qu'il utilisa de façon remarquable afin de poser certaines questions formelles que soulevaient les séries monochromes. Entre 1957 et 1961, Klein réalisa plusieurs centaines de « sculptures-éponges », comme il les appelait, et près de 50 « reliefs-éponges ». L'ambiguïté, qui est l'une des qualités essentielles des monochromes, apparaît également dans beaucoup de sculptures-éponges, et la question de l'identité des œuvres entre elles se pose ici. Klein répondit à cette question en groupant plusieurs éponges différentes sur un seul relief-éponge et en présentant, à diverses reprises, plusieurs sculptures-éponges en groupe. En juin 1959 par exemple, lors de l'exposition chez Iris Clert, « Bas-reliefs dans une forêt d'éponges ». Bien que chaque arbre de cette forêt fût en apparence unique, il était semblable à son voisin, participait du même *phyllum*, celui de l'« objet trouvé », et tous étaient en général d'un bleu identique. Klein utilisa différentes sortes d'éponges ; il employait en général des éponges douces qu'on utilise habituellement pour le bain ou pour nettoyer ; il les durcissait avec un liant avant de les tremper dans la peinture, mais il employa aussi occasionnellement cette sorte d'éponge calcifiée et épineuse que l'on nomme corail blanc.

Les sculptures-éponges, dans la mesure où chacune est un objet unique, participent de l'aura qui entoure toute œuvre originale. Mais elles sont aussi les éléments d'une série qui, Klein l'a démontré, était très vaste ; elles étaient facilement reproductibles et accessibles à tous. Une note à la fin du catalogue de l'exposition rétrospective de Krefeld indiquait en effet qu'on offrait une éponge bleue à chaque acheteur du catalogue. Lorsqu'un directeur de musée demande à un artiste de créer une œuvre reproductible destinée à la vente au public, ce dernier produit en général une édition numérotée dont tous les exemplaires sont identiques. Il est caractéristique de Klein qu'il choisit de faire, dans cette situation, une série dont chaque élément était visiblement différent. Ce fut peut-être l'exemple des personnages en éponge souple et non colorée que Dubuffet avait créés en 1954, tels le *Maestro* ou le *Duc*, qui encouragea Klein à utiliser ce type de matériau.

Quelques-unes des sculptures-éponges de Klein présentent des caractéristiques remarquablement anthropomorphes. Elles sont le plus souvent, mais pas nécessairement, verticales. Plusieurs sont montées sur socle de métal ou de pierre et soutenues par une fine tige ou un tube de métal. On a donné à plusieurs sculptures de ce type, qui figurent dans les collections publiques, des titres qui les identifient comme des « portraits » de membres du public de Klein. Citons comme exemples les œuvres de 1960, *Lecteur IKB*, SE 171, ou le *Veilleur IKB*, SE 174, du musée de Krefeld. Dans un paragraphe des « Remarques sur quelques œuvres exposées chez Colette Allendy », texte de deux pages que Klein écrivit quelques mois après les expositions de 1957, il exprime très clairement ce qu'il voulait que ces objets représentent :

« En travaillant à mes tableaux dans mon atelier, j'utilisais parfois des éponges. Elles devenaient bleues très vite, évidemment ! Un jour, je me suis aperçu de la beauté du bleu dans l'éponge ; cet instrument de travail est devenu matière première d'un seul coup pour moi. C'est cette extraordinaire faculté de l'éponge de s'imprégner de quoi que ce soit fluidique qui m'a séduit. Grâce aux éponges matière sauvage vivante, j'allais pouvoir faire les portraits des lecteurs de mes monochromes, qui, après avoir vu, après avoir voyagé dans le bleu de mes tableaux, en reviennent totalement imprégnés en sensibilité comme des éponges. » [85]

On peut décrire les reliefs-éponges de Klein comme des panneaux monochromes auxquels on aurait fixé plusieurs éponges, assez plates ou de forme plus ou moins ronde, peintes dans le même ton que le support. Un certain nombre d'entre elles, par exemple *RE 1960 l'Accord bleu* et *RE 20 1960*, sont approximativement du format 2 m × 1,50 m que Klein

utilisa pour ses séries les plus impressionnantes de monochromes. Lors de la rétrospective de Krefeld, Klein installa des reliefs-éponges de cette dimension dans les salles avec des monochromes de même format, peut-être pour suggérer que ces œuvres étaient interchangeables. La façon dont les éponges semblent jaillir littéralement en avant et déborder le périmètre du support rectangulaire dans une version curieusement organique de ce que l'on allait bientôt désigner sous le terme de *shaped canvas* renvoie une fois encore aux panneaux monochromes qui font saillie hors de l'espace pictural jusqu'à remplir l'espace réel du spectateur.

Les reliefs-éponges furent aussi pour l'artiste une façon inventive de réintroduire la composition dans des objets muraux sans renoncer pour cela à la monochromie ni avoir recours à la peinture « relationnelle ». La façon dont les éponges se distribuent sur le fond donne naissance à une composition qui n'apparaît ni équilibrée dans l'asymétrie, selon la tradition courante dans la peinture occidentale, ni dispersée de façon spontanée et sans esprit. La disposition des éponges semble plutôt le fruit à la fois du hasard et du contrôle délibéré de l'artiste ; elle s'inspire certainement des jardins zen que Klein avait visités à Kyoto et dont il gardait le souvenir. L'agencement du jardin du temple Ryoan par exemple, où cinq groupes de pierres sont disposés dans un rectangle recouvert de gravier ratissé, limité par l'architecture, présente un ordre qui semble le produit d'une réflexion intellectuelle mais aussi un ordre naturel, comme si les pierres avaient poussé là. Le fait que les reliefs-éponges soient fabriqués à partir d'un matériau que l'on associe à la nature renforce encore le parallèle avec les jardins de Kyoto et introduit à nouveau une dichotomie embarrassante dans l'œuvre de Klein.

Parmi les plus inventifs des « suppléments » aux monochromes exposés chez Iris Clert que Klein présenta lors de l'exposition de « pigments purs » chez Colette Allendy, citons celui-ci : un long plateau peu profond est posé sur le sol, il contient un pigment outremer sec en poudre [86]. Klein reconstitua plus tard cette pièce pour la rétrospective de Krefeld, accompagnant ce plateau de pigment bleu (de 120 cm × 100 cm) d'un second, rempli de pigment rose (92 cm × 73 cm). Que le rapport des dimensions de ces plateaux soit proche des proportions préférées de Klein n'est guère surprenant ; de plus, le plateau de pigment rose était de la même taille que la série la plus nombreuse de monochromes de formats presque identiques.

Dans l'article qu'il écrivit en 1957, Pontus Hulten nota, à propos des expositions de l'époque bleue, qu'un petit râteau était placé dans le plateau de pigment bleu et que l'on pouvait, si on le désirait, s'en servir pour dessiner des motifs dans la poussière colorée [87]. Sans doute l'idée du râteau naquit-elle également du souvenir qu'avait Klein des jardins japonais, au gravier ou au sable soigneusement ratissé pour créer des motifs. Le râteau placé dans le pigment engage l'observateur à participer réellement à l'œuvre d'une façon directe et visible : il revient à celui qui joue avec le pigment de décider de l'image ou de n'importe quelle autre figuration, et ses décisions sont réversibles immédiatement. Comme les « métamatics » de son ami Jean Tinguely, dont les machines invitent chacun à créer ses propres peintures abstraites, le râteau de Klein est une aimable moquerie de l'art informel. La disposition du plateau sur le sol peut être également considérée comme une référence indirecte à l'expressionnisme abstrait américain – ou plutôt aux documents que l'on possédait à propos de cette peinture : les photographies de Jackson Pollock en train de verser la peinture sur une étendue posée sur le sol (les *pourings*) réalisées par Hans Namuth au début des années 50. Ces icônes de l'information moderne sur les techniques artistiques étaient bien connues des artistes européens de la génération de Klein. Il est peu probable qu'un artiste aussi bien informé que l'était Klein des tendances de l'avant-garde n'ait pas été conscient de leur teneur globale. Mais le fait important ici, présenté dans le style littéral qui caractérise Klein, est que le râteau posé dans le plateau de pigment place l'observateur, non l'artiste, dans l'« arène » prétendue de la fabrication d'un tableau et attire par là l'attention sur la qualité herméneutique des monochromes non figuratifs et sur le fait que c'est l'interprétation que nous choisissons qui donne à ces panneaux la majeure partie de leur signification. En d'autres termes, l'une de leurs intentions est de poser la question : « Qu'est-ce que cela signifie ? » Le râteau dans le plateau change cette question en : « Observateur, quelle signification feras-tu naître ici ? »

Le court passage des « Remarques sur l'exposition chez Colette Allendy » où Klein parle du plateau de pigment bleu indique quel intérêt il pouvait porter à quelque chose d'aussi minuscule par la taille qu'une particule de pigment, ainsi que la conscience qu'il avait de la transformation radicale de la relation entre le spectateur et l'œuvre, qui naît du basculement de la surface picturale rectangulaire du vertical vers l'horizontal : « Le pigment pur

exposé par terre devenait un tableau du sol et non plus de cimaise ; le médium fixatif étant alors le plus immatériel possible c'est-à-dire la force d'attraction elle-même. Elle n'altérait pas les grains de pigments individuellement, comme le font inévitablement l'huile, la colle et même encore mon médium fixatif particulier. Le seul ennui de cela ; l'homme se tient naturellement debout et regarde à l'horizon. » [88]

Du point de vue du trouble qu'il peuvent faire naître en altérant le rapport qui unit l'œuvre et le spectateur, le pigment pur de Klein, comme son commentaire, ne sont pas sans rappeler un « ready-made » de Duchamp, le *Trébuchet* de 1917 : une patère à vêtements clouée au sol de son atelier. Il anticipe également certaines œuvres plus tardives de Klein, *La tombe ci-gît l'espace* par exemple ; Klein installa en effet le panneau doré de 125 cm × 100 cm de cette œuvre de 1960 non pas au mur mais sur des socles – un peu à la façon d'une table basse –, en l'orientant presque parallèlement au plancher mais avec une légère inclinaison. Il se fit photographier allongé les yeux fermés sous cette « tombe », créant ainsi un rapport direct entre le panneau et son corps.

Dans la mesure où les plateaux remplis de pigments insistent tant pour pénétrer notre espace physique mais où ces œuvres sont en même temps résolument abstraites (elles ne présentent aucune image à déchiffrer, sauf si nous en créons une nous-mêmes et pourtant leur présence dans une exposition indique qu'elles doivent *signifier* quelque chose), ils interrogent à la fois le monde réel et le monde de l'imagination d'une façon qui tout à la fois aiguillonne et frustre toute tentative de percevoir clairement le rapport qui lie ces deux mondes. Comme nous l'avons vu, ce genre de situation se répète dans l'œuvre de Klein et suggère que l'un des thèmes majeurs de l'œuvre consiste dans cette façon d'explorer les inflexions variées du lien entre le réel à l'idéal. L'œuvre de Klein montre qu'il était conscient de la distinction que le public fait souvent entre ce qu'il appelle l'« art » ou expérience esthétique et les aspects diversement embrouillés, triviaux ou déterminants de l'expérience, que l'on n'associe pas immédiatement à l'idée d'art (il est classique, et c'est peut-être la source d'une confusion fréquente, de désigner cette expérience par « la vie », le terme « expérience ordinaire » convient sans doute davantage). L'un des aspects les plus remarquables de l'œuvre de Klein consiste dans la façon dont elle nous confronte perpétuelle-

Yves Klein à Krefeld (R.F.A.), 1961

ment avec cette distinction même – la façon dont elle la questionne, l'explore, en indique les insuffisances tout en y reconnaissant quelque chose d'essentiel et en nous transmettant peut-être les propres incertitudes de Klein à ce sujet. J'appelle cet intérêt une thématique.

Klein exprima clairement son désir d'une « pluie bleue » dans l'exposition chez Colette Allendy ; il installa donc une sorte de sculpture, la *Pluie bleue*, suspendue tout près ou juste au-dessus du plateau rempli de pigment bleu. Il reconstitua cette *Pluie bleue* pour la rétrospective de Krefeld en y ajoutant une *Pluie rouge*. Ces sculptures consistaient en plusieurs fines tiges de bois d'un peu plus de 2 m de longueur, suspendues par des fils de nylon à des hauteurs légèrement différentes de façon que, selon les témoins, elles ne touchent pas tout à fait le bord supérieur des plateaux de pigments rouge et bleu. L'exposition chez Allendy fut également pour Klein l'occasion de présenter une œuvre destinée à aider les spectateurs à pénétrer dans son univers bleu : le *Paravent IKB 62* (catalogue Wember), un paravent à cinq panneaux mobiles dont la toile était tendue sur un cadre de bois à charnières et qui mesurait 1,50 m de hauteur sur 3,50 m de longueur. Selon Klein : « Les paravents permettaient l'enveloppement du bleu. On pouvait en effet les disposer en demi-cercle de manière à pouvoir se placer en lecteur de l'œuvre au centre du diamètre. » [89]

L'un des objets les plus étonnants de la manifestation chez Allendy était *Feu de Bengale – tableau de feu d'une minute* (titre utilisé par Klein dans le texte qu'il rédigea à propos de cette manifestation) ; comme la plupart des œuvres tardives de Klein, celle-ci était à la fois agressive dans sa manifestation et éphémère. Par ce titre insolite, Klein voulait faire allusion à la courte explication critique que Pierre Restany avait donnée de ses peintures monochromes, « La minute de vérité », qui figurait sur les cartons d'invitation de la première exposition Klein chez Colette Allendy l'année précédente. Le *Tableau de feu* (*N 41* dans le catalogue Wember), était constitué d'un panneau de contre-plaqué de 112 cm × 75 cm que Klein avait peint en bleu, sans doute au pinceau (ce qui lui donnait une facture plus personnalisée), et auquel il avait fixé 16 feux de Bengale : des signaux lumineux cylindriques à la lumière d'un bleu vif et soutenu. Klein les disposa en quatre rangées de quatre feux, régulièrement espacés de façon qu'ils fassent saillie hors du support en direction du ciel dans un angle d'environ 30 degrés. Puis il plaça le panneau sur un chevalet du type que l'on trouve

communément dans les ateliers – probablement afin de renforcer l'impression déjà suggérée par la touche visible de la surface que l'objet *était* bien une peinture, et aussi pour rappeler aux observateurs qu'il s'agissait d'une œuvre « en cours ». Il disposa le tout dans le jardin de Colette Allendy et, le jour de l'inauguration, après qu'on l'eut photographié à côté de l'œuvre, alluma les feux. Aujourd'hui, après la mise à feu, il ne reste de l'œuvre qu'un panneau légèrement calciné d'un intérêt visuel restreint, sauf à le considérer comme le premier témoin des « cendres » matérielles de l'art de Klein. Cet objet, dans l'état même où nous le voyons aujourd'hui, possède du moins une signification indubitable : il suggère que d'avoir été témoin de sa réalisation a dû être une expérience bien plus intense que de contempler ses résidus roussis. Voici ce que dit Klein de ce *Tableau de feu* dans le premier récit qu'il fit de l'événement : « [L'action de le brûler] donnait la sensation aux lecteurs après que le tableau se soit consumé de s'agrandir dans le souvenir, dans la mémoire visuelle. » [90] Dans une description plus tardive, il s'étendit davantage sur les effets de cette œuvre : « ... tout de suite j'ai pu constater les immenses possibilités de cet élément ultra-vivant. Si tout ce qui change lentement s'explique par la vie, tout ce qui change vite s'explique par le feu... La durée visible : une minute. Le lecteur illuminé visuellement emportait sa vision dans le souvenir – mais non dans le passé – car l'impression affection, l'image sensuelle de la plaque de feu devenait de plus en plus présente et grandissante dans la mémoire visuelle. Autant dire que la durée d'une minute plus la sensation de vitesse immobile du feu supprimaient la phénoménologie du temps. » [91]

Il est clair d'après ce texte que Klein connaissait la *Psychanalyse du feu* de Bachelard dont voici un extrait du premier paragraphe du premier chapitre : « Si tout ce qui change lentement s'explique par la vie, tout ce qui change vite s'explique par le feu. Le feu est l'ultra-vivant. » [92] L'assimilation par Klein du style de Bachelard va jusqu'à reprendre l'expression « la phénoménologie de la durée » que l'on trouve dans la *Dialectique de la durée* de 1936 dont Klein possédait un exemplaire et qu'il semble avoir lue au moins jusqu'à la troisième partie du second chapitre, après lequel les pages de l'exemplaire ne sont pas coupées. Dans son argumentation, Bachelard s'élève contre ce qu'il appelle une notion bergsonienne de la durée qui stipule que notre perception psychologique du temps est linéaire. Pour Bachelard au contraire « la durée est métaphysiquement complexe et (...) les

centres décisifs du temps sont ses discontinuités ». Il existe selon Bachelard « au-dessus du temps vécu, le temps pensé. Ce temps pensé est le plus aérien, plus libre, plus facilement rompu et repris (...). C'est dans ce temps qu'un fait devient un facteur ». [93]

Dans cet ouvrage, Bachelard propose une notion de la durée qui est en rapport, en partie, avec des instants d'intensité poétique que nous pouvons imaginer semblables à ceux que recherchait Klein dans son « tableau de feu » ; le langage évocateur de Bachelard explique, ou à tout le moins avance l'idée, que de tels moments peuvent être recouvrés par la mémoire. L'affirmation de Bachelard, au début du livre, selon laquelle : « le problème du rappel des souvenirs s'éclairerait (...) en prêtant plus d'attention à l'*instant* où les souvenirs se fixent réellement » [94], peut être directement rapprochée de la description que donne Klein de la peinture de feu colorée d'une minute qui, écrit-il, se déploie dans le souvenir du lecteur après qu'il a été « illuminé visuellement » par les feux de Bengale.

Il apparaît nettement que la sensualité du style de Bachelard dans ses œuvres les plus accessibles, dont Klein possédait plusieurs volumes, lui plaisait et l'on pourrait faire un long développement sur la façon dont il assimila à ses œuvres, à partir de 1958 [95], une certaine imagerie et un certain langage bachelardiens. Mais ce serait sans doute une erreur d'admettre sans l'analyser l'attirance que Klein éprouvait pour cette œuvre, ou sa déclaration première sur le *Tableau de feu*, selon laquelle les moments poétiques peuvent être retrouvés et magnifiés par le souvenir. En premier lieu, la manière dont Klein s'approprie les mots de Bachelard et les intègre à l'objet qu'il crée est un bon exemple de sa façon d'interpréter ou de ré-interpréter ses créations *après* qu'elles ont été présentées au public. Dans ce cas précis, une certaine ironie naît de ce que l'« ultra-vivant » de Bachelard vient s'appliquer à une œuvre qui, en réalité, est visuellement morte (ce dont Klein était conscient et ce dont nous sommes conscients, que nous regrettions ou non de n'avoir pas été présents lors de la « minute de création » de l'œuvre). Du fait qu'il ajoute au panneau bleu brûlé ces éléments extrinsèques que sont ses commentaires et les extraits du début de la remarquable étude de Bachelard sur le feu (impliquant par là que le court ouvrage participe tout entier de la signification du panneau), Klein démontre qu'il doute que le tableau d'une minute puisse perdurer par la seule mémoire. Dans ce cas, il n'était peut-être pas nécessaire de le décrire, ni de lui adjoindre, après que l'événement a été inscrit dans la mémoire, la poétique de quelqu'un d'autre. En d'autres termes, pour que le fait que constitue ce tableau puisse rester un fait durant plus d'une minute, il faut qu'il soit reconstruit par le langage – ce que Klein explicite en agissant ainsi.

Pour conclure cette analyse du *Tableau de feu*, il convient de réfléchir aux implications de l'expression de Klein (inspirée elle aussi de Bachelard) selon laquelle ses peintures ne seraient que « les cendres de son art ». Une telle affirmation fait allusion à l'art de l'immatériel et à l'esprit, mais que signifie-t-elle pour un amateur d'art visuel (c'est-à-dire quelqu'un qui préfère Vermeer aux cendres) ? Elle nous engage également à nous interroger sur Klein lui-même. Enfin, il convient de signaler que le *Tableau de feu*, comme tant d'autres objets de l'exposition chez Colette Allendy, constitue la première d'une série d'œuvres – ici d'œuvres liées au feu – qui se développa principalement à partir de 1960, et dont nous pouvons citer la *Fontaine de feu*, le *Mur de feu* et les *Peintures de feu* exécutés pour la rétrospective de Krefeld, ainsi que les projets d'architecture d'air, de feu ou d'eau, dans lesquels les trois éléments fournissaient les murs qui abriteraient les communautés utopiques.

Les *cris bleus* de Klein, des cris humains qu'il enregistra pour accompagner un film réalisé sur les expositions parisiennes de l'« *époque bleue* », constituent un autre « supplément » aux expositions. Comme la plupart des textes de Klein, les cris humains semblent surtout destinés à guider le lecteur vers une attitude appropriée vis-à-vis des œuvres, c'est-à-dire une participation active et soutenue. On peut dire que Klein se servit de ces cris pour justifier son art. En effet ceux-ci étaient censés être lancés par des personnalités représentatives du monde de l'art, en faveur des monochromes.

Dans le même temps (dans un esprit similaire à celui qui le poussait à manipuler les acheteurs en jouant sur les prix), il se moquait d'un critique connu, plus âgé, Charles Estienne. La description pince-sans-rire qu'il donne de sa demande à Estienne de chanter pour les monochromes de l'époque bleue est particulièrement amusante si l'on garde à l'esprit que ce critique défendait le tachisme et l'œuvre de Marie Raymond, et qu'il était connu, entre autres choses, pour un entretien avec Matisse publié en 1909. Voici

ce qu'écrit Klein sur les « cris bleus » de Charles Estienne :

« J'ai tourné un petit film en 16 mm couleur sur mes expositions de l'époque bleue en 1957.

»J'avais besoin d'un commentaire dit de préférence par un critique d'art. Je demandai alors à Charles Estienne de bien vouloir pousser pendant les quelque vingt minutes que durait le petit film des cris bleus.

»Des cris bleus les plus longs et les plus volumétriques possibles en s'inspirant de mes toiles dans mon atelier de la rue Campagne-Première.

»Ce fut très réussi et je dois dire que le film gardera le prestigieux commentaire que Charles eut le courage d'accompagner d'une profonde conviction [les mots « évidemment de faire pour moi » sont raturés] à cette époque.

»Ces cris sont des cris contenus assez longs et soutenus avec vigueur (il m'avait demandé quinze jours pour s'entraîner avant de se laisser enregistrer). Pour donner une idée approximative seulement de ces cris : ils rappellent un peu les cris que poussent les marins à intervalles réguliers quand la brume est intense afin d'éviter les collisions. » [96]

L'affabulation évidente apparut lorsqu'il passa l'enregistrement des cris à la conférence de la Sorbonne, en 1959. Le contexte en fut une discussion sur la coutume japonaise de décerner des récompenses honorifiques à des personnes non professionnelles dans un sujet donné. Klein avait choisi ce thème afin de justifier sa propre incursion dans le domaine musical avec les « cris » et la *Symphonie monoton* (composition à un seul accord, de durée adaptable selon les besoins). Voici ce qu'il dit au public de la Sorbonne :

« Il y a quelques années de cela, j'ai créé une Symphonie monoton dont voici un extrait (sept secondes environ d'un son qui ressemble à la vibration continue d'un instrument à cordes : fa dièse, do, do naturel).

»Maintenant, un cri de François Dufrêne, un cri monoton (environ 15 secondes d'un cri aigu, perçant, continu).

»Maintenant, un cri... attention !... un cri de Charles Estienne (environ 10 secondes d'un ohhhhh ! bas et maintenu).

»Et maintenant, un très beau cri d'Antonin Artaud (environ 12 secondes d'un cri aigu, angoissé, grinçant, vacillant). » [97]

L'auditoire rit beaucoup à l'écoute des cris enregistrés de ces voix mâles adultes censées s'engager du côté du monde bleu de

Klein, qui sont en effet extrêmement drôles à écouter. Dans le cas du « très beau cri » attribué à Artaud, les sons ne pouvaient être évidemment son commentaire sur l'œuvre de Klein dans la mesure où l'auteur et théoricien du théâtre était mort en 1948 – cela n'échappa pas bien sûr, à tous les auditeurs. L'une des conséquences de cette falsification évidente fut d'élargir le clan des sympathisants de Klein aux sceptiques qui pouvaient au moins rire en écoutant les cris et qui étaient, par là même, amenés à réagir vis-à-vis de cette œuvre.

La littéralité caractéristique de Klein, dont il fit une fois de plus ici la démonstration, pose la question de la présence de la peinture dans l'espace réel de l'observateur. En prétendant obtenir d'hommes adultes qu'ils poussent des cris afin d'exprimer l'expérience esthétique qu'ils éprouvent devant les peintures, Klein tente d'abolir la distance supposée entre le monde de l'imagination et notre prétendue réalité.

J'ai dit plus haut que par l'illustration qu'il donna, au moyen des objets didactiques variés présentés chez Colette Allendy, de certains aspects des monochromes chez Iris Clert, Klein exprimait un doute sur la capacité de l'art abstrait à signifier par lui-même. Il exprima plus tard une inquiétude du même ordre dans un bref article, « Les cinq salles », publié le 27 novembre 1960 dans *Dimanche* [98] : celle que le public des manifestations artistiques pourrait ne pas se donner la peine de s'attarder et de s'interroger sur les significations des monochromes. Dans cet article, Klein développe l'exemple des onze monochromes de l'époque bleue et s'étend sur la notion, déjà formulée dans l'*Aventure monochrome*, selon laquelle « les tableaux créent des ambiances ». Il commence « Les cinq salles » en écrivant que « le lien entre l'esprit et la matière est l'énergie ». Puis il décrit la situation idéale (et théâtrale) dans laquelle il présenterait ses monochromes de façon qu'ils transmettent « un moment d'illumination extraordinaire et extradimensionnelle ». En bref, il propose « une manifestation en cinq salles parcourues par les spectateurs traînant des boulets aux pieds ».

Cette manifestation consisterait en une première salle de neuf monochromes *IKB* identiques et de même format ; suivrait une salle vide d'un blanc immaculé *(IKI International Klein Immatériel)* ; puis une troisième salle de neuf « monogolds » de même format que les bleus ; une quatrième salle, vide, presque noire d'*International Klein Néant* ; une cinquième salle enfin de neuf « monoroses », de même format que les bleus et les ors. Il semble que Klein ait écrit ce texte, qui décrit de façon détaillée un environnement de ses œuvres, à la fin de l'été ou au début de l'automne 1960, donc durant les mois où il commença à travailler sur les projets d'installation de la rétrospective de Krefeld qui s'ouvrit à la mi-janvier 1961. Le brouillon d'une des premières lettres qu'il écrivit au directeur du musée de Krefeld, Paul Wember, indique qu'il espérait (mais les choses ne se passèrent finalement pas ainsi) une salle qui présenterait « l'époque bleue – cinq ou sept tableaux 200 × 150 cm, avec cela des sculptures-picturaux éponges, des reliefs éponges, un grand paravent monochrome bleu, des pigments purs (...) » [99]

En d'autres termes, il voulait créer un environnement entièrement bleu, avec des toiles d'un format défini ; ses derniers projets d'installation concordaient avec le plan au sol du bâtiment de Mies van der Rohe qu'il avait demandé au directeur du musée et spécifiaient que les peintures seraient accrochées à plusieurs centimètres du mur [100]. Cette rétrospective comporta en fait beaucoup plus de pièces (pratiquement tous les aspects de son œuvre y étaient représentés). En définitive, cette manifestation, qui eut lieu dans un musée agréable dont l'échelle était celle d'une maison particulière, semble avoir particulièrement bien mis en valeur les modifications spécifiques que Klein avait fait subir aux couleurs primaires (bleu, jaune, rouge) pour les transformer en outremer, or et rose profond. Il est significatif que Klein se proposa d'abord de mettre l'accent sur une reconstitution de l'« Époque bleue » et qu'il avait conçu une installation qu'il désirait fermement contrôler.

A la fin de 1960, alors qu'il préparait l'exposition de Krefeld, Klein ne possédait pas neuf monochromes bleus, or et roses du même format – l'accrochage idéal qu'il proposait pour les « cinq salles » (même si l'un des plans qu'il fit pour cette rétrospective montrait des salles bleue, rouge et jaune). Il ne réalisa d'ailleurs jamais neuf monochromes roses et or de ce format 200 × 150 cm. Ce qu'il y a de plus étrange dans le texte « Les cinq salles » vient de ce qu'il révèle qu'au moment de sa publication en 1960, le ton relativement amène, et non dénué d'humour par lequel Klein tâchait de séduire, de provoquer, de taquiner, de cajoler le public (et qui caractérise l'« époque bleue » de 1957) s'était durci pour devenir un propos aux tonalités clairement misanthropes. Pour faire l'expérience de l'« illumination extraordinaire », les observateurs auraient eu à traverser les cinq salles les pieds entravés de

chaînes et de boulets. Cet inconfort et cette humiliation étaient peut-être pour Klein une façon de forcer les amateurs d'art à ralentir leur progression et à s'impliquer le plus intensément possible dans l'expérience. Ce serait une exposition qu'il serait impossible de parcourir rapidement, en dépit de son apparente simplicité et de sa présentation sans détours. Klein aurait, littéralement, un contrôle sur les habitudes hâtives et superficielles des visiteurs d'expositions.

Les boulets pesants et les chaînes peuvent également être considérés comme le revers de la liberté et de l'immatérialité que les peintures suggèrent. Ainsi, paradoxalement, les visiteurs enchaînés accéderaient-ils à une connaissance plus riche des peintures du fait du contraste entre ce qu'ils verraient et leur condition physique. Cette nécessité des entraves, des boulets et des chaînes, considérée dans l'ensemble des autres textes de *Dimanche* (par exemple celui où Klein proposait que le public d'un théâtre soit bâillonné et enchaîné aux sièges afin de faire l'expérience de la « sensibilité pure »), suggère aussi ce qu'il en coûte d'arriver à l'instant de transcendance. Les moyens d'atteindre cette fin sont malaisés et contraignants ; une certaine cruauté dans le processus de recherche de la vision pure commençait d'intéresser Klein vers 1960.

Pour résumer notre propos, nous avons vu Klein écrire sur l'importance de l'espace devant ses toiles, sur les portraits qu'il fit de ses « lecteurs » sous forme d'éponges imprégnées de couleur bleue, sur l'ambiance créée par ses images dans l'espace réel des observateurs ; nous avons noté la nature d'« objets » des peintures de l'époque bleue, avec leurs surfaces saturées, parfois proches des reliefs. Nous avons également noté que la monochromie absolue de ses peintures pose avec une insistance toute particulière la question que suscite toute peinture abstraite : « Qu'est-ce que cela signifie ? » Cette question constitue la dimension agressive des monochromes de Klein, et le spectateur est tenu de fournir une réponse, au moins partielle. Le fait que cette question était inhérente aux objets de Klein explique, comme les pressions extrêmes de l'avant-garde très influente dans le milieu où vivait Klein, mais dont il ne manquait pas de se moquer avec humour, son désir passionné de fonder sa priorité sur l'idée de la monochromie, dans la mesure où cette priorité était directement liée à l'efficacité de la question que posait son œuvre.

On peut risquer des hypothèses plausibles sur l'iconographie de Klein, mais l'une des caractéristiques essentielles de son œuvre est d'éviter de se limiter à une signification spécifique pour la couleur bleue, par exemple. Pour lui, s'en tenir à une signification unique reviendrait à exclure un membre potentiel du public qui, en insufflant dans son œuvre une signification personnelle, pourrait s'y engager. L'exposition chez Colette Allendy était le réservoir des sens possibles des mystérieux monochromes présentés chez Iris Clert. Certaines œuvres, le plateau de pigment par exemple, requéraient la participation du public et posaient la question du corps et de la surface peinte. Les éponges-portraits se référaient à la fois à la nature et au problème de la série. Les « boîtes » faisant saillie dans l'espace du visiteur signalaient la profondeur. Les invitations à ces deux expositions – les ballons lâchés vers le ciel anticipant l'intérêt ultérieur de Klein pour l'immatériel et les lettres aux timbres bleus oblitérées et délivrées par des fonctionnaires – ajoutaient leurs significations propres aux monochromes. Toutes ces œuvres amplifiaient certains aspects des monochromes mais ne spécifiaient pas lesquels devaient être pris le plus au sérieux : était-ce la surface ou la profondeur, l'anthropomorphisme ou l'immatérialité ?

Dans la mesure où se créait un échange entre l'exposition chez Colette Allendy et les monochromes, cette première manifestation peut être considérée comme ce que j'ai nommé un supplément aux peintures. L'exposition constituait une sorte de microcosme de l'œuvre qui allait suivre ; non seulement parce qu'elle contenait les premiers exemplaires des objets que Klein allait, plus tard, développer (les peintures de feu), mais aussi à cause de sa relation complexe et complémentaire aux peintures bleues sans images. L'exposition chez Colette Allendy, comme le livre *Yves Peintures*, est à la fois une collection d'originaux indépendants les uns des autres et un ensemble d'objets subordonnés aux monochromes, qui se réfèrent à quelque chose au-delà d'eux (aident à la compréhension, à l'exégèse critique de ces objets), même si ici, contrairement à *Yves Peintures,* le référent (les monochromes bleus) existe réellement. L'intérêt réside ici dans la façon dont les objets démontrent la complexité de peintures apparemment simples – ou peut-être la créent.

« Supplément » dans le sens que lui donne Derrida, désigne quelque chose de double, de paradoxal, de contradictoire dans sa nature et sa structure essentielle [101]. Le supplément est par définition une chose qui s'ajoute à un ensemble préexistant, qui est donc exclue de cet ensemble mais en dépend. Ce n'est « qu'un supplément » à l'œuvre achevée. Dans le même temps, le supplément fournit un élément qui manque à l'œuvre originale et révèle qu'elle est incomplète puisqu'elle nécessite un tel supplément et exige que l'on comble ses manques. Cette structure paradoxale du supplément demeure généralement enfouie dans la vie ordinaire. Nous avons l'habitude des notes, des addenda et nous ne ressentons pas le besoin de les mettre en question. La pratique de Klein tend à évoquer ce type de structure et à la rendre manifeste. Elle le fait d'autant plus que les revendications de totalité, d'originalité et d'indépendance sont, dans l'idéologie traditionnelle, extraordinairement puissantes en ce qui concerne les œuvres d'art.

Le langage exalté de Klein sur la « sensibilité pure » ne fait rien pour atténuer cette idéologie, mais dans le même temps, il suggère la vacuité des monochromes qui ne donnent aucun indice sur leur signification. Ainsi les peintures de Klein sont-elles à la fois, si l'on peut dire, des « tout » et des « trous ». Elles clament leur indépendance d'œuvres mais exigent des explications supplémentaires. En fournissant les sens possibles, Klein attire l'attention sur l'absence originale de significations qu'il prétend combler.

Les « suppléments » chez Colette Allendy soulignent donc la priorité et la richesse des monochromes et de leurs significations plausibles ou supposées, mais ils nous forcent aussi à nous référer constamment aux monochromes et à leur absence innée et persistante d'indications signifiantes. Ce faisant, ils nous font prendre conscience de leur originalité propre. Ils sont moins « vides » que ce sur quoi ils semblent se fonder. Ils soulignent la question de la complexité réelle des peintures : celle-ci n'est-elle pas en définitive une conséquence des significations des suppléments « appliquées » de façon quelque peu arbitraire aux « originaux » ? On ne peut trancher entre ces solutions, elles forment une gamme de significations qu'il nous faut parcourir sans cesse.

Cette analyse aide à définir le sens de l'art de Klein qui réside avant tout dans sa qualité de « processus ». Une conséquence de la production continue de suppléments est de conserver les objets auxquels ils se réfèrent indéfiniment incomplets, de les garder vivants et de les faire dialoguer avec le public qui les interprète. Si l'on oublie cette dimension essentielle, les objets deviennent relativement inertes et finissent par être submergés par les interprétations conventionnelles que leur donnent le milieu artistique et le public en général qui, en ôtant toute ambiguïté aux objets et en leur imposant des significations précises, les tuent. En ce sens, les peintures de Klein dans leur simple qualité d'objets ne sont que les « cendres de (son) art ».

Le fait que Klein, lors de l'exposition chez Allendy, et ensuite, donna un sens à ses objets après qu'il les eut terminés et qu'il ait eu connaissance des réactions du public, suggère une dimension essentielle de la notion qu'il avait de la valeur et de la signification d'une œuvre. Pour lui, la valeur d'un tableau était quelque chose que cette œuvre gagnait dans le processus continu de l'interprétation. Cette valeur se transformait inévitablement selon les publics et les époques et l'intérêt réel de ces objets, pour Klein, semble avoir résidé dans le processus du glissement de la valeur plutôt que dans leur valeur à proprement parler. Pour lui, l'art était quelque chose de vivant, quelque chose qui continuait à se transformer et à produire des effets. Son art ne consiste pas en objets (des « œuvres » au sens conventionnel du terme), mais en un « travail sur les œuvres », en un processus.

Un thème central de l'œuvre de Klein réside dans la relation qui lie les objets matériels fabriqués et une sorte d'esprit ou de transcendance ; sa remarque que « le lien entre l'esprit et la matière est l'énergie » nous fournit une clef sur la façon dont il traite ce thème. Klein s'intéressait aux énergies ambiguës qui s'exprimaient dans l'interprétation et la réinterprétation, dans l'évolution et la mise à l'épreuve des valeurs – et dans l'investigation de l'acte d'évaluation même. (« Je suis à la recherche de la réelle valeur du tableau » ; « Les prix étaient tous différents bien sûr ».)

9

La plus connue des expositions de Klein, celle qui ne fit qu'augmenter la réputation scandaleuse que lui faisait la presse populaire depuis les expositions monochromes de 1957 (d'autres expositions monochromes avaient eu lieu à Düsseldorf et à Londres, en plus de celles de Milan et de Paris cette année-là), fut inaugurée le soir de son trentième anniversaire, le 28 avril 1958. A cette occasion et durant deux semaines, Klein présenta chez Iris Clert une salle entièrement vide, aux murs peints en blanc. Le « Vide », comme Klein nomma cette exposition, soulevait plusieurs questions. On peut le considérer comme l'exemple limite de sa façon de présenter l'« ambiance » ou l'environnement (l'espace autour de ses monochromes) et comme une tentative d'exposer, littéralement, le spirituel. Mais, comme le spécifia clairement son texte sur l'inauguration de l'exposition, ce « vide » n'était pas vacant. Il y eut même tant de visiteurs que la police dut intervenir pour disperser la foule dans les rues avoisinant la galerie.

Dans sa vacuité, posée par hypothèse, et l'assurance qu'elle donnait de la présence d'interprètes, l'œuvre proposait une expérience limite sur la capacité de l'artiste d'éveiller le sentiment. Klein n'était pas le moins du monde certain que l'artiste eût ce pouvoir et l'inauguration était une tentative d'apporter une réponse à cette question. C'était aussi, d'une certaine façon, une grande soirée d'anniversaire à laquelle on était convié sur invitation ; Klein reste discret sur cet aspect des choses comme les critiques eux-mêmes qui, jusqu'à présent, n'ont pas abordé ce sujet. Il ne fait pourtant aucun doute que la foule des parisiens qui se pressaient à la soirée lui fournissait une nouvelle occasion de créer un rapport entre sa personne et son œuvre.

L'exposition de 1958, le « Vide », avait été annoncée par d'autres aspects de son travail en relation avec le concept d'absence. Le livre *Yves Peintures* présentait déjà l'idée de peintures monochromes tout en suggérant, par ses particularités, que les peintures n'avaient aucune existence tangible ; comme aussi l'attitude de ses amis, au Salon de 1955, venant s'enquérir de l'emplacement d'une toile qui (ils le savaient fort bien) n'était pas là.

Klein assimila pour la première fois le vide d'une pièce avec le réceptacle de la « sensibilité picturale invisible » en 1957, lors de l'exposition de l'« Époque bleue » chez Colette Allendy. Ceci n'est guère surprenant étant donné la richesse conceptuelle de cette exposition et donne une signification supplémentaire aux monochromes bleus. Certains documents témoignent que lors de l'exposition chez Colette Allendy, Klein décida simplement qu'une salle inoccupée – qui n'était d'ordinaire pas utilisée comme espace d'exposition – ferait partie de l'accrochage. Une photographie dans l'album de Klein montre Iris Clert, Pierre Restany et Raymond Hains debout dans cette salle ; sur le cadre gris qui entoure la photo, Klein a noté : « Dans la salle au premier étage chez Colette Allendy, où étaient exposés les surfaces et blocs de sensibilité picturale invisible » [102]. Selon Hains, Klein savait que cette salle avait été le bureau de consultation de feu le docteur René Allendy, psychiatre parisien connu qui avait soigné Antonin Artaud et qui fut son ami durant plusieurs années. Selon Hains, Klein pensait que la « présence » d'Artaud était encore dans la pièce [103]. Cela peut être vrai non seulement parce que Klein, plus tard, prétendit qu'Artaud avait poussé des « cris bleus » pour ses monochromes et fit référence à lui dans son article sur le théâtre paru dans *Dimanche*, mais aussi parce que je crois que Klein devait avoir une admiration instinctive pour Artaud, pour « la discontinuité violente de son discours » et « la violence charnelle atroce » avec laquelle il rend compte de sa vie mentale (pour reprendre l'expression de Susan Sontag), et qui ne sont en définitive que les manifestations extrêmes de la pureté de son projet moral [104].

La célèbre exposition du « Vide » chez Iris Clert en 1958, que Klein décrit comme appartenant à son « époque pneumatique », ne fut pas une œuvre facilement désamorcée par les analyses conventionnelles du monde de l'art ; mais elle avait besoin de ces analyses pour atteindre à certains effets. Klein ajoute à l'exposition, en guise de « supplément » destiné à nourrir les réactions et le dialogue avec le public qui l'interprétait, un remarquable récit narratif sur sa « période pneumatique », qu'il fit publier un an après l'événement dans la brochure intitulée *le Dépassement de la problématique de l'art* [105]. L'utilisation du présent dans la majeure partie du récit rend l'événement plus vivant et le fait hésiter entre le passé et le présent. On peut penser, à la lecture de ce récit, que l'événement – qu'il ait eu lieu ou non le 28 avril 1958 dans les circonstances que décrit Klein – se répète dans le présent grâce au seul ton du texte. En d'autres termes, le texte supplémente l'événement et lui donne sa complexité. Dans la mesure où il est caractéristique du style de Klein et reflète étroitement les inquiétudes qui sous-tendent la thématique centrale de son art (dans la mesure également où une peinture immatérielle ne peut pas être accrochée dans une rétrospective posthume, ni être reproduite visuellement, bien que Klein essaya de le faire), il convient de lire en son entier le récit humoristique (qui fait partie de *L'Aventure monochrome* reproduite dans ce catalogue) de Klein sur sa façon d'exposer et de vendre de l'air.

A la lecture de ce récit où Klein, sérieusement ou par plaisanterie mais avec enthousiasme, désigne la galerie vide par l'expression l'« intérieur du siècle », l'on est confronté à l'ensemble des significations habituelles à son œuvre qui vont de la critique à la mystification et au tour de passe-passe. Les contradictions inhérentes au texte sont telles qu'il est impossible de se prononcer clairement et de savoir s'il s'agit d'une œuvre utopique ou essentiellement anti-utopique. Le récit oscille plutôt entre ces deux pôles et c'est là l'important.

Les sens les plus évidents que l'on puisse donner à l'exposition (qui n'est pas l'« intérieur du siècle ») et au texte sont d'une part qu'il s'agit peut-être d'une des mystifications les plus patentes de l'art du XXᵉ siècle, de l'autre que cette démonstration tend à prouver que la « sensibilité » (esprit, esthétique, qualité) ne saurait être vendue. Mais un autre sens pourrait être celui-ci : l'artiste, que les gens aimeraient croire supérieur à de telles actions, vend la sensibilité. Inversement, Klein fixe un prix assez bas pour allécher les acheteurs, il la vend si bon marché à vrai dire que l'on se demande ce que l'on achète vraiment. Est-il réellement possible d'acquérir la « sensibilité » pour 1 500 francs (anciens) ? Si la réponse est non, quel devrait être son prix ? Mais si l'on avait acheté de l'air (probablement de l'air chaud, car l'air de la galerie devait s'échauffer au fur et à mesure que la soirée s'avançait), on ne pouvait pas le revendre ; contrairement à l'« air de Paris » de Duchamp, celui-ci n'était pas contenu dans une ampoule de pharmacien ; c'était un investissement déplorable. De là naît un renversement de sens : à défaut de pouvoir revendre cet air, on peut toujours faire de cet achat le sujet de conversation d'un dîner en ville ; l'artiste suggère ici que c'est de toute façon l'un des principaux usages des œuvres d'art. Klein désire nous faire réfléchir sur tout cela et démontre qu'il est bien conscient de ce dernier point en faisant en sorte que l'inauguration devienne l'endroit où il fallait être vu cette nuit-là. Bien qu'elle fût manifestement conçue pour attirer les foules, cette soirée se voulait aussi une réunion choisie ; le texte précise même que seuls ceux qui n'avaient pas reçu d'invitation étaient supposés payer. Les cartons eux-mêmes sont ambigus : la manifestation d'immatérialité exige des cartons imprimés dignes d'un bal d'ambassade.

Comme le texte de Klein l'exprime sans détours, la soirée une fois lancée attira tant de gens que (comme il l'avait prévu) son caractère choisi ne put être maintenu, malgré la mise en place d'un service d'ordre. La présence de gardes à l'entrée nous renvoie au pôle anti-utopique de l'entreprise. On a tendance à considérer comme quelque chose de normal la protection sous vitre pare-balles de la Joconde ou encore le fait que Picasso confia ses œuvres aux coffres de la Banque de France durant la deuxième guerre mondiale. Une exposition de spiritualité pure a-t-elle aussi besoin d'être protégée par un détachement de gardes républicains ? Est-il équitable de présenter au public des murs blancs, qui invitent au dessin ou autres interventions (« je m'attends à des actes de vandalisme »), puis de demander au service d'ordre de s'emparer de tout perturbateur et de le « (jeter) dehors avec violence » ? Le texte même de Klein pose la question du prix à payer pour maintenir la pureté.

La présence des gardes républicains, l'arrivée en renfort des pompiers et de la police (« trois cars pleins »), la coopération limitée de l'Électricité de France, soulèvent un problème différent. Comme dans le cas des timbres bleus oblitérés par les fonctionnaires des postes, Klein fait participer le gouvernement à son travail et démontre que celui-ci peut avoir des conséquences non seulement dans le monde de l'art mais aussi dans le monde réel. Son texte reste mystérieux sur la façon dont il s'arrangea pour obtenir la présence des gardes républicains, dont la charge est plutôt la protection du président et des ministres. La raison en fut, semble-t-il, qu'un ministre que connaissait Restany devait, théoriquement, se rendre au vernissage [106]. Klein utilise dans ce texte la présence « officielle » de la Garde républicaine pour amener un de ses sujets favoris, celui de l'authenticité, et l'une de ses questions préférées : comment distinguer le vrai du faux ?

Il se produisit dans ce contexte un effet pervers, les membres de la garde parurent faux aux étudiants d'art qui, si l'on en croit le texte de Klein, les prirent pour des figurants costumés, bien qu'ils fussent *réels*. Le texte de Klein omet de mentionner l'effet (sur les gardes et les autres visiteurs) du cocktail de gin, de cointreau et de bleu de méthylène préparé pour Klein par La Coupole. Jean Tinguely écrivit joyeusement à Pontus Hulten, juste après le vernissage : « Demain matin, ils pisseront bleu !!! » [107] En effet, Klein l'avait prévenu que le bleu de méthylène pris par voie interne colore l'urine. Dans une seconde lettre enthousiaste à Hulten, Tinguely écrivit que ces effets allaient durer au moins une semaine ou dix jours, « approximativement la durée de l'exposition » [108]. Cet aspect montre jusqu'où pouvait aller Klein dans son désir de manœuvrer les gens. Bien sûr, cela dégrade les gens de les imprégner ainsi de bleu, et cela va à l'encontre des notions de pureté, de sensibilité, d'immatérialité ! Ce qu'il y a ici d'humour s'exerce aux dépens du public ; cependant le mythe de l'artiste est également mis en question dans cette parodie physique de la transmission d'une vision particulière.

Une des images dont se moquait Klein dans le « Vide » était celle, populaire, angoissée et existentielle que voulaient donner les artistes informels. Durant la seconde moitié de 1950, Mathieu avait exécuté des œuvres informelles en public, dans des musées et des galeries ; c'était pour Klein un exemple contemporain direct qui entérinait l'usage de l'« action théâtrale » comme moyen de communication et donc l'événement que fut la soirée d'inauguration du « Vide ». Mathieu faisait de l'auto-expression un spectacle public ; il mettait en scène ses actes existentiels comme pour donner une contrepartie théâtrale vivante au film que Hans Namuth avait réalisé sur Pollock au travail dans son atelier. C'était précisément ce que Klein ne faisait pas. Le texte nous dit : « En peignant les murs en blanc, je désire par cet acte non seulement purifier les lieux mais encore et surtout en faire, par cette action et ce geste, momentanément mon espace de travail et de création, en un mot, mon atelier. »

Les mots sont délibérément choisis : « action » et « geste » sont bien sûr ce que ces murs blancs et vides ne peuvent révéler seuls ; Klein prend soin dans ce texte de nous faire comprendre que la manipulation du vide qu'il effectue « tout seul », en privé, consiste à peindre les murs de la galerie. Les actions qui eurent lieu le soir de l'ouverture étaient le seul fait de la foule et des gardes, pas celui de

l'artiste. Son adjectif de prédilection tout au long du texte est « laconique », qui donne un ton très différent des « paroxysmes » et des frénésies romantiques qu'interprétait Mathieu.

Klein recréa cette manifestation de la « sensibilité picturale immatérielle » en plusieurs occasions. La première fois en avril 1959, dans les espaces voûtés, spacieux comme des ateliers, de l'Hessenhuis, un entrepôt du XVIIᵉ siècle à Anvers, où se tint l'une des premières expositions d'art européen présentant des artistes de la génération de Klein qui rejetaient l'abstraction gestuelle en faveur d'une peinture basée sur la structure sérielle, les champs de couleur unis, l'effet dynamique du mouvement réel et les surfaces qui reflètent la lumière. Comme Klein le précise dans son texte, il refusa pour cette exposition collective tout geste en rapport avec la peinture (celui de peindre les murs avec une brosse sèche par exemple) ; au lieu de cela, le jour de l'inauguration, il récita une phrase sur le bleu extraite de *L'Air et les songes* de Bachelard, debout à l'emplacement réservé pour son œuvre et donna à l'immatériel une légère apparence de réalité en fumant une cigarette.

Klein prétendit qu'il avait envoyé trois œuvres « immatérielles » à l'exposition et demanda en paiement, au lieu d'argent, un kilogramme d'or par œuvre. Cette décision de réclamer ou d'utiliser de l'or, qui allait se continuer dans les « rituels » et les « Monogolds », eut pour conséquence d'attirer l'attention sur la valeur marchande des œuvres d'art. De plus, cela donnait à l'idée de l'« art immatériel » la dimension d'un rituel précieux et, du fait de la substance même de l'or fin, suggérait par contraste la qualité « hors de ce monde » des œuvres immatérielles. De plus, que cela fût voulu ou non, le fait de réclamer de l'or au lieu de billets au moment où le franc français était en crise et subissait des dévaluations répétées suggérait un certain pragmatisme. Comme toujours avec Klein, le virtuel était contredit par le sens de la réalité et nous en sommes réduits à devoir interpréter le rapport qui les unit. Plus tard, Klein établit les « Règles rituelles de la cession des zones de sensibilité immatérielle » :

« Les zones de sensibilité picturale immatérielle d'Yves Klein le Monochrome sont cédées contre un certain poids d'or fin. Il existe sept séries numérotées de zones picturales immatérielles qui comprennent chacune dix zones aussi numérotées. Il est délivré pour chaque zone cédée un reçu qui indique le poids d'or fin, valeur matérielle de l'immatériel acquis.

Les zones sont transférables par leurs propriétaires (voir règle établie sur chaque reçu).

» Tout acquéreur éventuel d'une zone de sensibilité picturale immatérielle doit savoir que le simple fait qu'il accepte un reçu pour le prix qu'il l'a payée lui ôte toute l'authentique valeur immatérielle de l'œuvre, bien qu'il en soit cependant le possesseur.

» Pour que la valeur fondamentale immatérielle de la zone lui appartienne définitivement et fasse corps avec lui, il doit brûler solennellement son reçu, cela après que son nom, prénom, adresse et date de l'achat aient été inscrits sur le talon du carnet à souche des reçus.

» Dans le cas où il désire accomplir cet acte d'intégration à lui-même de l'œuvre, Yves Klein le Monochrome doit, en présence d'un directeur de musée d'art, ou d'un marchand d'art connu, ou d'un critique d'art, plus deux témoins, jeter la moitié du poids de l'or reçu à la mer, dans une rivière ou dans un endroit quelconque dans la nature, où cet or ne puisse plus être récupéré par personne.

» Dès ce moment, la zone de sensibilité picturale immatérielle appartient d'une manière absolue et intrinsèque à l'acquéreur.

» Les zones ainsi cédées, après que l'acquéreur ait brûlé son reçu, ne sont plus transférables par leurs propriétaires.

Y. K.

» P.S. – Il est important de signaler que, au-delà des rites de cession ci-dessus, existent, dégagées de toute règle et de toute convention, des cessions-transferts de vide et d'immatériels dans l'anonymat le plus absolu... » [109]

Klein fit imprimer les carnets de reçus appropriés aux opérations de cession des zones et, entre 1959 et 1962, en vendit quelques-unes, notamment à son vieil ami Claude Pascal, au romancier italien Dino Buzzati qui avait fait une critique favorable à l'exposition de Milan de 1957, à Dorothy et Michael Blankfort à Los Angeles, rencontrés à l'occasion de l'exposition à la Dwan Gallery en juin 1961. Pour différentes raisons, chacun des acheteurs était lié à Klein par l'amitié [110]. Ces ventes lui permirent d'écrire sans mentir : « Aussi incroyable que cela puisse paraître, j'ai réellement vendu un certain nombre de ces états picturaux immatériels. » [111] Quelques-unes de ces ventes eurent lieu sur la rive droite de la Seine, avec Notre-Dame en toile de fond ; en 1962 des photographes payés par Klein firent des prises de vues de chaque scène de deux « cessions » de zones immatérielles.

La vente des zones immatérielles ne fut pas pour Klein la source de revenus exceptionnels (les Blankfort se souviennent que les lingots d'or qu'ils achetèrent coûtaient environ 250 dollars), mais il vaut de noter que ses « règles » l'autorisaient à garder la moitié de l'or, et que les acheteurs devaient brûler leurs reçus. Contrairement au docteur Tzanck, le dentiste que Duchamp paya avec un chèque tiré sur la Teeth's Loan and Trust, les acheteurs de Klein ne pouvaient pas revendre les reçus signés de l'artiste pour en tirer un profit. Le monde de l'art participait au « rituel » dans la mesure où chaque zone immatérielle était authentifiée (sur les reçus qu'il fallait brûler et les souches que conservait Klein) par un expert au statut officiel ou quasi officiel comme par exemple François Mathey, conservateur du musée des Arts décoratifs.

Klein réifia sa conception de l'immatériel en exécutant des monochromes dans un matériau qui n'était nullement « pauvre » : les « Monogolds ». Il existe environ quarante-cinq de ces panneaux recouverts de feuille d'or, la plupart datent de 1960-1961. Leurs proportions sont dans le rapport 5-4 qu'affectionnait Klein. Trois de ces panneaux mesurent approximativement 2 m × 1,50 m. On peut classer ces œuvres en trois catégories relativement précises ; d'abord les monogolds fabriqués à partir de petits rectangles (assez semblables aux planches de timbres de Klein), comme *MG 6.* Ces œuvres sont réalisées à partir de feuilles d'or fin à l'état brut, droit venues de chez le fournisseur, et consistent en rectangles formés d'une réunion de rectangles plus petits qui s'organisent en grille.

Le second type de monogold s'affirme comme relief. Ces œuvres-là sont formées de lambeaux de feuilles d'or mobiles fixés sur un panneau recouvert de feuille d'or brunie. Les lambeaux de feuille d'or à la surface frémissent au moindre souffle, et même à l'haleine de l'observateur. Ils ne se contentent donc pas d'exister dans notre espace visuel et physique, mais ils réagissent aux modifications de cet espace. Durant la vie de Klein, ces lambeaux d'or qui s'agitaient à la surface des monogolds disparurent, ils se perdirent, furent volés, ou « s'évanouirent » dans le l'environnement. Il est évident que Klein désirait cela. Il fit d'ailleurs des démonstrations publiques où il jetait littéralement l'or : les rituels de cession des « zones de sensibilité picturale immatérielle ».

La troisième sorte de monogold ressemble à des paysages lunaires et présente des dépressions ovales, peu profondes, creusées dans le support de plâtre sur lequel est posée la feuille d'or. Ce sont des reliefs concaves, et l'or qui les recouvre a subi un polissage poussé. Leur pouvoir de réflexion est d'ailleurs l'une de leurs qualités les plus manifestes ; citons par exemple *MG 16* (199 cm × 153 cm) intitulé *Résonances*. Ces œuvres ne se contentent pas de « projeter » une certaine énergie dans l'espace de l'observateur, elles le reflètent tandis qu'il les regarde : elles semblent observer l'observateur (cela est très sensible dans le cas de *MG 16,* peut-être à cause de l'échelle humaine du panneau).

Les monogolds offrent la promesse immédiate et sensuelle d'un monde riche et doré (peut-être font-ils allusion aux idées utopiques de Klein), mais reflètent aussi le monde réel et réagissent à son contact ; cela s'accorde avec la gamme habituelle des significations de l'œuvre de Klein : l'illusion et la désillusion, l'espoir et le doute constituent la trame de son œuvre.

REGLES RITUELLES
DE LA CESSION DES ZONES DE SENSIBILITE PICTURALE IMMATERIELLE

10

Je veux montrer l'homme dans la nature par les traces et les marques qu'il y laisse malgré lui et qui sont toujours d'une grandeur merveilleuse, artificielle, éphémère et pourtant indestructible à jamais.

Yves Klein, « La marque de l'immédiat » [112]

La réputation de Klein s'appuie avant tout sur les œuvres manifestement non figuratives (les monochromes, les vides) et pourtant, dans les « suppléments » de ces œuvres Klein suggère la gamme de leurs significations possibles par l'intermédiaire d'objets, de textes, de photographies dont la structure narrative est évidente. Klein semble en effet se donner beaucoup de peine pour séduire ses observateurs – ses « lecteurs » comme il les appelle parfois – non seulement en employant des matériaux sensuels (le riche pigment outremer et la feuille d'or), mais aussi en sollicitant de façon pressante notre goût pour la narration, bref en tâchant de nous séduire par des histoires.

La plupart des œuvres qu'il réalisa (ou dont il fut à l'origine) entre 1960 et juin 1962 (date de sa mort) ne sont nullement abstraites : bien au contraire, beaucoup sont proches d'œuvres naturalistes ou figuratives et posent littéralement ou métaphoriquement le problème de la représentation. Les empreintes participent de cette catégorie d'œuvres ; on sait que les anthropométries furent réalisées sur papier soit par empreinte directe du corps nu couvert de peinture d'un modèle, soit par vaporisation de peinture autour du corps du modèle utilisé comme une sorte de pochoir vivant. Klein appelait d'ailleurs ses modèles des « pinceaux vivants » [113]. Une variante de ce type d'empreintes, réalisée sur soie ou toile non tendue sur châssis, est désignée par le terme « anthropométrie suaire » ; elle n'est pas sans rappeler l'empreinte du visage du Christ sur le voile de sainte Véronique.

Les « peintures de feux », dont la problématique est proche, furent réalisées au moyen d'un gros lance-flammes et d'eau sur des supports en carton fort préparé, ou encore grâce aux flammes du *Mur de feu* installé à l'extérieur du musée lors de la rétrospective de

Krefeld et formé d'une grille de plusieurs becs bunsen. Les *Feux couleurs* sont une variante de ces peintures : réalisés sur un papier préparé, ils résultent de l'action conjuguée de la flamme et d'une coulée de peinture (en général le bleu outremer ou le rose profond). Leurs supports calcinés constituent une variation sur la troisième couleur primaire, le jaune (ou, pour reprendre la terminologie de Klein, l'or).

Les *Cosmogonies* participent de cette dernière catégorie ; il s'agit d'œuvres sur papier réalisées avec de la peinture et, à une certaine époque, avec les éléments naturels eux-mêmes. Les titres de ces œuvres et les textes de Klein sont d'ailleurs explicites ; il utilise une averse de printemps, le vent, des roseaux ou des joncs en guise de brosses et de pochoirs « négatifs » (comme il l'avait fait avec des modèles nus). Les *Portraits-reliefs*, sur lesquels il travaillait juste avant sa mort, appartiennent également à cette catégorie d'œuvres narratives : il s'agit de moulages des corps nus de ses amis Arman, Claude Pascal, Martial Raysse, coupés à hauteur du genou [114].

Durant les trois années qui précédèrent immédiatement sa mort, Klein utilisa de plus en plus fréquemment la photographie posée ou semi-instantanée comme témoignage de ses actions éphémères. La plupart de ces photographies furent prises par deux photographes hongrois résidant à Paris, Harry Shunk et John Kender, et par un photographe de Düsseldorf, Charles Wilp. Citons pour mémoire les « romans-photos » du rituel de « cession des zones de sensibilité immatérielle » qui datent de cette époque. Il existe également des photographies prises au cours d'une soirée cérémoniale où des modèles effectuèrent des anthropométries en public et des photographies de Klein chez lui, prenant des poses « didactiques » près de ses œuvres, allongé sous la *Tombe ci-gît l'espace*, ou encore absorbé dans la contemplation d'un globe terrestre recouvert de peinture *IKB* qui flotte magiquement au-dessus de son support. Sur certaines photographies, on voit Klein pointer un objectif vers l'observateur ou s'élever d'un bond vers le ciel comme s'il volait.

Le principal dénominateur commun de ces œuvres exécutées dans des registres très différents (les anthropométries, les cosmogonies, les feux, les portraits-reliefs et les nombreuses photographies) est à chercher dans l'approche de la représentation visuelle qu'elles révèlent dans la mesure où elles illustrent un sujet et, dans le même temps, en proposent les traces littérales. Pour utiliser le langage de la sémiologie, ces œuvres, à première vue du moins, sont à la fois des icônes et un index de formes [115].

Pour prendre un exemple, de nombreuses anthropométries ressemblent clairement à des groupes de corps féminins mais montrent en même temps l'empreinte spécifique d'un sein, d'un torse, d'un ventre, parfois de poils pubiens ou de cuisses. Pour prendre un autre exemple, les feux-couleurs tendent à dépeindre, du fait de leur couleur et de leur morphologie, de hautes et jaillissantes langues de feu, mais donnent la preuve par les cloques fondues de leurs surfaces, la suie qui les recouvre, les croûtes de peinture brûlée, qu'ils résultent de combustions bien réelles.

Comme l'ont noté beaucoup d'auteurs écrivant sur la photographie, les clichés sont à la fois des images et des traces physiques ; ils enregistrent les vibrations colorées que reflètent les objets représentés. Susan Sontag a souligné la dimension magique de la photographie qui est le vestige matériel du sujet – à la différence de la peinture. Elle propose l'hypothèse suivante : à supposer qu'un admirateur de Shakespeare ait à choisir entre un portrait à l'huile du poète, réalisé par exemple dans le rendu méticuleux d'un Holbein le Jeune, et une vieille photographie difficilement déchiffrable du poète c'est, de l'avis de Susan Sontag, vers la photographie que le choix des fanatiques de Shakespeare se porterait, dans la mesure où la possession d'une telle photographie « équivaudrait à posséder un clou de la vraie croix » [116]. Cette comparaison est particulièrement juste dans le cas de Klein et des « photographies-traces » qu'il a laissées dans la mesure où elle souligne le pouvoir de conviction de la photographie et l'esprit littéral de ceux qui croient au pouvoir des reliques, et confirme les soupçons qui pèsent aujourd'hui sur l'authenticité et l'origine d'objets comme le Saint Suaire de Turin. Il est évident que Klein désirait, pour certaines raisons, exploiter la crédibilité particulière qui s'attache au document photographique. L'une de ces raisons étant peut-être que les images ainsi conçues, qui faisaient fonction d'icônes, n'exigeaient pas de Klein qu'il sût dessiner.

Klein esquissait souvent au stylo bille, d'un trait énergique, les grandes lignes d'une idée, mais il ne sut jamais et ne chercha jamais dans son âge mûr à acquérir l'habileté technique qui lui aurait permis de donner à ses représentations une dimension illusionniste par un travail délicat de lignes et d'ombres.

Dans le vocabulaire de Klein, la couleur signifiait le Bien et la ligne le Mal dans la mesure où cette dernière « spécifiait » et donc établissait des limites, des frontières, créait ses propres chaînes. Comme l'exprima Klein dans plusieurs textes, les lignes sont les barreaux d'une prison [117]. La couleur par contre signifie l'espace incommensurable, où l'on se libère de tous ses soucis, où l'on peut continuellement réinterpréter les choses. Dans certaines œuvres, comme *Europe-Afrique* de 1961, Klein utilise la couleur à la façon d'un outil explicitement et ouvertement politique qui pourrait mettre fin aux guerres : peindre une carte en relief de l'Europe occidentale et de l'Afrique du Nord d'une même couleur unie revient à gommer les frontières des pays en les noyant dans l'unité d'un bain de couleur bleue. Cela dissimule les différences qui séparent la France et l'Algérie et recouvre littéralement les divergences d'autrefois entre la France et l'Allemagne. Nous avons là l'illustration de l'esprit utopique de Klein, passant outre à des réalités incontestables : la deuxième guerre mondiale n'a pas pu ne pas avoir lieu et les pieds-noirs et les Algériens s'entretuaient toujours lorsque Klein s'appropria cet objet trouvé, une carte en relief, pour le transformer en œuvre.

A l'inverse de traces dans la neige ou d'un électrocardiogramme, une carte en relief n'est pas à proprement parler la trace réelle d'un objet, un index de formes, mais elle partage avec les images-traces la capacité d'éveiller la confiance en sa valeur de document dans la mesure où il s'agit d'un report scientifique, de la transposition à moindre échelle des contours réels de la Terre. Cette carte en relief fut pour Klein l'occasion à la fois de créer une œuvre à valeur d'icône et de réaliser un monochrome.

Voici ce qu'il dit dans son essai *La Guerre* à propos de la ligne : « Le dessin c'est de l'écriture dans un tableau. On dessine un arbre, mais ça reviendrait au même de peindre une couleur et d'écrire à côté : arbre. » Klein suggère par là que la qualité iconique (le dessin) ou symbolique (le mot) seule n'est pas pleinement convaincante. La simple représentation d'un objet nous éloigne de sa réalité et donc, pour Klein, de sa capacité de produire d'autres effets. Les empreintes qu'il réalisa (les anthropométries, les empreintes végétales, les peintures de feu, etc.) désignent manifestement le *processus* qui les a créées, et ce avec une telle force que nous devons en tenir compte lorsque nous les regardons : nous ne sommes nullement tentés de n'y voir que des objets esthétiques, de « simples » œuvres d'art. (« Mes tableaux ne sont que les cendres de mon art ».)

Pour la plupart de ces œuvres, qui sont aussi des « enregistrements de traces », Klein fournit des suppléments ; ceux-ci exigent que l'on porte davantage d'attention au processus de fabrication des objets et fournissent un ensemble de connotations que les pièces ne pourraient exprimer seules ou dont elles sont dépourvues. Ces suppléments se présentent sous forme d'objets, de légendes, de textes plus longs, de performances, de photographies d'événements ou encore sont fonction des contextes dans lesquels quelques-unes des photographies furent publiées. Par exemple, lorsqu'en 1961 Klein décida de continuer à faire des peintures de feu, après avoir réalisé les rosettes de suie avec les couronnes des brûleurs du *Mur de feu* de Krefeld, il n'expérimenta pas à l'atelier des stratégies de composition en utilisant (par exemple) des bougies ; au contraire il s'engagea dans une méthode extravagante qui ne semblait pas réellement nécessaire pour obtenir de telles images-traces : il s'arrangea pour passer deux jours au Centre d'essais du Gaz de France, aux environs de Paris, et se fit photographier et filmer en train de brûler du papier avec un énorme lance-flammes. L'événement eut lieu en présence de deux pompiers et de deux modèles nus qui, pour quelques-unes des empreintes réalisées au Centre d'essais, pressèrent leur corps trempé d'eau contre les feuilles de papier préparé avant que Klein n'entrât en action [118]. *Feu 24* fut réalisé ainsi et laisse apparaître la silhouette fantomatique du modèle à travers les marques du feu.

Dans ce cas précis, Klein demanda à deux photographes, Pierre Joly et Vera Cardot, de couvrir l'événement ; les prises de vues qu'ils réalisèrent révèlent beaucoup plus de choses sur l'événement que ces « enregistrements » d'un processus que sont les œuvres elles-mêmes. La présence d'un pompier en train d'asperger d'eau le papier que Klein brûle au lance-flammes nous apprend qu'il s'agit d'un travail réalisé en commun et peut-être dangereux. Le pompier porte un uniforme et un casque ; Klein est en chemise blanche, cravate, gilet et porte des moufles en amiante. La présence des modèles nus, comme la posture suggestive de Klein maniant le lance-flammes sur quelques-unes de ces photographies, évoquent le feu qui habite également l'artiste. Le Centre d'essais du Gaz de France est un centre de recherche dépendant de l'État ; la présence des « pinceaux vivants » dans ce laboratoire indique une fois encore que Klein ne se

contentait pas de faire participer à son œuvre les instances officielles, mais encore qu'il les ridiculisait.

Peu de temps après que Klein eut conçu l'idée de réaliser des empreintes de corps, il organisa une soirée « anthropométries de l'époque bleue » à laquelle près de cent personnes, des collectionneurs, des artistes, des critiques, furent invitées. Durant cette soirée, il fit la démonstration publique de la méthode de réalisation de la plupart des empreintes anthropométriques [119]. Cet événement eut lieu le 9 mars 1960 à la Galerie internationale d'art contemporain – une galerie « chic » de la rive droite qui présentait des artistes informels et travaillait avec Georges Mathieu (lequel publiait un magazine financé par la galerie) ; la performance fut assez brève.

Des feuilles de papier blanc vierge avaient été disposées, avant la performance, sur un mur à l'extrémité de la salle principale de la galerie. Des socles de différentes hauteurs, sur lesquels « les pinceaux vivants » pouvaient monter, étaient placés devant les feuilles vierges ; d'autres feuilles avaient été posées par terre dans la partie de la salle où se déroulait l'événement. Le public, debout ou assis sur des chaises dorées, était massé à l'autre extrémité de la salle face au spectacle. Un orchestre de musique de chambre joua durant la performance une version de la *Symphonie monoton,* la symphonie à un accord de Klein, tandis que ce dernier, en smoking et cravate blanche, dirigeait ses modèles, trois jolies jeunes femmes nues, en partie par gestes. Les modèles entrèrent en portant de petits seaux de peinture bleu outremer dont elles se couvrirent le torse et les cuisses, puis elles se pressèrent contre les feuilles de papier blanc. Pour l'une des empreintes, un modèle tira une de ses compagnes le long de la feuille de papier posée sur le sol réalisant ainsi une empreinte particulière que Klein désigna plus tard sous le nom de « traînage ».

Klein avait demandé aux photographes Shunk, Kender et Wilp de faire des prises de vue de l'événement. Les photographies sont suffisamment fortes (particulièrement lorsqu'elles s'accompagnent des textes que Klein publia rapidement après la performance) pour que l'on soit tenté, implicitement, de lire à travers elles les anthropométries réalisées plus tard dans l'intimité et la concentration de l'atelier. Les trois photographes assistèrent à une répétition de l'événement et aidèrent Klein à organiser la soirée [120]. Leur rôle, qui était d'enregistrer l'atmosphère rituelle

pleine d'humour et d'érotisme qui naissait de l'immédiateté des gestes des modèles fut, comme la performance elle-même, défini à l'avance par Klein.

J'ai déjà noté que les portraits de Pollock au travail qu'avait faits Namuth étaient connus des artistes européens de la génération de Klein [121]. Dans un article dont l'objet est de distinguer entre les peintures de Pollock et la façon dont le mythe en partie créé par les photographies de Namuth a infléchi notre compréhension de son œuvre, Barbara Rose décrit quelques-unes de ces photographies comme étant les images d'un homme « tourmenté, angoissé, déchiré par le doute, victime d'un *Sturm und Drang* intime révélé à nu dans son visage distordu (...), le génie romantique possédé par la *terribilità* démoniaque », etc. [122] Georges Mathieu, comme je l'ai déjà signalé, était alors l'un des principaux propagateurs parisiens de l'œuvre de Pollock, l'interprétation qu'il en proposait dans les années 50 était proche de celle d'Harold Rosenberg dans *The American Action Painters,* texte auquel Mathieu fit quelquefois référence dans ses propres écrits.

Dans un article publié en 1958, Mathieu avait fixé les critères artistiques suivants pour l'exécution de peintures « modernes non figuratives : 1) d'abord et avant tout la vitesse d'exécution ; 2) l'absence de préméditation dans la forme et le mouvement ; 3) la nécessité d'un état sublimé de concentration » [123]. Mathieu mit en œuvre ce programme dans les performances publiques qu'il donna, au cours desquelles il peignait de grandes toiles très rapidement. L'une des significations au moins de la performance de Klein (à laquelle, de façon non fortuite, Mathieu avait été invité et assista), était que le moi prétendument héroïque et le risque existentiel qu'étaient supposés prendre les artistes informels comme Mathieu étaient tournés en ridicule dans la mesure où ce n'était pas l'artiste lui-même mais les modèles nus qui exécutaient l'œuvre et prenaient tous les risques. La performance de Klein mettait en question la tradition idéaliste qui voyait dans l'artiste quelqu'un qui sait transmettre une vision personnelle inspirée ; elle jetait également un doute sur la valeur du risque pris publiquement et sur la spontanéité hypothétique de la peinture de Mathieu dans la mesure où l'événement, ici, avait été répété et s'accomplissait calmement.

Le fait que la galerie, dont Mathieu influençait les décisions, ne présenta pas Klein une seconde fois semble indiquer que celui-ci prit l'événement comme une sorte d'attaque personnelle. Klein fit un certain nombre de déclarations sur la relation qui unissait les *Anthropométries* à l'*action painting*. Voici ce qu'il écrivit dans l'année qui suivit cet événement :

« Mais j'aimerais maintenant que l'on se rende bien compte que cette entreprise se distinguait de l'« action painting » en ceci que je suis en fait complètement détaché de tout travail physique pendant le temps que dure la création [...] Il ne me viendrait même pas à l'idée de me salir les mains avec de la peinture. »[124]

Par ces paroles, il s'arrangeait pour simplifier jusqu'à l'absurdité la conception populaire de l'*action painting* et pour s'en dissocier dans le même temps.

L'événement du 9 mars 1960 comme les peintures et les photographies qui s'y rattachent possèdent d'autres significations qui vont de l'utopique au misanthropique, comme il est fréquent chez Klein. Celui-ci tente en effet de distinguer son travail de l'art informel en se moquant de quelques-uns des procédés habituels de cette tendance. On peut y voir une attitude utopique dans la mesure où il s'agit de soulager le monde du tourment, de l'angoisse et de la tristesse auxquels le public populaire associait souvent l'art informel. Il faudrait rappeler que Klein écrivit qu'il détestait les « artistes qui se vident dans leurs tableaux [...] ils crachent toute la complexité horrible, pourrie et infectieuse dans leurs peintures comme pour en charger les autres, les lecteurs de leurs œuvres, de tout leur fardeau de remords de ratés ».

Klein semble aussi suggérer qu'une petite société – à savoir celle des modèles – s'était formée pour aider l'artiste dans l'exécution d'œuvres réalisées sous sa direction. Il s'agissait, nous dit-il, d'une collaboration, et ses textes ne manquent pas de nous amuser par les rappels qu'il y fait de la dévotion des modèles à leur maître ; modèles qui, bien que Klein ne le dise jamais dans ses écrits, étaient bien sûr payés. [125] « [...] au début, elles m'ont cru fou ; après, elles ne pouvaient plus se passer de venir poser pour moi ou plutôt de venir travailler avec moi ! » [126]

Plusieurs Anthropométries, y compris l'*Architecture de l'air*, dépeignent réellement l'*Utopia* de Klein vue en raccourci perspectif avec fuite des diagonales. Il s'agit d'un lieu planté de palmiers où des gens qui peuvent voler vivent nus abrités par une architecture d'air ou de feu. Klein écrivit directement sur le tableau un texte qui traite de ses projets de reclimatisation du globe censés amener le retour de l'« éden de légende ». Selon Klein, il est nécessaire pour cela que disparaisse toute intimité familiale ou singulière. Il vaut de noter que pour atteindre ne fût-ce qu'à l'image de cet éden – en fait pour réaliser la plupart des anthropométries – on doit user de procédés misanthropes ou plus exactement misogynes : il est impossible d'ignorer complètement l'inconfort des modèles qui devaient s'enduire le corps et parfois la chevelure de peinture bleue, et cela au service d'un artiste qui n'aurait pu ne serait-ce qu'envisager d'être lui-même un « pinceau vivant ». Klein fait en passant allusion à cet inconfort dans un de ses textes : « Après ces séances fantastiques, dit-il (une fois les peintures achevées), mon modèle prenait un bain » [127]. Mon but ici n'est pas d'accuser Klein de pratiques antiféministes mais plutôt de suggérer que son travail était structuré de façon à faire ressortir ce qui distingue la collaboration de l'exploitation et l'idéal du prix à payer pour l'atteindre.

Ce problème de la collaboration des modèles se compliquait encore du fait que l'événement se déroulait face à un public de spectateurs assis. La présence de jolies filles, le fait qu'il s'agissait d'un événement culturel chic, donnaient au public un sentiment d'élégance, mais d'un autre côté le transformaient en une assemblée de voyeurs : aussi bien en pervers se complaisant à regarder des femmes nues qui se ridiculisaient en public, qu'en voyeurs aux motivations artistiques aimant observer l'artiste au moment même du jaillissement créateur. Comme le monde brillant qui gravitait autour d'Andy Warhol et de la *Factory* vers le milieu des années 60, cette performance de Klein posait la question du sens qu'il y a à transformer un artiste en célébrité.

Klein ne se salissait pas les mains ; sa façon de mettre l'accent sur le vedettariat nous oblige à reconsidérer la validité de l'assimilation, héritée du XVIe siècle, de la création artistique à la création divine. Klein réalisa près de deux cents *Anthropométries* et *Anthropométries Suaires* très différentes les unes des autres. Si nous les considérons comme des objets fabriqués, elles partagent pour la plupart cette signature qu'est la couleur bleue et une seconde caractéristique commune : l'échelle humaine des empreintes obtenues. Comme dans *Female Figure (Blueprint)* (1949 environ) de Rauschenberg (épreuve unique réalisée en exposant à la lumière un papier photographique pour « bleu » sur lequel était allongée une femme nue), l'observateur des empreintes de Klein n'est pas seulement confronté à des traces de corps approximativement de la taille du sien, mais à un *processus* indiquant indubitablement la présence réelle d'un corps lors de l'exécution de l'œuvre. La simple « illusion » du corps que l'on trouve dans la majeure partie de l'art figuratif ne suffisait pas à Klein. L'hétérogénéité des œuvres souligne encore davantage ce fait. En effet, si nous considérons les empreintes comme des objets picturaux dont il convient d'analyser les caractéristiques formelles en termes de composition, de rapport figure-fond, d'illusion spatiale, de touche, etc., nous nous apercevons que Klein a sapé les fondements et l'utilité de cette sorte d'analyse en nous proposant un inventaire stylistique très diversifié comme pour nous dire que voir uniquement la dimension esthétique de ces œuvres revient à éloigner non seulement l'art, mais aussi l'histoire de l'art, de la vie.

Par exemple, dans le cas de *Ant 104* et d'autres empreintes semblables, les traces des parties du corps des modèles sont à peine identifiables et semblent avoir été utilisées dans le but de pasticher la picturalité d'une œuvre informelle. *Ant 82* montre une série de torses et de cuisses rigoureusement frontaux qui se distribuent régulièrement à la surface de façon à évoquer une mosaïque justinienne. Dans *Ant 96, People Begin to Fly*, les traces en négatif du corps des modèles dans différentes postures indiquent le mouvement et sont vues de face et de profil ; les silhouettes se superposent, se coupent dans l'espace à des angles variés et le périmètre du papier les interrompt souvent, comme il est fréquent pour les danseuses de Degas. Dans d'autres empreintes, la trace bien délimitée et distincte des différentes parties du corps, les postures des modèles, le bleu, forcent la comparaison avec les *Nus bleus* de Matisse, papiers découpés du début des années 50.

La lecture attentive d'un certain nombre d'empreintes peut nous faire douter que la spontanéité soit l'unique dimension de ces œuvres même si l'échelle humaine des personnages et les suppléments (performances, photographies, textes) la rendent plus vive et la soulignent. Dans *Ant 20, Vampire* (œuvre réalisée dans l'atelier de Klein et qui reproduit l'empreinte du corps de sa femme Rotraut), il semble qu'il ait pris grand soin de recréer l'illusion des traits du visage par un effet d'ombre qui marque le relief des pommettes. Les taches indiquant les seins sont circulaires et on peut se demander comment il obtint cet effet : peut-être en appliquant la peinture sur le corps avec un mouvement circulaire avant d'en prendre l'empreinte, peut-être en utilisant la poitrine du modèle comme pinceau en mouvement, peut-être tout simplement en les traçant au pinceau. *Ant 102, l'Architecture de l'air* et sa grille orthogonale de palmiers et de silhouettes qui diminuent et fuient, est de toute évidence « préméditée » et d'une exécution soignée. Cette œuvre mêle également les empreintes : les silhouettes en négatif des palmiers sont calquées sur la photographie d'une plage de la Martinique [128] ; les silhouettes des personnages qui s'amenuisent sont obtenues en vaporisant de la peinture autour de poupées [129]. Ces œuvres et certaines autres empreintes de corps, que l'on peut désigner sous le nom de « traces assistées », nous rappellent la chair réelle qui servit à les fabriquer, mais aussi que les artistes continuent de tromper le regard.

J'ai déjà étudié la façon dont Klein commença sa carrière publique de peintre en publiant une plaquette de reproductions soigneusement légendées de peintures qu'il semble n'avoir jamais réalisées ; c'est-à-dire qu'il commença par un original (le livre lui-même) qui cherche à attirer l'attention sur le fait qu'il n'est pas ce qu'il est supposé être (un ensemble de reproductions). L'exemple le plus étonnant de falsification évidente – c'est-à-dire conçue pour être percée à jour – de toute l'œuvre de Klein, est sans doute le fameux autoportrait, réalisé par Shunk et Kender, où on le voit en train de voler. C'est aussi sa plus remarquable utilisation de la reproduction mécanique soigneusement légendée. Comme le livre *Yves Peintures*, ces autoportraits sont structurés de façon à attirer l'attention sur la possibilité que ce qu'ils semblent représenter n'est qu'une fiction.

Klein fit réaliser cet autoportrait en octobre 1960 et le fit publier en première page de *Dimanche* [130], le faux journal qu'il réalisa. Ce journal de quatre pages, entièrement rédigé par Klein, sortit le 27 novembre 1960 ; ce fut sa contribution au Festival d'art, de musique, de poésie, de cinéma, de théâtre et de décors scéniques d'avant-garde qui se tint à Paris cette année-là. Comme d'habitude, Klein ne se contenta pas du seul public « artistique », il envoya immédiatement après parution huit exemplaires du journal au ministère de l'Information, accompagnés d'une brève lettre rédigée dans son style officiel qui précisait qu'il ne faisait ainsi qu'agir « conformément à la loi » [131].

Le jour où *Dimanche* parut, Klein le fit accrocher dans les kiosques avec les autres journaux, et le fit photographier. Sur quelques-unes de ces photographies, le *Dimanche* de Klein et le vrai journal du même nom sont visibles tous deux. La juxtaposition du vrai et du faux constitue un indice fourni par Klein aux citoyens peu au fait de son art qui pourraient prendre au sérieux ce document, semblable à une photo de presse, où l'on voit un homme voler sans aide mécanique : cette juxtaposition implique qu'il y a supercherie. Pour qui connaît un peu l'histoire de l'iconographie et la dimension exaltée de l'art et de l'idéologie de Klein, cette photographie qui le dépeint en train de voler, de bondir vers le ciel à environ 5 m du sol, peut être lue, à un certain niveau, comme une icône de transcendance d'une grande force. Elle montre ce qu'un millénaire d'art occidental et chrétien a cherché à représenter : l'image de l'homme en ascension. Mais ici, c'est l'artiste lui-même qui monte au ciel et non quelque victoire ailée, un membre de la Sainte Trinité ou Superman. Cette vision nous rappelle que ce sont les artistes, non les dieux, qui peuplent les mythes modernes. Si l'on examine attentivement les icônes de transcendance de Klein, on comprend qu'au moment même où il semble théâtraliser son propre mythe, il questionne notre foi dans les dons quasi divins des artistes.

Klein intitule cette image remarquable de lui-même en train de bondir vers le ciel « un homme dans l'espace ». Le sous-titre annonce : « Le peintre de l'espace se jette dans le vide », puis vient une longue légende placée sous la photographie, où un reporter (l'auteur est bien sûr Klein lui-même) relate l'histoire de l'image et cite l'artiste. La légende est rédigée comme suit :

« Le monochrome qui est aussi champion de judo ceinture noire 4e dan, s'entraîne régulièrement à la lévitation dynamique (avec ou sans filet, au risque de sa vie). Il prétend être en mesure d'aller rejoindre bientôt dans l'espace son œuvre préférée : une sculpture aérostatique composée de mille et un ballons bleus qui en 1957 s'enfuit de son exposition dans le ciel de Saint-Germain-des-Prés pour ne plus jamais revenir.
» Libérer la sculpture du socle a été longtemps sa préoccupation. Aujourd'hui le peintre de l'espace doit aller effectivement dans l'espace pour peindre, mais doit y aller sans trucs, ni supercherie, ni non plus en avion, ni en parachute ou en fusée : il doit y aller par lui-même, avec une force individuelle autonome, en un mot, il doit être capable de léviter.

» Yves : Je suis le peintre de l'espace. Je ne suis pas un peintre abstrait, mais au contraire un figuratif et un réaliste. Soyons honnêtes, pour peindre l'espace, je me dois de me rendre sur place, dans cet espace même. »

Dans son étude, « Le message photographique », publiée à Paris quelques mois après que Klein eut fait paraître son autoportrait dans *Dimanche*, Roland Barthes observe, à propos des textes accompagnant les photographies de presse, qu'ils signalent un renversement historique important de la relation habituelle liant le texte et l'image : « L'image n'*illustre* plus la parole ; c'est la parole qui, structurellement, est parasite de l'image [...] autrefois, l'image illustrait le texte (le rendait plus clair) ; aujourd'hui, le texte alourdit l'image, la grève d'une culture, d'une morale, d'une imagination [...] » Barthes explique ensuite les différentes façons dont le texte ajoute des « signifiés de connotation » à l'indication de base donnée par l'image photographique et écrit que parfois « le texte produit (invente) un signifié entièrement nouveau et qui est en quelque sorte projeté rétroactivement dans l'image au point d'y paraître dénoté » [132].

L'observation de Barthes peut s'appliquer à la façon dont les textes supplémentent les images dans l'œuvre de Klein. Dans le cas de la photographie qui le représente en train de voler, le message que délivre la longue légende nous force à nous interroger sur la confiance habituelle et souvent très ferme que nous portons à toute photographie instantanée, qu'il s'agisse de la photographie « au finish » d'une course de chevaux ou des recherches scientifiques de Muybridge. En effet, le premier paragraphe du texte nous signale que l'artiste-champion de judo que l'on voit sur la photographie pratique la lévitation dynamique « au risque de sa vie » et le fait « avec ou sans filet ». Ceci nous invite à supposer que l'étonnant saut (défi lancé à la gravité qui fut réussi ou qui se termina par l'écrasement au sol de l'artiste) a pu être exécuté avec un filet. En fait, à aucun moment, Klein n'affirme qu'il a réellement réalisé ce que prétend le document. A plusieurs reprises il se contente d'écrire qu'il « doit » être capable de le faire « sans trucs ni supercheries ». Le texte qui commente la photographie est le second indice que nous donne Klein sur la falsification de cette image.

L'autoportrait publié dans *Dimanche* est bien sûr un montage exécuté avec beaucoup d'habileté, pour Klein, par Shunk et Kender qui photographièrent le saut et réalisèrent ce montage, et un second très semblable.

Par contre, le saut « mental », le choix du site, la publication des images sont le fait de Klein. On découvrit après la mort de Klein que ces photographies, comme beaucoup de films, avaient été faites à un moment où les rues sont supposées être vides, c'est-à-dire durant une tranquille matinée dominicale, en octobre 1960 [133]. Pour les réaliser, on fixa un appareil Rolleiflex chargé d'un film 6/6 sur un trépied face à une rue de Fontenay-aux-Roses ; on fit au moins trois prises de vue du même emplacement : sur la première, on voit passer (probablement fortuitement) un cycliste dans le champ de l'appareil ; sur la seconde, on voit Klein bondir du mur vers le ciel tandis qu'une douzaine de judokas, venus de l'école de judo d'en face, sont placés de façon à le rattraper dans une bâche. Shunk utilisait un Rolleiflex. Selon Kender, qui utilisait un Leica 35 mm et un téléobjectif, et dont certaines photos montrent Klein en train de plonger vers le bas et non vers le haut (des photos qui ne furent pas publiées), Klein dut sauter plusieurs fois pour parvenir à prendre la posture élégante de la photo que nous connaissons et il se blessa légèrement. On découpa pour les besoins du photomontage les parties supérieure et inférieure des photograhies en chambre noire [134]. Six semaines à peine s'étaient écoulées depuis la publication dans *Dimanche* du portrait de Klein en train de voler, qu'il le faisait paraître à nouveau dans le catalogue de l'exposition de Krefeld, *Yves Klein : Monochrome und Feuer* paru le 14 janvier 1961. Cette seconde publication montre une image légèrement différente : la partie supérieure de la photographie, représentant Klein en train de sauter, est absolument identique à celle de *Dimanche*. Mais le cycliste a été enlevé et nos doutes sur l'authenticité du document sont renforcés. Cette modification de la photographie est le troisième indice que nous donne Klein sur la tromperie qu'opèrent les artistes, mais aussi sur le fait que ce qu'on pouvait lire dans les journaux français en ces années 60 ne devait pas être pris pour argent comptant.

Il est assez probable que cette partie du public qui s'intéressait à Klein possédait à la fois le journal *Dimanche* et le catalogue de Krefeld. En d'autres termes, l'occasion de douter de la « vérité objective » de l'une ou l'autre photographie en comparant les deux documents, était fournie par l'artiste lui-même. Klein donna à son public une autre occasion de remarquer la supercherie en juillet 1961. En effet, six mois après la parution du catalogue de Krefeld, il fit publier l'autoportrait une nouvelle fois dans le journal des artistes de Düsseldorf, *Zero*, mais cette fois-ci, le cycliste

était revenu sur la photographie [135]. Düsseldorf et Krefeld sont à environ 40 km de distance et le public des manifestations artistiques y est donc le même. Dans sa correspondance, Klein démontre que ces alternances dans la publication des photographies étaient volontaires. En effet, il écrivit à deux reprises au directeur du musée de Krefeld (vers la fin novembre ou le début décembre 1960) pour lui demander expressément de substituer à la première photographie (celle où l'on voit le cycliste) qu'il avait d'abord envoyée pour reproduction dans le catalogue, la seconde qui, selon lui, était plus « nette » [136]. A supposer même que l'on n'eût pas la possibilité de comparer les deux versions de cette photographie, les autres documents du catalogue et la mise en page créaient des ambiguïtés qui pouvaient suggérer au lecteur soit de croire, soit de douter de la véracité de l'image où l'on voyait Klein risquer sa vie en sautant dans le vide. En effet, à côté du photomontage, on trouve dans le catalogue de Krefeld une photographie de Klein en train de s'entraîner au judo. Ce rappel des talents acrobatiques de Klein comme, dans un autre registre, le contexte de la « photo de presse » parue dans *Dimanche,* donnent une certaine véracité à la suggestion qu'il aurait pu effectuer ce saut sans se blesser sérieusement. Mais ceci est démenti par deux autres photographies reproduites sur la même page qui renvoient immédiatement à la manipulation : l'une représente Klein en train de contempler un globe terrestre bleu flottant au-dessus de son socle, l'autre le montre tenant une flamme dans sa main droite nue.

Il n'est pas douteux qu'en créant une image convaincante de lui-même en train de voler, de s'élever, de léviter, de s'élancer vers le ciel, de se libérer de son socle (le monde réel), Klein s'appuyait sur ce que Barthes a appelé « une réserve d'attitudes stéréotypées » et une « grammaire historique de la connotation iconographique » [137]. Dans le cas de Klein, cette grammaire faisait référence au savoir oriental, secret, de la lévitation et au mysticisme chrétien de son adolescence, à la prouesse athlétique qui rivalise avec celle de l'astronaute, ou encore à un talent artistique qui dépasserait le désir de Malevitch (dont Klein connaissait bien l'œuvre) de faire en sorte que l'art atteigne l'autre côté du ciel [138].

Dans l'introduction aux *Essais d'iconologie,* Erwin Panofsky utilise comme l'un de ses arguments principaux l'exemple de deux peintures différentes où l'on voit quelque chose suspendu dans l'espace en violation des lois de la gravité (comme l'est Klein dans son auto-

portrait photographique) [139]. Les œuvres auxquelles se réfère Panofsky sont de deux périodes historiques différentes et son argumentation se fonde en partie sur le fait que la façon dont ces images étaient lues et comprises au moment de leur création dépendait des systèmes de croyances des époques qui les avaient produites. Dans le Paris de Klein, le système de croyances des intellectuels incluait l'ensemble des connotations comprises dans les ouvrages que Malraux avait consacrés au « musée imaginaire ». Mais ce système de croyances était dominé, comme je l'ai dit plus haut, par l'existentialisme. Ainsi, quel que fût le désir de Klein d'enraciner la signification de ce saut dans l'histoire et l'autobiographie, il pouvait être compris, par le public contemporain cultivé, comme une métaphore du risque existentiel, en partie parce que cette image extravagante impliquait un risque physique réel et donnait à voir un artiste prêt à mourir, à se briser les os et à souffrir pour son art. En faisant en sorte que l'on s'aperçoive qu'il s'agissait là d'une supercherie dans laquelle le risque existentiel était absent, Klein exprimait des doutes sur l'efficacité de l'acte existentiel. Je crois que Klein pensait que les actes existentiels, tels qu'ils se concrétisaient dans beaucoup d'ateliers de Montparnasse, ne « fonctionnaient » pas et n'étaient pas au-dessus de tout soupçon : ils n'arrêtaient pas les guerres et ceux qui les accomplissaient n'achetaient pas de journaux dans lesquels l'on pût avoir une entière confiance en quoi que ce soit d'autre que la simple conviction politique du propriétaire.

Klein savait aussi bien que nous que dans le monde moderne occidental les hommes ne peuvent pas léviter sans aide, sauf en imagination. C'est précisément pour rendre ses sauts imaginaires (non son vol physique) crédibles que Klein nous permet de soulever le coin du rideau (qu'il appelait souvent le « voile du temple de l'atelier ») afin de nous laisser pénétrer dans son monde d'illusion. En nous révélant qu'il a fait en sorte que l'appareil de photographie nous abuse, Klein suggère que lui-même ne nous trompe pas, donc que sa vision d'un monde plus radieux est digne de confiance, qu'il est potentiellement accessible, qu'en tout cas, nous devrions essayer d'y parvenir. Le but de tout cela est complexe. Comme nous l'avons vu, tout au long de son œuvre la supercherie est conçue pour apparaître : dans *Yves Peintures* qui reproduit des peintures qui n'existent pas ; lors de l'exposition des monochromes pratiquement identiques de l'« Époque bleue » vendus à des prix « tous différents, bien sûr » et lors de l'exposition du « Vide » ; dans les images où on le voit voler et qui ne sont que des manipulations en chambre noire ; dans les *action paintings* prétendument réalisés par des modèles et non par l'artiste. Dans chaque cas (et beaucoup d'autres dont il n'est pas question ici), Klein propose une vision utopique qui se traduit par l'exaltation de la couleur pure, non mélangée, intense, par la supériorité de l'esprit sur la matière, la capacité de voler libre de toute entrave, et les images d'un éden où la communauté entière saura léviter ; pourtant il « distancie » d'une façon assez brechtienne cette vision, nous oblige à nous arrêter, à nous tenir à l'extérieur de ce que nous venons de voir et à y réfléchir. La contrepartie de cette attitude est son auto-édification en mythe ; comme dans le cas de Norman Mailer faisant sa propre publicité, le personnage que Klein s'était créé et les bouffonneries auxquelles il se livrait (son empressement à se ridiculiser en public, à se comporter en petit dictateur, sa prétention à vouloir transformer le monde par la « révolution bleue ») constituaient un *acte existentiel* réel. Il créa ainsi un mythe plus crédible que celui que s'était forgé la génération précédente d'artistes à Paris, et qui avait perdu toute force et finissait par ressembler à de la mauvaise foi à force d'avoir été répété. En révélant ses falsifications, Klein prouve qu'il est honnête. Il faut mettre à son crédit que les objets qu'il créa posent non seulement des questions sur les notions artistiques acceptées (y compris celles de l'avant-garde) qui définissent le « bon » art, mais aussi celle de savoir si ce que lui-même créait participait réellement de l'art.

Je crois que tout en étant attiré par le concept saint-simonien de l'artiste considéré comme prêtre, il était également très conscient de la difficulté qu'il y a, dans le monde moderne, à distinguer le prêtre du charlatan. L'homme qui tente d'offrir, comme le faisait Klein, une possibilité de paix universelle et d'accomplissement spirituel dans ce monde est devenu de nos jours un personnage douteux. De même, la tradition idéaliste qui faisait de la création artistique quelque chose de proche de la création divine est-elle de plus en plus remise en question par le modernisme contemporain. Klein acceptait ces critiques implicites. L'ampleur de sa moquerie envers ceux qui verraient dans l'art une magie de demi-dieux (qui se manifestait dans sa façon de démontrer que l'art pouvait bien n'être qu'une mystification) donne la mesure de la force qu'avait pour lui la vision radieuse. Comme beaucoup d'images ambiguës qu'il donna de lui-même, son œuvre ne se propose pas à nous comme un *double bind* psychologique mais nous donne la sensation que notre vie est faite de choix.

Traduit de l'américain par Annie Pérez

1. Ce texte est repris dans *L'Aventure monochrome* (reproduite dans ce catalogue) et dans « Mon Livre ». Les citations proviennent du texte dactylographié de cet ensemble de textes de 145 pages (partiellement publié) annoté de la main de Klein, qui me fut prêté en 1973 par le docteur Paul Wember, de Krefeld. Paul Wember consulta fréquemment ce document dactylographié à la fin de l'année 1960, lorsqu'il travailla avec Klein à la préparation du catalogue de la rétrospective présentée au musée Haus Lange de Krefeld (14 janvier-26 février 1961). On peut donc considérer comme date limite pour la rédaction du document la fin de l'année 1960. Des indices, au cours du texte, donnent à penser qu'il fut dans sa majeure partie rédigé à une époque antérieure.

2. « Questions to Stella and Judd », propos recueillis par Bruce Glaser et présentés par Lucy R. Lippard dans *Minimal Art : A Critical Anthology*, publié sous la direction de Gregory Battcock, New York, E.P. Dutton and Co, 1968, p. 164.

3. James S. Ackerman, « On Judging Art Without Absolutes », *Critical Inquiry 5*, printemps 1979.

4. Charles Baudelaire, « Le Peintre de la vie moderne », *Œuvres complètes*, tome 3, textes présentés par Yves Florenne, Paris, Le Club Français du Livre, 1966, pp. 463, 466.

5. *Le Dépassement de la problématique de l'art*, La Louvière (Belgique), éditions de Montbliard, 1959.

6. *Dimanche*, « le journal d'un seul jour », réalisé dans le cadre du Festival d'art d'avant-garde de Paris et paru le 27 novembre 1960 (reproduit dans ce catalogue).

7. « L'Évolution de l'art vers l'immatériel », conférence donnée à la Sorbonne le 3 juin 1959 concurremment à la présentation chez Iris Clert de maquettes réalisées par Klein et d'autres artistes à l'occasion de la commande de décoration intérieure du nouvel opéra de Gelsenkirchen (Allemagne). Cette conférence fut enregistrée et on grava après la mort de Klein deux disques 33 tours intitulés « Conférence à la Sorbonne, 3 juin 1959 », Paris, R.P.M., s.d.

8. Voir note 1.

9. La majeure partie des documents et papiers de Klein sont conservés par la veuve de l'artiste, Rotraut Klein-Moquay, et constituent les archives Klein. Pour une étude détaillée concernant ces archives et d'autres documents, se reporter à la thèse de doctorat de Nan Rosenthal (Piene) : « The Blue World of Yves Klein », Harvard University, 1976. Pratiquement tous les documents qui fondent cette étude figurent dans les archives personnelles de l'auteur sous la forme de photocopies ou de photographies que Rotraut Klein-Moquay et Marie Ramyond l'ont aimablement autorisée à faire en 1973 et 1974.

10. *L'Aventure monochrome.*

11. *Idem.*

12. Fred Klein, entretien avec l'auteur, 15 mai 1974, Paris. Sadi de Gorter, (Fred) *Klein*, Libourne, éditions Arts graphiques d'Aquitaine, 1972.

13. Marie Raymond, entretien avec l'auteur, 18 mai 1974, Paris. Fred Klein, entretien avec l'auteur, 15 mai 1974.

14. Voir Georges Mathieu, « L'Abstraction lyrique » et « Esquisse d'une embryologie des signes », dans *Au-delà du tachisme*, Paris, René Julliard, 1963, pp. 13-154, 164-171.

15. Les initiales désignent les noms des artistes qui participèrent à l'exposition : Hartung, Wols, Picabia, Stahly, Mathieu, Tapié, Bryen.

16. *H.W.P.S.M.T.B.*, Paris, Imprimerie d'Astorg, 1948, non paginé.

17. François Mathey, *Georges Mathieu*, Paris, Hachette-Fabbri, 1969, pp. 10-24, 43-47.

18. Voici par exemple comment Klein décrivit dans une lettre datée du 14 février 1957 envoyée de Paris à ses parents alors probablement aux Pays-Bas, sa première visite chez Georges Mathieu le soir précédent, et le style de vie manifestement peu « bohème » de celui-ci : « Hier soir j'étais invité chez Georges Mathieu. Il a un hôtel particulier à Passy de trois étages et nous a reçus avec champagne. »

19. *Un Art autre : où il s'agit de nouveaux dévidages du réel*, Paris, Gabrielle Giraud et fils, 1952, p. 3.

20. Alain Jouffroy, « Marcel Duchamp : l'idée de jugement devrait disparaître », dans *Arts*, Paris, 24 novembre 1954, p. 13. Il convient également de noter la parution à Paris des écrits presque complets de Marcel Duchamp, *Marchand du sel*, réunis et présentés par Michel Sanouillet (Paris, le Terrain vague, 1958) et de sa biographie autorisée, texte de Robert Lebel, *Sur Marcel Duchamp* (Paris, Trianon Press, 1959).

21. Rotraut Klein-Moquay, entretien avec l'auteur, 10-17 novembre 1973, Ibiza, Majorque.

22. Arman (Armand Fernandez), entretien avec l'auteur, 25 et 27 mai 1975, New York.

23. En ce qui concerne la connaissance que pouvait avoir Klein du mouvement lettriste, se reporter au journal qu'il tint à Paris et lors de son voyage en Asie du 21 janvier à la mi-septembre 1952 (archives Klein). Les passages du journal concernant ce sujet sont datés du 25 janvier, où Klein rapporte qu'il a vu un bon film d'Isidore Isou et le 12 mars, où il écrit : « Les lettristes ne sont pas au point, Isou et Dufrêne sont bien, le reste zéro. »

24. Maurice Lemaître, *Le Lettrisme devant dada et les nécrophages de dada*, Paris, Centre de créativité, 1967, p. 15.

25. « Des bases (fausses), principes, etc. [...] et condamnation de l'évolution », dans *Soulèvement de la jeunesse*, Paris, juin 1952.

26. Lettre en possession de Marie Raymond, Paris.

27. Lettre de quatorze pages qu'Yves Klein envoya de Nice à Fred Klein et Marie Raymond, probablement à Paris, vers la fin août 1948 (archives Klein). Cette lettre contient un récit détaillé du voyage en Italie qu'il entreprit le 3 août 1948 à partir de Nice.

28. Claude Pascal, entretien avec l'auteur, 11 avril 1974, Paris. Voir également les deux « journaux irlandais » de Klein datés du 30 avril au 19 juin 1950 et du 22 juin au 19 septembre 1950 (archives Klein), ainsi que le journal que Claude Pascal rédigea à Nice puis à Londres du 25 octobre 1949 au 29 octobre 1950, et qui est actuellement en la possession d'Arman, à New York.

29. Entretien avec l'auteur, le 10 juillet 1974, à Sudbury, Suffolk.

30. Klein commença à utiliser la feuille d'or pour ses panneaux monochromes à la fin de 1959. Le bruit qu'il laissa circuler, selon lequel il avait appris à manipuler ce matériau délicat alors qu'il travaillait chez un encadreur londonien en 1950, ne correspond pas à la réalité. Si l'on en croit Savage, ce n'est qu'en juin 1957, lorsque Klein revint à Londres à l'occasion de son exposition de monochromes de couleurs différentes à la Gallery One, qu'il se rendit chez son ancien employeur pour lui demander de lui apprendre la dorure. Il est probable que Klein commença à utiliser la feuille d'or dès 1957. Le monochrome *Bronze M 23* (1957) fut certainement présenté à l'exposition de la Gallery One.

31. Pascal, entretien avec l'auteur, 11 avril 1974.

32. James Shorrocks, entretien avec l'auteur, 11 juillet 1974, Londres.

33. On trouve différents exemples de cette attitude dans les archives Klein. On peut se reporter par exemple aux différents *curriculum vitae* que Klein rédigea de son vivant ; à la chronologie des expositions du catalogue de l'exposition au musée Haus Lange de Krefeld (*Yves Klein : Monochrome und Feuer* préfacé par Paul Wember) ; aux trois brouillons d'une lettre dactylographiée et corrigée à la main et datée du 5 août 1955, que Klein écrivit de Nice à l'écrivain Jacques Tournier, à Paris. Dans cette lettre concernant sés « toiles [...] d'une seule couleur », Klein cherche à donner l'image d'un jeune peintre au talent prometteur. Dans ce qui semble être le premier brouillon de la lettre, il écrit qu'il a eu des « expositions personnelles à Londres en 1950, à Tokyo en 1953, à Madrid en 1954 ». Dans le second brouillon, la mention « Londres en 1950 » est barrée et dans ce qui semble être la version définitive de la lettre, dactylographiée et présentée comme une lettre d'affaires conventionnelle, seules les mentions « expositions à Tokyo en 1953, à Madrid en 1954 » apparaissent, comme si Klein avait décidé de ramener à des proportions plus modestes la carrière supposée qu'il revendiquait auparavant !

34. Journal irlandais, à la date du 21 mai 1950.

35. Les textes des deux journaux que Klein tint à Madrid couvrent la période du 18 février au 26 juin 1951 et sont, dans leur majeure partie, rédigés en espagnol (archives Klein).

36. Il s'agit d'une feuille volante, quadrillée comme les cahiers d'écoliers, semblable à celles qu'il utilisa pour son journal parisien et lors de son voyage en Asie. Le texte est écrit de sa main, au recto et au verso du feuillet (archives Klein). Voici le passage en question (quelques coupes peu importantes ont été faites dans le texte) :
« Que représente pour vous la couleur : Bleu/Rouge/Jaune [...] Quelle est la plus puissante des trois [...] Quelle est la plus faible / Quelle est la plus agréable à regarder [...] à votre avis la vue d'une de ces trois couleurs à l'état pur éveille-t-elle chez vous un sentiment quelconque / Vos idées personnelles sur ces trois c. / (si ce n'est pas trop indiscret) / les employez-vous souvent / pourriez-vous vous passer de ces trois couleurs / quel rôle joue le Bleu/Rouge/Jaune en tant que couleur dans la chimie/physique/ dans la psych. / Quel est l'effet normal psychologique de chacune de ces [un mot incompréhensible, probablement « pures » ou « trois »] couleurs sur l'homme / et les animaux. »

37. Le récit que je donne ici des activités de Klein au Japon se fonde sur le journal japonais de l'artiste. Ce journal est rédigé sur des feuilles volantes de papier quadrillé d'environ 21 × 29 cm et couvre essentiellement la période de la fin septembre et d'octobre 1952 (archives Klein). Cette étude se fonde également sur les albums de photographies que Klein fit au Japon et dont 36 feuillets datent de la période du 23 septembre 1952 à la fin novembre 1953 (reproduits dans *The Blue World of Yves Klein,* figures 68-85) ; sur les lettres que Klein envoya de Tokyo (5 novembre 1952) ou de Hong Kong (9 janvier 1954) à ses parents, et de Tokyo à sa tante Rose Raymond (8 novembre 1974) ; sur la lettre non datée, sans doute de 1953, actuellement en la possession de Marie Raymond, Paris, et sur un entretien de Marie Raymond avec l'auteur le 18 mai 1974 ; enfin sur une lettre à l'auteur de Yoshiati Tono (Tokyo) du 6 septembre 1975 et sur une lettre à l'auteur de Takachiyo Uemura (Tokyo) du 7 novembre 1975.

38. Lettre que Risei Kano, président de l'institut Kodokan, à Tokyo, envoya à Klein, alors à Tokyo, le 19 décembre 1953 (archives Klein). Voir également la lettre qu'envoya S. Tachiro, professeur à l'institut Kodokan, de Tokyo le 7 décembre 1953 (archives Klein) en réponse à la lettre que la tante d'Yves Klein lui avait envoyée de Nice le 18 novembre 1953 : dans cette lettre S. Tachiro explique qu'il est impossible de décerner le grade de 4ᵉ ou 5ᵉ dan de judo à quelqu'un qui, comme Yves, étudie le judo depuis un temps si court par rapport aux critères japonais.

39. Uemura, lettre à l'auteur, 7 novembre 1975.

40. Malcolm Gregory, entretien avec l'auteur, 20 septembre 1975, Los Angeles.

41. Voir note 33. Se reporter également au double d'une lettre dactylographiée de trois pages que Klein écrivit de Paris à Takachiyo Uemura (à Tokyo), le 4 octobre 1960 (archives Klein).

42. *L'Aventure monochrome.*

43. Le livre *Yves Peintures,* tel que je le décris ici, se trouve dans les archives Klein. La planche X manque à cet exemplaire d'archives, elle reproduisait un monochrome orange légendé « Paris 1954 ». Il s'agit d'un exemplaire que Klein a réalisé avec beaucoup de soin à la fin 1954. Contrairement à quelques-uns des exemplaires où les pages sont assemblées sans ordre précis (qui se trouvent également dans les archives Klein et qui furent exposés après sa mort), celui-ci peut être considéré comme le modèle de référence d'*Yves Peintures.* Il est fort peu probable que les feuillets des 150 exemplaires mentionnés à la dernière page aient jamais été réunis de cette façon, ni d'ailleurs selon aucun ordre donné. Aucun des exemplaires que j'ai pu voir n'est numéroté et on trouve dans les archives Klein de nombreux papiers encrés de couleurs différentes, ainsi que des parties du livre, non assemblées. Un certain nombre de morceaux de papier colorés de format identique, qui figurent dans les archives Klein, présentent la mention « Yves » imprimée en bas à droite dans un caractère cursif qui semble imiter une signature au bas d'une toile. En découpant ces papiers colorés signés de façon à les adapter aux dimensions différentes données par les planches, Klein aurait pu créer l'illusion de signatures de tailles différentes.

44. Hains, qui comme François Dufrêne, allait devenir l'un des membres fondateurs du groupe des Nouveaux Réalistes, avait fait la connaissance de Klein lors des « lundis » de Marie Raymond, peut-être dès la fin des années 40. Hains était de deux ans l'aîné de Klein ; durant la majeure partie des années 50, il photographia et filma des images morcelées de scènes de rues parisiennes et de typographie d'affiches. Il connaissait bien les mouvements Dada et surréaliste, admirait Duchamp et était lui-même un brillant faiseur de calembours. Hains a peut-être contribué notablement à faire connaître l'œuvre de Duchamp à Klein. Hains dit qu'en 1951 il ne possédait pas un seul monochrome de Klein et que ce dernier emprunta son pseudonyme « Haguenault » à des emballages de pâtisseries industrielles, mais il ne se souvient plus des raisons de ce choix (entretien avec l'auteur, 17 juillet 1974, Paris). On peut voir dans les archives Klein plusieurs planches de *Haguenault Peintures.*

45. Journal parisien en date du 13 janvier 1955, passage dactylographié après la mort de Klein (archives Klein).

46. *Le Dépassement, op. cit.,* p. 28.

47. Lettre de Klein à Jacques Tournier, 5 août 1955.

48. Klein avait sans nul doute pu apprécier la richesse chromatique de la peinture de Matisse et il visita, en 1951, la Chapelle dominicaine décorée par Matisse dont les papiers découpés avaient fait l'objet de maintes publications et expositions à Paris et à Nice entre 1945 et 1954. A supposer même que Klein ait « manqué » toutes les expositions des papiers découpés qui se tinrent dans les musées et les galeries à l'époque (ce qui paraît assez peu probable, malgré ses voyages à l'étranger), il en connaissait certainement l'existence. En 1953, à la suite d'un bref entretien avec Matisse, Marie Raymond écrivit pour un périodique d'Amsterdam, *Kroniek van Kunst en Kultur 13* (décembre 1953, pp. 227-229), un article sur la figuration chez Matisse, *« Matisse contra die Abstracten »* où figure une longue discussion sur les papiers découpés, dont plusieurs sont reproduits. Klein suivait de près la carrière de ses parents, et au retour de son séjour de 16 mois en Asie, lorsqu'il s'installa dans leur appartement parisien à la fin janvier ou au début février 1954, l'article de sa mère a dû être l'une des premières critiques d'art dont il a pris connaissance. Klein s'enquit peu après, dans une lettre qu'il adressa à son ami madrilène Franco de Sarabia (après plusieurs pages concernant son contrat de professeur à l'école de judo de Franco de Sarabia à Madrid), si celui-ci possédait toujours son imprimerie. S'il en est ainsi, écrivit Klein, « c'est également là pour moi une raison essentielle de me rendre en Espagne et de publier quelques livres avec toi » (brouillon de lettre à « Fernando », s.d. mais probablement du début 1954, archives Klein).
Klein avait probablement conscience de la nouveauté que représentaient les papiers découpés de Matisse comme moyen d'expression. Il pensait probablement à leur utilisation possible pour l'édition de livres à tirage limité. Pour l'album *Jazz,* publié en 1947, que, en tant que grand amateur de jazz, Klein était particulièrement susceptible de connaître, Matisse avait réalisé les découpages originaux pour les illustrations au pochoir dans du papier coloré à l'encre d'imprimerie.

49. Paul Wember, *Yves Klein,* chronologie, bibliographie, liste des expositions par Gisela Fiedler (Cologne, M. DuMont Schauberg Verlag, 1969).

50. Paul Wember, « Austellungsverzeichnis », *cat. de Krefeld, op. cit.*

51. Il existe un précédent de ce type de satire de l'édition française de luxe : l'*Album primo-avrilesque* d'Alphonse Allais (Paris, librairie Ollendorf, 1897) qui brocardait le symbolisme. Cet album contient sept planches d'une seule couleur ; l'une, entièrement noire, est intitulée « Combat de nègres dans une cave pendant la nuit » ; une autre, rouge, « Récolte de la tomate par des cardinaux apoplectiques au bord de la mer Rouge », une autre encore, bleue, « Stupeur des jeunes recrues apercevant pour la première fois ton azur, ô Méditerranée ! », etc. Le livre se conclut par une « marche funèbre spécialement composée pour les funérailles d'un grand homme sourd » notée sur deux pages de portées totalement vides. En dépit des similarités frappantes qui existent entre le livre d'Alphonse Allais et celui de Klein, Arman doute du fait que Klein ait eu connaissance de l'album lorsqu'il réalisa *Yves Peintures.*

52. *Le Dépassement, op. cit.,* p. 28.

53. L'essentiel des *Voix du silence* de Malraux (Paris, N.R.F., Gallimard, 1951), avait été publié auparavant dans son ouvrage *Psychologie de l'art* (Genève, Albert Skira, 1947). Des passages du premier volume de ce livre, « le Musée imaginaire », avaient déjà été publiés avant et immédiatement après la guerre dans des revues littéraires ou artistiques françaises.

54. *Œuvres,* tome II, « Poésie et révolution », traduit de l'allemand par Maurice de Gandillac, Paris, les Lettres nouvelles, 1971, pp. 174-176. Première version française, sensiblement abrégée, de Pierre Klossowski : *Zeitchrift für Zozialforschung,* V, Paris, 1936.

55. Par exemple Georges Duthuit, « Malraux et son musée », *Les Lettres nouvelles,* 2 mars 1954, pp. 334-357.

56. Benjamin, « L'œuvre d'art (...) », pp. 174-176.

57. *L'Aventure monochrome.*

58. On ne trouve aucune preuve, dans les papiers de Klein, qu'il ait eu connaissance des peintures monochromes et des reliefs que Kelly exécuta à Paris dès 1950.

59. Voir *L'Aventure monochrome,* première partie.

60. Catherine Krahmer, *Der Fall Yves Klein : zur Krise der Kunst,* Munich, Piper, 1974, p. 35.

61. Yves Klein, « Texte de présentation de l'exposition aux éditions Lacoste, oct.-sept. 1955 », titre écrit au stylo, de la main de Klein, sur une copie dactylographiée identique à celle du texte qui fut envoyé à l'occasion de son exposition de 1955 à Paris (archives Klein). Ce texte est pratiquement identique à la description que donne Klein de son travail dans la lettre envoyée à Tournier le 5 août 1955.

62. Edouard Adam, entretien avec l'auteur, 16 mai 1974, Paris.

63. *Id.* Voir également la formule dactylographiée du *International Klein Blue (IKB)* qui se trouve dans les archives Klein et le brevet nº 63471, qui lui fut accordé par le ministère de l'Industrie, Paris, le 19 mai 1960 pour le bleu *IKB.*

64. Bernadette Allain, « Propositions monochromes du peintre Yves », *Couleurs* 15 (1956), p. 25.

65. *Le Dépassement,* p. 3.

66. *L'Aventure monochrome.* Voir les descriptions presque identiques que Klein donne de son exposition à Milan en 1957 dans « Meine Stellung im Krampf zwischen Linie und Farbe », *Zero,* nº 1, Düsseldorf (avril 1958), pp. 8-9, et dans le texte manuscrit du discours prononcé devant les personnalités officielles de Gelsenkirchen au début de 1959 (archives Klein). Dans ces « versions » destinées à un public allemand, Klein supprima les paragraphes où il affirmait que les peintures étaient toutes différentes l'une de l'autre et que leurs prix étaient « tous différents, bien sûr ».

67. Dino Buzzati, « Blu Blu Blu », *Corriere d'informazione,* Milan, 10 janvier 1957.

68. *L'Aventure monochrome.*

69. Donald Judd, « Specific Objects », *Arts Yearbook* 8, 1965, texte repris dans *Complete Writings 1959-1975,* Halifax, Press of the Nova Scotia College of Art and Design, 1975, pp. 181-189. Dans cette étude, Judd utilise à trois reprises l'exemple de l'œuvre de Klein pour illustrer les caractéristiques qu'implique cette expression.

70. Par exemple, il existe 24 panneaux outremer monochromes de 1959-1961 d'environ 92 cm par 73 cm (le rapport des dimensions étant de 5 à 3,9) ; 9 panneaux de 1959 à 1962 d'environ 60 cm par 48 cm (rapport des proportions 5 à 4) ; dans la série réalisée principalement en 1960 et 1961 de panneaux que Klein désigne par « 2 m × 1,50 m », le rapport des proportions est en général de 5 à 3,8. Il existe également une série de monochromes bleus de 1959 réalisés sur papier, qui devaient être inclus dans une édition de luxe du *Dépassement* ; ils mesurent 21 cm × 17 cm (rapport des proportions : 5 à 4).

71. Voir le catalogue de Krefeld ; brouillon d'une lettre de Klein alors à Paris à Wember, à propos de la rétrospective de Krefeld (sans date, mais probablement du début ou du milieu de l'année 1960), archives Klein. Voir également les projets d'installation de la rétrospective de Krefeld que Klein réalisa sur du papier d'architecte (archives Klein).

72. Norbert Kricke, entretien avec l'auteur, 9 décembre 1973, Düsseldorf, Werner Ruhnau, entretien avec l'auteur, 10 décembre 1973, Essen ; Städtische Kunstaustellung Gelsenkirchen, *Bildende Kunst am Neubau des Theaters der Stadt Gelsenkirchen,* Gelsenkirchen, 1957.

73. Buzzati, « Blu Blu Blu ».

74. La numérotation donnée dans le *Catalogue raisonné* de Wember est posthume.

75. *The Tradition of the New,* New York Grove Press, 1961, p. 29.

76. Le soir du 26 juin 1957, soit deux jours après l'ouverture de sa première exposition personnelle à Londres, *Monochrome Propositions of Yves Klein* à la *Gallery One,* Londres, Klein donna une conférence sur son travail et présenta un court métrage sur ses expositions parisiennes de l'« époque bleue » à l'*Institute of Contemporary Art.* L'événement était annoncé sur les cartons d'invitation et dans le communiqué de presse envoyés par Victor Musgrave (directeur de la *Gallery One)* à l'occasion de l'exposition. Il n'existe aucune transcription de la conférence de Klein à l'*Institute of Contemporary Art* mais il parle de cette soirée dans *L'Aventure monochrome.* De façon caractéristique, Klein décrit les réactions du public par rapport à son travail (celui-ci semble n'y avoir vu qu'une « gigantesque plaisanterie »). Klein se plaint également que « des amis » (il s'agit sans doute, bien qu'il ne les nomme pas, d'Iris Clert et de Pierre Restany qui étaient présents) « [le] défendaient mal » ce soir-là en le décrivant comme « la pureté pure ». Selon l'artiste britannique Richard Hamilton, qui avait reçu de son épouse un compte rendu détaillé de la soirée à l'*I.C.A.*, Klein provoqua à plusieurs reprises les rires du public (entretien avec l'auteur, 4 mars 1974, Londres).

77. L'annonce pour l'exposition de janvier 1957 à la Galleria Apollinaire s'intitulait « Yves Klein : proposte monocrome epoca blu » et présentait un texte de Pierre Restany, « L'Epoca blu, il secondo minuto della verità ».

78. Buzzati, « Blu Blu Blu » ; Krahmer, *Klein*, p. 35.

79. La question des influences réciproques entre l'artiste italo-argentin beaucoup plus âgé (né en 1899) et Klein dépasse le cadre de cette étude. Ils se rencontrèrent lors de l'exposition de Klein à Milan en 1957 et devinrent amis peu après. Leur correspondance (en espagnol) est conservée dans les archives Klein. A un moment donné, Fontana donna à Klein des exemplaires de son *Manifesto blanco* de 1946. Il est évident, à la lecture de mon étude, que je ne prends que rarement pour argent comptant les dates et la priorité revendiquées par Klein ; cependant je doute beaucoup que les expositions de l'« époque bleue » de 1957 reflètent vraiment l'influence des environnements de Fontana (du milieu des années 50) où les toiles étaient installées au-devant du mur. Aussi étrange que cela puisse paraître aujourd'hui, l'œuvre de Fontana n'était pas très connue à Paris au milieu des années 50 ; il n'exposa d'ailleurs pas à Paris avant 1957 et son nom n'apparaît pas dans le *Dictionnaire de la peinture abstraite* de Seuphor (1958) alors que celui d'une artiste aussi peu connue aujourd'hui que la mère de Klein y figure. Klein a pu être informé du *spazialismo* et de l'art de l'Italie du Nord à partir du milieu de l'année 1955, grâce à Pierre Restany dont les liens avec Milan étaient très étroits. Je doute que Fontana ait eu une influence importante sur Klein, d'abord parce que lorsque celui-ci faisait un emprunt à une source quelconque il avait tendance à laisser transparaître des indices et son inquiétude à ce sujet ; ensuite parce que je n'ai connaissance d'aucune exposition de monochromes réalisée par Fontana avant l'exposition de Klein à Milan en 1957. Voir à ce propos les remarques pertinentes de Fontana sur Klein et sur les artistes européens de la seconde génération d'après-guerre dans *Art et Création 1*, janvier-février 1968, p. 78.

80. Michel Conil-Lacoste, « Comparaisons », *Le Monde* (Paris), 15 février, 1957, p. 8.

81. Pontus Hulten, « Pariskonst och Jiujitsu », *Stockholms-Tidningen*, 30 octobre 1957.

82. Benjamin, « L'œuvre d'art... », p. 175.

83. Il est probable que l'histoire sensationnelle de l'enquête et du procès sur les activités de van Meegeren, qui défraya la chronique entre 1945 et 1947, fit une grosse impression sur Klein alors âgé d'environ 16 ans. Son père, d'origine hollandaise, a très bien pu connaître van Meegeren lorsque le faussaire faisait partie de la communauté artistique qui vivait sur la Côte d'Azur durant la majeure partie des années 30 ; Fred Klein eut quelques expositions personnelles aux Pays-Bas dans les années qui suivirent immédiatement la guerre : Klein accompagna ses parents en Hollande à l'occasion d'une de ces expositions au moins, probablement en 1947.

84. Entretien avec l'auteur, 16 mai 1974, Paris.

85. « Remarques sur quelques œuvres exposées chez Colette Allendy » (archives Klein). Il existe dans les archives Klein trois versions légèrement différentes de ce texte important. Des indices intérieurs ou extérieurs au texte suggèrent que deux d'entre elles furent écrites avant le printemps 1958, et que la troisième fut modifiée après cette date. La première version antérieure au printemps 1958 consiste en trois feuillets écrits de la main de Klein. Le second texte, duquel je tire les citations utilisées ici, est un double dactylographié identifiable grâce aux annotations provisoires d'archivage faites par Pontus Hulten : AA20 et AA21.

86. *Ibid.*

87. Pontus Hulten, « Pariskonst och Jiujitsu ».

88. « Remarques sur quelques œuvres exposées chez Colette Allendy », voir note 85.

89. *Ibid.*

90. *Ibid.*

91. *Ibid.* La citation provient du texte désigné dans la note 85 comme la troisième version des « Remarques », celle postérieure au printemps 1958. Comme on le verra plus loin, cette version confirme que Klein avait alors lu Bachelard dont l'œuvre ne lui fut connue, comme il le précisa lors de la conférence à la Sorbonne, qu'à partir de 1958. Bien que Klein fasse souvent, en toute connaissance de cause, des « erreurs » de date, j'ai tendance à croire en cette affirmation-là dans la mesure où d'autres transformations apparurent alors dans son style d'écriture qui passa du néo-symbolisme à un style bachelardien et aussi parce que la troisième version des « Remarques » reflète des préoccupations apparues pour la première fois lors de l'exposition qu'il fit avec Tinguely à la galerie Iris Clert en novembre 1958 : « Vitesse pure et stabilité monochrome ».

92. *La Psychanalyse du feu*, Paris, NRF, Gallimard, 1949, p. 19.

93. *La Dialectique de la durée*, Paris, Presses Universitaires de France, 1950, p. 38. L'exemplaire que possédait Klein est conservé dans les archives Klein.

94. *Ibid*, p. 17.

95. En plus de *la Dialectique de la durée*, la bibliothèque de Klein (conservée dans les archives Klein) comprend : *L'Eau et les rêves* (Paris, José Corti, 1942) ; *La Formation de l'esprit scientifique* (Paris, Librairie philosophique J. Vrin, 1957) ; *La Philosophie du non* (Paris, Presses Universitaires de France, 1949) ; *La Poétique de l'espace* (Paris, Presses Universitaires de France, 1958) ; *La Terre et les rêveries de la volonté* (Paris, José Corti, 1948).

96. « Les cris bleus de Charles Estienne », page dactylographiée signée « Y.K. 57 », archives Klein.

97. *Conférence à la Sorbonne.*

98. *Dimanche*, p. 3.

99. Brouillon d'une lettre de Klein (alors à Paris) à Paul Wember, à Krefeld (non datée, probablement début ou milieu 1960). Archives Klein.

100. On trouve dans les archives Klein deux plans au sol du musée Haus Lange de Krefeld sur lesquels Klein a écrit, esquissé et coloré au crayon de couleur des instructions détaillées pour l'accrochage de la rétrospective de janvier-février 1961. Sur la partie supérieure d'un des plans est inscrite cette indication : « accrochage en projection hors de la cimaise ».

101. *De la grammatologie*, Paris, éditions de Minuit, 1967, pp. 207-218.

102. Archives Klein.

103. Entretien avec l'auteur, 17 juillet 1974.

104. « Approaching Artaud », *The New Yorker*, 19 mai 1973, p. 42.

105. « Préparation et présentation de l'exposition du 28 avril 1958 » (reproduit dans ce catalogue).

106. Iris Clert, entretien avec l'auteur, 16 mai 1974.

107. Pontus Hulten, *Jean Tinguely : Méta*, Boston, New York Graphic Society, 1975, pp. 62-63.

108. *Ibid.*

109. Original dactylographié, s.d. (archives Klein).

110. Michael Brankfort par exemple, était un romancier qui possédait une petite mais intéressante collection d'art d'après-guerre, et que Klein avait aidé à l'occasion du mariage à Paris de sa fille (au début 1962), en facilitant les démarches administratives nécessaires à l'obtention d'une licence de mariage. Michael Blankfort, entretien avec l'auteur, 23 novembre 1974, Los Angeles.

111. « Attendu que » (Chelsea Hotel, New York, 1961). Ce texte, publié après la mort de Klein, avait été traduit en anglais par Neil Levine et John Archambault avec la collaboration de Klein au printemps 1961 ; il s'agit d'une variante du texte « Le vrai devient réalité », *Zero*, nº 3, Düsseldorf (juillet 1961).

112. *Dimanche*, p. 4.

113. « Viens avec moi dans le vide », *Dimanche*, p. 2.

114. On a souvent suggéré que les sculptures en plâtre et les reliefs de George Segal incitèrent Klein à réaliser ses portraits-reliefs moulés d'après nature. Il est plus probable que l'exemple suivi par Klein, si exemple il y a, fut la *Feuille de vigne femelle* (1950) de Duchamp. Ce plâtre galvanisé qui se propose comme l'empreinte d'un sexe féminin fut tiré à nouveau en bronze à 10 exemplaires en 1961 par la galerie Rive droite, qui était alors la galerie de Klein. Klein acquit de Jean Larcade, le directeur de la galerie, un exemplaire de ce nouveau tirage de la *Feuille de vigne femelle* pour sa collection personnelle, en échange d'une *anthropométrie suaire* (lettre du 14 novembre 1962 de Jean Larcade à Rotraut Klein-Moquay, cette lettre se trouve dans les archives personnelles de la veuve de l'artiste).

115. Rosalind Krauss, dans « Notes on the Index : Seventies Art in America, Part 2 », *October 3* (1977) a analysé la terminologie sémiologique de C.S. Pierce de façon très intéressante, en la mettant en relation avec la peinture de 1976 de Lucio Pozzi.

116. *On Photography*, New York, Farrar, Straus and Giroux, 1977, p. 154.

117. *Cf.* « La Guerre », *in Dimanche.*

118. Rotraut Klein-Moquay, entretien avec l'auteur, 18, 19 et 21 mars 1974, Londres ; 18 et 19 mai 1974, Paris.

119. On ne trouve dans les archives Klein aucun élément susceptible d'accréditer la thèse que suggère Klein dans « Viens avec moi dans le vide », « Le vrai devient réalité » et « Attendu que », selon laquelle il aurait utilisé des « pinceaux vivants » plusieurs années avant 1960, afin d'exécuter des monochromes ; en fait il utilisait habituellement un rouleau.

120. John Kender, entretien avec l'auteur, 28 mai 1975, New York.

121. Otto Piene, artiste ami de Klein et né comme lui en 1928, m'a rapporté qu'un article qui antidatait les photographies de Namuth et leur publication dans les revues d'art des années 50 (« Jackson Pollock : Is He the Greatest Living Painter in the United States ? », *Life*, 8 août 1949, pp. 42 et suivantes) avait attiré l'attention des artistes européens d'avant-garde.

122. « Namuth's Photographs and the Pollock Myth », dans Hans Namuth, *Pollock Painting* (présenté par Barbara Rose), New York, Agrinde Publications, 1980, non paginé.

123. « La phénoménologie de l'art de la peinture », dans *De l'abstrait au possible*, Zurich, Cercle d'art contemporain, 1958.

124. « Attendu que ».

125. Arman, entretien avec l'auteur, 25-27 mai 1975.

126. « Viens avec moi dans le vide », *Dimanche*, p. 2.

127. *Ibid.*

128. La photographie, intitulée « la plage du Diamant, Martinique » est de H. Roger-Viollet et le dessin à l'encre intitulé « femmes et hommes » est de la main de Klein (archives Klein).

129. Rotraut Klein-Moquay, entretien avec l'auteur, 18, 19 et 21 mars 1974.

130. John Kender, dans un entretien avec l'auteur, le 28 mai 1975. Une facture non signée mais certainement de Kender et Shunk et qui fut envoyée à Klein pour règlement de quelque 400 tirages et diapositives réalisés entre février 1960 et octobre 1961 fournit deux dates : le 19 et le 25 octobre 1960. Le règlement des prises de vue du « saut » figure sur cette facture. Les deux dates indiquées correspondent à un mardi et un mercredi, date de développement ou de livraison des tirages. Comme je l'indique plus loin et selon Kender, les prises de vues furent faites un dimanche.

131. Double d'une lettre du 25 novembre 1960 que Klein envoya au ministère de l'Information (archives Klein).

132. « Le Message photographique », *Communications* 1, Paris, 1961, pp. 134-135.

133. John Kender, entretien avec l'auteur, 28 mai 1975.

134. *Id.*

135. *Zero nº 3*, Düsseldorf, juillet 1961, non paginé.

136. Lettre du 28 novembre 1960 de Klein alors à Paris, à Paul Wember, Krefeld (archives Klein).

137. « Le Message photographique », pp. 131-132.

138. Pour une étude de l'influence que Malevitch a pu avoir sur Klein et pour davantage de détails sur ce que pouvait connaître Klein de l'œuvre et des écrits de Malevitch et des « Unistes » polonais, il convient de se reporter à « The Blue World of Yves Klein », *op. cit.*, pp. 238-242 et 292-293. Pour résumer, ce ne fut pas à l'origine l'exemple du peintre russe qui poussa Klein à peindre des monochromes. Il s'intéressa à la peinture et aux théories de Malevitch en 1957, et en plusieurs occasions (qu'il provoqua parfois) il put voir des peintures de Malevitch et apprit suffisamment de choses sur lui pour comprendre que c'était un mystique de l'espace et de la signification morale de l'art. Klein semble avoir saisi toutes les nuances du défi de Malevitch avec une intuition critique remarquable. L'enjeu était suffisamment important pour que Klein entreprît de se moquer du peintre russe (mort lorsque Klein avait 7 ans) dans des dessins humoristiques de 1958 où il le représente en train d'utiliser ses monochromes (ceux de Klein) comme une sorte de modèle de nature morte. C'est-à-dire qu'il le représente comme un tenant de l'abstraction géométrique ; pour rendre son propos tout à fait clair (et en un sens rendre hommage à Malevitch) il lui fait porter une blouse de peintre, lui donnant ainsi un statut d'artiste, tandis que Kandinsky apparaît sous la forme d'une souris (un rat ?) courant sur le plancher. Il existe plusieurs versions de ce dessin humoristique dans les archives Klein. Cette caricature s'inspirait d'un dessin de Folon, publié par un quotidien parisien, qui était sans doute destiné à se moquer des peintures de Magritte qui représentent des tableaux de chevalet encadrant un paysage comme une fenêtre ouverte. Klein, usant d'un style bachelardien dans la légende d'un de ses dessins humoristiques de cette série, propose que nous sortions de la « phénoménologie du temps » afin de réaliser enfin que lui, Klein, a précédé Malevitch chronologiquement dans l'espace et la monochromie. Cette impossibilité évidente constitue un commentaire supplémentaire sur l'usure de la notion d'avant-garde.

139. *Studies in Iconology : Humanistic Themes in the Art of the Renaissance,* New York, Harper and Row, 1972.

Yves Klein et les rose-croix

THOMAS McEVILLEY

« *Une information détaillée sur [...] les conceptions d'un artiste est nécessaire à l'appréciation et à la compréhension de l'art contemporain.* »
Joseph Kosuth [1]

« *Les commentaires personnels de l'artiste sur la signification de l'une ou l'autre de ses œuvres peuvent certainement se révéler intéressants [...] Cependant le langage de l'art signifie l'excès de la signification présente dans l'œuvre même. Le caractère inépuisable qui distingue le langage de l'art de toutes les traductions sous forme de concepts repose sur un excès de sens.* »
Hans-Georg Gadamer [2]

« *Mais le rapport du langage à la peinture est un rapport infini [...] Ils sont irréductibles l'un à l'autre : on a beau dire ce qu'on voit, ce qu'on voit ne loge jamais dans ce qu'on dit [...]* »
Michel Foucault [3]

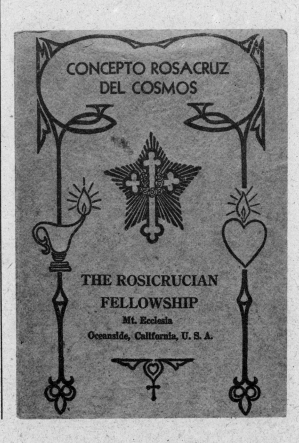

En conclusion de son étude du mythe d'Isis et d'Osiris, Plutarque affirme qu'aucune parmi la douzaine d'interprétations qu'il a évoquées ne peut prétendre au statut de vérité unique et souligne que c'est l'ensemble de ces interprétations – en dépit de leurs aspects parfois contradictoires – qui constitue une sorte de vérité. Cette intuition selon laquelle toute herméneutique doit demeurer suffisamment ouverte et inclure non seulement les lectures complémentaires mais encore contradictoires d'un mythe annonce la démarche multidirectionnelle du positivisme moderne et l'insistance de la phénoménologie sur la transcendance de tout mythe (ou de toute œuvre d'art) par rapport à n'importe quel horizon subjectif singulier.

Le travail philologique fondamental sur l'œuvre considérable de Klein vient à peine de commencer. Peut-être aboutira-t-il finalement, comme l'approche stratifiée du mythe que propose Plutarque, à une succession de lectures qui s'interpénétreraient et pourraient être considérées comme la somme de ses significations. L'approche philologique doit d'abord s'attacher à isoler les modèles partiaux, qu'il sera ensuite possible de faire fusionner en une synthèse.

On sait que l'œuvre de Klein possède une cohérence interne, une logique remarquable. L'on sait moins que cette cohérence interne n'est que le reflet de la fidélité avec laquelle il entreprit de traduire en termes visuels et dans une perspective historique de l'art un système d'idées qui n'avait à l'origine aucun lien avec l'art, à savoir la pensée rosicrucienne de Max Heindel. L'analyse philologique de la relation qui existe entre les écrits de Klein et ceux de Heindel est le fondement nécessaire à une approche synthétique de l'art de Klein. Cette approche sera la nôtre, bien que nous ne prétendions pas épuiser, par cette seule lecture, les significations de l'œuvre de Klein. Bien au contraire, il ne s'agit pas tant, ici, d'interpréter son travail que de reconstituer ses sources et ses buts, intéressants en eux-mêmes.

Vers la fin de 1947 ou le début de 1948, alors qu'il avait 19 ans, Klein se procura un exemplaire de *La Cosmogonie des Rose-Croix* de Heindel, qui était le « manuel » habituel de la Société rosicrucienne d'Oceanside, en Californie [4]. Il commença immédiatement à pratiquer intensivement les enseignements rosicruciens en compagnie de ses amis les plus proches, Claude Pascal et Armand Fernandez (qui se fera appeler Arman), sous la supervision d'un rosicrucien de plus longue date, Louis Cadeaux. Il devint officiellement membre de la Société rosicrucienne en juin 1948. Durant plus de trois ans il reçut chaque mois des leçons (rédigées, comme la *Cosmogonie*, par Max Heindel) auxquelles il travaillait scrupuleusement puis qu'il retournait à la société d'Oceanside pour contrôle. Il continua de recevoir ces leçons durant une année et demie encore (jusqu'au milieu de 1953) sans renvoyer son travail personnel. Vers le milieu de 1953 il cessa officiellement d'appartenir à la société [5]. Il continua cependant à lire la *Cosmogonie* durant de nombreuses années, et jusqu'en 1958 environ ce livre fut l'ouvrage essentiel de sa vie.

Entre 1955 et 1962, Klein produisit simultanément un ensemble varié d'œuvres d'art et un corpus intéressant d'écrits ayant trait à la théorie de l'art, tout particulièrement à celle qui sous-tend ses propres œuvres [6]. Une sorte de structure sous-jacente lumineuse transparaît dans cet ensemble d'écrits, sans toutefois se révéler totalement. Cette structure peut être en grande partie dévoilée par l'étude des allusions qu'il fit aux écrits de Heindel, et en particulier à la *Cosmogonie*, et qui passèrent généralement inaperçues.

Je tâcherai d'abord de présenter brièvement la théorie de l'art de Klein, puis le système rosicrucien de Heindel, enfin j'exposerai dans le détail les correspondances qui s'établissent entre eux.

Le thème central des écrits d'Yves Klein est une conception mystique de l'espace perçu comme une énergie libre par opposition à la forme, assimilée à une énergie circonscrite. L'espace est identifié à la matière originelle alchimique qui contient la « mémoire » universelle du passé, du présent et du futur, et fonctionne comme le réservoir du monde des formes. Du point de vue psychologique, l'espace pur est assimilé à l'esprit libre (et donc éclairé), la forme à l'esprit limité (à la névrose). Du point de vue pictural, cet espace fertile est désigné comme la « sensibilité picturale pure ». L'artiste dont l'esprit est libre comme l'espace est capable de cristalliser cette énergie picturale à l'intérieur de n'importe quel objet au moyen de la concentration mentale ; la sensibilité supérieure enfermée dans l'objet par l'artiste pouvant être « retrouvée » par tout observateur que cette expérience pourra, en fait, éveiller à une conscience cosmique.

Pour Klein, la dichotomie métaphysique espace-forme se traduit en peinture par le combat qui oppose la ligne et la couleur. La ligne divise et obstrue l'espace pur de la sensibilité cosmique tandis que la couleur affirme la liberté et la plénitude de l'espace et tend à fondre l'artiste en lui (à le faire « retourner à l'éden »). De fait, la couleur pure n'est pas seulement analogue à l'espace cosmique/sensibilité, c'en est la matérialisation réelle – tout particulièrement le bleu, couleur de la mer et du ciel, ces deux entités naturelles les plus abstraites et illimitées. L'artiste qui a acquis la sensibilité de l'espace pur s'exprimera au moyen de la couleur pure ; l'artiste auquel cette ouverture cosmique de l'esprit fait défaut s'exprimera au moyen d'enchevêtrements névrotiques de lignes et de formes.

Mais l'artiste peut exprimer autrement la sensibilité de l'espace. La cristallisation naissante de la matière originelle dans l'espace limité apparaît comme « trace de l'immédiat ». L'« art de l'immatériel » constitue par-dessus tout l'expression la plus vraie de cette sensibilité ; il deviendra, dans l'éden technologique des hommes éthérés, le mode spécifique de l'art du futur. L'artiste réalise une œuvre immatérielle en imprégnant un espace apparemment vide de l'aura de sa sensibilité personnelle que tout observateur sensible sera capable de retrouver n'importe quand dans ce même espace. L'artiste peut également « spécialiser » sa sensibilité en la projetant dans des formes spécifiques mais invisibles qui participent encore de l'art immatériel ; il peut aussi la projeter à de grandes distances.

Dans un avenir relativement proche, écrivit Klein, tous les hommes développeront ce type de sensibilité et fusionneront plus ou moins avec l'espace, ils auront la capacité de faire léviter leurs corps charnels et pourront agir sous forme immatérielle, totalement séparés de leurs corps. Alors les sociétés humaines reconstitueront l'état édénique par l'union de la science, de l'art et de la religion ; de nouveaux climats seront créés à la surface de la Terre afin de s'accorder à cette nouvelle façon de vivre immatérielle et, conséquence de son identification nouvelle à l'espace, l'homme vivra dans des maisons aux structures d'air comprimé. Klein pensait que l'avènement de cet âge nouveau était proche, comme l'annonçaient ses propres œuvres prophétiques et le vol spatial du Spoutnik russe *Vostok I* (vol durant lequel le cosmonaute Youri Gagarine annonça que, vue de l'espace, la Terre était bleue).

Cette théorie et, jusqu'à un certain point, les œuvres qui l'expriment se fondent essentiellement sur la pensée rosicrucienne de Max Heindel à laquelle viennent s'ajouter quelques notions de bouddhisme et quelques intuitions empruntées à l'œuvre de Gaston Bachelard. L'idée centrale de la *Cosmogonie* de Heindel est celle d'une polarité vie-forme, et de leur synthèse ultime [7]. La vie est esprit pur, elle est assimilée à l'espace apparemment vide ; la forme au contraire est esprit limité, elle est équivalente à la matière physique. Ces deux états alternent au cours des amples phases de l'évolution humaine. Au commencement il y a le stade de la vie, où n'existe nulle illusion d'un ego distinct mais la seule conscience d'une union avec le Tout. Puis, au fil des phases successives, le principe de la forme vient graduellement se surimposer à la vie et l'illusion de l'individualité du moi étouffe la conscience de l'union avec le Tout. Enfin une combinaison s'opérera entre la conscience d'une existence distincte du moi et celle de l'union avec le Tout, à l'apogée triomphante de l'évolution humaine.

Nous approchons actuellement de la fin de l'âge de la forme et nous commencerons, dans l'époque suivante, à nous ouvrir à nouveau à la conscience de la vie. Lorsque cela arrivera nous nous libérerons du corps physique grossier, produit ultime de l'âge de la forme, et nous gagnerons graduellement le contrôle d'une succession de « véhicules » plus parfaits, à présent obscurcis dans notre conscience du fait de notre soumission à la forme. Le premier signe de cette impulsion ascendante vers la vie sera le contrôle de notre corps de désir (le plus grossier des six « véhicules immatériels ») ; à ce stade nous obtiendrons la capacité de léviter, de lire la mémoire de la nature, et de manipuler l'ordre des choses par le seul exercice de l'activité mentale. A chaque nouvel âge, le « véhicule » dominant recrée l'environnement qui lui convient – ainsi, aujourd'hui, le grossier corps physique s'est-il créé un environnement de matière solide. A l'époque prochaine, lorsque le corps de désir exigera un environnement moins lié à la forme et plus ouvert à la vie, la science – qui sera alors une des branches de la religion – refera à neuf l'environnement et dirigera à nouveau la vie humaine vers l'espace vide où l'on ne trouve que la vie et la liberté. La carrière d'Yves Klein illustre ce système de croyances ; il se considérait comme l'instrument de l'évolution capable d'annoncer et de hâter l'aube de l'ère nouvelle.

L'espace et l'évolution étaient au centre de la pensée de Heindel et de Klein. Heindel assimile l'espace aux six royaumes invisibles, supérieurs au royaume physique ; il n'est accessible qu'à l'initié qui a accompli certaines transformations dans son monde intérieur :

Dans la présente période matérialiste nous avons malheureusement perdu toute idée de ce qui est lié au mot espace. Nous sommes tellement habitués à parler d'espace « vide » ou du « grand vide » de l'espace que nous avons totalement perdu la grande, la sainte signification de ce mot et que nous sommes donc dans l'incapacité de ressentir le respect que cette idée d'espace et de chaos devrait faire naître dans nos cœurs.
Pour les Rose-Croix, comme pour n'importe quelle autre société occulte, il n'existe rien de tel qu'un espace vacant ou vide. Pour eux l'espace est de l'esprit sous une forme raréfiée, tandis que la matière est de l'espace ou de l'esprit cristallisé. [8]

Heindel établit un parallèle entre l'espace et le chaos d'Ovide ou la matière originelle non différenciée des alchimistes. Cette notion est transposée en termes picturaux par Klein dans la définition de l'espace comme « sensibilité picturale illimitée ». Dans un passage de Heindel que Klein souligna dans son exemplaire de la *Cosmogonie* on trouve ceci :

Le chaos est le champ de semences du Cosmos... Désormais nous ne nous étonnerons plus de ce que « quelque chose puisse naître du néant » car l'espace n'est pas synonyme de « néant ». Il possède en lui-même les germes de tout ce qui existe durant la période de manifestation physique. [9]

Tout l'art de Klein se rattache d'une certaine façon à ce concept fondamental de plénitude éthérée non caractérisée. Comme il l'écrivit :

Le vide a toujours été ma préoccupation essentielle. [10]
L'extraordinaire silence [...] engendrera une nouvelle et unique zone de sensibilité picturale de l'immatériel. [11]

Je cherche avant tout [...] à créer dans mes réalisations cette « transparence », ce « vide » incommensurable dans lequel vit l'esprit permanent et absolu délivré de toutes dimensions. [12]
[...] Le vide absolu qui est tout naturellement le véritable espace pictural. [13]

C'est le mouvement même de l'évolution qui nous porte vers le vide. Selon Heindel, nous avons atteint le point extrême de développement dans la matière ; le prochain stade de développement exigera un éveil neuf à l'esprit pur et, simultanément, une expansion par-delà le royaume physique vers l'espace :

Durant cette moitié restante de notre ère, et les trois périodes qui la suivront, l'homme devra développer sa conscience de façon à inclure les six mondes supérieurs à notre monde physique [14]. Le prochain pas vers le progrès humain se fera en direction de l'expansion de sa conscience afin d'inclure la région éthérée, puis le monde de désir, etc. [15]

Ce passage sera marqué de transformations mentales et physiques du véhicule humain et de la culture humaine qui en est l'expression et la matrice. L'un de ces changements, déjà apparent à l'époque de Klein, réside dans l'exploration spatiale. Heindel dit :

[la science moderne] ne reconnaît pas [...] le fait sur lequel insiste la science occulte [...] [à savoir que] toute l'atmosphère qui nous entoure, et l'espace qui sépare les mondes entre eux, est esprit [...] [16] La région éthérée s'étend au-delà de l'atmosphère de notre terre de matière [...] Le monde de désir s'étend plus loin dans l'espace interplanétaire que n'importe lequel des autres mondes [17].

Ainsi le voyage dans l'espace est-il un voyage vers l'esprit pur, loin de la matière. Klein considérait le vol de Youri Gagarine comme une confirmation du fait que nous sommes à présent sur le point d'amorcer ce virage essentiel de l'histoire humaine.

Selon Heindel, dans l'âge prochain, l'humanité gagnera le contrôle du corps de désir et le mouvement ne se fera plus dorénavant que par lévitation ; les êtres humains ayant atteint la vraie spiritualité seront capables de se séparer à volonté de leur enveloppe grossière et n'auront désormais plus besoin de vaisseaux spatiaux :

Dans le monde physique, la matière est soumise à la gravité [...] Dans le monde de désir [...] les formes entrent en lévitation aussi aisément qu'elles gravitent. La distance et le temps sont également des facteurs directeurs de l'existence dans le monde physique ; ils sont presque inexistants dans le monde de désir. [18]

Klein souligna surtout dans son exemplaire de la *Cosmogonie* les passages qui décrivent le « monde de désir » et écrivit en grand dans la marge, à côté de la description de la lévitation, le mot « transfiguration ». Le désir de léviter fut sa façon personnelle d'anticiper ce stade de l'évolution, comme aussi le « saut dans le vide », l'anthropométrie intitulée *People Begin to Fly* et le discours qu'il prononça à Düsseldorf où il annonça :

Nous deviendrons tous des hommes aériens, nous connaîtrons la force d'attraction vers le haut, vers l'espace, vers rien et tout à la fois [...] [19]

En fait il semble que Klein considérait sa carrière personnelle comme un signe annonciateur ou prémonitoire de la transformation imminente de l'humanité ; il utilisait pour la décrire une terminologie qui dérivait clairement de la théorie de l'évolution de Heindel. Heindel utilise le terme « période » pour désigner une longue phase cosmique (par exemple : nous sommes actuellement dans la « période de la Terre ») et les termes « révolution » ou « époque » pour les phases plus courtes qui s'insèrent dans ces périodes. L'annonce par Klein, en 1957, de la révolution bleue introduisant l'époque bleue ne désignait pas simplement la substitution d'une école ou d'un style artistique par un autre, mais la « spiritualisation » imminente de l'humanité tout entière.

Heindel, comme les auteurs de diverses traditions orientales, associe particulièrement le vide de l'esprit pur à la couleur bleue ; selon lui, « le bleu désigne le type de spiritualité le plus élevé », c'est-à-dire la spiritualité qui a fusionné avec l'espace/esprit [20]. Klein reprit cette idée et associa le vide, ou esprit pur, à la couleur bleue [21]. Ainsi l'époque bleue n'est-elle rien moins que l'époque du retour à l'espace/esprit. Le président Eisenhower fut le premier chef d'État à être notifié de cette révolution, peut-être à cause des affirmations de Heindel :

Dans le schéma de l'évolution, la dernière de toutes les races descendra du peuple des États-Unis [22]. Les prochains « élus » [...] viendront principalement des États-Unis [23].

Les projets de la révolution bleue de transformer la surface de la Terre naissent semblablement de l'affirmation de Heindel :

Avant qu'une époque nouvelle soit introduite [...] il doit y avoir « un ciel nouveau et une Terre nouvelle » ; les caractéristiques physiques de la Terre seront transformées et sa densité décroîtra [24].

L'« architecture de l'air » de Klein constitue un moyen de faire diminuer la densité de l'environnement et ses projets de reclimatisation sont liés à la théorie de Heindel :

Le climat, la faune et la flore seront transformés par l'homme sous la direction d'êtres supérieurs [25].

Heindel, comme les auteurs de la tradition rosicrucienne en général, décrit l'époque prochaine (celle du retour à l'espace) comme un retour à l'éden ; ce terme d'éden revient d'ailleurs constamment dans les écrits d'Yves Klein [26]. Au niveau individuel, le retour à l'éden signifie l'échappée hors du corps, l'immersion renouvelée dans l'espace/chaos et la réalisation corollaire de l'unité avec le Tout. Au niveau de la communauté, cela signifie l'union de la technologie, de la religion et de l'art en vue de créer un milieu qui faciliterait et accélérerait le passage vers le corps de désir. Les tentatives de Klein de réaliser la synthèse du rosicrucianisme, de la technologie et de l'art étaient sa réponse à l'insistance de Heindel sur le fait que pour effectuer le passage vers le monde de désir, « la religion, la science et l'art doivent se réunir à nouveau dans l'expression plus haute du Bon, du Vrai et du Beau » [27].

Que Klein ait tenté délibérément d'accomplir les prophéties de Heindel suggère qu'il crut, ou espéra, être lui-même le personnage qu'annonçait Heindel et qui devait amorcer ce passage :

A la fin de l'époque présente, le Grand Initié se manifestera publiquement lorsqu'un nombre suffisant d'humains ordinaires le désirera et se soumettra volontairement à un tel guide [...] Après cela, les races et les nations cesseront d'exister. L'humanité formera une communauté spirituelle [28].

La notification que fit Klein au président Einsenhower de la fin du gouvernement national français donne certainement l'impression qu'il prit cette charge sur lui ; comme aussi ses affirmations que l'espace lui-même le reconnaissait comme son « conquistador » et le « propriétaire de la couleur » [29]. Il est du devoir de l'initié, en qualité de conquistador du vide, de devenir le champion de la progression des autres hommes le long du chemin de l'évolution ; en qualité de propriétaire de la couleur pure il est en son pouvoir de le faire. L'annonce par Klein du combat entre la ligne et la couleur, son auto-désignation (en costume de chevalier de Saint-Sébastien) comme champion de la couleur nous le présentent en première ligne du combat pour l'évolution, tel le champion de l'âge à venir luttant contre l'attraction « réactionnaire » de l'âge ancien. Cette distinction ne fait pas que s'inspirer de l'ouvrage de Heindel, elle y est en fait énoncée de façon explicite :

Le monde physique est le monde de la forme. Le monde de désir [...] est plus particulièrement le monde de la couleur [30].

Le monde physique est lié à la forme (soit, chez Klein, à la ligne) car il se fonde dans l'ego. Le monde de désir s'exprime en tant que couleur pure, car il est esprit et ne connaît nulle division interne. Comme l'écrivit Klein :

[...] La pure couleur, âme universelle dans laquelle baignait celle de l'homme en état de paradis terrestre [...] [31]

L'art de la couleur pure équivaut alors à une immersion dans l'espace ininterrompu et constitue un retour à l'éden de la vie sans ego. Klein exprime cela en termes parfaitement heindeliens. La ligne, qui doit pour s'exprimer diviser, séparer, créer des limites, enchevêtre et emprisonne le monde ouvert de la couleur et ce faisant détruit le paradis :

Le paradis est perdu, l'enchevêtrement des lignes devient comme les barreaux d'une véritable prison. [32]

L'histoire humaine n'est que le long drame de la ligne envahissant le territoire de la couleur (l'âge de la forme de Heindel) et de la couleur luttant pour se libérer (pour retourner à l'âge de l'esprit).

La ligne [...] est là, et attend, réussit à s'introduire dans le royaume jusqu'ici inviolé de la couleur et de l'espace [33].
La couleur, souillée, humiliée, vaincue, va cependant préparer tout au long des siècles une revanche [...] [34]

L'âge édénique de l'unité qui présida aux origines des temps fut l'âge de la couleur ; il fut suivi d'une longue période de dégénérescence dans la multiplicité tandis que la ligne envahissait et morcelait la surface du tableau. La couleur commença à s'affirmer de nouveau dans les œuvres de Delacroix et de Van Gogh, et à présent dans celles de Klein où elle se tient prête à reconquérir le terrain perdu et à introduire un nouvel âge d'unité. Le but de l'art (comme celui de la vie) est de reconquérir « cette paix ineffable dans la nature et dans l'homme d'avant l'intrusion de la ligne dans la couleur » [35].

En termes d'évolution, tout art fondé sur la ligne et la forme est une phase régressive ; c'est un résidu de l'époque du corps grossier qui vient à présent à terme. L'art qui se fonde sur la couleur pure où n'existe nulle division interne est annonciateur de l'âge à venir. Ainsi l'annonce par Klein du combat entre la ligne et la couleur est-elle la notification, en

termes artistiques, de la fin prochaine d'un des âges de l'évolution humaine et de l'aube d'un âge nouveau. Lorsqu'il écrit « toute une immense évolution à travers les âges [...] tend vers la découverte du mystère de la couleur » [36], il fait évidemment référence à la doctrine heindelienne de la longue évolution des hommes vers le monde de désir, le royaume de la couleur.

La même dichotomie heindelienne, celle de l'espace considéré comme esprit libre et de la forme comme esprit limité, se trouve à la base de la théorie du monochrome chez Klein et constitue peut-être la pierre angulaire de ses écrits. Un passage-clé de *L'Aventure monochrome* (son texte le plus ambitieux) mérite d'être cité :

Dès qu'il y a deux couleurs dans une peinture, un combat est engagé. Du spectacle permanent de ce combat des deux couleurs [...] le lecteur tire un plaisir raffiné mais non moins morbide d'un point de vue philosophique et humain pur [...]
Pour moi, la couleur est la sensibilité « matérialisée » [...] La couleur est libre, elle se dissout instantanément dans l'espace [...] les couleurs sont les véritables habitants de l'espace. La ligne ne fait que voyager à travers l'espace.

Il est évident qu'il pense ici à la formule de Heindel, Le monde de désir [...] est spécifiquement « le monde de la couleur », lorsqu'il écrit : « Les couleurs sont les véritables habitants de l'espace. » La distinction que fait Heindel entre la vie/esprit/espace ouvert/couleur et l'ego/matière/espace fermé/forme est ici sous-jacente. Dans de nombreux textes, Klein énonce cela de façon très explicite en utilisant parfois le terme « vie » de façon telle qu'on ne peut réellement comprendre ces passages si l'on ignore l'usage rosicrucien du terme.

Nous ne détenons aucun droit de possession sur la vie elle-même. C'est seulement par l'intermédiaire de notre prise de possession de la sensibilité que nous pouvons acheter la vie. [37]
[...] pénétrer par imprégnation dans la sensibilité de l'espace immatériel de la vie elle-même. [38]
[...] retourner dans la vie réelle, où un homme ne se pense plus au centre de l'univers, mais que l'univers est le centre de l'homme. [39]
En nous se trouve une partie essentielle qui est la seule vraie vie et même vitalité que nous possédions, c'est l'âme [...] [40]

Mais il est également probable que l'influence rosicrucienne n'est pas seule en jeu ici. Klein avait lu plusieurs ouvrages sur le bouddhisme durant sa période de formation rosicrucienne en France et au Japon. Bien que ses sources littéraires bouddhiques ne puissent être identifiées avec certitude [41], il semble que dans les passages que nous venons de citer, et d'autres passages semblables, il ait réalisé la synthèse du zen et du rosicrucianisme et qu'il ait exprimé cette synthèse en termes d'histoire de l'art.

Dans la littérature bouddhique, l'esprit « éclairé » est souvent comparé à l'espace vide ou encore au ciel pur, libre de tout obstacle. Comme le dit le bouddhiste Milarepa, sage tibétain :

Un homme sage sait comment pratiquer
La méditation qui ressemble à l'espace.
Dans tout ce qu'il fait en plein jour,
Il ne s'attache à rien. [42]

La monochromie et l'immatérialité de l'art de Klein font penser à l'espace ; son rejet de toute forme démontre qu'il ne « s'attache à rien ». Klein se désigna lui-même comme le « peintre de l'espace [43] » hostile aux oiseaux et aux nuages qui viennent limiter l'étendue sans faille du ciel en traçant des lignes à travers l'infini de l'espace [44]. Les auteurs bouddhistes s'expriment de la même façon ; Milarepa par exemple dit :

[La conscience de la vacuité] est comme
La sensation de fixer un ciel vaste et vide...
En pensant à l'immensité du ciel,
Méditer sur cette étendue infinie
Qui n'a ni centre ni limite...
Tout était bien lorsque je contemplais le ciel !
Mais je me sentis mal à l'aise lorsque
Je songeai aux nuages... [45]

L'art du ciel vide est le monochrome bleu : portrait de l'espace et de l'esprit devenu aussi transparent que l'espace.

Selon la psychologie bouddhique, il y a à l'origine de la névrose une tendance à solidifier l'énergie de telle façon qu'elle cesse de remplir totalement l'espace et de ne faire qu'un avec lui (comme le fait la couleur pure) ; elle devient une barrière (une ligne) qui divise l'espace en sujet et en objet, en moi et l'autre. L'édification de cette première barrière mentale est désignée sous le terme de « fixation dualiste primaire », elle est analogue à cette ligne unique que Klein refusa d'ajouter à un monochrome en 1959, bien qu'elle lui eût permis d'exposer au Salon. Dès que cette première barrière est mise en place, d'autres en naissent par une sorte de dynamisme mécanique. Finalement l'espace, et l'esprit qui s'apparente au ciel pur et qui était auparavant libre et ouvert, se trouvent encombrés et obstrués par ces barrières inutiles qui condamnent l'énergie d'un être à s'écouler en suivant des canaux bien déterminés, dont le réseau couvre à la fois la personnalité individuelle et « l'éducation [...]

l'héritage, [...] les vices, les défauts et les qualités » que refuse le peintre de l'espace. Le remède consiste à effacer, par la méditation, toutes ces barrières jusqu'à retrouver un espace mental pur de tout obstacle [46].

Du point de vue pictural, comme l'affirme Klein, tout cela conduit au monochrome et à l'évacuation de toute forme qui, semblable au nuage dans le ciel pur, obstrue le champ du tableau. Les auteurs bouddhiques expriment parfois ce processus par l'image de l'effacement de la figure par rapport au fond. L'image zen est celle de la poussière déposée sur le miroir que l'on essuie. Le monochrome est une expérience analogue à celle du vide (Shunyata) :

L'attention peut être dirigée soit sur des formes concrètes et délimitées, soit sur le champ contre lequel se détachent ces formes. Dans l'expérience Shunyata, l'attention se porte sur le champ plutôt que sur son contenu [...] [47]

Nous pouvons comparer à cela cette phrase d'un psychologue, spécialiste du développement psychologique, concernant les divers stades de découverte puis de transcendance de l'ego : « Il est nécessaire que l'ego se découvre lui-même dans une relation de type figure-fond par rapport à l'univers matériel, mais il faut également qu'il en vienne à transcender cette relation. » [48] Klein, dans le même esprit, écrit que : « La monochromie est la seule manière physique de peindre permettant d'atteindre à l'absolu spirituel. » [49]

Le système de Heindel aboutit à une conclusion semblable en ce qui concerne le peintre. La vie imprègne l'espace, la forme qui le divise la nie en l'obstruant. Il s'ensuit que le peintre qui se fait le héraut de la fin de l'ego et qui annonce la venue de l'âge de l'espace de la vie doit, comme le bouddhiste qui médite, effacer toutes les barrières de son espace intérieur et lui redonner sa plénitude. Il faut donc abolir toute figure ; car elle ne représente que la forme et l'ego, tandis que le fond représente l'espace et la vie. L'art qui se préoccupe de la seule forme est dépassé du point de vue de l'évolution, tout comme l'œil physique qui le perçoit ; l'art doit à présent se diriger directement vers le vide :

Pour moi la peinture n'est plus en fonction de l'œil ; elle est en fonction de la seule chose qui ne nous appartienne pas en nous : notre vie [50].
Ce que je peux supporter dans ma condition physique d'homme, c'est d'habiter une maison aux fenêtres sans barreaux [51].

Dans l'âge à venir, lors de l'avènement du corps de désir immatériel, nous ne

serons pas seulement libérés de nos sens, mais nous vivrons naturellement au royaume « où domine la couleur », au royaume du désir. L'artiste de cet âge nouveau produira des œuvres qui ne feront qu'un avec l'infini, c'est-à-dire avec la vie : « La vie, la vie elle-même (...) est l'art absolu. » [52]

Mais cet art nouveau ne peut être créé authentiquement sans l'éradication corollaire dans l'esprit de l'artiste de ses barrières internes, de façon à lui redonner, comme au « fond » de la peinture, son état d'avant la « fixation dualiste primaire » [53]. L'« éducation, l'héritage, les vices » de l'artiste sont des outrages à l'infini de l'esprit originel, comme les lignes et les figures sont des outrages au fond infini de la peinture, qui est le germoir de l'art comme le chaos est la « réserve de semences » du cosmos, et contient toutes choses à l'état de « sensibilité picturale pure ».

Lorsqu'en 1957 Klein adopta le nom d'Yves le Monochrome, il annonçait ou revendiquait, l'abolition (dans son esprit) de la fixation dualiste, similaire à l'abolition (dans son œuvre) de la figure. En d'autres termes, il annonçait qu'il avait pénétré le monde de désir, le royaume de la couleur. D'autres artistes, croyait-il, le suivraient s'il montrait le chemin. Arrivé à ce tournant de son évolution, l'artiste doit prendre conscience de sa parenté réelle avec l'espace et se dégager de l'art de l'ego et de la forme qui nient la vie et s'apparentent à la mort :

Les artistes qui veulent sauver leur personnalité à tout prix tuent leur individualité spirituelle fondamentale [54].
La [monochronie] est une sorte d'alchimie [55].
[...] la libération effective de la personnalité [...] par l'exaspération du moi, pratiquée jusqu'à une sorte de sublimation purificatrice absolue [56].
Le vrai peintre de l'avenir, ce sera un poète muet qui n'écrira rien, mais qui racontera, sans articuler, en silence, un tableau immense et sans limite [57].
Mes peintures monochromes sont des paysages de la liberté [58].

En peignant l'espace, Klein peignait le Tout et interprétait dans sa propre chair la condition du retour au Tout, du retour vers l'esprit semblable au ciel pur. De cette prise de conscience naît l'« esprit monochrome ». Klein insistait sur le fait que cela formait l'essence même de sa peinture et que cet esprit manquait par contre aux monochromes blancs que réalisa Rauschenberg aux environs de 1950 [59].

Après 1957, Klein ne réalisa plus que des monochromes qu'il désignait par les adjectifs « rose, or et bleu » ; principalement des monochromes bleus (d'un bleu presque outremer, déposé en 1960 sous l'appellation *International Klein Blue : IKB*). Ce nom suggérait l'âge nouveau qu'inauguraient les peintures, un âge où les distinctions de races et de nations n'existeraient plus. En fait, le rose, l'or et le bleu n'étaient que le rouge, le jaune et le bleu, les trois couleurs primaires auxquelles Heindel donne une importance toute particulière. Pour lui ces couleurs sont Dieu et constituent la trinité divine ; elles « correspondent au triple aspect de Dieu ». En utilisant ces couleurs-là, Klein reconstituait l'espace à la ressemblance de Dieu. Mais c'était plus particulièrement le bleu qui, pour Heindel et Klein, représentait l'absolu ou la vie. Ce symbolisme fut, en un sens, confirmé aux yeux de Klein lorsqu'il découvrit que Gaston Bachelard (suivant une tradition qui remontait à l'« azur » mallarméen) identifiait le bleu à l'absolu. Le bleu est avant tout, pour Klein, la couleur de l'espace infini :

Le bleu n'a pas de dimensions [62].
Le sang du corps de sensibilité est bleu [63].
Je me suis consacré à trouver la plus parfaite expression du bleu [64].

Ainsi, lorsque Klein peignait différents objets en *IKB* (aussi bien une petite *Victoire de Samothrace* qu'un globe terrestre), il exprimait l'idée que la vie ou l'esprit imbibe (« imprègne ») toutes choses, même lorsqu'elles semblent asservies au chevalet de la forme. Comme Klein le dit dans un passage qui paraphrase de nombreuses affirmations heindeliennes :

C'était une imprégnation [...] *qui traversait tout, qui s'imprégnait dans tout, dans la matière aussi bien que dans l'atmosphère ou dans le vide* [65].

Cette « imprégnation » de la matière par l'esprit est peut-être mieux illustrée par les sculptures en éponge bleues qui furent exposées pour la première fois, comme les monochromes *IKB*, en 1957, l'année de la révolution bleue. La première sculpture en éponge fut présentée à la galerie Colette Allendy au moment même où se tenait l'exposition des monochromes bleus chez Iris Clert. Dans les années qui suivirent immédiatement cette exposition, d'autres sculptures-éponges (des éponges peintes en bleu et montées sur des socles bleus) ainsi que des reliefs-éponges (des éponges peintes en bleu montées par groupes sur une base de bois peinte en bleu, dont les reliefs réalisés pour l'opéra de Gelsen-kirchen constituent les exemples les plus impressionnants) furent présentés.

Dans une perspective historique de l'art, ces œuvres en éponge se rattachent à la fois à l'« objet trouvé » et à l'exploitation de nouveaux moyens d'expression. En termes heindeliens, elles représentent, comme la *Victoire* peinte en *IKB*, l'imprégnation de toutes choses par la vie de la « profondeur bleue » de l'espace. Les déclarations que fit Klein à propos de ces œuvres en éponge convergent très clairement vers ce type d'interprétation :

[L'éponge] était là. C'était une présence. Elle était imprégnée de bleu. C'est le phénomène d'imprégnation qui est important [66].
Un jour je me suis aperçu de la beauté du bleu dans l'éponge ; cet instrument de travail est devenu matière première... [C'étaient] les portraits des lecteurs de mes monochromes qui, après avoir vu, après avoir voyagé dans le bleu de mes tableaux, en reviennent totalement imprégnés en sensibilité, comme des éponges [67].

En fait, l'interprétation que Klein donne de ces œuvres semble se fonder directement sur certains passages de la *Cosmogonie* de Heindel : l'éponge est en effet la *seule* image qu'utilise Heindel (et il l'utilise de façon répétée) pour illustrer l'imprégnation du royaume matériel par l'esprit.

Supposons qu'une éponge sphérique représente la Terre dense (...) *Imaginons que du sable imprègne totalement cette éponge et qu'il forme une couche à la surface de l'éponge ; supposons que ce sable représente la région éthérée qui imprègne de cette même façon la Terre matérielle dense et s'étend au-delà de son atmosphère* [68] *[...] Nous pouvons considérer chaque système solaire comme une éponge distincte immergée dans un monde d'esprit divin.* [69]

Mais les œuvres bleues ne furent pas l'expression ultime de l'art de l'espace. Elles demeurèrent des signes matériels de l'essence immatérielle. Klein se sentait habilité à nier aux monochromes de Rauschenberg leur qualité *réelle* de monochromes en se basant sur le fait que l'essence de toute œuvre d'art doit être immatérielle :

La qualité picturale de chaque peinture est perceptible par quelque chose d'autre que son apparence physique matérielle [70].

En fait, pour atteindre à sa réalité d'œuvre, une peinture doit être invisible [71]. L'image matérielle n'est qu'un résidu de l'âge du monde physique qui se termine :

[...] parce que l'on ne croit qu'au visible tout en sentant obscurément la présence essentielle d'autre chose [72].

De deux peintures matériellement identiques, l'une peut être une véritable œuvre d'art et l'autre non [73] ; seul importe en effet l'état d'esprit de l'artiste qui l'a réalisée. S'il a réussi à développer en lui-même des sensibilités plus hautes, qui se rattachent à la vie même plutôt qu'à son ego, alors la vie fera partie de son œuvre sous une forme éthérée et tout observateur doué d'une sensibilité semblable pourra la capter à nouveau. Ainsi, pour faire l'expérience d'une œuvre d'art, il convient de faire subir à sa sensibilité un entraînement particulier. Seuls les observateurs privilégiés, « doués d'un corps ou d'un véhicule de sensibilité », seront capables d'emporter avec eux l'essence immatérielle de ce qu'ils ont vu [74].

Klein était absolument persuadé que ses propres œuvres possédaient cette essence supérieure, à tel point que tout observateur réellement « réceptif » de ses monochromes *IKB* deviendrait « imprégné de la sensibilité de l'univers » [75] du simple fait qu'il en aurait reçu l'essence immatérielle.

Il n'y a qu'un pas, du déni d'un pouvoir de l'œuvre qui résiderait dans sa seule forme physique, à l'élimination réelle de l'objet peint en soi. Comme l'avait affirmé Heindel : « La vie peut exister indépendamment de la forme concrète ; elle peut prendre des formes non perceptibles par nos sens limités actuels, et qui ne relèvent d'aucune des lois s'appliquant à l'état présent et concret de la matière » [76]. Klein franchit ce pas en 1958, quand il déclara que :

La sensibilité de la couleur, encore très matérielle, doit être réduite à une sensibilité plus aérienne, plus immatérielle [77].
L'étape suivant l'époque bleue serait la présentation au public de cette sensibilité picturale [...] [78]

La décision d'éliminer totalement l'objet d'art devint le projet dominant de sa vie. « Peindre est un mode d'existence, écrit-il, il est indécent et obscène de matérialiser. » [79] L'artiste du futur se contentera de fixer sa sensibilité dans un espace déterminé et de l'y laisser jusqu'à ce qu'elle soit captée par les véhicules sensoriels supérieurs des observateurs qui viendront en ce lieu [80]. Là réside le véritable art de l'immatériel.

Il semble que cette théorie prenne, elle aussi, sa source chez Heindel. Selon Heindel en effet, dans l'âge à venir, l'homme résidera essentiellement dans le monde de désir non physique et l'art sera, par nécessité, immatériel. En ce sens, les monochromes *IKB* sont les ultimes peintures de la grossière époque physique, et les œuvres immatérielles sont les premières œuvres de l'époque nouvelle à venir. Ce sont les premières œuvres qui ne soient absolument pas liées à un véhicule physique.

Klein consacra au moins sept années à l'étude de la doctrine rosicrucienne et son art de l'immatériel est la manifestation de sa conviction d'adepte. Selon Heindel, le premier pouvoir supérieur qu'acquiert l'initié est le pouvoir de lire, à partir du royaume éthéré, la mémoire de la nature sur laquelle se fondera l'art du futur. Klein exprime absolument cette vue lorsqu'il écrit :

La sensibilité de l'homme est toute-puissante sur la réalité immatérielle. Sa sensibilité peut même lire dans la mémoire de la nature, qu'il s'agisse du passé, du présent ou du futur. [81]

Puis viendra le contrôle du corps de désir qui est, nous dit Heindel : « Un véhicule aux qualités transcendantes, merveilleusement adaptable et si réceptif au moindre désir de l'esprit qui l'habite que dans nos limitations actuelles nous ne pouvons en avoir la moindre compréhension. » [82]

Grâce à ce véhicule, l'artiste créera, par la seule force de sa concentration mentale, des œuvres d'art beaucoup plus belles que n'importe quelle œuvre susceptible d'être expérimentée par le corps physique. « Le peintre (qui atteint le monde de désir) [...] apprend bientôt qu'il peut par la pensée façonner et mélanger les couleurs à volonté. Ses créations brillent et scintillent d'une vie que nul artiste travaillant les ternes pigments de la terre ne peut atteindre. » [83] Dans les époques futures plus éloignées, le pouvoir de l'artiste deviendra plus impressionnant encore. Heindel nous propose en fait une vision prospective de l'histoire de l'art de quelques-unes des époques futures les plus proches : dans l'époque qui vient l'artiste créera grâce à la seule concentration mentale projetée dans la matière originale, « des formes qui *vivront*, se développeront comme des plantes ». A l'époque suivante, « il saura créer des choses vivantes, évolutives et *douées de sensibilité* » ; puis enfin « des créatures qui vivront, grandiront, sentiront et *penseront* [84] ». La première œuvre immatérielle de Klein, la salle laissée vide dans la galerie Colette Allendy en 1957, passa inaperçue aux yeux des visiteurs. L'année suivante, Klein fit une incursion plus franche et plus ambitieuse dans l'immatériel lors de l'exposition devenue classique, « le Vide », pour laquelle il enleva tout le mobilier de la galerie Iris Clert dont il repeignit les murs en blanc lui-même, avant de présenter la salle vide, avec un cérémonial associé au thème de la révolution bleue, à des milliers de visiteurs que passionnait l'avant-garde. Si l'on

replace cet événement dans une perspective historique, il s'agissait là d'une manifestation extraordinairement opportune et qui se rattachait à une tradition spécifiquement française. On peut rapprocher de l'événement ces remarques d'un philosophe concernant les réponses variées des plasticiens à l'avant-gardisme séminal d'un Mallarmé :

La production (par Mallarmé) de la page blanche en tant que poème sur lequel il travaille allait trouver son corollaire dans le registre des arts plastiques, non dans la production d'une toile vierge mais dans quelque chose comme la présentation du contenu d'un atelier vide [85].

Mais on ne peut en aucune façon limiter à ce seul aspect la signification que Klein entendait donner à cette manifestation où s'exprimaient aussi bien son rosicrucianisme que son sens du moment historique en art. En fait tout l'éclat de son geste réside dans le fait qu'il a su combiner ces deux approches si habilement que chacune semble rendre totalement compte de son intention. Klein montra, en cette occasion, quelque chose qui dépassait la simple présentation d'un espace vide aux implications transcendantales. Le célèbre commentaire d'Albert Camus, consigné dans le livre d'or lors du vernissage, fait allusion à un des aspects de son dessein : « Avec le vide, les pleins pouvoirs. » Selon les termes mêmes de Klein, il « manipulait les forces du vide ».

Klein commença à pratiquer la méditation en compagnie de Claude Pascal et Armand Fernandez [86] dès 1947 et il continua de le faire jusqu'à sa mort [87]. Klein suivait les directives de Heindel qui enseigne à l'aspirant à immobiliser sa pensée et à visualiser un objet quelconque :

D'abord les images que l'aspirant construira ne seront que des ombres peu habiles mais ensuite il arrivera par la seule concentration à faire naître une image plus réelle et plus vivante que les choses mêmes qui existent dans le monde physique. Lorsque l'aspirant est devenu capable de former une telle image et qu'il a réussi à maintenir son attention sur elle, il peut tenter d'abandonner soudain cette image et de conserver un esprit concentré mais libre de toute pensée, attendant de voir ce qui viendra alors combler le vide de son esprit.

Il est possible que rien n'apparaisse durant une période assez longue, et l'aspirant doit se garder soigneusement de la tentation de se fabriquer lui-même des visions. Mais s'il recommence fidèlement et patiemment l'expérience chaque matin, le temps viendra où, au moment où il abandonnera la représentation de l'image, le monde de désir environnant s'ouvrira en un éclair devant son œil intérieur. Ce ne sera peut-être au début qu'un simple éclair mais c'est là le gage de ce qui, plus tard, lui apparaîtra à volonté. [88]

En temps voulu, celui qui sera parvenu à la maîtrise de cette technique ne contemplera plus seulement le monde de désir, il deviendra capable de « façonner la matière changeante du monde de désir en d'innombrables formes variées d'une permanence plus ou moins grande » [89]. Arrivé à ce stade : « Le peintre expérimente les délices sans fin de combinaisons toujours changeantes de couleurs [...] Il est pour ainsi dire en train de peindre avec des matériaux vivants et brillants ; il est capable d'exécuter ses motifs avec une facilité qui lui remplit l'âme d'aise. » [90]

Arman et Claude Pascal qui étaient toujours des amis très proches d'Yves à l'époque de l'exposition du « Vide », témoignent tous deux qu'avant l'ouverture Klein avait passé quarante-huit heures seul dans la galerie à pratiquer des exercices de visualisation selon la méthode de Heindel et à remplir l'espace apparemment vide de la galerie avec les formes « brillantes et scintillantes » du monde de désir, nées de sa concentration. Il ne se contentait donc pas simplement de présenter l'idée du vide ou une manifestation minimale, mais la présence réelle de la matière originelle (vie) qu'il avait activée sous forme d'une configuration « plus ou moins durable » au seul moyen de la concentration. Le titre complet que donna Klein à cette exposition était : « La spécialisation de la sensibilité à l'état matière première en sensibilité picturale stabilisée » [91]

La matière originale ou esprit, qui existait à l'état diffus dans la salle comme dans l'espace entier, était « spécialisée » par l'artiste sous une forme donnée par la concentration, puis « stabilisée » sous cette forme suffisamment longtemps pour que l'exposition soit possible [92]. Comme Klein lui-même le dit : « J'ai présenté l'atmosphère de la peinture dans une galerie et pas seulement les murs, comme beaucoup l'ont cru ». [93]

Les visiteurs, qu'ils en eussent ou non conscience, se déplaçaient au milieu de formes « spécialisées » réalisées dans le « matériau vivant et brillant » du monde de désir. En conséquence, il se manifestait en eux bien autre chose que le simple effet d'un didactisme artistique. Les facultés extradimensionnelles des observateurs étaient modelées de façon invisible par les œuvres immatérielles de Klein. Loin de n'être que les simples visiteurs d'une exposition, les spectateurs subissaient une accélération sur le chemin de l'évolution qui les menait jusqu'à l'âge nouveau. Klein estima plus tard qu'environ 40 % des visiteurs avaient été

« imprégnés » avec succès par cette élévation neuve de leur niveau de sensibilité [94].

Il semble que l'artiste ait pris tout à fait au sérieux la dimension occulte de cet événement. Quelque temps après l'exposition, il confia à celle qui allait devenir sa femme qu'il avait fait cette nuit-là quelque chose de « très dangereux », une chose pour laquelle il craignait de devoir mourir [95]. La source de cette inquiétude peut, encore une fois, être trouvée dans les enseignements rosicruciens. Selon Heindel, il faut, si l'on veut manipuler les forces du monde invisible, que le « corps vital » se sépare du corps physique et s'unisse temporairement aux entités venues des régions qu'il visite :

Lorsqu'un médium permet à des entités venues du monde de désir qui veulent se matérialiser d'utiliser son corps vital, l'émanation de ce corps vital se fait en général par le côté gauche [...] Les forces vitales ne pouvant plus circuler à l'intérieur du corps comme elles le font habituellement, le médium devient très fatigué [...] le danger de contracter des maladies augmente considérablement. [96]

Si le corps vital se sépare du corps physique trop complètement durant trop longtemps, la mort peut en résulter.

En 1959 Klein commença à vendre des « zones de sensibilité picturale immatérielle », délivrant des reçus contre une quantité de feuille d'or préalablement définie (qui variait selon chaque série). Cet or était ensuite jeté dans la Seine ou toute autre étendue naturelle d'eau ; l'acquéreur de son côté devait brûler son reçu afin de rendre le « transfert » effectif. Ce rituel, comme l'adoption du nom Yves le Monochrome, était pour Klein une façon d'affirmer son emprise sur le vide et donc son droit de propriété sur lui. Les connotations alchimiques qui s'attachent à l'or en faisaient une monnaie d'échange appropriée à ces marchandises transcendantes ; l'action de s'en séparer démontrait que l'art de Klein, comme le ciel pur, « ne s'attache à rien ».

La même année, Klein « participa immatériellement » à une exposition de groupe à Anvers ; il se tint brièvement dans l'espace qui lui était attribué à la galerie Hessenhuis et l'imprégna de sa sensibilité [97]. D'un certain point de vue, cet événement peut être compris comme une manifestation conceptuelle ; en tant que tel, il indique la conscience aiguë, habituelle chez Klein, du « moment historique » en art. D'un autre point de vue, c'est la démonstration d'un exploit digne d'un yogi, et même d'une prouesse presque divine. L'artiste,

par la technique d'imprégnation de l'espace par sa sensibilité, reproduit le processus fondamental de création de l'Univers tel que le décrit Heindel :

Lorsque Dieu désire créer, il cherche un lieu approprié dans l'espace, qu'il remplit de son aura ; il imprègne de sa Vie chacun des atomes de la substance fondamentale cosmique qui existent dans cette portion spécifique d'espace. [98]

Klein pouvait effectivement prétendre avoir « créé des états de peinture immatérielle [et] manipulé les forces du vide » [99]. Nul ne sait quelles autres œuvres immatérielles il envisageait d'accomplir par la suite, mais il est évident que l'art et l'immatériel étaient au premier plan de sa carrière. Quelques minutes avant sa mort soudaine, il avait exprimé l'intention de ne réaliser, dorénavant, que des œuvres immatérielles [100].

Les peintures monochromes de Klein, comme son art de l'immatériel, forment le pivot de sa carrière et en délimitent les deux époques. Elles s'accompagnent néanmoins d'autres œuvres, peut-être secondaires, mais qui fonctionnent comme des élaborations plastiques ou des façons de souligner ses idées rosicruciennes. Nous allons les examiner brièvement.

Klein conçut un jour, après qu'il ait lu la *Cosmogonie* de Heindel, la fameuse *Symphonie monoton* : il s'agit de la production, par un ensemble de chanteurs et de musiciens, d'un accord unique (essentiellement un accord de tierce en ré majeur dans son second renversement, ré, fa dièse, la, en insistant sur le la) [101] durant un certain nombre de minutes (variable suivant la performance), suivi d'un silence d'une longueur elle aussi déterminée.

Ce travail possède comme les peintures monochromes une signification rosicrucienne qui se fonde sur la *Cosmogonie* de Heindel. En fait, Klein n'a reconnu que dans ce cas précis l'influence spécifique de Heindel :

[...] Elle était le résultat de toutes mes recherches passionnées d'alors.
Judo (1946), cosmogonie des Rose-Croix (1947) (interprétation Max Heindel, Océan-side [sic], Californie), jazz, je jouais du piano et rêvais d'avoir un grand orchestre, de composer [...] une symphonie « monochrome ». [102]

Selon la *Cosmogonie*, le son est métaphysiquement antérieur à la couleur ; il existe à un niveau plus élevé de l'univers : « Le monde physique est le monde de la *forme*. Le

monde de désir est plus particulièrement celui de la *couleur*, mais le monde de la pensée est la sphère du *ton*. » [103]

Le monde de la pensée s'étend par-delà le monde de désir. C'est le second des six royaumes supérieurs à travers lesquels l'évolution nous conduira. A ce niveau-là, le son et la couleur sont inextricablement mêlés, bien que le son soit antérieur. Heindel nous dit :

Lorsqu'on joue une certaine note, une certaine couleur apparaît simultanément [...] Le son et la couleur sont tous deux présents mais le ton est ce qui crée la couleur [...] C'est le ton qui édifie toutes les formes du monde physique. [104]

Heindel accorde une attention particulière aux tons uniques et prolongés ainsi qu'à leurs effets :

Si l'on fait résonner successivement une note ou un accord sur un instrument de musique, il en naîtra à un moment donné un ton qui provoquera chez l'auditeur la sensation d'une vibration particulière dans le bas de la partie arrière de son crâne [...] Cette note est la « dominante » de la personne qu'elle affecte ainsi. Si l'on frappe doucement et de façon apaisante cette note dominante, elle aidera le corps à se construire et à se reposer, elle « accordera » les nerfs et redonnera la santé. Si, au contraire, elle résonne de façon péremptoire assez longtemps et assez fort, elle tuera cette personne aussi sûrement qu'une balle de revolver. [105]

D'un point de vue métaphysique, le son précède donc les corps et exerce un pouvoir créateur ou destructeur vis-à-vis d'eux. Un grand initié potentiel comme l'était Klein ne pouvait ignorer ce pouvoir, particulièrement dans la mesure où Heindel en faisait un éloge si séduisant :

Nul n'égale le musicien [...] Sa mission est la plus haute de toutes ; dans la mesure où elle exprime la vie de l'âme, la musique règne au niveau le plus élevé [...] La musique est différente et supérieure à tous les autres arts. [106]

La *Symphonie monoton* semble être une tentative d'exercer son pouvoir sur la « dominante » des hommes en l'utilisant comme un instrument alchimique de création, qui peut fortifier les corps des auditeurs et les construire en vue de leur transfiguration future en « véhicules supérieurs ». En fait, cette théorie de la « dominante » s'applique également à des entités plus vastes et peut donner à l'initié un pouvoir cosmique sur la Terre entière.

Le musicien peut entendre certains tons dans différentes parties de la nature [...] ces tons combinés constituent un tout qui est la « dominante » de la Terre, son ton. [107]

On ne peut se tromper sur l'origine du titre *Cosmogonies* tel qu'il apparaît dans l'œuvre de Klein. La substance même de ces *Cosmogonies* participe également en grande partie des théories heindeliennes. Klein désirait matérialiser la marque directe (la « trace de l'immédiat ») des quatre éléments : l'eau (les traces laissées par la pluie sur une toile fraîchement enduite de peinture), l'air (du pigment en poudre était projeté par le vent sur une toile enduite), le feu (les « peintures de feu ») et la terre (les « reliefs planétaires »). Ce programme témoigne, de différentes façons, de l'influence de Heindel. D'abord, l'artiste travaillant avec les quatre éléments au moment même de leur émergence, ou de leur retour, au sein de la matière originelle répète le processus alchimique par lequel se fait, selon Heindel, l'évolution spirituelle [108]. En second lieu, le titre *Cosmogonies* ne rappelle pas simplement le titre de l'ouvrage de Heindel, les œuvres constituent en elles-mêmes une sorte d'abrégé de la théorie de l'évolution de Heindel, selon laquelle chacun des quatre éléments serait apparu au commencement de chacune des grandes périodes cosmiques. Durant la période de Saturne il n'y avait que le feu ; à la période du Soleil l'air fit son apparition ; puis l'eau à la période de la Lune ; la terre enfin à la période de la Terre [109]. En d'autres termes, chaque élément symbolise le début d'une phase nouvelle de l'évolution et ce jusqu'à la période que nous vivons incluse. En troisième lieu, l'invitation faite aux éléments à s'exprimer directement et comme « au hasard » sur la surface vierge peut être rapprochée de la description que donne Heindel de la façon dont les forces du vide s'insinuent dans notre monde physique. Ces forces pénètrent dans notre monde en suivant des lignes de force apparemment fortuites telles que les « lignes de force suivant lesquelles les cristaux de glace se forment dans l'eau » et qui sont en fait les reflets des lignes de force qui existent dans les royaumes invisibles supérieurs. Ainsi, les *Cosmogonies* réalisées par l'eau, les « peintures de feu », les *Cosmogonies* réalisées par l'air et les *Empreintes* sont-elles des cristallisations, des « réseaux d'énergie » venus de mondes supérieurs qui nous intiment l'ordre de les suivre sur le chemin de l'évolution. Klein désignait sous le terme d'« immédiat » le rapport intime des royaumes entre eux, et l'associait au pôle de la vie :

Mon but est d'extraire et d'obtenir la trace de l'immédiat dans les objets naturels (...)
Cette manifestation est toujours distincte de la forme, et elle est l'essence de l'immédiat, la trace de l'immédiat [110].

Cet intérêt pour l'« immédiat » se rattache également à l'expérience zen de Klein et il est important de noter que les *Cosmogonies* d'air et de plantes (et particulièrement les numéros 17-20 et 31 [111]) ressemblent beaucoup aux peintures d'herbes japonaises. Les « peintures de feu » possèdent, outre leur rôle spécifique dans le dessein alchimique global, la signification particulière que Heindel donne au gaz, le décrivant comme un élément « pas trop éloigné du chaos » et, citant Comenius, « *ad huc spiritum incognitum gas voco* », (cet esprit inconnu que j'appelle gaz [112]). Le fait que la flamme du gaz soit bleue possédait pour Klein une signification supplémentaire ; cela niait que les véritables couleurs du feu fussent le rouge et le jaune. Le feu, comme toutes les choses proches de l'infini, devait avant tout être bleu.

Les *Reliefs planétaires*, en plus de leur rôle d'éléments de terre dans l'alchimie artistique de Klein, se réfèrent à Heindel en mettant l'accent sur la différenciation des planètes par rapport au Soleil, en tant que bornes indiquant les différentes périodes de l'évolution [113], ainsi qu'à sa doctrine des esprits planétaires (c'est-à-dire ces maîtres cosmiques occultes qui résident dans les différentes planètes et guident l'évolution de notre système solaire [114]), mais aussi à la perspective nouvelle de voyages effectifs dans l'espace qu'ouvrait alors le vol spatial de *Vostok I*.

Les *Anthropométries* possèdent une signification zen et rosicrucienne, mais aussi historique. En effet, du point de vue de l'histoire de l'art, elles se rattachent à l'art rupestre paléolithique (les empreintes de main) et ce n'est sans doute pas un hasard si la plupart d'entre elles sont des empreintes de corps féminins assez proches des divinités élémentaires préhistoriques. La majorité d'entre elles traitent du thème de la lévitation, et donc de la théorie rosicrucienne de l'évolution (tout particulièrement l'anthropométrie 96, *People Begin to Fly*, et l'anthropométrie 102, *l'Architecture de l'air*) que Klein assimila de façon précise à des prophéties sur l'avènement de l'âge de la lévitation humaine. De plus, il semble très probable que ces œuvres possédaient pour Klein des connotations zen. Klein passa deux ans au Japon et il se réfère de façon spécifique à l'œuvre de Hokusai, à propos duquel on peut citer cette anecdote célèbre qui est censée exprimer quelque chose de l'essence de l'art zen. On ordonna à Hokusai de réaliser des peintures, un jour donné, afin de distraire le Shogoun :

Le jour arriva et Hokusai, pas le moins du monde intimidé, se présenta devant l'auguste personnage

un panier à la main. Il déploya sur le sol un long rouleau de papier et traça au pinceau, le long du papier, quelques lignes bleu foncé ; puis il tira un poulet du panier. Les spectateurs le considéraient en retenant leur souffle tandis qu'il se mettait à couvrir les pattes du poulet d'une encre vermillon généralement utilisée pour les sceaux. Puis Hokusai lâcha le poulet sur le papier. Celui-ci se sauva en courant tout au long de la bande de papier et laissa derrière lui une traînée d'empreintes de pattes brillantes. Hokusai se prosterna alors devant le Shogoun et dit : « Les feuilles automnales de l'érable qui glissent au fil de la rivière Tatsuta. » Puis, avec une seconde révérence, il se retira [115].

L'art zen de Hokusai participe de l'art de l'*ukiyo-e* qui s'attache à représenter les « empreintes du monde flottant » [116]. L'expression de Klein, « la trace de l'immédiat », peut être lue comme une traduction assez éloignée de cette formule. Cette description d'Hokusai en train de préparer les pattes du poulet tandis que les spectateurs le considèrent « en retenant leur souffle » trouve un écho lointain dans les performances de Klein (y compris celle de *Mondo Cane*) où on le voit en train de préparer ses modèles puis de les « lâcher » sur la toile devant un public attentif.

L'architecture de l'air ne dépassa jamais le stade des projets dessinés mais il est aisé de voir de quelle façon elle s'insère dans le dessein général de Klein. Comme l'anthropométrie *People Begin to Fly*, l'architecture de l'air annonce sur le mode prophétique cet « éden technologique » où une société entière vivra selon les lois de l'espace sans limites. Selon la conception que Klein avait de cet âge, les humains « spatialisés » ne se contenteraient pas seulement de vivre dans des logements invisibles et de se déplacer par lévitation, ils communiqueraient également par des moyens télépathiques. Ils posséderaient la capacité de « rêver réciproquement leurs rêves » et de percevoir les « pensées qui volent à travers l'air » [117].

Ces « pensées qui volent à travers l'air » se fondent sûrement dans la « mémoire de la nature » telle que la conçoit Heindel : cette mémoire qui nous environne au niveau éthéré et que, dès l'avènement de la nouvelle époque, les hommes sauront déchiffrer. Dès que cette capacité de communication commencera à se développer, note Heindel, on l'utilisera pour converser par télépathie et le langage humain, en tant que moyen de communication, tombera plus ou moins en désuétude.

En 1960, Klein fit paraître la photographie où on le voit en train d'effectuer un « saut » de l'ange depuis la corniche d'un second étage. Du point de vue de l'histoire de l'art, ce saut est le modèle direct des happenings, de l'art conceptuel (dans lequel la documentation photographique remplace l'œuvre elle-même) et de l'art corporel. Du point de vue rosicrucien, il représente l'ascension hors du monde physique vers le monde de désir et constitue une nouvelle prophétie de l'avènement prochain de l'âge de la lévitation par son premier interprète artistique. Le gros titre à la une du journal qui reproduit cette photographie, « Un homme dans l'espace ! », souligne le caractère en partie parodique de cette image qui fait référence aux vols spatiaux soviétiques et américains qui débutaient alors, mais se réfère également à la conviction de Heindel et de Klein selon laquelle nous n'aurons bientôt plus besoin de véhicules matériels pour pénétrer dans l'espace.

Aujourd'hui le peintre de l'espace doit aller effectivement dans l'espace pour peindre [...] il doit être capable de léviter [118].
Ni les missiles, ni les fusées, ni les spoutniks ne feront de l'homme le « conquistador » de l'espace [...] L'homme ne parviendra à prendre possession de l'espace qu'à travers les forces [...] de la sensibilité [119].

Mais le titre « Le peintre de l'espace se jette dans le vide » témoigne d'une autre intention. Lorsque cette photographie fut publiée pour la seconde fois dans le catalogue de l'exposition de Krefeld en 1961, Klein la légenda ainsi : « Le saut dans le vide. » Cette expression « saut dans le vide », comme Klein l'avait appris lors de son long séjour au Japon mais aussi par son étude et sa pratique de la méditation, est un terme technique qu'emploient les manuels de méditation zen pour désigner le moment où, alors qu'il est pleinement concentré, celui qui médite se débarrasse des derniers vestiges de son moi et devient aussi libre que l'espace pur [120]. Il convient de noter que Klein, qui reste un Occidental, traduisit par un exploit physique ce qui, dans la tradition d'origine, était un événement mental intérieur.

Dans l'analyse des sources de la pensée de Klein qui précède, nous n'avons mentionné que de façon brève le nom de Gaston Bachelard. Il convient d'expliquer pourquoi. Ceux qui ont écrit sur Klein me semblent avoir exagéré sa dette envers Bachelard [121]. Klein ne découvrit les écrits de Bachelard qu'en avril 1958 [122], soit dix bonnes années après que sa pensée eut été façonnée par le sage d'Oceanside. Il est évident qu'il était d'accord avec les affirmations bachelardiennes selon lesquelles, en changeant d'espace, en abandon-

nant l'espace de nos sensibilités habituelles, nous entrons en communication avec un espace qui est physiquement innovateur ; et chaque nouveau Cosmos nous sera ouvert lorsque nous serons libérés de l'entrave d'une sensibilité antérieure [123]. Cependant, le rigoureux système de pensée de Klein ne prend pas sa source chez Bachelard ; il vient de Heindel. Bachelard, dix ans plus tard, ne fit que lui fournir la confirmation bienvenue d'un compatriote. De plus, il semble que Klein pensait que Bachelard pouvait lui fournir une « couverture » commode pour son rosicrucianisme personnel.

Les écrits de Bachelard sur l'imaginaire poétique contenaient une sorte de réflexion assez vague, une rêverie, sur des idées proches de celles de Heindel, mais sans la précision démodée et dogmatique des énoncés de Heindel. Klein se rendit compte que, lorsqu'il revendiquait l'influence de Bachelard, on le prenait davantage au sérieux que lorsqu'il se présentait comme un disciple de Heindel [124]. A cette époque, Klein lui-même commençait à considérer l'étiquette « rosicrucien » comme difficile à porter. Il était heureux d'apporter ses idées, même fondées sur la pensée de Heindel, dans l'arène culturelle plus vaste où circulaient les écrits de Bachelard (à tout le moins son nom). Au cas où cela apparaîtrait comme une apostasie (au moins nominale), rappelons que Heindel lui-même conseillait :

Un initié ne se déclare pas rosicrucien. Nul parmi nos véritables frères ne le fait publiquement [...] ni ses amis les plus intimes, ni sa famille ne doivent connaître l'appartenance d'un homme à l'ordre. [125]

Lorsque nous lisons les écrits de Klein, il faut garder à l'esprit que ses allusions évidentes à Bachelard ne sont souvent, en fait, que des allusions déguisées à Heindel. Par exemple, Bachelard utilise souvent le terme « imagination » et Heindel ne le fait pas. Klein emprunta ce mot à Bachelard mais il lui donna, dans son for intérieur, une signification purement heindelienne. « Imagination » est en fait pour lui synonyme de « sensibilité immatérielle » qui, à son tour, désigne l'esprit devenu aussi pur et ouvert que l'espace. Comme le note Klein :

Cette imagination dont je parle n'est pas une perception, une trace d'une perception, un souvenir [...] rien qui puisse être perçu avec les cinq sens, avec le domaine de la sentimentalité, ou même de l'émotion pure et fondamentale [126].

En conclusion, il ne semble faire aucun doute que la remarquable théorie artistique de Klein et son œuvre aux multiples

facettes impliquent une adaptation consciente et délibérée du système rosicrucien de Heindel, présenté sous la forme d'une théorie historique de l'art du milieu du XXe siècle. Bien que d'autres modèles puissent également se révéler utiles à la compréhension de son œuvre, il serait imprudent, pour tout commentateur de l'art de Klein, de négliger cet aspect de sa carrière vers lequel l'ensemble des éléments biographiques, le témoignage de ses plus proches amis, et cette documentation sûre que représentent les archives Klein, dirigent indubitablement l'attention.

Bien qu'elle semble à la fois précise et diffuse, l'influence de Heindel ne diminue en rien l'originalité de la carrière de Klein ; en fait, elle la rend plus impressionnante encore. De nombreux artistes abstraits ont senti que leur travail était une façon d'exprimer un système d'idées traditionnelles, mais nul n'est parvenu, comme Klein, à établir un lien aussi solide et aussi fort entre le contexte historique de son œuvre et ces idées traditionnelles. L'« ouspenskisme » de Malevitch, la théosophie de Mondrian, le « cabalisme » de Newman, le zen de Reinhardt établissent entre les théories occultes et l'œuvre qu'ils inspirèrent en partie des correspondances moins claires et moins bien articulées que le rosicrucianisme de Klein.

En bref, la carrière de Klein est l'expression multiforme du fait que l'art abstrait peut posséder à la fois un contenu philosophique et une orientation spirituelle.

Traduit par Annie Pérez

1. Joseph Kosuth, « Art after Philosophy », dans *Idea Art : A Critical Anthology*, textes réunis par Gregory Battcock, New York, Dutton, 1973, p. 168.

2. Hans-Georg Gadamer, *Philosophical Hermeneutics*, trad. et présenté par David E. Linge, Berkeley, University of California Press, 1976, pp. 102-103.

3. Michel Foucault, *Les Mots et les choses,* Paris, Gallimard, 1966, p. 25.

4. Paris, 1947. Publié en anglais sous le titre *The Rosicrucian Cosmo-conception*, Oceanside, Californie, 1937 ; toutes les citations données ici viennent de cet ouvrage. Les deux éditions existantes sont identiques si l'on excepte quelques modifications dans la mise en pages. L'exemplaire de la *Cosmogonie* que possédait Klein (très annoté, et aux pages cornées) ainsi que beaucoup de ses « leçons » rosicruciennes et des journaux intimes qui y font référence, sont conservés dans les archives Klein.
Je remercie Rotraut Klein-Moquay de m'avoir permis d'examiner ces documents ainsi que d'autres documents des archives Klein. Il convient de noter que la Société rosicrucienne d'Oceanside doit être distinguée de l'Ordre des rose-croix (AMORC) dont les publications et l'organisation sont très différentes.

5. Je remercie Jean de Galzain, directeur de la section des étudiants français d'Oceanside, d'avoir bien voulu me donner accès au dossier Klein le 6 août 1979.
Une certaine incompréhension des doctrines rosicruciennes et de la relation que Klein entretenait avec elles apparaît souvent ; il semble par exemple que l'on ait sous-estimé son attachement sincère à cet ensemble de préceptes.
Dans son journal, en date du 8 mai 1950, Klein nota : « Je n'ai plus qu'une chose à faire, la Cosmogonie et l'étude constante de la merveilleuse science que j'ai à ma disposition ! » En 1952 il écrivit qu'il consacrait toujours quatre heures par jour à l'étude de ce livre. Des incompréhensions ou des confusions apparaissent également sur des points précis : par exemple, Paul Wember sous-estime la durée de la période rosicrucienne d'Yves Klein (cf. catalogue de l'exposition de Cologne, Verlag M. DuMont Schauberg, 1969, p. 45). Giuliano Martano confond la Société rosicrucienne avec l'AMORC, et attribue à tort le *Manuel rosicrucien*, publié par l'AMORC, à Max Heindel (cf. *Yves Klein : il mistero ostentato*, Turin, Martano editore, 1970, p. 48, n. 14, désigné plus loin dans ces notes par *Mistero*). Plusieurs auteurs semblent considérer la société rose-croix comme un prolongement de « la Fraternité rose-croix » du XVII° siècle avec laquelle elle n'a aucun lien reconnu (cf. *Mistero*, p. 41). La distinction est ici d'importance dans la mesure où Heindel, comme Blavatsky et d'autres occultistes du XIX° siècle, avaient intégré des éléments indiens ou tibétains qui n'existaient pas chez les occultistes du XVII° siècle.

6. Il n'existe pas d'édition complète de ces écrits ; les manuscrits font partie des archives Klein. Plusieurs de ces textes sont reproduits dans ce catalogue. J'ai, dans la mesure du possible, cité les passages publiés soit dans le catalogue de l'exposition Yves Klein au Jewish Museum de New York en 1967 (que nous désignerons dorénavant par *Jewish Museum*), soit dans le catalogue de l'exposition Klein à l'Union centrale des arts décoratifs, Paris 1969 ; soit dans *le Dépassement de la problématique de l'art* (la Louvière, Belgique, éditions de Montbliard, 1959 dorénavant de *Dépassement*), soit dans *Mistero*.

7. A noter que, dans l'édition américaine de son ouvrage, Heindel met une majuscule à chaque mot désignant un concept ou une notion (tels que « forme », « vie », etc.).

8. *Cosmo-conception, op. cit.*, p. 247.

9. *Ibid.*, p. 252.

10. « Attendu que » ou « Manifeste du Chelsea Hotel », *cf.* ce texte dans le présent catalogue.

11. *Ibid.*

12. *L'Aventure monochrome.*

13. « Attendu que ».

14. *Cosmo-conception, op. cit.*, p. 189.

15. *Ibid.*, p. 190.

16. *Ibid.*, p. 249.

17. *Ibid.*, pp. 178-179.

18. *Ibid.*, p. 29.

19. *Le Dépassement, op. cit.*, p. 22.

20. Max Heindel, *Occult Principles of Health and Healing*, 4° édition, Londres, L.N. Fawler and Co, 1919, p. 163. On retrouve cette doctrine dans différentes traditions orientales qui sous-tendent sans doute les écrits de Heindel et de Blavatsky. Voir par exemple *Play of Consciousness* de Swami Muktananda, San Francisco, Harper and Row, 1978, pp. 141, 146, 177-178, 184, etc., à propos du « bleu éternel de la conscience » qui « vit en toutes choses, imprègne l'univers entier et le met en mouvement ».

21. *Le Dépassement, op. cit.*, p. 22. « Vide (=) Lumière bleue ».

22. *Cosmo-conception, op. cit.*, p. 306.

23. *Ibid.*, p. 315.

24. *Ibid.*, p. 311.

25. *Ibid.*, p. 125.

26. Voir par exemple Frances Yates, *The Rosicrucian Enlightenment*, Londres, Routledge and Kegan Paul, 1972, pp. 48, 57, 97, 119, 129, 213. Selon Heindel, l'éden était l'« âge lémurien » de l'époque de la Terre (deux époques avant la nôtre). La prochaine époque nous fera retrouver l'aspect essentiel de la condition édénique ou « lémurienne », et l'accès au monde de désir (cf. *Cosmo-conception*, pp. 275-282, 305). Voir le catalogue de

l'exposition aux Arts décoratifs, p. 12, ainsi que « Attendu que », *L'Aventure monochrome* et le « Théâtre du vide » (*Dimanche, le journal d'un seul jour*, la contrefaçon de journal que Klein publia le 27 novembre 1960, reproduit dans le présent catalogue). Voir également le texte de Pierre Restany dans *Yves Klein le Monochrome*, Paris, Hachette, 1974, p. 24.

27. *Cosmo-conception, op. cit.*, p. 517.

28. *Ibid.*, p. 305.

29. *Le Dépassement, op. cit.* p. 2.

30. *Cosmo-conception, op. cit.*, p. 119.

31. « La Guerre », 1954, publié dans *Dimanche* (1960).

32. « La Guerre ».

33. *Ibid.*

34. *Ibid.*

35. *Ibid.*

36. *Ibid.*

37. « Attendu que ».

38. *Le Dépassement.*

39. *Ibid.*

40. « La Guerre ».

41. Ceux-ci comprenaient sans doute les textes de D.T. Suzuki, *Studies in Zen Buddhism*, et de Eugene Herrigel, *Le Zen dans l'art chevaleresque du tir à l'arc*, mais aussi d'autres textes inconnus (entretien avec Arman, New York, 13 décembre 1977).

42. *The Hundred Thousand Songs of Milarepa*, textes réunis par G.C.C. Chang, New Hyde Park, New York, University Books, 1962, p. 102.

43. *Dimanche*, p. 1.

44. « Attendu que ».

45. *Songs of Milarepa*, textes réunis par Chang, *op. cit.*, pp. 128, 146-147.

46. Voir par exemple Chogyam Trungpa, « Space Therapy », « The Middle Way », *the Journal of the Buddhist Society of London*, novembre 1975, pp. 107, 111.

47. Herbert V. Guenther et Chogyam Trungpa, *The Dawn of Tantra*, Berkeley et Londres, Shambala, 1975, p. 27.

48. John Curtis Gowan, *Development of the Psychedelic Individual*, Buffalo, Creative Education Foundation, 1974, p. 55.

49. *Jewish Museum*, p. 22.

50. *Le Dépassement*, p. 1.

51. « La Guerre ».

52. *Ibid.*, p. 20.

53. Les premiers véritables monochromes datent du XVII°, XVIII° et XIX° siècle. Ce sont les descriptions, sur le mode tantrique (au moyen d'un champ monochrome vide), de la conscience pure et de l'absolu non manifeste. Voir par exemple *Tantra Asana*, New York, G. Wittenborn, 1971, pl. 97 et *Tantra Art*, New Dehli, New York, Paris, Kumar Gallery, 1966, pl. 95.

54. *Le Dépassement*, p. 19.

55. *L'Aventure monochrome.*

56. « Du vertige au prestige » (1957-1959), dans *Dimanche*.

57. « La Guerre ».

58. Catalogue de l'Union centrale des arts décoratifs, *op. cit.*, p. 21.

59. Entretien avec Rotraut Klein-Moquay, le 30 juin 1977, Paris.

60. *Cosmo-conception, op. cit.*, p. 253. Pour d'autres interprétations traditionnelles de ces couleurs, se reporter à *Yves Klein* de Paul Wember, p. 21-24.

61. Le chapitre « le ciel bleu » dans *L'Air et les songes*, Paris, José Corti, 1950.

62. *L'Aventure monochrome.*

63. *Le Dépassement, op. cit.*, p. 5.

64. *L'Aventure monochrome.*

65. MS I 2174, archives Klein (fragments d'un entretien de Klein avec Restany).

66. *Ibid.*

67. Double au carbone d'un texte dactylographié, archives Klein, « Remarques sur quelques œuvres exposées chez Colette Allendy ».

68. *Cosmo-conception, op. cit.*, p. 53.

69. *Ibid.* p. 55.

70. *L'Aventure monochrome.*

71. *Le Dépassement, op. cit.*, p. 40.

72. *L'Aventure monochrome.*

73. *Ibid.*

74. *Le Dépassement, op. cit.*, p. 6.

75. *L'Aventure monochrome.* Cette conception essentiellement alchimique de l'art, qui transforme en une sorte de yoga l'exécution et la contemplation des œuvres d'art, trouve un parallèle dans la tradition picturale taoiste selon laquelle, lorsque l'esprit de l'artiste rejoint l'état de « non ego » ou *Wu-Wei* (« action sans acte »), l'énergie vitale universelle ou *Ch'I* « coule » par la pointe de son pinceau et vient se cristalliser à la surface du papier. Tout observateur qui se trouve dans un semblable état *Wu-Wei* peut le ressentir en observant la peinture. Les peintres taoistes, tout comme Klein, adoraient l'espace : « Tout espace, quel qu'il soit, était considéré comme plein de signification dans la mesure où il était rempli de Tao » (Mai-mai Sze, *Tao of Painting*, New York, Bollingen, 1956, p. 17). L'accent que mettaient les taoistes sur la notion de « bloc non entamé » se retrouve dans le refus de Klein de la forme en faveur de la matière originelle, comme dans le penchant taoiste pour « *I-hua* » ou « peinture une », « peinture de l'unicité » (cf. *Tao of Painting*, Mai-mai Sze, *passin*, et *Tao*, Philip Rawson et Laszlo Legeza, New York, Crown Publishers, 1973, pp. 19-20). Il est probable que Klein constata des similitudes entre cette conception alchimique de l'art et la tradition picturale zen japonaise mais il semble à l'évidence que son système propre était déjà façonné par l'étude approfondie de Heindel avant son voyage au Japon.

76. *Cosmo-conception, op. cit.*, p. 248-249.

77. *Le Dépassement*, p. 24.

78. *L'Aventure monochrome.* Cette déclaration, ainsi que de nombreux écrits de Klein, implique que « l'époque pneumatique », âge de l'art immatériel, succéda et se substitua à l'époque bleue ; cependant cela ne semble pas avoir été réellement le cas. L'exposition du « Vide » pour laquelle fut forgée l'expression « époque pneumatique » reprenait de nombreux thèmes de l'époque bleue et, aussi tardivement que 1950-1962, Klein réalisa des « anthropométries de l'époque bleue ». Il faut noter que Klein créa l'expression « époque bleue » tandis que ce fut Restany, qui n'était pas totalement au fait des convictions rosicruciennes de Klein, qui forgea l'expression « époque pneumatique ».

79. *L'Aventure monochrome.*

80. *Ibid.*

81. « Attendu que ».

82. *Cosmo-conception, op. cit.*, p. 423.

83. *Ibid.*, p. 118.

84. *Ibid.*, p. 427.

85. Richard Wollheim, *dans Minimal Art*, textes réunis par Gregory Battcock, New York, Dutton, 1968, p. 392.

86. Entretiens avec Claude Pascal le 3 juillet 1977 à Paris et avec Arman, le 13 décembre 1977 à New York.

87. Entretien avec Rotraut Klein-Moquay, le 30 juin 1977, Paris.

88. *Cosmo-conception, op. cit.*, pp. 488-489.

89. *Ibid.*, p. 41.

90. *Ibid.*, pp. 118-119.

91. *Le Dépassement*, op. cit., p. 4.

92. En fait, il semble probable que Klein « spécialisa » ainsi la matière originelle dans chacun de ses monochromes comme semble le suggérer sa déclaration selon laquelle chaque monochrome bleu présenté dans l'ensemble de peintures visuellement identiques de 1957 « révélait une essence totalement différente (...) aucun ne se ressemblait » *(L'Aventure monochrome)*. Ceci semble être le fondement même de son idée de vendre des peintures apparemment identiques à des prix tous différents.

93. MS 12174, archives Klein. Fragment d'un entretien de Klein avec Restany.

94. Restany, *Yves Klein le Monochrome*, p. 61.

95. Entretien avec Rotraut Klein-Moquay, du 30 juin 1977, Paris.

96. *Cosmo-conception*, op. cit., p. 62, 64.

97. *Le Dépassement*, p. 13.

98. *Cosmo-conception*, op. cit., p. 186.

99. « Attendu que ».

100. Entretien avec Rotraut Klein-Moquay du 30 juin 1977, Paris.

101. La *Symphonie monoton* a souvent été mal analysée. Par exemple dans le catalogue de l'exposition au Jewish Museum on trouve ceci : « une seule note, un do majeur, est jouée pendant 10 minutes » (p. 37 et p. 24). Faut-il remarquer qu'il ne peut être question de cela ? Un simple coup d'œil à la partition montre qu'il s'agit bien d'un accord de tierce en ré majeur.

102. *L'Aventure monochrome* (p. 32). Remarquez la ponctuation, il n'y a pas de guillemets autour du mot judo, et il y a une virgule après la parenthèse, jazz étant à l'extérieur de celle-ci. La syntaxe est déroutante. Il est probable que l'énumération qui commence le deuxième paragraphe explicite la phrase « toutes mes recherches passées d'alors ». Voici la lecture du texte que je propose : « cela (le monochrome) était l'aboutissement de toutes mes recherches passionnées d'alors ; à savoir le judo (que je commençai à pratiquer en 1946), la *Cosmogonie des rose-croix* (que j'étudiai en 1947) – l'interprétation de toute chose par Max Heindel d'Oceanside, Californie –, et le jazz. Je jouais du piano et je rêvais », etc. L'inconvénient de cette lecture est qu'il me faut mettre un point après « jazz ». Si l'on accepte cette interprétation, alors le judo et la *Cosmogonie* de Heindel sont tous deux attestés comme sources de l'idée du monochrome. Le passage cité devient un commentaire sur l'origine, chez Heindel et dans le jazz, de la *Symphonie monoton*.

103. *Cosmo-conception*, op. cit., p. 119.

104. *Ibid.*, p. 123.

105. *Ibid.*, pp. 369-370.

106. *Ibid.*, p. 127.

107. *Ibid.*, p. 123.

108. *Ibid.*, p. 438. Il convient cependant de noter que Klein ne montrait pratiquement nul intérêt pour l'élément « terre » qui représente l'âge de la soumission à la matière. Dans quelques passages, il se réfère de façon spécifique aux « trois éléments, l'air, l'eau et le feu » ; à l'occasion, lorsque les quatre éléments sont en jeu il semble qu'il s'agisse pour lui de l'air, de l'eau, du feu et de la lumière. Se reporter aux textes dactylographiés (archives Klein) intitulés « l'eau et le feu » et « avec les trois éléments classiques ». Les *Reliefs planétaires* se réfèrent à l'élément « terre », mais cela est compensé par leur référence à l'espace cosmique.

109. *Ibid.*, p. 234.

110. « Attendu que ».

111. Selon la numérotation de Paul Wember, dans *Yves Klein*.

112. *Cosmo-conception*, pp. 250-252.

113. *Ibid.*, pp. 258 et suivantes.

114. *Ibid.*, p. 180.

115. Muneshige Narazaki, *Hokusai*, Tokyo, Kodansha International, 1968, p. 16.

116. Voir par exemple Henry P. Bowie, *On the Laws of Japanese Painting*, New York, Dover (s.d.), pp. 20-26.

117. Restany, *Yves Klein le Monochrome*, op. cit., pp. 146-147.

118. *Dimanche*, p. 1.

119. « Attendu que ».

120. Voir par exemple Chang Chung-Yuan, *Original Teachings of Ch'an Buddhism*, New York, Vintage, 1971, pp. 43 et suivantes.

121. Voir par exemple *Mistero*, op. cit.

122. La conférence que donna Klein en Sorbonne (dont il existe deux disques 33 tours intitulés « Conférences à la Sorbonne, 3 juin 1959 », Paris RPM, s.d.) et une note manuscrite dans les archives Klein donnent toutes deux cette date.

123. *La Poétique de l'espace*.

124. Entretien avec Arman, le 27 mai 1979, Houston.

125. *Cosmo-conception*, pp. 250-251. Voir également pp. 400, 521, 528-529. Il vaut de noter que l'unique rencontre de Klein et de Gaston Bachelard fut un « désastre » (Rotraut Klein-Moquay) ; selon Arman, Bachelard le prenait pour « un fou » et ne le considérait pas le moins du monde comme un frère de pensée.

126. « Discours à l'occasion de l'exposition Tinguely à Düsseldorf », janvier 1959.

L'ex-voto à sainte Rita de Cascia

PIERRE RESTANY

A la fin de février 1961, après l'ouverture de son exposition rétrospective au musée de Krefeld en Allemagne, Yves Klein prend congé du directeur du musée, le docteur Wember, et se rend au monastère de sainte Rita de Cascia en Ombrie, dans la province de Pérouge. Le but de ce voyage est d'apporter un ex-voto destiné à la sainte et qu'il remettra, sans se faire connaître, à la sœur tourière de service à la porte de la clôture du couvent des sœurs augustines. Les augustines suivent la règle de saint Benoît, « adoucie » lorsqu'elles accomplissent la garde des malades ou le service des hôpitaux. Le monastère de sainte Rita de Cascia a la charge exclusive de l'entretien du sanctuaire et du culte de la sainte.

L'ex-voto déposé par Yves Klein en février 1961 consiste en un coffret de plastique transparent de 40 × 30 cm approximativement, divisé en plusieurs compartiments. La partie supérieure se compose de trois bacs remplis respectivement de pigment bleu outre-mer (le bleu IKB), de pigment rose (monopink) et de feuilles d'or (monogold). La partie inférieure sur toute sa longueur contient trois lingots d'or de poids différent reposant sur un lit de pigment bleu. Les lingots d'or fin sont le produit des quatre premières ventes de zones de sensibilité picturale immatérielle : Yves Klein vendait au prix de l'or des zones de sensibilité, de l'espace à l'état pur imprégné de sa présence ; la transaction se faisait au moyen d'un chèque. Si l'acquéreur était disposé à brûler intégralement le chèque, c'est-à-dire son titre de propriété, la totalité de l'or était restituée au cosmos. Dans le cas contraire, seule une partie de l'or était jetée à la Seine, l'autre partie revenait momentanément à Yves Klein, qui n'en était dépositaire qu'à titre provisoire et précaire. Les quatre premières cessions d'immatériel ont eu lieu à Paris. Les acquéreurs furent, par ordre chronologique, MM. Peppino Palazzoli (18 novembre 1959), Jacques Kugel (7 décembre 1959), Paride Accetti (7 décembre 1959) et Alain Lemée (8 décembre 1959). Dans son ex-voto Yves Klein offre à sainte Rita l'or dont il était demeuré dépositaire à la suite de ces premières cessions, trois des acquéreurs ayant conservé le chèque-

témoin et le quatrième l'ayant détruit plus tardivement, un certain temps après la vente.

La partie centrale du coffret consiste en une large fente dans laquelle a été déposé un texte manuscrit d'Yves Klein sur papier plié en accordéon. Le texte constitue un véritable hymne d'action de grâce à sainte Rita : après l'avoir remerciée de ses précédentes faveurs, Yves Klein se place sous la protection de la sainte et invoque son aide pour assurer succès, beauté et survie éternelle à son œuvre.

Texte du manuscrit d'Yves Klein contenu dans l'ex-voto dédié à sainte Rita de Cascia (texte intégral) :

1961, fév. Y.K.
– Le bleu, l'or, le rose, l'immatériel. Le vide, l'architecture de l'air, l'urbanisme de l'air, la climatisation de grands espaces géographiques pour un retour à une vie humaine dans la nature à l'état édénique de la légende. Les trois lingots d'or fin sont le produit de la vente des 4 premières zones de sensibilité picturale immatérielle.

– A Dieu le père tout-puissant au nom du Fils, Jésus-Christ, au nom du Saint Esprit et de la sainte Vierge Marie.
Par sainte Rita de Cascia sous sa garde et protection, avec toute ma reconnaissance infinie. Merci. Y.K.

– Sainte Rita de Cascia je te demande d'intercéder auprès de Dieu le père tout-puissant afin qu'il m'accorde toujours au nom du Fils le Christ Jésus et au nom du Saint Esprit et de la sainte Vierge Marie la grâce d'habiter mes œuvres et qu'elles deviennent toujours plus belles et puis aussi la grâce que je découvre toujours continuellement et régulièrement toujours de nouvelles choses dans l'art chaque fois plus belles même si hélas je ne suis pas toujours digne d'être un outil à construire et créer de la Grande Beauté. Que tout ce qui sort de moi soit beau. Ainsi soit-il. Y.K.

– Sous la garde terrestre de sainte Rita de Cascia : la sensibilité picturale, les monochromes, les IKB, les sculptures éponges, l'immatériel, les empreintes anthropométriques statiques, positives, négatives et en mouvement, les suaires. Les fontaines de feu, d'eau et de feu – l'architecture de l'air, l'urbanisme

de l'air, la climatisation des espaces géographiques transformés ainsi en constants édens retrouvés à la surface de notre globe – le Vide.

– Le Théâtre du vide – toutes les variations particulières en marge de mon œuvre – Les Cosmogonies – mon ciel bleu – toutes mes théories en général – Que mes ennemis deviennent mes amis, et si c'est impossible que tout ce qu'ils pourraient tenter contre moi ne donne jamais rien ni ne m'atteigne jamais – rends-moi, moi et toutes mes œuvres, totalement invulnérable. Ainsi soit-il.

– Que toutes mes œuvres de Gelsenkirchen soient toujours belles, de plus en plus belles et qu'elles soient reconnues comme telles de plus en plus et le plus vite possible. Que les fontaines de feu et murs de feu soient exécutés par moi sur la place de l'Opéra à Gelsenkirchen sans tarder – Que mon exposition de Krefeld soit le plus grand succès du siècle et soit reconnue par tous.

– Sainte Rita de Cascia, sainte des cas impossibles et désespérés merci pour toute l'aide puissante, décisive et merveilleuse que tu m'as accordée jusqu'à présent – Merci infiniment. Même si je n'en suis personnellement pas digne ; accorde-moi ton aide encore et toujours dans mon art et protège toujours tout ce que j'ai créé pour que même malgré moi ce soit toujours de grande beauté. Y.K.

L'ex-voto anonyme avait été conservé par les sœurs dans le dépôt des offrandes au sanctuaire. A la suite du tremblement de terre de 1979 qui ébranla les assises du monastère, une réfection s'imposait. Rosario Scrimieri, l'architecte responsable des travaux, chargea le peintre Armando Marocco d'exécuter une série de vitraux modernes pour la chapelle. L'artiste au cours de son travail eut besoin d'or à la feuille et en réclama au personnel du monastère. Les sœurs lui apportèrent l'ex-voto d'Yves Klein. Marocco le reconnut immédiatement et à son retour à Milan où il réside depuis de nombreuses années, il me fit contacter par l'intermédiaire de Guido Le Noci (le marchand « inspiré » chez qui j'ai présenté le 2 janvier 1957 et en première mondiale l'époque bleue d'Yves Klein, l'Epoca blu, les premiers IKB). La rencontre eut lieu le 19 mai 1980. Un rendez-vous fut pris avec les autorités ecclésiastiques pour le 18 juin suivant à Cascia. Je pus ainsi m'entretenir avec la mère supérieure du couvent pendant une séance de près d'une heure au parloir, authentifier l'ex-voto, faire prendre des photographies de l'œuvre et des photocopies du texte, avec l'assentiment de la hiérarchie.

La dévotion d'Yves Klein au culte de sainte Rita (culte très populaire à Nice, ville natale d'Y.K.) m'était bien connue : il y avait été initié par sa propre tante. Il m'avait fait part de ses précédents pèlerinages à Cascia.

Il y vint deux fois avant 1961, pour prier la sainte des causes « désespérées » et l'adjurer de l'aider dans les moments importants et critiques de sa carrière. Le texte qui vient d'être retrouvé (les deux personnes qui en connaissaient l'existence en avaient perdu la trace : il s'agissait en l'occurrence de Paul Wember et de Rotraut Klein ; Wember aurait expédié par la poste la copie présumée du manuscrit qui lui aurait été remise par Y.K. avant son départ pour Cascia, à Rotraut, qui ne l'a jamais reçue) témoigne sans ambages, au-delà de tout rituel fétichiste chez l'artiste, de la profondeur et de la vérité de sa foi. L'invocation de sainte Rita, l'appel à son intercession constituent le pivot de la prière chez Yves Klein, l'apex de sa pratique spirituelle au sein du rituel dogmatique, ainsi que de la référence à Dieu le père, à Jésus-Christ le fils, au Saint Esprit et à la Vierge Marie.

Paris, décembre 1980

Fiche technique sur l'IKB

CAROL C. MANCUSI-UNGARO
conservateur de la collection Menil

La synthèse par Yves Klein de l'International Klein Blue est née de son désir d'utiliser une couleur neuve et vierge. Un pigment pur, une résine synthétique transparente, des solvants compatibles en sont les constituants de base. Une manipulation adroite, en fonction des qualités mêmes de ces matériaux, a permis à l'artiste de satisfaire à ses exigences esthétiques sans pour autant sacrifier aucune des possiblités artistiques qu'il pouvait pressentir.

Au milieu des années 50, Klein a commencé à concentrer son attention sur la couleur pure. Il rencontra en 1954-1955 Édouard Adam, le droguiste et quincailler de Montparnasse, qui fournissait les artistes en produits divers et avait des éponges et des pigments purs de différentes couleurs. Klein était à la recherche de matériaux qu'il avait peine à trouver ailleurs et Édouard Adam se rappelle encore avec quelle joie Klein découvrit brusquement toute cette gamme de pigments bruts qui allaient être rangés. Il en acheta de plusieurs couleurs, mais son choix se fixa finalement sur un bleu outremer artificiel. Il avait déjà vu ce pigment chez d'autres marchands, mais Adam fut capable de lui en fournir en plus grande quantité et à un moindre prix. C'est ainsi que Klein se mit à explorer toutes les possibilités du pigment bleu dont il admirait tant la richesse et la pureté du ton. Il cherchait à préserver la « matière colore » par un liant qui unirait les particules au support sans que pour autant elles perdent en séchant leur vibration visuelle particulière. Il s'était livré aux mêmes essais que ses contemporains en utilisant les produits que l'on trouvait au début des années 50 – huile, colle et liants à base d'eau –, mais tous semblaient adoucir, tuer le grain du pigment. C'est alors qu'il rechercha le moyen de fixer le pigment pur au support sans en altérer l'apparence.

Une résine synthétique, fournie elle aussi par Édouard Adam, apporta la solution au problème : un médium neutre, un acétate polyvinylique, composé par les industries Rhône-Poulenc et distribué sous le nom de Rhodopas M. Des particules de pigment étaient mélangées à 95 % d'alcool d'éthyle pur

et d'acétate d'éthyle dans lequel des grains de Rhodopas M avaient été dissous... Cette résine était exploitée par les industries Rhône-Poulenc et distribuée sous le nom de Rhodopas M60A, comportant une solution de 60 % de Rhodopas M et d'alcool d'éthyle. Inaltérable à la chaleur et à la lumière, cette matière transparente était un agent idéal pour ce colorant et se mélangeait particulièrement bien avec le pigment outremer.

En 1957, IKB devint la matière première que Klein se mit à utiliser. Sa formule comprenait des quantités spécifiques de pigment brut, de « Rhodopas MA », d'alcool d'éthyle et d'acétate d'éthyle. A vrai dire, en mai 1960, l'intérêt de Klein pour cette peinture IKB l'incita à établir un brevet officiel pour protéger sa formule. Dans l'établissement de son brevet, précisant qu'il avait utilisé IKB de 1954 à 1958, il donna la composition des principaux ingrédients et spécifia les proportions et le processus du mélange. La seule erreur est la description du « Rhodopas MA » comme étant du « chlorure de vinyle ». Bien que Rhône-Poulenc produise un copolymère de chlorure de vinyle et d'acétate de vinyle, sa référence est Rhodopas AX, insoluble dans l'alcool d'éthyle mais produisant des solutions troubles en présence de l'acétate d'éthyle. En plus, selon Rhône-Poulenc, « Rhodopas M » signifie acétate de polyvinyle à l'état visqueux, alors que « Rhodopas M60A » désigne une solution formée par l'emploi de l'alcool. L'identi-

fication et la nomenclature du produit sont restées relativement constantes ; Klein a fait une erreur en désignant le « Rhodopas MA » comme un « chlorure de vinyle », les autres mentions correspondent à l'utilisation de l'acétate polyvinylique.

Bien que certains détails exacts des méthodes de travail de Klein soient restés inconnus, la peinture malléable IKB est facilement adaptable à diverses applications. En variant la concentration du pigment et le type de solvant, le mélange peut être appliqué au pinceau, au pistolet ou au rouleau. En manipulant les mêmes ingrédients, la peinture peut convenir à différents supports comme l'éponge absorbante ou la résine polyester. Enfin, selon la proportion pigment/solvant et l'évaporation plus ou moins rapide, la matière peut être pâteuse ou fluide, et la maîtrise du médium admirablement choisi a permis à Yves Klein de fixer la couleur pure sur une myriade de formes.

IKB est devenu la marque de l'artiste. Ce pigment brut, fourni par un négociant sérieux, et une bonne résine synthétique dans des solvants industriels, ont rendu possible cette peinture. Mais, même si elle est qualifiable, cette quintessence de couleur pure doit sa beauté et sa vitalité à la seule magie de l'effort artistique – effort qu'il ne saurait être question de mesurer ou de reproduire.

Traduction Jean-Yves Mock

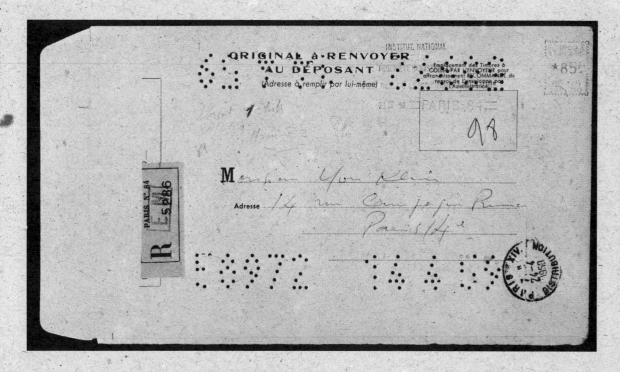

Tinguely-Klein ou l'art superlatif

MICHEL CONIL-LACOSTE

« En soi je n'attache aucun prix à la difficulté qui, lorsqu'il la surmonte, amène un esprit subtil là où d'autres seraient parvenus à moindres frais. » Autrement dit : au diable les complications gratuites. Comment deux artistes d'avant-garde, Tinguely et Yves Klein, se sont mis en tandem pour prendre le contre-pied de cet axiome de Kierkegaard, c'est ce qui vaut d'être conté en quelques mots, – dussions-nous encourir le reproche d'attirer l'attention sur une manifestation qu'on prendra généralement pour un « canular », mais dans laquelle nous nous refusons à ne pas voir au moins dans la pire hypothèse un fait divers significatif intéressant les beaux-arts [1].

Yves Klein, depuis deux ans, a fait parler de lui en affichant à des prix différents de mêmes formats d'un même bleu uniforme... Il systématise la remarque de Matisse selon laquelle « un mètre carré de bleu est plus bleu qu'un décimètre carré du même bleu ». Son propos semble être de transposer ce thème purement plastique de la saturation colorée dans une sorte de mystique picturale incantatoire. Il s'agit de s'abîmer dans l'envoûtante uniformité bleue comme le bouddhiste dans Bouddha. Mais de quel pinceau, de quel procédé encore amélioré, pourrait surgir la surface rigoureusement exempte d'accident, comment obtenir la monochromie absolue, support de l'incantation parfaite ? Par la vitesse. C'est alors que Klein a pensé à Tinguely et à ses moteurs.

Depuis cinq ans d'étonnants engins signés Tinguely, sortes d'automates abstraits, mus électriquement, accomplissent dans plusieurs galeries parisiennes leur révolution grinçante ou silencieuse. Dans les plus récentes, plusieurs éléments pivotent chacun sur un axe à des vitesses différentes et selon des combinaisons destinées à ne se répéter parfois qu'à échéance de millions d'années. Tinguely part du refus du tableau achevé, figé dans un état définitif. Le véritable tableau, remarque-t-il, c'est le Van Gogh, le Mondrian ou le Malevitch en perpétuel devenir dans l'appréciation et la mémoire du spectateur entre les moments où il l'a sous les yeux. Les reliefs transformables de Tinguely ne sont en somme que l'objectivation, par l'exemple, de tous les Magnelli virtuels gravitant autour d'un Magnelli vrai. Et la couleur ? Elle est bannie, car elle aussi, qu'elle soit point rouge ou tache jaune, elle se détruit elle-même par sa fixité. Comment la réintroduire ? Par le biais d'un chromatisme de mouvement. Et voilà comment Tinguely, de son côté, a pensé à Klein.

Qu'on fasse tourner à grande vitesse un disque bleu de 30 centimètres de diamètre, on satisfera Klein en donnant à son bleu l'uniformité mystique idéale, et Tinguely en lui permettant de réintégrer sans mauvaise conscience la couleur dans ses inventions animées.

La démonstration a eu lieu lundi soir. Sur un trépied compliqué formé d'un assemblage de ferraille supportant le moteur – et constituant à lui seul une honorable sculpture abstraite – le disque, mis en branle par un contacteur à pédale qui faisait jaillir des gerbes d'étincelles, tournait fièrement à une vitesse de 300 kilomètres à l'heure. Des ronflements, des mugissements comme on n'en a plus entendu depuis les premiers essais de Louis Renault à Billancourt, emplissaient concomitamment le quartier de la vénérable École des beaux-arts. Dans la petite galerie qui s'est fait une spécialité de ces manifestations jusqu'au-boutistes, d'autres disques bleus de tous diamètres vrombissaient sur les murs à l'unisson, et un service d'ordre à brassard maintenait à distance le cou des visiteurs pour leur épargner le sort d'une bûche sous la scie mécanique.

On pourra penser que tant d'efforts et de détours ne mènent pas loin. Aussi bien les protagonistes eux-mêmes ne se prennent-ils pas trop au sérieux. Mais leur entreprise s'inscrit de façon symptomatique dans le désarroi actuel. « On ne sait plus qu'inventer », entend-on partout. L'art, et notamment la peinture, pour de bon « au bout de son rouleau » ? C'est une constatation de toutes les époques, mais après tout peut-être était-il dévolu à la nôtre de coïncider avec l'impasse définitive. Cette fois la vieille surface

Yves Klein
et son architecture

CLAUDE PARENT

de toile où se superposèrent impressionnisme et expressionnisme, fauvisme et cubisme, pointillisme et tachisme, non-figuration géométrique et lyrique, commence à montrer sa trame.

Pour « en sortir », on peut s'évader effectivement vers le mural ou les applications pratiques ; certains creusent de nouveau des problèmes d'esthétique picturale ; d'autres explorent la large voie des synthèses. Tinguely et Klein appartiennent à ceux qui cherchent à aller plus loin encore. Leur méthode est en somme l'échappatoire par le superlatif. Et le « cap » qu'ils cherchent à dépasser – puisque tel est le nom de leur mouvement nouveau-né – ils n'envisagent de le doubler que par un continuel renchérissement sur l'outrance. C'est une technique – ou au moins une attitude – parmi d'autres.

(Extrait du *Monde,* 21 nov. 1958)

Ni peintre, ni amuseur, ni philosophe, ni architecte. Yves Klein traumatise les arts plastiques à la manière de ces nouveaux révolutionnaires de la fin du XXᵉ siècle : contestation du monde dégradé, refus d'intégration à un système périmé, révolution. Il mérite son brevet de précurseur made in U.S.A. car il se distingue de tous les petits maîtres, tigres de papier, qui simulacrent « en art » la décrépitude d'un univers : destructeurs à la mode, distraction des banquiers, bonne conscience des amateurs d'art, manne de la critique littéraire.

A cette frivolité Yves Klein oppose sa rigueur. A ce titre il ne pouvait ignorer l'architecture, son autorité, sa discipline, ses liens étroits avec le mode de vie d'une société dont elle est le support structurel, sa nécessité.

Mais s'il y eut contact et connaissance, il n'y eut pas « rencontre ». On peut dire qu'Yves Klein n'a jamais rencontré l'architecture.

Explosant au premier contact, anodin s'il en fut, de l'architecture ambiante (problème de l'intégration des arts au théâtre de Gelsenkirchen), Yves Klein récuse aussitôt les problèmes de forme alors en honneur dans cette discipline discréditée. Mais il ne cherche pas pour autant à promouvoir une architecture, à lui donner une réalité, une vérité, il n'essaie pas d'en faire la « chair » de l'époque. Au contraire, il s'y attaque et tente de la plier avant tout à la préalabilité de ses concepts personnels. Il lance une bataille, monte au combat, déclare et entreprend une guerre qui ne pouvait obligatoirement se terminer que par la mort d'un des deux protagonistes.

Mais si la mort de Klein n'est peut-être qu'une étape, elle doit rester exemplaire. Elle ne doit pas servir à ceux qui, ne possédant pas son pouvoir de transcendance, ne comprennent jamais que la lettre et reprennent faussement, artificiellement à leur compte, un vrai combat interrompu.

Si au XXᵉ siècle, la destruction de l'architecture est « en question », elle ne doit

1. Galerie Iris Clert, 3, rue des Beaux-Arts, Paris (6ᵉ).

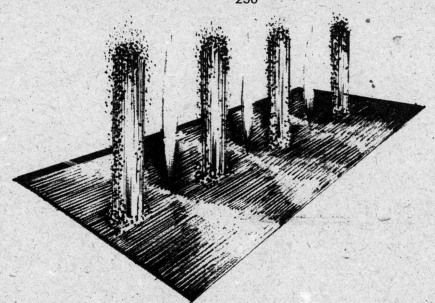

pas être faite au nom de Klein, par des gens sans futur, qui ne comprendront jamais que chez les créateurs véritables, la formule de la table rase n'existe pas en soi, mais s'intègre au contraire dans le binôme destruction-futuration.

Ainsi chez Klein en corollaire de cet appétit de destruction totale, on trouve l'action sur la nature ; c'est tout d'abord la spatialité extérieure qui le captive. De même que les seuls véritables architectes du XVIIᵉ siècle, il se préoccupe, pourrions-nous dire sans rire, de l'« art des jardins », en nous rappelant que les tracés urbains de beaucoup de villes actuelles sont issus en ligne directe des compositions des parcs à la française, réalisés il y a 300 ans. Cette action sur la nature se fait curieusement, naïvement même, en deux temps :
1) La libération du sol à la surface de la terre ; le sol, élément-clé, est de nouveau soumis à l'utilisation de l'homme : il redevient son support réel et naturel ; il lui est destiné.
2) Le conditionnement d'espaces très importants par le débordement luxuriant d'une machinerie technique impressionnante, cachée, dissimulée dans les entrailles de la Terre.

En liaison de ces deux faits, la circulation est la seule marque apparente de la civilisation technique sur terre puisqu'elle permet à la fois le mouvement rapide entre les divers espaces conditionnés et le conditionnement même de ces espaces par la protection des toits d'air qui sont issus de la structure de l'autoroute.

Dans une contradiction très apparente, on trouve donc dans la pensée d'Yves Klein, dans ses concepts préalables projetés sur l'architecture :

D'une part, cette imagination, ce goût tourné vers l'âge d'or, avec tout ce que cela comporte de retour à la nature, de vie en éden, de corps nus, d'inconstitution familiale, de disparition de témoignages apparents de la civilisation construite (meubles, maisons, etc.).

D'autre part, cette acceptation de la technicité très évoluée et omniprésente (option de survie), à condition qu'elle n'apparaisse pas et surtout ne vienne pas encombrer l'espace sacré de la surface dévolue à l'homme retourné aux conditions de « nature » dans une enveloppe immatérialisée de protection.

On thématise presque sur le Bien et le Mal, le ciel et l'enfer, « Phobos et Deimos, peur et terreur ». Le Bien c'est l'homme nu, le Mal c'est la technique, mais mal nécessaire, il suffit de l'enfouir. Et, seul serviteur de la technique secrètement omniprésente, demeure visible l'autoroute, qui engendre symboliquement circulation et civilisation.

Il est donc curieux de constater que sous cet âge d'or d'image d'Épinal, Klein vise en réalité la destruction de deux invariants de notre civilisation :
1) L'enveloppe architecturale de murs, de cloisons et de toiture qui sert encore actuellement à isoler un espace.
2) L'intimité personnelle et familiale au profit de nouveaux rapports sociaux à découvrir.

C'est à cet effet que la tendance générale vers l'immatérialité se concrétise par la destruction de l'obstacle architectural en architecture de l'air (collaboration avec l'archi-

tecte Ruhnau). Mais il s'agit là d'une quête vaine (au même titre que celle de la transparence de l'enveloppe) qui, acceptant de soumettre le principe à la technologie, distrait de leur mission véritable plusieurs générations d'architectes (depuis R. Neutra jusqu'à B. Fuller).

Par contre, bien que dans une pétrification autoroutière très fixée, l'obsession circulatoire reste bien ouverte au futur, exprimant la fluidité tout en s'opposant à la mobilité.

Ainsi, de cette guerre qu'Yves Klein a eu le courage de déclarer à l'architecture, resteront des vérités futuribles et des schismes :
– Schismatiques, ceux qui s'appuieront sur la technologie galopante, qu'elle soit transparente et exaltée, ou cachée et méprisée.
– Schismatiques, ceux qui iront vers l'immatériel en prenant au pied de la lettre le manifeste de combat d'Yves Klein et voudront faire disparaître la notion d'espace contenu.
– Prophétiques, ceux qui trieront, à travers confusions et contradictions, les avertissements d'un révolutionnaire et y trouveront les propositions futuribles pour l'architecture ; ceux qui méditeront sur le refus et l'abolition de l'obstacle, le respect du sol ; ceux qui apprécieront la réhabilitation des éléments dans leur harmonie ou leur contraire, qui s'interrogeront sur la signification architecturale de la lutte de l'eau et du feu, de la palpitation tactile de l'air : ceux qui réconcilieront l'architecture et les éléments fondamentaux, l'architecture et la fluidité : ceux qui enracineront l'homme.

Art et Création, n° 1, janvier-février 1968

La mémoire
des témoins

Souvenirs, fusion cohérente de réel et d'imaginaire. Lorsque les faits s'éloignent, la vision supplée, colmate, révèle. L'émotion qui se glisse entraîne le vrai et le faux dans une seule perspective, l'ivraie et le grain.
Jean-Yves Mock

Jean Tinguely : Un superbon camarade

Jean Tinguely : En 1955, au Salon des réalités nouvelles, j'avais exposé un *Relief sonore*. Il n'y avait que de l'art abstrait, rien que de l'art abstrait. On se présentait devant une table, avec ses œuvres. Il y a un jeune homme qui est arrivé avec un tableau orange – uniquement orange, sous le bras.

Moi, j'ai vu qu'il y avait des difficultés à la table. Il y avait là un peintre qui s'appelait Valensi, un musicaliste, Herbin, Magnelli je crois, et deux ou trois autres. Ils formaient le comité qui réceptionnait les œuvres. Le jeune homme, c'était Yves Klein. Il était connu par cette équipe parce que c'était le fils de Marie Raymond. Marie Raymond était un peintre abstrait de bonne réputation. Elle avait exposé au Stedelijk, chez Denise René, elle était amie de Hartung, Nicolas de Staël, bref ils étaient gênés à la table parce qu'ils trouvaient que ce n'était pas de l'art abstrait. Évidemment, un tableau monochrome ce n'était pas de l'art abstrait.

Il y avait deux points de vue. Quelqu'un a dit : « Mais il faut que tu ajoutes un point ». Ça, c'était Valensi. « Que tu mettes un point comme ça, mets donc un petit point. pour que ça fasse abstrait, il faut deux choses. » Et un autre a dit : « Mais tu peux faire deux couleurs. »

César, il peut faire rigoler les gens, mais c'est un personnage extraordinairement angoissé, et c'est ce que j'ai dû souvent constater, disons un peu moins que Martial Raysse, mais aussi angoissé qu'Arman, très angoissé, c'est un homme du Midi, comme Ben. Les hommes les plus inquiets que j'aie connus parmi les jeunes artistes, d'une drôle de façon ne sont pas du nord de l'Europe ou du centre, ils viennent tous de la Côte d'Azur. Ben, c'est un type d'une réelle inquiétude qui l'exprime par des questions, sans arrêt. Ben doute de tout ! etc. C'est très étonnant à voir – quand il commence à écrire, il met ses inquiétudes au mur. C'est assez étonnant, dans l'ambiance niçoise – soleil, olives, bon petit pinard, vie agréable, qu'ils finissent par être si angoissés ! Mais le champion toute catégorie, c'était Yves Klein. Absolument. C'est le plus angoissé que j'aie jamais connu. Il était inquiet à un point qu'il ne pouvait même plus dormir. La nuit, il devait écrire pour n'être pas déchiré par son désespoir, et se stabiliser. Ainsi il écrivait, il inventait des trucs pour ne pas sombrer dans le cauchemar. Et, disons, l'ancêtre, c'était Nicolas de Staël qui était l'homme inquiet numéro un, super-inquiet. Tous des inquiets, c'est drôle de voir la Côte d'Azur si inquiète.

Dominique de Ménil : Quand il faisait son judo, l'exercice physique que cela supposait lui donnait un certain équilibre.

J.T. : Il ne le faisait pas comme un athlète. Comme il ne faisait pas la monochromie comme un « espace ». Il n'avait pas la contemplation, le calme, l'équilibre, en lui. Il faisait de la monochromie en s'affolant. Il était inquiet, pour savoir s'il réussirait à mélanger les trois matières différentes qu'il lui fallait pour faire du monochrome. Il n'avait aucun calme. Il n'avait rien de ce qu'il aurait été normal d'avoir si on fait de la monochromie. Une espèce de quiétude, une espèce de capacité de se contempler soi-même, un équilibre. Il était l'homme le plus déséquilibré – totalement déséquilibré. Il faisait de la monochromie en iconoclaste anti-peinture.

Il combattait sa mère, il combattait son père qui étaient des peintres. Fred Klein était peintre, sa mère était peintre. Il a connu Hartung quand il était gosse, Nicolas de Staël quand il avait douze ans. Nicolas de Staël, il faisait de la peinture et il empilait ses tableaux. Il les enlevait du châssis et il mettait les toiles les unes sur les autres. Il y avait une vingtaine de tableaux de lui qui traînaient dans son atelier. Nicolas de Staël avait un enfant qui avait le même âge que Klein, et les deux ensemble, avec ces tableaux qui étaient d'une certaine rigidité, ils se faisaient des armures.

D.d.M. : Des boucliers ?

J.T. : Des boucliers ! Ils se sont fait en tout cas une fois, des boucliers avec le consentement de Nicolas de Staël, parce que c'est très pratique : bonne toile, bien peinte, une peinture qui a séché. Après une deuxième couche, une troisième couche, comme Nicolas de Staël ne savait pas à quelle couche s'arrêter il y en avait beaucoup parfois les unes sur les autres... Ils prenaient plusieurs toiles de Staël pour se faire des boucliers et ils faisaient des batailles de chevaliers. Vous voyez un peu le tableau, le petit Yves Klein qui grandit dans un milieu de peinture – de peinture totale. Il sort de là et quand il va au Japon, il fait du judo. Il avait une technique très rapide, qui tombait ses adversaires.

D.d.M. : Je vous arrête, je crois qu'en effet il était très bon en judo, mais Werner Spies m'a raconté l'histoire suivante qu'il tient du sculpteur allemand Kricke. Quand Yves est allé en Allemagne, on lui a dit : personne ne vous égale. On a un type formidable, mais enfin, ça l'intéresserait de faire du judo avec vous. Ils se rencontrent, ils se mettent tous les deux en position, et le type en un mouvement du poignet, une chiquenaude, fiche Yves Klein par terre. Alors Yves recule, recommence, s'avance, à terre, à nouveau, une troisième fois. Ces choses peuvent arriver... Je pense que Kricke en remet, et que cela l'amuse de raconter cette histoire...

J.T. : Moi, je crois pas que c'est vrai... je me méfierais de Kricke. C'est un drôle de coquin. C'est lui qui a amené Yves en Allemagne. C'est lui qui a convaincu Ruhnau de faire ces reliefs.

D.d.M. : Mais c'est très réussi ces reliefs de Gelsenkirchen.

J.T. : Ah ! c'est parfait, mais ça n'a pas été tellement réussi pour Yves, il a travaillé ces éponges avec de la résine synthétique, ça l'a tué. A l'époque on ne connaissait pas le danger des résines synthétiques. On ne savait pas que c'était à ce point-là criminel. Il travaillait sans masque. Il ne travaillait pas avec une protection valable et la petite Rotraut qui avait juste vingt ans, même pas, dix-neuf ans, la sœur de Uecker, l'aidait. Mais c'est quand même Klein qui faisait tout le boulot. Il trempait les éponges dans le polyester et il vivait dans des bidons...

D.d.M. : Je ne crois pas que ce soit seulement cela qui l'a tué.

J.T. : Si, c'est cela.

D.d.M. : C'était dans son tempérament d'étouffer de...

J.T. : Non, Il ne faut pas chercher des choses trop mythologiques.

D.d.M. : Ce n'est pas de la mythologie. La contradiction le rendait fou, et ça, sa mère me l'a dit. [...]

J.T. : Il parlait toujours des cendres à propos de tout ce qu'il faisait. Il disait toujours « ce qui m'intéresse, c'est les cendres ». Il avait le sens profond de l'éphémère. On avait cela en commun. On a tous les deux le sens de l'éphémère. Moi, avec le mouvement, j'étais très proche de l'éphémère, on faisait à la même époque, en soixante, cet *Hommage à New York* qui était une machine qui se suicide. C'était vraiment une « exemplification » qui n'avait pas encore été faite sur l'idée de l'éphémère, sur les transformations de notre stabilité sur terre. Nous n'avions plus la possibilité de croire qu'on pouvait faire des choses qui restent, qui sont comme des rocs. On n'avait plus ces illusions-là. Il y avait quand même eu cette date fatidique, extraordinaire, qui est 1945. A partir du moment où les bombes atomiques commencent à tomber sur ce monde, ça change le monde. Avant ou après la bombe atomique, ça change. Parce que c'est la première fois que l'être humain a la possibilité de se suicider en tant que corps collectif. Cette fois l'humanité peut se supprimer si elle veut. Elle a les moyens techniques. Elle le peut, en tout cas. A partir de ce moment, on change la mentalité. Et Yves Klein aussi bien que moi ou que Jackson Pollock avec son bidon insensé, son numéro, quand il fait son « dripping », ou Mathieu quand il fait ses tableaux rapides en 1945-1950 – quand il a commencé ses tableaux hallucinants : ce sont les artistes qui ont compris cela, et Yves Klein en fait partie. Il travaille avec une matière qui n'est pas importante. La matière est un médium fixatif, comme il le disait lui-même. C'est un mot que j'ai toujours entendu. Pour lui, tout n'était que médium fixatif. C'était seulement un moyen pour obtenir autre chose. Quand il exposait en 1956, une année après que je l'ai rencontré, chez Le Noci, à la galerie Apollinaire à Milan, onze tableaux du même format et du même bleu à des prix différents, tout le monde croyait que c'était du Dada, de la farce. Parce que Dada à l'époque était un mot d'insulte. On insultait les gens avec « Dada ». Alors qu'avec Yves Klein, c'était très différent. Mais en même temps il disait : « Un type achète un tableau qui vaut 45 000 lires, c'est pas cher. » Ce type reconnaissait la qualité de ce tableau et Yves avait réussi à lui faire comprendre que ce tableau était le sien. Un tableau monochrome, toujours du même bleu, même format, pouvait aussi coûter 60 000 lires à l'époque. Il y en avait un qui était traité verticalement, ou horizontalement, mais le bleu était toujours le même, les structures étaient peu différentes. Klein avait un tel charisme qu'il réussissait à leur faire croire que leur tableau avait pour de justes raisons un prix de 60 000 lires, ou seulement de 45 000 lires.

J'ai toujours vu cependant un côté Dada, pour reparler de Dada, dans Yves. Parce que Yves savait aussi, de temps en temps, rire. Il rigolait. Il se roulait par terre de rire. En même temps, il savait se prendre au sérieux, à un point qu'il pouvait passer un soir entier à essayer de convaincre quelqu'un que la Terre était plate et carrée. C'était dur à l'époque, surtout quand il y avait déjà des satellites qui tournaient autour de la Terre. C'était pas tellement facile de prouver aux gens que la Terre était plate et carrée. Il y arrivait. J'ai assisté une fois à une séance, à La Coupole, où Yves aimait aller manger – parce qu'il aimait le luxe... C'était un homme qui était très terre à terre, un Taureau ascendant Gémeaux. Il existe un horoscope qu'Iris Clert a fait faire de lui. Yves aimait bien manger. Il aimait les biens, les choses de la vie, de la terre. En même temps, il était porté vers l'aérien – le contraire. Il était très contradictoire, en lui-même, comme personnage. Je crois, à partir d'un certain âge surtout, cette contradiction a commencé à fonctionner à fond. Yves pouvait dépenser une énergie folle à convaincre un garçon, n'importe qui, à La Coupole, assis par hasard, en face, à la table, que la Terre était plate et carrée. Il se trouvait des victimes pour leur prouver cela. Et les gars, ils y croyaient. Yves donnait un tel feu, une telle force dans la conversation, il amenait tellement de preuves, métaphysiques, non identifiables, que les gars s'en allaient sûrs d'eux, en ce qui concerne la Terre.

D.d.M. : Il les choisissait pour ça !

J.T. : Oui, il prenait des victimes qui étaient...

D.d.M. : Qu'on pouvait disposer...

J.T. : Voilà, il savait vraiment faire ça bien.

D.d.M. : Il avait sûrement un ascendant exceptionnel.

J.T. : Un ascendant ; ça veut dire quoi ? Une influence. Il en avait. Ça marchait ou ça ne marchait pas. *Il avait déjà une démarche qui était légèrement au-dessus de la tête. Il aimait. Il avait vu trois choses qu'il y a dans ce monde : c'était l'élévation. De toute façon, il lisait les Tintin – toujours – et dans les Tintin... Quand Tintin au Tibet a fait son apparition, il faudrait voir les dates, mais je sais qu'à partir de 1957, il était dans l'« élévation ». Dans Tintin au Tibet, on voit des moines dans une lamaserie et il y en a un qui a la vision de Tintin qui cherche son ami Chang. La parution de chaque nouveau Tintin, c'était un événement pour Yves. Il se promenait ouvertement* avec le nouveau Tintin à La Coupole, dans les cercles les plus intellectuels. Il choquait les intellectuels. Les Charles Estienne, ils étaient court-circuités, quand ils voyaient ce gars, avec sa démarche aérienne – Yves Klein avait une démarche aérienne et optimiste – créant une ambiance positive autour de lui, et le manteau ouvert, volant, même l'été... Il se promenait encore au mois de mai avec le manteau d'hiver. Je crois qu'il ne s'en apercevait pas. Il n'avait pas le temps. Il était trop engagé en lui-même. Il était mégalomane total. Il n'était pas seulement le monochrome, il était le mégalomane. La mégalomanie, chez lui, était un état naturel. Ça n'était pas un état ajouté. C'était une mégalomanie sans complexe de persécution. Yves Klein était libre de toute persécution. C'était un homme. Il avait, comme ça, des qualités qui étaient contradictoires : être mégalomane sans paranoïa, c'est quelque chose de spécial, Yves avait cela. Comme il était capable aussi d'avoir la folie des grandeurs – c'est de la mégalomanie – tout en cherchant chez l'autre la force. Il n'aimait pas le collectivisme. Il aimait l'individu fort et il aimait la contradiction. Il était incapable d'être politique parce que ce n'était pas assez poétique pour lui. Ce n'était pas un homme matériellement intéressé dans quoi que ce soit. C'était un homme profondément immatériel et l'argent lui servait juste à faire un bon repas et il avait une attitude qui était très collégiale, la tendance à partager les biens qu'il avait avec un copain qui n'en avait pas. Comme signe de respect. Par exemple, une fois il est venu à l'impasse Ronsin. Eva et moi on n'avait pas un sou. Yves m'a dit : « J'ai vingt mille balles, je te donne dix mille. » C'était un côté chevalier Martin. Ces merveilleuses choses qui existent dans le monde d'un enfant fonctionnaient encore chez lui. Il pouvait vous raconter des histoires fabuleuses sur le Graal, sur les chevaliers. Il avait même appartenu à cet ordre de Saint-Sébastien – mais pas pour faire le malin face à qui que ce soit, c'était un rêve qu'il vivait vraiment. Il vivait tout vraiment. C'était un vrai poète. C'est dans ce sens qu'il n'était pas un politicien. On ne peut pas être poète et politicien en même temps. Être homme d'affaires et poète, ça ne va pas.

D.d.M. : Tout était vécu...

J.T. : Tout était vécu à fond et profondément, poétique – vivant. Il y avait autre chose aussi qui me paraissait énorme chez lui, c'était son côté « amateuriste ». C'était un vrai amateur mais dans le meilleur sens du mot, c'est-à-dire aimer. Il était amateur en faisant de la monochromie. Il était amateur dans tout ce qu'il faisait. Il restait surbranché, avec une vision amoureuse de ce qu'il allait obtenir. Les différentes étapes de son travail, sa démarche,

- HERGÉ -

LES AVENTURES DE TINTIN

Tintin au Tibet

CASTERMAN

c'étaient comme des marches d'escalier. Quand il a inventé l'anthropométrie, ses tout premiers essais avec Claude Pascal sont des empreintes sur une chemise qu'il avait sur le dos : l'empreinte de ses mains. C'est seulement bien après qu'il a organisé les séances d'empreintes avec des modèles. Il n'y avait là rien de matériel. L'érotisme chez lui était une chose qui s'était transformée. Il n'y avait rien de porno. Il avait une vision des choses. Ça fonctionnait bien, ça allait loin... Quand il faisait une chose, on la voyait. Il savait projeter son imagination et rendre la chose perceptible. Il commençait à chanter le monoton, ça devenait une chose qu'on comprenait bien, mais évidemment ça agaçait énormément de gens.

D.d.M. : C'est parce qu'il y croyait que ça marchait.

J.T. : J'ai dit à un certain moment que Yves Klein était un cas dramatique en me référant à tous ces hommes angoissés de la Côte d'Azur : Martial Raysse, Arman, César... mais je trouve qu'Yves Klein était un cas superdramatique. Il avait une trop grande force positive face à un climat de réflexion matérialiste qui était impossible pour lui. C'est là que je suis d'accord avec vous quand vous dites qu'il n'y a pas eu seulement une blessure faite par le polyester et les résines artificielles, blessure qui a entraîné sa mort, plus tard. Il y a aussi autre chose. Il a été blessé par ce travail, ces grands reliefs qu'il a faits, ces acétones, ces gaz – certains organes se referment à moitié, les tissus sont brûlés, aujourd'hui on le sait mieux. L'angoisse en lui, le sens de l'utopique étaient si forts qu'il n'avait pas la patience d'attendre les réponses. Il ne pouvait pas attendre le succès. Il trouvait déjà qu'à l'âge de 28 ans, c'était le moment d'avoir une rétrospective au Musée d'art moderne de New York. Il s'étonnait que le Musée d'art moderne de New York ne le lui ait pas encore proposé. Toute forme de déception, de difficulté matérielle était pour lui horriblement difficile.

D.d.M. : Il vivait déjà dans le futur.

J.T. : Totalement. Tout en lui était visionnaire... Tout dépassait, en lui, dépassait l'état des choses. Il essayait de sauter pardessus – rien n'était obstacle. Les obstacles c'étaient des ennuis terribles, sans forme, comme on en a parlé avant : Claudius-Petit, par exemple...

D.d.M. : Sa mère m'a raconté de petits épisodes de son enfance qui confirment tout à fait ça – rien ne devait lui résister.

J.T. : Il n'a jamais baissé. Et quand il est mort, sa mort, pour moi, était encore une chose à lui : j'étais méfiant. Je pensais que c'était une invention extraordinaire qu'il était en train de nous faire. Parce qu'il avait parlé de deux choses. Il avait parlé d'élévation et il avait parlé aussi de disparition. On avait un projet avec des machines sur un terrain de football. Après, on en avait eu un autre où moi je devenais « manager ». J'étais subitement devenu un vendeur de spectacle. Ce spectacle, c'était un monochrome, sur une scène de théâtre, et du noir allait tout doucement devenir du gris, pour finalement doucement devenir du bleu. Ça devait durer 35 minutes. Plonger les gens dans le bleu – une rupture complète et après, le développement du sonore, du *monoton*. Il a fait des concerts de *monoton* avec des violonistes et tout un orchestre qui soigneusement essayait de créer une symphonie monoton, alors qu'il faisait des empreintes très officiellement chez D'Arquian.

D.d.M. : Dans votre projet, il y avait des faisceaux lumineux ?

J.T. : Non, on aurait créé une ambiance de lumière. Après, ça aurait pu devenir une lumière bleue totale, pour avoir la rupture et redémarrer avec peut-être encore une fois un bleu, autre, mais surtout le *monoton*. Et on voulait enchaîner les gens, tous les spectateurs. De très jolies filles, très sexy, comme celles que j'utilisais pour faire les *métamatics*. J'ai fait des *métamatics* portatifs. J'en ai fait deux. J'ai fait une conférence en 1959. C'est la même époque où Yves Klein a fait la sienne chez D'Arquian. Moi, j'avais une jolie fille sur la machine à dessiner qui faisait pour chaque spectateur un petit dessin abstrait, et elle le donnait, comme ça. Alors, on avait de jolies filles qui devaient enchaîner tous les spectateurs pour qu'ils ne s'échappent pas. Finalement, le *monoton* serait devenu quelque chose de terrible. On voulait faire cette forme de spectacle. J'essayais de trouver des commanditaires, de convaincre Canetti, de faire cela aux Trois Baudets. Jacques Canetti assez vite a dit non. Après, j'ai essayé à La Fontaine des quatre saisons, pour cette soirée exceptionnelle. Ça n'a pas marché. Après, on a essayé chez quelqu'un d'autre, je crois que c'était Bruno Coquatrix, j'ai demandé qu'il me prête l'Olympia pour une soirée. C'était impossible... On était bel et bien décidés, mais je n'ai pas réussi à jouer mon rôle de manager dans le spectacle monochrome et *monoton*. Pas monotone, *monoton*.

D.d.M. : Mais ça a eu lieu ?

J.T. : Oui, ça a eu lieu. Il l'a fait dans l'île Saint-Louis en 1957-1958 chez Robert Godet, qui est mort depuis, qui connaissait l'amie d'Alain Bombard. Il faisait partie du clan. Il connaissait bien Yves Klein. L'amie d'Alain Bombard connaissait Klein, elle aussi. Alain Bombard était un type qui avait fait un exploit extraordinaire. Avec un canot pneumatique, il avait traversé l'Atlantique sans nourriture.

D.d.M. : Il mangeait du plancton.

J.T. : Godet avait un bel appartement dans l'île Saint-Louis et c'est chez lui que pour la première fois Yves Klein a fait ses empreintes où j'ai monté pour la première fois mon *Concert pour sept étoiles...*

D.d.M. : J'ai le témoignage de François Mathey. Il est persuadé qu'on a boycotté Yves Klein à New York. Il m'a dit qu'il fallait interroger Larry Rivers.

J.T. : Ça, c'est bon, Larry, c'est très bien. Est-ce qu'il n'y en a pas un autre qui a joué un rôle négatif : Gaëtan Picon ?

D.d.M. : Il n'a pas compris. Il a vu tant d'artistes...

J.T. : Il aurait pu faire un petit effort supplémentaire.

D.d.M. : D'être négligé par quelqu'un comme Gaëtan Picon, c'est plutôt douloureux.

J.T. : J'ai rencontré Gaëtan Picon pour la première fois chez Max Ernst amené par Iolas. On parlait de tout ça comme on aurait parlé, je ne sais pas, du Puy-de-Dôme... Et j'avais devant moi cet homme plein de mauvaise conscience, qui me faisait des propositions... qui disait : « On n'a rien fait pour vous. » Il avait bu. Sa mauvaise conscience venait sur moi. J'ai pensé : celui-là doit en avoir aussi pour Yves Klein. C'est ce que je regrette le plus. Et Yves a vécu à Paris pendant plus de dix ans !

(Tinguely parle ensuite de Mondrian qui a vécu et travaillé à Paris et dont aucun tableau n'est resté en France. Rien, pas un tableau...)

J.T. : Le personnage de Klein empêchait qu'on le prenne au sérieux. Il était trop vivant. Un artiste ne peut pas être aussi charmant, aussi formidablement convaincant, avoir une telle articulation d'idées. C'était presque pas concevable qu'un artiste puisse être comme Yves Klein. C'était un handicap : son charme extraordinaire, sa gentillesse, son côté camarade. Il était beau, pas assez moche. Il faut être moche pour être un artiste – ivre ou malade, ou avoir dix enfants. Il était tout simplement superbe, alors ça, ça agace. En plus, un Charles Estienne, un Alain Jouffroy, d'autres étaient des espèces d'antifascistes, de crypto-communistes qui traînaient à Paris, partout, des jeunes à gauche, mais pas encore anarcho. Ils n'avaient pas vu tout le message des Landauer, Bakounine, Kropotkine, Erich Mühsam, Proudhon et des autres. Ils avaient une notion de l'antifascisme d'après la guerre, qui traînait encore. Ils étaient à la recherche d'un nouveau fascisme. Ils voyaient le fascisme partout... Ils pratiquaient un antifascisme bizarre. Là, parmi les fascistes que eux ils avaient repérés, c'était Yves Klein. (Tinguely rit.) C'est pas croyable à quel point c'était con... parce qu'il était tellement pas fasciste.

D.d.M. : Il ne faisait pas homme de gauche.

J.T. : Il n'était ni à gauche ni à droite, il n'était rien du tout. Il était au-delà de tout cela. C'était un vrai poète qui vivait sa transe de rêve total. Il n'a jamais eu le temps d'être à gauche ou à droite. C'est une chose qui jamais n'aurait pu le frapper. De toute façon, il n'a jamais eu que des problèmes sociaux évidents : manque de fric total et dettes. Il doit encore, j'imagine, de l'argent à sa tante. C'était un vrai problème, il n'a jamais gagné beaucoup d'argent. Ma deuxième visite chez Yves Klein, c'était rue Campagne-Première, à son premier atelier, pas l'atelier qu'il a eu plus tard, qui était tout blanc. Au fond, il aurait voulu que tout soit en miroirs pour ne se voir que lui. En face du dernier appartement qu'il a eu, et où il est mort, il y avait une autre maison où étaient des ateliers d'artistes. En bas, il y avait un atelier qu'on lui avait prêté, et il avait fait là un truc qui m'a beaucoup plu... Il m'avait fait venir chez lui, c'était en 1957, après l'exposition de Colette Allendy où il avait mis les paravents bleus, des bacs de poudre de pigment pur, des colonnes bleues. Avant cette exposition de 57, avant l'époque bleue, il avait fait des quantités de monochromes, de petits monochromes de toutes les couleurs. Il les avait mis partout au mur et il jouait avec Mondrian. Il y avait cette photo-document de l'atelier de Mondrian à New York. Mondrian avait peint les meubles en blanc. Il avait mis un bleu là, un blanc là, un bleu ici, un rouge – des couleurs complémentaires. Yves Klein a toujours pris du vert et il a refusé les couleurs complémentaires de Mondrian. Il a toujours ajouté du violet, toujours ajouté de l'orange, du vert : des couleurs qui ne sont pas celles de Mondrian. Et il en avait plein dans l'atelier, comme cela. « Et tu as vu, tu as vu Olga ? Je suis en train de dépasser Mondrian. » Je ne sais pas ce qu'il voulait dire par là !

Une autre chose merveilleuse dont vous devriez avoir des témoignages, ce sont ses conférences à la Sorbonne... Il y a aussi une chose qui existe, qui est chez Rotraut. A l'issue de la deuxième conférence de la Sorbonne – la première était sur l'architecture de l'air et de l'eau, la deuxième était sur la monochromie pure – à la fin de tout ça, il y a un monsieur qui s'est levé et qui a dit : « Vous auriez dû quand même un peu... c'est merveilleux ce que vous avez dit, mais vous auriez dû faire et rendre un hommage à Kasimir Malevitch. » Le monsieur qui s'est levé c'était Henryk Berlewi qui habitait l'ancien atelier de Max Ernst, où Jimmy Ernst avait été, Metcalf et Copley aussi. Ensuite, Berlewi, un Polonais qui avait fait de la mécano-gravure, une technique spéciale de peinture qu'il avait inventée, est venu lui aussi impasse Ronsin. Il s'est levé, à la fin de la conférence, et s'est solidarisé avec les unistes, Strzeminsky et compagnie, tous ces unistes ukrainiens. Il y avait eu, en dehors de Malevitch, un moment monochrome, au-delà de Malevitch. Il y avait plein de peintres qui avaient fait des tableaux unistiques... Le groupe s'appelait « les sinistres ». Ils faisaient des tableaux tout blancs. Yves Klein s'est fâché, il a dit, de toute façon, c'est pas un Polonais. Et l'autre a dit : c'était pas un Russe non plus. Il n'était effectivement pas russe au moment de sa naissance, Malevitch était ukrainien. C'était un bout de la Pologne. C'est comme Jean Arp, qui était Hans Arp ou Jean Arp. C'était gênant comme fin de conférence, enfin, c'était une note désagréable.

L'impasse Ronsin, c'était le contraire de son atelier de la rue Campagne-Première. C'était sauvage, merveilleux. On pouvait faire des bricoles. On pouvait souder. Ce qu'on ne pouvait pas faire dans son atelier. Beaucoup de ses socles ont été faits par moi à l'impasse Ronsin, tous ces objets, ces éponges sur tiges. On travaillait ensemble. Vous savez que j'ai fait aussi un relief à Gelsenkirchen, une commande qu'Yves m'a fait avoir. Un grand relief dans l'amphithéâtre avec les œuvres de Kricke, les œuvres de Klein et celles de Robert Adams, un sculpteur anglais.

D.d.M. : Ça prouve qu'il était bon camarade.

J.T. : J'ai dit ça, superbon camarade.

Alors Yves Klein est revenu le lendemain, ou trois jours après, avec un dessin qu'il avait fait. Le seul dessin figuratif qu'Yves Klein a fait, je crois. Rotraut l'a encore. C'est un dessin qui montre « Auto Malevitch », le crâne nu, trois poils sur la tête, parce qu'il existe un portrait que Malevitch a fait, habillé un peu à la Wagner. Évidemment Klein a un peu changé tout cela. Il a une palette dans la main, il peint. Sur son chevalet il y a un tableau et Malevitch est en train de dessiner un carré. Au mur, il y a un monochrome et Malevitch est en train de faire le portrait monochrome. Il inversait les dates pour résoudre le problème. Il mettait aussi en doute les dates. En haut du dessin il avait écrit : « Malevitch ou l'espace vu de loin », et en bas : « véritable fonction de Malevitch par rapport à moi – Yves Klein ». Il immatérialisait le fait que Malevitch l'avait précédé. Il se considérait, mais loin avant

Malevitch, de toute façon, profondément, naturellement, et même Malevitch par rapport à lui.

D.d.M. : Vous parliez d'un projet de miroirs, vous disiez qu'il songeait à remplir les murs et le plafond de l'atelier.

J.T. : Les murs, le sol et le plafond.

D.d.M. : Il en avait parlé, ou bien c'était une idée ?

J.T. : Il n'a pas pu le faire. Mais s'il avait eu un peu d'argent, il l'aurait fait. Ce n'était pas un projet qu'il envisageait seulement, ou éventuellement de faire. Ça, c'est évident.
(Le passage en italique a été souligné par Jean Tinguely.)

A La Coupole et 7, rue Las Cases, à Paris, le 17 juin 1980

Iris Clert : Yves Klein poète de l'irrationnel

Ma galerie était minuscule. A peine ouverte, elle est devenue célèbre. C'était un climat, un lieu – de tentatives, de provocations, de rencontres, de réussites.

Un jour, pendant l'exposition de Tsingos, en octobre 1956, je vis entrer un jeune homme à l'allure sportive, avec un beau sourire franc et de grands yeux noirs qui vous regardaient droit dans les prunelles.

– Je suis Yves Klein, dit-il. Je viens de la part de Claude Rivière, je vous ai apporté un tableau.

Il tenait à la main un petit tableau orange tout uni, tout lisse comme un pan de mur.

– Ce n'est pas un tableau !

– Si, c'est une proposition monochrome. Je vous le laisse quelques jours, vous me direz ce que vous en pensez.

C'est ainsi que tout a commencé. Yves Klein, à partir de ce moment, ne cessa de me harceler pour m'entraîner dans son univers.

Je finis par me rendre à son atelier, c'était son atelier de judo boulevard de Clichy. Ses tableaux étaient accrochés sur les murs. J'ai pensé : il a peint des ceintures de judo. Les tableaux, monochromes, étaient noirs, jaunes, verts, blancs, etc. Dans cette pièce, on sentait que l'inspiration venait de l'unité, de la simplicité, de la maîtrise du judo.

Yves Klein avait de toute évidence une concentration sur lui-même extraordinaire et un magnétisme puissant. Il était dévoré d'une seule ambition, le désir fulgurant de transmettre son message : l'absolu. Attirée par l'ésotérisme dès l'adolescence, je ne pus qu'adhérer à cette espèce de folie mystique et d'emblée je le baptisai Yves le Monochrome.

Toutes les manifestations les plus percutantes furent le fruit de notre complicité, à laquelle vinrent se joindre Jean Tinguely et Norbert Kricke, le sculpteur allemand grâce auquel Yves Klein réalisa la décoration de l'opéra de Gelsenkirchen, son œuvre maîtresse. Yves Klein avait un charisme certain. Malgré l'apparence absurde de sa démarche, il trouvait de farouches supporters : Claude Pascal, Arman, Bernadette Allain, Robert Godet,

Raymond Hains, Pierre Henry, Soto, Werner Ruhnau, tant d'autres et la radieuse Rotraut qui devait, par la suite, devenir son épouse. Il projetait la foi, la certitude qu'il avait en lui-même. Il nous fallait aussi la présence d'un critique d'art pour cautionner son œuvre. Yves jeta son dévolu sur Pierre Restany qui le séduisait par sa faconde, son habileté littéraire et son imagination débridée qui allait bien avec la sienne.

Si l'œuvre de Klein est aujourd'hui reconnue, admirée, quasi déifiée, si elle inspire toujours les nouveaux venus dans l'art, il n'en était pas de même lorsque je l'exposais à Paris et de par le monde. Je devais subir les quolibets, affronter les médisances de l'intelligentsia artistique de l'époque.

Yves avait lu Bachelard, Tintin, les rose-croix, *Mein Kampf* (« Mon combat ») – à mon avis rien que pour le titre. Il ne voyait, dans les livres qu'il feuilletait, que ses envies, ses désirs, ses espoirs, ce qui le confirmait dans sa démarche. Il y puisait sa force et ses intuitions. Il en devenait despotique, l'univers tout entier devait ployer sous son joug, le bleu.

Dans son thème astral que j'avais fait faire pour savoir, pour nous guider, Yves avait toutes les caractéristiques d'un être *habité*. Il brûlait, et s'il brûlait d'un feu tellement intense, s'il était animé d'une telle frénésie, d'une telle impatience de s'imposer, d'un tel désir d'être reconnu dans l'immédiat, n'était-ce pas aussi par une sorte de prescience de sa fin prématurée ?

Durant sa vie si brève Yves Klein a parcouru le cycle complet des réalisations uniques, il a atteint l'universalité.

« Il répétait mille fois le même mouvement »

ARMAN

Vers le début de 1948, en février ou mars, il avait commencé à connaître M. Cadeaux... depuis un moment Yves Klein faisait des foulards en soie qu'il vendait, ou qu'il donnait à vendre à des copains ; il en faisait, comme son père et comme sa mère, des figuratifs et des abstraits, c'était uniquement commercial. Il n'en faisait pas de bleu monochrome. C'est quelque temps après avoir rencontré M. Cadeaux, on faisait du judo depuis quelques mois déjà, qu'il a commencé à se balader tout le temps avec un cahier, un cahier où il mettait des notes, et sur le cahier, un jour, il avait collé un carton qu'il avait peint en bleu, rond. Je lui ai dit : « Qu'est-ce que c'est que ça ? » Il me dit : « Ça, tu sais, c'est très important, c'est la condition de la peinture. »

– Donc à ce moment-là, il avait déjà une réflexion sérieuse sur la peinture ?

– Absolument, Absolument.

– Vous êtes-vous occupé des rose-croix ?

– Je suis allé avec Yves et Claude Pascal chez Cadeaux. On avait commencé par apprendre l'astrologie ; ils se sont inscrits aux rose-croix, mais moi, je ne me suis pas inscrit. J'ai lu la *Cosmogonie,* et ça me paraissait tellement farfelu que je n'ai pas pu acquiescer. Mais l'été, on montait sur le toit de la maison où j'habitais ; on se mettait comme ça et on regardait la Lune, on essayait de rentrer dans la Lune. C'était plus zen que rose-croix.

Et puis on est tous devenus végétariens. C'est moi qui le suis resté le plus longtemps, par flemme je crois, par habitude. Je crois que c'était en 1948 ; moi je le suis resté jusqu'en 53, 54.

Je n'étais pas absolument doué pour les langues. Yves, lui, parlait un peu japonais en rentrant de son voyage là-bas. Il était très travailleur, il avait cette faculté. Je me rappelle par exemple, pour vous donner une idée : quand je suis allé à Madrid prendre l'école de judo, il y était encore et, pendant huit jours, pour me mettre au courant, on est restés ensemble. Il apprenait l'espagnol, et tous les matins, on allait faire de l'entraînement, du footing dans les parcs et il criait ; moi, je parlais mieux l'espagnol que lui, et lui pour finir parlait mieux que moi, parce que c'était un type qui travaillait énormément. Et il criait cent mots d'espagnol en courant. C'est comme ça, Yves. C'était une mobilisation quand il voulait faire quelque chose. Une mobilisation qui n'est pas du tout normale. Le judo, c'était pareil, il répétait mille fois le même mouvement. Il a commencé, c'était vraiment le moins doué de nous tous... Une ténacité, une application dans ce qu'il faisait, rare.

— Aviez-vous vu l'exposition de peintures monochromes en Espagne ?

— Non mais lui m'a dit qu'il l'avait faite. Il avait cet ami Sarabia, qui était éditeur. Mais Yves était un peu mytho de temps en temps. Comme il m'a dit qu'il avait fait une exposition au Japon. Ça, personne n'en a jamais entendu parler.

De même pour sa chronologie ; il n'avait aucun sens de la chronologie. Il n'avait aucun sens de... Il était complètement mythomane ; il pouvait croire avoir fait des choses, même s'il ne les avait pas faites, s'il avait rêvé les avoir faites.

— Le « saut » dans le vide, la fameuse photo ?

— Est-ce que cette photo n'a pas été faite pour le *Journal du Dimanche* ? Ça doit être autour de ça. Ça doit être par Shunk et Kender... Ils m'ont dit que c'était un photo-montage, et moi je le crois, parce que je connais un petit peu. On en a beaucoup parlé ; tout le monde a dit « c'est impossible ». A la galerie Rive droite, qui était rue du Faubourg Saint-Honoré, il y avait un escalier, Yves a voulu montrer qu'il pouvait sauter d'une certaine hauteur, et il s'est démoli l'épaule. Et c'était moins haut que dans la photo. Mais ça a duré deux, trois mois, il a fallu faire un pansement et tout.

— IKB.

— International Klein Blue, c'est une association, et c'est Claude Pascal, Jean-Pierre Mirouze, un ami d'Yves qui était son assistant à Gelsenkirchen, Yves Klein et moi, c'est quatre personnes. Vous trouverez peut-être des textes, s'ils n'ont pas disparu. On a le droit de refaire des monochromes même après sa mort, si on en a envie. Restany s'en rappelle très bien, de l'IKB, International Klein Blue. Ça voulait pas dire simplement que son bleu était international, c'est que nous étions une association internationale ; avec son goût des mystères, des trucs comme ça. International Klein Blue c'est Pascal, Mirouze et moi maintenant.

La formule du bleu, c'est pas bien compliqué : il y avait du vernis gras, de l'acétone, du pigment bleu industriel. Ça a changé en chemin parce qu'Yves a trouvé le polyester ; c'est à l'époque des éponges. Mirouze lui a trouvé ça, en Allemagne, pour fixer le pigment ; ça l'a beaucoup intéressé cette question-là. Il en est même arrivé d'ailleurs à fixer sur certains papiers des empreintes avec une espèce de « pschh » de plastique aussi.

Yves n'en faisait pas un secret de sa formule. Avec les copains, comme moi, ou comme Mirouze ou Bernadette Allain. En plus, quand on l'aidait, il fallait bien...

Propos recueillis par Virginie de Caumont 15 janvier 1981 – 8 juillet 1981.

L'esprit de la couleur

ARMAN

Il peut être facile de contester des paternités et des filiations artistiques qui n'ont d'ailleurs vis-à-vis des œuvres, c'est-à-dire des résultantes, qu'une très faible importance, les intentions étant les seules valables.

Yves pour Claude Pascal et moi est depuis treize ans un compagnon, un frère, nous pouvons et, donc, je peux témoigner de sa constante recherche, qui déjà à l'époque, était nettement orientée vers ce qui reste son domaine : la couleur, l'*esprit de la couleur* et la possession des espaces par le vide et par les impressions de mains, de corps.

En 1947, Yves avait plusieurs réalisations d'empreintes sur tissu et papier et le projet d'un espace par le bleu et les mains, projet que nous réalisâmes peu après, et durant des conversations sur nos combats de judo il désirait enduire les judokas de bleu pour obtenir des empreintes violentes et nettes, puis Yves se perdait dans la contemplation du ciel tellement azural de son enfance et en proclamait le règne au sein des couleurs.

Octobre 1960.

Réalisme des accumulations

ARMAN

Dans la recherche de créations nouvelles, recherche rendue nécessaire par la carence et la fatigue des peintures hédonistes et des peintures gestuelles, j'ai, d'une manière consciente, exploré le secteur des détritus, des rebuts, des objets manufacturés réformés, en un mot : les inutilisés.

Pour les détritus, on a souvent parlé à ce propos de l'œuvre de Kurt Schwitters. S'il a semblé parfois se dessiner une certaine analogie, toutefois une différence fondamentale et définitive existe dans le résultat et la démarche.

Chez Kurt Schwitters nous assistons à une recherche délibérée d'harmonies et d'assemblages esthétiques ; pour lui, plus importante que le matériau, se trouve d'abord la possibilité de la valeur plastique des objets et celle de leur conjugaison ; de plus, Kurt Schwitters fut toujours sensible au sens littéraire des éléments choisis.

J'affirme que l'expression des détritus, des objets, possède sa valeur en soi, directement, sans volonté d'agencement esthétique les oblitérant et les rendant pareils aux couleurs d'une palette ; en outre, j'introduis le sens du geste global sans rémission ni remords.

Dans les inutilisés, un moyen d'expression attire tout particulièrement mon attention et mes soins ; il s'agit des accumulations, c'est-à-dire la multiplication et le blocage dans un volume correspondant à la forme, au nombre et à la dimension des objets manufacturés.

Dans cette démarche nous pouvons considérer que l'objet choisi ne l'est pas en fonction des critères Dada ou surréalistes : il ne s'agit pas là de décontexter un objet de son substrat utilitaire, industriel ou autre pour lui donner par un choix de présentation ou une inclinaison de son aspect, une détermination tout autre que la sienne propre ; par exemple : anthropomorphisme, analogie, réminiscences, etc., mais il est question bien au contraire de le recontexter en lui-même dans une surface sensibilisée x fois par sa présence duplicatée ; rappelons la phrase historique : mille mètres carrés de bleu sont plus bleus qu'un mètre carré de bleu, je dis donc que mille compte-gouttes sont plus compte-gouttes qu'un seul compte-gouttes.

De plus, dans ces surfaces, je dis bien surfaces car même dans mes compositions volumétriques ma volonté est toujours picturale plus que sculpturale, c'est-à-dire que je désire voir mes propositions prises dans l'optique d'une surface plus que d'une réalisation en trois dimensions. Dans ces surfaces donc, l'élément unique dans son choix se trouve être une proclamation monotypique bien que plurale par son nombre et donc très proche des démarches monochromes d'Yves Klein.

Le côté obsessionnel et proférateoire de la multiplicité d'un objet le rend pareil à une granulation unie, expression de la conscience collective de ce même objet.

A tout objet fabriqué correspond une série d'opérations précises qui se trouvent être contenues toutes dans sa forme et sa destination, multipliées par le nombre des sujets choisis, ces opérations se trouvent libérées dans les surfaces accumulatives.

Ce procédé de travail est en corrélation avec les méthodes actuelles : automation, travail à la chaîne et aussi mise au rebut en série, créant des strates et des couches géologiques pleines de toute la force du réel.

Juillet 1960.

« Le scandale positif »

CLAUDE PARENT

Je fréquentais beaucoup le milieu des artistes parisiens. C'est là que j'ai rencontré Yves Klein, à la galerie Denise René, ou chez Madame Kugel, je crois, qui était amateur d'art, amie de Vieira Da Silva et dont le mari était antiquaire. Je l'ai vu souvent chez ces gens-là. Je l'ai rencontré là, ou chez Iris Clert. Elle faisait les expositions les plus extraordinaires à cette époque.

Je ne connaissais pas ce que faisait Yves ni ce qu'il avait fait avec Ruhnau. Mais j'étais très lié avec André Bloc, une personnalité très marquante, qui avait créé les revues *L'Architecture d'aujourd'hui,* et *Art d'aujourd'hui.* Il était sculpteur, ingénieur de formation, et passionné d'architecture. Et je faisais partie du groupe « Espace » qui réunissait des artistes et des architectes pour faire des travaux en commun et notamment parvenir à cette fameuse intégration des arts. J'étais jeune architecte et par ce groupe, j'ai rencontré pratiquement tous les artistes à Paris.

Autour d'André Bloc, tout ce qui était dans le coup au point de vue artistique pouvait s'exprimer. Il est sûr qu'un type comme Yves Klein, par rapport à l'abstraction géométrique, par rapport à ces mouvements d'avant-garde, il a fait scandale. Moi, ce qui m'a intéressé quand je l'ai rencontré, c'est cette espèce de générosité et cette puissance de scandale, mais de scandale positif. C'était assez extraordinaire. Moi j'étais habitué à vivre vraiment avec les artistes ; j'estime toujours que ce sont les seules gens fréquentables. Il faut dire que dans ce milieu-là, l'espèce de liberté de Klein c'était quelque chose qui éclatait, que tout le monde a ressenti, à travers ses actions, son caractère, sa nature, sa façon d'être avec les gens. Il était extrêmement spontané. La conférence à la Sorbonne, par exemple ; j'y ai assisté. Je le connaissais déjà. C'était quelque chose d'extraordinaire. Je le vois encore... Là, il avait tenu son auditoire. Cette conférence, c'était à la fois quelque chose de très froid, de très intellectuel et de très passionné, par moments. C'était une espèce de monstrueux canular, mais inattaquable, inattaquable. Quand il faisait cette calligraphie japonaise, au tableau noir, sur une feuille blanche, c'était incroyable ! C'est là que j'ai été séduit. C'est une séduction qu'il dégageait. Tout le monde le sait. Et c'était une séduction de bon aloi, bon enfant, et jamais outrecuidante, jamais pédante. Il n'était pas vaniteux du tout.

Alors un jour, il est venu me parler : « Ruhnau est loin ; mon vieux, j'ai besoin de dessins pour des expositions. Je voudrais un architecte qui pige, qui comprenne, qui soit dans le coup, dans le milieu de l'art. » Il m'a donné des plans. Je me souviens bien. Il voulait expliquer comment marchaient ses villes avec des éléments de feu, des éléments d'air. Il voulait faire entrer ça dans la ville. Il est arrivé avec un dessin grand comme ça, je ne sais pas qui l'avait fait, une architecture idiote, mal dessinée... « Écoute, si tu exposes ça, tu vas te faire foutre de toi. » Il m'a dit : « Est-ce que tu peux m'aider ? » J'ai dit : « Oui. » Et puis là on a commencé à collaborer. Et chaque fois qu'il avait une idée, un truc, il venait me demander de le dessiner. Je précise quand même que je n'ai pas inventé avec lui. Je dessinais pour lui. J'étais son dessinateur (il rit gaîment) de luxe. Parce que j'ai coutume de dire que ce qui est mauvais quand on prend un dessinateur, quand on est artiste, c'est que souvent le dessinateur est au-dessous de votre qualité ; on ne devrait jamais collaborer avec un gars au-dessous de sa propre qualité. Moi j'avais déjà ma réputation, et dessiner pour un autre, il fallait que l'autre en vaille la peine. Alors disons que j'ai été un collaborateur. C'était pour lui faire plaisir, et d'abord parce que ses idées me plaisaient. J'y crois encore. J'ai fait des tas de dessins, surtout les dessins des « villes ». C'est-à-dire ceux où il y a des autoroutes qui traversent les paysages et où un gigantesque toit d'air pulsé protège les gens en dessous, tout nus, comme dans un jardin d'Éden. A un moment il a voulu dessiner les entrailles de la terre pour montrer que s'il n'y avait rien à la surface du sol que les gens qui étaient tout nus, c'est parce qu'il y avait une énorme machinerie à l'intérieur. Alors il m'a fait dessiner des machineries en sous-sol.

Quand il avait une idée, il venait, on en parlait, on en discutait. Et sa méthode bien connue c'est qu'il ne me lâchait pas jusqu'à ce que le dessin lui convienne. Je me souviens pour les « Fontaines de Varsovie », on a fait deux, trois esquisses. Ça ne lui suffisait pas. Il était déjà neuf heures du soir. Il était là depuis cinq heures. Il dit : « Je vais aller chercher le dîner, ta femme et ma femme, on va dîner tous les quatre, on va faire un pique-nique – Continue de dessiner. » Il allait chercher à manger, et puis ça se terminait à deux heures du matin ; je n'en pouvais plus ; il était content.

En fait on pourrait appeler ça dessiner sous influence. C'est très curieux ; parce qu'il faut attraper ce qu'il avait dans la tête et qu'il ne savait même pas expliquer. J'ai fini par comprendre tout d'un coup que plus c'était romantique, plus c'était dynamique dans le ciel, plus ça lui plaisait. Ce n'était pas du tout la mode à cette époque-là. On faisait des dessins secs ; le roi du dessin c'était Niemeyer. Avec Klein je faisais des dessins très romantiques, comme on faisait avant la guerre, et comme on fait maintenant : avec des flonflons, des machins ; il fallait qu'il y ait des nuages dans le ciel. C'était très curieux comme expérience, complètement décalé du contexte. C'est ça qui m'a passionné.

Une fois, je suis allé faire une empreinte avec lui. C'était l'empreinte qui est celle du Musée des Arts décoratifs. Il y a une femme avec des palmiers. Alors, il m'a dit : « Moi je fais l'empreinte avec la femme et toi tu fais les palmiers, le paysage. » Il y a beaucoup de trucs écrits dessus ; elle n'est pas jolie d'ailleurs ; mais c'était une explication. Lui ce qu'il voulait c'est que ce soit didactique. Il fallait qu'il y ait des palmiers, qu'on voie l'Océanie, qu'on voie la mer. Or tout ça, il ne savait pas le faire. Il fallait que je le fasse.

C'était comme pour les dessins. Il arrivait avec des petits dessins et il me disait : « Il faut que j'explique ça aux gens. » C'est comme ça qu'on travaillait. Quelquefois ça lui plaisait, d'autres fois, ça ne lui plaisait pas. Nous avions vraiment des rapports de travail. Et en même temps, nous étions des amis. Je ne lui faisais bien entendu pas payer les dessins, alors un jour il a voulu faire quelque chose pour moi. Il m'a dit : « Qu'est ce que tu aimes ? » J'ai dit : « Un relief éponge. » Il a répondu : « Non, ce n'est pas moi. Tu auras un monochrome. Ça, c'est moi. »
Propos recueillis par Dominique de Ménil, juillet 1980.

Arman : la peinture du futur

Virginie de Caumont : J'ai trouvé dans les archives de Beaubourg trois textes, l'un d'Yves, l'autre de Claude Pascal et le troisième de vous qui font allusion à une cave et à un mur monochrome à Nice vers 1947-1948. A-t-il vraiment existé ?

Arman : Il a vraiment existé, c'était 13, rue Paul-Déroulède.

V. de C. : C'était la cave de la maison de votre père ?

A. : C'était la cave de mon père, c'est là que je travaillais et que nous nous réunissions. Yves avait peint effectivement un mur en bleu.

V. de C. : C'était à la peinture normale ?

A. : Oui.

V. de C. : Est-ce qu'il le percevait déjà comme un monochrome ?

A. : A l'époque non, parce qu'il n'avait pas encore fait de monochromes. Je veux dire sur toile, sur bois préparé.

V. de C. : Est-ce qu'on peut dire déjà que c'est un monochrome ?

A. : Lui disait que c'était un monochrome.

V. de C. : C'est important parce que, d'après Claude Pascal, mis à part le rond bleu dont vous parlez, il a fait les monochromes à Londres en 49-50. Ce serait donc le tout premier.

A. : Je ne sais pas parce qu'il y avait ce rond bleu qu'il avait peint sur le cahier, alors qu'il ne faisait pas de peinture, mais dont il disait : « ce sera la condition future de la peinture ». Au point de vue théorie, il avait donc déjà une idée de la peinture. Il m'a aidé à peindre la cave, il a fait un mur bleu mais je ne sais pas s'il avait une idée. C'est une attitude différente, c'est vis-à-vis de la monochromie, ou est-ce qu'il s'agit de faire un monochrome ?

V. de C. : C'était le même bleu ?

A. : Non c'était plus pâle.

V. de C. : Il l'a considéré comme un travail, comme une œuvre d'art ?

A. : Après, oui, quand on en a parlé quelques années après, oui.

V. de C. : Mais sur le moment, non ?

A. : Sur le moment je ne sais pas, je ne sais pas, bien que, avant qu'il ait fait ce mur bleu, il y avait ce cercle qu'il avait peint sur un cahier.

V. de C. : A peu près au même moment ?

A. : A peu près au même moment, je vous dis, il appelait ça « la peinture du futur ».

V. de C. : En fait, que puis-je dire de ce mur dans la cave ?

A. : Qu'il l'a peint et qu'après il l'a déclaré comme monochrome.

V. de C. : Seulement après, quelques années après ?

A. : C'est très difficile à dire, parce qu'à l'époque, on ne faisait pas tellement attention ; il ne disait pas qu'il était peintre.

V. de C. : Ce mur a donc bien existé ?

A. : Oui, il a existé.

V. de C. : Il était bien d'un bleu plus pâle ?

A. : Oui.

V. de C. : Et, après coup, Yves l'a défini comme étant un monochrome ?

A. : Oui.

V. de C. : Ça avait quelle taille ?

A. : C'était petit, 3,50 m ou 4 m sur 1,60 m.

V. de C. : Dans cette même cave il, ou vous aviez fait des empreintes de mains et de pieds ?

A. : Oui, d'un côté. D'un autre côté, j'avais peint des outils. On avait tous fait un petit quelque chose.

V. de C. : Dans un souci de décoration ou plus que ça ?

A. : Oui, de décoration.

Propos recueillis par Virginie de Caumont, le 8 juillet 1981.

Klein, Raysse, Arman : des Nouveaux Réalistes

Klein : Je propose d'effectuer une séance d'anthropophagie sur Paris.

Arman : La définition du Nouveau Réalisme, « nouvelles approches perceptives du réel », est bonne mais elle est d'abord inexacte.
Le terme « nouveau réalisme » ou « réalisme d'aujourd'hui » me semble avoir été employé devant moi par Yves Klein, il y a à peu près deux ans de cela.

Klein : Pierre Restany est un de nos plus brillants critiques, des plus intéressants, mais il n'arrive pas à être assez droit, assez vrai, assez pur ; en même temps, on pourrait dire qu'il est très humain. Il se laisse aller à soutenir n'importe qui.

Arman : Il n'y a plus de critique engagé, c'est bien et c'est mal. Car pour des mouvements d'art nouveau, c'est-à-dire combatif dans sa forme même, il serait nécessaire de posséder des critiques engagés et non des critiques qui défendent n'importe qui.

Raysse : Je crois qu'aujourd'hui il est temps de se défendre nous-mêmes, et le créateur doit être son propre explicateur et surtout puisqu'il a vécu les aventures de travail de ses compagnons de tous les jours ; il n'y a pas de raison pour qu'il n'explicite pas mieux que personne les œuvres...

Sacha : Nous arrivons donc au point où les artistes commentent et comprennent eux-mêmes leurs œuvres, est-ce la mort de la critique ?

Arman : Ce n'est pas la mort de la critique picturale, mais je pense que les critiques vont reprendre une place qu'ils auraient toujours dû avoir : c'est-à-dire celle de poètes, d'écrivains d'art, mais nous ne voulons plus leur accorder le respect de critiques.

Klein : Pas entièrement d'accord en cela. Il y a longtemps que les créateurs ayant formé des groupes se sont défendus eux-mêmes. Exemple : les Nabis, l'École de Barbizon... La critique est alors considérée comme une critique objective et non pas engagée. Mais un critique littéraire comme Pierre Restany ne peut être le chef d'une école. J'aime sa définition du Nouveau Réalisme, « nouvelles approches perceptives du réel » ; nous cherchons à vaincre un complexe devant la « grande nature » et pas seulement envers la « nature urbaine ». Moi, je fais aussi mes tableaux avec la foudre, la pluie, le vent en pleine campagne, aussi bien que dans les usines du Gaz de France avec une flamme réglée mécaniquement à 3, 4 ou 5 mètres.

Sacha : Vous faites partie tous les trois de ce qu'on a pu appeler l'Ecole de Nice ; pouvez-vous donner quelques caractéristiques de ce groupe ?

Arman : C'est d'abord un lieu géométrique, géographique et un certain état d'esprit, proche par exemple pour Yves Klein de la nature, du ciel, de la mer ; pour Martial, d'une certaine appréhension des objets.

Klein : Je pense que l'École de Nice est à l'origine de tout ce qui se passe depuis 10 ans en Europe : cela paraît incroyable mais nous avons vu se répandre dans le monde l'École dite de Paris avec tout un groupe d'artistes, que ma foi je respecte et que j'aime bien, mais qui n'est plus d'aujourd'hui. Et c'est ce que l'École de New York reproche à Paris, avec raison. Au fond, ils ont refait leur travail ; nous en avons assez, nous l'École de Nice, depuis 10 ans, de nourrir Paris et même New York, il y a une limite aux devoirs de famille. Qu'ils fassent ce qu'ils veulent, nous nous estimons à jour, nos vues vont vers l'ouest, où nous voyons Los Angeles plutôt que New York, car Los Angeles mystérieux, je n'y ai rien compris alors que New York je l'ai dépassé et ensuite il y a Tokyo ; je verrais donc un nouvel axe de l'art, Nice-Los Angeles-Tokyo essentiellement, nous rejoignant par la Chine.

Sacha : C'est au fond une descente générale vers l'équateur. L'artiste, aujourd'hui, est un artiste international, il est l'artiste du monde.

Raysse : Moi j'ai là une vue provinciale. Je suis arrivé à Paris, et mon hygiène de la vision niçoise m'a fait gagner du temps. Tout un côté tachiste de ce qui se présenterait comme une avant-garde – on aimait encore la rouille, on s'attendrissait avec des bouts de torchons déchirés et tout cela, au fond, c'était du tachisme ; on part de trapèzes avec des vieux procédés, c'est toujours la même manière d'aborder la surface. Je me suis aperçu qu'il y avait l'envergure et une pureté de l'esprit qui était tout à fait différente à Nice. Il y a au départ, formellement, des différences ; il n'y a plus aucune construction dans le travail des peintres de l'École de Nice. On cherche une réalité de fait, une chose en soi.

Arman : Bien souvent le besoin crée l'organe, nous étions ici coupés de tout. Nous ne connaissions rien, nous sommes ici des mohicans. Nous avons fait ce qui nous plaisait, c'est l'école sans complexe.

Klein : J'en reviens toujours à cette formule, l'« art de la santé ». Claude Pascal recherche la santé, aussi bien physique que morale. Cela existe déjà depuis 15 ans. Mais sous l'avalanche permanente des critiques, nous en étions arrivés à nous prendre pour des cons. [...] Je me suis alors écrié que le kitsch, l'état de mauvais goût, est une nouvelle notion dans l'art : « le grand beau n'est vraiment beau que s'il contient en lui du mauvais goût, de l'artificiel bien conscient avec un doigt de malhonnêteté ». Nous sommes très fiers d'être les « cons » de l'époque 1956, et je me demande où ils en sont aujourd'hui, ceux qui nous ont accusés de cela, alors que nous, nous sommes les premiers dans la recherche des formes actuelles de l'art dans le monde, nous n'avons pas peur de le dire.

Sacha : Cette définition du mauvais goût ne pouvait-elle pas s'attribuer à Rauschenberg, à ses œuvres, ses montages ?

Klein : Non, je ne suis pas d'accord car Rauschenberg a toujours tenu, et il me l'a dit lui-même au cours de longues discussions à New York, qu'il tenait absolument au fait qu'il peignait et repeignait les objets qu'il employait pour ses œuvres.

Sacha : Vous ne trouvez pas qu'il y a cette parcelle de mauvais goût ?

Klein : Non, je pense que le vieil académisme du pinceau, de la couleur est ici présent.

Arman : Ah, oui ! la rumba des pinceaux ! le complexe du chevalet.

Klein : C'est un des points qui dès le début m'ont inspiré moi-même, car je suis arrivé à prendre un rouleau pour m'éloigner du pinceau ; rouleau beaucoup plus anonyme, la couleur était en soi.

Arman : Moi aussi, avec mes « cachets » ou mes « allures d'objets », j'ai essayé de supprimer le pinceau.

Klein : Comme aussi Martial qui va dans les uniprix et rafle les rayons...

Raysse : Il faut bien considérer que nous ne sommes pas des artistes. Un artiste en ce moment veut attendrir, expliquer et, prisonniers de la notion d'artiste, nous sommes des rentiers, nous vivons en vacances, nous n'avons jamais travaillé de notre vie, je ne sais pas ce que c'est que la société, je me suis toujours promené. Je fais l'amour avec la nature, avec les prisunics, avec mes amis et si les gens me donnent de l'argent c'est très bien, mais de toute façon nous faisons cela pour nous promener. Nous sommes éternellement en vacances. Je suis sculpteur comme j'ai les yeux bleus.

Yves Klein, Martial Raysse, André Verdet et Sacha Sosnowsky devant un tableau de Verdet. St-Paul de Vence, août 1961

Klein : Effectivement nous sommes en vacances, depuis toujours, en vacances.

Sacha : Mais plutôt que des artistes ne seriez-vous pas plutôt des hommes de science ?

Klein : Ni des hommes de religion, ni des hommes de l'art, ni des hommes de science.

Arman : Et nous rejoignons la définition suivant laquelle l'art c'est la bonne santé car étant perpétuellement en vacances, nous avons le temps de manger, de détruire et de recracher tout ce qui nous passe par la main.

Raysse : Oui, nous avons un punch extraordinaire contingenté par aucune restriction.

Klein : Bien que nous soyons toujours, nous l'École de Nice, en vacances, nous ne sommes pas des touristes. Voilà le point essentiel. Les touristes viennent chez nous en vacances, nous habitons le pays des vacances qui nous donne cet esprit de faire des conneries. On s'amuse bien, sans penser à la religion, à l'art ou à la science.

Arman : Et la grosse affaire de l'École de Nice est la pêche des gros poissons !

Klein : Nous aimons les bonnes affaires, nous aimons énormément l'argent ; nous ne cherchons pas à vendre nos œuvres pour « faire » de l'argent, nous faisons les cent coups. C'est-à-dire que nous sommes un groupe de gangsters, les gangsters de la sensibilité dans le monde ! D'ailleurs en argot, le « niçois » c'est le tricheur, qui fait de l'argent d'une manière bizarre.

Sacha : C'est une espèce d'alchimiste.

Arman : Oui.

Klein : Nous sommes bien les vampires de la sensibilité du monde d'aujourd'hui.

Sacha : On a pu parler à propos de l'École de Nice de Dada, de Marcel Duchamp, qu'en pensez-vous ?

Raysse : Je ne connais pas qui est Dada, j'ai 25 ans. Je ne connais pas une vieille baderne de Duchamp qui en a 60. Nous n'avons rien à faire avec eux. Nous sommes des gens qui n'avons pas été frappés par le poste à galène. Nous n'avons pas à redorer le blason des disciples de Marinetti.

Klein : Oui, car dans le fond Dada a été un mouvement plus politique qu'artistique. Nous sommes en vacances, pas en révolte. Nous ne sommes pas en fuite.

Arman : Rauschenberg au cours d'une conversation avec Yves Klein a glané cette phrase : « pour Dada il s'agissait plutôt d'exclure », c'était donc un combat. Pour nous il s'agit surtout d'inclure...

Klein : Oui, je joue Franz Kline, de Kooning, pour New York, et les artistes abstraits lyriques ou autres de Paris que je ne déteste pas entièrement, bravo pour eux ! Pour nous, nous restons en vacances !

Débat animé par Sacha Sosnowsky, 1960.

Pierre Henry : une ouverture

Pierre Henry

Pour penser à une nouvelle musique

Il faut détruire la musique. Elle ne correspond plus à rien pour nous dans la mesure où elle doit être *harmonie des sphères.* Dans la mesure où le sacré s'est transporté de l'Absolu jusque dans la vie elle-même, la musique doit se transporter de la sphère de l'art (musicalement parlant) dans le domaine de l'angoisse sacrée.

Si les conventions musicales, l'harmonie, la composition, les règles, les nombres, le côté mathématique et les formes avaient un sens par rapport à un Absolu, aujourd'hui la musique ne peut en avoir que par rapport aux cris, au rire, au sexe, à la mort. Tout ce qui nous met en communication avec le cosmique, c'est-à-dire avec la matière vivante des mondes en feu. Il faut prendre immédiatement une direction qui mène à l'organique pur. A ce point de vue, la musique a été beaucoup moins loin que la poésie ou la peinture. Elle n'a pas encore osé se détruire elle-même pour vivre. Pour vivre plus fort comme le fait tout phénomène vraiment vivant. Cela ne veut pas dire : écarter toute règle, toute rigueur ou toute forme, mais pas d'autres règles que celles visant à l'efficacité. Je crois que l'appareil enregistreur est actuellement le meilleur instrument du compositeur qui veut réellement créer par l'oreille et pour l'oreille. Si nous voulons lutter contre la mécanique, il faut employer des méthodes mécaniques, ainsi la machine se retournera contre elle-même. Un son enregistré est instantanément détruit en tant que machine.

Le mythe du moderne n'existe plus. Les bruits seront supprimés. Ils deviendront désincarnés, désignifiés et comme sacralisés.

Alors ce sera peut-être la musique concrète, la musique du *vivant* et du *soleil.*

Février 1947

En hommage à Yves Klein, Pierre Henry, 1982.

Patrice Bachelard : Ce qui m'intéresse, c'est de savoir quand vous vous êtes rencontrés, et puis quand vous avez commencé à imaginer ensemble des événements musicaux.

Pierre Henry : Je pense que notre rencontre date de la fin 56. A cette époque, je venais de faire des musiques pour Claude Pascal, un poète que je trouvais résolument moderne. J'ai réalisé pour lui un disco-livre, « L'an 56 » et « L'Occident est bleu ». Il me semble que Claude Pascal fut pour Yves et les autres une sorte de révélateur. C'était un porte-parole, un penseur qui ne travaillait pas vraiment, qui vivait à Nice et qui a beaucoup voyagé avec Yves. Grâce à Claude Pascal, j'ai connu l'École de Nice : j'ai connu Arman, j'ai connu Martial Raysse et, bien entendu, Yves.

P. B. : Par Claude Pascal alors ; c'est une chose que j'ignorais !

P. H. : A ce moment-là, j'étais encore chez Pierre Schaeffer, dans son studio, rue de l'Université. Cela commençait à devenir un peu difficile, un peu tangent, un peu précaire. Je n'aimais plus travailler là et je crois que cette demande de Pascal de composer des musiques pour ses poèmes a été une ouverture. Mon univers musical était devenu une sorte de tour d'ivoire, complètement étanche. Alors voir ce poète et ensuite voir tous ces peintres, ça a été pour moi l'ouverture, qui m'a libéré et peut-être m'a fait quitter la Radio. Et, en 1958, j'ai fondé mon premier studio. Immédiatement, il y a eu beaucoup de rencontres avec des peintres : visites, écoutes, échanges, concerts. Concerts pour Degottex, pour Mathieu, pour Arman aussi.

Finalement, je pense que c'est avec Yves que j'ai eu les dialogues les plus riches sur un futur possible, pluridisciplinaire, où l'on pouvait tout imaginer : montrer des peintures, projeter des formes, organiser un environnement. Tout cela m'a ouvert une nouvelle voie : « environner » ma musique. Avant, ma musique s'écoutait les yeux fermés. Quand j'ai connu tous ces gens-là, et Yves, j'ai eu envie que ma musique change et s'écoute

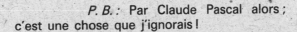

avec les yeux : c'est une sorte de stimulation de l'oreille.

A ce moment-là, Yves écoutait beaucoup ma musique. Il avait lu un texte que j'avais intitulé : « Pour penser à une nouvelle musique ».

P. B. : Parce que vous étiez déjà célèbre quand vous avez rencontré Yves ?

P. H. : J'avais pratiquement dix ans de musique concrète. J'avais composé le « Voile d'Orphée », « La Symphonie pour un homme seul », etc. Ce texte l'a beaucoup, je pense, excité. Je l'ai retrouvé, vous le voulez ?

P. B. : Et vous l'avez publié à l'époque ?

P. H. : Il avait déjà été publié en février 1947 dans une revue du Conservatoire. On y parle de choses qui sont, finalement, « très Yves Klein ». J'étais content de le lui montrer. Il y avait là une « correspondance » entre nos buts, nos recherches.

P. B. : Il faut absolument qu'on le mette dans le catalogue. Vous vous êtes alors vus beaucoup, Klein et vous ? Et c'est lui qui vous a tout de suite parlé de son projet de « symphonie monoton ».

P. H. : Oui. On parlait du son et lui me disait : ce qui serait formidable, c'est que le son vive. Mais que ce soit un son unique. Moi, j'allais plus vers la polyphonie, mais cela m'a intéressé et permis de décanter beaucoup de choses ; de chercher des sons qui soient des œuvres en tant que telles, qui soient des sons qui filent, comme ça, qui se prolongent, et qui donnent une dimension de temps et d'espace. Ce qui n'était pas tellement notre propos à l'époque. Une époque trop expressionniste.

P. B. : C'est justement ce que je voulais vous demander : est-ce qu'il y avait des musiciens qui avaient ce genre d'idée ou pas du tout ?

P. H. : Je pense que John Cage et La Monte-Young ont été aussi des précurseurs. Yves et moi, on avait envie d'une « valeur sonore » qui ne serait plus une écriture, mais une sorte d'évolution sonore, à la fois statique et mouvante, comme un grand serpent musical. Tout en « minimisant » le son, en lui enlevant son aspect symphonique lié à la tradition musicale. Faire un seul son n'est pas très intéressant. Il en faut au moins deux. Mais là, c'était très bien de n'en faire qu'un.

Au fond, c'était très proche de mes recherches et de mes intentions futures. Mais finalement, mes œuvres auront eu aussi d'autres influences : la littérature, le langage écrit et verbal, le cri, François Dufrêne.

Il faut ajouter que, dans les années 60, j'allais surtout dans les expositions ! Et puis j'ai fait un concert avec Mathieu, à Vienne, pendant qu'il créait une toile devant le public. Pour d'autres peintres, pour Degottex, chez D'Arquian. L'amitié avec Arman comptait beaucoup aussi. Et là, ça a été très riche dans la mesure où son idée d'accumuler des choses de même nature m'intéressait sur le plan de l'analogie de sons différents entre eux. Je rencontrais Yves à peu près une fois par mois. Je suis allé à Gelsenkirchen visiter le théâtre. Un peu après l'inauguration, j'y suis allé avec lui. On avait projeté de faire un spectacle ensemble. C'était un grand projet. Ça n'a pas abouti, peut-être un peu par paresse. L'un et l'autre, nous n'avons pas vraiment fait ce qu'il fallait pour que ça aboutisse.

P. B. : Il voyait beaucoup d'autres musiciens, non ?

P. H. : Je ne crois pas. Je ne sais pas. Il connaissait déjà mon travail par Claude Pascal. Il paraît qu'ils écoutaient le « Voile d'Orphée » toute la journée.

P. B. : Comment vous l'avez connu Claude Pascal ?

P. H. : Par Éliane Radigues qui était, à ce moment-là, la femme d'Arman, et qui est aussi compositeur.

P. B. : Vous me disiez tout à l'heure que vous pensiez avoir fait une première version pendant l'exposition du « Vide » chez Iris Clert ?

P. H. : C'est vraisemblable, dans la mesure où les sons ont été réalisés pour cette époque-là. C'est après que j'ai eu l'idée d'en faire un cadeau utopique ! Un objet musical de très grande durée, presque injouable, mais les sons existaient absolument. On peut encore les lire dans mes cahiers de classement. Des sons filés, des sons scintillants, des pulsations. Tout ça pour lui, pour ses idées.

P. B. : Mais finalement vous ne l'avez jamais donnée en concert, cette symphonie ?

P. H. : Non jamais. Je n'ai jamais donné la « Symphonie monoton » en concert. C'était une œuvre offerte ! Elle ne m'appartenait plus.

P. B. : Et puis il a disparu, juste après, et...

P. H. : Cela a été un énorme choc.

P. B. : Il y a d'autres choses qui vous reviennent ?

P. H. : Ce travail qu'il voulait faire avec le feu, c'était vraiment une symbiose avec la musique. C'était mettre ensemble nos deux sens du cérémonial...

P. B. : Lors de la cérémonie, si j'ose dire, des « Anthropométries » à la galerie d'Art international contemporain, chez D'Arquian, la « Symphonie monoton » était jouée par des musiciens... Vous y étiez. Avez-vous réglé, dirigé ?

P. H. : Oui, mais c'était assez loin de moi dans la mesure où il s'agissait d'un son unique : une tonique jouée par des musiciens où les variations ne venaient que du jeu. C'était fabuleux comme impression sonore. Il y avait les empreintes, et ces musiciens en habit qui jouaient très gravement. Le tout était extraordinaire.

P. B. : Vous aviez réglé la mise en place sonore de l'ensemble musical ?

P. H. : J'étais là... Je ne me souviens plus très bien. J'ai dû participer, au départ.

Ce qui est important encore, c'est ce noyau formé avec Claude Pascal, Arman, Yves. Ce fut un moment tout à fait déterminant pour mon évolution. Il fallait que je m'installe, en toute liberté, hors des institutions.

Je n'oublierai jamais quand Yves Klein venait rue Cardinet, dans mon nouveau studio. Et là, nous parlions des heures et des heures... et l'on riait beaucoup aussi.

Propos recueillis par Patrice Bachelard, décembre 1982.

Yuki Tatsura : le nouveau et l'ancien

J'ai passé deux ans à Paris, entre 1956 et 1958. J'étais étudiante. Je suis allée directement à Paris, je voulais séjourner en Europe, pour étudier l'art occidental. Je parlais assez mal le français. Un jour, en passant devant La Coupole, de la terrasse quelqu'un m'interpelle, et me dit :

— Rappelez-vous, nous nous sommes rencontrés à Tokyo, c'est M. Uemura qui m'a présenté à vous, en 1952, quand j'étudiais le judo au Japon.

Je ne l'avais vu qu'une seule fois, dans un vernissage, je ne me rappelais pas très bien.

— Je voudrais faire de la tempera, de la gouache, la technique japonaise, apprenez-moi.

Je l'ai accompagné à son atelier. C'était un peu comme un garage, légèrement en pente. C'est alors que j'ai compris que c'était la fresque qu'il voulait apprendre, en grandes surfaces. Il venait de terminer un monochrome bleu. Il y en avait plusieurs, le long des murs. C'était juste après son exposition chez Iris Clert.

— Apprenez-moi cette technique, je vous donnerai un tableau.

J'avais très peu d'espace, je me sentais timide, je lui ai dit : alors un petit, un très petit, peut-être. Mais bien sûr, je n'en ai pris aucun. J'étais aveugle à cette présence de peinture. Nous avions vu beaucoup d'expositions de peintres surréalistes, au Japon, et ce sont eux qui m'avaient influencée dans mon travail. Je ne lui ai pas appris grand-chose, nous nous sommes vus plusieurs fois.

— Ça ne fait rien, j'aime votre travail.

Il m'a fait rencontrer ses amis, Iris Clert, qui a montré quelques tableaux de moi, dans sa galerie. Je n'ai vu aucune relation entre ce qu'il faisait et la peinture japonaise, ni à cette époque-là, ni maintenant. Mais il était comme Christophe Colomb, il avait trouvé l'œuf.

Et puis j'ai quitté Paris, je suis allée en Afrique. La dernière fois que nous nous sommes vus, c'était à New York en 1961 ou 1962, au moment de son exposition. Tous les tableaux étaient bleus, de la même taille, plats, irradiants.

Il devait aller au Japon, on s'était promis de se revoir. Il était ouvert, joyeux, enthousiaste, et sérieux. Il m'avait fait rencontrer ses parents. Il était avec eux courtois, déférent. Un jour, je lui ai dit : vous avez un courage extraordinaire. Je regardais ses monochromes. Il m'a dit :

— Non, non. Ce n'est pas du courage.

Il était sûr, et détaché. Pour lui, c'était la chose à faire, la chose qu'il devait faire.

Une chose encore me revient. J'étais à Saint-Germain-des-Prés au moment des funérailles de Rouault. Il y avait beaucoup de monde. Je suis très petite, je voulais voir. Un pompier m'a hissée en l'air.

Et puis, il y a eu un lâcher de ballons, de ballons bleus, partout, dans le ciel. Ils s'élevaient. Et j'ai pensé, au même moment : le nouveau, et l'ancien.

Propos recueillis par Jean-Yves Mock
Tokyo, août 1980

Christo : A Radical Attitude

Cyril Christo : When did you first meet Yves ?

Christo : In 1960, but I really met him well in 1961 just six months before his death.

C.C. : Under what circumstances ?

C. : In 1958 when I arrived in Paris I had the address, from my parents, of a Russian born abstract painter, Anna Staritsky. I asked her to see my packages in my Rue St. Senoch studio. Although she was not interested she said that Pierre Restany might be. He was then the press secretary of the French Prime Minister as well as being in contemporary art. Pierre came to my studio in 1958 and through him I met Rivers, Tinguely, Arman and Klein.

C.C. : What was the atmosphere like ? His personality ?

C. : Often he would call us to show his latest works and we would sit on the floor in the living room of his large bourgeois apartment. We would eat very well at his house. Sometimes it was the only good food we would have for days. I remember Yves was occasionally harsh with Rotraut even though she was pregnant. She was cooking wonderfully but always scolded Yves not to eat too much. He always went to La Coupole surrounded by lots of people having remarkable conversations in French. I remember he was very impressed that Jeanne-Claude was a general's daughter especially since de Gaulle was coming back to power.

C.C. : What was your reaction to his work ?

C. : I think the idea of using blue pigment was very important. You must understand the period. There was an interest about the surface of paintings. The two key figures were Tapies and Burri whose works were linked to Dubuffet who was powerfully building up that surface interest. On the other side was this conceptual attitude. With Yves' blue paintings I was already aware that they were more than merely painting. It was rain and earth and blue pigment. It was a totally different idea.

C.C. : What do you think of his Place de la Concorde project ? Was there any political statement or just a continuation of his conceptual art ?

C. : I don't think Yves was very interested in political statements. I think he wasn't concerned with social and political matters. About this he was basically naive. One thing he was lacking was that he was not at all involved with the public. He was interested in the fusion between art and architecture especially with his pneumatic architecture. Yet he did not understand urban planning. His writing about creating an Edenic world was coming out of a number of architectural ideas that were based on theoretical writings. I think the Concorde project was too linked to already existing elements. He was using public spaces and twisting them but not really reacting to them. There was no formal « bouleversement » of space. When he threw away the gold into the Seine that was a very beautiful statement. It was much more intimate and direct and there was more credibility in the force. He was more powerful with his Gas de France fire paintings because unlike his performances he was directly involved, operating in a subversive action about the idea of painting. The way he was treating the surface of his reliefs was in a pure poetical microcosm. It was a painterly vision.

C.C. : What do you find most inspiring in Yves' work ?

C. : His radical attitude vis a vis the painting ; he was trying to act simply toward the idea of painting. In a world of hundreds of complications between what is good art and where art should go he kept his distance and he kept the energy in that very simple relation with the surface. Looking retrospectively the old fashioned behaviour of the minimalist painters was so archaic and so related to the very traditional pictorial interest. They didn't have this radical attitude of Yves. Their surface was so relaxed while Yves was producing enormous energy and a new dimension. When you see a blue painting it was not the way Yves saw the painting. I think that was probably his greatest accomplishment : what a painting could be.

New York, 1er octobre 1982.

Cyril Christo : Quand avez-vous rencontré Yves pour la première fois ?

Christo : En 1960, mais je ne l'ai réellement bien connu qu'en 1961, exactement six mois avant sa mort.

C.C. : Dans quelles circonstances ?

C. : En 1958, quand je suis arrivé à Paris j'avais, de mes parents, l'adresse d'un peintre abstrait, Anna Staritsky, qui était née en Russie. Je lui ai demandé de passer voir mes empaquetages à mon atelier, rue Saint-Senoch. Et, bien qu'elle n'ait pas été intéressée, elle me dit que Pierre Restany le serait peut-être. Il était alors attaché de presse d'un Premier Ministre gaulliste de la IVe République, Jacques Chaban-Delmas, et en même temps très actif dans les milieux d'art contemporain. Pierre vint à mon atelier en 1958 et c'est par lui que j'ai rencontré Larry Rivers, Tinguely, Arman et Klein.

C.C. : Quel était le climat artistique ? Sa personnalité ?

C. : Il nous appelait pour qu'on passe voir ses dernières œuvres, assez souvent. On s'asseyait par terre dans le salon du grand appartement bourgeois où il habitait. On mangeait très bien chez lui. Il arrivait que ce soit le seul bon repas qu'on ait eu pendant des jours. Je me rappelle Yves quelquefois un peu cassant avec Rotraut qui pourtant était enceinte. Elle faisait merveilleusement bien la cuisine et grondait Yves pour qu'il ne mange pas trop. Il allait toujours à La Coupole, entouré de tas de gens qui avaient des conversations fascinantes en français. Je me rappelle qu'il était très impressionné par le fait que Jeanne-Claude était la fille d'un général, d'autant plus que de Gaulle était en train de revenir au pouvoir.

C.C. : Quelle était votre réaction à son travail ?

C. : Je pense que l'idée d'utiliser du pigment bleu était très importante. Tu dois comprendre ce qui se passait à l'époque, l'intérêt se portait à la surface du tableau. Les deux personnages-clés étaient Tapiès et Burri dont les œuvres étaient liées à Dubuffet qui dépensait beaucoup d'énergie pour que tout l'intérêt soit porté à la matière du tableau. De l'autre côté, il y avait l'attitude conceptuelle. Les tableaux bleus de Klein m'avaient fait prendre conscience qu'ils étaient plus que de simples tableaux. C'étaient la pluie, la terre et le pigment bleu. Une idée totalement différente.

C.C. : Qu'est-ce que vous pensez de son projet de la place de la Concorde ? Y avait-il là une prise de position politique ou seulement un prolongement pour lui de l'art conceptuel ?

C. : Je ne pense pas qu'Yves ait jamais été vraiment concerné par la politique. Il ne l'était nullement par les choses politiques ou sociales. Sur ce plan-là, il était foncièrement naïf. Une chose lui manquait, qui était d'être totalement engagé avec le public. Il s'intéressait à une intégration de l'art et de l'architecture et plus particulièrement avec ses projets de l'architecture de l'air. Mais il ne comprenait rien à l'urbanisme. Ses écrits sur la création d'un retour à l'éden étaient issus d'un certain nombre d'idées architecturales fondées sur des écrits théoriques. Je crois que le projet de la Concorde était lié lui aussi à des éléments qui existaient déjà. Il utilisait les lieux publics et se les appropriait sans vraiment réagir à leur réalité intrinsèque. Il n'y avait pas de « bouleversement » formel de l'espace. Quand il a jeté de l'or dans la Seine, il y a eu là un énoncé conceptuel très beau. C'était beaucoup plus intime et direct, et d'une plus grande efficacité ; la force était encore plus grande avec les tableaux faits au Gaz de France car, à l'inverse des performances, il était engagé directement avec le feu dans une action subversive sur l'idée même de la peinture. La manière dont il traitait la surface de ses reliefs était celle d'un microcosme poétique. C'était la vision même de la matière picturale.

C.C. : Qu'est-ce que vous trouvez de plus inspirant dans l'œuvre de Klein ?

C. : Son attitude radicale vis-à-vis de la peinture. Il s'efforçait d'agir pour atteindre à une certaine idée de la peinture. Dans un monde fait de milliers de complications entre ce qu'est un art véritable et ce vers quoi il devrait tendre, il gardait ses distances et maintenait son énergie dans une relation très simple avec la surface. Si l'on regarde rétrospectivement, le comportement démodé des peintres minimalistes était très archaïque et lié seulement à un intérêt pictural très traditionnel. Ils n'avaient pas l'attitude radicale d'Yves. La surface de leurs tableaux était très libre, alors qu'Yves, lui, produisait par elle une énorme énergie tout en donnant une nouvelle dimension à la peinture. Je pense que cela a été son plus grand accomplissement : ce qu'un tableau pourrait être.

Traduction Jean-Yves Mock

Christo et Yves Klein : Portrait de Rotraut et Yves Klein le jour de leur mariage, 1962. Œuvre restée inachevée après la mort de Klein.

Larry Rivers : Very Black and White Eyes

On the morning of June 1962 Yves & Rotraut Klein were going to cast me in plaster. It was to be a mold from my balls up to the top of my head. One part of the process, I found out from Arman, required Rotraut to pinch my penis. This enabled her to stretch it away from my balls so that the final blue product ended up with a clear differentiation between those two parts. Instead of a telephone call fixing the time for our mold-making meeting I was informed of Yves death. The varying & strong emotions I experienced with that phone call still represent what I felt knowing Yves Klein & his work. We became friends through art so to speak. He came to N.Y. & got in touch with me & a little later when I was living in Paris in those heady days we saw each other or were in touch for all sorts of reasons almost everyday. As a friend I wanted to do him a favor. He asked if he could make a sculpture of me minus my legs. Why not ? *But*, the picture of myself lying flat out nude being fingered & poked by both of them like a loaf of bread was not something I fly out of bed for in the morning. I wasn't even sure that the blue result, the art part, was my cup of tea. I always wished him well. Yves wanted the simplicity & bang of Barnett Newman but the adulation accorded to Michelangelo. He put art on a tall pedestal worth grabbing at any price & I mean grabbing. It was hard to figure out what he wanted. Projecting a blue light on the obelisk in the Place de la Concorde thrilled him much more than any blue canvas he made with a roller except that in the end both were meant to overwhelm you with some kind of stealth. For me all of his art was combined with his good looking face featuring very black & white eyes, & a very strong body underneath all sorts of grey outfits. There was always lots of very « important » talking & arm animation. He banged the fist of one arm into the palm of the other to describe what he thought Vermeer was all about. His attention & affection was like being loved by a handsome gangster, thrilling but causing some apprehension. I'm not sure what Yves would have gone on to. Toward the end it was enough for him to lead the uncertain through empty rooms, « aesthetic space », then to the Seine to spill gold bricks. But his work remains a clear example of the bumpy & peculiar & maybe lonely road the artist travels for art & or salvation. That June morning phone call about Yves dying when I was to be made into a blue piece of his sculpture filled me with a wild mixture of grief & relief all in a ball I still can't unravel. I loved him & I thought he was mad.

October 1982

Le 6 juin 1962 dans la matinée, Yves et Rotraut Klein devaient faire un moulage en plâtre, une empreinte de mon corps, des couilles au sommet du crâne. Une partie du travail, je l'avais su par Arman, obligeait Rotraut à soulever le pénis pour le tenir séparé du reste afin que dans l'objet final tout bleu, il y ait une séparation très nette des deux parties.

Au lieu du coup de téléphone qui devait fixer l'heure du rendez-vous pour le moulage, c'est la mort d'Yves que j'appris. Le brusque passage à une émotion violente représente encore pour moi ce que j'éprouvai, connaissant Yves et son travail. C'est par l'art, d'une certaine façon, que nous étions devenus amis. A New York, il était entré en contact avec moi et, un peu plus tard, quand j'ai vécu à Paris dans ces années tumultueuses de l'après-guerre, on se voyait ou se téléphonait presque tous les jours pour une raison ou une autre. A l'ami j'avais envie de faire une fleur ; il m'avait demandé s'il pourrait faire une sculpture de moi, sans les jambes ; pourquoi pas ? Mais l'idée de me retrouver étendu à plat, nu, tripoté, malaxé par l'un et l'autre n'était pas une chose à vous faire sortir du lit. Je n'étais même pas convaincu qu'était exactement à mon goût le côté art du résultat en bleu.

Je lui souhaitais tout ce qu'il espérait, mais Yves voulait la simplicité et l'éclat de Barnett Newman tout en étant adulé à l'égal de Michel-Ange. Il mettait l'art sur un tel piédestal que ça valait bien qu'on s'empoigne, je dis bien empoigne, à n'importe quel prix. C'était difficile de deviner ce qu'il voulait. Projeter une lumière bleue sur l'obélisque de la place de la Concorde l'excitait bien plus que n'importe quel tableau passé au rouleau sauf qu'à la fin l'un et l'autre étaient supposés vous submerger entièrement, à votre insu.

Pour moi, tout ce qu'il faisait était inséparable d'un beau visage et de deux yeux très noirs et très blancs. Un corps solide sous toute espèce de costume gris, avec toujours des discours importants et de grands gestes de bras. Il tapait le poing dans la paume de

Portrait d'Yves Klein par Larry Rivers, 1961-62

l'autre main et c'était tout Vermeer qu'il expliquait. L'attention et l'affection qu'il vous portait vous donnaient l'impression d'être aimé par un superbe gangster, excitation et appréhension comprises.

Je ne sais pas dans quelle direction Yves serait allé. Vers la fin, il lui suffisait d'entraîner l'incertain dans des salles vides, « espace esthétique », et ensuite de jeter des lingots d'or dans la Seine, mais son travail demeure un clair exemple de la route singulière, cahotique et sans doute solitaire que l'artiste doit suivre pour trouver l'art ou le salut.

Ce coup de téléphone, un matin de juin où je devais être transformé en une de ses sculptures bleues, me remplit d'un furieux mélange de chagrin et de soulagement, un tout que je ne peux encore dénouer !

Je l'aimais, et je pensais qu'il était vraiment fou.

Traduit par Jean-Yves Mock

Jean Laffont, *directeur de La Coupole* :
« ... et il est devenu Yves Klein »

J'étais allé faire un stage professionnel en Espagne, dans un des meilleurs restaurants de Madrid. J'avais quand même du temps libre, et puis, quand on est un peu étranger, on cherche à faire des amitiés... Un jour, je vois « Club de judo », et je me dis « Tiens je vais y aller ». J'y suis allé et tout de suite, quand on a su que j'étais français, on m'a parlé d'Yves Klein. Moi, je ne le connaissais pas.

Il n'était plus à Madrid mais c'est lui qui avait monté ce club de judo avec un Espagnol. Klein était le professeur et l'Espagnol le directeur, mais moins qualifié que Klein qui était déjà ceinture noire.

— On dit qu'il aurait quitté l'Espagne à la suite d'un problème, peut-être politique ?

— A ma connaissance, il n'a eu aucun ennui en Espagne. Ça fait partie de la légende. Moi, là où je l'ai le plus connu, c'est à La Coupole. Car, par recoupement, quand il est retourné à Madrid après que j'en sois parti, on a dû lui dire : « Il y a un Français qui est venu ; c'est le fils de La Coupole à Montparnasse ». C'est venu comme ça ; quand il est rentré à Paris, il m'est tombé dessus. Alors on a plus que sympathisé puisqu'il venait très souvent ; on est devenus de très bons amis. C'est même ici qu'il a écrit son livre sur le judo.

Je me souviens, quelque huit, dix jours avant sa mort, c'était en présence de sa femme, de Trot. Ils ont dîné là un soir, là. Comme je faisais la nuit, les clients que je n'avais pas vus arriver, je les guettais à la sortie. Je les vois, je vais leur dire au revoir à la porte. Sur le pas de la porte, je dis : « Ça va ? » Il me dit : « Non, ça ne va pas du tout ; j'ai vu mon docteur, ça ne va pas du tout » — « Tu rigoles, toi une armoire à glace comme tu es ! » — « Non, vraiment je devrais être à la maison, pas bouger. Mon docteur me l'a interdit parce que j'ai l'enveloppe du cœur qui se déchire et, tu comprends, je sais d'où ça vient, c'est indirectement de ma faute. Quand je suis allé au Japon, là-bas il faut être toujours au top physique, donc

j'ai pris des remontants ; c'est d'ailleurs ça qui m'a permis d'arriver où je suis en judo, mais voilà où j'en suis. Tu sais bien mon tempérament. Moi, rester couché, il n'en est pas question ».

Je me rappelle comme si c'était hier. A la porte là-bas, il tenait Trot par l'épaule, il sortait. On était conscient de la chose, puis à la fois inconscient, ne se rendant pas compte de la gravité ; et c'est huit jours après qu'il est mort.

Quand j'ai appris sa mort, je suis allé dans l'après-midi avec mon frère saluer sa dépouille ; il était déjà très gonflé du corps. Je crois que ça doit être un symptôme pour des médecins, de ce genre de maladie. Il était très bien physiquement, mais alors son corps ; on aurait dit que ça avait éclaté là-dedans. Il me l'a dit, il me l'a dit textuellement... Vous savez que Yves nous l'avons marié et enterré dans la même année et dans la même église, la même année. Son mariage, ça a été quelque chose de formidable, ce décorum qu'il avait mis... les chevaliers de l'ordre de Malte...

— Non, de Saint-Sébastien.

— C'est pas Malte ? Je sais qu'il y avait une ramification avec l'Espagne. Lui, il disait, comme chevaliers de l'ordre de Malte, ils ont le droit – ils ne le font pas – mais ils ont le droit d'entrer dans une église à cheval ; lui, il l'aurait bien fait.

Mais il n'était pas un comédien, Yves Klein de tous les jours. Surtout s'il venait avec sa femme. S'il venait avec Restany, Tinguely, tout ça, à un moment donné, ça faisait le groupe, la conversation démarrait... C'était un homme tout à fait normal, il buvait, il mangeait normalement, à l'inverse de certains artistes... Yves Klein était un garçon tout à fait correct, consommant normalement, sans excès, de goût. Décontracté ou élégant, mais toujours bien habillé ; de la classe dans la sobriété, on le remarquait parce qu'il sortait un peu, avec une certaine élégance ; quand il voulait, il accrochait.

Ils sont venus me trouver avec Iris Clert : à l'occasion de l'exposition du « Vide » le 28 avril 1958. « Il nous faut un cocktail bleu. » Ça a été très simple. Le barman m'a dit : « Il n'y a pas trente-six formules ; on va leur faire un cocktail pas trop fort, on leur fera goûter, puis on va colorer. » Ils sont venus un soir : « Formidable, c'est ce qu'on veut. » On a teinté au bleu de méthylène.

Le vernissage arrive, je pars faire mon installation ; il y avait une porte cochère, environ cinq mètres de couloir, une petite porte à droite par où on entrait dans la galerie, le buffet au fond. Deux gardes républicains à l'entrée. Et les gens arrivaient, c'était faramineux ; la rue des Beaux-Arts était bloquée partout. On entrait par la porte cochère, on prenait un verre, et il y avait deux gardes du corps qui faisaient entrer par groupes de cinq, six personnes.

Moi, j'étais occupé avec mes employés. Il y avait de temps en temps des mouvements de foule, ils avaient l'air en pleine forme, et parfois il y en avait qu'on avait l'air de prendre un peu par le collet, et de mettre dehors. Un moment, je me suis dit, il faut que j'aille voir l'exposition ; je n'avais pas vu parce que je n'avais pas eu le temps. Yves n'a pas voulu me la montrer. Quand je suis entré, j'étais bluffé, tout était peint en blanc, éclairé par des projecteurs ? Je ne savais rien du tout. J'ai dit : « Quand même ; il faut le faire ! » Sur le mur, il y en avait qui avaient commencé à écrire des insanités.

Yves était dans le passage, il attendait les gens, les réactions. Il n'y a pas eu de réactions extrêmes. Il y en a qui ont franchement rigolé ; moi, j'ai pris ça pour une farce. Déplacer tout ce monde ! Quelques-uns, il a fallu les éjecter, mais peu. De manière générale ça s'est bien passé ; tous les gens qui étaient là, ils étaient acquis.

— A quoi attribuez-vous ça ?

— Il a voulu faire passer un courant, ayant l'air de dire : « On vous a montré tellement de choses, mais une chose comme celle-ci, toute naturelle, peut être évidemment très belle. » Je crois qu'il y a eu quand même un coup de relations publiques. Iris Clert est très forte ; elle était connue pour tout ce qui semblait aberrant. C'est une femme de relations publiques. Elle a failli faire éclairer l'obélisque en bleu !

Mais Yves était très persuasif, il n'y a pas de problème. Moi-même, je me suis mis à aimer son bleu. Ma femme n'est pas versée là-dedans, et elle a trouvé ça magnifique. J'ai ressenti ça comme une farce d'un homme qui s'est bien amusé, qui a déplacé un monde formidable, et qui avait une idée derrière la tête, c'était de continuer et de faire du monochrome, avec des choses plus réelles, les éponges, tout ça...

Je ne me souviens plus s'il y a eu un dîner après. La comédie a été rue des Beaux-Arts. Ici, j'étais trop axé sur mon travail et le monde dans la salle. Restany a dû parler, Yves a répondu, ou l'inverse ; mais ça n'a pas révolutionné La Coupole. Merveilleux tout le clan, tout le groupe, Klein, Restany, Arman, Iris Clert... Je me rappelle davantage le vernissage. Les gens étaient venus, il en a fait des adeptes. Il a fait passer un message. Ce soir-là, il y en a beaucoup qui ont dit : « Quand même ! » ; mais après, c'est passé, et il est devenu Yves Klein.

C'était un bon judoka, incontestablement. Il n'y a qu'une chose que je dirai. Quand on a l'esprit judo, il était un peu trop nerveux pour rester un très bon judoka. Dans toutes ces disciplines, il faut beaucoup de concentration. Il a dû être un bon judoka, un très bon judoka, non.

Propos recueillis par Virginie de Caumont
Paris, 6 mai 1981.

Sidney Janis : « Yves Klein a l'art... »

– Quelles ont été vos relations avec la peinture d'Yves Klein ? Vous l'avez exposée très tôt, dans une exposition consacrée aux Nouveaux Réalistes.

– Oui, et nous avons aussi fait, quelques années plus tard, un « one man show », en 1977. Très belle exposition qui malheureusement n'a pas fait sensation. En 1967, le Jewish Museum avait fait une exposition énorme, avec ces merveilleuses peintures bleues, de deux, trois mètres. Cela n'a pas marché ; ni avec le public ni avec les critiques new-yorkais. L'exposition était très bien installée, mais n'avait pas beaucoup impressionné. C'était la première fois que je voyais une grande quantité d'œuvres d'Yves Klein ; et c'était un vrai « coup » *. J'avais été très touché. Et j'ai été un fervent d'Yves Klein depuis.
Soit dit en passant, il était très ami avec ma femme ; elle était un expert en jazz Nouvelle-Orléans, Dixieland, et il adorait ça ; elle faisait des disques et des éditions. Ils s'étaient rencontrés là-dessus et avaient un très intéressant « rapport » * – qui n'avait rien à voir avec la peinture...

– Cette exposition des Nouveaux Réalistes et des pop'artistes en 1962 ; quels étaient les rapports entre les artistes ?

– Je ne me souviens pas à cette époque. Mais en revanche, un peu plus tard je me rappelle que dans une exposition que nous avions faite, « The Classic Spirit in XXth Century Art », il y avait des œuvres d'Yves Klein : un bleu, un rose, et même un vert, et un blanc. L'exposition commençait avec un Malevitch « blanc sur blanc », et allait jusqu'à ce que les jeunes artistes faisaient dans la direction d'Albers et de Kelly, vous voyez. Et les artistes américains ne firent aucune attention à Klein.
Il y a quelques enthousiastes – mais dans l'ensemble en Amérique son travail est très peu reconnu.

– Pour quelle raison ?

– J'aimerais savoir ; mais je ne sais pas. Les artistes, et c'est ce qui m'intéresse, n'étaient pas... n'accrochaient pas à Yves Klein. Soit parce que c'était trop sévère, soit par chauvinisme. Des artistes de leur âge, qui venaient de France... Il y a beaucoup de ça.

– Il y avait une controverse entre Rauschenberg et Yves Klein. Au sujet de la peinture monochrome, et de qui avait commencé le premier.

– Il y a probablement eu des gens qui ont écouté Rauschenberg. Mais vous ne pouvez pas comparer les deux artistes. Yves Klein est un géant en comparaison. Rauschenberg a une bonne réputation – Yves Klein a l'Art...

Sidney Janis au vernissage de l'exposition Yves Klein dans sa galerie en 1977

* *En français dans la conversation.*

Virginia Dwan : California Impressions of Yves Klein

It was twenty-one years ago that I first met Yves Klein. He and his fiancee, Rotraut, came to Malibu, California, to prepare a show for Dwan Gallery which would encompass his many directions up to that date. The year was 1961.

Earlier, in the summer of 1960, I had happened to pass by the window of galerie Rive Droite on Faubourg St.-Honoré. What I saw there was a relief of such an intensity of blue and of energy that I was pulled into it. Any ideas of art history or significance were forgotten. The impact was immediate and real.

What sort of person would I discover behind these mute landscapes, these fathomless blues ?

Klein had an intensity of appearance consistent with his images. His eyes – mostly it was his eyes – burned, stared, fixed and then became curiously removed. Deep, dark sockets supported them in their transports. The effect was of a visionary or a madman.

Conversations with him were wild and rambling and seemed fired by a kind of urgency to express in any way possible his own special view of the world and of the future. Excitement was a constant. The specifics of these conversations have been lost to me with time but what remains is a sense of someone burning out from within.

His response to California and the Sea and the Sky was quite enthusiastic and he wanted to bring the whole École de Nice there to work and live. Certainly the bay of Santa Monica-Malibu did resemble the bay of Nice, but beyond that it seemed to unfold and stretch in an environment in which history and ideas can be moved around like so many strips of film. His intent, especially in the monochromes, seemed to be to express the essential rather than the formal. I believe that Ad Reinhardt's concern, although also involving the viewer in profound concentration, was of a far more

formal nature as witness his usual title « Ultimate Painting ». Rauschenberg had said that it was his frustration over color which led him to investigate it in all its purity and simplicity. Klein's colors were like immediate imprints of his own essence without interference of ideas of art.

The California art community was mixed in its response to Klein and his work. Some collectors reciprocated his enthusiasm. Others responded with humor or outrage or bewilderment. Confronted with his dedication, some felt illatease. Here was a person who held his nose and really jumped and who kept on jumping even though there was no one with him.

My own response to the show in my gallery was also curious. Stunning blue forms inhabited my whole space. There were flat blue monochromes, blue reliefs, a blue obelisk, blue sponge sculptures, blue « rain », blue imprints of bodies, and a pool of dry blue pigment. All of this was lightly punctuated by an occasional red or gold piece. This blue, so gorgeous even to Southern California eyes, seemed to invade me. This was not work that I could absorb. I was the one absorbed.

Now, as I look back on my career in art I see that what impressed me and continues to influence me most in an artist is a quality of integrity ; a oneness of vision and purpose. A sort of obsession directs the action. There is a commitment of the very being of the individual. Klein's now famous photograph of the leap into the void epitomizes this.

This artist whose very colors were inspired by the flame was himself on fire with his vision. He was a kind of comet whose path can be traced by the empty space it has left behind.

New York, October 22nd, 1982.

C'est il y a vingt et un ans que j'ai rencontré Yves Klein pour la première fois. Il était venu avec Rotraut, sa fiancée, à Malibu, en Californie, préparer une exposition pour la Dwan Gallery qui devait circonscrire toutes les directions de ce qu'il avait fait à cette date. L'année : 1961.

L'année précédente, au cours de l'été 1960, je m'étais trouvée à passer devant la vitrine, Faubourg Saint-Honoré, de la galerie Rive droite. Ce que je vis là était un relief d'une telle intensité de bleu et d'énergie que je fus happée par lui. Toute idée de l'histoire de l'art, ou toute signification, s'oubliait. Le choc fut immédiat, véritable.

Qui allais-je découvrir derrière ces paysages muets, ces bleus insondables ?

Klein avait une intensité dans sa façon d'être qui allait parfaitement avec l'image de l'œuvre. Les yeux – c'étaient ses yeux principalement – brûlants, grands ouverts, le regard fixe et alors curieusement détaché. L'orbite, sombre et profonde, les supportait dans leurs transports. Cela donnait l'impression d'un visionnaire ou d'un fou.

Les conversations avec lui étaient violentes et décousues, et semblaient enflammées par l'urgence d'exprimer de toutes les manières possibles sa vision très personnelle du monde et du futur. L'excitation était une constante. J'ai perdu avec le temps les points précis de ses conversations mais ce qui demeure en moi, c'est le sentiment de quelqu'un qui se consumait de l'intérieur.

Ses réactions à la Californie, à l'océan et au ciel furent enthousiastes et il voulait que toute l'École de Nice vienne y vivre et y travailler. Certes, la baie de Santa Monica-Malibu devait ressembler à celle de Nice, mais au-delà de cela elle semblait se déployer et s'étendre en un lieu où l'histoire et les idées pouvaient être déplacées à volonté – comme autant de bouts de films. Son intention, plus particulièrement avec les monochromes, semblait être d'exprimer l'essence plutôt que la forme. Je crois que le souci de Ad Reinhardt, bien que le spectateur soit aussi entraîné dans un état de concentration profonde, était d'une nature infiniment plus formelle comme en témoigne le titre générique de « Ultimate Painting ». Rauschenberg a dit que c'était une frustration vis-à-vis de la couleur qui le poussa à en examiner toute la pureté et la simplicité. Les couleurs de Klein étaient comme une empreinte directe de sa propre essence sans qu'interfèrent des idées sur l'art.

Le milieu artistique californien resta perplexe devant Klein et son œuvre. Quelques collectionneurs répondirent à son enthousiasme. D'autres eurent des mouvements d'humeur, furent outragés ou désorientés. Confrontés à son entière conviction, certains se sentirent mal à l'aise. Là était devant eux quelqu'un qui plongeait, se pinçait le nez, et replongeait sans cesse, et avec personne pour plonger avec lui.

Ma propre réaction à l'exposition dans ma galerie fut curieuse en un sens. D'extraordinaires formes bleues habitaient l'espace dans sa totalité. Il y avait les monochromes bleus, plats, les reliefs bleus, un obélisque bleu, les sculptures éponges, bleues elles aussi, les « pluies » bleues, les empreintes bleues des corps des *Anthropométries*, et un bac de pigment bleu. Le tout ponctué, ici et là, d'une pièce rouge ou or. Ce bleu, superbe, même pour des yeux de Californien du Sud, semblait m'envahir. Ce n'était pas une œuvre que je pouvais assimiler – c'était moi qui étais absorbée.

Maintenant si je repense à ma carrière, à mon métier, je vois que ce qui m'a toujours impressionnée et continue de m'influencer le plus chez un artiste est une qualité d'intégrité ; une unité dans la vision et la nécessité. Une espèce d'obsession qui dirige l'action. Là se trouve un engagement de l'être même de l'individu. La photographie du saut de Klein maintenant célèbre, dans le vide, résume tout cela.

Cet artiste dont les couleurs mêmes étaient inspirées par la flamme brûlait lui-même de sa propre vision. Il était une espèce de comète dont la trace se mesure à l'espace vide qu'il a laissé derrière lui.

Traduit par Jean-Yves Mock

Gottfried Honegger : ... le plus français des Français

Matisse, Mallarmé... Klein, le plus français des Français. Le Français ne veut pas s'engager dans la morale ou la politique. Il veut bien en parler, faire des poèmes. Boris Vian était *politique* quand il faisait des romans ou des chansons, mais lui demander d'être réaliste, rien. En mai 68, on était à la porte d'un monde qui allait être changé, mais il aurait fallu se salir les mains, se mettre d'accord, prendre des responsabilités réalistes. Le communisme a été écrit en France. En France part le principe d'une découverte, on l'exploite ailleurs – des sciences à l'art. La formule, les mots sont des possessions françaises. Le Français sait à l'avance que la forme totale ne sera pas atteinte. L'idée compte, la matière est presque souillure. Giacometti est lié à la terre, seulement Sartre, nordiste, l'a compris. Giacometti touche, tient, détruit plus qu'il ne contemple. A la Biennale de Venise, il était nerveux, insatisfait, il s'est mis à peindre ses bronzes. C'est l'amour de la matière – l'humain, accepté comme tel, et ce avec quoi l'on fait : la chose, l'œuvre d'art. Le Français a sa propre construction du monde. Zola n'a aucun rapport réel avec les ouvriers. L'Italien fait corps avec la pauvreté, nul *romantisme*. Le Français ne peut en aucune façon s'intégrer ou se mêler à une idéologie, comme les Russes. L'Allemand est d'abord moral, coupable. Le Français aérien, c'est pourquoi il fait ce qui lui passe par la tête, grâce à ce sens inné, exclusif de la liberté. Le Français vole, c'est l'albatros, avec des majuscules, à cause de Baudelaire.

C'est cela Yves Klein, le jour, la nuit, sa présence à La Coupole, son œuvre. Tout le monde pouvait l'approcher, lui parler. Il était là, chaleureux – et pour convaincre ou convertir. Il est allé plus loin que tout autre dans son obsession de la liberté.

Tous les peuples se heurtent à une limitation de la liberté, sauf le Français. Pour un Allemand, être privé d'une démarche physique ou morale est impensable. L'Allemand, c'est physiquement qu'il s'impose, veut s'imposer. Aucune construction intellectuelle, il dit : le pouvoir de l'art. Il fait un mur, à Berlin, par exemple, au siècle de l'art abstrait. Le Français conçoit. Yves Klein conçoit son architecture de l'air, un autre invente le Concorde. On a construit cet avion avant de faire les comptes. Mais le Concorde vole – symbole, idée – le plus beau, le plus sophistiqué, un oiseau de l'esprit humain. Au niveau de la vie la plus immédiate, c'est la même chose. A la gare de Lyon, tout est automatique, même changer l'argent, on n'a simplement pas pensé que les billets avaient changé. Dans sa conception, le Centre Pompidou était superbe – pas de murs, un sol unique à chaque étage et pas de murs. Il ne faut pas tomber dans la vulgarité ; conclusion, aujourd'hui, on en met. En Suisse, les syndicats discutent avec le patronat, il n'y a pas de grèves, ici ce serait une atteinte à la liberté.

Pour le Français arrivent en tête : la liberté, la légende. Il la crée, et la veut. Aucun autre pays ne parle de *la grande armée*. Et pourtant, tant de défaites, les Suisses sont allés jusqu'en Bourgogne. Klein n'a pas fait un tableau. Il a lié la légende de la liberté au non-faire du tableau. La conférence en Sorbonne, ses déclarations, le journal *Dimanche*, un autre mythe typiquement français lié à la langue, la parole est la patrie du Français. Pour l'Italien la culture est certes liée à la langue mais plus encore au sol... que dire de Manzoni qui met la merde en boîte ? L'Allemand est coupé de sa culture, l'important est l'engagement moral. Willy Brandt, chef d'État, s'agenouille en Pologne, devant les tombes. Mitterrand, le jour du défilé, s'assoit sur une chaise dorée un peu plus haute que celle du Premier ministre. L'Allemand est coupable. Le Français ne l'est jamais, *puisqu'il ne fait pas*. Il peut crier, à la limite, un jour vive Pétain, le lendemain vive de Gaulle. La réalité passe *entre*. Car la France est entre, entre l'Allemagne et l'Italie, entre la Suisse et l'Espagne, l'Atlantique et la Méditerranée. Avec Klein, il y a un léger déplacement, il est méditerranéen d'abord.

Ambigu, en France a un sens différent. En allemand, c'est presque uniquement emmerdeur. Ici, ce serait plutôt : d'une grande richesse. La liberté, encore, qui pointe, et un mouvement vers l'absolu. D'où la poésie française, Baudelaire, Mallarmé, Valéry. Mallarmé se heurte et se résigne mais *Jamais un coup de dés n'abolira le hasard.* Il déteste son lycée, sa femme, les cris de sa fille, mais quelle poésie. Il y a les éclatants qui estiment avoir trouvé la solution : en tête, Yves Klein. Il est solaire, généreux. Il n'a signé qu'un tableau, par rage. Il a signé l'envers du ciel, c'est autre chose, regardez les autres peintres. Mais l'angoisse pointe, sur le plan individuel, avec Klein, devant l'incompréhension, mais il fonce, jusqu'au découragement, pour convaincre. Le Français ne réalise pas sa situation anachronique dans le monde, mais une certaine angoisse commence à naître. Tant de choses deviennent anti-liberté. Du supermarché à McDonald. Il y a un danger devant le culte de soi, l'idée, la suprématie individuelle, tout ce que Klein avait au plus haut niveau.

Face à l'engagement politique, physique ou religieux, même état d'esprit, la liberté doit dominer. La liberté du culte et la notion de secret sont à préserver. Sartre aussi l'avait bien senti, avec la notion de regard. Si tu me regardes, je perds ma liberté. L'Allemand espérera peut-être gagner un peu d'amour. Yves Klein, à chaque moment de son œuvre, a mis en évidence la qualité fondamentale du Français. Ce que tout le monde voit, et dit, en France. C'est pourquoi les Français sont passés à côté.

Il avait un problème, le pigment, le fixer, en garder la fraîcheur de poussière, de légèreté. Mais il a cherché, et trouvé la solution. Quand il a vu l'Atlantique, pour la première fois, je crois, il a jeté une bouteille de bleu, et il a dit : l'Atlantique est un peu plus beau, maintenant.

La beauté de ce geste, sa gratuité, son éclat, n'importe quel étranger y verra un manque d'engagement. Mais comme il n'a pu le concevoir, il admirera, et en effet quel sens du geste ! Avec aussi quelque part, et très présent, le souci, la crainte des traces, des cendres.

Beuys pour une somme d'un million a fait reconstruire la couronne du tsar et l'a mise au four. Or massif, pierres précieuses. Il a versé l'or fondu dans la forme d'un lapin. Tout le monde a été stupéfait, et réprobatif. Pour Beuys, il s'agissait d'un acte moral. Ce n'est pas un acte gratuit. Beuys n'est pas libre de faire un acte gratuit. Klein est incapable d'être coupable, il est né innocent. Beuys est coupable. Klein n'est pas pour autant infantile,

les Américains le sont. Beuys à la Documenta plante 7 000 arbres et à côté 7 000 pierres. C'est massif, c'est moral. Nous sommes à un niveau où l'art c'est le pouvoir, ici une forêt minérale. L'utilisation du feu dans l'œuvre de Klein vient d'un regard innocent. Quand il travaille à Gelsenkirchen, quand il fait les *Anthropométries,* il n'est pas en salopette comme Tinguely, il s'habille. C'est l'innocent qui veut, qui fait, qui découvre. L'œuvre est entre la toile et le cerveau. Si le spectateur a une antenne, il reçoit le message, autrement l'IKB n'est qu'un carré bleu.

Jean Tinguely critique le monde, il le ridiculise, il n'échappe pas à un côté esthétique. Dès que l'esthétique apparaît un peu de liberté est perdue. Chez Klein, l'esthétique est toujours secondaire. Il ne connaît pas l'histoire de l'art, il ne voulait pas faire de la peinture, il ne pouvait pas faire de la peinture. Mais il était au cœur de toutes les contradictions. Il veut se libérer de ses parents, pour cela il ne peut faire de la peinture, donc il ne fait pas de la peinture, il ne veut pas être peintre, mais finalement... c'est pourtant et d'abord une pensée gratuite. Klein est le Gilles de Watteau, tragique, et beau, en même temps. Il est équilibriste jusque et au-delà de la mort. Il est la fleur dans un dernier grand feu d'artifice, où Matisse a sa place, qui posait au bout d'une baguette des bouts de papiers découpés au ciseau, des détails, et l'ensemble est d'un grand lyrisme magique. A la grande veille de l'industrialisation, Poussin fait de la mythologie. Que fait Klein, dans les années des grands troubles politiques des années 50 ? Il rend le bleu impeccable, il invente des zones de sensibilité immatérielle et jette l'or dans la Seine. Marcel Duchamp aussi avait vu la fin de l'art, Klein et lui partageaient ce même dédain de faire des choses, de peindre. Mais concevoir. Dans presque tous les pays, l'art est un outil, chacun l'utilise à sa façon. Pour le Français, pour Klein, réponse à quelle angoisse, domine le concept, l'idée, l'innocence. C'est ainsi qu'Yves Klein est le plus moderne de ses contemporains – il a quitté les valeurs conventionnelles.

Paris, 31 octobre 1982.

Propos recueillis par Jean-Yves Mock

Fred Klein :
Huit heures et demie,
rue Delambre...

J'étais invité à dîner chez le docteur Dirriks, et il me dit : « Vraiment, Klein, ton fils a besoin d'un très grand repos. J'ai été prudent, je lui ai dit " Yves, prends trois semaines où tu ne fais rien du tout ". Mais entre nous, ça devrait être au moins trois mois. » Et il ajoute : « Qu'est-ce que vous voulez, c'est un homme marié, il est majeur... mais des amis m'ont dit qu'ils l'avaient vu hier à quatre heures du matin à La Coupole. Qu'est-ce que je peux faire ? je ne peux pas dire : " Yves, tu dois te coucher à neuf heures "... » Il m'avait fait comprendre que c'était assez dangereux, sans m'affoler. C'est vrai qu'Yves était toute la journée d'une nervosité terrible ; il venait dîner chez nous, et s'interrompait tout le temps : « Papa, je dois téléphoner. Papa, je dois téléphoner. » Il pensait sans arrêt à autre chose.

J'avais pris des billets avec ma femme pour partir à Ibiza... Mais le lendemain, je suis allé chez Yves, et je l'ai trouvé au lit ; Rotraut lui apportait justement son petit déjeuner. Il était très costaud, et il était en pyjama ; je lui ai tapé sur l'épaule. « Qu'est-ce qu'ils disent ces médecins ? »

« Ils ne disent jamais la vérité ! », me dit-il. Je lui réponds : « Écoute, prends du repos ; je peux écrire à une ancienne femme de ménage qui est sûrement libre, tu peux louer la maison de Mme Unetelle... c'est assez confortable, il y a un petit jardin, Rotraut est enceinte, ce sera très bien. Si Juliette fait ton ménage, vous vous reposerez tous les deux. »

Il me dit : « C'est très bien, Papa, tu as arrangé tout ça très bien. On va descendre à Cagnes en voiture. » « Non, je lui dis, non, non, tu prends un wagon-lit ou un avion... La voiture, si tu veux on l'envoie à Nice, il y a un service. Je vais téléphoner à ton ami Arman, il ira chercher la voiture et te l'amènera à Cagnes. »

Il était tout à fait d'accord. Mais brusquement, il se lève : « Papa, j'ai rendez-vous en face à midi pour une chose très importante. » Il y avait un petit café en face de là où il habitait. D'un seul coup, tout était coupé ; il n'avait même pas le temps de manger, de se laver ou de se raser ; il partait. En sortant de ce déjeuner avec un marchand de tableau – ils ont discuté, mais Yves est très... il savait se défendre ; il a dû signer un contrat, quelque chose de très important – il a croisé un ami. Il lui dit : « Je suis très fatigué, je vais me reposer un moment. »

J'ai oublié ce que j'ai fait l'après-midi, mais à sept heures à peu près arrive Dirriks, tout blanc, c'est effrayant. Il avait essayé le bouche à bouche, etc. Il n'a pas pu le sauver. J'en revenais pas. Et puis il a fait une chose qui est peut-être utile ; il a dit : « Il faut que tu ailles au commissariat du quartier annoncer le décès de ton fils. » Quand il est parti, cinq minutes après il était remonté ; il paraît que beaucoup de médecins font ça, quand ils annoncent une chose pareille. Il a fait semblant... les clefs de voiture... Après il est parti ; moi, je suis parti, il était vers huit heures et demie, rue Delambre, là.

Paris, mai 1981.

Propos recueillis par Virginie de Caumont

Rotraut Klein Moquay : Mourir pour l'Immatériel

Il était très angoissé ; il y avait une chose qui le rendait encore plus malheureux, c'était le problème de n'avoir pas d'atelier.

C'était un très grand problème pour lui. Il m'envoyait même, comme ça, chercher et demander, par les concierges. C'était presque une maladie, une angoisse pas possible.

Sa tante lui avait promis une maison sur la Côte d'Azur, et c'est là qu'il voulait faire son atelier, et nous allions y habiter une partie du temps. Mais elle a dû la vendre ; elle était très embêtée. Et ça, ça a tellement contrarié Yves qu'avant de mourir il disait : « Je vais avoir le plus grand atelier du monde, je ne ferai plus que de l'immatériel. »

Oui, mourir, il pensait toujours mourir pour l'immatériel ; c'était une obsession pour lui. Le soir, à La Coupole, le soir avant sa mort, il avait les yeux noirs et tristes comme je les lui avais vus, avant de partir à Gelsenkirchen, et qu'il m'avait parlé de sa mort, qu'il devait mourir.

Il avait les mêmes yeux, un peu, presque entourés de larmes, et il y avait une glace dans laquelle il se regardait.

J'ai dit : « Yves, mais qu'est-ce que... c'est curieux, tu as la même expression que ce jour... » Et là, les larmes sont venues, et nous sommes partis.

J'avais la sensation qu'il était menacé. En rentrant à pied à l'appartement, je me retournais toujours comme si quelqu'un allait l'attaquer à coups de couteau. On est très sensible, enceinte.

Il avait la lettre de Miró dans la poche, qu'il montrait à tout le monde. Il avait répondu lui-même à Miró en disant que ce n'était pas lui qui était mort, qu'il était bien portant, qu'il avait eu des petits malaises, mais qu'enfin, on ne sait jamais ; qu'il avait confondu avec Franz Kline, qui lui venait de mourir...

Propos recueillis par Virginie de Caumont le 26 mars 1981

Chronologie Yves Klein et son temps

A l'arbitraire, tout commence. L'air du temps, le poids du monde – des échanges, des traces – présences, rencontres. Nul n'échappe à l'inconscient collectif ni aux événements. Ceux qui contournent les dangers de l'identification ont encore une chance d'être les vrais témoins de l'avenir. En 1928 naît Yves Klein. En 1962, Glenway Wescott écrit : "What we call the creative spirit really does not create anything. It evokes and recollects and relates."
Jean-Yves Mock

Le mariage de Marie Raymond et Fred Klein, Nice, le 26 octobre 1926.

1928

Malevitch écrit : « Le peintre n'est plus désormais lié à la toile, mais peut transférer sa composition à l'espace. »

André Breton publie *Le Surréalisme et la peinture ; Nadja.*

Aragon publie *Le Traité du du style ; Le C. d'Irène* (sans nom d'auteur). Il rencontre en novembre Mdiakovski et Elsa Triolet.

Colette fait paraître *La Naissance du jour.*

Man Ray réalise *L'Etoile de mer.*

Sidney et Harriet Janis viennent à Paris la première fois et se rendent à l'atelier de Brancusi, impasse Ronsin.

Naissance de Karlheinz Stockhausen, Bernard Buffet, Armand Fernandez (Arman).
Pierre Alechinsky, Claude Viseux, Allan Kaprow, Edward Kienholz, Pierre Henry ont 1 an.
George Brecht, Raymond Hains, Jacques de la Villeglé, Michel Foucault, Michel Butor ont 2 ans.
Robert Rauschenberg et Jean Tinguely ont 3 ans.
George Segal a 4 ans.
Larry Rivers et Claude Luter ont 5 ans.
Alain Resnais et Norbert Kricke ont 6 ans.
Joseph Beuys et César Baldaccini (César) ont 7 ans.

Création à Washington de *l'Apollon Musagète* de Stravinsky.

Albert Einstein formule la théorie du champ unitaire.

Le téléphone automatique fait son apparition à Paris et la machine à couper le pain aux Etats-Unis.

La Coupole de Montparnasse a été inaugurée le 21 décembre 1927.

1929

Krash de Wall Street ; crise économique mondiale.

Création du Museum of Modern Art de New York.

Hergé crée le personnage de Tintin.

Naissance de Claes Oldenburg et de Henri Cueco.

1930

Début de la construction de la ligne Maginot. Fondation du groupe Art concret, avec notamment Hélion et Van Doesburg.

Sigmund Freud, *Malaise dans la civilisation.*

Naissance de Jacques Derrida, François Dufrêne, Jean-Luc Godard, Jasper Johns, Pierre Restany, Niki de Saint-Phalle, Günther Uecker.

1931

Pierre Laval chef du gouvernement.

Fondation du groupe Abstraction-Création par Herbin et Vantongerloo.

Naissance de Bernard Rancillac.

1928

Yves Klein naît à Nice le 28 avril à 7 heures 15, rue Verdi, dans la maison de ses grands-parents maternels.

Son père Fred Klein, hollandais, peintre, commencera à exposer en Hollande au début des années 30.

Sa mère, née Marie Raymond, niçoise, étudiante aux Beaux-Arts au moment de la naissance, exposera régulièrement à partir de 1945, sous son nom de jeune fille.

1928-1930

Quelques mois après sa naissance, ses parents regagnent Paris et le laissent à Nice, sous la garde de ses grands-parents maternels et de sa tante Rose (Raymond) Gaspérini.

Au printemps 1930, ses parents viennent le chercher à Nice et l'emmènent avec eux à Paris. A l'automne, une grave maladie mettra sa vie en danger.

Portrait de Marie Raymond et Yves Klein par Fred Klein, 1928.

Yves Klein dans les bras de sa grand-mère maternelle, Nice 1929.

1932

Élection de Franklin Roosevelt à la présidence des États-Unis.

Introduction du surréalisme aux États-Unis : exposition à la Julien Levy Gallery (montrée tout d'abord au Wadsworth Atheneum, Hartford, Connecticut, sous le titre « Newer Super-Realism »).

Naissance de François Bayle, François Truffaut, Wolf Vostell.

1933

Hitler devient chancelier d'Allemagne.

Dévaluation du dollar ; abandon de l'étalon-or.

Kandinsky quitte l'Allemagne pour la France.

Naissance de Piero Manzoni, Marcelin Pleynet.

1934

Troubles sociaux en France, et constitution par Gaston Doumergue d'un gouvernement d'union nationale.

1935

Important soutien de l'art par l'État aux États-Unis, dans le cadre du « New Deal ».

Mort de Malevitch, en U.R.S.S.

Naissance de Benjamin Vautier (Ben), Christo Javacheff (Christo).

1936

Léon Blum chef du gouvernement de Front populaire ; institution de la semaine de quarante heures, des congés payés ; la Banque de France passe sous le contrôle direct de l'État, et un Office du blé est constitué.

Hitler réoccupe la Rhénanie.

Début de la guerre civile en Espagne.

Exposition *Fantastic Art, Dada and Surrealism* au Museum of Modern Art de New York.

Naissance de Hans Haacke, Jean Le Gac, Martial Raysse, Philippe Sollers, Claude Viallat.

1937

Démission du cabinet Blum.

Bombardement de Guernica.

Exposition internationale des arts et des techniques, à Paris.

Exposition *Les Maîtres de l'art indépendant* au Petit Palais.

Naissance de Gérard Deschamps.

1938

Anschluss : l'Autriche est rattachée à l'Allemagne.

Proclamation de la IVᵉ Internationale.

Accords de Munich.

Siegfried Giedion publie *Space Time and Architecture*.

André Jolivet compose la *Cosmogonie*.

Début de la carrière de Barnett Newman, Jackson Pollock, Ad Reinhardt, Mark Rothko, Clyfford Still.

Naissance de Daniel Buren.

1939

Les troupes allemandes envahissent la Pologne.

Prise de Madrid par Franco, et fin de la guerre civile.

La France et la Grande-Bretagne déclarent la guerre à l'Allemagne.

Einstein écrit secrètement au président Roosevelt pour lui expliquer les effets de l'énergie atomique, et pour le presser de la dominer avant l'Allemagne.

Début de l'émigration d'artistes d'avant-garde européens vers les États-Unis.

Création à New York du Museum of Non-Objective Art (devenu depuis le Solomon R. Guggenheim Museum).

Naissance d'Alain Jacquet.

1940

Les Allemands occupent Paris.

Le maréchal Pétain demande l'armistice, et prend la tête du gouvernement qui s'installe à Vichy.

Appel à la résistance du général de Gaulle.

Kandinsky peint *Sky Blue* à Paris.

Mort de Paul Klee.

1941

Agression japonaise de Pearl Harbour : les États-Unis entrent en guerre.

Début de la construction, dans le secret, de la bombe atomique aux États-Unis.

Arrestation de milliers de juifs à Paris.

L'Allemagne envahit l'U.R.S.S.

Mort d'Henri Bergson.

1942

L'Europe, l'Afrique et l'Asie sont en guerre.
Débarquement des Alliés en Afrique du Nord.
Hitler envahit la France « libre ».

Ouverture partielle du Musée national d'art moderne.
Peggy Guggenheim ouvre à New York une galerie, « Art of this Century », et expose de jeunes artistes européens et américains.

Marcel Duchamp s'installe à New York.

1943

La Résistance française s'organise.

Roosevelt, Churchill et Staline se rencontrent à Téhéran et discutent le futur partage de l'Europe.

Jean-Paul Sartre, *L'Être et le Néant*.

Akira Kurosawa, *La Légende du judo*.

Jackson Pollock peint *Guardians of the Secret* et sa première exposition personnelle se tient à la galerie Art of this Century.

1944

Débarquement allié en Normandie, puis en Provence.

Libération de Paris.

Première exposition personnelle de Jean Dubuffet à la galerie Drouin, Paris.

Ouverture de la galerie Denise René à Paris, avec la première exposition personnelle de Vasarely.

Mort de Kandinsky à Paris, de Mondrian à New York.

1945

Nationalisation des usines Renault.
Succès de la gauche aux élections.
Retour des prisonniers et des déportés.
Gouvernement provisoire présidé par le général de Gaulle.
Procès et condamnation du maréchal Pétain.
Institution de la Sécurité sociale.
Référendum : le général de Gaulle est maintenu à la présidence du gouvernement.
Nationalisation des cinq plus grandes banques françaises.
Création du Commissariat à l'énergie atomique.

Les Russes prennent Varsovie.
Accords de Yalta entre Churchill, Roosevelt et Staline.
Jonction des troupes soviétiques et américaines sur l'Elbe.
Mort du président Roosevelt, élection de Harry S. Truman à la présidence des États-Unis.
Suicide d'Adolf Hitler.
Prise de Berlin par les Alliés.
Capitulation de l'Allemagne.
Signature de la Charte des Nations unies.
Les Américains lancent les bombes atomiques sur Hiroshima et Nagasaki.

Retour d'André Masson à Paris.
Bonnard, *Autoportrait*.
Gruber, *Job*.
Manessier, *Salve Regina*.

Expositions dans les galeries :
Drouin. *Fautrier : Les Otages* (préface de Malraux).

Drouin. *Art concret.*
Drouin. *Wols* (première exposition à Paris).
Louis Carré. *Bazaine, Estève, Lapicque.*
Jeanne Bucher. *Nicolas de Staël.*
De France. *Tal-Coat.*
L'Esquisse. *Dewasne.*
Maeght. Exposition inaugurale : *Matisse.*

Premier Salon de mai.

Tapiès, premières peintures « matiéristes ».

Rothko, premières œuvres abstraites.

Julien Levy Gallery, New York. *Arshile Gorky*
(préface d'André Breton).

Louis Aragon, *La Diane française.*
Albert Camus, *Caligula.*
Pierre Drieu La Rochelle, *Récit secret.*
Jean Giraudoux, première représentation (pos-
thume) de *La Folle de Chaillot.*
François Mauriac, *Les Mal-Aimés.*
Maurice Merleau-Ponty, *Phénoménologie de la
perception.*
Henri Michaux, *Épreuves, exorcismes.*
Maurice Nadeau, *Histoire du surréalisme.*
Jacques Prévert, *Paroles.*
Pierre Reverdy, *Plupart du temps.*
Saint-John Perse, *Exil.*
Jean-Paul Sartre, *Les Chemins de la liberté.*

Fondation par Jean-Paul Sartre de la revue *Les
Temps modernes* avec Maurice Merleau-Ponty,
Simone de Beauvoir, Albert Camus, David
Rousset, Raymond Aron.

Robert Bresson, *Les Dames du bois de
Boulogne.*
Marcel Carné, *Les Enfants du paradis.*
André Malraux, *L'Espoir.*

Salvador Dalí dessine la séquence du rêve pour
le film de Hitchcock *Spellbound.*
Howard Hawks, *Le Port de l'angoisse.*
David Lean, *Brêve Rencontre.*

Roberto Rossellini, *Rome ville ouverte.*

Auguste Perret présente un premier projet
révolutionnaire, qui est refusé, puis un contre-
projet pour la reconstruction du Havre qui
commencera en 1947. André Lurçat est chargé
de la reconstruction de Maubeuge.

Arthur Honegger, *Symphonie liturgique.*
André Jolivet, *Sonate pour piano.*
Francis Poulenc, *Les Mamelles de Tirésias.*
Richard Strauss, *Métamorphoses.*
Igor Stravinsky, *Symphonie en trois mouve-
ments, Ebony Concerto.*

Naissance du be-bop avec John (Dizzy) Gillespie
et Charlie Parker.

Mort de Bela Bartok, Robert Desnos, Paul
Valéry, Anton Webern.

1930-1939 Il vit à Paris avec ses parents mais fait de très
fréquents séjours à Nice, dans la maison de ses
grands-parents, sous la garde de sa tante.
Il passe, avec ses parents, de nombreux étés à
Cagnes-sur-Mer.

1939 Le 25 mai, il fait sa première communion en
l'église Notre-Dame-des-Champs à Paris.
L'été, la famille Klein arrive à Cagnes-sur-Mer où
elle restera bloquée par la guerre jusqu'en 1943.
Hartung est à Cagnes. Nicolas de Staël y est aussi
avec son fils, ami de Yves.
Il écrit un poème dont sa mère a conservé
il dira que sa mère a conservé « pieusement »
le manuscrit « pieusement ».

Yves Klein à Paris, 1931.

Yves Klein en communiant, Paris le 25 mai 1939.

1939-1943

La famille Klein est installée à Cagnes-sur-Mer. Yves apprend le piano. Ils rentrent à Paris en juillet 1943.

1944

Yves va camper avec les scouts en Normandie et revient juste avant le débarquement des Alliés. Il passe l'été dans un village du Rouergue, Milhars, et rentre à Paris fin août.

A la rentrée scolaire, il entre à l'École du génie civil, 52 avenue de Wagram à Paris, qui prépare les élèves au baccalauréat puis à l'École de la marine marchande.

1945

Marie Raymond expose pour la première fois à Paris, au Salon des Surindépendants. Fred Klein expose au Salon des Surindépendants.

1946

Démission du général de Gaulle.
Élections : recul de la gauche au profit du centre ; mais le parti communiste devient le « premier parti de France ».
Conférence franco-vietnamienne de Fontainebleau, sans résultat.
Référendum adoptant la constitution de la IVe République.
Vincent Auriol président de l'Assemblée nationale ; Léon Blum président du Conseil.

Insurrection à Hanoï ; massacre de Français ; début de la guerre d'Indochine.
Fondation de l'U.N.E.S.C.O.
Fin du procès de Nuremberg.

Réalisation du premier accélérateur linéaire de particules.

Henri Matisse illustre *Les Lettres portugaises*, de Marianna Alcaforado.
Émile Gilioli sculpte *La Halle aux Vins*.
Raymond Hains, premières photographies abstraites.
Premières manifestations lettristes à Saint-Germain-des-Prés.
Jean Dubuffet publie *Notes pour les fins lettrés*.

Barnett Newman, *The Beginning, Euclidian Abyss*.

Musée national d'art moderne. *Art et Résistance*.
Musée national d'art moderne. *Exposition internationale d'art moderne*.
Musée du Luxembourg. *L'art contemporain français*.

Expositions dans les galeries :
  Colette Allendy. *Cubisme et Art concret*.
  Colette Allendy. *Picabia*.
  Jeanne Bucher. *Etienne Hajdu* (première exposition).
  Louis Carré. *Calder : les mobiles* (préface de Sartre).
  Charpentier. *Cent chefs-d'œuvre des peintres de l'École de Paris*.
  Denise René. *Peintures abstraites* (Dewasne, Deyrolle, Hartung, Marie Raymond, Schneider).
  Denise René. *Herbin et Beothy*.
  Drouin. *Dubuffet : Mirobolus, Macadam et Cie*.
  De France. *Édouard Pignon*.
  Maeght. *Sur quatre murs*.
  Maeght. *Le noir est une couleur*.
  Parvillée. *Fred Klein*.
  Pierre. *Dessins d'Antonin Artaud*.

Hopital Sainte-Anne. *Première exposition d'art psychopathologique*.
Centre de recherche du 15 rue Cujas (à l'initiative de Domela) :
– Domela, Hartung, Schneider
– Herbin, Warb, Misztrick
– Engel Pak, Poliakoff, Marie Raymond
– Deyrolle, Dewasne, Fleischmann

– Del Marle, Dewasne, Deyrolle, Domela, Hartung, Herbin, Kandinsky

Premier Salon des réalités nouvelles (participation de Marie Raymond).
Whitney Museum, New York. *French Painting from 1939 to 1946*.
Betty Parsons Gallery, New York. *Ad Reinhardt*.
Marian Willard Gallery, New York. *Vieira Da Silva* (première exposition personnelle).

Dewasne et Deyrolle, prix Kandinsky (décerné pour la première fois).
Fougeron, prix national des Arts.

Création du Conseil international des musées.

Arthur Adamov, *L'Aveu*.
Antonin Artaud, *Lettres de Rodez*.
Gaston Bachelard, *La Terre et les rêveries de la volonté*.
Samuel Beckett, *Premier Amour* (publié en 1970).
Georges Bernanos, *Monsieur Ouine*.
Jean Cocteau, *L'Aigle à deux têtes*.
Paul Eluard, *Poésie ininterrompue*.
Jean Genet, *Les Bonnes*.
André Gide, *Thésée*.
Marcel Jouhandeau, *Essai sur moi-même*.
Henri Michaux, *La Marche dans le tunnel*.
André Pieyre de Mandiargues, *Le Musée noir*.
Jean-Paul Sartre, *L'existentialisme est un humanisme ; La Putain respectueuse*.

Fondation des *Cahiers de la Pléiade*, par Jean Paulhan.
Soirée en l'honneur d'Artaud, qui sort de l'asile de Rodez, au théâtre Sarah Bernhardt.

Clément, *La Bataille du rail*.
Cocteau et Clément, *La Belle et la Bête*.
Delannoy, *Symphonie pastorale*.
Feyder et Blistène, *Macadam*.

De Sica, *Sciuscia*.
Kinoshita, *Un Matin avec la famille Osone*.

Paul Nelson construit l'hôpital mémorial France-États-Unis de Saint-Lô (1946-1956), avec Roger Gilbert, Marcel Mersier, et Charles Sébilotte.

Le Corbusier à New York, délégué de la France à la « commission du site » chargée de trouver le futur siège de l'O.N.U. ; l'idée de la « ville-tour » sera acceptée.

Yves Baudrier, *Le Musicien dans la cité*.
Pierre Boulez, *Sonate ; Sonatine pour flûte et piano*.
Arthur Honegger, *Symphonie n° 4, « Deliciae basilienses »*.

John Cage, *Seize Sonates ; Quatre Interludes pour piano préparé*.
Igor Stravinsky, *Concerto en ré*.
Arnold Schönberg, *Trio à cordes*.

Fondation des cours de Darmstadt.

1946

26 février-20 mars
Marie Raymond participe à l'exposition formé par un groupe *Peintures abstraites*, dans un groupe formé par Charles Estienne avec Dewasne, Deyrolle, Hartung et Schneider, galerie Denise René, Paris.

22 mars-11 avril
Marie Raymond expose avec Engel Pak et Serge Poliakoff, à l'initiative de Domela, au Centre de recherche du 15 rue Cujas à Paris.
Fred Klein participe au Salon des Surindépendants.

Juin
Yves Klein échoue au baccalauréat. Il ne peut pas se présenter à l'École de la marine marchande. C'est la fin de ses études.

Juillet
Du 3 au 31, Fred Klein expose au Centre anglo-français de Londres. Il est à Londres avec Marie Raymond. Yves Klein les y rejoint et passe deux mois à la campagne en Angleterre, chez un jeune handicapé.

Septembre
Marie Raymond commence ses « lundis » : ce sera son jour de réception jusqu'en 1954.
Yves Klein travaille à la Librairie des Champs-Élysées, à Paris, puis retourne à Nice.

Yves Klein danse le be-bop, 1946.

1947

Vincent Auriol devient président de la République.
Traité de paix avec l'Italie.
Le général de Gaulle fonde le Rassemblement du peuple français (R.P.F.) ; il demandera au cours de l'année la dissolution de la Chambre et la révision de la constitution.

Plan Marshall d'aide économique américaine à l'Europe ; l'U.R.S.S. et les pays de l'Est refusent d'y participer.

Victor Brauner, *Le Loup-Table.*
Matisse, *Jazz.*
Yves Tanguy illustre *Feu central* de Benjamin Péret.
Fautrier illustre *La Femme de ma vie* d'André Frénaud.
Giacometti, *Le Nez.*
Hains découvre l'affiche lacérée, réalise les premières photographies avec les verres cannelés et commence à travailler avec Villeglé.

Ouverture du musée du Jeu de paume consacré à l'impressionnisme.
Inauguration officielle du Musée national d'art moderne.

Musée Galliera. *25 ans d'art sacré français.*

Expositions dans les galeries :
  Drouin. *Rétrospective Kandinsky.*
  Drouin. *Wols.*
  Drouin. Ouverture du Foyer de l'art brut.
  Maeght. *Braque, œuvres récentes.*
  Jeanne Bucher. *Vieira Da Silva.*
  Maeght. *Sur quatre murs.*
  Maeght. *Exposition internationale du surréalisme* présentée par André Breton et Marcel Duchamp.
  Maeght. *Les mains éblouies.*
  Denise René. *Peintres abstraits* (avec Marie Raymond).
  Lydia Conti. Ouverture de la galerie avec *Hans Hartung.*
  Lydia Conti. *Gérard Schneider.*
  Du Luxembourg. Ouverture de la galerie avec *Yves Tanguy.*
  Du Luxembourg. *Hans Bellmer.*
  Du Luxembourg. *Automatisme.*
  Du Luxembourg. *Camille Bryen.*
  Du Luxembourg. *L'Imaginaire* présenté par Jean-José Marchand.
  Colette Allendy. *Picabia.*
  Colette Allendy. *Arp, Kandinsky, Magnelli, Miro.*
  Vidal. *Fred Klein.*

Poliakoff reçoit le prix Kandinsky.

Fondation de l'Association des peintres cartonniers de tapisserie par Jean Lurçat, Marc Saint-Saens et Jean Picart le Doux.

Ier Festival d'Avignon, avec une exposition d'art contemporain organisée par Christian et Yvonne Zervos au palais des Papes.

Jackson Pollock, *Galaxy* et *Alchemy.*

Pierre Matisse Gallery, New York. Première exposition de *Jean Dubuffet* à New York.
Betty Parsons Gallery, New York. Première exposition de *Pollock, Rothko et Still.*
Hugo Gallery, New York. *Blood Flames,* organisée par Nicolas Calas.
Leger Gallery, Londres. *Fred Klein.*
Robert Motherwell publie *Possibilities.*

Jean Anouilh, *L'Invitation au château.*
Antonin Artaud, *Artaud le Mômo ; Lettres à Breton ; Van Gogh, le suicidé de la société ;* et au théâtre *Tête à tête,* où il déclare : « avec la société et son public, il n'y a plus d'autre langage que celui des bombes, des mitrailleuses, des barricades et tout ce qui s'ensuit ».
Jacques Audiberti, *Le mal court.*

Maurice Blanchot, *Le Dernier Homme.*
André Breton, *Arcane 17.*
Albert Camus, *La Peste.*
René Char, *Poème pulvérisé.*
Jean Genet, *Miracle de la rose.*
Henri Lefebvre, *Critique de la vie quotidienne.*

Henri de Montherlant, *Le Maître de Santiago.*
Henri Pichette, *Les Épiphanies,* avec Gérard Philipe ; décors de Matta.
Francis Ponge, *Le Carnet du bois de pins.*
Raymond Queneau, *Exercices de style.*
Armand Salacrou, *L'Archipel Lenoir.*
Claude Simon, *La Corde raide.*
Tristan Tzara, conférence à la Sorbonne : *Le Surréalisme et l'après-guerre.*
Boris Vian, *L'Écume des jours ;* et sous le pseudonyme de Vernon Sullivan, *J'irai cracher sur vos tombes.*

Nancy Cunard, *Poèmes à la France.*
André Gide, prix Nobel de littérature.

Claude Autant-Lara, *Le Diable au corps* avec Gérard Philipe.
Jacques Becker, *Antoine et Antoinette.*
Marcel Carné, *Les Portes de la nuit.*
René Clair, *Le silence est d'or.*
Henri-Georges Clouzot, *Quai des Orfèvres.*
Jean Delannoy, *Les jeux sont faits.*

Le Corbusier construit la première « unité d'habitation » à Marseille (1947-1952).
Auguste Perret réalise le Centre de recherches nucléaires de Saclay.
Exposition de l'urbanisme et de l'habitation au Grand Palais.
Création du C.S.T.B. (Centre scientifique et technique du bâtiment).
Construction du pont d'Esbly sur la Marne par Eugène Freyssinet.

André Jolivet, *Concerto pour ondes Martenot.*

Création du Festival d'Aix-en-Provence.
Fondation du groupe Zodiaque.

Benjamin Britten, *Albert Herring.*

Arnold Schönberg, *Un Survivant de Varsovie.*

Premier vol supersonique contrôlé, effectué par le capitaine Charles Yeager, sur *Bell X-1* aux États-Unis.
Christian Dior invente le *New Look.*
Apparition du microsillon aux États-Unis.
Ouverture du club Le Tabou à Paris.

Mort de Pierre Bonnard, Albert Marquet.

1948

La guerre froide s'intensifie entre l'Est et l'Ouest.
Début du blocus de Berlin.
Réélection de Truman à la présidence des États-Unis.
Assassinat de Gandhi.
Mise en marche de la première pile atomique française.

Picasso illustre *Le Chant des morts* de Reverdy.
Léger, *Hommage à Louis David, les Loisirs.*
Hélion, *La Citrouillerie étrusque.*
Manessier, vitraux de l'église des Bréseux.
Dubuffet fonde la Compagnie de l'art brut.
Bazaine publie *Notes sur la peinture d'aujourd'hui.*
Premier Congrès international de la critique d'art, à Paris.

Naissance de l'École de New York.

Subjects of the Artist, « école » fondée à New York par Mark Rothko, William Baziotes, Robert Motherwell, Barnett Newman.
Max Ernst publie *Beyond Painting, and Other Writings by the Artist and his Friends* (préface de Motherwell).

Fondation du groupe Cobra.

Expositions dans les galeries :
  Colette Allendy. *H.W.P.S.M.T.B.,* organisée par Georges Mathieu (Hartung, Wols, Picabia, Stahly, Mathieu, Tudor, Bryen).
  Colette Allendy. *Hains : photographies* (première exposition personnelle).
  Colette Allendy. *Tapisseries et broderies abstraites.*
  René Breteau. *Prises de terre.*
  René Breteau. *Asger Jorn* (première exposition personnelle à Paris).
  René Breteau. *Nicolas Schöffer* (première exposition personnelle).
  Louis Carré. *André Lanskoy.*
  Louis Carré. *Maurice Estève.*
  Nina Dausset. *Le cadavre exquis : son exaltation.*
  Des Deux-Iles. *White and Black,* présentée par Édouard Jaguer et Michel Tapié.
  Maeght. *Les mains éblouies.*
  Denise René. *Tendances de l'art abstrait* (préface de Charles Estienne).

Ouverture de la Sidney and Harriet Janis Gallery, à New York.

1947
Marie Raymond expose au Salon des réalités nouvelles.

Août
Fred Klein expose en Hollande, Marie Raymond l'y accompagne.
Yves est à Nice et commence à peindre des foulards figuratifs et abstraits.
Première idée de monochromes.
Au cours de l'été, Yves Klein suit ses premiers cours de judo. Il y rencontre Armand Fernandez et Claude Pascal.

Septembre
Le 2, il devient ceinture blanche de judo.
Rose Raymond installe une librairie dans son magasin Philips, 39 rue de l'Hôtel des Postes à Nice, dont Klein s'occupera jusqu'en octobre 1948
– idée que Ben reprendra plus tard.

19 décembre
Il devient ceinture jaune de judo.
C'est vers cette époque qu'il découvre la *Cosmogonie des Rose-Croix* de Max Heindel.

Fred Klein dans son atelier.

Marie Raymond dans son atelier.

Braque, grand prix de la Biennale de Venise.
Max Bill, prix Kandinsky.
Bernard Lorjou, prix de la Critique d'art.

Artaud, *Pour en finir avec le jugement de Dieu.*
Bachelard, *La Terre et les rêveries du repos.*
Beckett, *Murphy* (traduction française).
Maurice Blanchot, *L'Arrêt de mort.*
Henri Bosco, *Le Mas Théotime.*
Camus, *L'État de siège* (musique de Honegger, décor de Balthus).
Cendrars, *Bourlinguer.*
André Chamson, *La Suite cévenole.*
Jean Genet, *Notre-Dame des Fleurs.*
Jouhandeau, *Scènes de la vie conjugale.*
Michel Leiris, *Biffures.*
Ponge, *Proêmes ; La Crevette dans tous ses états.*
Queneau, *La Ballade en proverbes du vieux temps.*
Sartre, *Les Mains sales.*
Saint-Exupéry, *Citadelle.*

Fondation de la revue *Critique* par Georges Bataille.
Création du Collège de Pataphysique.

Yves Allégret, *Dédée d'Anvers.*
Jean Cocteau, *Les Parents terribles.*
Louis Daquin, *Les Frères Bouquinquant.*
Christian-Jaque, *La Chartreuse de Parme.*
Roger Leenhardt, *Les Dernières Vacances.*

Vittorio De Sica, *Le Voleur de bicyclettes.*
Fritz Lang, *Le Secret derrière la porte.*
Laurence Olivier, *Hamlet.*
Luchino Visconti, *La terre tremble.*

Achèvement de l'église d'Assy.
Construction du barrage de Serre-Ponçon, sur la Durance (1948-1960), par de Mailly (architecte), Coyne et Belier (ingénieurs).
Construction du barrage de Génissiat sur le Rhône (1948-1949), architectes : Laprade et Bourdeix.

Boulez, *Le Soleil des eaux ; Sonate n° 2 pour piano.*
Dutilleux, *Sonate pour piano.*
Messiaen, *Turangalila-Symphonie.*
Schaeffer, *Concert de bruits* (première réalisation de musique concrète).
Stravinsky, *Messe.*

Naissance de la cybernétique.

La 2CV Citroën fait sensation au Salon de l'automobile.

Mort de Francis Gruber, Charles Walch, Antonin Artaud, Georges Bernanos.

1949

La France reconnaît l'indépendance du Vietnam dans le cadre de l'Union française.

Création du Conseil de l'Europe.
Levée du blocus de Berlin.

Création de la R.F.A. (Theodor Heuss, président ; Konrad Adenauer, chancelier).
Signature du pacte Atlantique.
Proclamation de la République populaire de Chine (Mao Zedong, président ; Zhou Enlaï, chef du gouvernement).
L'URSS fait les premiers essais de sa bombe atomique.
Les Etats-Unis font les premiers essais de missiles guidés.

Braque, *Atelier II.*
Kandinsky publie *Du spirituel dans l'art.*
Herbin publie *L'Art non figuratif, non objectif.*
Fautrier illustre *Fautrier l'enragé,* de Paulhan.
Vieira Da Silva, *La Bibliothèque.*
André Fougeron, *Hommage à André Houllier.*
Bernard Buffet, *Nu à la chaise.*
Hains et Villeglé, *Ach Alma Manetro.*

Ben s'installe à Nice.

André Bloc fonde la revue *Art d'aujourd'hui.*

Présence à Paris de nombreux artistes américains, grâce aux « G.I. Bills ».

Pollock, *Number 10.*
Rothko, *Violet, Black, Orange, Yellow on White and Red.*
Still, *1949-C (PH-110).*
Rauschenberg, *Female Figure (Blueprint).*

Lucio Fontana, *Ambiance spatiale* au néon noir.

Mathias Goeritz émigre au Mexique.

Musée national d'art moderne. *L'Art populaire polonais.*
Musée national d'art moderne. *L'Art hongrois contemporain.*
Musée national d'art moderne. *Fernand Léger, rétrospective.*

Expositions dans les galeries :
  Colette Allendy. *Leppien.*
  Colette Allendy. *César Domela.*
  Colette Allendy. *Corneille, Constant, Appel.*
  Colette Allendy. *Félix Del Marle.*
  De Beaune. *Marie Raymond.*
  Jeanne Bucher. *Arpad Szenes.*
  Lydia Conti. *Pierre Soulages* (première exposition personnelle).
  Creuze. *Kenneth Noland* (première exposition personnelle).
  Nina Dausset. *Riopelle* (première exposition à Paris).
  Drouin. *L'Art brut préféré aux arts culturels.*
  Maeght. *Hans Hofmann.*
  Maeght. *Bazaine* (première exposition personnelle).
  Maeght. *Les mains éblouies.*
  Maeght. *Les premiers maîtres de l'art abstrait* (pour la sortie du livre de Michel Seuphor : *L'Art abstrait, ses origines, ses premiers maîtres*).
  Denise René. *Exposition de groupe :* Lapicque, Le Moal, Le Corbusier, Manessier, Léger,

1948

Yves Klein, Claude Pascal et Armand Fernandez rencontrent Louis Cadaux qui les initie aux Rose-Croix et les pousse à demander leur adhésion à la Rosicrucian (en Californie).

4 mai
Il devient ceinture orange de judo.

18 juin
Avec Claude Pascal, il reçoit son adhésion à la Rosicrucian Society et prend immédiatement son premier cours.
Les trois amis se divisent l'univers et changent leurs noms :

Yves Klein devient Yves (jusqu'en 1957, date à laquelle il reprendra son nom complet),
Armand Fernandez devient Arman et
Claude Pascal, Pascal Claude. Ils deviennent végétariens, se font un temple dans la cave de la maison des parents d'Arman et passent des nuits en méditation.

Yves peint l'un des murs de la cave en bleu.
Premier rond bleu monochrome sur la couverture de son livre rose-croix ;
Yves déclare à Arman :
« ça c'est très important, c'est la condition de la peinture ».
Il applique les empreintes de ses mains et de ses pieds sur sa chemise.

Il parle (selon les souvenirs d'Arman en 1960) de recouvrir des judokas de bleu pour obtenir des empreintes nettes et violentes.

Septembre
Voyage en Italie en auto-stop : Gênes, Portofino, Rapallo, Pise, Rome, Capri, Ischia, Naples, Pompéi, Messine, Venise, Gênes et Nice.
24 septembre
Il devient ceinture verte de judo.

16 novembre
Il part faire son service militaire. Il est affecté sur le lac de Constance, en Allemagne, où il arrive le 18 novembre.

1949
27 octobre
Il termine son service militaire. Il conçoit l'idée d'une « symphonie monoton » : un seul ton, une seule note continue, une seule masse musicale imprégnant l'espace, sans commencement et sans fin. La première version qu'il réalise dure 20 mn.

Novembre
Yves Klein et Claude Pascal partent en Angleterre. Ils habitent à Londres, d'abord Hollywood Street, puis 69 Cromwell Road. Yves travaille chez l'encadreur Robert Savage, Old Brompton Road. Il suit des cours d'anglais, assiste à des réunions rosicruciennes et continue pratiquer le judo. Il essaie aussi de vendre des tableaux de ses parents dans différentes galeries.

Vers la fin de l'année et au début de la suivante il fait de petits monochromes rectangulaires, sur papier ou sur carton, qu'il expose dans sa chambre pour ses amis.

Yves Klein militaire, 1948.

Chemise avec les empreintes des mains et des pieds d'Yves Klein, 1948.

Yves Klein et Claude Pascal, Nice 1951.

Yves Klein à Lourdes.

Singier, Dewasne, Deyrolle, Hartung, Magnelli, Piaubert, Poliakoff, Marie Raymond, Schneider, Vasarely.
  Denise René. *Dewasne.*

Premier Salon de la jeune sculpture.

La collection de Peggy Guggenheim circule pendant deux ans dans des musées européens.

Première exposition *Cobra* à Bruxelles.

Musée de Tokyo. *Fred Klein.*

Museum of Modern Art, New York. *Roots of French Photography.*
Betty Parsons Gallery, New York. *Painted in 1949, European and American Painters* (Hartung, Soulages, Vasarely, Schneider...)
Perspectives Gallery, New York. *Michaux, Ubac, Wols, Mathieu.*

Marie Raymond et Chapoval, prix Kandinsky.

Aragon, *Les Communistes.*
Simone de Beauvoir, *Le Deuxième Sexe.*
Bernanos, *Le Dialogue des carmélites.*
Marc Bloch, *Apologie pour l'histoire* (posthume).
Camus, *Les Justes.*
Cendrars, *Le Lotissement du ciel.*
Cioran, *Précis de décomposition.*
André Frénaud, *Poèmes de dessous le plancher.*
Jean Genet, *Le Journal d'un voleur ; Haute Surveillance.*
Claude Lévi-Strauss, *Recherches sur les structures élémentaires de la parenté.*
Gaëtan Picon, *Panorama de la nouvelle littérature française.*
D.T. Suzuki, *Essays in Zen Buddhism* (traduit en plusieurs langues).

Yves Allégret, *Une si jolie petite plage.*
Claude Autant-Lara, *Occupe-toi d'Amélie.*
Jacques Becker, *Rendez-vous de juillet.*
Henri-Georges Clouzot, *Manon.*
Louis Daquin, *Le Point du jour.*
Jean-Paul Le Chanois, *Ecole buissonnière.*
Jacques Tati, *Jour de fête.*

Luis Buñuel, *Les Oubliés.*
Keisuke Kinoshita, *Le Retour de Carmen.*
Yasujiro Ozu, *Printemps tardif.*
Otto Preminger, *Le Mystérieux Docteur Korvo.*
Carol Reed, *Le Troisième Homme.*

Philip C. Johnson construit sa Maison de verre à New Canaan, Connecticut.

Merce Cunningham et John Cage, spectacle de ballets au théâtre du Vieux-Colombier, Paris.

Les ballets de Roland Petit créent *La Croqueuse de diamants,* avec Zizi Jeanmaire, à New York.

Pierre Boulez, *Livre pour quator.*
Olivier Messiaen, *Quatre Etudes de rythme.*

Pierre Schaeffer et Pierre Henry, *Symphonie pour un homme seul.*

Richard Strauss, *Quatre derniers lieder.*

Theodor Adorno publie la *Philosophie de la nouvelle musique.*

Premier numéro de *Match.*

Création de l'IBM World Trade Corporation, chargée de la gestion des affaires de la société mère hors des Etats-Unis (le premier calculateur électronique a été construit en 1948).

1950

Début de la guerre de Corée : intervention américaine et chinoise.
La République fédérale allemande est autorisée à réarmer.
Le général Eisenhower est nommé commandant du SHAPE (quartier général de l'OTAN en France).
Epuration anticommuniste sous l'égide de Joseph McCarthy aux Etats-Unis.

Jean Dubuffet, *Corps de dames ;* illustre *Les Murs* d'Eugène Guillevic.
Germaine Richier, *Le Diabolo.*
Wifredo Lam, *Umbral.*
Jean Messagier, *La Vallée.*
Sam Francis s'installe à Paris et commence ses grandes peintures « all-over » quasi monochromes.

Musée national d'art moderne. *Art sacré.*

Expositions dans les galeries :
  De France. *Manessier, Tal-Coat, Geer van Velde, Vieira Da Silva.*
  Denise René. *Aspects de l'art d'aujourd'hui.*
  Denise René. *Espaces nouveaux* (Serge Poliakoff).
  Denise René. *Marie Raymond.*
  Billiet-Caputo. *Jean Le Moal.*
  Colette Allendy. *Fleischmann, Schöffer, Warb.*
  Colette Allendy. *D'une saison à l'autre,* présentée par Charles Estienne.
  Colette Allendy. *Jeanne Coppel.*
  Colette Allendy. *Les Madis.*
  Creuze. *Morellet* (première exposition personnelle à Paris).
  Breteau. *Constant* (première exposition personnelle à Paris).
  Drouin. *Mathieu.*

Premier Salon du Jazz. *Jazz plastique.*
Ouverture de la galerie la Demeure.
Ouverture du musée des Ponchettes, à Nice, avec une exposition *Matisse.*
Jean Dewasne et Edgar Pillet fondent l'Atelier d'art abstrait.

Henri Matisse et Ossip Zadkine, grands prix de la Biennale de Venise.
Richard Mortensen, prix Kandinsky.

Biennale de Venise : importante participation de l'Ecole de Paris et de l'Ecole de New York.

Rothko, première visite en Europe ; *Green, Red on Orange.*
Jackson Pollock, *Autumn Rhythm, Lavender Mist.*
Barnett Newman, *The Name II, Vir Heroicus Sublimis.*
De Kooning commence la série des *Femmes.*
Franz Kline, calligraphies géantes.

The Leicester Gallery, Londres. *In Paris Now : an Exhibition of Paintings by Notable French Contemporary Artists.*

Berlin. *Franzosische Malerei und Plastik – 1938-1948,* avec Marie Raymond.

Sidney Janis Gallery, New York. *Young Painters in U.S. and France,* organisée par Leo Castelli.
Egan Gallery, New York. *Franz Kline* (première exposition personnelle).
Kootz Gallery, New York. *Black and White Paintings by European and American Artists.*
Betty Parsons Gallery, New York. *Barnett Newman.*
Louis Carré Gallery, New York. *Advancing French Art* (Bazaine, Estève, Hartung, Lanskoy, Lapicque, de Staël ; préface de Charles Estienne).

Marcel Aymé, *Clérambard.*
Georges Bataille, *l'Abbé C.*
Samuel Beckett, *Textes pour rien.*
Camille Bryen, *Hépérile.*
René Char, *Les Matinaux.*
Marguerite Duras, *Un Barrage contre le Pacifique.*
Eugène Ionesco, *La Cantatrice chauve.*
Pierre Jean Jouve, *Ode.*
Raymond Queneau, *Petite Cosmogonie portative.*

T.S. Eliot, *Quatre quatuors* (1943, traduction française en 1950).
Charles Schultz crée les *Peanuts* (qui n'apparaîtront en France qu'après 1963).

Bertrand Russel, prix Nobel de littérature.

Fondation du Living Theatre.

Yves Allégret, *Manèges.*
André Cayatte, *Justice est faite.*
Marcel Carné, *La Marie du port.*
René Clair, *La Beauté du diable.*
Jean Cocteau, *Orphée.*
Jean Delannoy, *Dieu a besoin des hommes.*
Nicole Védrès, *La vie commence demain.*
Max Ophüls, *Un homme marche dans la ville.*
Ingmar Bergman, *Jeux d'été.*
Vittorio De Sica, *Miracle à Milan.*

Akira Kurosawa, *Rashomon.*
Joseph Mankiewicz, *Eve.*

Le Corbusier construit le Capitole de Chandigarh au Penjab (1950-1956) et la chapelle Notre-Dame-du-Haut à Ronchamp (1950-1955).

Jean Prouvé met au point les coques monobloc métalliques pour l'industrialisation des maisons individuelles.

Eugène Beaudoin remporte le concours pour la cité Rotterdam à Strasbourg.

Coyne et Bellier construisent le barrage de Roselend (1950-1961).

Inauguration du siège de l'O.N.U. à New York.

La tour Eiffel est utilisée pour l'émission de signaux T.V.

Georges Auric, *Phèdre*.
Jean Barraqué, *Séquence ; Sonate pour piano*.
André Jolivet, *Concerto pour piano et orchestre*.
Francis Poulenc, *Stabat Mater*.
Arnold Schönberg, *Psaume 130 « de Profundis »*.

Nadia Boulanger devient directrice du Conservatoire américain de Fontainebleau où elle enseigne depuis 1921.

Mort de Joë Bousquet, Emmanuel Mounier, Cesare Pavese.

1950
Avril
Le 4, il quitte Londres avec Claude Pascal pour se rendre en Irlande. Tous deux arrivent à Dublin le 5. Après une semaine de recherches, ils s'installent et travaillent dans un club d'équitation, Jockey Hall.

Claude Pascal note dans son journal que Klein dessine et peint.

Yves essaie sans succès de vendre la peinture de ses parents dans une galerie de Dublin.

21 mai
Il note dans son journal de longues réflexions sur la peinture.

Juillet
Il termine le Cours supplémentaire de philosophie de la Rosicrucian Society.

Yves Klein en Irlande, été 1950.

25 août
Il retourne à Londres et recommence à travailler chez l'encadreur Savage. Claude Pascal l'y rejoint bientôt.

Automne
De Londres, il adresse à Arman (à Nice) une carte postale qui, d'un côté est un monochrome rose et, de l'autre, porte le texte : « L'année 1951 sera rose massacre. »

Il rentre à Nice en passant par Paris où il rend visite à la Société des Rose-Croix.

Décembre
Il termine fin décembre le Troisième Cours de philosophie de la Rosicrucian Society.

Le 31, il visite la chapelle de Matisse, à Nice, en compagnie de ses grands-parents et de sa tante.

Fred Klein et Marie Raymond, 1951.

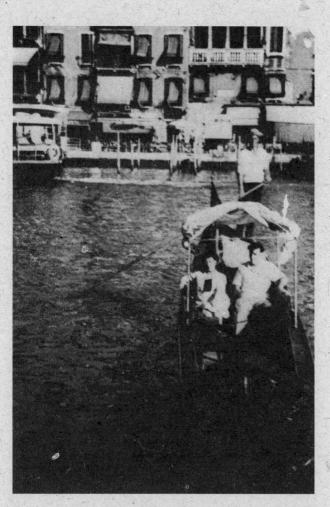

Yves Klein et Rose Raymond à Venise, septembre 1951.

1951

Intensification de la guerre d'Indochine.
Création de la Communauté européenne du charbon et de l'acier (C.E.C.A.).
Entrée de la République fédérale d'Allemagne au Conseil de l'Europe.
Abdication de Léopold III de Belgique en faveur de son fils Baudoin Ier.
Mort du maréchal Pétain.
Première explosion d'une bombe H américaine.

Traité de paix entre les États-Unis et le Japon.

Retour de Man Ray à Paris.
Dewasne, *Apothéose de Marat*.
Création du groupe Espace, sous la présidence d'André Bloc.
Les Lalanne s'installent impasse Ronsin.
Charles Estienne publie *L'art abstrait est-il un académisme ?*
Numéro spécial d'*Art d'aujoud'hui* sur l'art aux États-Unis.

Musée national d'art moderne. *Rétrospective Jacques Villon*.
Musée d'art moderne de la Ville de Paris. *Premier Salon des peintres témoins de leur temps*.
Musée national d'art moderne. *Art cubain contemporain*.
Musée national d'art moderne. *L'Art mural norvégien, 1920-1950*.
Musée d'art moderne de la Ville de Paris. *Premier Salon d'art sacré*.
Musée national d'art moderne. *Le Fauvisme*.

Expositions dans les galeries :
Fusion de la galerie de France et de la galerie Billiet-Caputo. *Présences 1951*.
Denise René. *Les prix Kandinsky de 1946 à 1950*.
Denise René. *Formes et couleurs murales*.
Denise René. *Charles Lapicque*.
Denise René. *Richard Mortensen*.
Librairie 73. Première exposition *Cobra* organisée par Michel Ragon.
Nina Dausset. *Véhémences confrontées*.
Jean-Robert Arnaud. Ouverture de la galerie avec la première exposition à Paris d'*Ellsworth Kelly* et *Jack Youngerman*.
Pierre. *Cinq peintres Cobra*.
Maeght. *Sur quatre murs*, troisième exposition.
Paul Facchetti. Ouverture du studio Facchetti avec la première exposition à Paris d'*Ossorio*.
Paul Facchetti. *Signifiants de l'informel I*, organisée par Michel Tapié.
Colette Allendy. *Roberto Gonzalez*.
Colette Allendy. *Domela*.
De Beaune. *Gilioli*.
De Beaune. *Marie Raymond*.
De Conti. *Fred Klein*.
Jacques Dubourg. *Nicolas de Staël, dessins*.
Jeanne Bucher. *Bissière*.
Dina Vierny. *Poliakoff*.

Lucio Fontana, premières toiles perforées.

John Cage et Robert Rauschenberg, *Automobile Tire Print*.
Rauschenberg, série des *White Paintings*.
Barnett Newman, *Cathedra*.
Les collections de l'Art brut sont expédiées chez Alfonso Ossorio à Easthampton (New York).
Jean Dubuffet, *Anticultural Positions* (conférence à Chicago).
Thomas Hess, *Abstract Painting : Background and American Phase*.

Fondation à Osaka du groupe Gutaï.

Première Biennale de Sao Paulo.

Royal Academy of Arts, Londres. *L'École de Paris, 1900-1950*.
Organisée par Denise René, exposition itinérante en Suède, Norvège, au Danemark, en Finlande, Belgique : *Vingt artistes de l'École de Paris, 1951 (Klar Form)*, avec Marie Raymond.
Stedelijk Museum, Amsterdam. *De Stijl, Retrospective*.

Kootz Gallery, New York. *Cy Twombly* (première exposition personnelle).
Theodore Schempp Gallery, New York. *Nicolas de Staël* (première exposition personnelle à New York).
Museum of Modern Art, New York. *Henri Matisse, a Retrospective*.
Whitney Museum of American Art, New York. *Mark Tobey, a Retrospective*.

Beckett, *Molloy ; Malone meurt*.
Camus, *L'Homme révolté*.
Giono, *Le Hussard sur le toit*.
Julien Gracq, *Le Rivage des Syrtes*.
Ionesco, *Les Chaises*.
Malraux, *Les Voix du silence*.
Montherlant, *La Ville dont le prince est un enfant*.
Sartre, *le Diable et le Bon Dieu*.
Jean Tardieu, *Monsieur Monsieur*.
Marguerite Yourcenar, *Les Mémoires d'Hadrien*.

William Faulkner, *Requiem pour une nonne*.
Norman Mailer, *Rivage de Barbarie*.

Yves Allégret, *Les miracles n'ont lieu qu'une fois*.
Claude Autant-Lara, *L'Auberge rouge*.
Jacques Becker, *Edouard et Caroline*.
Robert Bresson, *Le Journal d'un curé de campagne*.
Yves Ciampi, *Un Grand Patron*.
Louis Daquin, *Maître après Dieu*.
Isidore Isou, *Traité de bave et d'éternité*.
Jean-Paul Le Chanois, *Sans laisser d'adresse*.
Maurice Lemaître, *Le film est déjà commencé*.
Edgar Pillet, *Genèse*, film abstrait.

Stanley Donen, *Chantons sous la pluie*.
Victoria De Sica, *Humberto D*.
Alfred Hitchcock, *l'Inconnu du Nord-Express*.
Tadashi Imaï, *Nous sommes vivants*.

Joseph Losey, *La Grande Nuit*.
Alexander Mackendrick, *L'Homme au complet blanc*.
Vincente Minnelli, *Un Américain à Paris*.
Max Ophüls, *Le Plaisir*.
Yasujiro Ozu, *Été précoce*.
Roberto Rossellini, *Europa 51*.
Billy Wilder, *Le Gouffre aux chimères*.
Satsuo Yamamoto, *Tempête sur les monts Hakoné*.

Début de la publication des *Cahiers du cinéma*.

Paul Strand s'installe à Paris et publie un album : *La France de profil*.

Jean Dubuisson construit l'ensemble résidentiel de *Shape Village* à Vaucresson.
Jacques Vienot fonde l'Institut d'esthétique industrielle.
André Arbus réalise l'aménagement intérieur du paquebot *Provence*.

Ludwig Mies van der Rohe construit le Lake Shore Drive à Chicago.

Henri Dutilleux, *Première Symphonie*.
Pierre Henry, *Le Microphone bien tempéré*.
Arthur Honegger, *Symphonie n° 5*.
Marcel Landowski, *Première Symphonie*, dite *Jean de la Peur*.
Olivier Messiaen, *Livre d'orgue*.
Benjamin Britten, *Billy Budd*.
Karlheinz Stockhausen, *Kreuzspiel*.
Igor Stravinsky, *The Rake's Progress*.

Généralisation du livre de poche.
Construction des premiers abris anti-atomiques.

Mort de Wols, André Gide, Louis Jouvet et Arnold Schönberg.

1951

Janvier   Il prend des cours d'espagnol à Nice.

Février   Il part pour l'Espagne et arrive à Madrid le 4.
Il s'installe 5 calle de Puebla à Madrid, cherche du travail, donne des cours de français et s'entraîne au judo.

Dans son journal, il parle d'« idées capables de révolutionner le monde »; d'une présentation de peintures monochromes avec un accompagnement musical approprié; d'une allégorie de couleurs. D'après un texte du 15 décembre 1958, c'est à ce moment qu'il conçoit l'idée des fontaines d'eau et de feu.

Yves Klein à Vérone, 3 septembre 1951.

Yves Klein au palais des Doges, Venise, 5 septembre 1951.

Mars
On lui propose d'enseigner le judo dans deux écoles différentes.

Juin
Il voyage en Espagne avec ses parents, sa grand-mère et sa tante, puis rentre en France avec eux.

30 août
Il devient ceinture marron de judo.

Septembre
Il voyage en Italie du Nord avec sa tante.

Automne
Il s'installe à Paris, 108 bis rue de Rennes, près de ses parents et fréquente les « lundis » de sa mère. Il est auditeur libre aux cours de japonais de l'Ecole des langues orientales. Il écrit à l'Institut franco-japonais de Tokyo pour demander des informations.

FÉDÉRATION FRANÇAISE DE JUDO ET DE JIU-JITSU

CLUB : A.S. POLICE NICE

VIGNETTE LICENCE

1951 LICENCE N° ......

Vignette d'Assurance M. N. S.

M KLEIN Yves

Adresse 34 Bld Raimbaldi

Nice

Le Président Fédéral   Le Président du Club,   Le Titulaire

Ecole Nationale des Langues Orientales Vivantes
Rue de Lille, 2 — PARIS (VII°)

ANNÉE SCOLAIRE 1951-1952

CARTE D'AUDITEUR LIBRE

M. KLEIN Yves

Signature du Porteur,   L'ADMINISTRATEUR DE L'ÉCOLE

1952

Réarmement de l'Europe : Communauté européenne de défense.
Mort de Georges VI, roi d'Angleterre, couronnement de sa fille Elisabeth II.
Abdication du roi Farouk d'Egypte.
Election du général Eisenhower à la présidence des Etats-Unis : le parti républicain revient au pouvoir après vingt ans d'administration démocrate.

Edouard Pignon, *L'Ouvrier mort* (deuxième version).
Balthus, *Le Passage du commerce Saint-André.*
Niki de Saint-Phalle revient à Paris.

Raymond Hains publie *Quand la photographie devient l'objet.*
Szekely dessine les plans de la maison Le Bateau ivre, réalisée à Saint-Marcelin, Isère (1952-1956).

Orangerie des Tuileries : *La nature morte de l'Antiquité à nos jours.*
Musée national d'art moderne. *La jeune gravure contemporaine.*
Musée national d'art moderne. *L'œuvre du XXᵉ siècle.*
Musée national d'art moderne. *Art mexicain, du précolombien à nos jours.*
Petit Palais. *Edvard Munch, rétrospective.*
Musée des Ponchettes à Nice. *Renoir.*

Expositions dans les galeries :
  De Babylone. *Les peintres de la nouvelle Ecole de Paris,* avec Marie Raymond, organisée par Charles Estienne.
  De France. *Regard sur la peinture américaine* (exposition présentée auparavant à New York, Sidney Janis Gallery).
  Paul Facchetti. *Mathieu.*
  Paul Facchetti. *Pollock.*
  Paul Facchetti. *Signifiants de l'informel II.*
  Paul Facchetti. *Un art autre,* exposition et livre de Michel Tapié.
  Nina Dausset. *Sam Francis.*
  Nina Dausset. *Wols.*
  Denise René. *Douze tapisseries inédites exécutées dans les ateliers Tabard à Aubusson.*
  Denise René. *Vasarely.*
  Ariel. Ouverture de la galerie avec une exposition *Jacques Doucet.*
  A l'Etoile scellée. Ouverture de la galerie, dirigée par Breton.
  Colette Allendy. *Camille Bryen*
  Colette Allendy. *Otto Freundlich.*
  Colette Allendy. *Etienne Martin.*

Salle André Baugé. Premier Salon d'octobre organisé par Charles Estienne.

Fondation de l'Independent Group, à Londres, avec Lawrence Alloway, Reyner Banham, Richard Hamilton, Eduardo Paolozzi, Alison et Peter Smithson.
Premier manifeste de la peinture nucléaire à Bruxelles et Milan.

Ellsworth Kelly, *Painting for a White Wall ; Red, Yellow, Blue and White.*
Robert Rauschenberg, premières *Combine paintings.*
John Cage, premier happening au Black Mountain College (Caroline du Nord) avec la participation de Merce Cunningham, Robert Rauschenberg, David Tudor et Charles Olsen.

Kunsthalle, Berne. *Tendances actuelles de l'Ecole de Paris* (préface de Charles Estienne).
Kunsthaus, Zurich. *Malerei in Paris, heute,* avec Marie Raymond.

Circle and Square Gallery, New York. *Serge Poliakoff.*
Stable Gallery, New York. *Georges Mathieu.*

Roger Bissière, grand prix national des Arts.
Raoul Dufy et Alexander Calder, grands prix de la Biennale de Venise.

Samuel Beckett, *En attendant Godot.*
Marguerite Duras, *Le Marin de Gibraltar.*
Francis Ponge, *La Rage de l'expression.*
Jean-Paul Sartre, *Saint Genet, comédien et martyr.*

Ernest Hemingway, *Le Vieil Homme et la mer.*
John Steinbeck, *A l'est d'Eden.*

François Mauriac, prix Nobel de littérature.

Jacques Becker, *Casque d'or.*
André Cayatte, *Nous sommes tous des assassins.*
René Clair, *Belles de nuit.*
René Clément, *Jeux Interdits.*
Jean Duvivier, *Le petit monde de Don Camillo.*
Christian-Jaque, *Fanfan la Tulipe.*
Jean Renoir, *Le Carrosse d'or.*
Jacques Tati, *Les Vacances de M. Hulot.*

Ingmar Bergman, *l'Eté avec Monika.*
Luis Buñuel, *Robinson Crusoe.*
Federico Fellini, *Les Vitelloni.*
Howard Hawks, *Chérie, je me sens rajeunir.*
John Huston, *La Reine africaine.*
Hideo Kobayashi, *la Jeunesse du fils.*
Akira Kurosawa, *Vivre.*
David Lean, *Le mur du son.*
Mizoguchi Kenji, *Contes de la lune vague après la pluie.*
Mikio Naruse, *Okasan.*
Kaneto Shindo, *Les enfants d'Hiroshima.*

Le Corbusier construit l'unité d'habitation de Nantes-Rezé (1952-1957) et le Parlement de Chandigarh (1952-1957).
Bernard Zehrfuss, Pier-Luigi Nervi et Marcel Breuer construisent le palais de l'UNESCO à Paris. Jacques Vienot fonde le bureau de design Technes.

Georges Auric, *Chemin de lumière.*
Pierre Boulez, Premier livre des *Structures pour deux pianos.*
Pierre Henry, *Musique sans titre.*

Olivier Messiaen et Pierre Schaeffer, *Timbres durées.*
Francis Poulenc, *Quatre Motets pour le temps de Noël, Sonate pour deux pianos.*
Karlheinz Stockhausen, *Spiel für Orchester.*
Igor Stravinsky, *Concertino.*

Premières machines à écrire électriques.

Mort de Felix Del Marle, Paul Eluard.

1952

Hiver
En janvier, il s'installe 97 bis rue Notre-Dame-des-Champs.

En février, il parle dans son journal d'un relâchement dans sa discipline et trouve qu'il devrait passer quatre heures par jour sur la *Cosmogonie des Rose-Croix* de Max Heindel.

Juillet
Sa grand-mère maternelle et marraine meurt à Nice.

22 ou 23 août
Il s'embarque à Marseille pour le Japon ; escales en Crète, à Suez, Djibouti, Colombo, Singapour, Saigon et Hong Kong.

23 septembre
Arrivée à Yokohama, qu'il quitte aussitôt pour Tokyo.

Octobre
Il est engagé comme professeur à l'Institut franco-japonais ; il s'inscrit à l'institut de judo Kôdôkan où il reprend l'entraînement à partir de la ceinture blanche et redevient très vite ceinture marron.

Yves Klein « à Mont Lavenia », Colombo, 4 septembre 1952.

M. et Mme Kamura, Japon, fin 1952.

Extraits de l'album
du voyage au Japon
d'Yves Klein

SINGAPORE

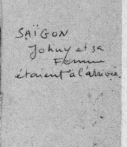

SINGAPORE

SINGAPORE

SINGAPORE

SAïGON
Johny et sa
Femme
étaient à l'arrivée

SINGAPORE

HONG KONG

HONG KONG

Je vais
aussitôt à
Tokyo
GINZA

HONK KONG

A TOKYO EN FLANANT, PARCS, PALAIS, KODOKAN.

ARRIVÉE
AU
JAPON LE
23 Sept 52.
A
YOKOHAMA.
MONT FUJI.

INSTITUT
FRANCO-J.

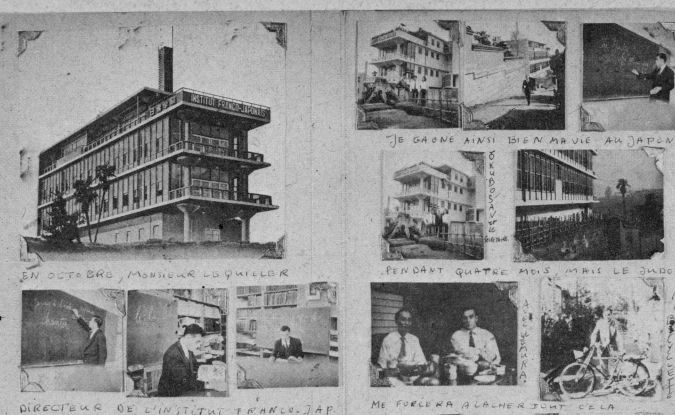

JE GAGNE AINSI BIEN MA VIE AU JAPON

OKUBOSAN DE Secrétaire.

EN OCTOBRE, MONSIEUR LEQUILLER

PENDANT QUATRE MOIS, MAIS LE JUDO

AVEC UEMURA.

MA BICYCLETTE

DIRECTEUR DE L'INSTITUT FRANCO-JAP.
M'ENGAGE COMME PROFESSEUR DE
FRANÇAIS.
LA AUSSI JE JOUE LE RÔLE D'INSTITUTEUR
PRÉCEPTEUR POUR DEUX ENFANTS FRANÇAIS.

ME FORCERA A LACHER TOUT CELA

A KARNIZAWA CHEZ Mr KOYAMA.   M.T. UEMURA.   LES FRÈRES YAM...

LES UEMURA   LES UEMURA.

CHIGAKI

UEMURA KOYAMA

LES PARTYS DE Mme URA

RIE HONDA.

RIE HONDA.

AVEC ABBA KIE À L'INSTITUT.
(une de mes chablis d'élèves)

LE SWING AUX PARTYS
DE Mme UEMURA.

LES FOUKASAKOU
TANAKA. CHEF DE LA
POLICE.

WRIGHT, STANLEY
ENGLISH, 2ª DAN

PALMER, CHARLES
ENGLISH, 3ª DAN

GLEESON, JOFFREY
ENGLISH, 3ª DAN

BEAUDOIN, JACQUES
FRENCH, 2ª DAN

GREGORY, MALCOLM.
ENGLISH, 4ª DAN

Klein, YVES
FRENCH, 4ª DAN

F.
DELANGE, 2ª DAN.
U.S.
H. SHARP, 2ª DAN
BOSSAC, 1. DAN
M. BRUNO, 4ª DAN

告知板

碧眼柔道家 トップ セブン

戦後、日本では、軍国主義的スポーツとして締斥されたジュードーがアメリカをはじめ諸外国で目下大流行、中でも特に盛んなのはフランスとイギリス。「バリ・ミラド」は若いインテリ、ジュードーから、というわけであるらしいが、最近のパリでは、ジャンやパリジェンヌが金髪セミ乱してドタンバタン、旧風パリに迷った蛮子はしばしば采、さらにベルギーでは流石のパック子もしばしば采。オランダ、ドイツも大の男十人を向う分ってなげつ、柔道選手権団体特有の英豪として超えられた、はるばる海を渡ってくる数の入れ方、我等はすべて自費自弁、中には日本の会社で働いている通運通のその、ここに登場眼したのは、日本語はからきしダメという連中である。

COULOURIANOS, STRATOS
U.S., 1ª DAN

CARMEN BLACKARD
ENGLISH, 1. 1ª DAN

ZONCA, 2ª DAN
KLEIN.
KOBAYASHI, 3ª D

GLEESON, KLEIN AU
B.C.G.

KODOKAN.

NEWAZA.

AVEC DELANGE.

NEWAZA
RÉPÉTITION DE LA CLASSE D'ODA, 3ª DAN.

MON PROFESSEUR ODA. JOIN.
9e DAN.

CHEZ ODA.

AVEC SON. FILS.

SHARP. ODA.

DINER A SANBANCHO
ODA. EDWARDS. IWAKUMA
HELENE. KOBAYASHI. FUJIKAWA.

AMIELH, COLETTE
ODA, FILS, KLEIN.

CHEZ ASAMI SAMPEI 7e DAN
AVEC SHARP, KOBAYASHI,
WATANABE.

KŌDŌKAN.

quelques profs, au
Bureau des étrangers.

ŌTAKI et SATŌ

EN MAI 53.
Je m'installe
avec Delange
dans une chambre
près de l'Hôtel
SAN BANCHO.
Nous vivons
à l'européenne.

NOUS PRENONS TOUS NOS
REPAS A L'HOTEL.

Piscine du
SAN BANCHO

A COTE DE L'HOTEL
L'AMBASSADE
BRITANNIQUE
OÙ TRAVAILLENT
PALMER ET
WRIGHT

AVRIL

A, CETTE ÉPOQUE
DÉJÀ DEPUIS PLUS
DE 4 mois
je ne fais
que du Judo
du matin au
soir - (environ
5 heures par jour)

OTANI.
DE WASEDA.

MAINTENANT
EN ITALIE.

chez
Numata
7e DAN.

DAÏGO.
6e DAN.

A L'ENTRÉE DE LA BAIE DE TOKYO IL Y A UNE PETITE ÎLE "ŌSHIMA."
FORMÉE PAR UN DES PLUS INTÉRESSANT VOLCAN DU JAPON.
LE VOLCAN "MIHARA."

EXCURSION AVEC SHARP, DELANGE KOGAYASHI ZONGA.

POUR SE RENDRE A L'ÎLE CINQ OU SIX HEURES EN STEAMER DE TOKYO.

LE PAYSAGE EST TOUT A FAIT SURRÉALISTE.

L'EXCURSION "SOMMET DU FUJI" EST DIFFICILE

AU SOMMET

L'EXPÉDITION COMMENÇA A SIX. ET FINIT A QUATRE EDWARDS HÉLÈNE GREGORY BRES CHAUMETTE KLEIN. MISÉRABLES CAMPEMENT DE PÉLERINS

APRÈS 8ʰ DE MARCHE!

GREGORY EST CREVÉ.

EDWARDS ET HÉLÈNE NÉANMOINS PURENT PARVENIR AU SOMMET. GREGORY EN AVAIT ASSEZ DE VIDER SES CHAUSSURES A LA DESCENTE.

AVEC ASAMI . SANPEI

KOTANI . OTAKI

LES "ZUMOS"

Puis ce fut L'époque de L'étude

ACHARNÉE DES KATAS.

RIE CHAN

LA MAISON DE GEISHAS

MA DERNIÈRE CHAMBRE

LE PALAIS IMPÉRIAL, TOKYO.

KOBAYASHI . PARKA NO . 1
ODA WATANABE

LE DÉPART A (EDWARDS) LE FANTASTIQUE AMÉRICAIN.

LA GARE CENTRALE.

GINZA.

EDWARDS

SHARP ET SA VOITURE !!

HAKONE   HAKONE

KYOTO.

MIHARA, AYAKO   LA PLUS ÉLÉGANTE.

HAKONE   HAKONE

LA GARE

GRAND
TORI
HEIAN.

HEIAN.

"HEIAN"
JARDIN
EN
AUTOMNE

Mille
Bouddhas.

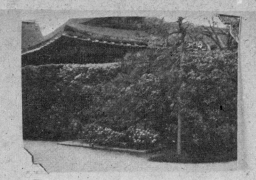

AVEC
KURIHARA
9e DAN
A
KYOTO.

KURIHARA
DEVANT
SON DOJO

LE SOIR
KYOTO
S'ILLUMINE
DE TOUTES
PARTS.

AU
RELIGIO
DE
KYOTO.

L'EXPOSITION MARIE RAYMOND ET
FRÉDÉRIC KLEIN A "BRIGESTONE
GALLERIE" GINZA, TOKYO EST
UN GRAND SUCCÈS EN NOVEM-
BRE. 53.

1953

Mort de Staline ; Khrouchtchev devient premier secrétaire du parti communiste.
Armistice en Corée ; reconnaissance de deux Etats séparés par le 38e parallèle.
Première bombe H soviétique.
Adenauer devient chancelier de la République fédérale d'Allemagne.
Etats-Unis : exécution des Rosenberg.
En France, instabilité gouvernementale ; René Coty devient président de la République.

Braque décore le plafond de la salle étrusque du Louvre.
Hains et Villeglé publient *Hépérile éclaté*, à partir du poème de Bryen.
Henry Moore, *Le Roi et la Reine*.
Jean Tinguely s'installe à Paris et commence à réaliser ses *Méta-machines*.
Retour de Max Ernst en France.
Georges Mathieu publie le premier numéro de la revue bilingue *United States Lines Paris Review* consacrée à « l'art et la connaissance des deux côtés de l'Atlantique ».
Fondation de la revue *Cimaise*.
Madeleine Rousseau publie *Introduction à la connaissance de l'art présent*.
Robert Lebel publie *Premier bilan de l'art actuel 1937-1953*.
Gueguen publie *Art abstrait, art scandaleux*.
Musée national d'art moderne. *Douze peintres et sculpteurs américains contemporains* (dont Albright, Calder, Davis, Gorky, Hopper, Pollock, Smith).
Musée national d'art moderne. *Raoul Dufy*.
Musée national d'art moderne. *Le Corbusier, œuvre plastique*.
Musée des Ponchettes, Nice. *Eugène Boudin*.

Expositions dans les galeries :
Denise René. *Dewasne, Deyrolle, Jacobsen, Mortensen, Vasarely*.
Denise René. *Diagonale*.
Craven. *Peintres américains en France*.
Craven. *Deuxième et dernier Salon d'octobre*.
A l'Etoile scellée. *Hantaï*, présenté par André Breton.
Maeght. *Bazaine*.
Colette Allendy. *Aurélie Nemours*.
Colette Allendy. *Quatre à quatre* (Fleischman, Warb, Pan, Schöffer).
Colette Allendy. *Leppien*.

Jasper Johns, première œuvre abstraite : *Untitled*.
Lucio Fontana, *Dernier Manifeste du Mouvement spatial*.
Knoedler Gallery, New York. *Nicolas de Staël*.
Kootz Gallery, New York. *Pierre Soulages*.
Bridgestone Gallery, Tokyo. *Marie Raymond, Fred Klein*.
Charles Lapicque, prix Dufy de la Biennale de Venise.
François Stahly, médaille d'or de la Triennale de Milan.
Alfred Manessier, premier prix de peinture de la Biennale de Sao Paulo.

Jean Anouilh, *L'Alouette*.
Roland Barthes, *Le degré zéro de l'écriture*.
Samuel Beckett, *l'Innommable*.
Marguerite Duras, *Les Petits chevaux de Tarquinia*.
Lucien Febvre, *Combats pour l'histoire*.
Pierre Klossowski, *Roberte, ce soir*.
Jacques Lacan, *La fonction du champ de la parole et du langage dans le champ psychanalytique*.
Alain Robbe-Grillet, *les Gommes*.
Nathalie Sarraute, *Martereau*.
Boris Vian, *L'Arrache-cœur*.

Yves Allégret, *Les Orgueilleux*.
Alexandre Astruc, *Le Rideau cramoisi*.
Henri-Georges Clouzot, *Le Salaire de la peur*.
Sacha Guitry, *Si Versailles m'était conté*.
Marcel Carné, *Thérèse Raquin*.
Max Ophüls, *Madame de*.

Luis Garcia Berlanga et Juan Antonio Bardem, *Bienvenue M. Marshall*.
Benedek, *L'Equipée sauvage*.
Howard Hawks, *Les hommes préfèrent les blondes*.
Keisuke Kinoshita, *La Tragédie du Japon*.
Teinosuke Kinugasa, *La Porte de l'enfer*.
Hideo Kobayashi, *Sincérité. Quelque part sous le ciel immense*.
Vincente Minnelli, *Tous en scène*.
Nicholas Ray, *Johnny Guitare*.
Yasujiro Ozu, *Voyage à Tokyo*.
Satsuo Yamamoto, *Quartier sans soleil*.
Yamamura, *Le Bateau de l'enfer*.
Premier film en cinémascope aux Etats-Unis : Henry Koster, *La Tunique*.

Henry Bernard remporte le concours pour la Maison de la Radio (1959-1963).

Philip Johnson aménage les jardins du Museum of Modern Art, New York. Mathias Goeritz publie le *Manifeste de l'architecture émotionnelle* à Mexico et y construit le musée El Eco. Lors de son inauguration, le musée sera présenté vide, dans une ambiance toute blanche, sans peinture ni sculpture.

Yves Baudrier, *Cantique des cantiques*.
Henri Dutilleux, *Le Loup*.
Pierre Henry, *Orphée*.
Arthur Honegger, *Cantate de Noël*.
André Jolivet, *Première Symphonie*.
Olivier Messiaen, *Le Réveil des oiseaux*.
Ianis Xenakis, *Metastase*.

Karlheinz Stockhausen, *Kontrapunkte*.
Igor Stravinsky, *Trois chants de Shakespeare*.

Création de la compagnie de danse Merce Cunningham.

Conquête de l'Everest par le Néo-zélandais Edmund Hillary.
Début de la publication de *Playboy* et de *Mad* aux Etats-Unis.

Mort de Francis Picabia, Serguei Prokofiev.

1953

Janvier Il devient ceinture noire premier dan à l'institut Kôdôkan de judo.
Il tourne un premier film sur le judo.

Juillet Il obtient le deuxième dan.

Décembre L'institut Kôdôkan lui donne le diplôme de ceinture noire, quatrième dan.

Diplôme délivré à Yves Klein par l'institut Kôdôkan de Tokyo en décembre 1953.

Il écrit dans son journal qu'il a fait chez lui, avec un collègue de judo, une sorte de « lundi » comme chez ses parents à Paris. Ce soir-là il aurait accroché aux murs une douzaine de panneaux monochromes en déclarant que c'était sa conception de la peinture.

Il organise à l'Institut franco-japonais, à la Bridgestone Gallery et au Musée d'art moderne de Tokyo des expositions des œuvres de ses parents.

1954

Lancement du premier sous-marin atomique, le *Nautilus* (Etats-Unis).
Dien Bien Phu, défaite de l'armée française ; les accords de Genève consacrent la fin des hostilités et de l'hégémonie française en Indochine.
Pierre Mendès-France est président du Conseil. Reconnaissance de l'autonomie interne de la Tunisie.
Début de la guerre d'Algérie.
Pierre Poujade fonde l'Union des commerçants et artisans de France.

Braque, *Atelier VII.*
César, *La Chauve-souris.*
Tinguely s'installe impasse Ronsin.
Wolf Vostell s'installe à Paris et réalise ses premiers décollages.
Nicolas Schöffer, *Tour spatiodynamique, cybernétique et sonore,* pour le Salon des travaux publics de Paris.
Musée national d'art moderne. *Le dessin de Toulouse-Lautrec aux cubistes.*
Musée national d'art moderne. *Le dessin contemporain aux USA.*
Musée national d'art moderne. *André Derain, rétrospective.*
Musée des Ponchettes, Nice. *Raoul Dufy.*

Expositions dans les galeries :
  Paul Facchetti. *Phases,* organisée par Edouard Jaguer.
  Paul Facchetti. *René Laubiès.*
  Lucien Durand. *César* (première exposition personnelle à Paris).
  Arnaud. *Jean Tinguely* (première exposition personnelle à Paris).
  Rive droite. *Georges Mathieu : Les Capétiens partout.*
  Rive droite. *Otto Freundlich.*
  A l'Etoile scellée. *Judith Reigl.*
  Arnaud. *Divergences : nouvelle situation,* présentée par Roger Van Gindertaël (première d'une série d'expositions annuelles présentées chaque fois par un critique différent, jusqu'en 1958).
  Charpentier. *L'Ecole de Paris,* exposition annuelle jusqu'en 1963.
  Denise René. Premier Salon de la sculpture abstraite.
  Suzanne de Coninck. *Quinze sculpteurs.*
  Colette Allendy. *Nicolaas Warb.*
  Colette Allendy. *Prouvelles.*
  Jacques Dubourg. *Nicolas de Staël.*
  Bing. *Serge Poliakoff.*
  Pierre. *Marie-Hélène Vieira Da Silva.*
  Nina Dausset. *Pierre Alechinsky.*
  Ariel. *Situation de la peinture d'aujourd'hui.*

Ad Reinhardt expose à New York des peintures presque monochromes jaunes et bleues.
Jasper Johns, premiers *Drapeaux.*
Asger Jorn se déclare *Contre le fonctionna-* lisme au Congrès international de l'Industrial Design à Milan.

Paul Rosenberg Gallery, New York. *Nicolas de Staël.*
Museum of Modern Art, New York. *Quarante spécimens de calligraphies abstraites par des artistes japonais contemporains.*
Solomon R. Guggenheim Museum, New York. *Younger European Painters.*
Rome. *Fontana : affiches lacérées.*

Max Ernst et Jean Arp, prix de la Biennale de Venise.

Roland Barthes, *Michelet.*
Simone de Beauvoir, *Les Mandarins.*
Michel Butor, *Passage de Milan.*
Paul Léautaud, *Journal littéraire (1954-1964).*
Clara Malraux, *Par de plus longs chemins.*
François Mauriac, *L'Agneau.*
Henri de Montherlant, *Port-Royal.*
Françoise Sagan, *Bonjour tristesse.*
Publication, sous le pseudonyme de Pauline Réage, de l'*Histoire d'O* chez Jean-Jacques Pauvert.
Première traduction en français de H.P. Lovecraft, *La Couleur tombée du ciel,* par Jacques Papy.
Vladimir Nabokov, *Lolita.*
John Brown, *Panorama de la littérature contemporaine aux USA.*
Hemingway, prix Nobel de littérature.

Claude Autant-Lara, *Le Blé en herbe, Le Rouge et le Noir.*
Jacques Becker, *Touchez pas au grisbi.*
Marcel Carné, *L'Air de Paris.*
André Cayatte, *Avant le déluge.*
René Clément, *M. Ripois.*
Jean Grémillon, *L'Amour d'une femme.*
Agnès Varda, *La Pointe courte.*

Juan Antonio Bardem, *Les Comédiens.*
Ingmar Bergman, *Rêves de femmes.*
Federico Fellini, *La Strada.*
Elia Kazan, *A l'est d'Eden.*
Keisuke Kinoshita, *Vingt-quatre prunelles.*
Akira Kurosawa, *Les Sept Samourais.*
Joseph Mankiewicz, *La Comtesse aux pieds nus.*
Max Ophüls, *Lola Montès.*
Luchino Visconti, *Senso.*

Jean-Louis Martinet, *Trois mouvements symphoniques.*
Luigi Nono, *La Victoire de Guernica.*
Edgar Varèse, *Déserts.*
Pierre Boulez fonde les concerts du Domaine musical.
Premier festival de jazz de Newport.

Mort du père Couturier, de André Derain, Henri Laurens, Henri Matisse.

1954 *Février*
Il retourne à Paris après
un voyage
d'un mois.

La Fédération française de judo
ne reconnaît pas son diplôme
de l'institut Kôdôkan.

Il signe un contrat avec l'éditeur
Bernard Grasset pour son livre
Les Fondements du judo qui
paraîtra en novembre.

Yves Klein judoka.
Centre culturel américain,
Paris, le 2 février 1957.

Mai
Il s'installe à Madrid avec Claude Pascal où il est directeur technique de la Fédération espagnole de judo et donne des cours.
Il aurait accroché des peintures monochromes dans la salle de judo.

Il expose à Madrid et publie *Yves Peintures* (recueil de 10 planches monochromes avec préface «muette» de Claude Pascal) et *Haguenault Peintures*.

Novembre
Marie Raymond lui rend visite à Madrid et ils rentrent ensemble en France.

Décembre
Il assiste, en spectateur, aux championnats d'Europe de judo à Bruxelles.

Un dessin, probablement de cette période, signé «Gi 1954» et dédicacé à Klein, mais dont l'auteur est inconnu, est intitulé *Projet de machine à capturer la sensibilité picturale* (archives Klein).

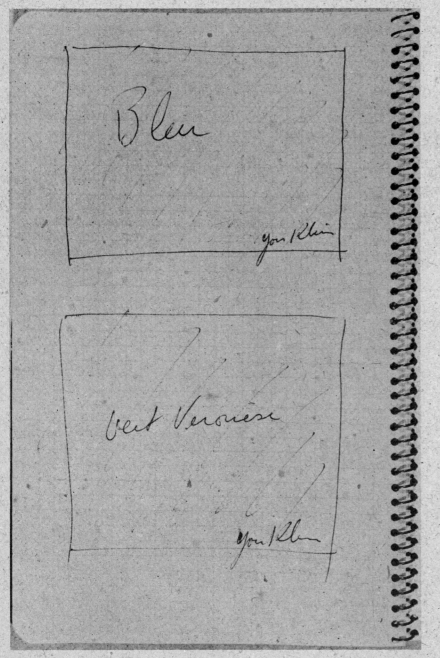

Deux pages du journal parisien d'Yves Klein, 27 décembre 1954.

1955

Chute du gouvernement Mendès-France.
Gouvernement Edgar Faure.
Première conférence des nations afro-asiatiques (émergence de la notion de Tiers-Monde).
Signature du pacte de Varsovie entre l'URSS et les démocraties populaires de l'Est.

Giacometti, *Portrait de Jean Genet.*
Arman, premiers *cachets.*
Tinguely, premières machines à dessiner et reliefs métamécaniques sonores.
« Situation de la peinture en 1954 », enquête de *Médium* n° 4, par Charles Estienne et José Pierre.
La revue *Cimaise* consacre un numéro à l'art américain.
Création de la revue *L'Oeil* (dirigée par Georges et Rosamond Bernier).
Art d'aujourd'hui cesse de paraître.
Création de *Aujourd'hui art et architecture* (dirigée par André Bloc).
Léon Degand publie *Langage et signification de la peinture en figuration et en abstraction.*

Musée des Arts décoratifs. *Art et publicité dans le monde.*
Musée des Arts décoratifs. *Picasso, peinture 1900-1955.*
Musée national d'art moderne. *50 ans d'art aux Etats-Unis* (collections du Museum of Modern Art).
Musée national d'art moderne. *Bonnard, Vuillard et les Nabis.*
Musée national d'art moderne. *Jeunes peintres* (exposition internationale).
Musée national d'art moderne. *Joaquin Torrès-Garcia.*

Expositions dans les galeries :
Kléber (dirigée par Jean Fournier). Première exposition *In Wonderland* (présentée par Charles Etienne).
Kléber. *17 peintres de la génération nouvelle* (organisée par Michel Ragon).
La Roue. *Martin Barré* (première exposition personnelle).
Rive droite. *Appel, César.*
Rive droite. *Individualités d'aujourd'hui II.*
Creuze. *Phases de l'art contemporain* (présentée par Edouard Jaguer).
Denise René. *Le mouvement* (organisée par Pontus Hulten) avec le *Manifeste jaune* de Vasarely.
Rive droite. *Sam Francis.*
Colette Allendy. *Calligraphie et peintures calligraphiques du Japon.*
Craven. *Trente peintres de la nouvelle Ecole de Paris.*
Craven. *Six peintres actuels* (présenté par Roger Van Gindertaël).
Arnaud. *Divergences 3 : un tournant décisif* (présentée par Herta Wescher).
La Roue. *Eloge du petit format.*

Arnaud. *Réhabilitation de la gouache.*
Arnaud. *John Franklin Koening.*
Louis Carré. *Fritz Glarner.*
Jeanne Bucher. *Mark Tobey* (première exposition personnelle à Paris).
Lucien Durand. *Bernard Réquichot* (première exposition personnelle).
A l'Etoile scellée. *Jean Degottex.*
Pierre. *Marie-Hélène Vieira Da Silva.*
Drouin. *Claude Viseux.*
Furstenberg. *Takis.*

Jasper Johns, *Green Target ; Large White Flag.*
Robert Ryman réalise sa première peinture blanche.
L'association artistique Gutaï, à Osaka, présente des expositions et des performances par des artistes japonais d'avant-garde : Kazuo Shiraga crée *Making a Work with his Own Body on a Slab of Wet Day.*

Exposition itinérante aux Etats-Unis. *Nicolas de Staël.*
Museum of Modern Art, New York. *The New Decade : Twenty-Two European Painters and Sculptors ; The Family of Man,* organisée par Steichen.
Housa Gallery, New York. *George Segal* (première exposition personnelle).
Musée cantonal des Beaux-Arts, Lausanne. *Du futurisme à l'art abstrait, le mouvement dans l'art contemporain* (comprend Marie Raymond).
Kunstherhaus, Vienne, et Kunsthalle, Mannheim. Exposition du groupe *Der Kreis* (avec Fred Klein et Marie Raymond).
Galleria Schettini, Milan. *Il gesto,* organisée par le Mouvement nucléaire.
Kassel. *Documenta I.*
Amsterdam. *Le triomphe du maniérisme.*

Arthur Adamov, *Ping-Pong.*
Georges Bataille, *Lascaux ou la naissance de l'art.*
Maurice Blanchot, *L'Espace littéraire.*
Jean Cocteau. *Clair-obscur.*
André Dhôtel, *Le Pays où l'on n'arrive jamais.*
Claude Lévi-Strauss, *Tristes Tropiques.*
André Martinet, *Economie des changements phonétiques.*
Maurice Merleau-Ponty, *Aventures de la dialectique.*
Alain Robbe-Grillet, *Le Voyeur.*
Pierre Teilhard de Chardin, *Le Phénomène humain.*

Yves Ciampi, *Les héros sont fatigués.*
René Clair, *Les grandes manœuvres.*
Henri-Georges Clouzot, *Les Diaboliques.*
Jules Dassin, *Du rififi chez les hommes.*
Jean Renoir, *French cancan.*

Michelangelo Antonioni, *Femmes entre elles.*
Juan Antonio Bardem, *Mort d'un cycliste.*
Federico Fellini, *Il Bidone.*
Kon Ichikawa, *La Harpe de Birmanie.*

Tadaski Imaï, *Ombres en plein jour.*
David Lean, *Vacances à Venise.*
Delbert Mann, *Marty.*
Mizoguchi Kenji, *Le Héros sacrilège.*
Nicholas Ray, *La Fureur de vivre.*
Ladislas Vajda, *Marcelin, vin et pain.*
Orson Welles, *Dossier secret.*

Jean Prouvé réalise en six semaines la Maison de l'abbé Pierre.
Aliar Aalto construit la casa de Medida à Helsinki.
Herbert Bayer, réalise le Marble Garden à Aspen, Colorado.
Kenzo Tange construit le Centre de la paix à Hiroshima.

Auric, *Partita pour deux pianos.*
Boulez, *Le Marteau sans maître.*
Luigi Nono, *Incontri.*
Stockhausen, *Klavierstüke V à VIII.*
Début du rock'n roll (Elvis Presley).

La D.S. Citroën est la vedette du Salon de l'automobile.
Premier vol de la *Caravelle.*
Diffusion des premières pilules contraceptives.

Mort de Yves Tanguy, Nicolas de Staël, Fernand Léger, Maurice Utrillo, Albert Einstein, Paul Claudel, Thomas Mann, Pierre Teilhard de Chardin, Arthur Honegger, Hans Knoll (fondateur de Knoll International).

1955

Janvier

Il est à Paris, assez déprimé. Il voit des artistes : Hartung, Soulages, Schneider... et défend la couleur pure.

« Je n'ai pas d'argent pour acheter du matériel et je n'ai pas d'atelier pour m'isoler », écrit-il.

Février

Il commence à enseigner le judo à l'American Center, et il continuera jusqu'en 1959.

Bernadette Allain, vers 1956.

Printemps

Il propose un monochrome orange pour le Salon des réalités nouvelles. Son tableau est refusé le 5 juillet parce qu'il n'a pas accepté d'y ajouter un point noir pour en faire une œuvre abstraite.

Il rencontre Jean Tinguely.

Il rencontre Bernadette Allain, jeune architecte passionnée par les problèmes de la couleur.

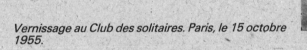

Vernissage au Club des solitaires. Paris, le 15 octobre 1955.

*Yves Klein judoka.
Fontenay-aux-Roses,
le 23 octobre 1960.*

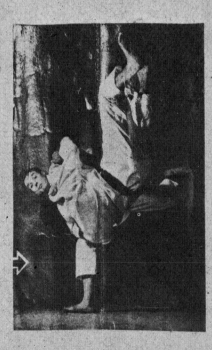

104 Boul. de CLICHY

JUDO KODOKAN

ATTAQUE DÉFENSE

COURS TOUS LES SOIRS 18H A 21H

COURS PARTICULIERS A TOUTE HEURE

ENTRÉE LIBRE

COURS SPÉCIAUX POUR ENFANTS ET DÉBUTANTS

ETUDE DES KATAS

PROJECTIONS DE FILMS RÉALISÉS AU JAPON

YVES KLEIN

CEINTURE NOIRE 4ème DAN DIPLOMÉ PAR LE

KODOKAN DE TOKYO.

Août Il écrit une lettre aux *Nouvelles littéraires* dans laquelle il parle de ses tableaux monochromes représentant encore une idée d'unité absolue dans une parfaite sérénité.

Septembre Il ouvre sa propre école de judo, 104 boulevard de Clichy, à Paris. Dans la salle il accroche trois grandes toiles monochromes de 7 à 8 m de long: bleu, blanc et rose.

15 octobre Première exposition publique Yves, *peintures* au Club des solitaires, dans les salons privés des éditions Lacoste: il y montre des monochromes de différentes couleurs.

1er décembre Yves Klein rencontre Pierre Restany à qui il demande de préfacer sa future exposition à la galerie Colette Allendy.

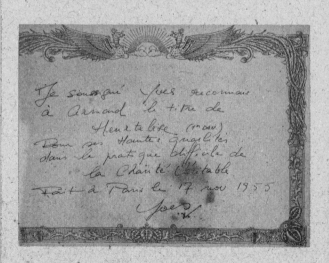

Affiche publicitaire pour le club de judo d'Yves Klein boulevard de Clichy, à Paris en 1955.

Il rencontre Heinz Mack qui visite son atelier à l'école de judo.
Il rencontre Iris Clert.

Yves Klein et le Monochrome troué de 1955. Paris, 1957.

Tentative des « Vides » dans le tableau figuratif de 1955 (sur monochrome de 49) Ça ne vaut rien ! YK 1955. *Légende écrite au crayon de la main d'Yves Klein au dos de la photo.*

1956

Début de la « déstalinisation ».
Indépendance du Maroc et de la Tunisie.
Nasser nationalise le Canal de Suez.
Attaque d'Israël contre l'Egypte et intervention franco-britannique.
Insurrection hongroise et intervention de l'U.R.S.S.
Réélection d'Eisenhower à la présidence des Etats-Unis.
Admission du Japon à l'O.N.U.

Etienne-Martin commence *Les Demeures*.
Robert Humblot, *La Faim et la Peur*.
Roy Adzak, premières empreintes (dont *Female Imprint*).
Marino di Teana, *Structure monumentale destinée à devenir architecture*.
André Masson publie, dans le n° 1 de *Quadrum*, « Une peinture de l'essentiel », texte sur la peinture extrême-orientale et la philosophie zen.
Nicolas Schöffer présente sa première sculpture cybernétique.
Pierre Alechinsky, au Japon, réalise son film *Calligraphie japonaise*.
Georges Mathieu, le 28 mai, lors du IIIe Festival de Paris, exécute en 30 mn, au théâtre Sarah Bernhardt, devant 2 000 personnes, une peinture de 12 m de long en *Hommage aux poètes du monde entier*. En juin, il donne à l'UNESCO une conférence sur « les rapports de la calligraphie extrême-orientale et de la peinture non figurative lyrique ».
Marcel Brion publie *Art abstrait*.
Michel Ragon publie *L'Aventure de l'art abstrait*.
Léon Degand publie *Langage et signification de la peinture*.
Michel Tapié fait une tournée de conférences aux Etats-Unis, sur l'art informel.

Musée des Arts décoratifs. *Fernand Léger*.
Musée des Arts décoratifs. Ire Triennale d'art français contemporain.
Musée national d'art moderne. *Nicolas de Staël*, rétrospective.
Musée national d'art moderne. *Martine*, rétrospective.
Musée national d'art moderne. *Antoine Pevsner*.
Musée Cernuschi. *L'encre de Chine dans la calligraphie et l'art japonais contemporains*.

Expositions dans les galeries :
Colette Allendy. *Sedge Hemon*.
Colette Allendy. Marie Raymond dans une *exposition de groupe*.
Art vivant. *Groupe* (Marie Raymond avec Herbin, Hiro, Vieira Da Silva, Klee, Goebel, Freist...).
Prismes. *Isou, Pomeraud, Lemaître : peintres lettristes*.
De France. *Dix jeunes peintres de l'Ecole de Paris*.

Ouverture de la galerie Iris Clert, avec une exposition *Dora Tuymman*.
De France. *Courtaud, Gischia, Labisse, Léger, Pignon : Cinq peintres et le théâtre*, pour la sortie d'un livre d'Hélène Parmelin.
De France. *Soulages*.
De France. *Manessier*.
De France. *Hartung*.
De l'Institut. *Fred Klein*.
Kléber. *L'île de l'homme errant* (présentée par Charles Estienne).
Kléber. *Phases* (présentée par Edouard Jaguer).
Kléber. *Judith Reigl*.
Arnaud. *Artistes abstraits américains de Paris* (organisée par Herta Wescher).
Arnaud. *L'Aventure de l'art abstrait* (pour la sortie du livre de Michel Ragon).
Arnaud. *Divergences 4* (présenté par Herta Wescher).
Arnaud. *Pentagone* (35 artistes présentés par Alvard, Gindertaël, Herta Wescher, Ragon, Restany).
La Roue. *Présent en bleu*.
La Roue. *Eloge du petit format II*.
Jeanne Bucher. *Bissière*.
René Drouin. *Tensions*.
Daniel Cordier. Ouverture de la galerie avec une exposition *Claude Viseux*.
Daniel Cordier. *Dubuffet, Matta, Dewasne*.
Maeght. *Dix ans d'édition*.
Rive droite. *Mathieu*.
Rive droite. *Sam Francis*.
Rive droite. *César*.
Rive droite. *Alberto Burri* (première exposition à Paris).
Du Haut Pavé. *Arman*.
Denise René. *Tinguely : peintures cinétiques*.

Martha Jackson Gallery, New York. *Sam Francis* (première exposition personnelle à New York).
Betty Parsons Gallery, New York. *Ellsworth Kelly* (première exposition personnelle à New York).
Whitechapel Gallery, Londres. *Richard Hamilton : This is Tomorrow*.
Richard Hamilton, *Qu'est-ce qui peut bien rendre nos foyers d'aujourd'hui si différents, si sympathiques ?*
Participation de César à la Biennale de Venise.
Jacques Villon, grand prix de la Biennale de Venise.
Lynn Chadwick, grand prix de sculpture de la Biennale de Venise.

Jean Anouilh, *Pauvre Bitos*.
Louis Aragon, *Roman inachevé*.
Michel Butor, *l'Emploi du temps*.
Albert Camus, *La Chute*.
Georges-Emmanuel Clancier, *Le Pain noir* (1956-1964).
Marguerite Duras, *Le Square*.
Romain Gary, *Les Racines du ciel*.
Pierre Reverdy, *En vrac*.
Nathalie Sarraute, *L'Ere du soupçon*.
Jean-Paul Sartre, *Nétrassov*.
Création de la revue *Arguments*.

1956

21 février-7 mars
Exposition *Yves, propositions monochromes* à la galerie Colette Allendy à Paris.
67 rue de l'Assomption à Paris.
Préface de Pierre Restany :
« La minute de vérité ».

Klein rencontre dans la galerie Marcel Barillon de Murat, chevalier de l'ordre des Archers de Saint-Sébastien, qui l'invite à se joindre à l'ordre.

Texte de Pierre Restany pour l'invitation au vernissage de l'exposition d'Yves Klein, *Propositions monochromes*, chez Colette Allendy. Paris, 21 février 1956.

LA MINUTE DE VÉRITÉ ○ A tou
YVES propose une très enrichissante cure de silenc du raisonnable, à côté sans doute de ce qu'il est affectives, se situent ces propositions rigoureusem transcription graphique et échappant ainsi à la durée, alouettes, les vieux habitués de l'informel se mettr dramatique (et désormais classique) aventure du du problème. L'agressivité de ces diverses propositi intense et fondamentale minute de vérité, sans quo prétexte d'intégration architecturale des espaces colo contaminé par l'objet extérieur, échappant depuis il s'est habitué à reconnaitre la vie, essence et fin secours du geste ou de sa trace écrite, et je p ○ L'omnisciente dialectique a-t-elle fait de nous pure contemplation, la réponse vous sera donnée p

Le 2 mars est organisé dans le cadre de l'exposition un débat réunissant, autour d'Yves Klein, Claude Rivière, L.P. Favre et Bernadette Allain.

11 mars Il est adoubé chevalier de l'ordre des Archers de Saint-Sébastien en l'église Saint-Nicolas-des-Champs à Paris.

Eté Il ferme son école de judo pour des raisons financières, et les monochromes qui s'y trouvaient sont détruits.

4-21 août Il participe avec Jean Tinguely au premier Festival d'art d'avant-garde organisé par Jacques Polieri et Michel Ragon dans l'unité d'habitation de Le Corbusier à la Cité radieuse de Marseille.

Octobre Il écrit à la Fédération française de judo pour lui demander une nouvelle fois de reconnaître son diplôme de l'institut Kôdôkan.

Carton d'invitation pour le vernissage de l'exposition chez Colette Allendy. Paris, 21 février 1955.

YVES

PROPOSITIONS MONOCHROMES

ués de la machine et de la grande ville, les frénétiques du rythme et les masturbés du réel, O Bien au-delà des dévidages de mondes autres, déjà si peu perceptibles à notre sens commun peler "l'art de peindre", au niveau en tous cas des plus pures et plus essentielles résonances mes : chacune d'entre elles délimite un champ visuel, un espace coloré, débarrassé de toute pression uniforme d'une certaine tonalité O Par dessus le public-public, si commode miroir aux sur la définition d'un "rien", tentative insensée de vouloir élever à la puissance $+\infty$ la évitch O Mais il n'y a précisément là ni carré noir ni fond blanc, et nous sommes au cœur ur projetées hors des cimaises n'est qu'apparente O L'auteur requiert ici du spectateur cette e serait incommunicable; ses présentations sont strictement objectives. Il a fui jusqu'au moindre peut le suspecter d'aucune tentative de décoration murale O L'œil du lecteur, si terriblement annie de la représentation, recherchera en vain l'instable et élémentaire vibration, signe auquel éation... comme si la vie n'était que mouvement. On l'oblige enfin à saisir l'universel sans le ette question : où, à quel degré d'évidence sensible, se situe donc le spirituel dans l'art ? nes de pensée, incapables de totale accomodation sincère ? En présence de ces phénomènes de ues hommes de bonne volonté encore survivants. O **PIERRE RESTANY** O

DISCUSSION DANS LE CADRE DE L'EXPOSITION ET A SON SUJET LE VENDREDI 2 MARS A 21 HEURES

GALERIE COLETTE ALLENDY
67, RUE DE L'ASSOMPTION, PARIS XVIᵉ
Tél. AUT. 37-68 - Métro : RANELAGH

VERNISSAGE LE MARDI 21 FÉVRIER 1956
A 21 HEURES

DU 21 FÉVRIER AU 7 MARS 1956
DE 15 H. à 19 H.

POUR LA COULEUR !!
CONTRE...
LA LIGNE +LE DESSIN!

Combat de la ligne
et de la couleur.
Paris, 1956.

Claude Autant-Lara, *La Traversée de Paris*.
Robert Bresson, *Un condamné à mort s'est échappé*.
René Clément, *Gervaise*.
Henri-Georges Clouzot, *Le Mystère Picasso*.
Christian-Jaque, *Si tous les gars du monde*.
Jean Renoir, *Elena et les hommes*.
Alain Resnais, *Nuit et brouillard*.
Roger Vadim, *Et Dieu créa la femme*.

Juan Antonio Bardem, *Grand-Rue*.
Ingmar Bergman, *Le Septième Sceau*.
Berlanga, *Calabuig*.
Gene Kelly, *Invitation à la danse*.
Akira Kurosawa, *Le Château de l'araignée*.
Mizoguchi Kenji, *La Rue de la honte*.

Emile Aillaud construit la cité de l'Abreuvoir à Bobigny (1956-1960).
Claude Parent construit le pavillon de l'Iran à la Cité universitaire de Paris.
Ionel Schein, Yves Magnant et Coulon réalisent le premier prototype de maison entièrement en matériaux de synthèse, présenté à l'exposition des Arts ménagers.
Robert Camelot, Jean de Mailly, Bernard Zehrfuss, N. Esquillan, Pier Luigi Nervi, Jean Prouvé édifient le C.N.I.T. à la Défense (1956-58).

Joern Utzon commence l'opéra de Sidney.

André Jolivet, *La Vérité de Jeanne*.
Olivier Messiaen, *Oiseaux exotiques*.
Iannis Xenakis, *Pithoprakta*.

Rolf Liebermann, *L'Ecole des femmes*.
Karlheinz Stockhausen, *Le Chant des adolescents*.

Création de la fondation Gulbenkian à Lisbonne.

Henri de France fait breveter son procédé de télévision en couleurs, le procédé SECAM, qui sera adopté en 1966 par la France, l'U.R.S.S. et la plupart des pays de l'Europe de l'Est.

Mort de Mizoguchi Kenji.

1957

Bataille d'Alger.
Traité de Rome instituant le Marché commun.
Le canal de Suez est rendu à la navigation internationale.
La Tunisie devient une république, Habib Bourguiba en est le président.
Manifestations raciales aux Etats-Unis.
Constitution de l'Internationale situationniste.

Georges Mathieu voyage au Japon puis rentre par la Californie et New York.
André Masson expose à la galerie Louise Leiris des œuvres récentes très influencées par l'Extrême-Orient.
Marino di Teana présente un projet d'architecture spatiale.
Nicolas Schöffer, premier spectacle expérimental spatiodynamique au théâtre d'Evreux puis à la gare centrale de New York.

Michel Seuphor publie un *Dictionnaire de la peinture abstraite*.
Musée d'art moderne de la Ville de Paris. *Artistes lyonnais contemporains*.
Musée national d'art moderne. *75 peintres américains contemporains*.
Musée national d'art moderne. *Depuis Bonnard*.
Musée national d'art moderne. *La jeune gravure contemporaine*.
Musée national d'art moderne. *Kandinsky*.
Musée national d'art moderne. *Traditions et arts populaires polonais du XVIe au XXe siècle*.

Expositions dans les galeries :
   Daniel Cordier. *Dessins de Arp, Bryen, Magnelli, Seuphor, Sophie Taeuber-Arp*.
   Daniel Cordier. *Papiers choisis* (Bernard Réquichot).
   Daniel Cordier. *Wols*.
   De l'Institut. *Rétrospective internationale Dada*.
   Kramer. *Espaces imaginaires* (organisée par Pierre Restany).
   La Roue. *Présent du blanc*.
   La Roue. *Eloge du petit format*.
   La Roue. *Arman*.
   Le Gendre. *Expression et non-figuration* (organisée par Michel Ragon).
   Creuze. *50 ans de peinture abstraite*, à l'occasion de la sortie du *Dictionnaire* de Seuphor.
   Arnaud. *Analogies, expressions nègres et peinture actuelle*.
   Arnaud. *Divergences 5 : affinités* (présentée par Michel Ragon).
   Kléber. *Degottex, Sam Francis, Hantaï, Hartung, Loubchansky, Mathieu, Michaux, Pollock, Judith Reigl, Riopelle, Tobey, Wols*.
   Ariel. *Situation III de la peinture d'aujourd'hui*.
   Louis Carré. *André Lanskoy*.
   Creuzevault et Berggruen. *Poliakoff*.
   Colette Allendy. *Hains et Villéglé : loi du 29 juillet 1881*.
   Colette Allendy. *Maria Celia*.
   Colette Allendy. *Jean Gorin*.
   Edouard Loeb. *Tinguely*.
   Rive droite. *Fautrier : les Partisans*.

Musées des Arts décoratifs. Biennale de la jeune peinture et de la jeune sculpture.
Francis Bacon, série des *Van Gogh*.
Manzoni crée ses premiers *Achromes* et compose avec Biasi, Colucci, Sordini et Verga le *Manifeste pour une peinture organique*.
Fondation du groupe Zero à Düsseldorf.
Le groupe Gutaï présente *Art on Stage* à Osaka (voix et sons provenant d'une scène vide, et démonstration d'archers).
Premiers « happenings » de Segal, avec Oldenburg et Kaprow.
Kunsthalle, Berne. *Tal-Coat et Hajdu*.
Kunsthalle, Berne. *Nicolas de Staël*.
Kestner Gesellschaft, Hannovre. *Bissière* (l'exposition va ensuite à Eindhoven et Amsterdam).
Ouverture de la galerie Leo Castelli à New York.
Kleemann Gallery, New York. *Hartung* (première exposition personnelle à New York).

Sidney Janis Gallery, New York. *Fautrier*.
Galleria del Naviglio, Milan. *Alberto Burri*.
Institute of Contemporary Art, Londres. *Wols*.

Bachelard, *Poétique de l'espace*.
Barthes, *Mythologies*.
Bataille, *L'Erotisme ; La Littérature et le Mal*.
Beckett, *Fin de partie*.
Butor, *La Modification*.
Céline, *D'un château l'autre*.
Fraisse, *Psychologie du temps*.
Giono, *Le Bonheur fou*.
Malraux, *La Métamorphose des dieux*.
Pagnol, *La Gloire de mon père*.
Robbe-Grillet, *La Jalousie*.
Saint-John Perse, *Amers*.

Albert Camus, prix Nobel de littérature.

Marcel Camus, *Mort en fraude*.
André Cayatte, *Oeil pour œil*.
René Clair, *Porte des Lilas*.
Henri-Georges Clouzot, *Les Espions*.
Jules Dassin, *Celui qui doit mourir*.
Jean Duvivier, *Pot-Bouille*.
Jean Rouch, *Les Maîtres fous*.
Raymond Rouleau, *Les Sorcières de Salem*.
Michelangelo Antonioni, *Le Cri*.
Alexandre Dovjenko, *Le Poème de la mer*.
Elia Kazan, *Un Homme dans la foule*.
David Lean, *Le Pont de la rivière Kwaï*.
Sidney Lumet, *Douze hommes en colère*.
Andrzej Muk, *Eroïca*.
Luchino Visconti, *Nuits blanches*.
Andrzej Wajda, *Cendres et diamant*.

Jacques Vienot participe à la création du Conseil international des designers industriels. Roger Tallon, dans le cadre de l'agence Technes, dessine le tour « Gallic 16 » polychrome.
Etudes de le Corbusier et Xenakis, en collaboration avec Varèse, pour le pavillon Philips à l'Exposition universelle de Bruxelles.
Mathias Goeritz construit à Mexico les cinq colonnes de Satellite City ; il crée le Department for Industrial Design.
Création du Groupe d'études d'architecture mobile (Emmerich, Friedman, Pecquet, Soltan, Trapmann).
Ludwig Mies van der Rohe construit le Seagram Building à New York.

Pierre Boulez, *Troisième sonate pour piano*.
André Jolivet, *Seconde sonate pour piano*.
Darius Milhaud, *Huitième symphonie*.
Francis Poulenc, *Le Dialogue des carmélites ; Sonate pour flûte et piano*.
Serge Nigg, *Concerto pour violon*.
Igor Stravinsky, *Agon*.

Léonard Bernstein, *West Side Story* (chorégraphie de Jerome Robbins).

Lancement dans l'espace du premier *Spoutnik* soviétique.
La France compte 680 000 postes de télévision.

Mort de Constantin Brancusi, Frantisek Kupka, Max Ophüls, Sacha Guitry.

1957

2-12 *janvier*
Exposition Yves Klein : *Proposte monocrome, epoca blu* à la Galleria Apollinaire, via Brera à Milan : onze monochromes bleus de même format, mais vendus à des prix différents, sont accrochés dans une salle ; plusieurs monochromes de différentes couleurs dans une autre. Le comte Panza di Biumo y achètera un monochrome rouge et Lucio Fontana un bleu.

Yves Klein et le tableau qu'il destinait au Salon des réalités nouvelles : Expression de l'univers de la couleur mine orange. *Paris, 1955.*

12 avril Il participe au Micro-Salon d'avril, avec Fred Klein et Marie Raymond entre autres, à la galerie Iris Clert, 3 rue des Beaux-Arts à Paris.

Mai 10-25 mai : exposition personnelle Yves le Monochrome à la galerie Iris Clert.

14-23 mai : exposition personnelle Pigment pur à la galerie Colette Allendy.

Yves Klein présentant le Piège bleu pour lignes *en 1957.*

Vernissage de l'exposition Yves Klein : Proposte monocrome, Epoca blu. *Galerie Apollinaire, Milan, 2 janvier 1957. De gauche à droite : Klein, Parizot, Restany, Mme Parizot, Lutka Pink Bellegarde.*

On envoie une invitation commune pour les deux
vernissages avec un texte de Pierre Restany et
un timbre bleu sur le carton. Chez Iris Clert :
peintures monochromes, sculpture aérostatique
(lâcher de mille et un ballons bleus dans le ciel
de Saint-Germain-des-Prés), audition de la
Symphonie monoton dans la première version
mise au point par Pierre Henry.

Chez Colette Allendy : environnement, bacs de pigment pur, sculptures, environnement peinture-feu, la première peinture-feu, paravent, *Feux de Bengale* (Klein a fixé seize feux de Bengale sur une peinture bleue qu'il allumera pour le vernissage), le premier « Immatériel » (une salle de la galerie est laissée entièrement vide de façon à témoigner de « la présence de la sensibilité picturale à l'état matière première »).

Mille et un ballons bleus à la galerie Iris Clert pour le vernissage de l'exposition Yves le Monochrome. 3 rue des Beaux-Arts à Paris, 10 mai 1957.

BLEU
BLEU
BLEU
BLEU

GALERIE IRIS CLERT
3 RUE DES BEAUX ARTS. 6°
DU 10 AU 25 MAI
GALERIE COLETTE ALLENDY
67 rue d'L'ASSOMPTION 16°
DU 14 AU 23 MAI

Colette Allendy.

31 mai-23 juin
Exposition *Yves, propositions monochromes qui inaugure la galerie Schmela de Düsseldorf. Le jour du vernissage, Klein pose sa candidature pour la décoration du théâtre musical de Gelsenkirchen, en Allemagne.
Enregistrement des *Cris bleus* poussés par Charles Estienne pour la bande-son d'un petit film qu'Yves a réalisé sur ses expositions parisiennes de l'«époque bleue».

24 juin-13 juillet
Exposition *Monochrome Propositions of Yves Klein* à la Gallery One à Londres. 26 juin: débat avec Klein et Pierre Restany à l'Institute of Contemporary Arts.

Été
Il participe à l'exposition *Ouverture sur le futur* organisée par Pierre Restany à la galerie Kramer, à Paris.

Schmela et Klein à la galerie Schmela. Düsseldorf, 31 mai 1957.

Vernissage de l'exposition Yves: Propositions monochromes *à la galerie Schmela. Düsseldorf, 31 mai 1957.*

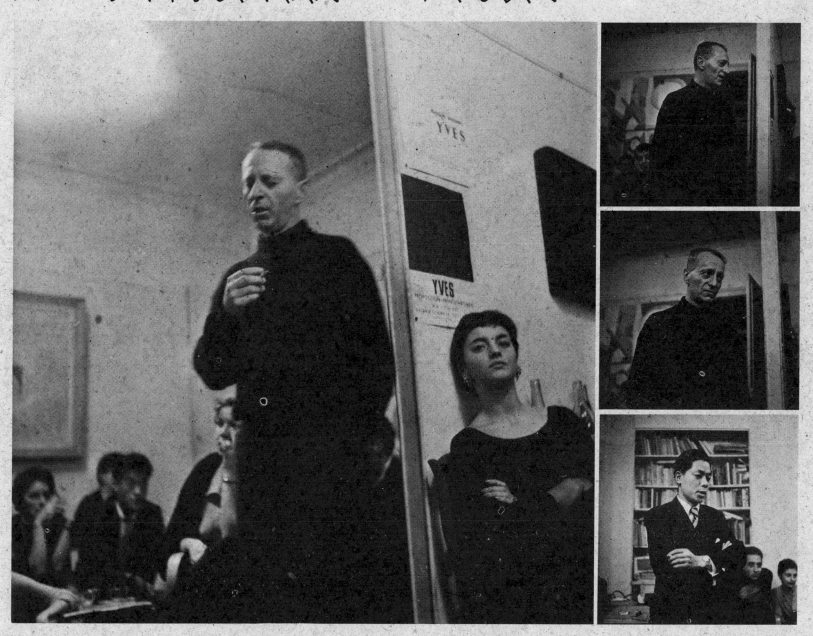

Il participe au mois d'août à l'*Internationaler Bericht der Gesellschaft der Freunde Junger Kunst* à la Kunsthalle de Düsseldorf.

A Nice, il rencontre la jeune artiste allemande Rotraut Uecker, qui garde les enfants d'Arman.

Voyage à Venise.

Septembre

Il signe le manifeste *Contre le style* (Milan), avec Arman, Enrico Baj, Bemporad, Gianni Bertini, Jacques Calonne, Stanley Chapmans, Mario Colucci, Sergio Dangelo, Enrico De Miceli, Reinhout D'Haese, Wout Hoeboer, Hundertwasser, Théodore Koenig, Piero Manzoni, Nando, Joseph Noiret, Arnaldo Pomodoro, Gio Pomodoro, Pierre Restany, Antonio Saura, Ettore Sardini, Serge Vandercam et Angelo Verga.

12-30 octobre

Participe à l'exposition *Arte Nucleare 1957* à la Galleria San Fedele à Milan avec Baj, Bemporad, Bertini, Dangelo, Manzoni, Arnaldo Pomodoro, Gio Pomodoro, Rossello, Sordini, Verga, Jorn et Vandercam.

Charles Estienne pousse les Cris Bleus. *Paris, 1957.*

Yves Klein dans le jardin de Colette Allendy avec le tableau Feux de Bengale-tableau de feu bleu d'une minute *qui sera allumé le soir du vernissage de son exposition. Paris, mai 1957.*

1958

Aggravation de la guerre d'Algérie.
Le référendum du 28 septembre approuve la nouvelle constitution et l'institution de la Vᵉ République. En novembre, le général de Gaulle est élu président de la République.
Formation de la République arabe unie.
Indépendance des Etats de l'Afrique noire.
Fidel Castro : début de la révolution cubaine.
Mort de Pie XII, élection de Jean XXIII.

Ben ouvre son « magasin » à Nice (jusqu'en 1972).
Christo s'installe à Paris et réalise ses premiers « emballages ».
Tinguely et Arman se fixent à Paris.
Pierre Restany publie *Lyrisme et Abstraction*.
Parution de *Marchand du sel*, écrits de Marcel Duchamp.
Séjour à Paris de Allen Ginsberg, Peter Orlovsky et Gregory Corso.
Mathias Goeritz réalise à Mexico un autel d'or pour une église, avec des chandeliers donnant des vibrations aux feuilles d'or : « la seule différence entre nous, dira-t-il à Yves Klein, c'est que vous croyez que ce que nous faisons est une œuvre d'art, moi pas ».

Musée national d'art moderne. *Lurçat*.
Musée Cernuschi, *Orient-Occident, rencontres et influences durant cinquante siècles d'art*.
Musée des Arts décoratifs. *Collection Guggenheim, New York*.
Musée Galliera. *Art japonais*.

Expositions dans les galeries :
  Iris Clert. *René Laubiès*.
  Iris Clert. *Arman : Les Olympiens*.
  Iris Clert. *Jean Tinguely : Mes toiles, concert pour sept peintures*.
  Maeght. *Ellsworth Kelly*.
  Rive droite. *Le dessin dans l'art magique*.
  Arnaud. *Divergences 6, « Salut au baroquisme »* (préface de Michel Ragon).
  Denise René. *Jeune art constructif allemand* (Albrecht, Fruhtrunk, Mahlmann, Piper, Ris, Stromberger).

Fred Klein, grand prix du Festival de la peinture internationale de Villefranche-sur-Mer.

Barnett Newman commence les *Stations de la Croix* (1958-1966).
Mark Rothko commence *les Quatre Saisons*, série de peintures murales quasi monochromes.
Claes Oldenburg, *dessins-objets*.
Début du pop'art américain à New York.

Publication de *Zero 1* à Düsseldorf.

Leo Castelli Gallery, New York. *Jasper Johns* (première exposition personnelle).
Eastman House, Rochester. *Look at America*.
Metropolitan Museum, New York. *Photography in the Fine Arts*.

Galleria Bergamo. *Baj, Fontana, Manzoni* (présentés par Luciano Anceschi).
Galleria Montenapoleone. *Avanguardia*, avec Manzoni, Picabia, Sant'Elia, Fontana, Baj.

Louis Aragon, *La Semaine sainte*.
Simone de Beauvoir, *Mémoires d'une jeune fille rangée*.
Samuel Beckett, *La Dernière Bande ; Cendres*.
André Breton, *L'Art magique*.
Albert Camus, *La Chute ; L'Exil et le Royaume*.
Jean Genet. *Les Nègres*.
Pierre-Jean Jouve, *Tombeau de Baudelaire*.
Joseph Kessel, *Le Lion*.
Claude Lévi-Strauss, *Anthropologie structurale*.
Françoise Mallet-Joris, *L'Empire céleste*.

Edward Esthim Cummings, *95 Poems*.
Jack Kerouac, *Les Clochards célestes*.

Boris Pasternak, prix Nobel de littérature.

Claude Chabrol, *Le Beau Serge*.
Louis Malle, *Les Amants*.
Jean Rouch, *Moi, un Noir*.
Jacques Tati, *Mon oncle*.
Ingmar Bergman, *Les Fraises sauvages*.
Marco Ferreri, *El Pisito*.
Howard Hawks, *Rio Bravo*.
Keisuke Kinoshita, *La Légende de Nayarama*.
Akira Kurosawa, *La Forteresse cachée*.
Vicente Minnelli, *Gigi*.

Constant développe avec les Situationnistes un concept d'« urbanisme unitaire ».
Jacob Königsberg publie à Mexico *Croquis pro Arquitectura*.
Gio Ponti construit la tour Pirelli à Milan.
Louis Kahn réalise le Richards Medical Research Building à Philadelphie (achevé en 1960).

Edgar Varèse et le Corbusier, *Poème électronique pour 425 haut-parleurs*.
Luciano Berio, *Hommage à Joyce*.
John Cage, *Variations I*.
Hans-Werner Henze, *le Prince de Hombourg*.

Création d'un ministère de la Recherche scientifique en France.
Exposition universelle de Bruxelles.
Création de la N.A.S.A.
Premier satellite américain : *Vanguard 1*.

Mort de Georges Rouault, André Bazin, Roger Martin du Gard.

1958

Janvier Yves Klein obtient la commande pour la décoration du théâtre musical de Gelsenkirchen en Allemagne.

Printemps Il s'installe 14 rue Campagne-Première où il habitera jusqu'à la fin de sa vie.

Avril Il fait son premier pèlerinage au sanctuaire de sainte Rita à Cascia en Italie où il laisse une prière pour que le bleu soit accepté partout. D'Assise, il envoie une lettre à Iris Clert dans laquelle il parie des panneaux monochromes entièrement bleus de Giotto et déclare que Giotto est son prédécesseur.

Atelier, 9 rue Campagne-Première, Paris, 1957.

26 avril A 23 h, essai d'illumination en bleu de l'obélisque de la place de la Concorde par l'E.D.F. en présence d'Yves Klein, d'Iris Clert et du chef de l'éclairage de la Ville de Paris.

28 avril Vernissage de l'exposition *La Spécialisation de la sensibilité à l'état matière première en sensibilité picturale stabilisée*, plus connue sous le nom de l'« exposition du Vide », à la galerie Iris Clert, rue des Beaux-Arts à Paris. Le carton d'invitation avait été rédigé par Pierre Restany et affranchi avec un timbre bleu. Le préfet interdit l'illumination de l'obélisque pour ce soir-là. C'est à cette occasion et pour marquer son trentième anniversaire que sa mère lui offre *L'Air et les songes* de Gaston Bachelard.

19 mai Il écrit au président Eisenhower une lettre qu'il intitule « La révolution bleue ».

A la même époque il écrit au président de la Conférence sur la détection des explosions atomiques pour lui proposer de colorer à l'avenir toutes les explosions en bleu.

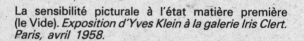

La sensibilité picturale à l'état matière première (le Vide). *Exposition d'Yves Klein à la galerie Iris Clert. Paris, avril 1958.*

Iris Clert dans sa galerie pendant l'exposition du Vide. Paris, avril 1958.

5 juin Il expérimente pour la première fois la technique du « pinceau vivant » dans l'appartement de Robert Godet dans l'île Saint-Louis : un modèle nu dont le corps a été enduit de peinture bleue rampe sur une feuille de papier blanc posée sur le sol. Le terme *anthropométrie* sera utilisé à partir de 1960 par Pierre Restany pour désigner les œuvres réalisées de cette manière.

Septembre Il retourne à Cascia avec sa tante, Rose Raymond, et laisse un petit monochrome bleu au sanctuaire de sainte Rita.

Octobre Il rencontre à Gelsenkirchen l'architecte du théâtre, Werner Ruhnau.

Il travaille sur le chantier de Gelsenkirchen avec Rotraut Uecker comme assistante et réalise à cette occasion ses premiers « reliefs-éponges ».

Avec Werner Ruhnau, durant ses séjours à Gelsenkirchen, il élabore sa théorie de l'« architecture de l'air », basée sur les caractères spécifiques du matériau élémentaire.

Il profite de l'un de ses retours de Gelsenkirchen pour s'arrêter à Bruxelles et visiter l'Exposition internationale.

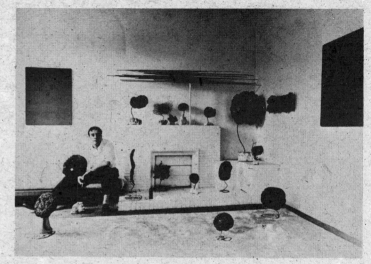

Yves Klein dans son appartement, 14, rue Campagne-Première. Paris, 1959.

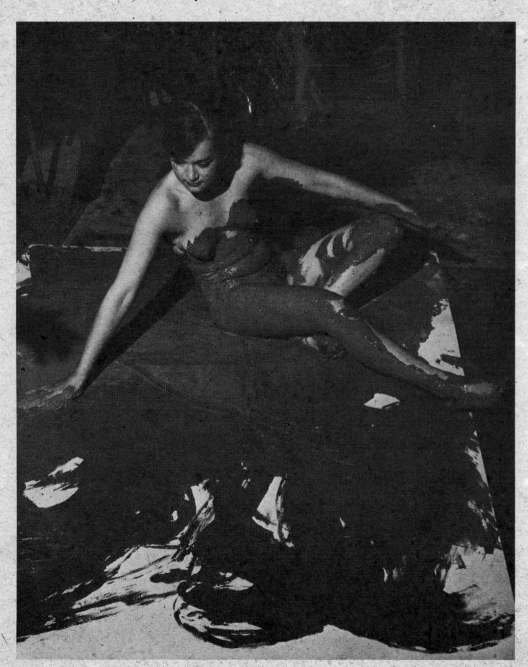

Première performance des pinceaux vivants dans l'appartement de Robert Godet à l'île Saint-Louis. Paris, 5 juin 1958.

337

17 novembre   Vernissage de l'exposition qu'il a imaginée avec Jean Tinguely, *Vitesse pure et stabilité monochrome*, à la galerie Iris Clert. Klein et Tinguely ont fabriqué pour cette exposition des disques bleus qui tournent à 300 km à l'heure.

Hiver   Projets de fontaines d'eau et de feu ; cession de zones de sensibilité picturale immatérielle.

Divers projets de cette époque ne seront pas réalisés : un « toit d'air » pour une église allemande en ruine ; l'illumination en bleu de toutes les peintures du Salon des réalités nouvelles ; un chemin de croix monochrome bleu pour la chapelle du collège Saint-Martin de Pontoise ; un « rocket pneumatique ».

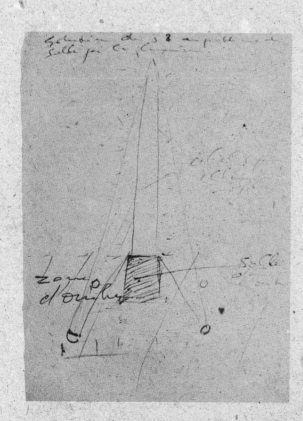

Dessin d'Yves Klein : Solution de 58 au problème du socle par la lumière. Obélisque illuminé en bleu. *Paris, 1958.*

Yves Klein dans l'atelier de Jean Tinguely, impasse Ronsin. Paris, 1958.

*Jean Tinguely et Yves Klein
impasse Ronsin. Paris, 1958.*

Hiver Projets de fontaines d'eau et de feu; cession de zones de sensibilité picturale immatérielle. Divers projets de cette époque ne seront pas réalisés : un « toit d'air » pour une église allemande en ruine; l'illumination en bleu de toutes les peintures du Salon des réalités nouvelles; un chemin de croix monochrome bleu pour la chapelle du collège Saint-Martin de Pontoise; un « rocket pneumatique ».

iris clert

3 rue des
beaux-arts
danton 44.76

vernissage le 17 novembre 1958 à 21 heures

vitesse pure

et

stabilité monochrome

par

yves klein

et

tinguely

Carton d'invitation pour le vernissage de l'exposition Vitesse pure et stabilité monochrome par Yves Klein et Tinguely.

Iris Clert dans sa galerie pendant le vernissage de l'exposition de Tinguely et Yves Klein le 17 novembre 1958.

Exposition de Jean Tinguely et Yves Klein à la galerie Iris Clert, en novembre 1958 : Vitesse pure et stabilité monochrome.

Escavatrice de l'espace (S 13). Collaboration Yves Klein et Jean Tinguely. Paris, 1958.

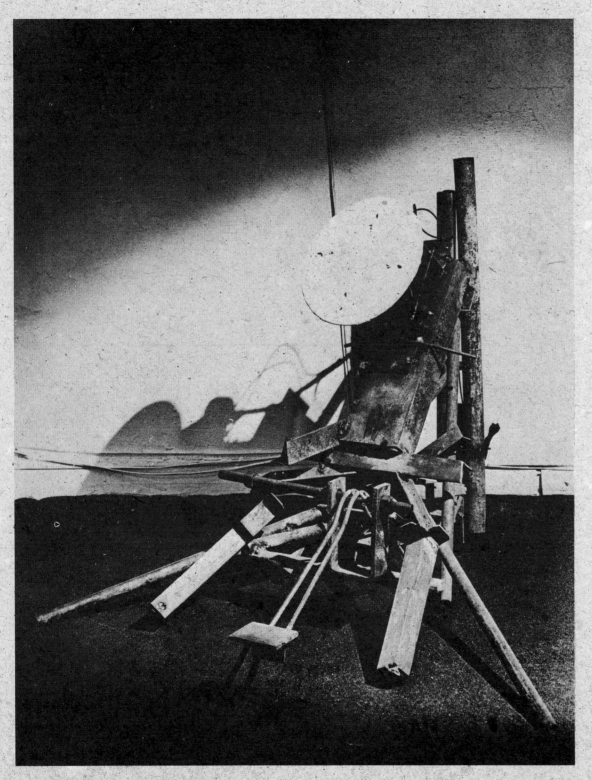

Escavatrice de l'espace (S 29). *Collaboration Yves Klein et Jean Tinguely. Paris, 1958.*

Dessin d'Yves Klein pour le Chemin de croix monochrome de la chapelle de Saint-Martin-de-France. Pontoise, 1958.

341

1959

Mao Zedóng abandonne la présidence de la République chinoise à Liu Shaoqi.
Lancement de la première fusée lunaire soviétique : première photographie de la face cachée de la Lune.
Voyage de Krouchtchev aux Etats-Unis ; il y rencontre Eisenhower.
Fidel Castro s'impose à Cuba.
Intervention chinoise au Tibet.
Le général de Gaulle propose l'autodétermination pour l'Algérie.

Arman, premières « accumulations ».
Tinguely, *Metamatics.*
Spoerri, *Multiplication de l'art transformable.*
Mathieu publie *Au-delà du tachisme.*
Robert Lebel publie son livre sur *Marcel Duchamp.*

Première Biennale des jeunes de Paris, inaugurée par André Malraux. Hains y présente *La Palissade des emplacements réservés* et Tinguely le *Metamatic géant n° 17.*
Musée des Arts décoratifs. *Marc Chagall.*
Musée national d'art moderne. *Jackson Pollock et la nouvelle peinture américaine.*
Musée des Arts décoratifs. *Formes scandinaves.*
Musée de Nantes. *Bryen, rétrospective.*

Expositions dans les galeries :
  Iris Clert. *Brô.*
  Iris Clert. *Norbert Kricke : sculptures.*
  Iris Clert. *Heinz Mack : reliefs lumineux et peintures.*
  Iris Clert. *Tinguely : Metamatics.*
  Iris Clert. *Soto : tableaux.*
  Iris Clert. *Eva Aeppli : Strip-tease.*
  Iris Clert. *Takis : Télé-magnétique.*
  Iris Clert. *Poncet : sculptures.*
  Stadler. *Lucio Fontana.*
  Paul Facchetti. *Dix ans d'activité :* Fautrier, Michaux, Dubuffet, Riopelle, Mathieu, Pollock, Bryen, Wols, Laubiès, Sam Francis, Gilioli, Stahly, Kemeny, Sima, Lataster.

Naissance du *Hard Edge.*
Frank Stella, début de la série des peintures abstraites noires.
Morris Louis, *Abstractions chromatiques.*
Robert Irwin, *Line-paintings* presque monochromes.

Ruben Gallery, New York. *Allan Kaprow : 18 Happenings in Six Parts.*
Museum of Modern Art, New York. *The Art of Assemblage.*
New Vision Center Gallery, Londres. *Rotraut Uecker.*

Ouverture du Solomon R. Guggenheim Museum à New York dans le bâtiment conçu par Frank Lloyd Wright.

Louis Aragon, *Elsa.*
Eugène Ionesco, *Tueur sans gage ; Rhinocéros.*
Jean Genet, *Le Balcon.*
Alain Robbe-Grillet, *Dans le labyrinthe.*
Nathalie Sarraute, *Le Planétarium.*
Jean-Paul Sartre, *Les Séquestrés d'Altona.*
Elsa Triolet, *Roses à crédit.*

Günter Grass, *Le Tambour.*

Robert Bresson, *Pickpocket.*
Claude Chabrol, *Les Cousins.*
Jean-Luc Godard, *A bout de souffle.*
Jean Renoir, *Le Déjeuner sur l'herbe.*
Alain Resnais, *Hiroshima mon amour.*
François Truffaut, *Les Quatre cents coups.*

Michelangelo Antonioni, *L'Avventura.*
Ingmar Bergman, *La Source.*
Federico Fellini, *la Dolce Vita.*
Alfred Hitchcock, *La Mort aux trousses.*
Kon Ichikawa, *Feux dans la plaine.*
Ermanno Olmi, *Le temps s'est arrêté.*
Grigori Tchoukraï, *La Ballade du soldat.*
Billy Wilder, *Certains l'aiment chaud.*
William Wyler, *Ben Hur.*

Ionel Schein développe en projets architecturaux plusieurs sculptures de Marino di Teana.
Robert de Ricolais conçoit la structure de l'église Saint-Wandrille à Belleville-en-Caux.

Maurice Béjart, *Le Sacre du printemps.*

André Jolivet, *Deuxième Symphonie.*
Olivier Messiaen, *Catalogue d'oiseaux,* pour piano.

Charlie Mingus, *Fables of Faubus.*
Igor Stravinski, *Pastorale,* pour musique électronique.
Karlheinz Stockhausen, *Klavierstück XI, Zyklus,* pour un percussionniste.

Début du ravalement des monuments publics à Paris.

Mort de Colette Allendy, Boris Vian.

Yves Klein et Jean Tinguely dans le foyer de l'opéra de Gelsenkirchen (R.F.A.) en 1958.

Yves Klein imprégnant les éponges d'IKB pour le relief monumental du foyer de l'opéra de Gelsenkirchen (R.F.A.) en 1958.

Yves Klein et le relief éponge du foyer de l'opéra de Gelsenkirchen (R.F.A.) en 1958.

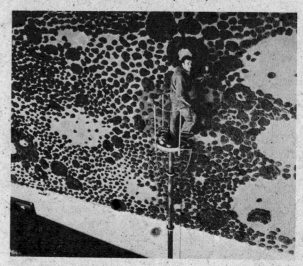

1959

Janvier Au vernissage de l'exposition de Jean Tinguely à la galerie Schmela, à Düsseldorf, il fait une conférence sur « La collaboration entre artistes créateurs ».

17 mars Il participe à l'exposition *Vision in Motion* au Hessenhuis, à Anvers, où il présente l'*Immatériel* qu'il met en vente pour un kilogramme d'or.

Printemps Il commence à travailler avec Claude Parent sur les dessins de l'« architecture de l'air »; il dessine le projet d'une sculpture aéromagnétique et déclare en avoir eu l'idée avant Takis.

29 mai Il participe à l'exposition qu'Iris Clert a intitulée *La collaboration internationale entre artistes et architectes dans la réalisation du nouvel opéra de Gelsenkirchen*, où elle présente dans sa galerie les maquettes du groupe qui a réalisé cet opéra et qui comprend Werner Ruhnau, Norbert Kricke, Jean Tinguely, Paul Dierkes, Robert Adams et Yves Klein.

De gauche à droite : Klein, Adams, Tinguely et Ruhnau. Gelsenkirchen, 1958.

Yves Klein et Werner Ruhnau expérimentent l'Architecture de l'air *dans une usine près de Hambourg (R.F.A.) en 1958.*

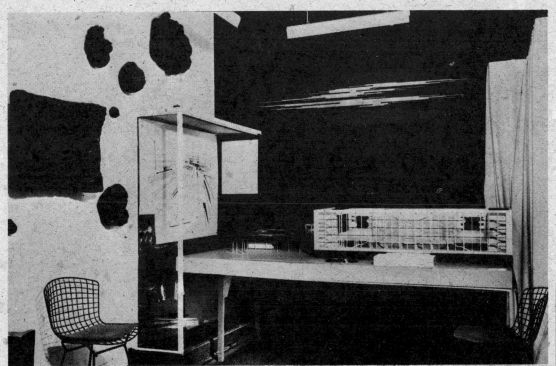

Exposition *Artistes et Architectes de Gelsenkirchen à la galerie Iris Clert. Paris, mai 1959.*

3 et 5 juin
Il donne deux conférences à la Sorbonne, avec la participation de Werner Ruhnau, sur « L'évolution de l'art vers l'immatériel » et « L'architecture de l'air ».

Dessin d'Yves Klein : Colonnes de feu sur pièce d'eau, *1960.*

Exposition *Artistes et Architectes de Gelsenkirchen à la galerie Iris Clert. De gauche à droite : Tinguely, Klein, Iris Clert, Ruhnau, Brô et Soto. Paris, mai 1959.*

Dessin d'Yves Klein et Claude Parent : Cité climatisée – Accès à l'« éden technique », *1961.*

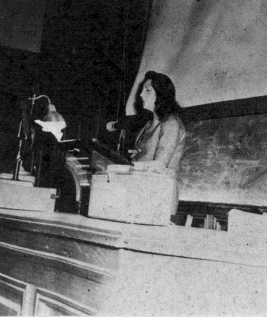

Conférence d'Yves Klein présentée par Iris Clert.

Conférence à la Sorbonne. Paris, le 3 juin 1959.

347

15-30 juin Exposition *Bas-reliefs dans une forêt d'éponges* à la galerie Iris Clert.

3 juillet Il participe à l'exposition *Junge Maler der Gegenwart* à la Kunsterhaus de Vienne.

4 septembre *Selezione per il XI premio di pittura Lissone* à la Galleria L'Attico, à Rome.

2-25 octobre Il participe à la Iʳᵉ Biennale de Paris. Pierre Restany, malgré l'opposition de Georges Boudaille et Guy Weelen, et grâce au soutien de Michel Conil-Lacoste, Michel Ragon, Yvon Taillandier et Pierre Descargues, réussit à inclure une proposition monochrome bleue de grand format dans la sélection des œuvres présentées par le jury des jeunes critiques. Jean Tinguely, Raymond Hains, François Dufrêne et Jacques de la Villeglé font aussi partie de cette sélection ; c'est à cette occasion que naîtront les premières discussions théoriques qui aboutiront à la constitution du groupe des Nouveaux Réalistes.

12 octobre Il écrit à Philip Johnson pour lui demander de l'inviter, avec Werner Ruhnau, à donner des conférences sur l'« architecture de l'air » aux Etats-Unis.

Vernissage de l'exposition Yves Klein : Bas-reliefs dans une forêt d'éponges *à la galerie Iris Clert. Paris, 15 juin 1959.*

Exposition Yves Klein : Bas-reliefs dans une forêt d'éponges *à la galerie Iris Clert. Paris, juin 1959.*

16 octobre-22 novembre
Il participe à l'exposition *Kunstsammler am Rhein und Ruhr: Malerei 1900-1959* au Städtisches Museum de Leverkusen, en Allemagne.

Et à l'exposition *Dynamo 1*, à la galerie Renate Boukes, à Wiesbaden, en Allemagne.

20 octobre-7 novembre
Il participe à l'exposition *Works in Three Dimensions* organisée par Leo Castelli dans sa galerie à New York, avec Chamberlain, Follett, Giles, Jasper Johns, Kohn, Marisol, Louise Nevelson, Artman, Rauschenberg et Scarpitta.

18 novembre
Il vend sa première «zone de sensibilité picturale immatérielle» à Peppino Palazzoli; le 8 décembre il en vend deux autres. Iris Clert a fait imprimer le chéquier pour les «zones de sensibilité picturale» dont il avait exécuté un dessin (à la noter que sur le projet original, il avait écrit: «volumes de sensibilité picturale», et non «zones»).

Yves Klein: Maquette, souche et chèque pour les zones de sensibilité picturale immatérielles. Dessin exécuté à la demande d'Iris Clert en 1959.

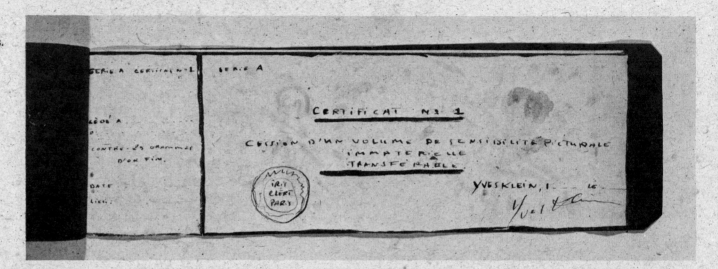

Reçu pour une vente de zone de sensibilité picturale immatérielle. Paris, décembre 1959.

15 décembre Il assiste à l'inauguration de l'opéra de Gelsenkirchen.

Il cesse d'enseigner le judo.

Publication en Belgique de sa brochure sur Le *Dépassement de la problématique de l'art.*

Jean-Pierre Mirouze fait un film sur l'*Ecole de Nice* dans lequel il inclut des séquences sur Klein. Les Actualités Gaumont réalisent une séquence filmée de 3 mn en couleurs sur Klein.

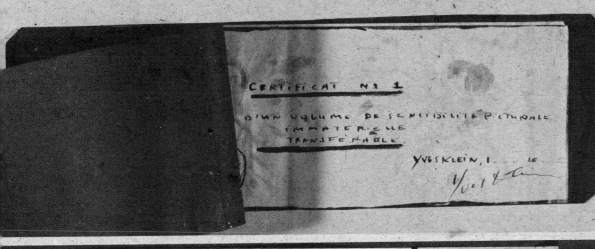

Yves Klein avec Marie et Rose Raymond à l'inauguration de l'opéra de Gelsenkirchen (R.F.A.) le 15 décembre 1959.

1960

Semaine des barricades à Alger.

Voyage d'Eisenhower en Amérique latine.
Election de John Fitzgerald Kennedy à la présidence des Etats-Unis.

Spoerri, *Tableaux-pièges.*
César, premières *Compressions,* présentées au Salon de mai.
Hains, *Les Entremets de la palissade,* au Salon Comparaisons.
Fondation du Groupe de recherche d'art visuel : Garcia-Rossi, Le Parc, Morellet, Sobrino, Stein, Yvaral.

Marie Raymond, prix Marzotto.

Une enquête effectuée en France nous apprend que 32 % des personnes interrogées ignorent qui est Picasso.

Andy Warhol invente l'« image-objet ».
Ad Reinhardt, jusqu'à sa mort en 1967, se consacre à des peintures noires, carrées, de 1,50 m de côté.
Jean Tinguely réalise *Hommage à New York,* au Museum of Modern Art de New York, et visite le sud de la Californie.
Edward Kienholz, *Concept-tableaux,* à Los Angeles.

Musée national d'art moderne. *Les sources du XXᵉ siècle.*
Musée Jacquemart-André. *Van Gogh.*
Musée des Arts décoratifs. *Dubuffet, 1942-1960.*

Expositions dans les galeries :
Arnaud. *Divergences 7* (organisée par Michel Ragon).
Claude Bernard. *Aspects de la sculpture américaine* (avec des œuvres de Mathias Goeritz).
Iris Clert. *Mathias Goeritz, la Pyramide mexicaine,* et manifeste : « L'art prière contre l'art merde ».
Iris Clert. *Ad Reinhardt : Mysticisme athée.*
Iris Clert. *Arman, accumulations. « Le Plein ».*
Un jour, Arman m'apporte un drôle d'objet, un récipient en verre de forme rectangulaire dans lequel il a déversé le contenu de sa corbeille à papiers.
– Qu'est-ce que c'est ?
– C'est ma dernière création.
– Mais c'est une poubelle !
– Oui, si tu veux. C'est une accumulation des déchets de notre société de consommation. Ça fait partie de la réalité quotidienne.
– Je n'en veux pas. Ça manque de spiritualité.
– Tu as tort, Iris Je t'assure, c'est très important.
– Bon, laisse-la-moi.
Dès qu'Arman eut tourné le dos, prise de méfiance pour cet objet qui manquait de magie,

j'allai le déposer dans la cour aux côtés des vraies poubelles ; j'avais peur qu'il ne portât le « mauvais œil ». Le lendemain la concierge en furie vint me faire une scène.
– Madame, je ne suis pas chargée de vider vos ordures ! Vous êtes priée de le faire vous-même.
– Mais de quelles ordures s'agit-il ?
– Celles que vous avez laissées devant la poubelle. C'est dégoûtant.
– Mais malheureuse, ce ne sont pas des ordures, c'est une création artistique.
Elle partit au bord de la congestion. Remise de ses émotions, elle fit venir ses congénères pour leur faire constater le degré de turpitude où l'art moderne était tombé.
– C'est-y pas honteux ça ? Voilà où ils en sont là-dedans !
Lorsque Arman revint, j'étais déjà moins réticente. Il me fit alors une proposition ahurissante.
– J'ai une idée sensationnelle. Je voudrais convertir ta galerie en une immense poubelle.
– Mais c'est impossible. Il faudrait des tonnes d'ordures pour la remplir. Et puis tu vas défoncer le plancher.
– N'aie pas peur. Je me charge de tout, tu verras, ce sera formidable.
– Non Arman, vraiment tu m'en demandes trop.
Il revint à la charge avec un argument massue.
– Si tu veux faire enrager Yves, il faut que tu fasses ce « coup ». Après le Vide on fera le Plein.
Il avait touché mon point sensible. Arman me fournissait l'arme pour blesser l'amour-propre de son ami d'enfance. L'idée de souiller cet espace imprégné de la sensibilité de l'un, avec les ordures de l'autre, me réjouissait. J'acceptai.
Iris Clert, (*Iris-time,* 1978).

Iris Clert. *Takis : l'homme dans l'espace.*
Daniel Cordier. *Dernière Exposition internationale du surréalisme,* réalisée avec l'accord d'André Breton.
Daniel Cordier. *Louise Nevelson.*
De France. *Magnelli.*
De France. *Soulages.*
Internationale d'art contemporain. *Mathieu.*
Des Quatre Saisons. *La peinture à Paris et à New York.*

Nombre d'entrées payantes au Musée national d'art moderne, enregistrées au cours de l'année : 100 000.

Carstairs Gallery, New York. *Mathias Gœritz : Message,* sculptures et environnements dorés.
Kunsthalle, Berne. *Norbert Kricke.*
Galerie Schmela, Düsseldorf. *Otto Piene.*

Galleria Azimuth, Milan. *Piero Manzoni :* présentation des *Corps d'air ;* présentation de *La consommation de l'art dynamique* (œufs signés).

Jean Fautrier, grand prix de la Biennale de Venise.
Gaston Bachelard, *Poétique de la rêverie.*

Création de la revue *Tel Quel.*

Le Balcon, de Jean Genet, est mis en scène par José Quintero.

William Burroughs et Brion Gysin, *Cut-ups.*
William Burroughs, Brion Gysin, Sinclair Beiles et Gregory Corso, *Minutes To Go.*

Harold Pinter, *Le Gardien.*
Marcel Carné, *Terrain vague.*
Claude Chabrol, *Les Bonnes Femmes.*
René Clair, *Tout l'or du monde.*
Jacques Demy, *Lola.*
Jean-Luc Godard, *Le Petit Soldat.*
Jacques Rivette, *Paris nous appartient.*
Eric Rohmer, *Le Signe du Lion.*
Jean Rouch, *Chronique d'un été.*
Rozier, *Adieu Philippines (1960-1962).*

Ardarin, *Lazarillo de Tormes.*
Juan Antonio Bardem, *A las cinco de la tarde.*
Ingmar Bergman, *L'œil du diable.*
Peter Brook, *Moderato cantabile.*
Georges Cukor, *Le Milliardaire.*
Alexandre Dovjenko, *Histoire des années de feu.*
Marco Ferreri, *La Petite Voiture.*
John Ford, *Les Chevaliers teutoniques.*
Stanley Kubrick, *Spartacus.*
Akira Kurosawa, *Les Salauds dorment en paix.*
Joseph Losey, *Les Criminels.*
Nagira Oshima, *Conte cruel de la jeunesse, L'Enterrement du soleil ; Nuit et brouillard du Japon.*
Otto Preminger, *Exodus.*
Roberto Rossellini, *Les Evadés de la nuit.*
Carlos Saura, *Les Voyous.*

Constant se consacre aux maquettes de « New Babylon ».
Chaneac, *Cellules polyvalentes.*
Marino di Teana présente la *Structure architecturale* (20 × 15 × 9 m) à la Foire de Paris.
Tinguely, projet pour Lunatrac (tour de 100 m de haut).
Gilioli sculpte *La Mendiante.*
Paul Maymont, première étude d'une ville flottante, conçue à Tokyo.
Philip Johnson construit le réacteur nucléaire Israël et le sanctuaire de New Harmony, Indiana.
Création du Japan Design House.
Création du groupe japonais d'architectes Métabolisme.
Kenzo Tangé, projet de Tokyo-sur-Mer.

Pierre Schaeffer met en musique, sous le titre *Étude aux allures,* des fragments du film abstrait de Hains et Villeglé qui sera présenté à la Biennale de Paris en 1961.
Apparition des premiers synthétiseurs.
John Cage, *Cartridge Music.*

La Monte Young, *Butterfly Sonata,* jouée à Berkeley, Californie.
Karlheinz Stockhausen, *Carré, Kontakte.*

Abraham Moles publie *Experimental Musics.*

Lancement du paquebot *France.*

Mort de Clark Gable.

1960

4 janvier-1er février
Il participe à l'exposition *La nouvelle conception artistique* avec Breier, Castellani, Holweck, Mack, Manzoni et Mavignier à la galerie Azimuth de Milan.

12 janvier
Saut dans le vide : en présence de Bernadette Allain, Klein saute d'une fenêtre de la maison de Colette Allendy, 67 rue de l'Assomption, Paris.

Février

Il participe à l'exposition *Antagonismes* organisée au Musée des Arts décoratifs à Paris par Julien Alvard et François Mathey. Il y présente le premier *Monogold frémissant* et deux « zones de sensibilité picturale immatérielle » (les n° 1 et 2 de la série n° 7 à 1 280 g d'or fin).

Yves Klein et Bernadette Allain
rue Campagne-Première, 7 février 1960.

*Yves Klein
et Bernadette Allain
devant un IKB,
7 février 1960.*

9 mars Performance *Anthropométries de l'époque bleue* chez D'Arquian, à la Galerie internationale d'art contemporain, rue Saint-Honoré à Paris. Sous la direction d'Yves Klein et au son de la *Symphonie monoton* jouée par un orchestre de vingt musiciens, trois modèles nus enduits de peinture bleue apposent les empreintes de leur corps sur des papiers blancs disposés sur les murs et le plancher de la galerie. Après la présentation s'ouvre un débat public auquel participent Yves Klein, Georges Mathieu et Pierre Restany.

 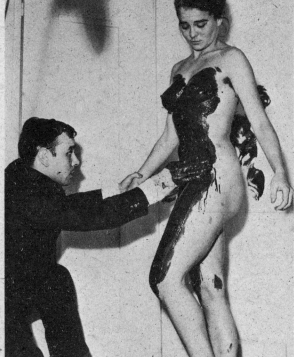 

Performance à la Galerie internationale d'art contemporain, le 9 mars 1960. Klein dirige la réalisation d'une Anthropométrie.

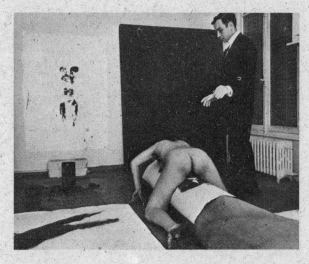

Séance d'anthropométries : Marlène, femme-pinceau, 14 rue Campagne-Première, 27 février 1960.

Performance à la Galerie internationale d'art contemporain, le 9 mars 1960 : Anthropométries et Symphonie monoton. *Yves Klein et les « femmes-pinceaux ».*

18 mars-8 mai
Il participe à l'exposition *Monochrome Malerei* organisée par Udo Kultermann au Städtisches Museum, Leverkusen. Il y présente un *Monochrome bleu*, un *Relief éponge bleu*, un *Monogold frémissant* et une « zone de sensibilité picturale immatérielle » (n° 1 série n° 3). Participent également à cette exposition Bartels, Baumeister, Bellegarde, Bordoni, Castellani, Charchoune, Dorazio, Fischer, Fontana, Geccelli, Geiger, Geitlinger, Girke, Grandjean, Holweck, Jonesco, Kusama, Leblanc, Leuzniger, Lo Savio, Mack, Manzoni, Mathieu, Mavignier, Megert, Oehm, Piene, Quinte, Rainer, Rothko, Rumney, Scarpitta, Sellung, Tapiès, Günther Uecker, Van Hoeydonck, Verheyen, Verstockt, Vorberg.

23 avril
Il fonde l'A.D.A.M. (Association pour le dépassement de l'art moderne) à La Coupole. L'Association ne se réunira qu'une fois, le jour de sa fondation.

Avril

Il participe à l'exposition *Les Nouveaux Réalistes* à la Galleria Apollinaire, à Milan. Pour la couverture du catalogue, Hains déforme le nom des participants (Arman, Hains, Dufrêne, Yves le Monochrome, Villeglé, Tinguely). Dans la préface, Pierre Restany utilise pour la première fois le terme *Nouveau Réalisme* : « Au stade plus essentiel dans son urgence, de la pleine expression affective et de la mise hors de soi de l'individu créateur, et à travers les apparences, naturellement baroques de certaines expériences, nous nous acheminons vers un nouveau réalisme de la pure sensibilité. Voilà à tout le moins l'un des chemins de l'avenir. »

15 mai

Projet de contrat avec Jean Larcade.

18 mai-18 juin

Il participe à l'exposition *Hommage à Colette Allendy*, à la galerie Colette Allendy, Paris (hommage posthume). Le catalogue reproduit des textes de Jean Cassou, Charles Estienne, Courtois, Conil-Lacoste, Chevalier, Chabrun, Yvon Taillandier, Pierre Restany, de Wasmer, Yvon Delteil, Gilioli, Wostau, Yves Klein le Monochrome, de Casa-Fuerte, Closon, Bryen, Raymond, Leppien, Doucet, Roche-Gleizes, Mathieu, Juliette. En plus des artistes qui ont collaboré au catalogue, sont exposés : Hans Aeschbacher, Willy Anthoons, Hans Arp, Jean-Michel Atlan, Baumeister, Marcelle Cahn, Pierre Courtin, Jean Deyrolle, Domela, Freundlich, Gabrielli, Gleizes, Gonzalès, Guadanucci, Hains, Hartung, Istrati, Kandinsky, Klee, Villeglé, Henri Nouveau, Picabia, Poliakoff, Joseph Sima, Schneider, Schoeffer, Soulages, Stahly, Szekely, Tajiri, Vantongerloo, Vieira Da Silva et Wols.

Performance à la Galerie internationale d'art contemporain, 9 mars 1960 : Anthropométries *et* Symphonie monoton.

Les invités à la performance du 9 mars 1960. A la fin de la performance, Georges Mathieu interpelle Yves Klein : « Pour vous, qu'est-ce que l'art ? – la santé ! »

Atelier, 14 rue Campagne-Première, à Paris.

Un homme dans l'espace! le peintre de l'espace se jette dans le vide! *Œuvre conceptuelle photographique d'Yves Klein réalisée par Shunk et Kender en 1960.*

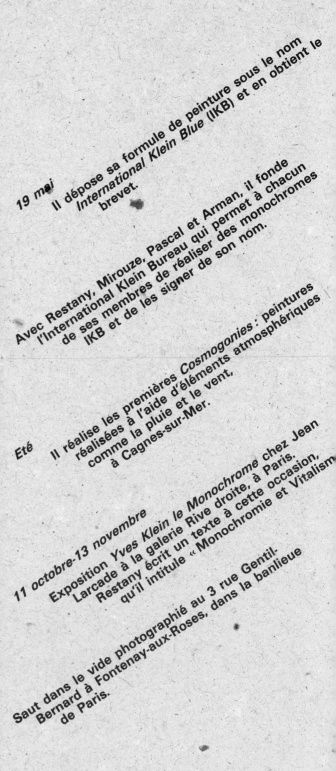

19 mai
Il dépose sa formule de peinture sous le nom *International Klein Blue* (IKB) et en obtient le brevet.

Avec Restany, Mirouze, Pascal et Arman, il fonde l'International Klein Bureau qui permet à chacun de ses membres de réaliser des monochromes IKB et de les signer de son nom.

Eté
Il réalise les premières *Cosmogonies* : peintures réalisées à l'aide d'éléments atmosphériques comme la pluie et le vent, à Cagnes-sur-Mer.

11 octobre-13 novembre
Exposition *Yves Klein le Monochrome* chez Jean Larcade à la galerie Rive droite, à Paris. Restany écrit un texte à cette occasion, qu'il intitule « Monochromie et Vitalism

Saut dans le vide photographié au 3 rue Gentil-Bernard à Fontenay-aux-Roses, dans la banlieue de Paris.

27 octobre

Fondation du groupe des Nouveaux Réalistes chez Yves Klein, 14 rue Campagne-Première à Paris. Pierre Restany écrit le texte de la déclaration constitutive (« Le jeudi 27 octobre 1960, les Nouveaux Réalistes ont pris conscience de leur singularité collective. Nouveau Réalisme = nouvelles approches perceptives du réel. ») que signent Arman, Dufrêne, Hains, Yves Klein (Yves le Monochrome), Martial Raysse, Spoerri, César et Rotella. Neuf copies manuscrites du document (sept sur papier monochrome bleu, une sur une feuille dorée et une sur papier monochrome rose) écrites de la main de Restany sont signées par tous les artistes présents et distribuées à chacun d'entre eux. Une dispute pendant cette réunion manque de dissoudre le groupe qui reste pourtant intact et auquel se joindront plus tard Niki de Saint-Phalle, Gérard Deschamps et Christo.

Tinguely et Villeglé, César et Rotella, qui étaient invités, sont absents.

Vue d'un kiosque à journaux, le 27 novembre 1960. A droite, le journal Dimanche – appropriation par Yves Klein d'une journée du monde sous la forme de l'hebdomadaire Dimanche rédigé et publié par lui ce jour-là.

Manifeste des Nouveaux Réalistes, mouvement fondé par Pierre Restany dans l'atelier d'Yves Klein, 14 rue Campagne-Première, le 27 octobre 1960.

YVES KLEIN PRÉSENTE :
LE DIMANCHE 27 NOVEMBRE
1960

NUMÉRO
UNIQUE

FESTIVAL D'ART
D'AVANT-GARDE
NOVEMBRE - DÉCEMBRE 1960

La Révolution
bleue
continue

SEANCE DE 0 HEURE A 24 HEURES

Dimanche
27 NOVEMBRE

0,35 NF (35 fr.)   Algérie : 0,30 NF (30 fr.) - Tunisie : 37 mill.
Maroc : 32 f.m. - Italie : 50 lires - Espagne : 3 pes. 5

Le journal
d'un
seul jour

THEATRE DU VIDE

I. E théâtre se cherche depuis toujours ; il se cherche depuis le début perdu.

Le grand théâtre, c'est l'Eden en fait ; l'important est d'établir une bonne fois nos positions statiques, chacun d'une manière individuelle et non plus personnelle dans l'univers. Depuis longtemps déjà je l'annonce partout, que je suis le peintre, on ne connais pas d'autre aujourd'hui ! Je tiens à dire aussi : « Je suis l'acteur, je suis le compositeur, l'architecte, le sculpteur » Je tiens à dire : « Je suis, » L'on m'objectera sans doute que cela a déjà été hurlé de toutes sortes de manières variées ; c'est certainement juste. Par conséquent, je répète peut-être cela, mais conscient, bien conscient d'avoir atteint le droit de le dire : et voilà que, pour moi comme pour tous, il n'y a plus rien à faire ; le théâtre officiel. Aujourd'hui, c'est à écry et et je « suis » bien effectivement tout ce que l'on veut bien que je « sois » et même tout ce que l'on ne veut pas que je « sois » ! J'attendrai même le plus « être ». Mais, que l'on ne s'y trompe pas : il ne s'agit pas de moi quand je dis je, moi, mon, etc.

C'est parce que l'éveil auquel je vis est un esprit d'émerveillement, stabilité et continu, un esprit classique que je n'ai aucun caractère d'avant-garde, de cette avant-garde qui, elle, vieillit si vite, de génération en génération.

Mon art n'appartiendra pas à l'époque, pas plus que l'art de tous les grands classiques n'a appartenu aux époques où ils ont vécu, parce que je cherche avant tout, comme eux, à créer dans mes réalisations cette « transparence », ce « vide » incommensurable dans lequel vit l'esprit permanent et absolu délivré de toutes dimensions !

Non, je ne me laisse pas prendre à mon propre jeu en parlant aujourd'hui d'un théâtre du vide avec un tel avant-propos orgueilleux, égocentrique et même vaniteux sans doute en apparence : mon théâtre prendra une valeur universelle dans la mesure même où mes compagnons connaîtront même ma pensée que moi-même je ne la connais, car s'ils sont des milliers, ils la réfléchiront des milliers de fois alors que moi je suis seul.

★

Je me rends très bien compte que je me présente, tout seul, en écrivant ces lignes avec ce qui semblerait une sorte de complexe, en plus fort. Je signale à ceux qui seraient aussi aveugles et maladroits pour me donner l'avantage d'attaquer mon exagération de moi qu'ici est bien facile de m'ahuriser à le détruire, mais à cette sorte de défaite qui sont les veilles des grandes victoires définitive pour ceux qui entrent dans le grand jeu et osent s'exposer.

J'ai lutté contre ma vocation de « peindre », en partant au Japon pour y vivre l'aventure Judo et Arts-martiaux comme de même j'ai lutté contre ma vocation « d'homme du théâtre » ; mais précisément, le Judo par la pratique physique et spirituelle du Katas s'est constitué malgré moi, ma formation dans cette discipline de l'art qu'est le théâtre, d'une manière imprévisible, mais tout aussi profitable et profonde, sinon peut-être plus encore, que n'importe quelle autre. En présentant ce que qu'est le théâtre, d'une nécessité profonde, j'agis en réalité plein de gros bon sens. J'aime Molière et Shakespeare parce que, dans leur œuvre, se trouve cette transparence du vide qui me fascine.

Pour moi, le théâtre « n'est pas

● SUITE EN PAGE 2

L'ESPACE, LUI-MÊME.

ACTUALITÉ

DANS le cadre des représentations théâtrales du Festival d'Art d'Avant-Garde de novembre-décembre 1960, j'ai décidé de présenter une ultime forme de théâtre collectif qu'est un dimanche pour tout le monde.

Je n'ai pas voulu me limiter à une matinée ou à une soirée.

En présentant le dimanche 27 novembre 1960, de 0 heure à 24 heures, je présente donc une journée de fête, un véritable spectacle du vide, au point culminant de mes théories. Cependant, n'importe quel autre jour de la semaine aurait pu être aussi utilisé.

Je souhaite qu'en ce jour la joie et le merveilleux règnent, que personne n'ait le trac et que tous, acteurs-spectateurs, conscients comme inconscients aussi de cette gigantesque manifestation, passent une bonne journée.

Que chacun aille dedans comme dehors, circule, bouge, remue ou reste tranquille.

Tout ce que je publie aujourd'hui dans ce journal est antérieur à la présentation de ce jour historique pour le théâtre.

Le théâtre doit être ou doit tout au moins tenter de devenir rapidement le plaisir d'être, de vivre, de passer de merveilleux moments, et de comprendre chaque jour mieux le bel aujourd'hui.

Tout ce que je publie dans ce journal ont été mes étapes jusqu'à ce jour glorieux de réalisme et de vérité ; le théâtre des opérations de cette conception du théâtre que je propose n'est pas seulement la scène, Paris, mais aussi la campagne, le désert, la montagne, le ciel même, et tout l'univers même, pourquoi pas ?

Je sais que tout va fonctionner très bien inévitablement pour tous, spectateurs, acteurs, machinistes, directeurs et autres.

Je tiens à remercier ici M. Jacques Polieri, directeur du Festival d'Art d'Avant-Garde, pour son enthousiasme, et me proposant de présenter cette manifestation « le dimanche 27 novembre ».

Yves KLEIN

du tout synonyme de « Représentation » ou de « Spectacle ».

D'importants chercheurs qui, eux, ont été d'avant-garde, comme Tairoff, par exemple, voulaient théâtraliser le théâtre.

Stanislavsky, réaliste extrême, aurait souhaité la mort effective et définitive de l'auteur qui doit jouer sa mort en scène. Le précurseur Dada Vakhtangof enfermait le public dans une salle de théâtre pendant deux heures dans le seul but cynique de les enfermer tout simplement. Cet événement faisait partie, d'ailleurs réussit au monde, même de la théâtralité dans la vie quotidienne, pensée — geste — parole.

★

Ce que je désire : Plus de rythme, surtout plus jamais de rythme ! »

Et puis mon œuvre n'est pas une « recherche », elle est mon sillage. Elle est la matière même de la vitesse statique vertigineuse à laquelle je me propulse dans l'espace. Fantasticiel ! Attention encore, je tiens à bien préciser que je ne dis pas un mot dans mon œuvre : c'est bien plus beau parce que c'est immuable ! Non, je dis : « C'est ainsi et ce sera ainsi et personne ne pourra jamais rien faire pour que ce ne soit pas ainsi ! Pourquoi ? Parce que, précisément « c'est » classique ! »

★

Ainsi, très vite, on en arrive au théâtre sans acteur, sans décor, sans scène, sans spectateur, plus rien que le créateur seul qui n'est vu par personne, excepté la présence de personne et le théâtre-spectacle commence !

L'auteur vit sa création : il

leurs, de son « théâtre de la révolte », et s'intitulait « La Soirée insolite ».

Le Tchécoslovaque Burian crea un théâtre synthétique : les personnages de sa pièce, « Roméo et Juliette », étaient des machines fantastiques et infernales qui évoluaient sur la scène pendant que les acteurs en coulisse disaient le texte. Amphithéâtroff montrait des pièces-tes iconiques de dix minutes, coupées de discussions ; les discussions faisaient partie évidemment en programme. Ce qui l'amènera à déclarer souvent à son public, qui lui commandait d'avance ses représentations, qu'il était prêt à supporter les tomates, les œufs pourris, mais, en aucune manière, les pavés.

Les phonographes, dans « Les Mariés de la Tour Eiffel », de Jean Cocteau, sont aussi de très beaux phénomènes.

★

Il serait trop long de citer ici toutes les tentatives qui ont été faites pour sortir de la convention, de l'optique apprise, de l'académisme, dans le domaine du spectacle de la représentation théâtrale. Tout y revient au théâtre du vide. Je crois que presque tout a été fait jusqu'à Jacques Polieri dans sa mise en scène de la pièce de Tardieu ces temps derniers, qui fait entendre des voix sur la scène où trois panneaux-écrans sont le support d'une non-présence. (Son idée d'ailleurs est de faire vivre et parler les décors.)

Bravo ! — Quel bonheur que tout cela ait existé, mais attention : j'avertis bien le lecteur mon œuvre théâtrale n'a rien, absolument rien à voir avec l'une quelconque de ces directions ou recherches, sauf, peut-être, avec celles d'Antonin Artaud, je sentais venir ce que je propose aujourd'hui ici. Cependant Artaud, comme bien d'autres « Grands » du réal théâtre, se perdait dans cette fausse conception artificielle et intellectuelle du Verbe qui m'a dérouté tant et longtemps. Pour ma part, je ne sais qu'une chose, c'est qu'au commencement était le Verbe, et le Verbe était Dieu » deux fois pour deux fois « Verbe » plus « Dieu » en tout cinq points qui, si on les médite un peu, disent bien ce qu'ils veulent dire : le « Verbe » dans cette alarme n'est pas « Parole » articulée ni même anarticulée.

Le Tchécoslovaque

UN HOMME DANS L'ESPACE !

Le peintre de l'espace se jette dans le vide !

Le monochrome qui est aussi champion de judo, ceinture noire 4e dan, s'entraîne régulièrement à la lévitation dynamique ! (avec ou sans filet, au risque de sa vie).

Il prétend être en mesure d'aller rejoindre bientôt dans l'espace son œuvre préférée : une sculpture aérostatique composée de Mille et un Ballons bleus qui, en 1957, s'enfuit de son exposition dans le ciel de Saint-Germain-des-Prés pour ne plus jamais revenir !

Libérer la sculpture du socle a été longtemps sa préoccupation. « Aujourd'hui, le peintre de l'espace doit aller effectivement dans l'espace pour peindre, mais il doit y aller sans trucs, ni supercheries, ni même plus en avion, ni en parachute ou en fusée ; il doit y aller par lui-même, avec une force individuelle autonome, en un mot, il doit être capable de léviter.

Yves

« Je suis le peintre de l'espace. Je ne suis pas un peintre abstrait, mais au contraire un figuratif, et un réaliste. Soyons honnêtes, pour peindre l'espace, je me dois de me rendre sur place, dans cet espace même... »

Sensibilité pure

Une petite salle.

Les spectateurs, après avoir dûment payé chacun leur entrée, assez chère, pénètrent dans la salle et prennent place.

Le rideau est baissé. La salle illuminée.

Dès que la salle est pleine, un homme se présente sur la scène, devant le rideau toujours baissé et déclare :

« Mesdames, Messieurs en raison des circonstances, ce soir nous allons être contraints de vous enchaîner chacun à vos

sièges et, de plus, vous bâillonner pour la durée de la représentation.

« Cette mesure de sécurité est nécessaire, afin de vous protéger contre vous-même, en présence de ce spectacle particulièrement dangereux, d'un point de vue affectif par [...]

« Nous exprimons d'avance nos regrets aux personnes qui ne pourraient supporter d'être ainsi enchaînées et bâillonnées avant le lever du rideau et nous les prions aimablement de bien

vouloir quitter la salle pour se faire rembourser à la sortie. Aucune personne non enchaînée valablement à son siège ne sera tolérée dans la salle pendant le spectacle. Merci.

...Aussitôt un groupe d'enchaîneurs-bâillonneurs pénètrent dans la salle et, systématiquement, enchaînent rang après rang, paraissent rapidement tous les spectateurs.

● SUITE EN PAGE 2

Quand tout est prêt, l'obscurité se fait dans la salle... Le rideau se lève lentement avec l'éclosion d'un pétillement continu, semblable à celui qui fait l'eau gazeuse fraîchement débouchée, mais prodigieusement amplifié. C'est une manifestation de notre sensibilité, s'imprégnant d'une manière volumétrique dans l'espace, perceptible par l'ouïe agréable de chaque spectateur.

Sur la scène : une salle vide blanche, très blanche ; tous les angles sont arrondis. Tout est vide, absolument vide avec le pétillement ! Dans le cas où les spectateurs se sentiraient trop isolés, il faudrait couper l'acoustique).

Dans la salle de très belles filles nues ou, à la rigueur, en bikini, sorte d'ouvreuses-hôtesses, passent dans les rangs des spectateurs et les reconfortent, ajustent leurs chaînes et leurs bâillons, leur disant l'heure et combien de temps ils ont encore à supporter le spectacle (de très beaux jeunes hommes, mais aussi nus en bikini, s'occupent des spectatrices).

La première demi-heure du pétillement s'écoute peu à peu, se dissout complètement en une autre demi-heure la basse dans le silence absolu pour les spectateurs toujours face à la scène vide, blanche et brillamment éclairée.

Le rideau se baisse. La lumière revient dans la salle. Les groupes d'enchaîneurs reviennent délivrer de leurs chaînes et de leurs bâillons les spectateurs.

Capture du vide

...une ville entière, voire même une capitale, ou, encore mieux, un pays entier doit servir de scène et de décor.

L'État, lui-même, annonce la date de la représentation dans tout le territoire. Le jour dit, à l'heure dite, exactement, tout le monde reste chez soi, s'enferme à double tour, et, à l'intérieur est vide de tout être humain pendant deux heures.

Dans les rues plus personne, plus personne du tout dans les bureaux administratifs et autres lieux publics ; plus personne dans les campagnes, tout est fermé, tout le monde est chez soi et ne bouge plus.

Le territoire doit sembler « aux yeux de l'Espace » pour deux heures, entièrement vide de sujets vivants !

Mais alors des compagnons fidèles seront là autour de moi, chez moi, et me jetteront dehors malgré moi, car j'aurai peur et il sera nécessaire que je sois littéralement expulsé dehors, dans le vide des rues et des campagnes, tout seul, face à la nature et à tout. Je veux dire cela ne sera qu'un pas fait dans le chemin de la « capture du vide » réelle, qui se fera après une disparition définitive, lors de l'une de ces séances nationales solennelles. Cette « capture du vide », elle sera « réalisée par ceux qui auront compris cette pensée ou, plutôt, ce principe et qui la vivront comme une action pure et statique d'une manière toute naturelle enfin.

Les voleurs d'idées

Quand l'urbanisme de l'air et encore, et surtout, après cette étape. Quand l'immatérialisation totale et définitive de l'architecture aura été accomplie, c'est-à-dire lorsque nous vivrons l'Éden perdu, de nouveau dans la nature climatisée, nus, sans obstacle artificiel aucun, il est certain que notre conception actuelle de l'habitat, aura bien changé. Nous verrons en permanence ce qui, aujourd'hui, est très secret et caché chez les autres et ce que les autres verront de même en nous, tous les moindres évènements de notre vie quotidienne. Notre sensibilité sera alors développée d'une telle manière qu'il deviendra possible d'envisager même la possibilité de voir entre nous nos pensées les plus profondes ; ces pensées ne seront pas bien sûr intellectuellement et purement perçues, elles seront « saisies », et plutôt par imprégnation, toujours en « sensibilité », plus que par pénétration psychologique, puisque la psychologie aura presque ou complètement disparu alors.

Cependant, si tous les hommes arrivent à conquérir cette possibilité de « rêver dans le rêve des autres », comme du vol aujourd'hui des idées, des idées, des « idées dites » dans l'air n'aura plus rapidement aucun des gros et des « autres réalisent plus rapidement que d'autres, il y aura toujours « de poète » qui au delà du rêve lui-même, connaîtra la transe illuminée du centre affectif de toute chose, avec le centre affectif de toute chose, avec la joie et l'être machine vivante, celle qui tient compte encore de bien des conditions de l'atmosphère psychologique dans laquelle nous vivons encore actuellement pour montrer précisément que l'idée qu'« un jour il n'y aura plus...

idées » auta alors sa vraie fonction, sa vraie valeur. Ce sera le « silence » générateur de toute chose dans chacun de nous.

La scène peut être soit triangulaire, composée de deux écrans blancs transparents sur lesquels sera projeté le film de la couleur, soit semi-circulaire, en un seul écran « plan panoramique » pour toujours présenter le décor-film projeté du coulisse.

Tout est blanc immaculé, même le sol, même le plafond.

Au lever du rideau, trente secondes de passent, montrant cette scène vide violemment éclairée. Puis, avec l'éclosion d'un son continu s'éclairage baisse d'intensité, jusqu'au moment où un film est projeté du fond de la coulisse sur les écrans (ou sur l'écran panoramique).

A l'orchestre, sont assis assez loin l'un de l'autre, parmi les spectateurs, deux acteurs qui se lèvent soudain, s'aperçoivent et se font des gestes d'amitié, convenant d'aller se rencontrer sur la scène.

Ils se dirigent vers la scène à travers les rangs de spectateurs.

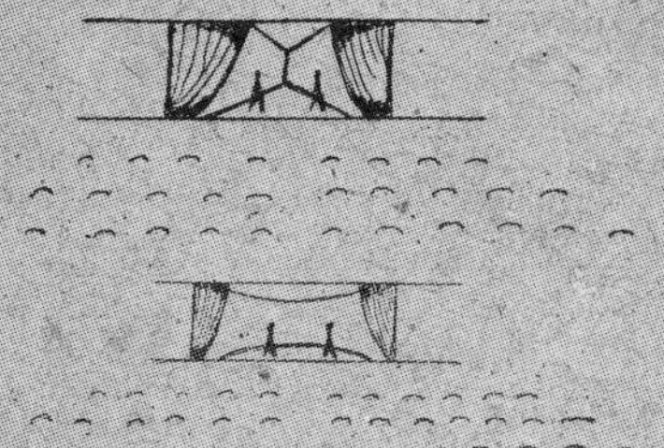

A présent, sur la scène, le film est presque un monologue puisque l'acteur de droite lui tout le temps, debout face aux écrans, tournant le dos aux spectateurs, ou considérant, de trop à autre, ceux qui qu'arrivent de plus en plus de désespoir à côté de lui, dans une sorte de mimes, qu'il adresse en faisant tantôt face aux spectateurs, tantôt face au décor-film.

Le film, en étroit rapport avec les idées toujours volées, peut projeter toutes sortes d'évènements pensés « par l'acteur de gauche, qui découlent de la constatation instinctive de...

Le fond sonore compose avec le déroulement du tout, évidemment.

Ainsi, de stupidité en stupidité, venu qui est toujours volé de vient une épave, effondrée sur le sol, qui pense toujours le premier, bien que désemparé, toutes sortes de choses de plus en plus importantes et se trouve de plus en plus ainsi volé effec...

Projet pour un institut national théâtral

Les spectateurs sont reçus par un médecin psychiatre qui leur fait subir un examen d'aptitude aux séances de l'Institut. Puis, ils passent dans une pièce où ils sont lavés et nettoyés à fond par de splendides et jeunes spécimens féminins de la race humaine.

Ils passent ensuite dans un sauna sérieux ; vingt minutes puis, dans une cabine d'oxygénation où ils sont douchés à la lance pendant qu'ils peuvent admirer, par le sens du toucher...

Le contrat

1er ACTE

Le rideau se lève, sur la scène l'acteur et le spectateur sont assis face à face aux extrémités opposées du plateau. Au centre un peu en retrait, l'auteur. Du paysage entier les trois personnages sur la scène du théâtre d'Yves Klein et toutes les autres possibilités théâtrales...

2e ACTE

Le rideau se lève sur une salle de théâtre avec l'orchestre, les balcons, etc., tous les sièges sont occupés par des acteurs côté scène. La salle reconstituée sur scène est identique en tous points à celle dans laquelle se trouvent les vrais spectateurs « au centre, entre les deux salles plusieurs auteurs se tiennent debout devant de petites tables et président, à tour de rôle, le débat...

Les fontaines de feu d'Yves. Pour un crépuscule de dimanche. (Photo Véron)

Du vertige au prestige (1957-1959)

Depuis des années, je m'exerce à léviter et je connais bien les moyens d'y arriver effectivement (chutes judo).

Il y a d'une part le vampirisme légendaire et traditionnel pour le tout avec l'immobilité physique absolue durant le jour. C'est une question de dissolution et d'analyse, d'autre part la libération effective de la personnalité dans tous ses supports par l'individu par l'exaspération du Moi, pratiquement jusqu'à une sorte de sublimation purificatrice absolue.

J'ai récemment déclaré, en janvier 1959, dans une communication en Allemagne, que, libéré du monde psychologique, l'artiste de demain créera, et se recréera lui-même, capable de léviter dans une totale liberté physique et...

spirituelle. J'ai déjà procédé à des « tentatives de réalisation d'œuvres de ce genre, telles les sculptures volantes aéro-statiques de 1957, composées de mille et un ballons bleus ; ainsi que l'expérience de l'Obélisque de la place de la Concorde illuminé en bleu de nuit, le socle restant dans l'ombre, et ainsi les vapeurs de l'inauguration de l'époque bleue en 1957. C'est ce que j'appelle depuis toujours le passage du vertige au prestige (libération de l'esclavage du socle en sculpture).

C'est ainsi qu'il me serait bien agréable bientôt de me présenter moi-même sur la scène d'un théâtre allongé dans l'espace à quelques mètres du sol, sans aucun truc ni superchérie, pendant quelque cinq à dix minutes au moins, et le tout sans commentaires.

J'ai donc pris des modèles, j'ai essayé ; c'était très beau. La chair, la délicatesse de la peau vivante, sa couleur extraordinaire et si paradoxalement incolore à la fois me fascinant.

Mes modèles riaient beaucoup de me voir exécuter d'après elles de splendides monochromes bleus mais unis ! Elles riaient, mais de plus en plus se sentaient attirées par le bleu.

Un jour j'ai compris que mes mains, mes outils de travail pour manier la couleur ne suffisaient plus. C'était le modèle lui-même qu'il me fallait pour peindre la folie monochrome ! Bon, ce n'était pas de la folie érotique !

C'était encore plus beau. J'ai jeté une grande toile blanche par terre, j'ai vidé au moins vingt kilos de bleu et le modèle s'est littéralement rué dedans ; elle a peint le tableau en se roulant sur la surface de la toile dans tous les sens, avec son corps.

Je dirigeai l'opération debout, en tournant rapidement tout autour de cette fantastique surface et soi guidant tous les mouvements et déplacements du modèle. La fille, tellement grisée par l'action et par le bleu vu de si près et en contact avec sa chair, finissait par ne plus s'entendre lui hurler : « Encore un peu plus à droite, là, revenez en vous roulant sur ce côté-là, cet espace n'est pas encore couvert dans cet autre coin-là, venez et appliquer votre sein droit, etc. »

Il n'y a jamais rien eu d'érotique, de pornographique ni de quoi que ce soit d'amoral dans ces séances fantastiques ; dès que le tableau était terminé, mon modèle prenait un bain. Je ne me suis jamais touchées, d'ailleurs, c'est pour cela qu'elles avaient confiance et qu'elles aimaient à collaborer et aiment encore collaborer ainsi, de tout leur corps à ma peinture. Et puis c'était la solution apportée au problème de la distance en peinture : mes pinceaux étaient vivants et télé-guidés.

Avec moi elles comprenaient, elles faisaient quelque chose, elles agissaient. Avant, avec les figurants de mes tentatives, elles se reconnaissaient après sur les peintures. Ensuite sont venus les abstraits et alors c'était inquiétant, psychologique, malsain. Elles ne comprenaient plus à quoi elles servaient en fait.

Avec moi, au début, elles m'ont aidé et, après, elles ne pouvaient plus se passer de venir poser pour moi ou plutôt de venir travailler avec moi !

C'est ce que je veux représenter sur scène avec, comme fond musical, la chanson « Viens avec moi dans le vide », musique Hans Martin Majeski.

Quand je pense à toi
Le même rêve revient toujours
Nous marchons enlacés
Dans le chemin sauvage de nos
[vacances
Et puis, peu à peu,
Tout semble disparaître autour
[de nous
Les arbres, les fleurs, la mer
Au bord du chemin
Il n'y a plus rien non plus sous
[loin
Nous sommes à notre bout du
[monde
Alors... Allons nous retourner ?
Non... Tu dis non je le sais
Viens avec moi dans le vide !
Si tu reviens un jour
Toi qui rêves aussi
A ce vide merveilleux
A cet amour absolu
Je sais qu'ensemble.
Sans aucun mot à nous dire,
Nous nous jetterons
Dans la réalité de ce vide
Qui attend notre amour.
Comme moi tu l'attends chaque
[jour,
Viens avec moi dans le vide !
1957.

Conclusion

Si mal, il y a : « Je n'ai pas voulu ça !»

Voir dans Naturométrie ce que je veux dire dans « L'Époque bleue le développement pictural de cette proposition.

« Viens avec moi dans le vide »

Je peins d'après modèle le plus souvent et même avec la collaboration effective du modèle depuis quelques années déjà. En effet, depuis longtemps, je me demandais pourquoi les peintures figuratifs ou même abstraits quelquefois, tel l'autrier par exemple, ressentent le besoin de peindre d'après des nus. La raison de chercher une peinture vivante humaine à dessiner ici à copier d'après nature ne suffisait pas ; je sentais qu'il y avait autre chose. Le modèle ne apporte quelque chose, c'est plus inquiétant, c'est plus sensualité dans l'atmosphère ! Attention ! pas la sexualité !

Le modèle crée le climat sensuel à l'intérieur de l'atelier, comme éventuellement, à l'extérieur, qui permet de stabiliser la matière picturale. C'est ce gros bon sens à ne pas rompre quand s'enferme dans les sphères de création d'art avec le centre de gravité des valeurs charnelles dans le sens de la vraie foi chrétienne qui dit : « Je crois à l'incarnation du Verbe, je crois à la résurrection des corps», et il se trouve, aussi, le Vrai sens du théâtre du Verbe : le Verbe, c'est la chair !

THÉATRE DU VIDE

● Suite de la première page

...Vivre une constante manifestation, connaître la permanence d'être : être là, partout, affirmer, dedans comme dehors, une sorte de sublime du désir, une matière imbibée, imprégnée sans « partout », et tout continu, mono-théâtre, hors du monde psychologique enfin. L'avenir du théâtre : c'est « une salle vide » : ce n'est plus de salle du tout !

Encore une fois. Je le répète, tout est fermé, personne ne peut entrer à l'intérieur, seul le bureau de location à l'entrée est ouvert pour que les retardataires ne puissent pas payer, au dernier moment, leur « location » de quelques défections avant chaque manifestation. Le directeur d'un tel théâtre devra rechercher dans la ville, à la campagne ou au cours de longs voyages effectués à cet effet, les acteurs qui conviennent et ainsi constamment renouveler la troupe. Les acteurs seront choisis par lui dans la rue, partout ou ailleurs, et engager aussitôt un contrat ferme, avec avance sur leurs honoraires faites.

Le nouvel acteur ainsi choisi n'aura rien d'autre à faire qu'à savoir qu'il est un acteur et à passer pour toucher ses cachets après chaque séance ou au moment d'hyper intensité « indiqué dans le programme des abonnés.

Après avoir ainsi été engagé, l'acteur s'enfuira chargé de cette nouvelle et grave responsabilité d'être un acteur et disparaîtra dans la foule, dans la société, sans devenir enfin un visiteur sérieux, plus le gigantesque masque du temps passé que se devenu le monde moderne d'aujourd'hui !

préférence, ou au petit matin, au lever du soleil, le théâtre doit être illuminé, brillamment, de manière que cela se voit bien de l'extérieur (la situation idéale d'un tel théâtre, pour l'instant, serait à Paris, celle du Marigny, par exemple).

es son public, et son triomphe ou son désastre. Rapidement, l'auteur n'est même plus là lui-même, et pourtant tout continue.

★

Ce manifeste de 1954 m'a, depuis, inspiré des propositions médiatrices telles que celles qui vont suivre :

Créer une sorte de théâtre privé, à fréquenter (affectivement), par abonnement !

Les membres reçoivent chacun, en échange de leur cotisation, un siège à leur nom dans la salle vide du théâtre où se donne la constante manifestation sans acteur, sans spectateur, etc. Cette constante représentation, dans cette salle où se déroule « plus personne après son installation, doit avoir des moments plus intenses que d'autres ; signalés au début, aux abonnés par le programme qu'ils reçoivent par la poste ou... autrement ! A ces moments particuliers, le soir de...

Ballet du feu

Dans un jardin, un immense écran hémisphérique de papier blanc ignifugé de manière que le feu d'une lampe à souder le perfore mais sans le faire s'enflammer.

Le public assis face à cette surface blanche une voit soudain une flamme apparaître, après avoir en une fraction de seconde fait un trou, derrière l'écran de papier des hommes munis de lampes à souder dessinent sans arrêt sur toute la surface de l'écran, par-derrière, des vides au feu...

Stupéfaction monochrome

Les spectateurs convoqués entrent dans une salle vide dont le sol est recouvert de riches tapis très épais en longue laine blanche et où leur sont distribuées des pilules bleues à consommer sur-le-champ.

Deux ou trois minutes plus tard, les personnages ayant consommé ces pilules tombent sous l'effet du stupéfiant : c'est-à-dire, une agréable torpeur dynamique dans laquelle apparait un espace immense intérieur comme extérieur bleu, bleu uni monochrome.

(Cependant, dans ce bleu, deux autres couleurs semblent bien distinctes et séparées les unes des autres : c'est l'or et le rose, mais tout est bleu uni I.K.B. en fin de compte.)

C'est la béatitude des paradis artificiels en bleu.

Tout le monde s'y prélasse.

Les cinq salles

Le lien entre l'esprit et la matière est l'énergie. Le mécanisme combiné de ces trois états donne notre monde tangible, prétendu réel mais éphémère. C'est ainsi que depuis si longtemps le théâtre est spectacle, et nous ne sortirons de ce désastre que lorsque nous prendrons la décision d'être indifférents vis-à-vis de l'énergie. C'est à ce moment-là que se fera l'illumination extraordinaire et extra-dimensionnelle et l'on sera alors dans l'esprit et la matière, en direct !

La manifestation en cinq salles parcourues par les spectateurs trainant des boulets aux pieds est une proposition dans cet esprit.

1. — Entrée par la salle des neuf tableaux monochromes bleus, tous du même format et du même bleu (I.K.B.) (1).

2. — Passage dans la salle vide entièrement blanche immaculée (sol y compris) (I.K.I.) (2).

3. — Passage dans la salle des neufs Monogolds du même or fin 999,9 (I.K.G.) (3) et toujours tous du même format que les précédents bleus de la première salle.

4. — Passage dans la salle vide obscure presque noire (I.K.N.) (4).

5. — Passage dans la salle des neuf monopincks toujours du même format que les bleus et ors des salles précédentes (couleur exacte : I.K.P. (5) laque de garance rose...) sortie.

Dans le même ordre d'A-idée, une manifestation avait été prévue en 1958 en collaboration avec Jacques Duchemin.

Le but essentiel était de rendre hommage à Sa Sainteté le pape Jean XXIII.

Une grande salle carrée : sur l'un des murs, un immense tableau bleu monochrome I.K.B., sur le mur en face un immense tableau blanc monochrome de même format qui tourne au bleu en l'espace de trente minutes exactement.

Sur les deux autres murs, deux tableaux, toujours du même format, l'un rouge et l'autre vert, qui devaient se dissoudre dans le même temps de trente minutes à peine exposés à l'air ambiant de la salle.

Le thème de la manifestation : « Le Mal et la Guerre disparaissant devant Jean XXIII ».

Le public aurait été invité et même entraîné à entonner un *Te Deum* durant les trente minutes de la manifestation.

---

(1) *I.K.B. = International Klein Bleu.*

(2) *I.K.I. = International Klein Immatériel (vide).*

(3) *I.K.G. = International Klein Gold.*

(4) *I.K.N. = International Klein Néant.*

(5) *I.K.P. = International Klein Pinck.*

La guerre

Petite mythologie peresonnelle de la monochromie, datant de 1954, adaptable en film ou en ballet

(Avertissement : J'ai tenu à laisser ce texte intact, tel qu'il a été écrit en 1954. Il est certain qu'aujourd'hui je le trouve un peu naïf et n'emploierais plus sans doute les mêmes termes.)

★

Deux principaux personnages abstraits ; la ligne et la *couleur*, qui se combinent, se multiplient et s'interpénètrent par la suite. Pour tout décor un immense écran hémisphérique (écran destiné à recevoir en transparence la projection d'un film en coulisse, ou de front).

★

Premier Tableau : Projection d'un blanc intense et immaculé sur l'écran pendant quatre secondes.

★

Deuxième Tableau : Passage progressif du blanc à l'or (couleur de l'or fin 999,9) quatre secondes fixes avec l'éclosion d'un son continu monoton (longueur d'onde de l'or).

★

Troisième Tableau : Passage progressif de l'or au *rose* (laque de garance, rose carminé). Passage progressif du son continu or au son continu rose. Quatre secondes fixes de rose sur l'écran ainsi que quatre secondes de monoton rose.

★

Quatrième Tableau : Passage progressif du rose au bleu (bleu I.K.B.). Passage progressif du son continu rose au son continu bleu. Quatre secondes bleu fixe sur l'écran accompagnées de quatre secondes de monoton bleu.

★

Cinquième Tableau : Sur l'image bleu uni apparaît soudain, gigantesque, une main (empreinte préhistorique de main, Castello, Espagne, abbé Breuil). Un fort à-coup dramatique dans le son continu.

★

Commentaire : Profitant d'un besoin qu'éprouve le premier homme de projeter sa marque hors de lui, la ligne qui ne se trouve nulle part en fait dans l'espace incommensurable depuis l'éternité, mais qui pourtant est là, et attend, réussit à s'introduire dans le royaume jusqu'ici inviolé de la couleur et de l'espace.

★

Ici départ de la composition en musique concrète.

Départ éventuel aussi du ballet.

★

Les danseurs qui, jusqu'à présent, se tenaient couchés sur la scène invisibles, se relèvent lentement devant l'écran et commencent à danser les contours de la main gigantesque projetée sur l'écran. Lentement, la main s'anime sur l'écran. La main disparaît progressivement, trois doigts, puis deux seulement, dessinent dans la glaise découverte des traces linéaires... Apparaissent alors successivement les tracés aux doigts préhistoriques relevés par l'abbé Breuil à Ornos de la Pena et Alta Mira, Espagne.

Les danseurs, dans leurs mouvements, suivent les tracés digitaux sur l'écran.

Dans le même temps une musique concrète linéaire suit le tracé des doigts.

L'homme dans cette partie du ballet découvre toutes les formes de la nature, les formes du monde de la réalité tangible et sensuelle sur laquelle viennent de s'ouvrir ses yeux. Il découvre les formes de la femme au même titre que celles d'un rocher, d'un lion, d'une plante, et là peut s'ajouter une danse légèrement suggestive, voire même érotique : la découverte mutuelle de l'émotion affective sensuelle entre l'homme et la femme.

Puis, c'est l'époque du meurtre (Abel et Caïn) le passage définitif du rêve à la réalité.

★

A PARTIR DE CE MOMENT C'EST AU CHOREGRAPHE EVENTUEL A DECOUPER CE QUI VA SUIVRE EN TABLEAUX.

★

Rapidement maîtrisée, la pure couleur, âme universelle dans laquelle baignait celle de l'homme en état de paradis terrestre, est emprisonnée, compartimentée, cisaillée, réduite à l'esclavage. Sur l'écran, projection des tracés cernés de rouge de Ornos de la Pena ou de Pech-Merle dans le Lot ; tracés australiens de la Tribu Worora, Port George, agrémentés aussi de pieds.

La musique concrète continue en s'adaptant aux images projetées sur l'écran.

★

Dans la joie et le délire de sa victoire par ruse, la ligne subjugue l'homme et lui imprime son rythme abstrait à la fois intellectuel, matériel et émotionnel. Le réalisme va apparaître bientôt.

★

Le premier moment de stupéfaction passé, l'homme préhistorique réalise qu'il vient de perdre la vision.

Il se ressaisit en découvrant la forme dite figurative.

Réalisme et abstraction se combinent dans un horrible mélange machiavélique qui devient la vie humaine terrestre et c'est la mort vivable : « L'horrible cage »... comme dira Van Gogh plusieurs milliers d'années plus tard. La couleur est asservie par la ligne qui devient l'écriture...

Sur l'écran, projection de cerfs schématiques et de chasseurs de Nuestra Senore del Castillo, Almaden, abbé Breuil. Hordes guerrières de Cueva del Val del Charco del Agua Amarga, Teruel. Musique concrète agrémentée de rythmes nègres.

Cette écriture d'une fausse réalité qui s'élabore, la réalité physique figurative, permet à la ligne de s'organiser presque définitivement déjà, en terrain conquis.

Son but : ouvrir les yeux de l'homme sur le monde extérieur de la matière qui l'entoure et lui permettre la marche vers le réalisme. Au loin, dans l'homme, s'éloigne, sans pouvoir le quitter tout à fait cependant, sa vision intérieure colore perdue, à la place de laquelle se crée une sorte de vide atroce pour les uns, bouleversant ou merveilleusement romantique pour les autres et devient la vie intérieure, l'âme déchirée par l'actualité de la ligne.

La couleur souillée, humiliée, vaincue, va cependant préparer tout au long des siècles une revanche, un soulèvement plus fort que tout. Sur l'écran, projection de figures courantes, de Bassonto, Afrique du Sud, Bisons de Lascaux avec larges taches de couleur rouge et verte. Chevaux de Lascaux, puis taches de couleur indépendantes du dessin. Dessins gravés abstraits sur objets néolithiques, ou gravés, cerfs réduits à des signes. Andalousie du Sud relevés par l'abbé Breuil.

★

Enchaînement musical sur la « Messe des pauvres » de Eric Satie.

Ainsi l'histoire de la très longue guerre, de la ligne et de la couleur commence avec celle du monde, de l'homme et de la civilisation.

★

La couleur héroïque fait des signes à l'homme toutes les fois qu'il ressent le besoin de peindre (phénomène de tentative faite par le corps affectif pour une libération dans l'espace) qui lui vient de très loin en lui, d'au-delà de son âme...

La couleur cligne de l'œil à l'homme, enfermée dans les formes par le dessin. Des millénaires passeront avant que l'homme comprenne ces appels désespérés et se mette tout à coup fébrilement à l'action pour délivrer la couleur comme lui-même. Le paradis est perdu, l'enchevêtrement des lignes devient comme les barreaux d'une véritable prison qu'est d'ailleurs, de plus en plus, la vie psychologique humaine. Le drame de la mort inévitable « des mortels » où ils sont entraînés par la coexistence orageuse de la ligne et de la couleur en guerre, provoque la naissance de l'art.

★

Cette lutte pour la création éternelle, et surtout immortelle, pour arriver à transmuer dans l'objet, dans la forme, dans le son ou dans l'image, en la façonnant, cette âme universelle colore qui est la vie elle-même conquise, envahie, brimée par la ligne, puissance magique du mal et des ténèbres, terrible, parce qu'elle tue.

De la situation des formes figuratives et de l'enchantement que l'homme ressent à séparer le dessin de la couleur qui lui laisse toujours une impression vague de remords lorsqu'il ne le fait pas, naît l'écriture. Sur l'écran, défilé de pièces maîtresses illustrant toujours les premiers symptômes de la naissance de l'écriture : véritable et unique mission valable de la ligne et du dessin. Hiéroglyphes. La couleur soulagée respire et redevient pure bien que toujours prudemment compartimentée dans l'Egypte ancienne. Chaque caste a ses couleurs (rituel des couleurs) Amérique : Civilisation aztèque, toltèque, maya.

★

En Chine, la couleur semble se libérer par un truchement, une ruse (plutôt encore, ici, le caractère rituel de la couleur auquel tente à se substituer le symbolisme graphique, l'idéographisme).

La couleur envahit dans les images les surfaces avec délicatesse et le dessin semble lui être soumis pour un temps ; mais ce n'est pas par des ruses que la couleur veut se libérer, elle le sent bien.

C'est dans le monochrome, en effet, que la peinture chinoise a excellé, notamment à l'époque des « Song ». Parfois l'artiste ajoute aux teintes plates un pointillé à l'encre qui permet d'obtenir des jeux de lumière. Les plus anciennes peintures monochromes sont d'un style sévère : tel le célèbre rouleau de soie, conservé au British Museum, à Londres (œuvre du peintre Koukaï-tché, IVe siècle). Ce n'est qu'au XIIIe siècle que les tons violents, rouges et pourpres, font leur apparition. Mais cependant la couleur reconnaît elle-même que ce clair-obscur, cette peinture délicate d'atmosphère, ces nuages de ton et de demi-ton passant sans heurt de l'un à l'autre, bien que très peu striés par le dessin, ce n'est pas une vraie victoire ! Ce n'est qu'armistice et tout au plus compromis. La couleur ne veut pas d'une fausse libération. Elle veut une vraie victoire hors de tout malaise.

Bientôt, grâce à de telles tentatives de coexistence, la ligne arrive à se faire aimer, ou plutôt estimer, par la couleur (règne du concept forme + couleur, catégories logiques de la vision comme de l'entendement). Couleur et dessin s'adaptent l'un à l'autre et une vie morbide, mais viable, s'installe et prend forme. Les civilisations devant la seulement apparence de paix qui règne entre les deux ennemis s'adonnent aux arts picturaux (les grands mythes naissent), la couleur, comme la ligne, est plus ou moins mise en valeur selon les époques. Sur l'écran, observation sur les couleurs et lignes dans chacune de ces civilisations. Défilé de pièces maîtresses montrant, tantôt la supériorité de la ligne, tantôt celle de la couleur (déductions psychologiques). Ligne et couleur s'affrontent dans toutes les civilisations suivantes.

Observation et imagerie comparées sur l'écran :

★

L'Inde, les Etrusques, le Japon, civilisation d'Asie Mineure, Moyen-Orient, Grèce, Rome. La religion qui défend souvent la représentation figurative dans l'art, la couleur chez les Nègres : bien montrer le « rituel ».

★

Le monde pictural chrétien : oriental et occidental.

★

Les enluminures irlandaises abstraites, le Moyen Age en Europe.

★

Les primitifs italiens, la Renaissance, pour atteindre jusqu'à nos jours, c'est-à-dire d'abord par les précurseurs de l'impressionnisme.

★

Dernier sursaut et tentative de défense de la ligne dans l'opposition Ingres-Delacroix. « La couleur, disait Ingres, ajoute des ornements à la peinture (il entendait dessin, composition), mais elle n'en est que la dame d'atour... »

Mais Delacroix recopiait dans son journal des observations qui l'avaient frappé : « Les couleurs sont la musique des yeux... Certaines harmonies de couleurs produisent des sensations que la musique, elle-même, ne peut pas atteindre ».

★

Très important, le concept : lyrisme retrouvé.

★

Opposition entre le pouvoir rituel essentiellement affectif de la couleur et le symbolisme rationalisant du graphisme.

★

L'histoire de l'art c'est l'âme de l'histoire des peuples. Les peuples heureux n'ont pas d'histoire : or, les peuples heureux sont ceux chez qui règne la paix, ce qui fait que pour qu'une histoire de l'art existe, comme une histoire des peuples, il faut tout simplement qu'il y ait de la guerre ! Il faut de la guerre et puis de la paix, et ensuite de la guerre à nouveau et de la paix encore — Dualité - Duel - Contraste - Opposition - Progression et évolution par comparaison et analogie.

C'est ce qu'on peut reprocher à l'art, sauf quelques exceptions, c'est, justement, de n'avoir été jusqu'à ce jour qu'une histoire de l'art, une sorte de constant témoignage de l'époque. Bien sûr, bien des génies ont vécu tout de même en véritables artistes ; c'est-à-dire plus ou moins inconsciemment transportés par leur art bien au-delà, en marge de leur époque, parfois en avance de quelques siècles, souvent en arrière d'autant.

Mais c'est ce lien invisible, cette colle qui tient tout l'univers à travers le temps et qui est éternelle, qui devrait être perçu et transmué dans la création d'art. Les artistes véritables devraient être comme des prophètes de la paix, profonde et violente d'intensité, plus forte que la guerre destructrice. Aujourd'hui, la ligne est poursuivie jusque même dans ses retranchements les plus sûrs par cette nécessité de l'absolu à retrouver. L'évolution très rapide de ces dernières années dans la calligraphie japonaise en est la preuve, la ligne disparaît, se transforme plutôt en des formes dénuées de contours, ou presque, et remplissant toute la surface d'une manière presque uniforme.

★

La ligne jalouse de la couleur habitante authentique de l'espace tente de se libérer de sa condition de touriste de l'espace : le trait se dissout et envahit la surface picturale. C'est la découverte de la dominante toute-puissante à révéler au grand jour, l'évolution permet cette initiation qui ramènera tout dans l'ordre. Tous désirent, partout, la paix véritable : non pas ce mot plein de fausseté et malhonnête : « La Paix des Nations », mais cette paix ineffable dans la nature et dans l'homme d'avant l'intrusion de la ligne dans la couleur.

★

Aujourd'hui, le calligraphe japonais pourrait presque remplir de sa présence qualitative spatiale, d'une manière égale et unie, une surface donnée, le résultat serait une dominante partout imprégnée de lui-même par son choix et sa qualité de créateur. Plus de barreau psychologique linéaire. Devant la surface colore, on se trouve directement devant la matière de l'âme.

Le dessin c'est de l'écriture dans un tableau. On dessine un arbre, mais ça reviendrait au même de peindre une couleur et d'écrire à côté : arbre. Dans le fond, le vrai peintre de l'avenir, ce sera un poète muet qui n'écrira rien mais qui racontera, sans articuler, en silence, un tableau immense et sans limite.

★

Chez les Egyptiens, la ligne sentant le danger de l'insurrection continuelle de la couleur vaincue et occupée par elle tente de remporter une victoire psychologique en imitant la nature, « toute sensibilité », de la couleur, elle amènera alors à la fausse illumination du plaisir, presque toujours sensuel, des sens et de l'œil en particulier. Les artistes seront alors des esthètes, abstraits ou réalistes ; en passant par toute la gamme de la figuration, la couleur agonise puis se ressaisit. Il y a des pactes traités entre les deux adversaires avec l'avènement de telles ou telles civilisations. Souvent il arrive que la couleur parvient à dominer sans pouvoir jamais toutefois se défaire complètement de la ligne.

★

Il apparaît toujours tout au long de l'histoire de l'art, qu'il est incompréhensible, invraisemblable et pourtant vrai que, pratiquement les artistes aient toujours choisi pour thème émotif ce qui est éphémère ou irréel.

Cependant, le pouvoir de l'image est tel que l'on voit, tour à tour, les civilisations entières affolées interdire tantôt la figuration, tantôt l'abstraction.

★

Parvenu au nadir du matérialisme au XXe siècle, le voile du temple de l'art se déchire enfin, l'initiation est pour tout le monde et chacun pourra apprécier et profondément comprendre l'art, autrefois réservé aux rares privilégiés. Dans les premiers chapitres de son traité, Léonard de Vinci s'évertue à démontrer la supériorité de la peinture sur la poésie, la musique et la sculpture.

La peinture et l'art sous toutes ses formes inquiètent la masse. On reconnaît à l'image les possibilités d'exploration de l'inconscient. Des recherches conscientes ou inconscientes s'entreprennent pour retrouver quelque chose d'oublié, mais que tout le monde ressent.

La connaissance du réel fournie par nos sens est à la base des expériences de l'espace ; analogue sera la notion que s'en construit l'intelligence. Bergson l'a rappelé : « La prise physique, de même que celle des mots ou des notions claires, défaille dès que l'on passe de ce qui se définit par une forme à ce qui se ressent par son intensité ou sa qualité seule. Il n'y a d'idée claire ou distincte que par analogie avec les séparations de l'espace. La sensibilité pure est confuse... Elle n'est que durée ; donc communicabilité. »

« L'enfant s'est couché. La chambre est obscure. Il ferme les yeux. Il appuie deux doigts tendus en fourche sur ses paupières. Et il voit de grandes flammes. Il les voit et cependant elles sont là où sont ses yeux, plus profondes même dans sa tête. Mais il n'y a plus ni dedans ni dehors, plus d'objets, plus d'yeux. L'enfant voit, tout simplement de la couleur intense. Il ôte maintenant ses mains de ses yeux et c'est un merveilleux assemblage de losanges accolés, mobiles comme de l'eau, doux comme du velours qui serait liquide et répandrait la phosphorescente lumière comme des fleurs d'arbuste dans la nuit.

Mais cette étonnante lumière n'est ni du jour ni de la nuit. Elle est immuable et pourtant tremble doucement. Elle est là dans sa tête depuis toujours. Y restera-t-elle toujours ? Et la couleur est plus belle que toutes couleurs sur terre, somptueuse comme la couleur chargée des pensées du jardin, mais sans cette apparence d'étoffe ancienne moisie on ne sait où. L'enfant appelle sa mère et lui demande : « Qu'est-ce que c'est que l'on voit quand on ferme les yeux ? » Mais sa mère ne comprend pas d'abord, il explique et sa mère lui répond : « Il ne faut pas faire ça... tu deviendrais aveugle ! »

● SUITE EN PAGE 4

Les spectateurs assis sur la chaussée dans la rue sont contemplés par les acteurs sur les trottoirs !

La guerre (suite)

Delacroix et le réalisme romantique : le 20 février 1824, bien que décidé à calquer pour ainsi dire la nature, il écrira : « Hé ! réalisme maudit, voudrais-tu par hasard, me produire une illusion telle que je ne me figure que j'assiste en réalité ou spectacle que tu prétends m'offrir ?

C'est la cruelle réalité des objets que je fuis quand je me réfugie dans les sphères des créations d'art. »

— Malheur au tableau qui ne montre rien au-delà du fini. Le mérite du tableau est l'indéfinissable : c'est justement ce qui échappe à la précision. Qu'est-ce donc ? « C'est ce que l'âme a ajouté aux couleurs et aux lignes pour aller à l'âme. » Delacroix cherchait l'expression totale de lui-même dans la part de la couleur.

Mais là où il se trompe et où il y a confusion du sens du mot âme, c'est quand il ajoute : « L'âme raconte en dessinant une partie de son être essentiel. Il se s'agit plus de l'âme lorsque l'on parle de dessin et là, le XX° siècle fera le point. Il s'agit de subconscient, ce qui est très différent. Et quand il dit : « C'est en toi qu'il faut regarder et non autour de toi, c'est juste, mais attention : en somme la trouve une partie essentielle qui est la seule vraie vie et même vitalité que nous possédions, c'est l'âme, le reste n'est que la réalisme, celui que tout le monde entend comme tel et qui n'est que l'éphémère. Le subconscient, l'intellect, la sensualité, etc., etc.

★

C'est tout de suite après l'époque appelée « réaliste » que s'accomplit la révolution picturale qui va amener par la suite enfin au grand déchirement du voile au temple de l'art. Il s'agit de l'impressionnisme.

L'impressionnisme sera une révolution technique. Sans qu'il faille exagérer du côté, comme on l'a fait, l'importance des théories d'un Hood ou d'un Chevreul sur la vision colorée. Les impressionnistes étaient, pour la plupart, fort incapables de les suivre, l'idée était dans l'air, disons-nous. Il reste que ces peintres ont été frappés par les nouvelles lois que leur offrait la décomposition de la lumière en couleurs élémentaires par le prisme. Ils ont compris que deux couleurs juxtaposées paraissent se confondre pour l'œil en s'excitant réciproquement, tandis que leur mélange offre un aspect sourd et terreux. Ils ont préconisé, dès lors, l'emploi de la couleur pure et généralement claire, quelques-uns même ont préféré jamais le noir et les dégradations de gris, qui, d'ailleurs n'existent point dans la nature.

★

C'est ainsi que se trame la vaste plan de délibération de la couleur au XIX° siècle. Pissarro, Sisley, Renoir, Monet, Degas.

La lumière intérieure est toute couleur.

★

S'il est vrai que le monde physique est le reflet ou même la projection directe du monde spirituel. Alors, dans ce cas, nous sommes bien libérés de ces deux rapts à nos états. Mais, en tout état, de tout temps, les époques de la décadence dans toutes les grandes civilisations où sale des époques de la sensibilité a été porté essentiellement et extrêmement humain a été porté à son comble de raffinement et à justesse.

★

Quoi de plus délicieux pour le nouveau continent aujourd'hui qui ait eu la puissance, active et lumineuse période glaciaire de l'observer la vieille Europe, qui serait immensément riche de sensibilité désormais de toute matérialité et spiritualité.

Quel immense grand corps humain ale représente. L'Europe est bien de la « chair » pure, gorgée du sang des civilisations passées et muette de joie intérieure. Nous devrions-nous rapidement des anthropophages.

« Le peintre de l'avenir c'est un coloriste comme il n'y en a jamais encore eu... » Cela visionna dans une génération plus loin, Van Gogh prévoyait la monochromie.

Dans l'œuvre de Van Gogh, la couleur a une valeur pathétique qui révèle une vision nouvelle de l'espace, on sait que cette même couleur était, pour le génial Hollandais, le symbole direct de sa sensibilité.

★

J'ai ressenti, devant n'importe quel tableau qui vit et parle, bien plus qu'une sensation d'être emprisonné de voir, derrière les barreaux constitués par le des-

---

au du tableau, la vie d'un monde coloré, libre et vrai.

C'est, je crois, dans ce sens que Van Gogh voulait être délivré par l'alchimie de la peinture « de je ne sais quelle cage horrible ». Ce que je puis supporter dans ma condition physique d'homme, c'est d'habiter une maison aux fenêtres que peux, alors ainsi la vie est supportable.

Tout cela fera bien rire ceux trop nombreux qui croient que la solution se trouve dans l'équilibre. L'équilibre du dessin et de la peinture. L'équilibre est un tour de force qui réclame pour le plaisir de tomber à la moindre faute. C'est une fausse solution horrible qui garde les gens aveugles car, pensant avec équilibre, avec d'infinies précautions, à bien peser le dur et le contre de tout, ils ne violent pas et passent à côté de la vraie vie.

★

Et c'est ainsi qu'un nouveau déluge ravagera bientôt l'espèce humaine en quête d'équilibre et qui ne le trouvera jamais parce qu'il n'y a pas à être trouvé : la destinée de l'homme c'est sa chair, sa vie.

★

Il est à remarquer dans l'art que dès que les événements s'assombrissent, il y a toujours un envahissement des lignes qui le tableau. Les années difficiles où n'importe quelle vie de civilisation ou même simplement encore à l'échelle de la vie humaine et individuelle, sont striées immédiatement et obscurcies de lignes dans leur art pictural. Pour en revenir à l'équilibre, c'est une position qui ne vient que, c'est dans son élément dans sa race, dans son sol et dans sa dominante qu'il faut rechercher la vie et la paix. Si la dominante humaine est couleur, toute une immense évolution à travers les...

La peinture, comme le Christ, dit là même en peignant et donne son corps de l'âme en nourriture aux autres hommes ; il réalise en petit le miracle de la Cène dans chaque tableau.

Jean : « 6 » 55 : « En vérité, en vérité, je vous le dis, si vous ne mangez la chair du fils de l'homme et si vous ne buvez son sang, vous n'avez point la vie en vous-même ».

Tout au long du ballet, en ouvrant éventuel de grands coups de vents chauds froids ou tempérés — odeurs.

★

(suite de la colonne centrale)

Van Gogh 1885 : « La couleur par elle-même, exprime quelque chose, on ne peut s'en passer, il faut en tirer parti ; ce qui fait beau, vraiment beau, est vrai également. » C'est une tendance organique venant du plus profond de nous-mêmes qui nous pousse aujourd'hui tous à redécouvrir la couleur, notre vie.

★

Le dessin dans la peinture, c'est de l'écriture autour d'un état d'âme ! Cette écriture explique et décrit des absurdités et de l'éphémère superficiel et sans valeur autour du cœur en flammes de l'être.

Van Gogh à Théo (lettre 455) : « Les peintures ont leur propre qui vient intérieurement de l'âme du peintre ». En somme, un peintre est un homme qui, consciemment ou non, dépose sa propre âme en un extrayant, avec ou sans douleur, ou avec joie, pour chaque tableau, des traitements par l'alchimie de la peinture (génie créateur) en matière de l'âme éphémère périssable et physique.

★

DÉTAIL. — Le lever du rideau découvre une scène semi-circulaire, d'une seule paroi scintillante de blanc, presque éblouissante, de telle sorte qu'on ne puisse distinguer aucun angle, ni avoir connaissance de la profondeur du plateau, des dimensions, ni celles de la scène.

Son monoton grave. Entrée de la première voix. Entrée linéaire de quatre danseurs.

Entrée réponse de la seconde voix. Entrée de quatre danseurs bleus : fulgurance bleue dans le décor. Corpulation bleue blanche, sur scène et dans le décor.

Entrée de la troisième voix — fugue à deux parties — deuxième sujet. La « tête » du sujet ; à la même allure que la « tête » du premier, et entre consécutivement au rappel du premier sujet.

Entrée linéaire de quatre danseurs or.

Fulgurance or dans le décor.

Brève fugue à trois parties composition blanche-bleue-or.

Entrée réponse de la quatrième voix.

Entrée linéaire de quatre danseurs roses.

Fulgurance rose, composition blanche-bleue-or-rose.

Fugue à quatre parties.

La fugue devient de plus en plus serrée, stretto ; au fur et à mesure qu'elle se démultiplie et se développe.

Crispation chorégraphique, danse à deux parties, appliquée à représenter la musique en fourmillement.

Le rythme de la composition chromatique double, etc., en crépitement visuel.

Deuxième partie

Arrêt de la musique sauf le voix monoton grave.

Choral.

Effondrement immobile des danseurs, les quatre danseurs étoiles dansant seuls le choral puis disparaissent dans le paysage.

Les couleurs tremblent et se gonflent en un paysage très simple dont l'objet principal sera un feuillage à quatre troncs d'arbres, en quatre dans ce paysage se mêlent en un mouvement de volubilité de la scène demi-sphérique.

Au moment où les danseurs s'engagent dans le vert végétal l'obscurité totale se fait au regard du spectateur qui ne s'en aperçoit qu'aux couleurs qui s'éteignent en musique sphérique.

Puis alors que le réalisera mon rêve de toujours : devenir journaliste-reporter !

Projet de ballet sur aspect de fugue et choral

(écrit en collaboration avec Jean-Pierre MIROUSE, 1959)

L'idée essentielle de ce ballet en trois mouvements est un aspect de fugue musicale chromatique. En effet, de strictes correspondances lient ici ces trois disciplines. Sur l'écriture d'une fugue à quatre parties sera exactement subordonné et synchronisé le mouvement d'un ballet, composé de quatre groupes de danseurs, chaque groupe de couleur différente étant attaché à l'une des voix de la représentation dans son évolution tantôt principale, tantôt mineure.

De même que représentation...

PROGRAMME DU FESTIVAL D'ART D'AVANT-GARDE

Paris, novembre-décembre 1960

INDICATIONS

De la musique : Ce talleto ne relient de la fugue l'école dans son écriture, que la composition formelle.

Exposition, sujet au 2° degré : Réponse au 2° degré, 2 divertissement, sujet au 4° degré, stretto, sujet au 5° degré ; divertissement. Mais le sujet est long et atonal, ses altérations peuvent être considérées comme chromatiques. La figure contrapuntique que du sujet est en hauteur dite principale et les rapports de cette figure avec celles des réponses et des autres sujets seront conformes, sauf évidemment du point de vue de la tonalité. D'autre part, les entrées de la troisième et quatrième voix seront retardées de façon à exposer une fugué à deux temps, puis quatre voix.

De la chorégraphie : Trente-six danseurs répartis en quatre...

La statue

Lorsque je serai enfin devenu comme une statue par l'exaspération de mon moi qui n'aura amené à cette sclérose ultime. Alors alors seulement je pourrai mettre cette statue en place et sortir de moi dans la foule pour aller voir le monde, enfin. Personne ne s'apercevra de rien en me regardant tous la statue et moi je pourrai me promener, enfin libre.

C'est alors que je réaliserai mon rêve de toujours : devenir journaliste-reporter !

La marque de l'immédiat

En 1950, je propose à un producteur de cinéma à Tokio de tourner un petit film en couleurs sur un voyage visuel mystico-réaliste et très contemplatif mais assez dynamique que possible. Il s'agit de montrer à la fois, la surface des différentes matières que la nature comme de manière et à la voix imitant impalpable de leur mouvement d'entrée dans le même enchaînement.

Exemple : Chaque fois qu'une voix même son sujet, d'entrée au cours de la fugue, les danseurs attachés à la voix imitant impalpable de leur mouvement d'entrée dans le même enchaînement.

Au choral, les figures seront se faisant entendue sont un début et à la fin du ballet, se soulèvent sans discontinuité durant la figure et le choral. Ce son monoton et tendu ne se faisant en « contrepoint » ainsi que le rigoureux et indéréglable développement de la fugue tendront à créer un étincelant climat de tension qui ne trouvera sa libération que dans la pureté vivante du choral. Les danseurs, pour avoir eu le courage conscient de s'engager dans la composition, à partir d'éléments simples et premiers, auront gagné, au sortir de ce complexe engrenage, le « roi bleu » la libération rose de garance composition du blanc, du bleu, de l'or et du rose.

Ces compositions seront animées et rythmées. Ce rythme sera le même que celui de la musique et du ballet et synchronisé avec lui.

Il est possible de réaliser cet effet par projections de faisceaux lumineux et cinématographiques sur la surface semi-circulaire.

La statue (suite du texte)

Soutint le vent se lève.

Le regard se porte au ciel d'un seul coup, inquiet, il voit quelques nuages.

Le regard redescend sur le corps de la fille non-allongée.

Le vent alors redouble et soulève un nuage de poussière. La poussière se colle sous sa peau en transpiration de la belle jeune fille et se mélange à la sueur.

Le promeneur tire alors un grand mouchoir blanc de sa poche et l'applique avec délicatesse sur la peau de la jeune fille pour l'essayer de cette fine boue qui s'est formée en un instant à la fleur de sa peau.

Quand il retire le grand mouchoir blanc, il y a une buée d'empreinte qui s'y trouve : l'empreinte de la chair !

La fille est nerveuse et prend une serviette pour s'essuyer en cours. Empreintes en mouvements sur la serviette blanche.

Le promeneur regarde son mouchoir marqué puis le jette par terre.

La fille regarde sa serviette marquée et la jette à terre aussi.

Le promeneur intrigué sort un grand mouchoir et s'avance du sol à ses pieds car il aussi la poussière s'est déposée. Puis il regarde cette empreinte et va ensuite successivement l'empreinte de l'écorce de l'arbre et d'une feuille. Il regarde chaque fois émerveillé le résultat imprimé sur son mouchoir blanc. Puis il jette le mouchoir qui va s'accrocher au bout des branches d'un petit buisson.

La fille se sent mal à l'aise ; se lève et court plonger dans la mer se baigner.

Le promeneur voit alors l'empreinte du beau corps dans le sable.

La tension sensuelle monte à nouveau.

Les yeux se perdent encore une fois au ciel d'un seul coup pour essayer de se distraire : ils rencontrent le soleil dur et face en éblouissant.

Le promeneur supporte un instant la terrible lumière, mais il fait retomber son regard sur la plage ; la mer, l'arbre, et les lignes qui traînent par terre à pré...

Un coup de vent de nouveau. Dans le paysage sauvage qui les yeux du promeneur voient un peu en négatif après avoir été éblouis par le soleil vu de face : les mouchoirs et la serviette qui grattent par terre, si artificiels dans cette grande nature. Ils roulent sur le sol et sont soulevés par le vent en une course folle et déséquilibrée vers mille...

La fille suit de l'eau ruisselante et belle, et revient vers le promeneur.

Ils s'étreignent et s'allongent dans le sable.

Là c'est un flash de fougue amoureuse et de confusion des deux corps qui luttent.

La fille domine et se renverse à cheval sur le promeneur couché sur le sable qui voit de nouveau le ciel cependant cette fois, avec un petit nuage et un petit morceau de soleil aussi dans le côté de l'image qui s'offre à lui.

Longtemps, il regarde émerveillé le ciel taché d'un nuage et illuminé par un morceau de soleil.

Puis le regard se porte à l'horizon où la jeune fille vient debout et s'apprêtent à s'en aller. Le promeneur regarde derrière lui dans le sable, l'empreinte de leurs étreintes et de leur combat sensuel est là.

Là, une fois au yeux au ciel et le ciel est de nouveau bleu pur et sans nuages comme au début de la promenade ou du film.

Le sommeil

Le rideau se lève sur une scène, là se trouve une chambre, un grand lit, dans une lit un homme dort. L'acteur qui remplira ce rôle chaque soir devra se créer de fatigue toute la journée pour dormir effectivement dans un décor sur scène au lever du rideau. Tout le monde le voit ainsi dormir pendant dix minutes environ, puis rideau.

Le tout ne sera pas en silence et surtout pas d'applaudissements à la fin de peur de troubler l'acteur qui est très fatigué et a besoin de dormir.

Renversement

Il serait peut-être intéressant de donner une fois une pièce de théâtre quelconque à l'envers.

Je veux dire que toute la pièce serait jouée par les acteurs la tête en bas, les pieds en haut, au plafond ; cela par quelques trucs doit être possible aujourd'hui. Tous les meubles seraient aussi au plafond qui serait un véritable le plancher et pas terre, et le plafond, le décor du plafond, c'est-à-dire par exemple un lustre accroché statique dans l'espace.

COMBAT
et PRESSE DE FRANCE
Paris
13, rue du Croissant
PARIS 2°

Travail exécuté par les ouvriers syndiqués.

Directeur-gérant : Yves KLEIN.

10 novembre   Avec Arman, Hains, Restany et Tinguely, Yves Klein réalise l'*Anthropométrie collective des Nouveaux Réalistes*.

18 novembre   Il participe au IIe Festival d'art d'avant-garde au Palais des expositions de la Porte de Versailles à Paris. Il y expose *Ci-gît l'espace* et l'*Anthropométrie des Nouveaux Réalistes* (le coin inférieur de la toile qui porte les signatures sera découpé par un inconnu pendant l'exposition).

Le vernissage de l'exposition Yves le Monochrome *à la galerie Rive droite vu du Faubourg Saint-Honoré, le 11 octobre 1960.*

Leonor Fini et Yves Klein au vernissage de l'exposition à la galerie Rive droite, le 11 octobre 1960.

Yves Klein fait une démonstration du saut dans le vide à la galerie Rive droite le 11 octobre 1960.

Yves Klein et Lucio Fontana au vernissage de l'exposition Yves le Monochrome *à la galerie Rive droite, le 11 octobre 1960.*

27 novembre
Il met en vente chez les marchands de journaux *Dimanche,* « le journal d'un seul jour » qui est imprimé au format de l'édition dominicale de *France-Soir.* Le matin, il tient une conférence de presse à la galerie Rive droite, à Paris.

Martial Raysse et Yves Klein rue Campagne-Première.

1961

Référendum sur l'Algérie.
Rupture des relations diplomatiques entre les États-Unis et Cuba.
Entretien Kennedy-de Gaulle sur Berlin.
John Kennedy crée un corps de la Paix, et propose une « alliance pour le progrès » en faveur de la paix.

Niki de Saint-Phalle, action : *Feu à volonté/Tableaux-surprises.*
Bernard Aubertin, premiers *tableaux-feu.*
Rauschenberg, Johns, Tinguely et Niki de Saint-Phalle, happening à l'ambassade des États-Unis à Paris.

Nicolas Schöffer, premier spectacle lumino-dynamique sur une musique de Pierre Jansen, au théâtre de France : présentation du *musiscope.*

Émission de télévision « En français dans le texte » de Louis Pauwels, Jacques Mousseau et Jean Feller consacrée aux Nouveaux Réalistes, diffusée le 23 avril.
Premier numéro de la revue *Planète* (avec un article de Pierre Restany : « Notre actuelle avant-garde »).

Dan Flavin, premières œuvres monochromes avec lumière électrique.
George Segal, *Man at a table*, premier plâtre moulé sur un corps humain.
Roy Lichtenstein commence à utiliser la bande dessinée pour ses peintures.
Joseph Beuys commence à enseigner à l'Académie d'art de Düsseldorf.
Piero Manzoni réalise sa première *Base magique*, et expose *Ligne 1000 m de long* en réponse à Yves Klein, dans le cadre de la « bataille entre la ligne et la couleur ». Il signe et expose des êtres humains et met en vente la « merde d'artiste » en boîte de conserve, pour son poids en or ; il envisage également de peindre la cathédrale de Milan en rose.
Mathias Gœritz fonde le mouvement Los Hartos (« ceux qui en ont marre ») avec Cuevas, Friedberg, Ferreira, etc.

André Malraux inaugure la première Maison de la culture, à Amiens.
Musée national d'art moderne. *Maillol.*
Musée d'art moderne de la Ville de Paris : Inauguration ; *L'Apocalypse* (illustrée par Buffet, Dali, Leonor Fini, Foujita, Mathieu, Zadkine).
IIe Biennale de Paris. Sont notamment représentés :
— dans la section peinture, Alain Jacquet, Bernard Rancillac, Henri Cueco, Jean Le Gac, Bernard Buffet ;
— dans la section sculpture, Arman, Marte Brusse, Martial Raysse, Claude Viseux ;
— dans la section musique, François Bayle ;

— dans la section travaux d'équipe, Dufrêne, Hains, Villeglé ;
— dans la section films, Hains et Villeglé *(Étude aux allures),* Pierre Alechinsky *(Calligraphie japonaise,* 1957).
Musée Guimet. *Hokusai.*
Musée Galliera. *Artistes japonais à Paris.*
Musée des Arts décoratifs. *Matisse, grandes gouaches découpées* (présentées par Jacques Lassaigne).
Musée des Arts décoratifs. *Mark Tobey.*

Expositions dans les galeries :
(Iris Clert déménage au 28 rue du Faubourg Saint-Honoré.)
Iris Clert. *Brô.*
Iris Clert. *Chaissac : Peintures et Totems.*
Iris Clert. *Fontana : Concetti spaziali.*
Iris Clert. *Maurice Henry et Takis.*
Daniel Cordier. *Rauschenberg.*
Mathias Fels. *Nouvelle Figuration.*
Mathias Fels. *Cobra, dix ans après.*
Galerie J. *Hains : La France déchirée.*
Lawrence. *Frank Stella.*
Denise René. *Art abstrait constructif international.*
Galeries de Seine et Jacques Dubourg. *Sam Francis.*

Nombre d'entrées payantes au Musée national d'art moderne enregistrées au cours de l'année : 142 000.
Ier Festival du Nouveau Réalisme à Nice :
Hains distribue sa tarte à la crème : *La Palissade ;*
Environnement vitrine de Raysse ;
Colère d'Arman ;
Tir de Niki de Saint-Phalle ;
Fontaine de Tinguely ;
Récital de poèmes phonétiques de Rotella.

Guggenheim Museum, New York. *American Abstract Expressionists and Imagists.*
Museum of Modern Art, New York. *Rothko* (l'exposition circulera et viendra notamment à Paris).
M.O.M.A., New York. *Futurism.*
M.O.M.A., New York. *The Art of Assemblage* (comprend notamment Arman, César, Dufrêne, Hains, Raysse, Rotella, Niki de Saint-Phalle, Spoerri, Tinguely, Villeglé).
M.O.M.A., New York. *Sixteen Americans* (comprend notamment Kelly, Johns, Rauschenberg, Stella).
Saidenberg Gallery, New York. *César* (première exposition personnelle à New York).
Stedelijk Museum, Amsterdam. *Le mouvement dans l'art* (présentée ensuite à Stockholm et Humlebaek).
Galleria Schwarz, Milan. *Arman et Raysse.*

Gaston Bachelard, *La Flamme d'une chandelle.*
Michel Foucault, *Histoire de la folie à l'âge classique (folie et déraison).*
Robert Pinget, *Clope au dossier.*
Jean-Paul Sartre, *Critique de la raison dialectique.*

Le Living Theater représente *The Connection* de Gelber.
Les Nègres de Jean Genet sont mis en scène par Gene Frankel à New York.

Günter Grass, *Le Chat et la souris.*
Jack Kerouac, *The Book of Dreams.*

Alain Cavalier, *Le Combat dans l'île.*
Claude Chabrol, *Les Godelureaux ; l'Œil du malin ; Ophélia.*
Louis Malle, *Vie privée.*
Jean-Pierre Melville, *Léon Morin prêtre.*
Alain Resnais, *L'Année dernière à Marienbad.*
Jean Rouch, *La Pyramide humaine.*
François Truffaut, *Jules et Jim.*
Agnès Varda, *Cléo de 5 à 7.*

Michelangelo Antonioni, *La Nuit.*
Ingmar Bergman, *A travers le miroir.*
Luis Garcia Berlanga, *Placido.*
Mauro Bolognini, *La Viaccia.*
Luis Buñuel, *Viridiana.*
Pietro Germi, *Divorce à l'italienne.*
John Huston, *Les Désaxés.*
Elia Kazan, *La Fièvre dans le sang.*
Akira Kurosawa, *Yojimbo.*
Otto Preminger, *Tempête sur Washington.*
Nicholas Ray, *Le Roi des rois.*
Kaneto Shindo, *L'île nue.*
Grigori Tchoukhraï, *Ciel pur.*
Robert Wise, *West Side Story* (chorégraphie de Jerome Robbins).

Szekely, projet d'une cité spirituelle à Reims.
Nicolas Schöffer, tour spatiodynamique cybernétique et sonore, Liège.
Philip Johnson, Chapelle des bénédictins, Washington.
Skidmore, Owings, Merrill, Chase Manhattan Bank, New York.
Eero Saarinen, Idlewild Airport (devenu depuis le Kennedy Airport).

W. Jonas publie ses *Intrahaus.*

Jean Langlais, *American Suite.*
John Cage publie *Silence.*
Luigi Nono, *Intolleranza 60.*

Premiers vols habités dans l'espace : Gagarine, puis Shepard ; la Terre apparaît comme une sphère bleue dans le vide noir de l'espace — présage et amorce de l'ère du Verseau.
Johnny Hallyday devient la principale « idole » de la chanson française.
I.B.M. réalise la première machine à écrire à tête sphérique d'impression.

Mort de Bernard Réquichot.

1961

5 janvier
Il dépose un brevet d'invention pour une table en plexiglas remplie de pigment pur.

14 janvier-26 février
Exposition *Yves Klein : Monochrome und Feuer* au Museum Haus Lange de Krefeld en Allemagne. Il y expose des *Monochromes bleu, rose et or ; les Dessins architecture ;* dans le jardin, le *Mur de feu ;* pour la première fois, la *Sculpture tactile* et de nombreux objets.

Yves Klein pose le bouquet de roses sur la tombe *Ci-gît l'espace, rue Campagne-Première,* 1960.

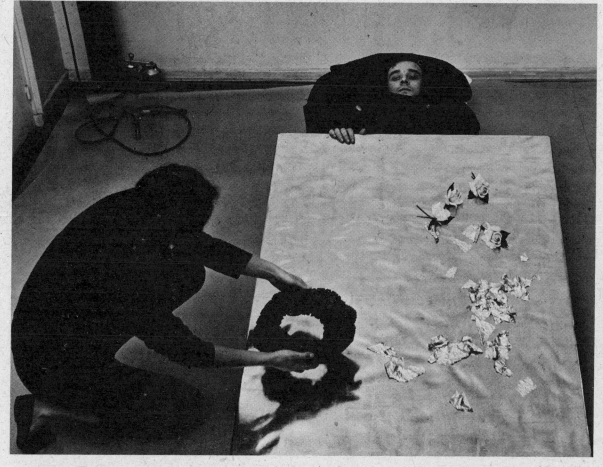

Rotraut Uecker dépose la couronne d'éponges bleues sur la tombe Ci-gît l'espace *sous laquelle repose Yves Klein,* rue Campagne-Première, 1960.

Les feuilles d'or tombent sur Ci-gît l'espace. Rue Campagne-Première, 1960.

Ex-voto *offert par Yves Klein à sainte Rita de Cascia (Italie) en février 1961.*

Exposition Yves Klein : Monochrome und Feuer. *Museum Haus Lange, Krefeld (R.F.A.), le 14 janvier 1961.*

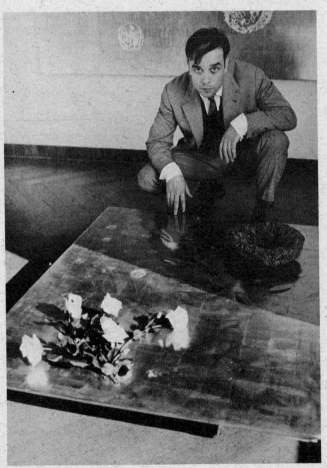

Février

Il se rend à Cascia pour déposer un ex-voto au sanctuaire de sainte Rita. L'ex-voto est une boîte de plastique transparent (22 × 15 cm) divisée en trois parties ; en haut trois bacs rose, bleu, or ; en bas sur toute la longueur, un lit de pigment bleu sur lequel reposent trois lingots d'or fin ; dans la fente centrale, plié en accordéon, se trouve le texte manuscrit d'invocation et d'action de grâces. Retrouvé en 1980, l'ex-voto a fait l'objet d'une publication rédigée par Pierre Restany et réalisée par les éditions Domus de Milan pour le compte des sœurs augustines de Cascia, à l'occasion du sixième centenaire de la naissance de sainte Rita (22 mai 1981).

Il exécute ses premières grandes séries de peintures de feu au Centre d'essais du Gaz de France, à la Plaine-Saint-Denis. A l'aide de brûleurs industriels, il procède à une combustion superficielle de cartons compressés. L'une des séances de travail est filmée par l'O.R.T.F. pour l'émission sur l'avant-garde du magazine culturel « En français dans le texte » (producteurs : Louis Pauwels et Jacques Mousseau, interview : Pierre Restany).

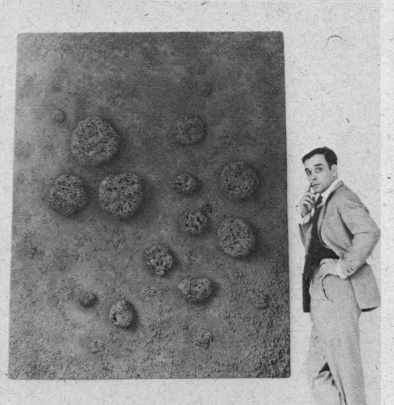

Yves Klein devant un relief éponge. Museum Haus Lange, Krefeld (R.F.A.), janvier 1961.

Exposition Yves Klein : Monochrome und Feuer. Museum Haus Lange, Krefeld (R.F.A.), le 14 janvier 1961.

Avril

Yves Klein va pour la première fois aux Etats-Unis, à New York, avec Rotraut Uecker : ils s'installent au Chelsea Hotel et Klein rédige le *Manifeste de l'hôtel Chelsea.*

11-29 avril

Exposition *Yves Klein le Monochrome* à la galerie Leo Castelli, à New York. Il n'y montre que des monochromes IKB ce qui fera dire à Andy Warhol, au sortir de la galerie : « That's blue ! »

25 avril

Alors qu'il a depuis longtemps arrêté d'enseigner le judo, la Fédération française de judo se décide à l'accréditer.

Son journal mentionne à plusieurs reprises de très graves difficultés financières.

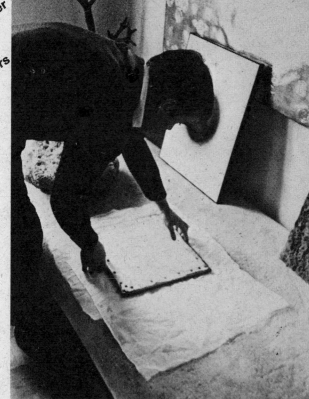

Yves Klein rue Campagne-Première en 1961.

Yves Klein au Centre d'essais du Gaz de France, à la Plaine-Saint-Denis, en février 1961.

Mai

Il part pour Los Angeles avec Rotraut Uecker, sur l'invitation de Virginia Dwan.

17 mai-10 juin

Il participe à la première exposition de la galerie J, et Arman. Restany publie dans le catalogue un texte qui se présente comme le second manifeste des Nouveaux Réalistes et qui les déclare descendants de Dada ; Klein écrit des États-Unis pour exprimer son désaccord. Le 8 octobre, Klein, Raysse et Hains déclareront dissous le groupe des Nouveaux Réalistes, à cause de ce manifeste.

8 rue Montfaucon à Paris, organisée par Pierre Restany : A quarante degrés au-dessus de Dada, les Nouveaux Réalistes, avec César, Hains, Tinguely, Villeglé, Dufrêne, Rotella, Spoerri

Les Nouveaux Réalistes rue Campagne-Première en 1961. De gauche à droite : Arman, Tinguely, Rotraut Uecker, Spoerri, Villeglé, Restany.

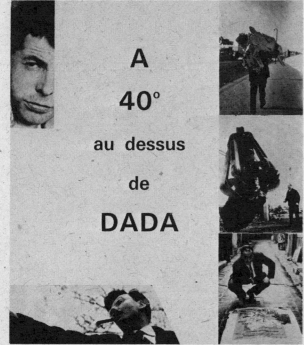

A
40°
au dessus
de
DADA

Catalogue de l'exposition des Nouveaux Réalistes à la galerie J : A quarante degrés au-dessus de Dada. Paris, mai-juin 1961.

Rue Campagne-Première en 1961. De gauche à droite : Anouj, Klein, Rotraut Uecker, Klapech, Mme Klapech.

29 mai-24 juin Exposition *Yves Klein le Monochrome* à la Dwan Gallery à Los Angeles. Klein y présente, outre les *IKB* qu'il a montrés à New York, les *Obélisques*, des *Eponges*, un *Relief éponge or* fait spécialement à cette occasion, les premières *Anthropométries* et un *Suaire*. Il rencontre Edward Kienholz à qui il cède une « zone de sensibilité picturale immatérielle » (le rituel de transfert ne sera effectué qu'après la mort de Klein, par Rotraut Klein et Arman).

Juin Exposition Yves Klein à la Galleria La Salita, à Rome.

Juillet Il participe à plusieurs expositions collectives : *Le Nouveau Réalisme à Paris et à New York* à la galerie Rive droite à Paris, avec Arman, Jasper Johns, Rauschenberg, Stankiewicz, Tinguely, Hains, Niki de Saint-Phalle, Chamberlain, Bontecou, Chryssa et César. Restany écrit dans le catalogue « La réalité dépasse la fiction ». 1er Festival du Nouveau Réalisme à Nice, galerie Muratore et abbaye de Roséland.

17-18 juillet Il réalise à Paris, pour le cameraman Paolo Cavara, des séquences d'« anthropométries » qui doivent apparaître dans le film *Mondo Cane* de Gualtiero Jacopetti l'année suivante.

Yves Klein en train de faire un Relief planétaire *dans son atelier de la rue Campagne-Première en 1961.*

Ed Kienholz : Hommage à Yves Klein, *vers 1961.*

Rotraut et Yves Klein, rue Campagne-Première, en 1960.

18-19 juillet
Il réalise trente *peintures feux* au Centre d'essais du Gaz de France. La présence de femmes nues pour les *feux couleurs*, le deuxième jour, fait interdire la séance par le directeur.

Eté
Il passe l'été à Nice avec Rotraut Uecker. Il filme, avec Sacha Sosnowsky, Rotraut imprimant l'empreinte de son corps dans le sable.

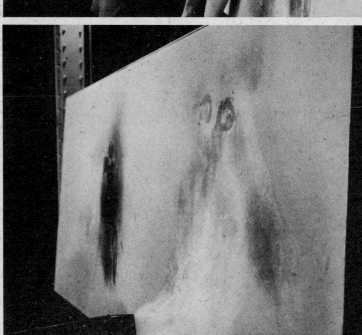

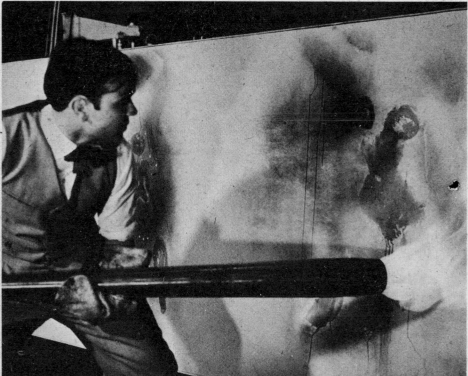

« La marque du feu sur l'empreinte de la chair ». Yves Klein au Centre d'essais du Gaz de France de la Plaine-Saint-Denis. Juillet 1961.

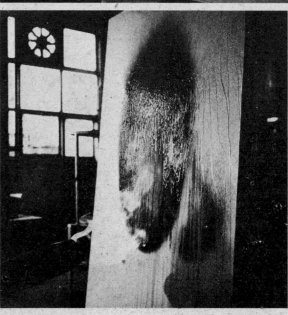

Un pompier arrête la combustion du papier sur les directives d'Yves Klein. →

17 août Il écrit à l'architecte Philip Johnson pour lui proposer des *Fontaines de feu* et des *Peintures feux* pour l'Exposition internationale de New York ; pas de réponse connue.

1er novembre Début du contrat avec Jean Larcade : Klein reçoit 3 500 francs par mois en échange des droits exclusifs de vente en Europe et les deux tiers du produit des ventes.

21 novembre Exposition *Yves Klein le Monochrome : il Nuovo Realismo del Colore* à la galerie Apollinaire de Milan. Exposition anthologique réalisée avec la participation de Jean Larcade, dont le catalogue illustré comprend des textes de Guido Le Noci, Pierre Restany et Yves Klein.

Avec Claude Parent, il élabore le projet de fontaines d'eau et de feu, *Les Fontaines de Varsovie* pour le Palais de Chaillot à Paris. Elles ne seront jamais réalisées.

Il réalise les *Reliefs planétaires*.

Pierre Restany à la galerie Apollinaire. Milan, novembre 1961.

Sculpture de feu. *Museum Haus Lange, Krefeld (R.F.A.), 1961.*

Yves Klein et le dessin de « La place de l'Opéra de Gelsen-kirchen », rue Campagne-Première, le 17 mars 1961.

1962

Accords d'Evian.
Attentat du Petit-Clamart contre le général de Gaulle.
Georges Pompidou est Premier ministre. Valéry Giscard d'Estaing, ministre des Finances et des Affaires économiques, devient le leader des Républicains indépendants.
John Kennedy propose à l'U.R.S.S. une collaboration pour le programme spatial.
Crise provoquée par l'installation de missiles soviétiques à Cuba.
Jean XXIII convoque le concile Vatican II.

Christo, *Le Rideau de fer,* rue Visconti.
Ben se met en vente comme « sculpture vivante », et « signe » la mort d'Yves Klein comme une œuvre d'art.
Spoerri publie la *Topographie anecdotée du hasard.*
André Bloc, première sculpture habitacle.
Gilioli, *Petite Place au soleil.*

Tinguely met en scène *Étude pour la fin du monde* dans le désert du Nevada.
Andy Warhol, *200 Campbell Soup Cans.*
Création à Moscou du groupe cinéto-constructiviste Dvijenje.
Musée national d'art moderne. *Le Corbusier.*
Musée national d'art moderne. *Miró.*
Musée Jacquemart-André. *Goya.*
Musée d'art moderne de la ville de Paris. *Mark Rothko.*

Institut néerlandais. *Fred Klein.*
Centre culturel américain. *Dessins américains contemporains.*

Expositions dans les galeries :
    Centre-Galerie. *Exposition I: Formes à pratiquer.*
    Iris Clert. *Stevenson : le sensuel fantastique.*
    Iris Clert. *Léon Golub : les Colosses.*
    Iris Clert. *Bill Copley : les États-Unis du monde.*
    Iris Clert. *Pol Bury : Entités érectiles.*
    Iris Clert. *Nassos Daphnis : Rigueurs platoniciennes.*
    Du Dragon. *Huit artistes de Chicago.*
    Mathias Fels. *Une nouvelle figuration II* (présentée par Michel Ragon).
    Lawrence. *Franz Kline* (première exposition personnelle à Paris).
    Edouard Loeb. *Soto.*
    Sonnabend. *Jasper Johns.*

Nombre d'entrées payantes au Musée national d'art moderne enregistrées au cours de l'année : 140 000.

Whitney Museum, New York, *Geometric Abstraction in America.*
Museum of Modern Art, New York. *Jean Dubuffet.*
Museum of Modern Art, New York. *Mark Tobey.*
Museum of Modern Art, New York. *Arshile Gorky.*

Guggenheim Museum, New York. *Fernand Léger.*
Guggenheim Museum, New York. *Wassily Kandinsky* (l'exposition sera présentée au Musée national d'art moderne de Paris en 1963).
Sidney Janis Gallery, New York. *Nouveau Réalisme et pop'art.*

Stedelijk Museum, Amsterdam. *Groupe Zero* (Arman, Armando, Pol Bury, Bernard Aubertin, Piero Dorazio, Luigi Castellani, Piero Manzoni, Lucio Fontana, Hans Haacke, Jan Henderikse, Heinz Mack, Hermann Goepfert, Yayoi Kusama, Dada Maino, Oskar Holweck, Almir Mavignier, Henk Peeters, Christian Megert, Otto Piene, Uli Pohl, Lo Savio, Günther Uecker, Jan Schoonhoven, Jef Verheyen, Herman de Vries).
Stedelijk Museum, Amsterdam. *Dynamisch Labyrinth* (Robert Rauschenberg, Martial Raysse, Niki de Saint-Phalle, Daniel Spoerri, Jean Tinguely, Per Olof Ultvedt).

Giacometti, grand prix de la Biennale de Venise.

Michel Butor, *Mobile, étude pour une représentation des États-Unis.*
Eugène Ionesco, *Le roi se meurt.*
Henri Lefebvre, *Introduction à la modernité.*
Claude Lévi-Strauss, *La Pensée sauvage.*
Henri Michaux, *Vents et Poussières.*
Robert Pinget, *L'Inquisitoire.*

Martin Heidegger, *Les Chemins qui ne mènent nulle part* (1950) sont traduits en français.

Edward Albee, *Qui a peur de Virginia Woolf ?*
Aldous Huxley, *L'Ile.*
Jack Kerouac, *Big Sur.*
Harold Pinter, *La Collection, L'Amant.*

John Steinbeck, prix Nobel de littérature.

Claude Chabrol, *Landru.*
Jacques Demy, *La Baie des anges.*
Jean-Luc Godard, *Vivre sa vie.*
Jean-Pierre Melville, *Le Doulos ; l'Aîné des Ferchaux.*
Jean Renoir, *Le Caporal épinglé.*
Jean Rouch, *La Punition.*

Aux États-Unis, première projection d'un film en trois dimensions : *Bwana le Diable,* d'Arch Oboler.

Antonioni, *L'Éclipse.*
Bergman, *Les Communiants.*
Fellini, *Huit et demi.*
David Lean, *Lawrence d'Arabie.*
Joseph Losey, *Eva.*
Anthony Mann, *La chute de l'Empire romain.*
Ermanno Olmi, *Les Fiancés.*
Ozu, *Après-midi d'automne.*
Pasolini, *Mamma Roma.*
Perry, *David et Lisa.*
Roman Polanski, *Le Couteau dans l'eau.*
Regneiro, *El Buen Amor.*
Tony Richardson, *La Solitude du coureur de fond.*

Luchino Visconti, *Le Guépard.*
Torence Young, *Jame Bond contre Docteur No.*
Valerio Zurlini, *Journal intime.*

Marino di Teana, « Ville suspendue, terrestre ou humaine ». Université pour trois centres de recherche.
Pierre Dufau construit le Palais des Sports, porte de Versailles.

Raymond Gallois-Montbrun est nommé directeur du Conservatoire national supérieur de musique.

Pierre Henry, *Variations pour une porte et un soupir.*
Marcel Landowski, *L'Opéra de poussière.*
Daniel Lesur, *Messe du jubilé.*
Witold Lutoslawski, *Trois poèmes d'Henri Michaux.*
Igor Stravinsky, *The Flood.*

Lancement de *Telstar,* premier satellite de communications ; accord franco-britannique pour la construction du *Concorde.*

Mort de Franz Kline, Gaston Bachelard, Marilyn Monroe.

1962

Dimanche 21 janvier

Mariage d'Yves Klein et de Rotraut Uecker en
l'église Saint-Nicolas-des-Champs, à Paris, en
présence du grand maître et des hauts dignitaires
de l'ordre des Archers de Saint-Sébastien. Pierre
Henry a réalisé pour l'occasion la seconde version
enregistrée de la *Symphonie monoton*. Après la
cérémonie religieuse, réception à La Coupole puis
dans l'atelier de Larry Rivers.

Faire-part du mariage de Rotraut Uecker et Yves
Klein.

Il ne semble pas avoir été noté, à ce jour, combien est particulier le choix de la date de ce mariage qui a lieu un dimanche, ce qui est tout à fait inhabituel, et, surtout, un 21 janvier, date anniversaire de la mort du roi Louis XVI.

La haie d'honneur des dignitaires de l'ordre des archers de Saint-Sébastien à la sortie de l'église Saint-Nicolas-des-Champs. Paris, le 21 janvier 1962. Rotraut Klein coiffée d'une couronne IKB le jour de son mariage.

Après la messe de mariage, vin d'honneur à La Coupole.
De gauche à droite : Iris Clert, Yves Klein, Rose et Marie Raymond. Paris, le 21 janvier 1962.

Au cocktail de mariage dans l'atelier de Larry Rivers, le soir du 21 janvier.

ARTS

Klein vend du vent !

Le « nouveau réalisme » entre au Salon « Comparaisons 1962 » où Yves Klein présentera des « zones de sensibilité picturales immatérielles ». « Ces zones sont imperceptibles pour « ceux » du règne humain qui vivent uniquement sur les conclusions tirées de la complexité de nos cinq sens », explique Yves Klein.

« La conception des zones de sensibilités picturales immatérielles vit en moi depuis 1951, déclare-t-il, l'idée fonctionne depuis 1957, j'ai fait mon exposition chez Colette Allendy... Je dois dire que ça a pris tout de suite.

Les gens sont si curieux ?

Non, ils aiment le vide. Et le vide, c'est moi. Si vous tenez à en savoir plus, sachez que je suis tout à fait d'accord avec Delacroix qui déclare : « L'indéfinissable est le vrai fait pictural, l'essence même de la création d'art. Delacroix, vous connaissez ?

...Etes-vous content de vous ?

Je suis persuadé que la création picturale immatérielle est la forme d'art la plus réaliste d'aujourd'hui. C'est aussi l'art de demain.

Pour matérialiser l'immatériel, Yves Klein s'est rendu sur les bords de la Seine, près de Notre-Dame. Il était accompagné d'un représentant des Musées de France et de quelques supporters, le col du pardessus relevé. Il a ensuite remis au premier acheteur d'une zone de sensibilité picturale, l'écrivain américain Blankford, ravi de l'aubaine, un reçu représentant l'équivalent d'un lingot d'or fin, symbole de l'œuvre créée en pensée, mais inexistante pour le profane.

Très ému, M. Blankford a ensuite brûlé le reçu tandis qu'Yves Klein jetait avec désinvolture une partie de l'or dans la Seine. « Dès ce moment, a-t-il déclaré, la zone de sensibilité picturale immatérielle appartient d'une manière absolue et intrinsèque à l'acquéreur ». Le vent dans du vide, ça donne quoi ?

Pages de l'album de Klein sur les vente-cessions de zônes de « sensibilité picturale immatérielle ».

VENTE-CESSION DE LA ZONE
N° 1 de la SÉRIE N° 4.
160 Grammes d'OL FIN. (999,9)
contre "SENSiBiLité Picturale IMMATÉRiELLE"

M. BLANKFORT

PRÉSENTE

à YVES KLEIN

les 160 Grammes d'or fin

en 16 lingots de

10 Grammes

chacun...

—

...NÉCESSAIRES A L'ACHAT

de L'IMMATERIEL

—

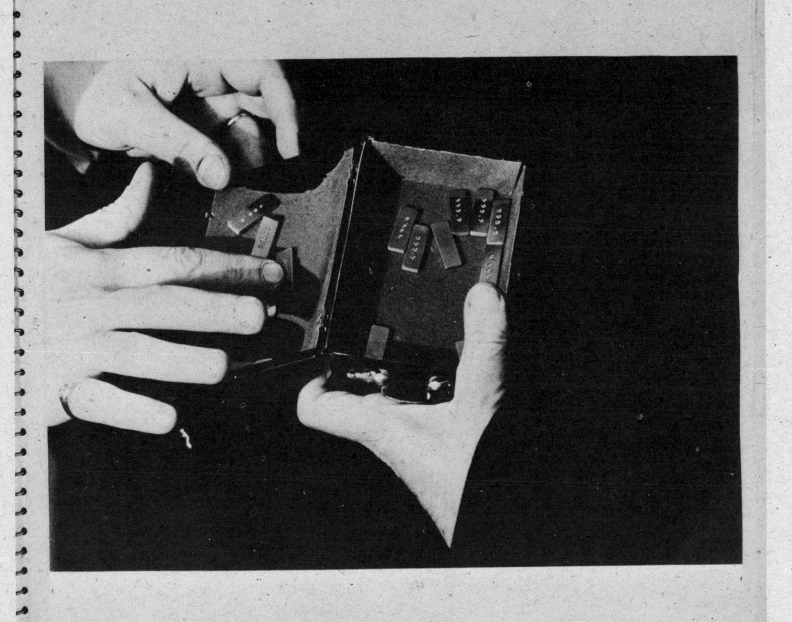

l'acheteur : MICHAEL BLANKFORT
écrivain. Hollywood. USA.

122

200

400

LA ZÔNE. n°1 série n°4 est
authentifié par Monsieur François
MATHEY, directeur du MUSÉE DES
ARTS DÉCORATIFS.

PARIS le 10 - 2 - 62

405

LA ZÔNE N°1, serie N°4 de
SENSiBiLité PiCTURALE
IMMATERIELLE
APPARTiENT A. M. BLANKFORT

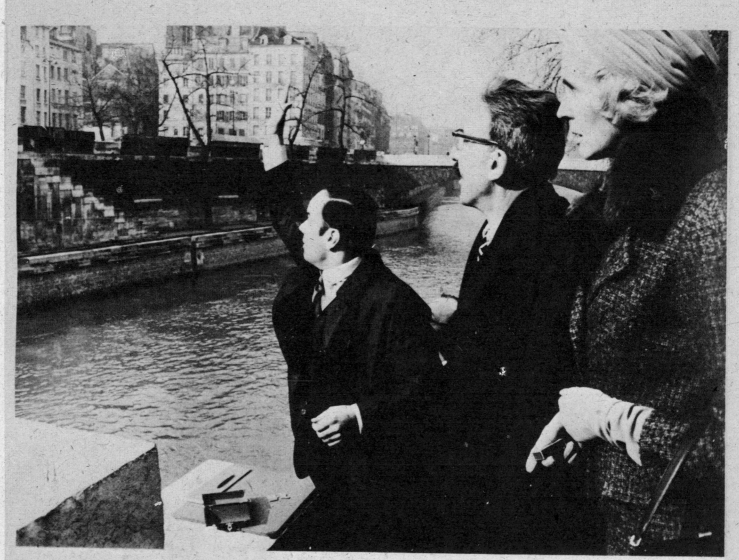

et de plus vient de
s'intégra a lui, CAR

...l'or, a été rendu à la
NATURE...

"DE LA MATIERE POUR DE
L'IMMATERIEL."
"DE L'OR POUR LE VIDE."

TEMOINS : M= BLANKFORT, M=
BORDEAUX- LEPECQ, Président "SALON
COMPARAISONS" M= VIRGINIA KONDRATIEF
de la DWAN GALLERY, LOS ANGELES
M= Jean LARCADE - M= Jane de Goldsmith
M= PIERRE DESCARGUES -

il RESTE 14 Lingots
YVES FAIT LA PART DE
LA NATURE : 7 Lingots...
....et se réserve SA part :
7 lingots.

Michael BlankFort aule

son Reçu ......

7 Lingots d'or Fin
soit
70 Grammes vont
être jetés dans la Seine

← 122 →

402

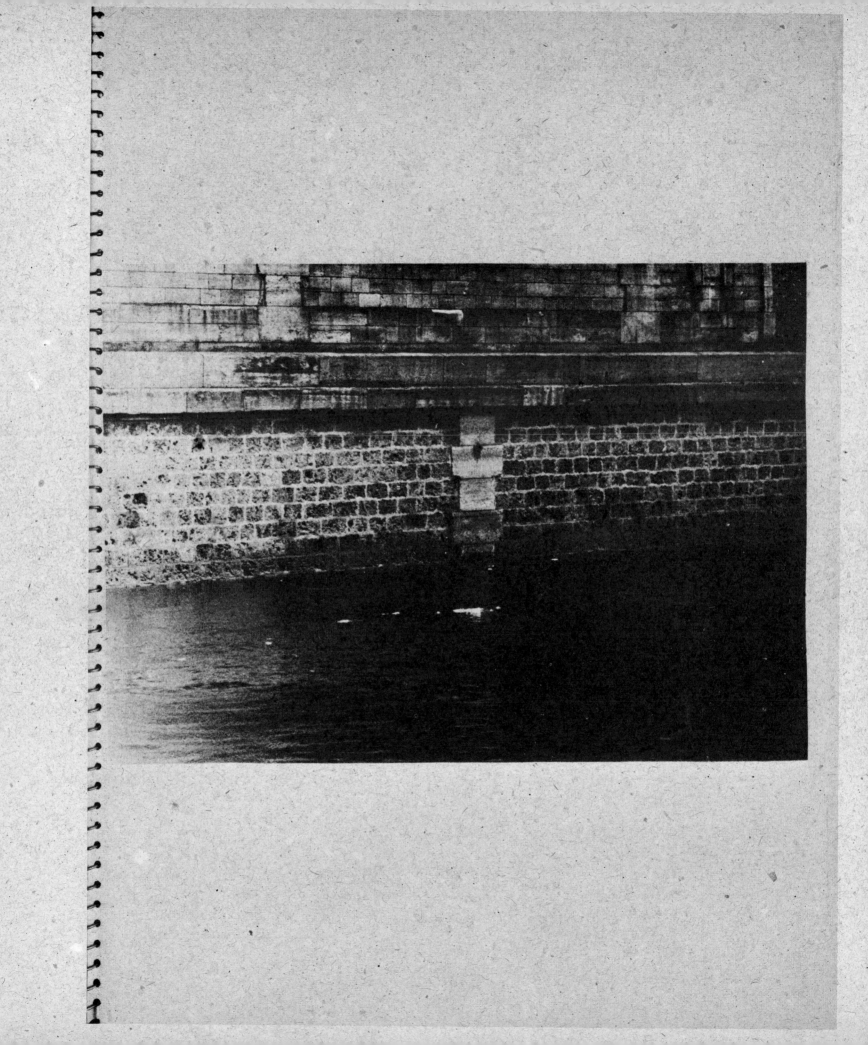

Dès 195? d'abord, puis systématiquement à partir de 1957,
Yves Klein a poursuivi sa quête picturale d'un "certain règne du
sensible" dans le sens toujours croissant du réalisme anonyme.
La zone de sensibilité picturale immatérielle, extra-dimensionnelle, existe en soi. Son "merveilleux" constitue l'essence-même du
nouveau réalisme, au-delà des gestes de nos derniers rituels féti-
chistes: ni les murs, ni les dimensions de la salle où elle se trou
ve exposée ne correspondent à sa vraie réalité. Son intégrité est
ailleurs, partout; inutile d'en dire plus.

Pierre Restany

REGLES RITUELLES

DE LA CESSION DES ZONES DE SENSIBILITE PICTURALE IMMATERIELLE

Les zones de sensibilité picturale immatérielle d'Yves
Klein le Monochrome sont cédées contre un certain poids d'or fin.
Il existe sept séries numérotées de zones picturales immatérielles
,qui comprennent chacune dix zones aussi numérotées. Il est délivré pour chaque zone cédée un reçu qui indique le poids d'or fin,
valeur matérielle de l'immatériel acquis.

Les zones sont transférables par leurs propriétaires
(Voir règle établie sur chaque reçu).

Tout acquéreur éventuel d'une zone de sensibilité picturale immatérielle doit savoir que le simple fait qu'il accepte un
reçu pour le prix qu'il l'a payée lui ôte toute l'authentique valeur immatérielle de l'oeuvre, bien qu'il en soit cependant le
possesseur.

Pour que la valeur fondamentale immatérielle de la zone
lui appartienne définitivement et fasse corps avec lui, il doit
brûler solennellement son reçu, cela après que son nom, prénom,
adresse et date de l'achat aient été inscrit sur le talon du carnet à souche des reçus.

Dans le cas où il désire accomplir cet acte d'intégration
à lui-même de l'oeuvre, Yves Klein le Monochrome doit, en présence
d'un Directeur de Musée d'Art, ou d'un marchand d'Art connu, ou
d'un Critique d'Art, plus deux témoins, jeter la moitié du poids
de l'or reçu à la mer, dans une rivière ou dans un endroit quelconque dans la nature, où cet or ne puisse plus être récupéré
par personne.

Dès ce moment, la zone de sensibilité picturale immatérielle appartient d'une manière absolue et intrinsèque à l'acquéreur.

Les zones ainsi cédées, après que l'acquéreur ait brûlé
son reçu, ne sont plus transférables par leurs propriétaires.

Y. K.

P.S. - Il est important de signaler que, au-delà des rites
de cession ci-dessus, existent, dégagées de toute règle et de
toute convention, des cessions-transferts de vide et d'immatériels
dans l'anonymat le plus absolu...

"l'anonymat"

L'OR BRULÉ DU BLEU!!

L'OR REMIS PAR L'ACHETEUR À YVES KLEIN
POUR L'ACQUISITION & L'INTÉGRATION D'UNE
ZONE DE SENSIBILITÉ PICTURALE IMMATÉRIELLE
PEUT AUSSI ÊTRE BRULÉ (FLAMMES BLEUES?

26 janvier
Il vend une « zone de sensibilité picturale immatérielle » à Dino Buzzati. Performance conceptuelle au Musée d'art moderne de la Ville de Paris. Yves Klein, Niki de Saint-Phalle, Villeglé et François Dufrêne décrochent les tableaux pour faire le Vide.

4 février
Il vend une « zone de sensibilité picturale immatérielle » à Michael Blankford.

Janvier/février
Il commence à mouler les Nouveaux Réalistes pour ses Portraits relief.

1er mars
Chez lui, rue Campagne-Première, il réalise le Store-poème, avec Arman, Claude Pascal et Pierre Restany.

7 mars
Il participe à l'exposition Antagonismes 2, l'objet au Musée des Arts décoratifs à Paris. Il y présente des maquettes de l'Architecture de l'air et du Rocket pneumatique dessinées par Claude Parent et réalisées par Technès (Roger Tallon), et, le Store-poème.

Performance conceptuelle au Musée d'art moderne de la Ville de Paris : Yves Klein, Niki de Saint-Phalle, François Dufrêne et Villeglé décrochent les tableaux des cimaises pour faire le Vide. 26 janvier 1962.

Au cours du débat organisé par
François Mathey dans le cadre de cette
exposition et présidé par Eugène Claudius-Petit,
Klein intervient de façon véhémente en faveur de
la collaboration art-industrie.

30 mars

Il se fait photographier allongé derrière la
« tombe » *Ci-gît l'espace*.

11-12 mai

Il se rend au Festival de Cannes pour assister à
la première présentation du film de Jacopetti
Mondo Cane. Il sortira très choqué et humilié par
le portrait qui est fait de lui. Le soir il subit sa
première crise cardiaque.

14 mai

A Paris, il rompt par lettre son contrat avec Jean
Larcade sous le prétexte que ses mensualités ne
lui sont pas versées régulièrement.

15 mai

Il participe à un débat au musée des Arts
décoratifs, et se met en colère au cours de la
discussion. Il se rend ensuite au vernissage de
l'exposition *Donner à voir* à la galerie Creuze,
pour laquelle Restany a organisé une salle des
Nouveaux Réalistes. Il est pris de violentes
douleurs à la poitrine.
Le diagnostic établira qu'il
s'agissait d'une crise
cardiaque.

Yves Klein prépare le moulage des corps de Martial Raysse, Arman et Claude Pascal pour les Portraits-reliefs. Paris, février 1962.

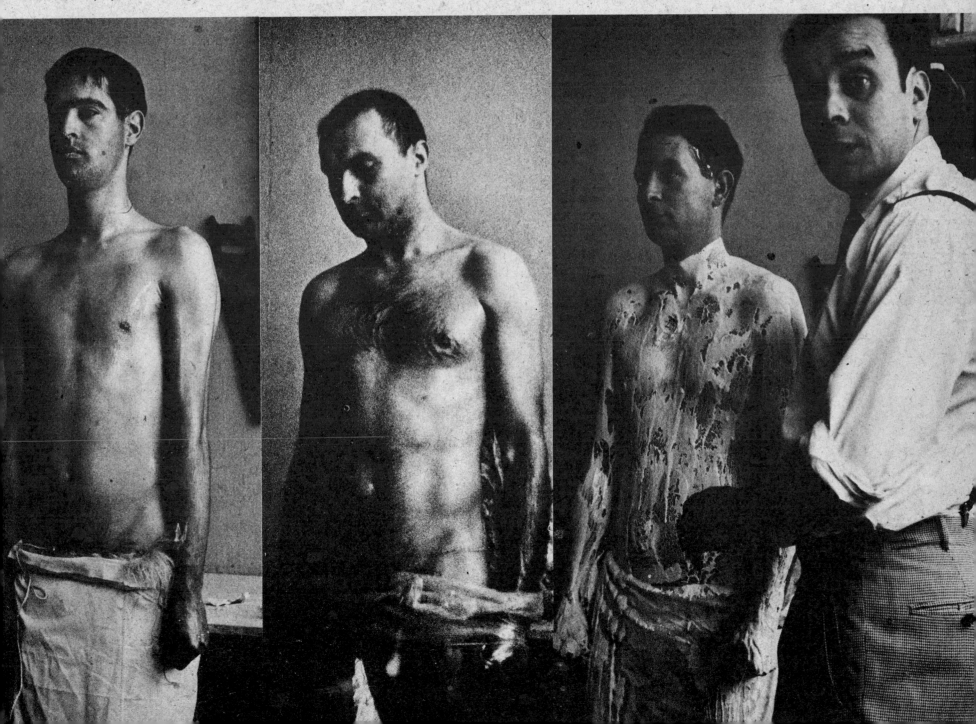

6 juin   Yves Klein meurt d'une crise cardiaque à Paris.

Son fils Yves naîtra quelques mois plus tard à Nice.

5-24 novembre   Exposition Yves Klein, Alexandre Iolas Gallery, New York.

Après la mort d'Yves Klein, Pierre Restany procède à l'inventaire de l'atelier. Rue Campagne-Première, juin 1962.

Rotraut Klein et son fils Yves rue Campagne-Première, début 1963.

1963

Assassinat de John Kennedy ; Lyndon B. Johnson devient président des États-Unis.

Hans Haacke commence ses sculptures d'eau et de vent.

Deuxième festival du Nouveau Réalisme.

Rétrospective Rauschenberg au Jewish Museum, New York.

Mort de Georges Braque, Piero Manzoni.

Ben « signe » la mort de Manzoni comme une œuvre d'art.

1964

Premières photographies de l'autre face de la Lune, par la sonde spatiale *Ranger III*.

Brice Marden réalise ses premières peintures monochromes.

Musée d'art moderne de la ville de Paris. *Rétrospective Jean Fautrier*.
Au Salon de mai, première présentation du pop'art américain.
Stedelijk Museum, Amsterdam. *Arman*.
Akademie der Kunst, Berlin. *Pop'art, Neue Realisten*.

Gemeentemuseum, La Haye. *Nieuwe Realisten*.
Ateneo, Madrid. *Siete pintores de Paris*.
Green Gallery, New York. *Dan Flavin*.
Fischbach Gallery, New York. *Robert Mangold* (première exposition personnelle).
Museum des 20, Vienne. *Jahrhunderts, Pop, etc*.

1965

Le général de Gaulle est réélu président de la République.

Joseph Beuys, « Twenty-four Hours » (happening), Wuppertal.
George Segal, *Costume Party*, avec des moulages de personnes vivantes.
Stan Vanderbeek commence son *Movie Drome*, qui a des rapports avec certains des projets annoncés par Yves Klein dans *Dimanche*.
Günter Brus et Rudolf Schwarzkogler commencent à Vienne leurs « self-mutilations ».
Galeria René Metras, Barcelone. *Du vide à l'immatériel* (exposition de groupe).
Palais des Beaux-Arts, Bruxelles. *Pop'art, Nouveau Réalisme*.
Jewish Museum, New York. *Rétrospective Jean Tinguely*.
Galerie André Schoeller, Paris. *Cinq maîtres de la tradition française*.
Moderna Museet, Stockholm. *Inner and Outer Space, an Exhibition concerning Universal Art* (l'exposition, organisée par Pontus Hulten, comporte une large section consacrée à l'œuvre d'Yves Klein).

1966

La France quitte l'O.T.A.N.

Manifestations aux États-Unis contre la guerre du Vietnam.

Daniel Buren réalise pendant deux ans à Paris des « peintures » identiques.
Premières *earthworks* de Richard Long, Robert Morris, Robert Smithson (en rapport avec l'idée d'Yves Klein de remodeler et reclimatiser la surface de la Terre).
Début du *body art* avec, notamment, Bruce Nauman et Vito Acconci.
James Turrell fait ses premières *Projection Pieces* en Californie.

Galerie Bateliers, Bruxelles. *Marie Raymond*.
Jewish Museum, New York. *Ad Reinhardt*.
Bykert Gallery, New York. *Brice Marden*.
Galerie Daniel Templon, Paris. *Marie Raymond*.
Moderna Museet, Stockholm. *Niki de Saint-Phalle, Jean Tinguely,... présentent She – a Cathedral*.

Mort d'André Breton.

1967

Guerre au Proche-Orient entre Israël et l'Égypte.

Robert Ryman fait une première exposition personnelle à New York ; il réalise sa série *Standard* (treize peintures blanches sur métal).

Première manifestation du groupe B.M.P.T. (Buren, Mosset, Parmentier, Toroni) au Salon de la jeune peinture à Paris.

Claes Oldenburg installe une « sculpture invisible » derrière le Metropolitan Museum of Art de New York ; il creuse un trou de la taille d'une tombe et le rebouche.
Hans Haacke crée *Sky Line* à Central Park, New York.
Joseph Kosuth publie *Art as Idea as Idea*.
Joseph Beuys crée le Parti étudiant allemand, à Düsseldorf.
Rétrospective *Andrew Wyeth* au Whitney Museum, New York.

Premières *earthworks* de Michael Heizer, dans le Nevada.

Rockne Krebs crée ses premières structures de laser à Washington.
Dissolution du groupe Zero.
Museum of Modern Art, New York. *Rétrospective Jackson Pollock*.
Musée Galliera, Paris. *L'âge du jazz* avec notamment Marie Raymond et Larry Rivers (qui présente un portrait d'Yves Klein).

Mort d'Ad Reinhardt.

1968

Assassinat de Martin Luther King et de Bob Kennedy.

1963 Avril Exposition Yves Klein et le langage du feu, Kaiser Wilhelm Museum, Krefeld.

30 avril-20 mai Exposition Yves Klein le Monochrome : peintures de feu, galerie Tarica, Paris.

Mai Exposition Yves Klein, Svensk-Franska Konstgalleriet, Stockholm.

1964 Mars-avril Exposition Yves Klein le Monochrome : empreintes, galerie Bonnier, Lausanne.

15 avril-20 mai Exposition Peintures de feu, galerie Schmela, Düsseldorf.

1965 12 avril Exposition Yves Klein, galerie Alexandre Iolas, Paris.

22 octobre-13 décembre Exposition Yves Klein, a Retrospective Exhibition, Stedelijk Museum, Amsterdam.

1966 3 mars-3 avril Exposition Yves Klein, Palais des beaux-arts, Bruxelles.

Eté Exposition Yves Klein, peintures de feu, galerie Bonnier, Lausanne.

Élection de Richard Nixon à la présidence des États-Unis.
L'Union soviétique envahit la Tchécoslovaquie.
Manifestations et grèves de mai, en France.

James Lee Byars envoie un mile de fil d'or dans l'espace avec des ballons gonflés à l'hélium (New York).

Robert Irwin et James Turrell entreprennent des recherches sur les phénomènes de la perception avec le docteur Edward Wortz, en Californie.

Mort de Marcel Duchamp, Lucio Fontana.

1969

Le premier homme sur la Lune : l'astronaute américain Neil Armstrong.

Le général de Gaulle démissionne ; Georges Pompidou est élu président de la République.

Premier vol du *Concorde* entre Paris et New York.

Otto Piene, *Hot Air Sculptures,* Massachusetts Institute of Technology.

Jean Tinguely, *Kamikaza Monument,* Kanagawa, Japon.
Christo, *Wrapped Coast : One Million Square Feet,* Australie (documentation photographique de Shunk-Kender).

Joseph Beuys prend la responsabilité de toutes les chutes de neige à Düsseldorf du 15 au 20 février.

James Turrell et Sam Francis font des œuvres aériennes à l'aide d'avions et de nuages au-dessus de Pasadena , Californie.

Kunsthalle, Berne. *Quand les attitudes deviennent forme* (organisée par Harald Szeemann, contient une participation « immatérielle » d'Yves Klein présentée par Edward Kienholz).

Kunsthalle, Düsseldorf. *The Ghost of James Lee Byars* (une pièce en apparence vide).
Guggenheim Museum, New York. *Takis : Magnetic Fields.*
Richmond Art Center, Richmond, Californie. *Invisible Painting and Sculpture,* (organisée par Tom Marioni).

1970

Mort du général de Gaulle.

La Chine lance son premier satellite spatial.

Raymond Hains réalise *Le Disque bleu pour Saffa.*

A Los Angeles, Robert Barry expose une galerie fermée.

La Vittoria, Milan. Deuxième anniversaire du Nouveau Réalisme (Jean Ferrero réalise un film en noir et blanc, d'environ 15 mn).

Centre national d'art contemporain, Paris. *César.*
Galerie Mathias Fels, Paris. *Nouveau Réalisme 1960-1970.*

Mort de Barnett Newman, Mark Rothko.

1971

Rencontre à Paris de Georges Pompidou et Richard Nixon.

Importants bombardements américains au Cambodge et au Nord-Vietnam.

Chris Burden, *Shoot,* F Space, Santa Ana, Californie : l'artiste se tire dans le bras avec une balle de calibre 22.

Inauguration de la Rothko Chapel à Houston, Texas.

Museum of Modern Art, New York. *Rétrospective Barnett Newman.*

Centre national d'art contemporain, Paris. *Rétrospective Tinguely.*

Moderna Museet, Stockholm. *Rétrospective Villeglé.*

1972

Signature d'un programme commun entre le parti socialiste et le parti communiste.

Le président Nixon visite la Chine, rétablissant les relations diplomatiques et culturelles.

Jeux olympiques de Munich.

Kunsthalle, Bâle. *Tinguely.*

A Kassel se tient la Documenta V, la plus importante présentation d'art contemporain international depuis la guerre (les moulages de John de Andrea, Arden Anderson, Nora Murphy y sont notamment présentés).

Centre national d'art contemporain, Paris. *Rétrospective Daniel Spoerri.*

Grand Palais, Paris. *Douze ans d'art contemporain en France.*

1973

Le président Georges Pompidou visite la Chine.

Les troupes américaines quittent le Vietnam.

Guerre du Kippour.

Début de la crise pétrolière.

Daniel Buren, *Untitled* (rayures vertes et blanches – store devant un immeuble), Bleecker Street, New York.

Eric Orr, *Zero-Mass Space* (début d'une série d'espaces dématérialisés), Pomona College, Californie.

Museum of Modern Art, New York. *Rétrospective Ellsworth Kelly.*
Musée National d'art moderne, Paris. *Rétrospective Camille Bryen.*

Mort de Pablo Picasso, Robert Smithson.

1974

Mort de Georges Pompidou ; Valéry Giscard d'Estaing devient président de la République.

Démission de Richard Nixon ; Gerald Ford devient président des États-Unis.

Brice Marden, *Monochrome Triptychs, Red, Yellow, Blue I, II, III.*

James Turrell commence le *Roden Crater Project,* en Arizona.

Museum of Contemporary Art, La Jolla, Californie. *Rétrospective Arman.*
Musée d'art moderne de la Ville de Paris. *Nicolas Schöffer.*

Film *Les Nouveaux Réalistes,* réalisé par Adrien Maben (50 mn).

1975

Première collaboration internationale dans l'espace : les astronautes américains et russes arriment leurs satellites respectifs.

Musée d'art moderne de la Ville de Paris. *Arman.*

1976

Mort de Mao Zedong.
Élection de Jimmy Carter à la présidence des États-Unis.

Raymond Barre devient Premier ministre.

Les modules d'atterrissage des sondes *Viking* se posent sur Mars.

Gerhardt Richter commence la série des *Gray Paintings.*

Musée d'art et d'industrie, Saint-Etienne. *Villeglé.*
Musée d'art moderne de la Ville de Paris. *Rétrospective César.*
Centre national d'art contemporain, Paris. *Rétrospective Raymond Hains.*

Fermeture du Centre national d'art contemporain et inauguration du Musée national d'art moderne au Centre national d'art et de culture Georges Pompidou.

Smithsonian Institution, Washington. *Rétrospective Robert Rauschenberg.*

Mort de Max Ernst.

1977

Lancement par les États-Unis de la première navette spatiale.

Mort de Paul VI, élection de Jean-Paul 1er, qui meurt un mois après.

Whitney Museum, New York. *Rétrospective Jasper Johns.*

Centre Pompidou, Paris. *Marcel Duchamp.*
Centre Pompidou, Paris. *Daniel Spoerri ; Le Crocrodome.*
Centre Pompidou, Paris. *Paris-New York.*

1967
Exposition Yves Klein, Jewish Museum, New York.
Exposition Yves Klein, galerie Bischofberger, Zurich.
Exposition *Peintres européens d'aujourd'hui*, Musée des Arts Décoratifs, Paris.

1968
2 avril-12 mai Exposition Yves Klein-Louisiana, Louisiana Museum, Humlebaek, Danemark.
17 février-17 mars Exposition Yves Klein in Nürnberg, Institut für Moderne Kunst, Kunsthalle, Nuremberg.
Juin Exposition Yves Klein, galerie Nationale, Prague.
7 novembre-15 décembre Exposition Yves Klein, galerie Michel Couturier, Paris.

1969
25 janvier-11 mars Exposition Yves Klein, 1928-1962, Musée des Arts décoratifs, Paris.

30 juin-15 août Exposition Yves Klein, galerie Lambert-Monet, Genève.
Juin-septembre Exposition Yves Klein, Musée d'art moderne, Grenoble.
Novembre Exposition Le Monochrome, Galleria Blu, Milan.
Novembre-décembre Exposition Yves Klein, Galleria d'Arte Martano, Turin.

1970
26 janvier Exposition Yves Klein le Monochrome, Galleria dell'Obelisco, Rome.
Novembre-décembre Exposition Klein-Manzoni, Studio C Arte Moderna, Brescia.
2-31 décembre Exposition Yves Klein, Galleria Civica d'Arte Moderna, Turin.

1971
Février-mars Exposition Yves Klein, Muzej Savremene Umetnosti, Belgrade.
25 mars-11 avril Exposition Yves Klein, Galerija Suvremene Umjetnosti, Zagreb.
19 juin-25 juillet Exposition Yves Klein, Kunstverein, Hanovre.
4-29 août Exposition Yves Klein, Kunsthalle, Berne.

16 décembre 1972-17 février 1973 Exposition Marie Raymond-Yves Klein, Château-Musée, Cagnes-sur-Mer.

1972

1973
3 février-14 mars Exposition Yves Klein, galerie Karl Flinker, Paris.
30 mars-5 mai Exposition Yves Klein, Gimpel-Hanover Galerie, Zurich.
30 mai-23 juin Exposition Yves Klein, Gimpel fils, Londres.
27 mai-29 juillet Exposition *Frühe Gelbe, Schwarze, Weisse, Orange, Grüne : Bilder von Yves Klein*, Kaiser Wilhelm Museum, Krefeld.

1974
20 mars-28 avril Exposition Yves Klein, Städtische Kunstsammlungen, Ludwigshafen, R.F.A.
20 mars-15 mai Exposition Yves Klein 1928-1962, Tate Gallery, Londres.

1976
4 juin-12 juillet Exposition Yves Klein, Nationalgalerie Berlin, Neue Berliner Kunstverein.
20 juillet-28 août Même exposition à la Städtische Kunsthalle, Düsseldorf.
19 octobre-20 novembre Exposition Yves Klein, Feux, galerie Karl Flinker, Paris.

1978

Élection du pape Jean-Paul II.

Ouverture aux Nations unies de la Conférence sur le désarmement.

Centre Georges Pompidou, Paris. *Malevitch.*
Centre Georges Pompidou, Paris. *Jasper Johns.*

Guggenheim Museum, New York. *Rétrospective Mark Rothko.*

Rijksmuseum Kröller Müller, Otterlo. *Christo.*

1979

Eric Orr expose à Los Angeles, *Space as Prime Matter, Gold as Prime Matter, Fire as Prime Matter.*

Metropolitan Museum of Art, New York. *Rétrospective Clyfford Still.*

1980

L'or atteint un prix record sur le marché international.

Centre Georges Pompidou, Paris. *Rétrospective Niki de Saint-Phalle.*

1981

Stedelijk Museum, Amsterdam. *Rétrospective Martial Raysse.*

Cologne, Westkunst (comporte une importante sélection d'œuvres d'Yves Klein, faite par Kasper Koenig).

Museum of Contemporary Art, La Jolla, Californie. *Christo.*

Centre Georges Pompidou, Paris. *Martial Raysse, 1970-1980.*

1982

Kunstmuseum, Hanovre. *Arman.*
Musées de Nice. *Les Nouveaux Réalistes.*

Seibu Museum of Art, Tokyo. *César.*

Centre Georges Pompidou. Paris. *Rétrospective Jackson Pollock.*

Mort de François Dufrêne, de Leonid Brejnev et de Louis Aragon.

1977 3 mars-2 avril
Exposition Yves Klein, Sidney Janis Gallery, New York.

1979 19 octobre-17 novembre
Exposition Yves Klein, Fuji Television Gallery, Tokyo.

1982 5 février-2 mai
Exposition Yves Klein, 1928-1962, a Retrospective, Institute for the Arts, Rice University, Houston, Texas.

18 juin-29 août
Même exposition au Museum of Contemporary Art, Chicago, Illinois.

18 novembre-9 janvier 1983
Même exposition au Solomon R. Guggenheim Museum, New York. À cette occasion, une œuvre conceptuelle posthume (le sol du musée est couvert de pigment bleu) est réalisée par le International Klein Bureau : Arman, Jean-Pierre Mirouze, Claude Pascal, Pierre Restany.

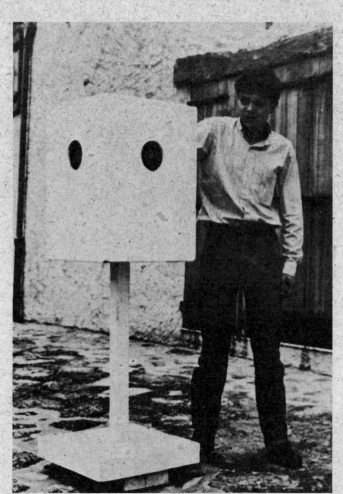

Yves klein et la sculpture tactile de son père. Eté 1981

Bibliographie

Ecrits publiés d'Yves Klein

Des bases (fausses), principes,... et condamnation de l'évolution / *Soulèvement de la jeunesse*, *Paris, juin 1952, n° 1.*

Yves Peintures / *Fernando Franco de Sarabia*, *Madrid, 1954.*

Haguenault Peintures / *Fernando Franco de Sarabia, Madrid, 1954.*

Les Fondements du judo / *Bernard Grasset, Paris, 1954.*

Meine Stellung im Kampf zwischen Linie und Farbe / *Zero, Düsseldorf, avril 1958, n° 1* // Ma position dans le combat entre la ligne et la couleur / in Otto Piene et Heinz Mack : Zero, *M.I.T. Press, Cambridge, 1973.*

Le Dépassement de la problématique de l'art / *éditions de Montbliard, La Louvière, 1959.*

Pourquoi j'en suis venu à cette époque bleue ?... extrait d'une conférence en Sorbonne, 1959/ catalogue de l'exposition Yves Klein, *galerie Karl Flinker, Paris, 1973* // catalogue de l'exposition Yves Klein, *Städtische Kunstsammlungen, Ludwigshafen am Rhein, 1974.*

Dimanche (le journal d'un seul jour) / *Paris, 27 novembre 1960, numéro unique.*

My Monochrome Attempt has Conducted me... / catalogue de l'exposition Yves Klein le Monochrome, *Leo Castelli Gallery, New York, 1961.*

Le vrai devient réalité / *Zero, Düsseldorf, juillet 1961, n° 3* // in Otto Piene et Heinz Mack : Zero, *M.I.T. Press, Cambridge, 1973.*

Nice 1947, l'époque de la rencontre... / *Zero, Düsseldorf, juillet 1961, n° 3* // in Otto Piene et Heinz Mack : Zero, *M.I.T. Press, Cambridge, 1973.*

Avec **Werner RUHNAU** : Projekt einer Luft-Architektur / *Zero, Düsseldorf, juillet 1961, n° 3* // in Otto Piene et Heinz Mack : Zero, *M.I.T. Press, Cambridge, 1974.*

Yves Klein et le globe terrestre bleu ! / catalogue de l'exposition Yves Klein le Monochrome, *Galleria Apollinaire, Milan, 1961.*

Climatisation de l'espace / catalogue de l'exposition Antagonismes 2 : l'objet, *Musée des Arts décoratifs, Paris, 1962.*

La climatisation de l'atmosphère / catalogue de l'exposition Antagonismes 2 : l'objet, *Musée des Arts décoratifs, Paris, 1962.*

Avec **Claude PASCAL**, Pierre **RESTANY**, Armand **FERNANDEZ** : Store poème / catalogue de l'exposition Antagonismes 2 : l'objet, *Musée des Arts décoratifs, Paris, 1962.*

Avec **Neil LEVINE**, John **ARCHAMBAULT** : Due to the fact that I have painted monochromes for fifteen years... / catalogue de l'exposition Yves Klein, *Alexandre Iolas, New York, 1962* // Attendu que j'ai peint... / catalogue de l'exposition Yves Klein, *Alexandre Iolas, Paris, 1965* // catalogue de l'exposition Yves Klein, *Stedelijk Museum, Amsterdam, 1965* // catalogue de l'exposition Yves Klein in Nürnberg, *Kunsthalle, Nuremberg, 1968* // catalogue de l'exposition Yves Klein, *Louisiana Museum, Humlebaek, 1968* // catalogue de l'exposition Yves Klein, *Muzej Savremene umetnosti, Belgrade, 1971* // catalogue de l'exposition Yves Klein, *Galerija Suvremene umjetnosti, Zagreb, 1971* // catalogue de l'exposition Yves Klein, *Städtische Kunstsammlungen, Ludwigshafen am Rhein, 1974.*

Le réalisme authentique d'aujourd'hui / *KWY, Paris, printemps 1963, n° 11.*

Pour satisfaire la sensualité... / catalogue de l'exposition Peintures de feu, *galerie Schmela, Düsseldorf, 1964.*

Après mon vide, le plein d'Arman / catalogue de l'exposition Arman, *Stedelijk Museum, Amsterdam, 1964.*

Rien n'est bleu... / catalogue de l'exposition Yves Klein, *Palais des beaux-arts, Bruxelles, 1966.*

Moi je suis jaloux... extraits d'une conversation avec Pierre Restany / catalogue de l'exposition Yves Klein, *Palais des beaux-arts, Bruxelles, 1966.*

The Monochrome Adventure... (extraits) / catalogue de l'exposition Yves Klein, *The Jewish Museum, New York, 1967* // L'Aventure monochrome / *Art et Création, Paris, janvier-février 1968, n° 1.*

Reçu pour une zone de sensibilité picturale immatérielle, 8 décembre 1959 / catalogue de l'exposition Yves Klein, *The Jewish Museum, New York, 1967.*

Faire-part de mariage d'Yves Klein avec Rotraut Uecker, 21 janvier 1962 / catalogue de l'exposition Yves Klein, *The Jewish Museum, New York, 1967.*

Symphonie Monoton Silence / catalogue de l'exposition Yves Klein, *The Jewish Museum, New York, 1967.*

Quelques extraits de mon journal en 1957 / *Art et Création, Paris, janvier-février 1968, n° 1.*

Lorsque je serai... / catalogue de l'exposition Yves Klein, *Galleria d'Arte Martano, Turin, 1970.*

Humilité... / in Giuliano Martano : Yves Klein, il mistero ostentato, *Martano, Turin, 1970.*

Caricature, Malevitch... / in Giuliano Martano : Yves Klein, il mistero ostentato, *Martano, Turin, 1970.*

I Pinnelli umani... / in Giuliano Martano : Yves Klein, il mistero ostentato, *Martano, Turin, 1970.*

Yves il monocromo naturometria... / in Giuliano Martano : Yves Klein, il mistero ostentato, *Martano, Turin, 1970.*

Le spugne / in Giuliano Martano : Yves Klein, il mistero ostentato, *Martano, Turin, 1970.*

Ma devise pour la couleur ! Contre la ligne et le dessin ! / in Giuliano Martano : Yves Klein, il mistero ostentato, *Martano, Turin, 1970.*

Solution de 58 au problème de socle... / in Giuliano Martano : Yves Klein, il mistero ostentato, *Martano, Turin, 1970.*

Il fuoco, ou l'avenir sans oublier le passé (1961) / in Giuliano Martano : Yves Klein, il mistero ostentato, *Martano, Turin, 1970.*

On est en train de créer quelque chose... / catalogue de l'exposition Yves Klein, *Kunstverein, Hanovre, 1971.*

Monographies

N. N. DRACOULIDES : Psychocritique et psychobiographie de Yves Klein, in Neurologie psychiatrie / *Laboratoires Sandoz, Rueil Malmaison, 1973.*

Catherine KRAHMER : Der Fall Yves Klein : zur Krise der Kunst / *Piper, Munich, 1974.*

Giuliano MARTANO : Yves Klein : il mistero ostentato / *Martano Editore, Turin, 1970.*

Catherine MILLET : Yves Klein / *Flammarion, Paris, 1983.*

Pierre RESTANY : Yves Klein, le monochrome / *Hachette, Paris, 1974.*

Pierre RESTANY : Yves Klein / *Chêne, Paris, 1982.*

Nan ROSENTHAL : The Blue World of Yves Klein / *Harvard University, Cambridge, 1976.*

Heiner STACHELHAUS : Yves Klein, in Werner Ruhnau : Dokumentation der Zusammenarbeit in den Jahren 1957-1960 / *Aurel Bongers, Rechlinghausen, 1976.*

Paul WEMBER : Yves Klein, Monographie zur Zeitgenössischen Kunst herausgegeben vom Institut für moderne Kunst, Nürnberg / *DuMont Schauberg, Cologne, 1969.*

Articles sur Yves Klein

Le **XXX** correspond aux auteurs anonymes.

A

XXX : The Abstract Artists... / **Wolverhampton Express and Star**, Wolverhampton, 28 juin 1957.
Après les carrés, les pyramides, etc., c'est l'ultime point de la logique de la peinture abstraite « créé » par Yves Klein et défendu par Pierre Restany. Si les gens passent par la galerie (Gallery One) sans avoir été mis au courant, ils ne remarqueront rien : il n'y a pas de sujet, pas de cadre. Mais si le spectateur voit un carré de bleu ou de rouge, on lui dira qu'il ne le voit pas : il voit la transmutation de la couleur. Et on ajoutera un peu de science avec le titre de l'exposition : « Monochromes ».

Bernadette ALLAIN : Propositions monochromes du peintre Yves / **Couleurs**, Courbevoie, 1956, n° 15.
L'auteur, qui est architecte, présente ces peintures d'un genre nouveau qui viennent d'être montrées à la galerie Colette Allendy. Ayant retracé le rôle passé de la couleur (toujours un élément de l'œuvre...), elle décrit ces tableaux d'une seule couleur unie sans variation de nuances, montre qu'à chaque couleur appartient un certain format et que chaque tableau doit être considéré isolément. L'équilibre formé par chaque « proposition », avec ses exigences spatiales, est une œuvre d'art qui doit trouver une réponse dans la situation du spectateur. L'artiste répond alors à quelques questions : pour lui la couleur, par son impact émotionnel, a un caractère fondamentalement humain ; elle est le Verbe et la Lumière ; le spectateur doit être disponible et s'imprégner de la couleur.
L'auteur rapporte le débat qui a eu lieu, dans une excellente atmosphère, à la galerie durant l'exposition. On y a rappelé les rapports d'Yves et du Japon, cité les paravents anciens de couleur unie faits pour inviter à la méditation, et noté la puissance du climat créé par chaque tableau. L'artiste parle du duel entre l'œil et la toile, de possibilité de purification de l'œil. On a discuté aussi du côté décoratif de ces œuvres et décidé que leur couleur est le diapason arythmique d'un ensemble conçu en fonction d'elle.
Pour terminer, l'auteur considère ces tableaux, imparfaits dans leur réalisation, comme le point de départ d'une nouvelle vision de la couleur, venant transformer la nôtre.

Christopher ANDREAE : Klein : sacrifice and burnt offerings / **The Christian Science Monitor**, 8 février 1967.
Rappelant l'« exposition du Vide » à Paris en 1958, l'article résume la brève carrière de Klein à qui, autant qu'à son art, rend hommage l'exposition du Jewish Museum.
Klein est un rêveur qui conçut une ville faite d'air, de gaz..., imagina un théâtre du vide, étant fasciné par l'idée d'immatériel. Mélange de mysticisme, de spectacle et d'art, son œuvre est alors décrite, et l'explication s'accompagne de citations (IKB ; Symphonie monoton ; le saut ; la vente d'immatériel). L'auteur rapporte que Klein a été comparé à Ingres pour leur commune pureté impersonnelle et déclare l'exposition impressionnante : les bleus, les roses, les ors, les cosmogonies, les feux.
Cependant la légende et l'art de Klein sont peut-être trop vulnérables pour tenter d'intégrer un mythe à la réalité.

ARMAN : Yves n'était pas un peintre... / **Art et Création**, Paris, janvier-février 1968, n° 1.
Selon l'auteur, Klein aurait pu concentrer son énergie sur une autre activité que la peinture, du moment que cela aurait satisfait son très grand ego. En cela il est comme Wagner, et il possède d'ailleurs toutes les caractéristiques du génie : efficacité, fragilité, fulgurance.
Sa vie très courte a été très remplie, et il a marqué son époque et influencé plusieurs artistes.

XXX : Around the arts / **The National Observer**, 30 janvier 1967.
Très brève annonce de l'exposition Klein, « nouveau réaliste » français, au Jewish Museum.

XXX : Art, etc. / **News Record**, New York, 3 février 1967.
Brève mention dédaigneuse de Klein, précurseur avec Reinhardt de l'ennuyeux minimalisme, qui mourut juste à temps, dit l'article, pour qu'on ne puisse pas penser qu'il était un faiseur et un opportuniste. L'auteur moque les snobs qui viennent d'assister au vernissage du Jewish Museum et annonce que s'il se présente une autre exposition de ce type on sera vraiment convaincu que l'art contemporain est une affaire d'arrivistes de deuxième ordre.

XXX : L'art abstrait. Proposition d'avant-garde chez Iris Clert / **Combat**, Paris, 13 mai 1959.

XXX : Art concret chez Iri Clert (sic) / **Combat**, Paris, 24 novembre 1958.
Compte rendu de l'exposition Klein-Tinguely. L'auteur trouve intéressante l'expérience tentée par les deux artistes où la couleur, jouant librement sur des surfaces bien déterminées, à des vitesses recherchées et calculées, nous permet de percevoir les qualités d'imprégnation et de pénétration de certaines couleurs.
L'auteur remarque que dans cette présentation, seuls les rythmes et les couleurs sont envisagés – pas le son ; mais il reste intéressé par les devenirs suggérés.

XXX : An Artist with the Blues – Reductio ad absurdum / **The Times**, Londres, 12 juillet 1957 // **The Times Weekly Review**, Londres, 18 juillet 1957.
L'auteur s'étonne qu'on ne l'ait pas fait plus tôt, au temps du suprématisme et du dadaïsme, quand on allait au bout de la logique. C'est Yves Klein (à la Gallery One) qui défend enfin, à la suite de Baudelaire, la primauté de la couleur et montre à Londres (sans le « brouhaha » et les étrangetés de sa dernière exposition à Paris) des peintures complètement bleues qui gardent à peine sur leur surface la texture laissée par le rouleau avec lequel elles sont réalisées. M. Klein est actuellement dans sa « période bleue » et prend sa place dans la lignée des artistes qui recherchent l'essence pure en art. Mais à part ces explications théoriques, ses peintures n'ont pas d'intérêt. Il fallait que ce soit fait. On peut maintenant retourner aux impuretés d'un art moins hypothétique.

XXX : Art Notes / **The Times**, Londres, 20 mars 1974.
Courte annonce sensationnelle et ironique sur l'exposition Klein-Manzoni à la Tate Gallery.
On y lit que Klein est quatrième dan de judo..., peignit deux cents peintures du même bleu..., s'est jeté par la fenêtre (et s'est blessé) pour réaliser une photographie appelée « L'homme dans l'espace ».

Dore ASHTON : Retrospective Exhibition at the Jewish Museum / **Arts and Architecture**, Los Angeles, mars 1967, n° 84.

ASTRAGAL : For Shelter from the Sun / **Architects Journal**, Londres, 4 juillet 1957.
Après une revue de différentes expositions à Londres, l'auteur indique, à l'attention de ceux qui se soucient peu de ce qu'ils font, l'exposition Klein à la Gallery One. Il estime que l'exposition aurait été beaucoup plus drôle, davantage une sorte de « hurlement en faveur de quelque chose » (en français dans le texte), si toutes les « propositions » avaient été de la même couleur et de la même taille. C'est ce qu'on peut voir dans la pièce du fond où se trouvent une demi-douzaine de rectangles du même pigment bleu semi-fluorescent. Mais la première pièce, avec ses propositions de différentes couleurs, enlève de l'effet à la blague.

Lars Erik ASTRÖM : Kryptiskt och besatt / **Svenska Dagbladet**, 18 mai 1962.

Bernard AUBERTIN : Yves Klein / **Artis**, 1969, t. 19, n° 3.

Bernard AUBERTIN : Yves Le bleu vu par Bernard le Rouge / **La Galerie des arts**, Paris, février 1969, n° 64.
L'artiste Bernard Aubertin rapporte ses souvenirs sur Yves Klein : il le voit en 1955 pour la première fois, mais c'est en 1957 qu'ils font connaissance lorsque Klein invite l'auteur à venir à l'atelier qu'on décrit ici ainsi que les œuvres qui s'y trouvent. Aubertin trouvait Klein fascinant et mégalomane et juge comme l'essentiel de son œuvre la période bleue et les projets d'architecture. Il insiste sur la notion de programmation et de participation, expliquant la réalisation commune par Klein et Tinguely des disques bleus rotatifs.
L'auteur termine en évoquant les derniers temps d'Yves dont l'attitude dictatoriale faussait les rapports, et avoue n'avoir été qu'à moitié surpris de sa mort brutale qu'il pensait avoir découverte dans son écriture.

XXX : Ausstellung Yves Klein endgültig Verschoben / **Rheinische Post**, 5 janvier 1961.

XXX : Ausstellung Yves Klein / **Westdeutsche Zeitung**, 24 février 1961.

B

J.B. : Klein, des bleus fascinants aux confins du vide et de l'absolu / **La Croix**, Paris, 4 mars 1973.
A l'occasion de l'exposition de la galerie Flinker, l'article présente l'artiste en mentionnant sa première exposition, son intérêt pour la couleur, pour le bleu ; l'auteur parle de poésie et de correspondances aériennes.

J.-L. B. : Vernissage Yves Klein / **L'Express**, Paris, 24 mars 1960.
L'auteur décrit de manière sympathique et vivante, d'un ton assez amusé, la soirée de vernissage à la

galerie d'Art contemporain au cours de laquelle Klein fait réaliser ses œuvres par trois femmes nues : description du public, des neuf musiciens, de l'entrée de Klein et des trois femmes, de la réaction de la salle, et du « cérémonial ».
Puis l'auteur rapporte les déclarations de Klein et des éléments du débat qui suit. Il conclut de façon ironique, mais déclare avoir été très favorablement impressionné, estimant Klein davantage que Mathieu ou Dali, « l'un des rares contemporains capable de concevoir un "scandale" [...] et de réussir son exécution [...] »
(Deux photographies : l'une montre Klein en habit désignant une toile, l'autre une femme nue et enduite de peinture devant une toile.)

J.-L. B. : Schilderen met vlees / *De Groene Amsterdammer*, Amsterdam, 23 avril 1960.

K. B. : Kunst frei Haus durch die Gasleitung / *Westdeutsche Zeitung*, 17 janvier 1961, n° 14.

Y. B. : D'un art à l'autre / *Sud-Ouest*, Bordeaux, 6 décembre 1960.
Article bref et moqueur sur la participation de Klein au Festival de la peinture d'avant-garde : 30 000 nouveaux francs pour « des bouts de papier doré et éponges collés sur un panneau ».
Une autre œuvre monumentale « brossée avec les pieds du peintre ». C'est une économie de pinceaux, des dépenses pour le savon noir, et, « un de ces jours, il y aura la clinique. »

Tord BAECKSTRÖM : Konsten intellektualiserad / *Göteborgs Handels o Sjöfartstidning*, 27 mai 1963.

Jürgen BECKELMANN : Die ganze Welt ist blau, so blau / *Spandauer Volksblatt*, Berlin, 11 juin 1976.

Jürgen BECKELMANN : Die blaue Revolution / *Nurnberger Nachrichten*, Nuremberg, 15 juin 1976.
Article très critique : Yves Klein n'aurait été qu'un excentrique et ses actions, ses mots d'ordre n'auraient surpris personne, sinon une petite clique parisienne qui se demandait quand et dans quelle droguerie il achetait ses éponges, pour en peindre ses toiles du fameux IKB.

XXX : Beeldende Kunst-Leeg en bezeten / *Haagsepost*, Amsterdam, 5 novembre 1960.

XXX : Belgischer Streik verzögert Ausstellung / *Rheinische Post*, 29 décembre 1960.

Hans BENDIX : Levende pensler på Louisiana / *Politiken*, Copenhague, 1er mars 1968.

Marie-Laure BERNADAC : Klein / *La Galerie des arts*, Paris, février 1969, n° 64.
Interview de Pierre Restany à l'occasion de l'exposition au Musée des Arts décoratifs.
Klein y est présenté comme un homme d'action qui, avec le groupe des Nouveaux Réalistes, a bouleversé en 1960 les valeurs conformistes ; comme un prophète qui fut un accélérateur de la vision et voulait atteindre la pensée et la communication pures. Son influence a été très forte sur les artistes de son époque (Tinguely a reçu un grand choc à l'exposition du Vide), et, si Klein a été tributaire du scandale, sa mort a fait apparaître son œuvre comme un chapitre ouvert sur l'avenir.
L'article insiste ensuite sur l'importance de l'énergie dans l'œuvre de Klein et sur la manière dont elle débouche sur la notion de vide. Parti de points de départ fondamentaux, sensible à l'intuition, Klein,

par toutes ses catégories d'œuvres (anthropométries, cosmogonies...), repense l'aventure spatiale. (Les photographies présentent diverses œuvres : Klein réalisant un Feu ; les Feux ; des Antropométries ; Relief éponge rouge, Éponge rouge sur socle.)

XXX : Bild von Yves Klein / *Mannheimer Morgen*, Mannheim, 21 mars 1974.

XXX : Bilder von Yves Klein liegen in Belgien fest / *Neue-Rhein-Zeitung*, Düsseldorf, 29 décembre 1960.

XXX : Blåmalaren Klein / *Dagens Nyheter*, 3 mai 1963.

Camilla BLECHEN : Yves Klein-der Verkäufer ultramaringlauer Träme / *Frankfurter Allgemeine*, Francfort, 11 juin 1976.
Cette exposition se voudrait une « démystification » de la personne et de l'œuvre de Yves Klein. Il semble cependant que le livre de Catherine Krahmer paru en 1974 et qui pour la première fois analysait avec précision et lucidité « ce cas Yves Klein » n'ait pas du tout été pris en compte. Ni l'exposition, ni le catalogue richement documenté ne nous révèlent rien de nouveau, sur une des personnalités les plus étranges de l'histoire de l'art du XXe siècle. Une des raisons, et non des moindres, pour faire cette exposition était l'achat projeté par Dieter Honisch d'un monochrome bleu au prix exorbitant de 400 000 DM (Werner Haftmann avait dû renoncer à en acheter un pour la somme de 100 000 DM). Suit une analyse critique de l'œuvre de l'artiste qui, bien qu'il ait ouvert la voie au Nouveau Réalisme, au mouvement Zero en Allemagne, à une partie de l'art conceptuel et du happening, ne témoigne en fait d'aucune force plastique (que ce soit dans les éponges, les perches ou les portraits robots de ses amis...) ni d'aucune sensibilité particulière. Ce sont peut-être les anthropométries qui survivent le mieux. Il est vrai que Yves Klein n'a pas eu le temps de tracer les lignes de force de son œuvre, en dehors de son identification à la couleur bleue. Il se peut aussi que le credo de l'exposition de Berlin (« Il y a d'abord le néant puis un néant profond et enfin une profondeur bleue ») ne soit pas vraiment l'expression d'un visionnaire mais une image de consolation.

Stephan BONE : Exposition Gallery One, Londres / *The Manchester Guardian*, Manchester, 3 juillet 1957.

Georges BOUDAILLE : Klein / *Cimaise*, Paris, janvier-février 1961, n° 51.
A l'occasion de l'exposition à la galerie Rive droite, l'auteur, qui ne reconnaît aux monochromes déjà connus que des propriétés décoratives et reste insensible à leurs vertus magiques, est gêné par la nouvelle technique barbare utilisée (positif-négatif des corps) pour ces œuvres, mais s'interdit de les condamner en raison de leur étrange présence.

Maïten BOUISSET : Les Feux d'Yves Klein / *Le Quotidien de Paris*, Paris, 1er novembre 1976.
A propos de l'exposition à la galerie Flinker, à Paris, l'auteur rappelle quand Klein utilisa le feu et comment chacune de ses manifestations publiques était accompagnée d'un rituel naïf et irritant. Mais l'auteur ne veut plus considérer l'œuvre, décrit les tableaux et se trouve convaincue de la qualité de l'œuvre et de l'importance de l'artiste.
(L'illustration : l'exécution d'un Feu.)

R. BOULLIER : Coup d'œil dans les galeries / *Aux Écoutes*, Paris, 28 novembre 1958.
Très bref compte rendu de l'exposition à la galerie Iris Clert pour signaler que Klein n'a pas abandonné

sa « stabilité monochrome » et fait animer ses disques bleus par Tinguely, mais que la « haute compétence » des deux artistes fait figure de petit bricolage.

Alan BOWNESS : Wols and Klein / *Observer*, Londres, 30 juin 1957.
L'auteur note que le travail d'Yves Klein, présenté à la Gallery One, est déjà bien connu car il est exactement le type d'art moderne que le public anglais attend depuis longtemps : celui qui confirme que l'art moderne est une énorme mystification. Suit une description des tableaux : ils sont couverts de peinture en poudre bleue uniformément étalée au rouleau et un examen attentif montre entre les toiles une différence de texture.
L'auteur cite Klein lors du débat à l'ICA : contre la ligne qui rappelle les barreaux d'une prison, préférence pour les feux d'artifice... Il pense que tout cela est bien étrange, mais plein d'humour : si les gens sont assez stupides pour le prendre au sérieux, alors bravo. Ce qui pourtant est troublant, c'est le problème philosophique-mystique soulevé par Klein, de la contemplation de la couleur par elle-même et pour elle-même. L'auteur termine ironiquement que cela a peu à voir avec l'art, et passe à une critique de l'exposition Wols à l'ICA.

Guy BRETT : Freedom from what ? Yves Klein, Piero Manzoni, Tate Gallery / *The Times*, Londres, 26 mars 1974.
Compte rendu des deux expositions, qui rappelle comment plusieurs artistes (dont Takis, également), ont été intéressés au début des années 60 par l'« espace ». Considérant tour à tour Klein et Manzoni, l'article les présente, suivant en cela le point de vue de la Tate, comme les initiateurs des écoles académiques contemporaines : conceptuel, body art, etc.
L'auteur précise l'époque (années 50, les tachistes...), l'esprit de Klein (entre le futurisme et la nostalgie), rappelle ses différentes réalisations en notant que les peintures de feu et de vent apparaissent comme des peintures abstraites, et qu'il n'y a aucune participation (artiste, œuvre, spectateur) dans les Anthropométries.

Otto BRÜES : Die Kunst des Schwammerl-und Gasmalerei / *Der Mittag*, Düsseldorf, 3 février 1961.

Clas BRUNIUS : En idé om 1800-talet / *Expressen*, 9 mai 1963.

Art BUCHWALD : Nicht die Leinwand, das Modell wird bemalt / *Der Mittag*, Düsseldorf, 28 janvier 1961.

G.M. BUTCHER : Letter to the editor / *Art News and Review*, Londres, 20 juillet 1957.
L'auteur de cette lettre habite à Wadham College, Oxford. Il s'insurge contre la critique peu sérieuse faite dans ce même journal par Ralph Rumney (6 juillet) sur l'exposition à la Gallery One. Il a assisté au débat avec Klein à l'ICA et pense que si le travail lui-même ne tient pas vraiment seul, le « contexte » est apporté par les spectateurs qui ont une compréhension métaphysique.
Même en voyant les œuvres comme reductio ad absurdum, il n'y a pas là de quoi crier au scandale. Car chaque peinture possède sa propre qualité de peinture et de texture, quoique Klein décrive cela comme sa concession au public.
L'auteur estime que le spectateur doit avoir un état d'esprit mystique pour profiter totalement de ces peintures dont le propos est l'expérience de la pure sensibilité. Pendant le débat, quelqu'un est d'ailleurs intervenu pour citer un exemple issu des théories de la psychologie du comportement.

L'auteur conclut que la valeur esthétique des œuvres de Klein naît du conflit entre une interprétation métaphysique et une interprétation rationaliste.

Dino BUZZATI : Blu, Blu, Blu / *Corriere d'informazione*, Milan, 9 janvier 1957.

Dino BUZZATI : Un piccolo Cagliostro della pittura... / *Corriere d'informazione*, Milan, 5 décembre 1961.

Dino BUZZATI : Sortilegio a Notre-Dame / *Corriere della sera*, Milan, février 1962 // catalogue de l'exposition Yves Klein, **Galleria Blu**, Milan, 1969.

C

Pierre CABANNE : Le rappel à l'ordre / *Art et Création*, Paris, janvier-février 1968, n° 1.
Intéressant article où l'auteur se réjouit de ce que les expérimentations de Klein aient été prises pour des canulars, car cela lui fait rejoindre les plus grands artistes qui connurent le scandale. Les spectacles organisés par Klein sont, il est vrai, burlesquement agressifs, mais il ne faut pas les ranger dans la lignée des actions surréalistes. Le scandale peut être propice à la création, surtout s'il vient de l'œuvre, et s'il a condamné Klein à la solitude comme tous les artistes de ce temps où le public n'assiste plus à la création comme on le faisait dans les ateliers d'autrefois, il s'agit d'un scandale nouveau : il a consisté à ne pas voir. L'exposition du vide fut une belle émeute, mais Klein va plus loin, avec la vente de vide, en ne donnant rien à toucher. Il va jusqu'au bout : il tuera le scandale en le rendant incommunicable.

John CANADAY : I Got the Yves Klein Blues / *The New York Times*, New York, 5 février 1967.
Article très sceptique sur Klein à propos de l'exposition au Jewish Museum.
L'auteur raille le musée sur son programme de présentation de valeurs culturelles positives et Klein sur son appellation (par Restany) de Messie. Il voit surtout une prodigieuse exaltation du non-sens dans l'exposition de quelqu'un qui n'est qu'un homme de spectacle. Regrettant qu'on n'ait pas reconstitué le chef-d'œuvre de Klein, l'exposition du vide, il déclare qu'on manque l'occasion de voir que l'art a disparu pour laisser la place à une doublure.
L'ironie de l'article s'accentue encore pour raconter les peintures dont on trouve partout en tube la couleur, les timbres bleus et la manière dont Klein se protège par l'énormité de ses absurdités.
Après ces objections que l'auteur dit avoir faites très aimablement, il décrit ce que l'exposition présente comme divertissement au spectateur : il y a ces exercices célèbres des femmes nues qui se roulent sur les toiles, les éponges sur des tiges (une idée de jardin d'enfants), les peintures de feu qui sont les œuvres les plus réussies, si l'on excepte le discours qui les entoure.
Canaday juge pour terminer l'exposition aussi intéressante qu'un chapeau de papier rapporté d'une soirée et s'étonne du culte qui entoure Klein. (L'illustration montre une peinture de feu.)

Patrick S. CATLING : Blue and Blank "Pictures" – Frenchman Causes Art Furor in London / *The Sun*, Baltimore, 7 juillet 1957.
L'auteur se demande si l'exposition à La Gallery One, qui provoque une telle controverse, est une étape importante de l'art moderne ou l'une des plus grandes supercheries du XX° siècle. Chaque peinture est d'une seule couleur, en général bleu royal,

car l'artiste vient d'entrer dans sa période bleue – et ne semble pas prêt à en sortir. L'exposition est devenue le centre d'un débat esthétique passionné, et on s'interroge sur les intentions de l'artiste qui ressemble à Charles Boyer jeune.
Après un rappel des réalisations récentes de Klein (les ballons bleus, les feux d'artifice, les cris bleus..., la commande de timbres par les PTT), le critique cite Pierre Restany et mentionne la préface de Claude Pascal, faite de traits.
Après une évocation de Klein « commandeur » de l'ordre de Saint-Sébastien, on cite Lawrence Alloway qui a dirigé le débat à l'ICA avec l'artiste, puis Klein lui-même et ses idées sur la couleur, la composition, le dessin : « Nous ne savons pas assez de la couleur. C'est un monde presque complètement inexploré. »

Jean-Luc CHALUMEAU : La place d'Yves Klein / *Opus international*, Paris, automne 1979, n° 74.
Comparée à celle de Bach, l'œuvre de Klein doit être, selon l'auteur, recréée. Les jeunes artistes ne l'ont pas connue, mais doivent souvent passer par les formulations de Klein pour penser leur propre situation historique. Ses intuitions (nouvel humanisme, âge où seule comptera l'idée...) lui ont fait accomplir une carrière de peintre en se contentant d'en mimer les comportements. C'est le peintre « à la limite », mais il reste peintre et a contribué à modifier l'image qu'on se fait de l'artiste.

XXX : Che coraggio blu ! / *Corriere lombardo*, 11 janvier 1957.

Denys CHEVALIER : L'envers d'une légende – Réflexions sur Yves Klein et son œuvre / *Les Nouvelles littéraires*, Paris, 19 mars 1973.
A propos de l'exposition à la galerie Flinker, l'auteur se pose la question de savoir si Klein était révolutionnaire, et le trouve petit-bourgeois ; s'il était fasciste, et le voit banal réactionnaire. Son œuvre ne reflète nulle autre chose.
L'auteur trouve désopilantes les photos de Klein en costume de chevalier de Saint-Sébastien, haïssable la mise en scène d'une œuvre truquée avec ruse. Car même si Karl Flinker lui a expliqué avec condescendance que nombre d'artistes prennent Klein pour modèle, l'auteur pense la postérité des sots et des snobs assurée pour l'éternité.
Énumérant les parentés de Klein, qu'il trouve plus malin qu'intelligent, Denys Chevalier trouve l'œuvre vieillotte. Il a écrit cet article par humeur, pour le plaisir de jeter un pavé inutile dans une mare qui ne l'est pas moins et a proportionné sa taille à l'ampleur du phénomène Klein. Il sait qu'on peut lui reprocher de s'attacher à des éléments biographiques, mais souligne qu'il n'invente rien et que, si on suit le point de vue de Klein, on ne doit pas dissocier l'artiste de sa vie.

Iris CLERT : Rétrospective Yves Klein, une réaction d'Iris Clert / *Art Press*, Paris, mai 1982, n° 59.
L'auteur écrit à la rédaction pour protester contre l'omission systématique de son nom dans le catalogue de l'exposition Klein à Houston. Iris Clert rappelle ensuite les détails de sa collaboration avec Klein et reproche à Pierre Restany d'essayer de la gommer.

André COGNET : Yves Klein / *Marie-France*, Paris, février 1969.
Présentation de l'artiste à propos de l'exposition au Musée des Arts décoratifs. L'auteur mentionne la première exposition de monochromes en 1955, puis une deuxième où tous les tableaux et les murs de la galerie étaient du même bleu. Enfin, l'article explique la démonstration de « peinture en action » avec le corps nu de quelques modèles et regrette la mort de Klein qui l'a empêché d'épuiser les ressources de son imagination.

XXX : Les compliqués / *Le Crapouillot*, Paris, juillet 1958.
Sous ce titre est reproduit, sans autre commentaire, le texte du carton d'invitation à l'exposition de la galerie Iris Clert.

XXX : Confidentiel / *La Presse*, Paris 5 décembre 1960.
Bref écho ne mentionnant pas le nom de Klein, mais annonçant qu'à Saint-Germain-des-Prés, la dernière mode est aux « peintures chaudes », car l'empreinte de jolis modèles est vendue à de riches amateurs.

Michel CONIL-LACOSTE : Tinguely-Klein ou l'art superlatif / *Le Monde*, Paris, 21 novembre 1958.
Très intéressant article sur l'exposition à la galerie Iris Clert. L'auteur y raconte l'expérience des deux artistes d'avant-garde, qui risque d'être prise pour un canular, mais dans laquelle il refuse de ne pas voir au moins, dans la pire hypothèse, un fait divers significatif intéressant les beaux-arts.
Rappelant le travail récent de Klein (qui systématise la remarque de Matisse : 1 m² de bleu est plus bleu que 1 cm² du même bleu) puis celui de Tinguely, il montre comment leurs œuvres pouvaient se rencontrer à l'exposition et le vernissage : « Le disque [...] tournait fièrement à 300 km/h [...] des ronflements, des mugissements [...] emplissaient [...] le quartier de la vénérable École des beaux-arts [...] »
Si les protagonistes ne se prennent pas trop au sérieux, leur entreprise s'inscrit pourtant de façon symptomatique dans le désarroi actuel.
L'auteur voit dans Klein et Tinguely deux artistes qui vont encore plus loin, pour s'« en sortir ».

Michel CONIL-LACOSTE : Mort du peintre Yves Klein / *Le Monde*, Paris, 9 juin 1962.
Court et intéressant article nécrologique sur le plus turbulent et démonstratif des peintres de l'avant-garde parisienne, quelques mois après son mémorable mariage.
L'article rappelle que Klein s'est fait connaître par ses recherches de monochromie qui marquaient à la fois, en peinture, les limites d'une impasse et, pour ses détracteurs, celles de l'imposture.
Après l'énumération des différentes œuvres réalisées, on conclut que s'il n'est pas sûr que le nom de Klein reste dans les dictionnaires, son goût du risque et sa recherche paradoxale de l'absolu demeureront inscrits dans le meilleur de son travail... et dans notre mémoire.

Michel CONIL-LACOSTE : Yves Klein, dix ans après / *Le Monde*, Paris, 6 mars 1973.
A l'occasion de l'exposition (restreinte mais sans lacunes) à la galerie Flinker et de la sortie du catalogue de l'œuvre par Paul Wember, l'auteur constate le classicisme de l'art de Klein et indique ses paternités : immatériel/conceptuel ; peintures murales et architecture de l'air/environnement ; saut dans le vide et empreintes/body art.
Puis l'article présente tous les types d'œuvres réalisées par Klein, à partir du code institué par Wember : IKB, MG, RE, SE (imbibés sans doute plus encore de symbolique sexuelle que de couleur bleue), RP, COS, SU, ANT, F, PR.
Pour l'auteur, Klein, entrepreneur de l'immédiat et grand maître du raccourci, a fait plus que quiconque pour en finir avec le coup d'œil du rapin et les dosages de la palette.

Fenella CRICHTON : London–Letter. Revolutionary art is bound... / *Art International*, Lugano, été 1974, vol. 18, n° 6.
Compte rendu des rétrospectives Klein et Manzoni à la Tate Gallery.
Pour l'auteur, les deux artistes furent d'une certaine manière des pionniers mais Klein sort triomphant de la confrontation. L'article le situe dans sa période, l'existentialisme, et rappelle qu'à dix-huit

ans il avait signé le ciel ; comment plus tard il se mit à considérer l'art comme étant le procédé même de la création, et ses œuvres comme les cendres de son activité. De là son influence sur l'intérêt actuel pour l'attitude et pour la documentation des actions.

L'auteur précise le rituel de la vente des zones de sensibilité, insiste sur le fait que Klein passa une année au Japon, et note que les happenings américains n'ont jamais eu un tel caractère cérémonieux.

Puis la description des Monochromes et des Anthropométries met en valeur leur impact émotionnel et leur beauté.

L'auteur conclut que la vision qu'a Klein de l'art en tant qu'élément d'ordre dans le chaos de l'univers, le distingue par-dessus tout de Manzoni.

Carol CUTLER : Paris : The No-Colour Look / **Art in America**, New York, décembre 1965–janvier 1966, vol. 53, n° 6.
Ce compte rendu de différentes expositions à Paris est précédé d'une courte introduction qui estime que la caractéristique des mouvements actuels à Paris est la disparition de la couleur. L'auteur, à propos d'une exposition à la galerie Iolas, estime que Klein a eu de l'importance sur le plan national et peut-être international, dans son utilisation de nouveaux matériaux. Il a entraîné à sa suite d'autres artistes. Ses compositions bleues ont mené au mouvement monochrome.

D

Jean-Luc DAVAL : Lettre de Suisse – Zurich / **Art International**, Lugano, été 1973, vol. 17, n° 6.
Très brève mention de la rétrospective Klein à la galerie Gimpel et Hanover, qui souligne la qualité des œuvres présentées.

Denise DAVID : Château-Musée de Cagnes / **Les Nouvelles littéraires**, Paris, 12 février 1973.
Brève annonce de l'exposition Klein et Marie Raymond, grande artiste modeste.

Pierre DESCARGUES : Yves Klein, l'homme qui a vendu du vide / **Tribune de Lausanne**, Lausanne, 30 octobre 1960.
Article intéressant fait à partir d'une interview dans laquelle Klein retrace lui-même le cheminement de sa carrière.
Après avoir cité quelques-unes des plus étranges réalisations de l'artiste, l'auteur à l'occasion de l'exposition galerie Rive droite, décrit Klein et le situe avant de lui laisser la parole : homme élégant, avec « un bon sourire et une expression d'innocence dans les yeux ».
Klein explique comment il a commencé à peindre et décrit le passage des différentes couleurs au bleu, puis la période pneumatique, les Anthropométries, les œuvres faites à partir des éléments naturels.
(Quatre illustrations : deux portraits de Klein devant des Anthropométries, une Anthropométrie, un Monogold.)

Pierre DESCARGUES : Yves Klein vient de faire la plus grande découverte de sa vie : la peinture au lance-flammes / **Tribune de Lausanne**, Lausanne, 6 août 1961.

Pierre DESCARGUES : Maître de l'immatériel, Yves Klein a laissé une œuvre considérable dont on commence à mesurer l'importance / **Tribune de Lausanne**, Lausanne, 8 mai 1964.

Pierre DESCARGUES : Yves Klein et Martial Raysse au musée d'Amsterdam / **XXᵉ siècle**, Paris, mai 1966, n° 26.
L'auteur félicite le Stedelijk Museum pour son programme d'expositions, et notamment pour son attachement au Nouveau Réalisme et pour avoir fait une rétrospective Klein.
Il se souvient d'avoir assisté à une réunion de groupe des Nouveaux Réalistes, comment ils se disputaient et pourquoi c'était normal puisque, rassemblés pour des raisons profondes, ils devaient tous se définir eux-mêmes.
L'œuvre de Klein est la plus abstraite : son domaine était l'air, et on pourrait la conserver en emportant sur soi un centimètre carré de bleu, un petit feuillet d'or, quelques cendres et un diapason. L'auteur décrit alors les œuvres qu'il vient d'évoquer.
Puis Pierre Descargues parle de la mort prématurée de Klein ; combien il avait soigné sa vie, comment il a redonné au monde matérialiste de l'art la notion de qualité. Son grand nombre d'œuvres, dont quatre-vingts sont présentées, vaut par ce qu'il présente d'une aventure spirituelle nouvelle, et aussi parce qu'il est le travail d'un peintre. Le nouveau réalisme d'Yves Klein, c'est la réalité des cosmonautes quand ils sortent de leur capsule, conclut Descargues avant de passer à une étude de Raysse.
(Illustrations de Klein : Monogold ; portrait d'Yves Klein ; Relief éponge ; Grande Empreinte, 1963, galerie Iolas (photo Shunk-Kender) ; Feu, 98 × 136 cm, galerie Iolas, Paris ; Portrait relief d'Arman, 1962, 173 × 94 cm.)

Pierre DESCARGUES : Yves Klein / catalogue de l'exposition Yves Klein, **Louisiana Museum**, Humlebaek, 1968.

Pierre DESCARGUES : L'expérience picturale d'Yves Klein / **Gazette des Beaux-Arts**, Paris, octobre 1971, n° 1233.
Long et intéressant article qui reprend certains des éléments publiés dans XXᵉ Siècle, mai 1966, et les développe.
Retraçant la carrière de Klein, l'auteur précise la place qu'il eut au sein des Nouveaux Réalistes, importante et distante à la fois. Il a apporté au groupe une vision très personnelle d'absolu, d'abstraction qui se fondait sur la qualité pour lui primordiale : la sensibilité. Parmi les Nouveaux Réalistes, Klein fait, pour l'auteur, figure de matérialiste. Son œuvre, décrite ici en détail dans ses diverses phases, était à la recherche de la pureté. Elle est maintenant suivie dans beaucoup de domaines : happenings, environnement, art conceptuel, etc.

Attanasio DI FELICE : Yves Klein / **Flash Art**, Milan, janvier-février 1981, n° 101.
Compte rendu de l'exposition à la galerie Yves Arman, New York.
L'auteur énumère et décrit les œuvres présentées (Peintures, Eponges, Anthropométries...) ; toutes bleues sauf un chèque de zone de sensibilité et une œuvre que Klein ne réalisa jamais et qui est présentée ici pour la première fois (avec l'autorisation de la famille puisque Yves Arman est le filleul de Klein) : la sculpture tactile contenant un mannequin nu.
L'auteur retrace ensuite brièvement la carrière de Klein (l'exposition à Milan des Monochromes de différentes couleurs : les Anthropométries de l'époque bleue...) et annonce la prochaine rétrospective devant commencer au Guggenheim à l'automne 1982.
(L'illustration montre Peter Saari et Yves Arman enfermant une femme nue dans la sculpture tactile.)

Monique DITTIERE : Yves Klein / **L'Aurore**, Paris, 14 mars 1973.
Brève annonce de l'exposition qui inaugure la galerie Flinker et pour laquelle la veuve de l'artiste

a prêté un ensemble d'œuvres. Devenu un classique, Klein fait figure de père de l'idéalisme ; il s'est grisé de bleu, et aujourd'hui son œuvre fascine.

XXX : Le dossier Klein / **Chroniques de l'art vivant**, Paris, mars-avril 1969, n° 1 bis.
Ce dossier très bien fait comporte deux chapeaux : l'un qui rappelle la première exposition officielle de Klein en France au Musée des Arts décoratifs et la publication prochaine du livre de Wember, l'autre que le succès immédiat de Klein et le rituel dont il s'est entouré ne facilitent guère son approche.
Huit longs paragraphes numérotés fournissent de nombreuses informations : 1°) biographie générale ; 2°) citations de Klein, d'après L'Aventure monochrome, et de Restany ; 3°) Klein pour ses défenseurs ; 5°) Klein pour ses détracteurs ; 6°) Klein pour les musées, en France et à l'étranger ; 7°) Klein pour les historiens d'art ; 8°) Klein suspect pour une fraction de l'opinion, le judo, les idées religieuses.
Une intéressante conclusion enfin : Klein est lui-même responsable de la confusion, ayant toujours fait porter la discussion sur les idées et non sur les œuvres. Pourtant il y a beaucoup à dire sur les œuvres elles-mêmes, sur leur matière, sur la soi-disant objectivité qui a contribué à les réaliser ; ce sont elles qu'il convient de juger.
(Cinq illustrations : portrait de Klein ; torse de femme ; portrait relief d'Arman ; réalisation en public d'une Anthropométrie, 1960 ; Tableau-feu.)

XXX : Drei Bürgermeister trinken in Paris auf Europa und unser neues Stadttheater / **Gelsenkirchen Stadtanzeiger**, 6 juin 1959.

René DROMMERT : Rosen auf Goldblech / **Die Zeit**, Hambourg, 3 mars 1961.

Christine DUPARC : Le retour d'Yves Klein / **Connaissance des arts**, Paris, février 1969, n° 204.
A propos de l'exposition au Musée des Arts décoratifs, l'auteur rappelle la grande réputation de Klein et indique qu'il est pour les uns un sous-Dali, pour d'autres un nouveau Malevitch. Elle distingue deux idées principales : la monochromie qui s'en prend à la composition et remet en cause notre conception de l'art (comparaison avec Duchamp et Fontana), et l'imprégnation qui permet de matérialiser l'immatériel. Chaque empreinte de femme est un certain moment d'une certaine femme. Loin des tableaux tachistes, ce sont, comme les Cosmogonies, les Tableaux-feux et les Éponges, les traces d'une réalité vivante prise au piège de la toile.
L'auteur ajoute que Klein a marqué beaucoup d'artistes et annonce la prochaine exposition au Stedelijk Museum d'Amsterdam, « Cryprostructures et micro-émotions ».

E

B. E. : En fransk fantast / **Politiken**, Copenhague, 17 février 1968.

XXX : Échos et nouvelles / **L'Œil**, Paris, juin 1960, n° 66.
Cet écho rapporte qu'Yves Klein est invité par la Ville de Paris à étudier des fontaines de feu et d'eau pour le palais de Chaillot et qu'un architecte de la ville de Caracas vient de lui en commander une personnellement.
On apprend également que les projets de Gelsenkirchen (mur de feu et cafétéria à toit d'air) sont toujours en discussion.

Folke EDWARDS : Den monokrome / **Stockholms Tindingen**, Stockholm, 20 mai 1963.

Folke EDWARDS : Rymdens visionärer II : Den immateriella existensen / *SyDSVD*, 19 février 1966.

Wilhelm EISENBARTH : Farbrealität als Bildform / *Mannheimer Morgen*, Mannheim, 23 mars 1974.

Hans EKLUND : Det finns i de Yttersta... / *Aftonbladet*, 17 mai 1963.

Bernt EKLUNDH : En annan som strävaede mot... / *Goteborgstidningen*, Goteborg, 20 mai 1963

XXX : Eröffnung Yves Klein endgültig verschoden / *Westdeutsche Zeitung*, 5 janvier 1961.

XXX : Erst Nullpunkt, dann Feuerflammen / *Rheinische Post*, 12 janvier 1961.

Leo ESTVAD : Tomheden og andre materier / *Berlingske Aftenavis*, 2 mars 1968.

F

Louis-Paul FAVRE : L'art abstrait-périple / *Combat*, Paris, 20 mai 1957.
Au milieu de différents comptes rendus d'expositions, l'auteur traite de l'« aventure aride et pourtant essentielle » d'Yves Klein (galeries Iris Clert et Colette Allendy), et regrette qu'elle ne soit pas accompagnée « de toutes les réussites et de tous les encouragements qu'il faudrait ». Il trouve les toiles envoûtantes et a entendu quelqu'un dire : « Mais au fond, il doit y avoir une couleur qui tue ». Il y a dans cette œuvre une nécessité intérieure, sans prétentions intellectuelles. « Il faut regarder, savoir se laisser envoûter. »

XXX : Feuer, Farben, viele Worte / *Rheinische Post*, 16 janvier 1961.

XXX : Fire udstillinger på Louisiana inden maj / *Frederiksborgs Ands Avis*, 16 février 1968.

Luisa E. FLYNN : Yves Klein's Blue Carpet / *Art World*, New York, décembre 1982, vol. 7, n° 3.

Lucio FONTANA : J'ai connu Yves Klein... / *Art et Création*, Paris, janvier-février 1968, n° 1.
*Entretien au cours duquel toutes sortes de sujets sont abordés. L'auteur explique qu'il rencontra Klein vers 1957-1958, lui acheta un tableau et vit qu'il cherchait à atteindre l'infini.
Klein ignorait les futuristes, était très respectueux avec Fontana, et connaissait son travail par Iris Clert. C'est un artiste très important, ainsi que Manzoni, selon l'auteur qui pense que les Monochromes bleus sont les meilleures œuvres, les Ors étant trop décoratifs et les Feux étant un peu trop informels.
Le Nouveau Réalisme a été fait par Restany ; Pino Pasali travaille dans l'esprit de Klein ; l'art n'est pas mort, mais c'est la fin de l'art ; si l'art veut continuer il doit devenir plus philosophique ; telles sont les dernières idées de cette interview que termine Fontana en se disant d'accord avec la Chinoise de Godard : « Assez de la fonction bourgeoise de l'art. »*

XXX : Fransk blåmalaren i Svensk-Franska / *Svenska Dagbladet*, 3 mai 1965.

G

P. G. : Asken af min kunst / *Information*, 17 février 1968.

Julian GALLEGO : Cronica de Paris / *Goya*, Madrid, mars-avril 1969, n° 89.
Ce compte rendu de différentes expositions parisiennes se termine par une courte annonce de l'exposition Ives (sic) Klein au Musée des Arts décoratifs.

Emily GENAUER : Art and Artists : have you ever been all blue ? / *Herald Tribune*, New York, 16 avril 1961.

XXX : Genie oder Showman ? Monochrome und Feuer / *Duisburger Generalanzeiger*, Duisburg, 18 février 1961.

Hans GERCKE : Die Faszination des unendlichen Blau / *Rhein-Neckarztg*, Heidelberg, 29 mars 1974.

Michael GIBSON : Yves Klein / *Herald Tribune*, Paris, 24 février 1973.
Brève annonce de l'exposition à la galerie Flinker d'un artiste que certains considèrent comme un précurseur de l'art conceptuel.

Michel GIROUD : Une vision universelle / *Info Artitudes*, Paris, juillet 1976, n° 10.
Présentation de Klein, à l'occasion de l'exposition à Berlin et Düsseldorf, faite de citations de l'artiste et de l'énumération de ses œuvres.

XXX : La gloire d'Yves Klein / *Arts, Loisirs*, Paris, 1er mars 1967, n° 75.
Ce bref article signale qu'aucun journal français, sauf Arts, n'a rendu compte de la rétrospective Klein au Jewish Museum qui fait délirer la presse américaine et à laquelle musées et collectionneurs importants ont prêté des œuvres. Il précise aussi qu'aucun musée français ne possède d'œuvres et que le musée Galliera vient de refuser une rétrospective.

Grace GLUECK : All that Glitters isn't Sold / *The New York Times*, New York, 22 janvier 1967.
*Après un aperçu de la situation du marché de l'art à New York, l'auteur aborde l'exposition (presque) toute bleue de Klein qui remplace celle, noire, de Rienhardt au Jewish Museum.
Elle rapporte les paroles de la veuve de l'artiste (Klein pensait la Terre bleue) et décrit les Cosmogonies, les Peintures de feu, les Anthropométries (œuvres les plus célèbres chez les gens frivoles). Mme Klein précise qu'elles permettaient à Klein de garder sa distance à l'œuvre.
L'auteur rappelle enfin le rythme de la vie de Klein, sa profession de judoka, son rôle dans la fondation des Nouveaux Réalistes.*

Grace GLUECK : Art : Yves Klein Show at the Guggenheim / *New York Times*, New York, 19 novembre 1983.
L'auteur se contente dans ce compte rendu de l'exposition de reprendre la biographie de Klein, et de donner des renseignements pratiques (circuit de l'exposition, nombre d'œuvres). Parmi les quelques jugements portés : Klein superman a un réel talent – quoique mineur – et une seule des Anthropométries présentées est intéressante ; le catalogue épais, lourdement documenté, comporte une brillante étude de Thomas McEvilley.

Barbara GOLD : Art Notes – Klein Retrospective / *Morning Sun*, Baltimore, 12 février 1967.
*Sur la rétrospective au Jewish Museum. Autant désormais un culte qu'un artiste, Klein chercha à trouver l'« immatériel » par ses expositions du vide (une pièce dont il vendit l'air à trois mille personnes), par sa tentative de vol (même s'il se démit l'épaule).
L'article explique de manière confuse les recherches de Klein à partir de l'IKB, explique les Anthropométries et note les réserves émises par certains, mais reconnaît l'impact visuel d'une œuvre finie.*

Peter Hans GOPFET : Blau Blau Blau / *Stuttgarter Zeitung*, Stuttgart, 14 juin 1976.

Nigel GOSLING : In wild terrain / *The Observer*, Londres, 24 mars 1974.
*Selon l'auteur, les deux artistes présentés à la Tate Gallery sont aussi loin des admirateurs de Cézanne que celui-ci l'était des admirateurs de Delacroix. Klein et Manzoni n'étaient pas des chercheurs, plutôt des aventuriers ; leur œuvre n'est pas toujours impressionnante, mais leur courte carrière a exploré, dans un style bien latin, des alternatives aux idées reçues, a été et reste importante.
Klein, plus varié et complet que Manzoni, est présenté comme un mystique démodé peignant avec le feu, obsédé par l'or et le bleu.
L'auteur le qualifie d'inventeur véritable dont les concepts ont été très copiés, mais le mélange de naïveté, d'originalité et d'iconoclasme qu'il voit dans son œuvre lui fait comparer Klein à Isadora Duncan.
(Une illustration monte Klein faisant une prise de judo).*

H

E. H. : Zwei damen am Telefon / *Rheinische Post*, 24 janvier 1961.

Anneliese de HAAS : Luftdächer für unsere Armen Erdenhaüser / *Die Welt*, Hambourg, 26 novembre 1960.

Helmut de HAAS : Der Bau ist Bühne, das neue Theater in Gelsenkirchen / *Die Welt*, Hambourg, 4 avril 1959.

Helmut de HAAS : Experimentator, Genie oder Charlantan ? / *Die Welt*, Hambourg, 15 février 1961.

Otto HAHN : L'homme qui peignait avec des femmes / *L'Express*, Paris, 27 janvier 1969.
*L'auteur raconte, à l'occasion de l'exposition de plus de cent cinquante tableaux de Klein au Musée des Arts décoratifs, la carrière, ponctuée de scandales, de celui dont la grande idée fut le monochrome.
Sont tour à tour évoqués la première exposition, les parents de Klein et le séjour au Japon, avant l'explication des idées de l'artiste : le monochrome est l'émotion à l'état pur. Puis l'auteur rappelle l'exposition des murs nus à la galerie Iris Clert protégée par deux gardes républicains, avant de décrire les œuvres faites en pulvérisant du bleu à hauteur d'homme sur une toile posée sur le sol, et celles faites aux brûleurs industriels ou avec des pinceaux vivants.
L'auteur dit l'incompréhension du public de l'époque et l'épisode du film Mondo Cane qui provoqua la première crise cardiaque de Klein.
Notant enfin comment la mort de Klein fut d'abord*

prise (par Soto notamment) pour une blague, l'article souligne l'impulsion qu'a donnée Klein à la recherche picturale et cite les artistes qui se sont révélés à son contact : Arman, Tinguely, Raysse, Manzoni.

Julian HALL : Art / *Truth*, Londres, 5 juillet 1957. Entre plusieurs comptes rendus d'expositions, l'auteur considère que voir l'exposition des monochromes de Klein à la Gallery One n'est pas du temps perdu. Il pense que si l'on remarque la manière dont s'arrête la couleur à la limite de la toile, et sa relation avec la couleur avoisinante, avec le mur, on touche à un aspect important de l'entreprise de Klein.

Horst HARTMANN : Mit Menschen Gemalt / *Darmstädter Echo*, Darmstadt, 5 avril 1974.

Nils-Göran HOKBY : Blamalaren med levande penslar /*Iefle Dagblad*, 31 décembre 1965.

Bent HOLSTEIN : Myte om moderne kunstner / *Frederiksborgs Ands Avis*, 17 février 1968.

Bent HOLSTEIN : Han rullede bare damer i maling / *Fyens Stiftstidende*, 18 février 1968.

XXX : L'horreur du vide / *Point de vue-Images du monde*, Paris, 2 décembre 1960. Court écho ironique rapportant l'idéal théâtral défini par Klein à l'occasion du Festival d'avant-garde.

XXX : Hot Air / *Evening Standard*, Londres, 19 juin 1960. Echo sur le projet du jeune architecte parisien Klein de construire des maisons à toit et murs d'air. L'auteur s'inquiète du manque de vie privée ; Klein déclare que le problème n'existera plus dans dix ans. L'auteur conclut que Klein ne s'inquiète pas de savoir où il accochera des peintures puisqu'il vend déjà, pour dix livres sterling, des « zones de sensibilité » invisibles.

Richard HUELSENBECK : Der Tod eines Malers / *Frankfurter Allgemeine*, Francfort, 27 juillet 1962.

Ronald HUNT : Yves Klein : Fragments from a Conversation with Rotraut Klein / *Icteric*, Newcastle upon Tyne, janvier 1967, n° 1.

Ronald HUNT : Yves Klein / *Artforum*, New York, janvier 1967, n° 5.

I J

IDA : Des Kaisers neue Kleider / *Neue-Rhein-Zeitung*, Düsseldorf, 16 janvier 1961.

XXX : Il s'est mis entièrement nu pour peindre ce tableau avec ses pieds / *L'Aurore*, Paris, 23 novembre 1960. On rapporte dans cet écho à caractère sensationnel comment deux œuvres de Klein exposées au Festival de la peinture d'avant-garde ont été saccagées : sur la première (valeur : 30 000 F), on a arraché des feuilles d'or et des fleurs artificielles ; la deuxième (estimée à 6 000 F), « brossée » par l'artiste avec ses pieds enduits de peinture indigo, a été découpée par un inconnu. (La photographie montre les deux œuvres après l'incident.)

Pierre JEANNERAT : Art-with-a-roller is here / *Daily Mail*, Londres, 25 juin 1957.

Les sous-titres précisent : « Une éponge en bleu coûte 78 livres sterling. » L'auteur décrit Klein : beau, les yeux bruns, charmant, il ne se fâche pas si on rit et explique qu'il invite le spectateur à partager sa sensibilité en « permettant à l'esprit de se plonger au cœur de la couleur ». Ce plongeon n'est pas bon marché, et les prix des œuvres sont indiqués (toile verte : 25 guinées). L'article se poursuit par l'explication de la technique (le rouleau, le travail de la surface). Klein dit que la ligne et la forme sont comme les barreaux d'une prison et pense même à supprimer toute couleur. Pour l'instant, il présente à la Gallery One des œuvres d'un bleu semblable à celui des lampes des postes de police, et en particulier une éponge bleue, telle une fleur, qui coûte 75 guinées. (La photographie montre Klein tenant l'éponge.)

Jill JOHNSTON : Art News from London. Yves Klein (Iolas) / *Art News*, New York, décembre 1962, vol. 61, n° 8.

Jill JOHNSTON : New York. A major show of the season... / *Arts Canada*, Toronto, avril 1967, vol. 24, n° 107. Compte rendu de l'exposition au Jewish Museum. L'auteur décrit Klein comme un grand aventurier, un fantaisiste, un inventeur dont les merveilleux monochromes bleus, d'un cobalt profond et sensuel, sont la parfaite expression du Vide poursuivi sa vie durant par l'artiste mort tragiquement à 34 ans. Rappelant les paroles de Klein contre les oiseaux qui percent le ciel de leur vol, l'auteur évoque ensuite les autres types d'œuvres de Klein présentées dans l'exposition. A propos des Anthropométries, il note comment Klein se défendait d'être un « action painter », comment il voulait se distancier de l'œuvre. L'auteur termine en jugeant que les Anthropométries à images négatives sont de meilleure qualité que les autres, et que les Peintures de feu sont plus intéressantes comme idées que comme œuvres. (L'illustration montre : Ant S.U. 1961, Moderna Museet, Stockholm, photo Shunk-Kender, Paris.)

XXX : Josef Albers – Yves Klein / *Flash Art*, Milan, juin 1974, n° 46-47. Compte rendu de deux livres récents, dont celui de Pierre Restany sur Klein.

Alain JOUFFROY : L'absolu d'Yves Klein / *XXᵉ Siècle*, Paris, décembre 1973, n° 41. Long article critique sur Yves Klein mêlé de souvenirs personnels de l'auteur avec, en exergue, deux citations de Novalis. Loin d'être un contestataire de l'art, Klein est présenté comme un partisan de l'art absolu qui se réclame de Delacroix et Giotto et a défini, de 1956 à 1962, l'un des rares points de repère depuis la mort de l'École de Paris. L'auteur décrit le comportement et le physique de l'artiste et se souvient d'avoir été pris pour lui à cause d'une vague ressemblance. Il eut avec Klein une bizarre amitié et le présenta à Jean Larcade. Bien que réticent sur les Monochromes, l'auteur approuva tout de suite les Anthropométries qu'il fut le premier à voir. Klein, par sa famille, connut tôt le relativisme de toute image, et il voulut dépasser les partis. C'est ce qui en a fait un des rares « individus » parmi les peintres de l'après-guerre où les talents sont nombreux. L'auteur estimait Klein sans être en accord avec lui, mais ces oppositions mêmes étaient fertiles. Il décrit l'enthousiasme de l'artiste (qui lui donna quelques cours de judo), le cite d'après Le Soulèvement de la jeunesse (1952), et rappelle, par l'exemple des conférences de la Sorbonne, la gouaille qu'il opposait aux réprobateurs. Confon-

dant tout en politique, Klein fut attaqué par Charles Estienne (1960) et défendu par l'auteur. Bien que mégalomane, il sut comprendre et aider le travail des autres : Tinguely, Arman, Raysse. Proche de l'extrême, il se définissait pourtant comme un classique. La générosité de Klein (malgré les méthodes brutales qu'il utilisa pour certains vernissages), son idéalisme en font aussi un romantique (à preuve les dernières œuvres faites par le vent, l'orage, les figures de femmes auréolées de brûlures). Klein, fasciné par l'or autant que par le bleu, chercha à créer un autre système d'échanges autour de l'art ; l'auteur considère son œuvre comme un potlatch mental et estime qu'elle préfigure le minimal et le conceptuel et prédétermine le Colour Field Painting ; que la table rase qu'elle représente a permis de nouveaux modes de perception. L'auteur voit un rituel de mort dans les dernières œuvres (moulage d'Arman...) et dans la mort même de l'artiste le plus grand des projets de l'après-guerre. L'article se termine par un survol chronologique de l'œuvre, indique l'importance des Nouveaux Réalistes comme groupe et affirme que l'avant-garde internationale doit une grande part de sa vitalité à la volonté d'absolu d'Yves Klein.

Donald JUDD : In the Galleries – Yves Klein / *Arts Magazine*, New York, janvier 1963, vol. 37, n° 4. Compte rendu de l'exposition à la galerie Iolas. L'auteur estime Klein moins bon que beaucoup de jeunes artistes américains bien qu'il soit annoncé, par beaucoup de publicité et de mystifications, comme le meilleur jeune artiste d'une Europe où Judd pense qu'il ne se passe rien. L'article cite ensuite les différentes périodes de Klein telles que les définit Restany et décrit les œuvres de l'exposition : deux toiles légèrement brûlées, deux autres avec des nus peints, deux monochromes roses et environ une douzaine de bleus de différentes tailles. Seules les peintures bleues sont intéressantes pour l'auteur, reliées qu'elles sont de trois manières à certaines œuvres américaines : elles sont simples, ont une vaste échelle, tendent à devenir objets et, donc, ont une intensité nouvelle. Mais l'auteur trouve le travail de Bontecou supérieur et l'intensité des œuvres de Klein très européenne : c'est celle de la beauté sensuelle, telle qu'on la trouve chez Ingres ou le Corrège. L'auteur remarque que les bords des panneaux sont arrondis, ce qui lui donne la sensation qu'ils sont des objets érotiques bleus ; il trouve également que les peintures bleues aux éponges sont particulièrement voluptueuses.

K

Anna KLAPHECK : Das Agernis Yves / *Rheinische Post*, Düsseldorf, 24 janvier 1961.

Anna KLAPHECK : Monologe der Farbe / *Rheinische Post*, Düsseldorf, 30 juillet 1976.

XXX : Klein and Manzoni at the Tate / *The Times*, Londres, 9 janvier 1974. Annonce des deux expositions à venir. L'article donne une biographie de Klein, indiquant que ses activités étaient aussi importantes pour son art que ses peintures et précisant qu'un film sur l'artiste sera projeté durant l'exposition.

Gottfried KNAPP : Er hat gelebt, also lebt er / *Süddeutsche Zeitung*, Munich, 7 juillet 1976.

Henri KREA : Bleu c'est bleu / *La Galerie des arts,* Paris, décembre 1968, n° 60.
L'auteur trouve chez Klein (galerie Michel Couturier) une empreinte qui s'est inscrite dans notre regard. Klein avait vu très loin dans sa hargne à définir un certain absolu pictural et cette exposition permet d'évaluer son art comme étant vraiment celui d'un génie d'avant-garde qui a su s'arracher des aînés. Son bleu, c'est enfin l'azur retrouvé que cherchait Mallarmé.

Jack KROLL : Reviews and previews. Yves Klein (Castelli) / *Art News,* New York, mai 1961, vol. 60, n° 3.

KT : Louisiana-udstillig med uendelighedens blaa maler / *Helsingor Dagblad,* 17 février 1968.

L

XXX : The L. St. 85 Sponge / *Evening Standard,* Londres, 25 juin 1957.
L'auteur, qui a rencontré Klein ce même jour à son vernissage, le décrit et le cite. Il est brun et beau et rit même de sa première sculpture, une éponge bleu de Prusse, qu'il présente à 85 livres sterling. La seule chose qu'il prenne au sérieux ce sont ses peintures ; elles sont d'une seule couleur, sans dessin, valent de 35 à 45 livres sterling. Il en a vendu beaucoup à Paris.
Klein dit : « Si je fixe le bleu assez longtemps, il devient orange, et le jaune devient violet. C'est une question d'habitude. »
Klein enseigne aussi le judo : « Quand je peins, je me sens comme un champion de judo avant le combat. »

XXX : Lang gesuchet Yves Klein Waggon traf ein / *Westdeutsche Zeitung,* 12 janvier 1961.

LE PASSANT : Ainsi va le monde – Exposition de blanc / *La Croix,* Paris, 30 avril 1958.
Compte rendu du vernissage de l'exposition où Klein n'exposait que des murs blancs. L'auteur est ironique et cite abondamment le texte de l'invitation.

Yann LE PICHON : Le chèque de Klein / *Arts,* Paris, 7 décembre 1960.
L'auteur présente les derniers développements de l'« évolution vers l'espace » de celui qu'on surnomme « le Monochrome » : la vente de « zones de sensibilité picturale immatérielle » et la publication du journal Dimanche à l'occasion du Festival d'art d'avant-garde. Dans celui-ci, il remarque particulièrement : « Le Théâtre du Vide », et à la « une », le rectangle gris intitulé : « L'espace lui-même ».
(La photographie présente Klein signant un chèque.)

Bernard LEVIN : The Kleins of d'Arblay Street / *The Spectator,* Londres, 5 juillet 1957.
L'auteur raconte sa visite à la Gallery One et décrit une toile dans la vitrine, d'un rouge riche et brillant (qu'il compare à certains nez qu'il connaît). La surface en est marquée à quelques endroits et une étiquette indique qu'elle est vendue. Suit une description des autres œuvres présentées : l'une d'elles est couverte de peinture blanche étalée au rouleau ; les autres « propositions monochromes » sont rouge, noire, jaune, verte, rose ; six sont bleues et il y a également une éponge pour 75 guinées. Ce bleu d'ailleurs semble de la peinture très bon marché.
Si M. Klein arrive à vendre tout cela, tant mieux pour lui ; d'autant plus qu'il n'a pas prétendu qu'il vendait des Rembrandt, ni que la toile vaudrait

autant une fois lavée ; et que, de toutes manières, des gens se font rouler tout le temps.
L'auteur plaisante encore sur M. Pierre Restany, collaborateur d'une revue inconnue, qui est là pour contempler, et cite de larges extraits du texte qui figure sur le carton d'invitation.
(L'article est illustré d'un dessin qui représente un cadre d'apparence vide avec deux étiquettes : sur l'une est écrit : white, sur l'autre : L. St. 75.)

Alf LIEDHOLM : Det bla tomrummet / *Upsala Nya Tidning,* Upsala, 15 mai 1963.

Ulf LINDE : Azurns Välde / *Dagens Nyheter,* 11 mai 1963.

Edward LUCIE-SMITH : Yves Klein : a Hero of this Age / *The Times,* Londres, 7 février 1967.
A l'occasion de l'exposition au Jewish Museum, l'auteur note que Klein est une légende, mais qui ne convainc pas tout le monde.
C'était un extrémiste qui peignait des toiles d'une seule couleur, etc. L'article résume la vie de l'artiste et mentionne tous les types d'œuvres (suggérant que les éponges pourraient être des Dubuffet), estimant que ce sont la totalité de ses actions et son comportement qui importent.
Viennent alors des considérations sur le retour régulier de la « fin de l'art », qui citent Poussin en exemple.
L'auteur voit une tradition française dans l'utilisation de l'IKB, en comparant Klein, Poussin, Sébastien Bourdon, Claude et le Nain. Il rappelle comment Klein refusa d'exposer au Salon des réalités nouvelles et pourquoi si on ne considère pas son œuvre comme de l'art, il faut aussi renoncer à voir en Pollock, Manet et Mondrian des artistes, car ceux-ci de plus en plus sont eux-mêmes leur propre œuvre d'art.

Simonetta LUX : Cronica dall'estero – Yves Klein / *Qui arte contemporanea,* septembre 1969, n° 6.

M

Thomas McEVILLEY : Yves Klein Messenger of the Age of Space / *Artforum,* New York, janvier 1982, vol. 20, n° 5.
Article critique long et détaillé sur Klein et son œuvre.
L'auteur prend pour exemple la célèbre photographie du « saut » et, montrant qu'elle est souvent vue hors contexte, il explique combien Klein est mal compris en Amérique.
Reprenant les comptes rendus des journaux en 1961 et 1967, l'auteur indique la réaction négative des artistes et des critiques américains. L'article va s'attacher ensuite à montrer longuement, en suivant la chronologie des œuvres, l'évolution de Klein du bleu à l'immatériel. A l'aide de nombreuses citations et de documents souvent inédits jusqu'ici, l'auteur précise l'articulation de tous les problèmes abordés par Klein et décrit dans le détail chacune des séries d'œuvres (IKB, Monochromes, Éponges, Cosmogonies, Feux, Anthropométries et leur cérémonial, Victoire de Samothrace, Monogolds, la tombe Ci-gît l'espace, l'exposition du Vide, conférence à la Sorbonne, vente de zones de sensibilité picturale immatérielle, le journal d'un seul jour). Cet article très important, le premier en anglais qui replace Klein dans son contexte global et véritable, aborde ensuite les implications théoriques de l'œuvre et ses rapports avec l'art contemporain.

Alain MACAIRE : Yves Klein – l'art c'est la santé / *Canal,* Paris, juin 1982, n° 47/48.

Annonçant la prochaine exposition au Centre Georges Pompidou, l'auteur étudie Klein au travers de la nouvelle monographie de Pierre Restany. La clarté de ce travail permet de dépasser la simple énumération chronologique et esquisse la façon dont l'œuvre fait « figure », dit l'auteur qui dégage ensuite le sens du monochrome et ne se dit pas tant marqué par la lucidité et le génie de Klein que par la puissance et le rayonnement jusqu'à nous de sa pensée.
Alain Macaire ne voit pas un hasard dans le resurgissement de l'œuvre de Klein à un moment où l'on privilégie à nouveau les personnalités. Il rappelle les problèmes qu'eut Restany pour intégrer Klein dans les Nouveaux Réalistes et déclare avoir découvert dans cette monographie le véritable engagement du critique.

XXX : The Maddest Idea Yet / *Sunday Pictorial,* 10 avril 1960.
Article « sensationnel » qui présente, en deux photographies de Klein et d'un modèle nu, la « dernière idée venue de Paris » ; après la peinture des nus, la peinture par le nu. On précise que l'artiste doit prochainement exposer à Paris quarante de ses peintures.

Dietrich MAHLOW : Yves Klein : einer der umstrittensten... / catalogue de l'exposition Yves Klein in Nürnberg, *Kunsthalle,* Nuremberg, 1968.

XXX : Manifestation d'avant-garde à la galerie Iris Clert / *Combat,* Paris, 5 mai 1958.
L'auteur analyse avec intérêt et sympathie cette manifestation (le Vide). Il y voit la reconnaissance d'un pouvoir, une magie de la couleur et ressent tout d'abord une sensation physique ; la galerie lui apparaît comme une antichambre où le temps est dépassé et le peintre Lam, qui est présent, semble regarder de toute sa chair...
Pour l'auteur, Klein se propulse avec tout son instinct, et la monochromie chez lui est une valeur essentielle.

Sabine MARCHAND : Au Musée des Arts décoratifs – Rétrospective Yves Klein / *Le Figaro,* Paris, 31 janvier 1969.
Ce compte rendu de l'exposition permet à l'auteur de re-situer Klein et de porter des jugements sur son œuvre.
Remarquant que l'enfant terrible de l'art français d'après-guerre, débarrassé du scandale qui entourait son œuvre, est maintenant au musée, l'auteur se demande que penser de cette carrière fulgurante.
Elle voit, au-delà du cabotinage dont on a qualifié certaines manifestations, le début des provocations de l'art actuel. Klein voulut atteindre à un langage esthétique qui soit celui de l'émotion pure, et ses monochromes, dont l'auteur ne partage pas l'explication de Restany, ont leur raison d'être, même s'il faut déplorer leur aspect actuel dû à l'usure du temps.
Sabine Marchand retrace ensuite brièvement les périodes suivantes de l'artiste (vide, rose, or, éponges intégrées, anthropométries, architecture) et montre comment, soucieux de Nouveau Réalisme, Klein réalise des moulages grandeur nature (pas du meilleur goût).
L'article se termine en trouvant dans l'œuvre une fascination, comme dans une poésie où le sens de la phrase importe moins que le pouvoir sensuel des mots.

Sabine MARCHAND : Il y a seulement dix ans... / *Le Figaro,* Paris, 2 mars 1973.
Annonce de l'exposition à la galerie Flinker. Klein qui alimentait les rubriques scandaleuses est entré avec son bleu dans la légende et devient la figure de proue du Nouveau Réalisme.

Sabine MARCHAND : Les feux d'Yves Klein / **Le Point**, Paris, 15 novembre 1976.
Bref compte rendu de l'exposition à la galerie Flinker, Paris, où l'auteur décrit les œuvres, y voit le fait d'un peintre et trouve dans la présence immatérielle des corps, la présence de l'absence.

Paul MARTIN : Klein God / **Studio International**, Londres, avril 1974, vol. 187, n° 965.
« Klein Dieu » ; article à propos de l'exposition à la Tate Gallery, couplé avec un autre titre « Manzoni le Diable ».
L'article consiste en différents paragraphes qui présentent chacun une étape de l'œuvre ou un type d'œuvre par une courte description et une citation de l'artiste, le tout certaines fois accompagné d'une illustration. Pas de commentaire critique.
(Les illustrations présentent : vente d'une zone d'immatériel ; réalisation des Anthropométries ; Cosmogonie COS 20 ; saut dans le vide ; Klein présentant le journal Dimanche ; Anthropométrie, 1962.)

Frédéric MEGRET : Klein, le paladin monochrome / **Le Figaro littéraire**, Paris, 3 février 1969.
A propos de l'exposition au Musée des Arts décoratifs. L'auteur se souvient ironiquement d'une dame qui avait acheté un monochrome bleu et voulait absolument que la galerie atteste au dos de la toile qu'il était de Klein.
Rappelant comment l'époque monochrome avait connu son dépassement au vernissage des murs nus de la galerie de la charmante Iris Clert, l'auteur se demande où en serait Klein sans sa gigantesque logomachie et son goût du rite. Pourtant, si un tel personnage n'avait pas à être peintre, et si ses théories sur la couleur viennent de Delacroix, le cas Klein reste sympathique à l'auteur ; il souhaite une grande affluence à cette exposition qui fait réfléchir aux rapports de l'homme et de sa création.

Robert MELVILLE : Klein died in 1962 / **New Statesman**, Londres, 5 avril 1974.
L'auteur décrit les œuvres présentées à la rétrospective Klein de la Tate Gallery : quatre grands monochromes à l'entrée, de ce beau bleu qui est un hommage à l'infini – opposé en cela à Malevitch. Puis viennent les éponges et les grandes toiles portant les marques des corps nus de femmes. Certaines de ces empreintes sont bien faites et l'auteur pense que Klein les a peintes lui-même. Les cosmogonies sont ensuite décrites et les peintures au feu qui montrent bien dans leur abstraction libre le savoir-faire de l'artiste.
Enfin, les ventes de zones d'immatériel au sujet desquelles tant d'histoires circulent, terminent l'article avec les moulages d'Arman, image sacrée que l'auteur trouve très impressionnante.

Robert MELVILLE : Klein died in 1962... / **New Statesman**, Londres, 5 mai 1974.

Jacques MICHEL : Rétrospective Yves Klein / **Le Monde**, Paris, 3 avril 1965.
A l'occasion de l'exposition à la galerie Iolas, Paris, l'auteur rapporte les différentes époques de l'artiste et explique son premier acte significatif : le monochrome.
Présentée comme une deuxième phase, l'application des éponges sur la toile permet de mentionner les panneaux de Gelsenkirchen et l'auteur utilise cet exemple pour montrer combien les monochromes présentés ici, étant trop petits, semblent frappés d'impuissance.
Klein avait le pouvoir de porter au niveau du sensible les expériences qui le touchèrent. L'auteur décrit les empreintes, les sculptures au feu et à la pluie, et à propos du terrible et ironique portrait-relief d'Arman, déclare que Klein explorait une école encore à naître : le néo-réalisme.

Jacques MICHEL : Au Musée des Arts décoratifs – l'utopie d'Yves Klein / **Le Monde**, Paris, 30 janvier 1969.
Long article à propos de l'exposition au Musée des Arts décoratifs.
Après une courte description de l'exposition, la première salle aux tableaux bleus (IKB), puis environ deux cents peintures et sculptures (qui ont marqué un tournant moins par leur valeur créatrice que par le changement esthétique qu'elles imposaient), l'auteur situe l'époque de Klein et décrit les types d'œuvres.
Une fois rappelé le scandale que soulevait la table rase offerte par la démarche de Klein (défi du monochrome), et après avoir considéré la notion d'avant-garde, l'auteur explique comment l'intuition de la couleur pure (l'azur du ciel ; il faut détruire les oiseaux) amenait Klein à se réclamer des impressionnistes, alors qu'il évoque davantage pour nous Malevitch ou les conceptuels. Kandinsky est alors cité, pour qui le bleu aussi est la couleur de la pureté.
L'auteur situe les monochromes par rapport à l'art minimal, à la peinture froide et voit au bout de la logique de Klein : le vide. Ce chemin parcouru, l'artiste revient au schéma tachiste avec des toiles faites par la pluie ou par le feu, ou, pour marquer sa distance, par des pinceaux vivants. Les Suaires ainsi réalisés, s'ils n'ont pas le caractère dramatique initialement recherché par Klein, montrent cependant ses vraies sources : les éléments, qu'on retrouve dans les Cosmogonies et les Reliefs planétaires.
L'article présente pour finir les travaux de Klein sur l'architecture et le qualifie de peintre utopiste qui eut, parmi les premiers, l'intuition de l'environnement sensible.

XXX : Moderne Kunst. Yves Klein Ausstellung / **Rheinische Post**, 29 décembre 1960.

Johan MOLLER NIELSEN : Aftryk af bla damer pa evighedens himmel / **Aktuelt**, 17 février 1968.

F. MOLNAR : Yves, galerie Allendy / **Cimaise**, Paris, avril 1956, n° 5.
Compte rendu de l'exposition ; l'auteur, qui semble bien disposé à l'égard de l'œuvre de Klein, estime que celui-ci se trompe et que ses œuvres ne sont pas vraiment monochromes car elles réfléchissent d'autres couleurs, le pigment n'étant pas assez pur.

Kathleen MORAND : Exhibition in Paris / **Burlington Magazine**, Londres, décembre 1960, n° 102.

Grégoire MUELLER : Art abroad – Paris in the new year / **Arts Magazine**, New York, avril 1969, vol. 43, n° 6.
Compte rendu de différentes expositions à Paris, une ville sans enthousiasme.
L'auteur remarque que, à leur habitude, les musées français ont longtemps attendu pour reconnaître l'un des rares talents contemporains français. Pourtant l'exposition Klein au Musée des Arts décoratifs est décevante, accrochée comme s'il s'agissait de Chagall. Par l'absence de documents photographiques, textes..., le manque de la vitalité de Klein et ne montre pas l'importance de la nouvelle direction qu'il a donnée à la création en Europe, à un moment où de jeunes artistes découvrent le pouvoir émotif des quatre éléments.

Victor MUSGRAVE : The Kleins of d'Arblay Street / **The Spectator**, Londres, 12 juillet 1957.
Lettre de Victor Musgrave, directeur de la Gallery One, en réponse à l'article de Bernard Levin sur l'exposition. L'auteur tient à rectifier certains faits incorrects qui nuisent à l'« humour » de l'article : la revue Prismes, à laquelle collabore Pierre Restany, est célèbre et influente, et si on l'ignore, il convient de vérifier avant d'en parler. Deuxièmement, M. Klein prépare ses couleurs lui-même selon un procédé spécial et n'utilise pas « une peinture bon marché pour affiches ».

N

Heinz NEIDEL : Die Blaue Revolution : Yves Klein und seine erste monografie / **Artis**, Constance, août 1969, n° 8.

XXX : Neugier und Interesse sind geweckt / **Reinische Post**, 24 février 1961.

XXX : Nieuwe functies voor kleur-vorm-object / **Het Vaderland**, La Haye, 1965.
A propos des expositions Klein et Raysse à Amsterdam, l'auteur indique que Klein est à l'origine du mouvement Zero-Nul, explique ses œuvres et conclut que depuis le choc qu'il a provoqué dans le monde déjà perturbé de l'art, quelque chose demeure changé.

XXX : No Sale / **Glasgow Daily Record**, Glasgow, 10 juillet 1957.
Rappel sur Yves Klein, cet artiste qui ne peint rien, utilisant simplement un rouleau pour couvrir une toile d'une seule couleur et qui a vendu chaque tableau sur le continent pour 50 livres sterling. A Londres, on dit qu'il n'a vendu qu'une peinture, pour 12 livres 12 shillings. Les gens d'ici, conclut l'article, sont moins impressionnés par le travail au rouleau.

XXX : Noch bis zum 20. August... / **Handelsablatt**, Düsseldorf, 17 août 1976.

XXX : Now he paints with a nude / **Tit-bits**, Londres, 8 juillet 1961.

XXX : Nun kann Yves Klein doch seine Gasfeuer entzünden / **Neue-Rhein-Zeitung**, Düsseldorf, 12 janvier 1961.

O

XXX : L'œuvre immatérielle d'Yves Klein, galerie Alexandre Iolas / **Plaisir de France**, Paris, mars 1970, vol. 37, n° 376.
L'article indique qu'un catalogue raisonné de l'œuvre vient de paraître et qu'on se retrouve désormais dans les différentes recherches d'un artiste qui a toujours été préoccupé de la part immatérielle de la création et avait construit sa vie comme une œuvre.
L'auteur se souvient de l'attirance de Klein pour ces écrans-jouets où l'on peut tracer des traits en manœuvrant deux boutons. Puis il termine en évoquant le rite des cessions de zones de sensibilité que n'ont pas oublié les témoins choisis qui l'ont vécu.
(Une illustration montre Klein debout devant une de ses œuvres.)

Heinz OHFF : Die Blaue Freiheit / **Der Tagesspiegel**, Berlin, 4 juin 1976.

Jennifer OILLE : Notes on the Avant-garde and Avant-gardism : Klein and Manzoni at the Tate Gallery / **Arts Review**, Londres, avril 1974, vol. 26, n° 7.

Georgina OLIVER : Yves Klein–Piero Manzoni / **The Connoisseur**, Londres, mai 1974, vol. 186, n° 747.

Compte rendu de l'exposition à la Tate Gallery des deux artistes dont les activités ont été aussi importantes que l'art.

L'auteur retient avant tout chez Klein son sens de la liberté, physique, matérielle et spirituelle. Pour illustrer ce point de vue, elle cite quelques anecdotes et différentes réalisations : combat de la ligne et de la couleur, peintures toutes bleues (le bleu de Dufy), exposition chez Colette Allendy, Anthropométries, saut, exposition chez Iris Clert, vente de sensibilité picturale.

En conclusion, elle trouve à Klein et Manzoni un grand sens poétique.

P

XXX : Paintings in Monochrome at Gallery One, in d'Arblay Street / **Architectural Review,** septembre 1957, n° 122.

Claude PARENT : La « seconde demeure » d'Yves Klein / **Art et Création,** Paris, janvier-février 1968, n° 1.

Court texte accompagné d'une photographie de la maquette de cette construction prévue pour Saint-Paul-de-Vence, avec un parcours sur trois niveaux enchaînés en continuité, traversant des espaces abrités d'exposition, et ponctué d'éléments cylindriques de visée.

Claude PARENT : Yves Klein et son architecture / **Art et Création,** Paris, janvier-février 1968, n° 1.

L'auteur annonce que Klein, qui traumatise les arts plastiques et oppose sa rigueur à la frivolité ambiante, ne pouvait ignorer l'architecture. Dès le premier contact Klein récusa les problèmes de forme ; il ne chercha pas à promouvoir une architecture ; il voulut la plier à ses concepts personnels et à son intérêt pour la spatialité extérieure. L'auteur dégage deux temps : la libération du sol à la surface de la Terre, et le conditionnement d'importants espaces à l'aide d'une impressionnante technique cachée.

Il note dans ces projets une imagination tournée vers un âge d'or, et une acceptation de la technicité. Pour Klein l'enveloppe architecturale doit disparaître ainsi que l'intimité personnelle au profit de nouveaux rapports de l'espace et de la société. De cette guerre déclarée à l'architecture, Claude Parent retient : ceux qui s'appuieront sur la technologie, ceux qui suivront Klein au pied de la lettre, ceux enfin qui verront les avertissements d'un révolutionnaire, réconcilieront l'architecture et les éléments fondamentaux.

Claude PASCAL : J'ai connu Yves Klein / **Art et Création,** Paris, janvier-février 1968, n° 1.

L'auteur rapporte sa rencontre avec Klein en allant suivre sa première leçon de judo, et décrit leurs rapports : l'importance pour Klein de l'argent, leur mysticisme, le voyage en Angleterre et en 1949 la phrase de Klein montrant une feuille bleue entièrement unie : « J'ai trouvé la peinture que je veux faire. »

Claude Pascal se souvient de la qualité du jugement de Klein et note que ses projets, qui semblaient puérils, se réalisent dix ans après.

Sandro PATERNOSTRO : Dipinge lanciando contro la tela... / **Il Tempo,** 20 mars 1961.

Georges PEILLEX : Yves Klein / **Werk,** Winterthur, mai 1964, n° 5.

A propos de l'exposition à la galerie Bonnier, Lausanne, l'auteur remarque qu'on n'avait jamais envisagé une action sur notre sensibilité qu'avec l'accord de plusieurs couleurs, jusqu'au jour où Klein révéla en 1957 la puissance expressive de la couleur pure, et particulièrement d'un certain outremer.

Il y a une vingtaine d'Anthropométries dans l'exposition. Peillex rappelle qu'on a pu les voir comme du show-business, mais il leur trouve une beauté, des vertus plastiques, et un insolite pouvoir ; elles révèlent une nouvelle dimension du corps de la femme et nous mettent en contact direct avec l'esprit d'un être mythique qui a peut-être été la personnalité dominante de sa génération.

Georges PEILLEX : Peintures de feu d'Yves Klein / **Werk,** Winterthur, août 1966, n° 8.

Exposition à la galerie Bonnier, Lausanne, de la dernière des recherches menées à terme par Klein. Il inclut le feu dans le processus de sa logique personnelle et peint, dessine littéralement, avec une surprenante aisance, des traces de toute une gamme d'intensités.

L'auteur remarque deux séries, l'une où seul le feu intervient, l'autre où il est associé à l'eau ou à la peinture.

XXX : Le peintre niçois lauréat du concours de Gelsenkirchen affole les critiques avec la peinture monochrome / **Sud,** février 1958.

Michael PEPPIATT : Paris / **Art International,** Lugano, 20 avril 1969, vol. 13, n° 4.

L'auteur, à propos de l'exposition Alain Jacquet à la galerie Yvon Lambert, rappelle l'exposition Klein à la galerie Iris Clert où il n'y avait rien que les murs blancs.

Michael PEPPIATT : Paris / **Art International,** Lugano, avril 1973, vol. 17, n° 4.

Dans cette chronique, et à propos de la galerie Yvon Lambert, l'auteur évoque une galerie entièrement vide et rappelle que cela avait été très bien réalisé par Yves Klein il y a de nombreuses années.

Michael PEPPIATT : Paris / **Art International,** Lugano, mai 1973, vol. 17, n° 5.

A propos de l'exposition Klein à la galerie Flinker, l'auteur remarque que si une première réévaluation de son art a pu être faite lors de la présentation de 1969 au Musée des Arts décoratifs, cette fois-ci on peut vraiment juger de son importance.

Quelques citations de l'artiste montrent l'aspect théorique de l'œuvre, et l'auteur se demande si les œuvres elles-mêmes continuent de vivre. Il apprécie peu les monochromes et les éponges, mais trouve très puissantes et excitantes les Anthropométries, surtout celles avec traces de feu. En conclusion, il les qualifie de véritable body art.

Phn : Den bla verden og de bla piger / **Svendborg Avis,** 23 février 1968.

Lil PICARD : Meine bilder-Asche meiner Kunst / **Die Welt,** Hambourg, 14 février 1967.

Margarette PIRICH : Blauer Dunst, ins Blaue geplaudert / **Rheinische Post,** 9 février 1961.

François PLUCHART : Yves Klein redéfini / **Combat,** Paris, 19 mars 1973.

Bref compte rendu élogieux de l'exposition à la galerie Flinker.

Stuart PRESTON : New non-objective paintings at the Castelli Gallery / **Burlington Magazine,** Londres, juin 1961, n° 103.

R

Martial RAYSSE : Refusing duality : the impeccable trajectory of Yves Klein / **Arts Magazine,** New York, février 1967, vol. 41, n° 4.

A l'occasion de la rétrospective Klein au Whitney Museum, l'auteur évoque dans un court article ses souvenirs, le pouvoir qu'avait Klein de faire ressortir l'aspect caché des choses, et sa volonté d'atteindre la vérité, la pureté. C'était une force de la nature. Les Nouveaux Réalistes, aussitôt créés, se disputèrent. Raysse se souvient de l'incroyable activité de Klein et admire son impeccable trajectoire.

(Les photographies montrent : Klein faisant le moulage de Raysse ; une éponge bleue, 1959 en couleur ; la démonstration publique des Anthropométries, 1960 ; l'Anthropométrie ANT. 17, 1961.)

Martial RAYSSE : Cher vieux, écoute... / **Art et Création,** Paris, janvier-février 1968, n° 1.

Court texte s'adressant à Klein pour expliquer qu'un beau baratin serait inefficace, que seule une phrase suffit : Patinez en toute quiétude / au Musée d'art moderne / Yves Klein est prisonnier / Dans une pièce grillagée / Près de la Porte de Versailles.

R. J. REES : Yves Klein at Gimpel Fils / **Studio International,** Londres, juillet-août 1973, vol. 186, n° 957.

Compte rendu d'exposition. L'auteur regrette qu'il y ait moins de pièces exposées que ne le dit le catalogue car l'œuvre est peu connue en Angleterre et Klein, sans être important, est tout de même un des meilleurs artistes européens de son époque. Retraçant la carrière de Klein, l'auteur mentionne notamment son intérêt pour Dada, ses premières expositions et cite ses idées sur le bleu. Puis viennent le Vide, les Anthropométries. L'auteur remarque que toutes ces activités sont de plus en plus théâtrales et estime que l'avant-garde dont se réclamait Klein, ignorant qu'il était de l'art américain d'après-guerre, montre une forme d'embourgeoisement.

L'auteur écrit que les théories de Klein sont mystiques, éclectiques, qu'elles le menèrent à une vision synoptique de l'art pendant une période où il produisit beaucoup. Mais il succomba à la notion romantique selon laquelle l'artiste est supérieur à son art et cela risque de le placer dans la catégorie des artistes qui sont eux-mêmes leur propre chef-d'œuvre.

L'auteur cependant trouve une force incontestable aux monochromes bleus ; il n'y en a qu'un dans l'exposition et il est décrit en détail.

Énumérant les autres œuvres présentées, l'auteur trouve les Anthropométries épouvantables, les Monochromes roses « okay », le Relief-éponge lourd. Il termine en décidant que, si on a pu dire qu'il y avait des ressemblances entre Klein et l'art américain, elles sont très superficielles, Klein étant probablement réactionnaire et « à côté ».

Jasia REICHARDT : Simplicity and Inspired Boredom / **Studio International,** Londres, février 1966, vol. 171, n° 874.

XXX : Remarquable sélection d'aquarelles... / **Masques et visages,** La Celle-Saint-Cloud, novembre 1960.

Au milieu de quelques échos, celui-ci : « Yves Klein a enlevé son linceul bleu de la rive gauche et le revoici bien vivant à la galerie Rive droite. »

Pierre RESTANY : les Anthropométries de l'époque bleue / **Cimaise,** Paris, avril-mai-juin 1960, n° 48.

L'auteur raconte comment Maurice D'Arquian lui a demandé d'organiser la manifestation au cours

de laquelle furent réalisées les Anthropométries. Il explique leur technique et rappelle son texte qui fut imprimé sur l'invitation : « Le geste bleu que déclenche Yves Klein... »
L'auteur souligne le pouvoir émotionnel d'un geste anthropométrique dont l'intentionnalité réalise la continuité bleue et considère cette démarche comme un rappel à la solidarité organique du primate supérieur...

Pierre RESTANY : Visionnaire inspiré... / *Ring des Arts*, Zurich, Noël 1962, n° 3 // Yves Klein (1928-1962), *XXᵉ Siècle*, Paris, mai 1963, n° 21.
Hommage au visionnaire inspiré, récemment disparu, dont l'œuvre, à la profonde logique, influence le futur de la création artistique. Selon l'auteur, Klein travaille pour un homme nouveau qui n'aura plus besoin de la « réalisation », l'art étant le langage de l'émotion pure.
Selon la loi des grands visionnaires, Klein a d'abord matérialisé ses intuitions sensibles par la couleur, puis il s'annexe l'immatériel...
L'auteur rappelle ses liens avec l'artiste et en définit la carrière comme une voie royale, à la trajectoire météorique.
(Les illustrations : Klein exécutant une peinture de feu ; Eponge (coll. Philip Johnson, New York) ; Colonnes de feu sur pièce d'eau, dessin W960 ; Architectures de l'air, collaboration Rathnau-Klein (sic), 1958-1961 ; La Pluie bleue, 1957-1961.)

Pierre RESTANY : Yves Klein et le langage du feu / catalogue de l'exposition Yves Klein le monochrome, *galerie Tarica*, Paris, 1963 // catalogue de l'exposition Yves Klein peintures de feu, *galerie Bonnier*, Lausanne, 1966.

Pierre RESTANY : Yves Klein / *Vytvarné Uméni*, Prague, 1966, n° 2.

Pierre RESTANY : Où mènent les expériences qui furent osées par Yves Klein ? / *Connaissance des arts*, Paris, septembre 1964, n° 151.
L'auteur reprend en le développant son article publié dans XXᵉ siècle, mai 1963. Il termine en rappelant que si Yves Klein a été entouré par le scandale, sa mort a élevé le débat, et que la mention de son nom est désormais obligatoire dès qu'on s'interroge sur l'avenir de l'art.
(Une illustration en noir montre les yeux de Klein ; l'autre, une double page en couleurs, figure un accrochage de différentes œuvres : Feux, Eponges, Reliefs planétaires, portrait d'Arman, Empreintes, Monogold.)

Pierre RESTANY : Yves Klein, le jaillissement du futur / *Arts*, Paris, 26 juin 1965 // *Les Beaux-Arts*, Bruxelles, 3 mars 1966.
L'auteur reprend en les développant ses articles publiés dans XXᵉ siècle, mai 1963, et Connaissance des arts, septembre 1964.
(Une illustration montre un Feu couleur.)

Pierre RESTANY : Yves Klein et son mythe... / *Quadrum*, Bruxelles, 1965, n° 18.
Entretien de Pierre Restany avec François Mathey, accompagné d'un extrait du « Journal » de Klein. Les deux interlocuteurs tentent de dégager le vrai mythe Klein, remarquent son goût du rite, estiment que l'influence du Japon sur son art est superficielle.
François Mathey, qui rencontra Klein vers 1957-1958, fut d'abord réticent, rebuté par le Vide, alors que bientôt pourtant son soutien fut très important pour l'artiste.
Pierre Restany évoque sa rencontre avec Klein lorsque celui-ci lui demanda une préface pour l'exposition chez Colette Allendy ; puis donne ses interprétations du choix du bleu en rappelant des données biographiques. Selon lui, la couleur bleue

pure permet une prise de possession – c'est cela qui rattache Klein aux Nouveaux Réalistes pour qui l'appropriation du monde est essentielle, non sa représentation.
Les auteurs abordent le refus chez Klein d'utiliser les moyens traditionnels de l'art, le qualifient de peintre de comportement, l'opposent à Mathieu (peinture de geste) et le comparent à Fontana. Abordant l'attitude de Klein sur le plan religieux, les auteurs le disent grand initié et pensent que sa carrière se serait sans doute poursuivie vers l'architecture.
Notant la réticence des États-Unis envers son œuvre, les auteurs pensent que le temps changera cette optique.

Pierre RESTANY : Une aventure prométhéenne au service d'une intuition cosmique / catalogue de l'exposition Yves Klein, *galerie Alexandre Iolas*, Paris, 1965.

Pierre RESTANY : Klein og ny-realismen / catalogue de l'exposition Yves Klein, *Louisiana Museum*, Humlebaek, 1968.

Pierre RESTANY : Yves le monochrome / *Art et Création*, Paris, janvier-février 1968, n° 1.
L'auteur reprend ses articles précédents, à l'occasion de l'exposition itinérante (Amsterdam... New York), et après une présentation générale de l'artiste et de son œuvre articule son propos sur plusieurs points : le langage de l'émotion pure, la conquête de l'énergie immatérielle, vers une cosmogonie universelle, et Yves Klein précurseur du nouvel humanisme.
(Illustrations : portrait en pied d'Yves Klein, Sculpture SE 33.)

Pierre RESTANY : Yves Klein au Louvre / *La Quinzaine littéraire*, Paris, 16 février 1969 // *Domus*, Milan, mars 1969, n° 472.
L'auteur remarque qu'il aura fallu des expositions Klein dans de nombreuses villes étrangères pour que finalement le très officiel CNAC se décide à en montrer une à Paris ; c'est au Musée des Arts décoratifs, avec un budget de 20 000 francs. Une somme si dérisoire n'a pas permis de faire beaucoup, mais l'exposition, présentée par affinités visuelles et non chronologiquement, si elle déçoit les esprits chagrins, met en relief la personnalité de Klein avec ses erreurs et même ses manques. Puis l'auteur reprend son explication de Klein : sensibilité nouvelle dans un monde en mutation... Il rappelle que Klein était convaincu de parler un nouveau langage de l'art par lequel le créateur, voué à un bain d'énergie, ne se heurtera plus à la technique. Malgré les scandales, Klein fut toujours entouré d'artistes sensibilisés à son message, et l'auteur le juge prophète et martyr de notre mutation.

Pierre RESTANY : Ex-voto a santa Rita / *Domus*, Milan, décembre 1980, n° 612.
L'auteur raconte comment il a pu retrouver (mai 1980) l'ex-voto déposé par Yves Klein à la sainte de Cascia en février 1961. Il s'agit d'une boîte en plastique contenant, en plusieurs compartiments, des pigments IKB, rose, et des feuilles d'or, ainsi qu'un texte manuscrit.
(Deux photographies en couleurs montrent l'ex-voto.)
Dans le même numéro de la revue, en page 7, petite suite de six photographies qui, sous le titre « Restanystory : col fuoco di Yves Klein », montrent soit Restany, soit Klein utilisant de différentes manières le feu.

Pierre RESTANY : The Votive Offering by Yves Klein / *Studio International*, Londres, septembre 1982, vol. 95, n° 996.

XXX : Retrospectiva de Yves Klein : la Nationalgalerie de Berlin-Oeste y a la Städtische Kunsthalle de Dusseldorf / *Goya*, Madrid, juillet 1976, n° 133.

Hanno REUTHER : Asche meiner Kunst / *Frankfurter Rundschau*, Frankcfort, 21 août 1976.

Werner RHODE : Immer noch einem Schritt voraus / *Frankfurter Rundschau*, Frankcfort, 24 juin 1976.

Horst RICHTER : Yves Klein und das Seltsame / *Trierischer Volksfreund*, 3 février 1961.

Larry RIVERS : Blues for Yves Klein / *Art News*, New York, février 1967, vol. 65, n° 10.
L'auteur cite tout d'abord une lettre reçue de Klein en 1962 mentionnant une deuxième crise cardiaque à venir ; puis c'est le récit de leur amitié : comment Klein voulait faire le moulage de l'auteur et comment celui-ci tâchait de refuser lorsque Klein mourut.
Rivers décrit l'atelier transformé en chambre mortuaire : Klein en uniforme de chevalier de Saint-Sébastien, les œuvres des différentes périodes dans la pièce. A propos du relief bleu de la France, il rappelle le problème avec Jasper Johns sur l'antériorité de l'idée des cartes peintes.
Rivers rappelle encore une visite qu'il fit avec Klein à une exposition de peinture ancienne, se pose la question de la véritable date des premiers monochromes (1949 ?), explique les rapports de Klein avec le judo et le zen, compare avec Barnett Newman, et décrit le travail avec le feu et des corps de femmes nues.
Rivers dit enfin comment Klein fut rejeté aux États-Unis et pourquoi cela ne remet pas en jeu l'originalité qu'il a apportée au nom de l'art.
(Les photographies montrent : Klein et sa femme avec Clarice Rivers ; sculpture éponge bleue, 1962 ; portrait relief d'Arman, 1962 ; flamme devant le musée de Krefeld, 1961 ; Anthropométrie, c. 1959 ; Anthropométries de l'époque bleue, 1960.)

Keith ROBERTS : London – The Tate Gallery's Double Retrospective... / *Burlington Magazine*, Londres, mai 1974, vol. 116, n° 854.
Compte rendu des expositions Klein et Manzoni à la Tate Gallery.
L'auteur se demande ce qu'il y a à voir dans ces expositions d'artistes qui ont cherché à étendre la définition de ce qu'on pouvait faire avec l'art.
L'article mentionne uniquement, pour Manzoni, les photographies de la signature d'un corps vivant, pour Klein celles de la vente de zones de sensibilité. L'auteur ne peut évaluer la portée artistique du geste car il n'a jamais jeté de l'or dans la Tamise ; il trouve que les photographies rendent la cérémonie ridicule et qu'on éprouve seulement de la sympathie pour la dame élégante qui y assiste. L'auteur ne trouve dans les deux expositions ni idées audacieuses (tout vient de Duchamp, Dali et Pollock), ni qualité, seulement de la prétention. Il termine en déclarant que l'exhibitionnisme ne fait pas une exposition.

XXX : Roller Art / *Sheffield Telegraph*, Sheffield, 25 juin 1957.
C'est le mot « inhabituelles » qui décrira le mieux les peintures de cet artiste français qui peint au rouleau. Le court article décrit la Gallery One et cite Klein décrivant ses œuvres comme des « propositions monochromes » et sentiment d'être à la fenêtre d'une prison devant une composition. On signale enfin que M. Klein a appris le judo au Japon.

Kristian ROMARE : Hor Yves Klein... / *Sydsvenska Dagblade Snällposten*, 21 mai 1963.

Tony ROTHON : Yves Klein and Piero Manzoni / *Flash Art*, Milan, juin 1974, n° 46-47.

Jacqueline ROZIER : Yves Klein, l'initiateur du Nouveau Réalisme, vingt ans plus tard / *Le Journal*, Lyon, 8 mai 1979.
A propos de l'exposition Klein à la galerie Bonnier, Genève.
Klein est de la race des pionniers de l'art auxquels le temps donne un sens, dit l'auteur. Son œuvre, qui a désorienté, est très intuitive et veut nous communiquer le pouvoir de la couleur.
Après la période négative des monochromes, Klein veut recréer un art tout neuf où il fait intervenir le réel par l'usage de pinceaux vivants : la pluie, le feu, le corps humain. Dans les années 60, poursuit l'auteur, la réalité c'est aussi les vols dans le cosmos ; d'où les Reliefs planétaires.
Exposer Klein aujourd'hui, c'est le situer dans l'histoire ; l'article rappelle son rôle parmi les Nouveaux Réalistes et son influence sur différents mouvements artistiques.

Ralph RUMNEY : Zenned Up, Monochrome Propositions of Yves Klein / *Art News and Review*, Londres, 6 juillet 1957.
Description de l'exposition à la Gallery One (19 peintures de différentes couleurs, et une fleur bleue entourée de peintures bleues) ; l'article précise que le bleu semble attirer les mouches et qu'il est le même que dans certains westerns au cinéma. La fleur bleue coûte 75 livres sterling et la plus chère des peintures 45 livres sterling. L'auteur continue en ironisant sur le « geste pictural » et indique que Klein est champion de judo, qu'il a rapporté du Japon une attitude zen et qu'il étend les frontières de l'art pour y inclure ce qui n'y était pas jusqu'ici : la sensibilité de la couleur.
(La photographie montre une peinture sur un chevalet.)

John RUSSELL : In so far as Yves Klein.../*Sunday Times*, Londres, 31 mars 1974.
A propos de l'exposition Klein et Manzoni, l'auteur remarque que le temps a joué pour et contre eux. Les photographies de la pièce vide appelée exposition par Klein en 1958, nous font reconnaître les attitudes qui ont proliféré dans les années soixante. Il y a chez Klein et Manzoni un esprit qui s'est perdu en traversant l'Atlantique : la séduction, le plaisir et la drôlerie.
Notant cependant que tout cela se trouve déjà chez Duchamp, l'auteur invite à aller voir l'exposition car les œuvres elles-mêmes surmontent nos réticences.

John RUSSELL : Museums/*The New York Times*, New York, 26 novembre 1982.
Court article sur la rétrospective au Guggenheim. Pour l'auteur, toute bonne exposition découle d'un acte de foi et de passion, et il faut féliciter Dominique de Ménil de rendre l'œuvre de Klein plus familière au public américain.
Puis Russell décrit brièvement Klein, et note que si la plupart des artistes ont une idée dans leur vie, lui en avait soixante-quatre avant le petit déjeuner.

J. RYKWERT : Arte bi-dimensionale per uomini bi-dimensionali ; two european artists : Yves Klein–Piero Manzoni/*Casabella*, Milan, 1975, n° 398.

S

Wolfgang SAURE : Ausstellung im Paris/*Das Kunstwerk*, Stuttgart, août 1965.

Rolfrafael SCHÖR : Rummel in Blau/*Neue Rhein-Zeitung*, Düsseldorf, 17 janvier 1961.

Shinichi SEGI : Yves Klein/*Geijutsu-Shincho*, Tokyo, mars 1960.

Shinichi SEGI : The Blue Monochrome/*Geijutsu-Shincho*, Tokyo, janvier 1961.

Shinichi SEGI : The Death of Yves Klein/*Geijutsu-Shincho*, Tokyo, août 1962.

Shinichi SEGI : The Monochrome Space of Yves Klein/*Geijutsu-Shincho*, Tokyo, septembre 1962.

S.G.D. : Klein at the Guggenheim/*The Art Gallery Scene*, New York, 4 décembre 1982.
Compte rendu qui trouve prodigieux en nombre et en qualité les terrains explorés et les chemins ouverts par l'œuvre de Klein. L'auteur présente ensuite quelques étapes de la carrière de l'artiste, et annonce le débat qui doit avoir lieu pendant l'exposition.

Sidney SIMON : Yves Klein/*Art International*, Lugano, 20 octobre 1967, vol. 11, n° 8.
Long article critique en anglais dont la réflexion suit le développement de la carrière de l'artiste.
Ecrit peu de temps après la rétrospective Klein au Jewish Museum, l'article débute en se posant la question de l'identité artistique de Klein. L'auteur souligne que les monochromes sont mieux vus désormais qu'à l'époque de leur réalisation, qu'ils doivent être considérés comme des peintures, mais sont loin des œuvres minimales du fait de leur texture voulue par l'artiste.
Contrairement aux œuvres des peintres américains de l'après-guerre, les monochromes manquent de monumentalité mais peuvent être comparés à l'esthétique « all over » de Pollock bien que Klein soit de la génération de Johns ou Rauschenberg. Comme ces derniers, il a une attitude de détachement vis-à-vis de l'œuvre d'art, et c'est ce qui posera problème à Restany pour l'inclure dans le groupe des Nouveaux Réalistes.
L'auteur rappelle ensuite l'intérêt de Klein pour les Rose-Croix et la philosophie orientale, mais ne veut pas s'en servir pour une interprétation de l'œuvre et qualifie Klein de réaliste mystique.
L'article suit alors la biographie de Klein et explique les relations avec Arman, Claude Pascal, les voyages en Irlande, Espagne et Japon, mentionnant très brièvement l'expérience de judo.
Le stage fait par Klein à Londres chez un encadreur est plus développé ; l'auteur y voyant l'apprentissage du sens de la peinture et sa matière dans une lignée venant de Fautrier et Dubuffet.
Le refus au Salon des réalités nouvelles est évoqué comme la première victoire de relations publiques de Klein, et ensuite la rencontre, grâce à Arman, de Restany, et la première exposition chez Colette Allendy. L'auteur explique comment la mauvaise perception des œuvres à cette dernière occasion oblige Klein à un changement de stratégie.
Le récit biographique se poursuit par le rappel de l'époque bleue et des expositions à Milan, Paris, Düsseldorf et Londres, par le système proposé des prix différents pour de mêmes toiles, et par la signature du manifeste Fin du style.
L'auteur s'interrompt alors pour reprendre sa réflexion sur l'œuvre. Klein reprend Delacroix en voulant enregistrer l'indéfinissable, veut montrer une expérience poétique en commémorant dans ses monochromes bleus l'expérience du moment. L'auteur compare la monochromie de Klein et Newman, voyant chez tous deux, dans leur refus de la composition et leur intérêt pour la seule couleur, des successeurs de l'impressionnisme plus que du cubisme ou de Malevitch. Mais si tous deux accordent une grande importance au spectateur,

c'est chez Newman pour lui faire voir le sublime, chez Klein pour le faire entrer dans le vide.
L'article se termine par l'explication de la révolution bleue, des Anthropométries et de leur réalisation conçue comme possibilité d'un plus grand détachement de l'artiste par rapport à son œuvre.
L'auteur conclut, après avoir estimé le « Théâtre du vide » comme le chef-d'œuvre de Klein, en citant des extraits de textes et jugeant qu'aucun artiste de « happening » n'a, depuis Klein, créé un happening aussi authentique que ce qu'a été cet homme.

XXX : Simplicity All/*The Glasgow Herald*, Glasgow, 25 juin 1957.
L'auteur s'étonne qu'aucun peintre moderne en quête d'originalité n'ait utilisé la méthode que montre à Londres un certain Yves Klein. Ses œuvres sont d'une seule couleur, sans dessin, et il bénéficie d'un nouvel instrument de la peinture moderne : le rouleau. Après avoir étalé la couleur, il la travaille pendant des mois pour lui donner l'effet recherché. L'auteur a interviewé Klein le matin dans la Gallery One où l'exposition ouvrira demain : il est jeune et charmant, fait plus athlète qu'artiste (il est professeur de judo) mais vit de sa peinture et dit avoir vendu depuis le début de l'année, 50 « propositions monochromes » à environ 25 livres sterling.

Roberta SMITH : Yves Klein at Janis/*Art in America*, New York, septembre-octobre 1977, vol. 65, n° 5.
L'auteur présente tout d'abord Klein et rappelle que certains voient dans son œuvre un rapport avec le minimalisme et l'art conceptuel. Puis vient la description de l'exposition : 25 peintures et objets. L'auteur trouve dans chacun l'intérêt de l'artiste pour le matériau et le procédé. Les Monochromes bleus, de ce bleu difficile à décrire, sensuel, qui fait presque disparaître les objets qu'il recouvre, qui a l'effet du noir avec l'agressivité du rouge, sont les meilleures œuvres. L'auteur les met en parallèle avec des œuvres de Judd, Flavin, Bontecou, Kusama.
Et les ors et les roses, avec leur mauvais goût, ne font que mettre le bleu en valeur. Les œuvres faites avec la pluie ou le feu sont quant à elles des idées banales qu'il était inutile de réaliser. Les peintures faites avec des corps de femmes font l'effet d'une affiche avec des pin-up, et le relief d'Arman en IKB semble la figure de proue du yacht d'un producteur de cinéma.
Selon l'auteur, si Klein était intéressé par l'art classique (on cite pour exemple la présence dans l'exposition de la Victoire de Samothrace en bleu), il était pourtant prêt à tout essayer pour l'effet. (La photographie, en couleurs, montre l'accrochage à la galerie Janis.)

Roberta SMITH : Parts and Sums/*Village Voice*, New York, 7 décembre 1982.
Intéressant compte rendu de la rétrospective au Guggenheim Museum, New York. Selon l'auteur c'est l'une des meilleures expositions présentées depuis un moment dans ce musée et elle fait comparer Klein à Beuys en ce qu'ils sont tous deux les artistes importants d'après-guerre dans leur pays.
Décrivant les œuvres présentées, Roberta Smith trouve qu'elles donnent au musée une clarté cristalline, comme si on se trouvait au sommet d'une montagne où l'air serait glacé. Elles ont une autorité, une densité visuelle, une nouveauté qui montrent la jeunesse que peut maintenir une certaine forme d'abstraction. Cependant on a moins l'impression d'être dans une exposition que confronté à une seule œuvre d'art.
L'auteur explique ensuite le pigment IKB (le coup de génie de Klein) et la création posthume faite au musée (le sol recouvert d'IKB), et différencie Klein du minimalisme américain pour le rapprocher de Rothko.

L'article, après avoir rappelé quelques détails biographiques, se termine par un éloge du catalogue de l'exposition et particulièrement du texte de Thomas McEvilley.

David SOKOL : Yves Klein is Showing at Museum/*The Jersey Journal*, 16 février 1967.
L'intérêt majeur de cet article est la description qu'il fait de l'exposition au Jewish Museum, salle par salle : les IKB, la section monopink, la section monogold, les Pluies (rouges au premier étage, bleues au second), les Suaires (très bien faits surtout parce qu'ils rendent l'illusion des cheveux), la section des Cosmogonies enfin qui est la favorite de l'auteur.

Yanagi SORI : The Mural Paintings by Yves Klein/*Geijutsu-Shincho*, Tokyo, septembre 1963.

Raphaël SOTO : Yves le Monochrome/*Art et Création*, Paris, janvier-février 1968, n° 1.
L'auteur vit pour la première fois une œuvre de Klein en 1956 au Festival d'avant-garde de Marseille. Il se souvient d'avoir été tout de suite convaincu, car il y avait une sorte de climat propice au monochrome. En 1958, il n'a pu assister au vernissage de Klein chez Iris Clert mais a été rassuré par la logique de l'œuvre.
Leur rencontre eut lieu chez Tinguely ; Soto se souvient comme Klein admirait les artistes qui pouvaient fabriquer des choses. « Moi je suis plutôt un homme qui a des idées sur l'art », disait-il.
L'exposition à Anvers puis la fresque en Allemagne ont donné une grande réputation à Klein. Soto n'assista pas au mariage mais invita Klein et Raysse à dîner peu après.
Lorsque l'auteur eut son exposition chez Edouard Loeb, Klein lui dit au téléphone qu'il n'était pas bien. En fait il mourut ce soir-là, et tout le monde crut que c'était une blague.
Les monochromes sont pour Soto les œuvres les plus importantes de Klein ; les empreintes, bien qu'elles soient un retour à la figuration, sont très puissantes.

Werner SPIES : Parzifals Himmelsahrt ; Eine Kunstler Legende : Yves Klein und seine Werk/*Frankfurter Allgemeine*, Francfort, 10 avril 1982.

T

Yvon TAILLANDIER : Yves Klein et Arman au musée/*XXe Siècle*, Paris, juin 1969, n° 32.
A propos des deux expositions au Musée des Arts décoratifs. L'auteur se souvient des discussions auxquelles il participa pour faire admettre Klein à la Biennale des jeunes de 1959. Il rappelle comment le jeune Klein – comme Chaval – invectivait les oiseaux qui souillaient le bleu du ciel et cite un de ses propres livres (1960-1961) dans lequel un néophyte découvre une peinture d'un bleu absolument uni, tirant sur le violet, avec un point noir à peine visible ; il s'approche, le point noir disparaît, c'était une mouche.
L'auteur se demande si le bleu de Klein est celui du ciel ou celui de la nuit, et cite l'artiste : « Mes propositions monochromes sont des paysages de la liberté. »
Il s'intéresse dans l'œuvre de Klein aux rectangles bleus et à la signature du vide plus qu'à tout le reste. Après avoir proposé des interprétations du bleu, l'auteur rappelle la salle vide dans l'exposition chez Colette Allendy (1957) et déclare que le vide d'une galerie vide, ce sont des pleins. Ceci le fait enchaîner sur le Nouveau Réalisme et, de là, sur un compte rendu de l'exposition Arman dans le même musée.

Sami TARICA : L'œuvre de Klein me semble être…/*Art et Création*, Paris, janvier-février 1968, n° 1.
Court témoignage qualifiant Klein d'artiste chez qui le sens du moderne est le plus fort. L'auteur, qui a eu avec lui les rapports les plus agréables, considère le monochrome comme sa création la plus importante et définit Yves Klein : l'instinct à l'état pur.

XXX : Tavlor i en enda färg/*Stockholms-Tidningen*, Stockholm, 3 mai 1965.

Charlotte THORP : In the Museums : Yves Klein/*Arts Magazine*, New York, mars 1967, vol. 41, n° 5.

Jean TINGUELY : Le monochrome/*Art et Création*, Paris, janvier-février 1968, n° 1.
Fac-similé du texte manuscrit de l'auteur décrivant Yves Klein : attaquant superbe, … architecte génial, … très bon peintre, … grand sculpteur…

Caroline TISDALL : Serious Jokes/*The Guardian*, 20 mars 1974.
Rappelant l'anecdote de la rencontre Klein Manzoni, l'auteur présente les deux artistes à l'occasion de leurs expositions à la Tate Gallery et signale qu'on doit d'abord traverser l'exposition Klein avant de se trouver dans celle de Manzoni.
Si leur influence a été très importante, leurs rapports sont nombreux mais superficiels (monochrome, corps humain, usage de l'or, sculptures pneumatiques, compositions musicales). Vivant tous deux à l'époque de l'existentialisme, ils se distinguent car Klein était en réaction contre le monde matériel pour atteindre à la beauté cosmique, ce qui n'est pas sans élitisme car il cherchait à transcender la vie de tous les jours.
La différence entre Klein et Manzoni tient selon l'auteur à leur nationalité et à leur personnalité (Klein élégant, sportif, aimant l'uniforme). Klein – comme Marinetti – a cet enthousiasme ambigu dans des œuvres comme le diable et la queue disparaissant devant le Pape Jean XXIII, ou son projet de Révolution bleue.
Abordant le fait que les deux artistes eurent une mort précoce, l'auteur relate l'épisode de la projection du film Mondo Cane et la première crise cardiaque de Klein. Klein et Manzoni cherchaient la liberté totale ; cela paraît vague, mais reste émouvant et se vérifie dans l'œuvre. L'auteur explique alors brièvement les empreintes, les effets de pluie sur les toiles, l'échange d'or et de zones d'immatériel et termine en citant des réalisations de Manzoni.

Liliane TOURAINE : Lettre de Paris. Précurseur illustre…/*Art International*, Lugano, avril 1973, vol. 17, n° 4.
Court compte rendu de l'exposition Klein en février à la galerie Flinker, indiquant les différentes périodes de l'œuvre.
(Une photographie : Peinture de feu, 1962.)

Michel TOURNIER : Yves Klein : le philosophe au bleu lessive/*Le Point*, Paris, 26 mars 1973.
A l'occasion de l'exposition à la galerie Flinker, l'auteur rappelle de manière sensationnelle les réalisations de Klein comme l'influence qu'il a eue sur les mouvements à venir, et remarque la parfaite cohérence de ses recherches.
Klein se souciait de la peinture comme d'une guigne et il est plus proche de Vinci que de Dali. L'auteur le cite sur les problèmes de la composition et de la couleur, le décrit comme un obsédé de l'absolu et reprend des extraits d'une interview de 1958 dans laquelle Klein déclare avoir influencé Malevitch.
Michel Tournier voit dans l'œuvre de Klein une philosophie de type archaïque, présocratique,

comme aurait pu mieux que personne l'expliquer Bachelard. Il conclut sur une image empruntée à la Bible et qualifie l'œuvre de Klein d'effort pour retrouver le goût de l'Arbre de Vie.
(Deux illustrations : Le Vampire, 1960 ; et Anthropométrie, 1960.)

John Anthony THWAITES : A Turning Point : Notes on Norbert Kricke and Yves le Monochrome / *Art International*, Zurich, septembre 1958, vol. 2, n° 6-7.
Long article critique et enthousiaste sur deux des artistes qui décorent le théâtre de Gelsenkirchen. L'auteur note que tous deux s'admirent mutuellement et jugent que leur travail est proche. Il se demande en quoi et l'explique tout d'abord en décrivant les œuvres de Kricke, puis d'Yves.
Yves réalise des peintures, des tapisseries, d'une seule couleur. Récemment, il a présenté une galerie vide, ce qui était en fait un monochrome blanc. Il y a peu de matière sur les surfaces qu'il crée, sauf à Gelsenkirchen où des éponges ajouteront un relief. Klein aime aussi les feux d'artifice et le cérémonial (gardes républicains). Puis l'auteur explique la portée de l'œuvre de Kricke, celle de Klein. Distinguant trois concepts d'espace dans la peinture européenne : fond or du moyen-âge ; perspective de la Renaissance ; a-perspective moderne, l'auteur divise cette dernière en un espace dynamique (Miró) et un statique (Mondrian), tous deux linéaires. Yves, le premier en Europe, s'en sépare ; son espace est purement chromatique, sans trace de ligne. On a un sentiment d'infini à se trouver plongé ainsi dans la couleur pure. Par cette couleur même, la peinture semble en mouvement, bien que matériellement on ait affaire à de l'anti-peinture, c'est-à-dire à quelque chose de supersensuel.
L'auteur remarque également dans la couleur le goût d'Yves pour le cérémonial et y voit une recherche de synthèse proche de celle de l'Extrême-Orient, notant alors les expériences d'Yves avec le judo et sa connaissance du Japon. L'auteur aborde ensuite la position historique des deux artistes.
Sur le plan philosophique, Klein et Kricke mènent une réaction au pessimisme ambiant ; ce sont des purs. Yves est engagé par son art et par son engagement politique : la révolution de la sensibilité.
L'auteur note enfin un côté Tartarin de Tarascon en Klein et le cite pour terminer : « Qu'est-ce qui donne à la France, malgré sa situation politique, une telle renommée, sinon la force de son art ? »

John Anthony THWAITES : Das Blaue Wunder des Yves Klein / *Deutsche Zeitung*, 2 février 1961, n° 27.

John Anthony THWAITES : Yves le Monochrome / *Art and Artists*, Londres, juillet 1974, vol. 9, n° 100.
L'auteur analyse la carrière de Klein à propos de l'exposition à Ludwigshafen. Il note combien son influence a été surtout sensible en Allemagne (groupe Zero), et décrit les œuvres en suivant l'accrochage des salles.
Tout d'abord les Anthropométries, la seule peinture créative, depuis la guerre, à utiliser la figure humaine. L'auteur apprécie peu les explications de l'artiste à leur sujet (ombres d'Hiroshima), mais il aime leur vérité symbolique.
Ensuite, la célèbre Expression du monde de la couleur mine orange, le tableau rejeté par le Salon des réalités nouvelles, qui est pour l'auteur le seul, en dehors des œuvres bleues, à offrir un sens de l'espace.
Puis vient dans l'exposition une confrontation cosmogonies-anthropométries ; Thwaites explique ces techniques et dit comment Klein espérait aller si loin qu'il ne serait plus nécessaire de faire de la peinture. Les murs de feu sont ensuite comparés

aux derniers Klee par leur sens prémonitoire de la mort.

L'auteur rappelle comment Klein est parfois encore pris pour un charlatan, sans doute à cause de son goût de la publicité, car il l'aimait toute, même la mauvaise. Il cherchait à toucher tout le monde, il voulait remplacer les valeurs matérielles par celles de l'esprit.

(Les photographies montrent : Anthropométrie 2, 1960 (en couleurs) ; Klein dirigeant les modèles et l'orchestre à l'exposition de l'Anthropométrie, mars 1960 ; Anthropométrie 49, 1960 ; Anthropométrie 4, 1960 ; Anthropométrie 1960.)

U V

Jan Olov ULLEN : Rymd (Yttre och inre) hos Pontus / *Stockholms-Tidnigen*, Stockholm, 22 décembre 1965.

Jan VAN GRIESVEN : Yves Klein, Fantast or Mysticus ? / *Nieuwsblad v.h. Zuiden*, Tilburg, 2 décembre 1965.

A l'occasion de l'exposition au Stedelijk Museum, l'auteur rapporte les idées de Klein : notre sensibilité est toute-puissante pour saisir l'immatériel ; nous sommes extradimensionnels.

Puis il rappelle la vie agitée, brève, le sérieux et le « charme du bluff », qui projeta l'artiste dans les premiers rangs des avant-gardistes ; comment Klein, depuis ses premières expositions (Londres 1950) en vint à représenter l'immatériel.

Présentant les monochromes, l'auteur remarque que la matière disparaît lorsqu'on les regarde et seule demeure la couleur ; celle-ci est violente et donne l'impression d'envahir le spectateur, ce qu'on peut expliquer physiologiquement.

Klein est qualifié de mystique fantasque et l'auteur discute la photographie qui le montre sous la « tombe » Ci-gît l'espace. Enfin, après une description des monopinks et des monogolds, il termine : il a de l'esprit ce Klein, et j'y reviendrai volontiers.

Jan VAN GRIENSVEN : Yves Klein, Genie or Charlatan ? / *Nieuwsblad v.h. Zuiden*, Tilburg, 14 décembre 1965.

A l'occasion de l'exposition au Stedelijk Museum, cet article décrit les différentes œuvres de Klein, le feu, les pinceaux vivants, l'opéra de Gelsenkirchen, la conférence de la Sorbonne, les œuvres faites avec des éléments atmosphériques... Génie ou charlatan ? C'est aussi raison ou folie. Et pour l'auteur, les deux, s'ils conduisent à une folie raisonnable, mènent à la création.

Hans VAN STRATEN : « Stedelijk » herdenkt jonggestroven, Yves Klein / *Het Vrije Volk*, Amsterdam, 11 novembre 1965.

A propos de l'exposition au Stedelijk Museum, l'auteur rappelle les origines de Klein et son influence sur l'art. Il voit en lui la même inquiétude vitale que chez Appel et le compare à Mondrian pour ses intérêts théosophiques et pour sa façon de développer strictement sa logique.

Il décrit ensuite des œuvres, précise le rôle répétitif des monochromes, rapproche Klein d'Appel encore pour son goût du spectacle et s'étonne de la fascination de l'artiste pour la sensibilité.

XXX : Vende il nulla a prezzo d'oro / *Il Giorno*, 21 mars 1962.

André VERDET : Pour Yves Klein / catalogue de l'exposition Yves Klein, *galerie Tarica*, Paris, 1963 // catalogue de l'exposition Yves Klein, *Städtische Kunstsammlungen*, Ludwigshafen am Rhein, 1974.

XXX : Vive la femme-pinceau / *Radar*, 29 avril 1960.

Seule une brève légende indiquant la technique révolutionnaire du jeune « peintre » niçois, dont l'atelier est devenu le rendez-vous de la nouvelle vague picturale, accompagne une grande photographie de Klein et d'un modèle nu.

XXX : Voyage Through the Void / *Time*, 27 janvier 1961.

Depuis des siècles, on n'avait jamais utilisé les modèles comme le fait Klein ; l'auteur précise la technique utilisée et décrit l'artiste comme la coqueluche des amateurs d'art en France : ses prix ont quadruplé en deux ans.

A propos de l'exposition Klein à Krefeld, l'auteur fournit des données biographiques et explique brièvement ses différentes réalisations : IKB, « The Wind of the Voyage », une « zone de sensibilité immatérielle, hors série » pour 600 livres sterling.

(La photographie montre Klein et un modèle nu.)

W

D. W. : Das Werk ihres Mannes... / *Westfalische Rundschau*, 16 novembre 1962.

Alexander WATT : Paris Commentary – From the naturalistic notation / *Studio International*, Londres, janvier 1961, vol. 161, n° 183.

Bref compte rendu de l'exposition galerie Rive droite. L'auteur estime que si le Suaire II (reproduit) est raisonnablement explicite, les expériences monochromes et tachistes n'ont aucun sens (non plus que la préface du catalogue).

Paul WEMBER : Yves Klein / *Art International*, Lugano, mars 1961, vol. 5, n° 2.

Long article enthousiaste sur l'œuvre de Klein, quelque temps après l'exposition au musée de Krefeld.

L'auteur trouve que le travail de Klein est silencieux et concentré ; mais que l'exposition de ses œuvres est tout le contraire : elle force l'étonnement comme tout ce qui est nouveau. C'est avec le cœur plus qu'avec l'intelligence que Klein se préoccupe des phénomènes de sensibilité pure en relation avec l'homme.

L'article donne quelques éléments de biographie pour montrer le besoin de Klein de trouver de nouvelles techniques. Les premières expériences monochromes sont datées de 1946 et leurs expositions de 1950, 1953, 1955 (cette dernière fut mal comprise et fit changer Klein de point de vue pour la suivante à Milan).

L'auteur insiste sur le fait que les monochromes bleus doivent suggérer « quelque chose » qui leur est extérieur. Ils sont l'étape qui mène à l'immatériel, tout comme les impressions de corps humains sur les toiles qui rendent le spirituel visible.

Ce désir de montrer l'immatériel, que l'auteur retrouve dans les Cosmogonies et les Éponges, se devait de conduire à l'Architecture de l'air. Wember explique brièvement chacune de ces techniques et rappelle que Klein est judoka, amateur de jazz, auteur d'une symphonie monoton...

L'exposition du musée de Krefeld est ensuite présentée (beaucoup de monochromes et d'ors), ainsi que l'exécution des sculptures de feu, l'influence sur Klein et son idée de sensibilité pure de Delacroix lorsqu'il parle d'indéfinissable. Avoir expérimenté le vide, pour Klein, c'est le posséder et en retirer une satisfaction sprituelle intérieure.

L'auteur termine en reprenant chacun des éléments de l'œuvre (bleu, empreintes...) et en redisant combien ils sont des étapes vers l'indéfinissable et la sensibilité.

Paul WEMBER : Yves Klein / *Museumjournaal*, Amsterdam, janvier 1966, vol. 11, n° 1-2.

Paul WEMBER : Yves Klein / *Das Kunstwerk*, Stuttgart, février 1970, vol. 23.

Paul WEMBER : Yves Klein le monochrome 1960 ist diese Anthropometrie... / catalogue de l'exposition Yves Klein, *Karsten Greve*, Cologne 1974.

Charlotte WILLARD : Yesterday and Tomorrow / *New York Post*, New York, 18 février 1967.

Remarquant que les deux pôles de l'art contemporain sont en même temps présentés à New York, Andrew Wyeth au Whitney Museum et Klein au Jewish Museum, l'auteur estime que le critique ne doit pas tant discuter la forme de l'œuvre qu'analyser l'impact sur le public de la vision de l'artiste. Elle explique les théories de Klein et ses différentes œuvres : il peignait tout en bleu cobalt pour faire sentir aux gens la présence mystique de la couleur. Il avait refusé d'ajouter une autre couleur à sa toile lors d'une exposition nationale. Il poussa sa préoccupation de la liberté par la couleur jusqu'à présenter le vide d'une pièce peinte en blanc.

L'article raconte ensuite l'aventure des peintures faites avec des pinceaux vivants, au son d'une symphonie composée avant les expériences de Cage, notant que c'était une forme d'acte naturel repris de l'homme des cavernes. Pour finir, l'auteur après avoir mentionné l'obsession de Klein pour le feu (obsession qu'on ne retrouve auparavant que dans l'Église médiévale) définit l'art de Klein comme celui de l'aventure, un art de liberté, un art d'aujourd'hui.

Y

XXX : Yves Klein / *Le Nouvel Observateur*, Paris, 12 mars 1973.

Brève annonce de l'exposition à la galerie Flinker qui permet de s'interroger sur une carrière qui apparaît avec le temps comme un défi salutaire.

XXX : Yves Klein : Ant 45 / *Mannheimer Morgen*, Mannheim, 22 mars 1974.

XXX : Yves Klein, genannt « le Monochrome »... / *Deutsche Zeitung*, 2 février 1961, n° 27.

XXX : Yves Klein nach New York / *Neue Rhein-Zeitung*, Düsseldorf, 24 février 1961.

XXX : Yves Klein Retrospective in Ludwigshafen / *Rhein-Neckarztg*, Heidelberg, 20 mars 1974.

XXX : Yves Klein Retrospective at the Gugghenheim / *Antiques and the Arts Weekly*, 19 novembre 1982.

L'article reprend essentiellement le communiqué de presse du musée.

XXX : Yves Klein suchte vergebens seine Bilder in Belgien / *Neue-Rhein-Zeitung*, Düsseldorf, 5 janvier 1961.

Articles généraux

A

ABSALON : Linjer mot rymden / **Dagens Nyhetter**, 24 décembre 1965.

Lawrence ALLOWAY : The Spectrum of Monochrome / **Arts Magazine**, New York, décembre 1970-janvier 1971, vol. 45, n° 3.
Dans ce long article sur le monochrome, deux lignes sont consacrées à Klein présenté comme exemple d'art d'une couleur/d'un objet.
(Parmi les illustrations, l'une montre : Monochrome bleu IKB, 1961.)

B C

Joost BALJEU : The Hegelian Romantic Negation in Modern Plastic Art / **Art International**, Lugano, 20 février 1966, vol. 10, n° 2.
L'auteur tente de mettre en relation les théories hégéliennes sur l'art (notamment la fin de l'art) avec la création plastique moderne. Après avoir pris comme exemples Malevitch, Naum Gabo, Albers, il cite Klein : selon lui, les monochromes bleus reprennent ceux exécutés en 1921 par Rodchenko et se veulent la fin de la peinture de chevalet. C'est la même démarche qui a inspiré ce que l'auteur appelle « The Immaterial Blue » à la galerie Iris Clert en 1958.
Baljeu semble mal informé lorsqu'il dit ensuite : « Peindre la galerie tout en bleu, à l'intérieur et à l'extérieur, c'était la présentation d'un état pictural bleu de sensibilité, au lieu de l'exposition d'un certain nombre de toiles. »
L'article se continue par de nombreuses citations de Klein, là aussi parfois mal comprises, aborde ses conceptions de l'architecture et enchaîne ensuite sur des exemples pris chez des artistes du groupe Zero.
(Deux des photographies sont consacrées à Klein : l'une montre Klein assis à côté d'une Fontaine de feu, 1960 ; l'autre est une vue de l'installation de l'exposition Klein au Moderna Museet, Stockholm).

Georges BESSON : Lettre à une provinciale / **Les Lettres françaises**, Paris, 1er décembre 1960.
Le critique, avant ses comptes rendus d'expositions, cite une phrase qui lui a été dite : « Ah ! vous n'aimiez ni Riopelle, ni Vasarely, ni Yves Klein, saoulez-vous donc de Roland Oudot et de Terechkovitch. »

D. C. : Les expositions – Reinhardt / **Aujourd'hui, art et architecture**, Paris, septembre 1960.
Courte annonce de l'exposition Reinhardt à la galerie Iris Clert. Cette peinture n'est pas sans rappeler Yves Klein, même si elle s'en distingue par la couleur et la matière.

XXX : César, Duchamp et les visions d'art / **Arts**, Paris, 7 décembre 1960.
Court écho sur les projets d'Alain Bernardin, directeur du cabaret Le Soho, avec les artistes Duchamp, César, Klein, Tinguely, Madeleine Robinson.

D E

Ake DAUN : Visioner av rymden / **Folker**, 31 décembre 1965.

Birger ERIKSON : Rymden inom oss / **Dale Demoluaten**, 13 janvier 1966.

Lilo EVERHARDT : Lässt sich denn da nichts ändern ? / **Rheinische Post**, 20 janvier 1961.

F G H

Louis-Paul FAVRE : Extra-muros / **Combat**, Paris, 24 mars 1958.
Long article sur les expositions d'artistes français (ou ayant choisi de vivre en France) à l'étranger.
Yves Klein y est cité comme devant décorer le nouveau théâtre de Gelsenkirchen ; l'auteur s'en félicite, pensant que des architectes français auraient trouvé cela trop révolutionnaire.

Christine GLEINY : Drei Astronauten der Leinwand / **Christ und Welt**, 14 février 1969.

Guy HABASQUE : Le verre, matériau d'hier, d'aujourd'hui et de demain / **L'Œil**, Paris, février 1960, n° 62.
Article sur l'utilisation du verre dans l'architecture moderne.
(Une des photographies montre le nouvel opéra de Gelsenkirchen et la légende mentionne quatre monochromes bleus de Klein qui ornent le foyer.)

Yvonne HAGEN : Gelsenkirchen Opera / **Herald Tribune**, New York, 13 janvier 1960.
L'auteur rapporte l'inauguration de l'opéra qui lui semble une rare réussite de collaboration – depuis la conception du projet – entre l'architecte Ruhnau et les artistes Robert Adams, Dierkes, Tinguely, Kricke.
Suivent une description du bâtiment et des œuvres qui le décorent et enfin un aperçu des autres projets élaborés par Klein et Ruhnau : mur de feu et toit d'air.

Otto HAHN : L'héritage impossible / **Art et Création**, Paris, janvier-février 1968, n° 1.
Long entretien provocateur autour de Klein et du Nouveau Réalisme.
L'auteur estime que Klein n'a pas fait école au sens habituel du terme mais qu'il a eu de l'influence et a enseigné un nouveau rapport avec la réalité.
Il avait le génie de renverser les habitudes acquises (au lieu de peindre des femmes nues il peignait avec des femmes nues).
L'auteur explique les rapports de Klein, César, Tinguely, Arman, note que Klein est un des premiers à faire réaliser son œuvre par son entourage, sa famille, car la valeur d'une œuvre vient de ce qu'elle témoigne de la naissance d'une pensée.
Otto Hahn parle ensuite des artistes qui travaillent le monochrome, critique Jouffroy dans sa controverse contre Kelly et compare la volonté morale des environnements de

Jean CLAY : Art ... should change man / **Studio International**, Londres, mars 1966.

Kaprow à la volonté esthétique de ceux de Klein.
L'entretien s'oriente alors sur les options politiques contradictoires de Klein et son influence sur Raysse, Raynaud, Gilli, Malaval, Pavlos, Sanejouand, B.M.P.T., Balanci, Farhi, Ben, Adzak, avant de se terminer par un point de vue général et agressif sur la situation de la peinture à Paris.

Nils-Goran HOKBY : En expo om ingenting / **Iefle Dagblad**, 30 décembre 1965.

Gérard HORDIJK : Slechts zelden Krijgen... / **Kroniek van Kunst en Kultuur**, janvier 1958, n° 1.
L'article, général, cite de nombreux auteurs : Pierre Restany, J.J. Klant, Dali, Paul Valéry, Guy Lemborelle... et est illustré de deux propositions monochromes bleues (dont une en couverture), et de deux dessins : l'un d'une enveloppe portant un timbre bleu, l'autre montrant le théâtre de Gelsenkirchen.

Pontus HULTEN : Pariskonst och jiu-jitsu / **Stockholms-Tidningen**, Stockholm, 30 octobre 1957.

J K

Sidney JANIS : Correspondance / **L'Œil**, Paris, novembre 1967, n° 155.
Lettre de Sidney Janis aux rédacteurs de la revue pour exprimer sa déception de lire dans le numéro de juillet-août 1966 un article d'Alain Jouffroy sur la Biennale de Venise qui accuse Kelly d'avoir plagié les monochromes de Klein. L'auteur précise les dates des expositions des deux artistes (1951 pour Kelly) et explique combien peu de rapports existent entre les deux œuvres. Il considère Klein comme le peintre français le plus important de sa génération, mais tient à défendre Kelly de préjugés d'un critique mal informé et qui manque de sens artistique.

Christopher JOLIN : Rymden i konsten / **SIA**, 4 février 1966, n° 3.

JORGEN : Rymdkonstnärer på Moderna Museet / **Svenska Dagbladet**, 5 décembre 1965.

Alain JOUFFROY : Le grand jeu de la Biennale / **L'Œil**, Paris, juillet 1966, n° 139.
Long compte rendu de la Biennale de Venise qui couronna Julio le Parc, au cours duquel l'auteur mentionne Kelly qui l'exaspère par des œuvres d'une abominable stupidité : un ensemble de tableaux monochromes parfaitement identiques à ceux que peignait Klein dix ans auparavant. L'auteur conseille à la veuve de ce dernier d'intenter un procès, mais pense qu'elle est trop généreuse pour le faire.

Alain JOUFFROY : Correspondance / **L'Œil**, Paris, novembre 1967, n° 155.
Droit de réponse à la lettre de Sidney Janis publiée dans le même numéro qui réfutait l'idée selon laquelle Kelly aurait plagié les monochromes de Klein.
L'auteur explique la chronologie de la démarche créative de Klein (premiers pastels monochromes à Nice en 1946...), évoque une exécution de symphonie constituée d'un seul son continu en 1949 à la galerie Iris Clert et soutient que l'idée du monochrome de Klein

englobe celle de Kelly. Celui-ci exploite un filon, alors que Klein est un inventeur. Selon l'auteur, la peinture ne se fait plus aujourd'hui seulement à partir de choses vues, mais en regardant des idées. Et le « sens artistique », qu'il abandonne aux marchands, n'y suffit plus.

Alain JOUFFROY : L'utopie architecturale, condition de survie, entretien avec Claude Parent / **XXᵉ Siècle**, Paris, juin 1977, n° 48.
Entretien de Claude Parent avec Alain Jouffroy sur l'architecture, au cours duquel, à propos des architectes utopistes, est abordé le cas de Klein.
Claude Parent était favorable à sa pensée qui ne se démonétiserait pas vite et visait, sur le chemin de la progression, un nouvel âge d'or. Il estime que Klein est plus important que beaucoup de penseurs architecturaux contemporains en ce qu'il met en œuvre une utopie d'avenir, indépendante de la technologie, et qu'il ne fait pas que toucher l'imaginaire, mais le « hors limites ».

L

Jean-Clarence LAMBERT : Antagonismes au Musée des Arts décoratifs / **Cahiers du Musée de poche**, Paris, mai 1960.
Compte rendu acide de l'exposition, qui reprend ironiquement les textes du catalogue et cite Klein parmi les vétilles présentées : un « monogold frémissant qui serait mieux à sa place dans la vitrine d'un droguiste ».

Jacques LEPAGE : Trois peintres de l'École de Nice : Klein, Arman, Raysse / **Vie des arts**, Montréal, automne 1968, n° 52.

Ulf LINDE : Bortom glömskan / **Dagens Nyheter**, 29 décembre 1965.

Nils LINDGREN : Den inre och den yttre rymden på unik utställning / **NT-CD**, 28 janvier 1966.

Lucy R. LIPPARD : The Silent Art / **Art in America**, New York, janvier 1967, vol. 55, n° 1.
Dense article critique sur la peinture monoton, monochrome, à l'occasion des expositions Reinhardt et Klein au Whitney Museum.
L'auteur, après un long aperçu historique faisant débuter la peinture monochrome à Malevitch et Rodchenko, présente de manière critique et documentée le travail de plusieurs artistes américains : Reinhardt, Newman, Rothko, Rauschenberg.
Ensuite, l'auteur, qui pense que la monochromie en Europe a une autre direction, l'étudie chez Yves Klein, artiste de comportement, l'une des plus intéressantes figures produites par Paris depuis dix ans. Concevant ses monochromes en 1946, les exposant à partir de 1955, Klein a peu en commun avec les autres artistes discutés. L'auteur voit dans Klein, ainsi que dans les Nouveaux Réalistes, des héritiers de Duchamp et précise que Klein avait projeté une « symphonie monoton-silence » en 1947, avant John Cage. Cependant la philosophie orientale théâtralisée de Klein, son intérêt pour l'immatériel et la sensibilité picturale, sont très opposés à la froide monochromie extrémiste des Américains. L'auteur voit la plupart des œuvres de Klein comme des efforts vers la nouveauté plutôt que le point de départ d'un nouvel art. L'« exposition » de la galerie vide en 1958 est la conclusion, radicale il est vrai, des expériences de Duchamp, ajoute Lucy Lippard.

L'article se poursuit par d'autres études de plusieurs artistes américains : Irwin, Mangold, Pettet (l'aspect sensuel de sa couleur évite l'élégance du bleu royal de Klein), Kelly, Humphrey, Ryman, Marden...
(L'une des illustrations présente une œuvre de Klein en couleur : IKB, 1961, collection de M. et Mme Leo Castelli.)

M N O

XXX : Le mardi 13 février à la galerie Karl Flinker / **Combat**, Paris, 12 février 1973.
Brève annonce de l'exposition qui vient rappeler, à un moment où l'hyperréalisme envahit l'Europe, que le Nouveau Réalisme est né en France quinze ans plus tôt.

XXX : Notable exhibition of modern art in Stockholm visualizes concept of inner and outer space / **Sverige-Nytt**, 15 février 1966.

XXX : One Colour / **Evening Standard**, Londres, 31 janvier 1958.
L'auteur, à propos des « action painters », cite Klein parmi ses favoris. Il rappelle ses toiles entièrement couvertes d'une seule couleur étalée au rouleau, vendues (sans cadre) 40 guinées. Dans l'exposition à la Gallery One à Londres quelques mois auparavant, Klein présentait sa première sculpture : une éponge bleue. Elle n'est toujours pas vendue, mais Sir Hugh Casson pense l'acquérir. L'auteur lui a téléphoné et rapporte ironiquement la conversation : est-ce de la décoration, est-ce de l'art ? L'article se poursuit sur l'action painting, en mentionnant notamment Georges Mathieu.

P

Veronica PAPWORTH : I Never Win the Mothers Race / **Evening Standard**, Londres, 1ᵉʳ juillet 1957.
Chronique sur différents sujets, au cours de laquelle l'exposition Klein à la Gallery One est mentionnée ; l'auteur se demande ironiquement si ces carrés de couleur signifient la fin de la peinture en tant qu'art. Elle interroge ensuite le directeur du Arts Council pour savoir que penser d'une peinture d'une seule couleur peinte au rouleau. Philip James répond que tout cela a déjà été fait (par Soulages, Picasso, les « action painters »).

Ragnihild PRIM : Rymden i vår tid / **Medborgaren**, 1966, n° 2.

R

Carter RATCLIFF : Mostly Monochrome / **Art in America**, New York, avril 1981, vol. 69, n° 4.
Long article (21 pages, 26 illustrations) sur la peinture monochrome, son histoire et ses différentes tendances.
Commençant avec Malevitch et Rodchenko, l'auteur traite ensuite de façon détaillée le travail de nombreux artistes américains et s'arrête brièvement sur le cas de trois Européens : Manzoni, Klein et Fontana.
L'auteur considère Klein comme un néo-dada dont les toiles d'un bleu choquant, à l'épaisse texture, et la photographie du saut par la

fenêtre montrent un désir d'avoir les pieds sur terre. Klein n'est pas détaché, mais ses peintures dorées, plus encore que les bleues, prouvent qu'il recherche le plaisir visuel.
(Une œuvre de Klein est reproduite en couleur : Blue Monochrome, 1960.)

Pierre RESTANY : Martin Barré / **Cimaise**, Paris, janvier 1961, n° 51.
Dans ce compte rendu d'exposition à la galerie Arnaud, l'auteur évoque Klein à propos de l'« irrésistible appel du vide extatique » qu'il ressent « de manière inversement homothétique » devant l'œuvre des deux artistes.

Pierre RESTANY : La peinture-peinture à Paris et à New York / **Cimaise**, Paris, janvier 1961, n° 51.
L'auteur, à propos d'une exposition à la galerie des Quatre Saisons rapporte que pour certains il y a une peinture-peinture et une qui ne l'est pas. Mais il ne voit pas pourquoi Tal-Coat, Bryen... Halpern devraient se sentir inférieurs à Klein, Hains ou Arman.
Il estime également que la sélection américaine est supérieure à la française.

Pierre RESTANY : Die Beseelung des Objektes / **Das Kunstwerk**, Baden-Baden, juillet 1961, vol. 15, n° 1.

Pierre RESTANY : The New Realism / **Art in America**, New York 1963, vol. 51, n° 1.
Article général sur le Nouveau Réalisme, entendu comme nouvelle conscience de la réalité, nouveau langage, nouvelle compréhension de la nature. Yves Klein est brièvement mentionné, avec Hains et Villeglé, pour avoir été le premier dans ce mouvement international et l'auteur le qualifie de symbole du Nouveau Réalisme.
(L'une des illustrations montre Klein réalisant une peinture de feu.)

Pierre RESTANY : L'esposizione « spazio interno ed esterno » al Moderna Museet di Stoccolma / **Domus**, Milan, mai 1966, n° 438.

Anne RIFBJERG : Svenskerne kan-også her / **Politiken**, 13 mars 1966.

Claude RIVIERE : Vers la sculpture aérienne / **Combat**, Paris, 2 juillet 1959.
Considérations générales sur la sculpture et sur le rôle du socle qui suggère l'utilisation des forces magnétiques afin que la sculpture soit l'espace plutôt que sa représentation. L'auteur cite Tinguely et Klein en exemple, mais conclut : la technicité pourtant n'est pas l'art...

Claude RIVIERE : Antagonismes au musée du Louvre / **Combat**, Paris, 2 février 1960.
Long compte rendu du témoignage extraordinaire de l'art de notre temps qu'est cette exposition, la meilleure depuis des années.
L'auteur décrit les tendances présentées et cite les artistes, s'arrêtant sur le somptueux Monogold frémissant de Klein que les « effrangèlements » de l'or parent d'une vie intérieure, et retenant la force de magie, bien éloignée du canular, des deux zones de sensibilité picturale immatérielle.

Claude RIVIERE : Antagonismes / **XXᵉ siècle**, Paris, juin 1960, n° 14.
Compte rendu de cette exposition organisée par Julien Alvard et François Mathey. Après des compliments sur la formule de sélection et une longue énumération commentée des tendances et des artistes représentés, l'article

conclut : « Nous ne saurions terminer... sans citer le Monogold frémissant d'Yves Klein. Ici, il s'agit d'un tableau où l'or, dans ses « effrangèlements », est paré d'une vie intérieure. Yves va loin ; ce sont deux zones de sensibilité picturale immatérielle. »
(Une photographie présente : Age d'or, 1959.)

Claude RIVIERE : Exhibitions, requins et vampires / *Combat*, Paris, 29 août 1960.
Dans ce grand article assez général sur la distinction qu'on doit faire entre ce qui est du domaine de l'art et ce qui est parodie, l'auteur aborde la première Biennale de Paris, le procès Lorjou-Dorival, les rapports marchand-artiste et enfin le « cas Yves Klein ». L'auteur apprécie l'œuvre mais pas sa présentation et classe l'artiste parmi ceux qui accèdent à un public par l'outrance.
L'auteur soutient la monochromie, mais est opposé au recours publicitaire que Klein ajoute à ses expositions (ballons bleus, gardes républicains). Pour sortir de l'impasse, Klein recourt aux empreintes de corps. « Tout cela est parfaitement valable, mais pourquoi des séances fermées et mondaines ? »

Claude ROGER-MARX : La Biennale des jeunes – Un académisme plus oppressif que l'ancien / *Le Figaro littéraire*, Paris, 10 octobre 1959.
Long article ironique et réactionnaire qui débute sur une reproduction d'un « monochrome » de Klein présenté à regret en noir alors qu'il devrait être bleu lessive.
L'auteur consacre plusieurs paragraphes à Klein, se moquant de l'œuvre et du discours qui l'accompagne. Il mentionne les deux milliardaires américains, rois de la lessive, qui se sont disputé une de ses œuvres plus cher qu'un Chardin.
L'article se poursuit par un compte rendu de la Biennale : « catastrophe nécessaire ». Plusieurs artistes sont mentionnés et, si l'auteur pense que tout a l'air de sortir de la même main, il se félicite que le conseil d'administration ait invité, en plus du choix du jury, Bernard Buffet, Henri Cueco, Paul Guiramand...

Kristian ROMARE : Den inre och den yttre rymden / *VI*, 22 janvier 1966, n° 4.

S

Pierre SCHNEIDER : Art News from Paris ; good boys of badness / *Art News*, New York, vol. 59, n° 8, décembre 1960.
Brève mention de la rétrospective Klein galerie Rive droite parmi de nombreux comptes rendus d'expositions parisiennes.
Classée parmi les néo-dadas, l'œuvre de Klein ne choque pas autant qu'elle l'espère.
(Une photographie montre Sweat, 2, at Galerie Rive Droit (sic).)

Pierre SCHNEIDER : Expositions – Hokusaï / *L'Express*, Paris, 9 février 1961.
Au cours de cet article, à propos de l'exposition au musée Guimet, l'auteur mentionne Klein qui vient de reprendre le procédé inventé par Hokusai : « Il plongea un coq dans la peinture rouge et le laissa s'ébrouer sur un fleuve bleu, peint au préalable : le tableau représenta des feuilles d'érable emportées par le courant, en automne. »

Hannelore SCHUBERT : Kunstausstellungen im Rheinland / *Das Kunstwerk*, Stuttgart, avril-mai 1961, vol. 14, n° 10-11.

Albert SCHULZE VEILLINGHAUSEN : Bei den Monochromisten / *Frankfurter Allgemeine*, Francfort, 16 février 1961.

Léon SHIMAN : New Design for New Theatres / *Saturday Review*, 28 janvier 1961.
Article général sur de récents théâtres ; la première page présente une photographie du théâtre de Gelsenkirchen, mais la légende ne mentionne pas Klein.

XXX : Das Stadttheater Gelsenkirchen / *Deutsche Bauzeitschrift*, n° 6, juin 1960.
L'article se compose de quatre photographies en noir et blanc accompagnées de légendes ; la dernière présente le foyer et les œuvres de Klein, sans mentionner son nom.

T

XXX : Tableaux presque faux / *Carrefour*, Paris, 22 février 1961.
Page composée de sept caricatures d'œuvres de Duchamp, Dubuffet, Gris, Pollock, Buffet et Klein. Les titres sont satiriques : l'œuvre de Klein (un rectangle noir) s'intitule : « Casque bleu dans un Baluba. »

Basil TAYLOR : Anti-Art / *The Spectator*, Londres, 12 juillet 1957.
L'exposition Klein à la Gallery One a déjà été discutée dans ce journal, mais l'auteur y revient car il est frappé, ces dernières années, par le renouveau anti-art qui avait prévalu au temps de la première guerre mondiale. Tout semble avoir été fait, sauf de ne rien mettre sur les murs, ou de s'exposer soi-même.
Cet anti-art est le résultat de notre culture artistique trop étudiée, de notre trop grande préoccupation de l'esthétique et du langage formel de l'art. La moquerie et le cynisme ont pris le dessus.
Mais ces démonstrations « anti-art » sont devenues si recherchées que le spectateur n'a plus même le code nécessaire pour les recevoir. M. Klein n'indique pas s'il est un peintre autant qu'un métaphysicien amateur ; et de toutes façons, sa démarche est stratégiquement inepte : pour transmettre son message, il aurait besoin d'une grande éloquence autre que visuelle.
L'article se poursuit sur une exposition Wols à l'ICA, et revient à Klein à la fin pour conclure que les deux artistes n'ont pas de chance avec les auteurs qui les défendent : l'auteur de l'introduction du catalogue Klein, ou bien son traducteur, est incapable de s'exprimer convenablement.

John Anthony THWAITES : Reaching the Zero Zone / *Arts Magazine*, New York, septembre 1962, vol. 36, n° 10.
Article critique à propos de la publication de Zero III de Mack et Piene à Düsseldorf, et de l'exposition « Nul » au Stedelijk Museum d'Amsterdam, sur ce que l'auteur a lui-même de la peine à définir : spazialismo, espace monochrome, die Neue Tendenz, Zero...
Piene lui répond : ce n'est pas un groupe, ni un style, mais un point de vue. Il le définit : les dadaïstes étaient contre tout, nous sommes pour tout ce qui est positif.
L'auteur décrit la revue Zero, puis à partir de

l'exposition « Nul », dont Klein était absent, il vante l'œuvre de Fontana, de Klein et de Tinguely (le mystique et le satiriste). Il voit dans l'œuvre de Klein un ensemble de possibilités architecturales.
Passant en revue les autres artistes du mouvement, il les juge moins bons, à l'exception de Lo Savio, que les trois décrits précédemment. (Parmi les illustrations : Klein, Grand Relief bleu.)

John Anthony THWAITES : Books-Zero 1, 2, 3, by Henry Mack and Otto Piene / *Art and Artists*, Londres, juillet 1974, vol. 9, n° 100.
Compte rendu sévère de la réimpression de la revue Zero.

Anne TRONCHE : Blanc de blanc / *Opus international*, Paris, automne 1979, n° 74.
Article sur Manzoni qui débute par l'anecdote de sa rencontre avec Klein : « Vous êtes le monochrome bleu, je suis le monochrome blanc. »

W

XXX : Vernissages parisiens – Antagonismes : source de controverse rue de Rivoli... / *Le Figaro*, Paris, 30 janvier 1960.
Compte rendu ironique et mondain du vernissage de cette exposition d'artistes d'avant-garde de tous les pays au Musée des Arts décoratifs. On cite les organisateurs et certaines de leurs réflexions, notamment Nicolas Nabokov qui s'est déclaré acquéreur d'une œuvre de Klein, Monogold frémissant.

Görel WAHLSTROM : Rymd / *Kv. P*, 26 décembre 1965.

Alexander WATT : Paris Letter : Nouveaux Réalistes / *Art in America*, New York, 1961 vol. 49, n° 2.
Long article documenté sur les Nouveaux Réalistes. L'auteur décrit la création du mouvement et étudie plusieurs artistes en détail : Arman, Hains, César, Spoerri et Tinguely.
La première étude porte sur Klein, le champion du groupe, connu surtout pour ses peintures bleues à deux dimensions, sur lesquelles il colle depuis peu des éponges. L'auteur cite aussi la conférence à la Sorbonne dans laquelle Klein déclare qu'avant de travailler il ressent le vide, puis un vide profond, puis un bleu très profond. Vient ensuite la description des Monogolds ; puis celle de la fabrication des suaires (soirée privée... pas de journalistes...).
L'auteur cite Klein parlant de son œuvre favorite : la sculpture aérostatique des mille et un ballons à Saint-Germain-des-Prés en 1957, en expliquant que le peintre de l'espace doit lui-même se projeter dans l'espace.
L'auteur mentionne pour terminer les quatre éléments comme source d'inspiration de l'artiste (pour leur effet cosmogonique) et rappelle le succès remporté par la rétrospective Klein à Krefeld où était montrée la Sculpture de feu bleue.
(Sur les 14 illustrations, 6 se rapportent à Klein : Klein se jetant dans le vide ; un mannequin réalisant une Anthropométrie ; Suaire II, 1960, Sculpture de feu bleu, 1961. Une petite pluie fine de printemps : Cosmogonie de la pluie, 1960 ; Monogold I, 1960).

XXX : Wohltuende Sorgfalt der Darstellung / *Westdeutsche Zeitung*, 18 février 1961.

Œuvres exposées

Monochromes

1. Monochrome bleu sans titre
sans date, probablement le premier monochrome
*Pigment pur et résine synthétique sur toile
montée sur bois
12 × 17,3
Cachet étoile au dos, à cheval sur la toile et le
bois
Collection Fondation de Ménil, Houston (Texas),
don Pontus Hulten*

2. Monochrome rouge-orange sans titre
*(M 7), vers 1950
Pastel sur papier monté sur toile
25,7 × 20,6
Ni signé ni daté
Collection particulière*

3. Monochrome rouge sans titre
*1954
Aquarelle, pastel, encre et crayon sur papier
d'un carnet de croquis de 18 pages
13,5 × 21
Inscrit sur la couverture du carnet, au crayon :*
1954 *(souligné deux fois) ;
sur la page opposée :* **Scène avec un seul son/
continu –/ Un seul Rythme pour le ou la/
Danseur. –/ Une seule couleur au décor –**
Collection particulière

4. Monochrome rouge sans titre
*(M 38), 1955
Pigment pur et résine synthétique sur
toile montée sur bois
50 × 50 × 5
Signé et daté au dos, au milieu du support
au crayon :* **+ YK 55** *; cachet étoile
Collection particulière*

**5. Expression de l'univers de la couleur mine
orange**
*(M 60), 1955
Pigment pur et résine synthétique sur bois
95 × 226
Daté et signé en bas à droite, à la peinture
noire :*
YK *(monogramme calligraphié).* **mai. 55.**
*Inscrit au dos : en haut au milieu, à la peinture
noire :*
**Yves K. mai 55. / « Expression de l'univers / de
la couleur mine orange »** *; en bas, à la peinture
noire :*
YVES
Collection particulière
note : *dans* L'aventure monochrome *et différents autres écrits de
ses archives, Yves Klein mentionne cette peinture sous le titre*
Expression du monde de la couleur Mine Orange.

6. Monochrome orange sans titre
*(M 6), 1956
Pigment pur et résine synthétique sur toile
montée sur bois*

*37 × 57,5
Signé et daté au dos, sur le bas de la toile,
au crayon :* **Yves 56**
Collection particulière

7. Monochrome noir sans titre
*(M 22), 1956
Pigment pur et résine synthétique sur toile
montée sur bois
24 × 41 × 2
Signé et daté sur le bord supérieur de la toile,
au dos, au crayon :* **Yves 56**
Collection Karl Heinrich Müller, Düsseldorf

8. Monochrome rouge sans titre
*(M 27), 1956
Pigment rouge brut et liant indéterminé
sur toile montée sur bois
11,5 × 17,5
Signé et daté sur la toile, en haut
au dos, à l'encre noire ; cachet étoile*
Yves 56
Collection particulière

9. Monochrome bronze sans titre
*(M 23), 1957
Peinture bronze et or en poudre sur
pigment brut et résine synthétique sur bois
15,5 × 41
Daté en haut à droite, au dos,
au crayon bleu :* **Fev 57**
Collection particulière

10. Monochrome vert sans titre
*(M 35), 1957
Pigment pur et résine synthétique sur
toile montée sur bois
40 × 60 × 3,5
Signé et daté sur le bord inférieur de
la toile, au dos, à l'encre noire :*
+ Yves 57
Collection particulière

**11. Feux de Bengale – Tableau de feu bleu
d'une minute**
*(M 41), 1957
Pigment pur et résine synthétique, carbonisation
due aux feux de Bengale sur bois
110 × 74,8 × 2,1
Ni signé ni daté
Collection particulière*
note : *Yves Klein avait fixé seize feux de Bengale sur cette peinture
qu'il alluma pour le vernissage de son exposition à la galerie Colette
Allendy le 14 mai 1957, à Paris.*

12. Monochrome blanc sans titre
*(M 45), 1957
Huile sur pigment pur et résine synthétique sur
toile montée sur bois
50 × 50 × 5,5
Signé et daté au dos, en haut et au milieu, au
crayon bleu :* **+ Yves 57** *; cachet étoile au dos,
en bas à droite
Collection Karl Heinrich Müller, Düsseldorf*

13. Monochrome jaune sans titre
*(M 46), 1957
Pigment pur et résine synthétique sur toile
montée sur bois
100 × 100 × 8,5
Ni signé ni daté
Collection particulière*

14. Monochrome rouge sans titre
*(M 63), 1959
Pigment pur et résine synthétique sur bois
23,7 × 33 × 5
Inscrit au dos, vers la droite, à l'encre noire :*
**To Mrs. A. Fuller / avec ma
profonde / admiration /
+ Yves Klein / Juin 1959**
*Collection M. et Mme Andrew P. Fuller,
New York*

International Klein Blue

15. Monochrome bleu sans titre
*(IKB 48), 1958
Pigment pur et résine synthétique sur toile
montée sur bois
150,5 × 125 × 6
Signé et daté au dos, en haut, au milieu du
support et de côté, à l'encre noire :*
+ Yves 58 *; en haut à droite, à l'encre noire :*
+ Yves/58
Collection Moderna Museet, Stockholm

16. Monochrome bleu sans titre
*(IKB), 1959
Pigment pur et résine synthétique sur papier
21,5 × 18
Signé au dos, en bas à droite, à l'encre noire :*
Yves
Collection Fondation de Ménil, Houston (Texas)

17. Monochrome bleu sans titre
*(IKB), 1959
Pigment pur et résine synthétique sur papier
21,6 × 18,1
Signé et daté au dos, en bas à droite, à
l'encre bleue :* **Yves 59**
Collection Fondation de Ménil, Houston (Texas)

18. Monochrome bleu sans titre
*(IKB), 1959
Pigment pur et résine synthétique sur papier
21,5 × 18
Signé au dos, en bas à droite, à l'encre noire :*
YVES
Collection particulière
note : *les n°s 15, 16, 17 et 18 sont quatre des soixante dessins
originaux peints pour le projet d'une édition de luxe du livre d'Yves
Klein* Le Dépassement de la problématique de l'art.

19. Monochrome bleu sans titre
*(IKB), 1959
Pigment pur et résine synthétique sur papier
21,5 × 18
Signé et daté au dos, en bas à droite, à l'encre
bleue :* **Yves 59**
Collection Henry J. N. Taub, Houston (Texas)

20. Monochrome bleu sans titre
(IKB 63), 1959
Pigment pur et résine synthétique sur toile
montée sur bois
92 × 73,5 × 3
Signé et daté au dos, en haut et sur la toile,
au crayon : **+ Yves Klein 59**
Collection Van Abbemuseum, Eindhoven, Pays-Bas

21. Monochrome bleu sans titre
(IKB 82), 1959
Pigment pur et résine synthétique sur toile
montée sur bois
92 × 73 × 2,5
Signé et daté au dos, sur la toile en bas et
au milieu, à l'encre foncée : **+ Yves Klein/1959**;
sur la toile en bas et vers la gauche, à l'encre
foncée : **+**
Collection M. et Mme Andrew P. Fuller, New York

22. Monochrome bleu sans titre
(IKB 3), 1960
Pigment pur et résine synthétique sur toile
montée sur bois
199 × 153 × 2,5
Signé et daté au dos, en haut, à la peinture
bleue : **+ Yves Klein/le monochrome/1960**
Collection Musée national d'art moderne, Centre
Georges Pompidou, Paris

23. Monochrome bleu sans titre
(IKB 42), 1960
Pigment pur et résine synthétique sur toile
montée sur bois
199 × 153 × 2,5
Signé et daté au dos, en haut, à la peinture
bleue : **+ Yves Klein/le monochrome/1960**;
cachet étoile sur le bord droit de la toile
Collection Fondation de Ménil, Houston (Texas)

24. Monochrome bleu sans titre
(IKB 75), 1960
Pigment pur et résine synthétique sur toile
montée sur bois
199 × 153 × 2,5
Signé et daté au dos, en haut, à la peinture
bleue : **+ Yves Klein/le monochrome/1960**
Collection Louisiana Museum für moderne Kunst,
Humlebaek (Danemark)

25. Monochrome bleu sans titre
(IKB 83), 1960
Pigment pur et résine synthétique sur toile
montée sur bois
92 × 73 × 2,5
Signé et daté au dos, en haut, à l'encre foncée :
+ Yves Klein/le monochrome 1960; au milieu,
à l'encre foncée : **+ I.K.B.**
Collection Sidney Janis Gallery, New York

26. Monochrome bleu sans titre
(IKB 128), 1960
Pigment pur et résine synthétique sur toile
montée sur bois
25 × 40 × 1,5
Inscrit au dos, à gauche, à l'encre
bleu nuit : **Pour Antonio Saura/avec l'amitié
de/Yves Klein/Paris 1-2-60**
Collection Sidney Janis Gallery, New York

27. Monochrome bleu sans titre
(IKB), 1961
Pigment pur et résine synthétique sur toile
montée sur bois
195,1 × 140 × 2,5
Signé et daté au dos, à l'encre noire :
+ Yves Klein/le monochrome/Paris 1961
et **California**
The Sidney and Harriet Janis Collection,
The Museum of Modern Art, New York

28. Monochrome bleu sans titre
(IKB 68), 1961
Pigment pur et résine synthétique sur bois
195 × 140 × 3
Signé et daté au dos, au milieu, à l'encre noire :
+ Yves Klein/le monochrome/Paris 1961
Collection particulière

29. Monochrome bleu sans titre
(IKB), 1961
Pigment pur et résine synthétique sur toile
montée sur bois
73 × 54 × 2,5
Signé et daté au dos, en haut, à la peinture
noire : **+ /I.K.B./Yves Klein/1961/cachet étoile**;
Inscrit au dos, en bas, à la peinture noire :
Pour Alain Bedel/avec toute l'amitié/de Yves;
cachet étoile au milieu du support droit, au dos
Collection D. et J. de Ménil, U.S.A.

30. Monochrome bleu sans titre
(IKB 111), 1961
Pigment pur et résine synthétique sur toile
montée sur bois
60 × 48 × 1
Inscrit au dos, à l'encre rouge : **Pour Bob R/
avec l'amitié/de Yves K/1961**
Collection Robert Rauschenberg, New York

31. Monochrome bleu sans titre
(IKB), 1962
Pigment pur et résine synthétique sur toile
montée sur bois
43 × 35 × 1
Signé et daté, au dos, au crayon noir :
+ Yves Klein/1962/ligne sinueuse/I.K.B.
Collection Walter Hopps, Pasadena (Californie)

32. Paravent
(IKB 62), 1957
Pigment pur et résine synthétique sur bois
Cinq panneaux de 150 × 70 chacun
Ni signé ni daté
Collection particulière

Monopinks

33. Grand Monopink
(MP 16), 1960
Pigment pur et résine synthétique sur toile
montée sur bois
199 × 153 × 3
Signé et daté au dos, en haut, à la peinture
rose : **+ Yves Klein/le monochrome/1960**
Inscrit au dos, en haut, à la craie rouge :
Grand Monopink
Collection Louisiana Museum für moderne Kunst,
Humlebaek (Danemark)

34. Monochrome rose sans titre
(MP 15), 1962
Pigment pur et résine synthétique sur toile
montée sur bois
92 × 72,5 × 2,5
Cachet étoile au dos, en bas à droite
Collection particulière

Monogolds

35. Monochrome or sans titre
(MG 7), sans date
Feuille d'or sur bois
199,5 × 153 × 2
Ni signé ni daté
Collection particulière

36. Monochrome or sans titre
(MG 8), 1962
Feuille d'or sur toile montée sur bois
81,5 × 73
Ni signé ni daté
Collection particulière

37. Le silence est d'or
(MG 10), 1960
Feuille d'or sur bois
148,5 × 114 × 1,5
Signé et daté, au dos, en haut, au
crayon : **+ Yves Klein/1960**
Collection particulière

38. Résonance
(MG 16), 1960
Feuille d'or sur bois
199 × 153 × 2
Signé et daté au dos, en haut, à la
peinture bleue : **+ – Yves Klein/le
monochrome/1960**;
inscrit au dos, au crayon rose,
⑬ **« résonance »** et **monogold**
Collection Stedelijk Museum, Amsterdam

39. Monochrome or sans titre
(MG 6), 1961
Feuille d'or sur bois
60 × 48 × 2
Signé et daté au dos, à la peinture noire :
+ Yves Klein/1961
Collection particulière

40. Monochrome or sans titre
(MG 21), 1961
Feuille d'or sur bois
62,2 × 45,2 × 1,3
Signé et daté au dos, en haut et au milieu,
à l'encre bleue : **+ Yves Klein/le monochrome/
1961**
Collection Sidney Janis Gallery, New York

41. Monochrome or sans titre
(MG 24), 1961
Feuille d'or sur bois peint
60 × 42 × 2
Signé et daté au dos, à la peinture noire :
+ Yves Klein/1961
Collection Gérard Bonnier, Stockholm

42. Monochrome or sans titre
(MG 25), 1961
Feuille d'or sur bois
53,5 × 50,4 × 2
Inscrit au dos, à l'encre foncée :
Pour Richard Stankiewicz/avec l'amitié
de/ + Yves K/New York 1961
Collection Richard Stankiewicz, U.S.A.

Reliefs éponge

43. Le Rose du bleu
(RE 22), vers 1960
Eponges, cailloux, pigment rose pur et
résine synthétique sur bois
199 × 153 × 16
Non signé
Inscrit au dos, en haut, à la craie rose :
⑫*le rose du Bleu*
Collection particulière

44. Sol
(RE), 1960
Eponges, cailloux, pigment pur bleu et résine
synthétique sur bois
71 × 153,5 × 12
Signé et daté au dos, à la peinture bleue :
1960/ + Yves Klein/le monochrome
Inscrit au dos, à gauche, au crayon rouge,
*latéralement : « **Sol** »*
Collection Mizné-Blumenthal, New York

45. L'Accord bleu
(RE 10), 1960
Eponges, cailloux, pigment pur et résine
synthétique sur bois
198 × 164,5 × 13,5
Signé et daté au dos, à la peinture bleue :
1960 + Yves Klein/le monochrome
*Inscrit au dos, au crayon rose : **l'accord bleu***
Collection Stedelijk Museum, Amsterdam

46. Do, Do, Do
(RE 16), 1960
Eponges, cailloux, pigment pur bleu et
résine synthétique sur bois
200 × 165 × 18
Signé et daté au dos, en haut, à la
*peinture bleue : + **Yves K/le***
monochrome/1960
Inscrit au dos, en bas et à l'envers, au
*crayon rouge : « **Do, Do, Do** »*
Collection particulière

47. Requiem
(RE 20), 1960
Eponges, cailloux, pigment pur bleu et résine
synthétique sur bois
198,6 × 164,8 × 14,8
Signé et daté au dos, en haut, à la peinture
*bleue : **1960 + Yves Klein/le monochrome***
Inscrit au dos, à la craie rose : ④*Requiem*
Collection D. et J. de Ménil, U.S.A.

48. Relief éponge bleu sans titre
(RE 24), 1960
Éponges, cailloux, pigment pur et résine
synthétique sur bois
145 × 114 × 13
Signé et daté au dos, en haut, à la peinture
*bleue : **1960/ + Yves Klein/le monochrome***
Collection Dartmouth College Museum and
Galleries, New Hampshire (U.S.A.),
don M. et Mme Joseph H. Hazen

49. Relief éponge or sans titre
(RE 47), 1961
Éponges, cailloux, peinture or, feuille d'or
et résine synthétique sur bois
45,5 × 80 × 7,5
Signé et daté au dos, au milieu et à gauche,
*au crayon : + **Yves Klein/61***
Collection particulière

50. Relief éponge bleu sans titre
(RE 27), 1961
Éponges, cailloux, pigment pur et résine
synthétique sur bois
60 × 122,5 × 7,5
Signé et daté au dos, à la peinture bleue :
Yves Klein/1961 *; cachet étoile au dos, à*
gauche ; cachet étoile au dos, à droite
Collection Sidney Janis Gallery, New York

Cosmogonies

51. Cosmogonie bleue sans titre – vent
Paris/Nice
(COS 10), 1960
Pigment brut et liant indéterminé sur papier
monté sur toile fixée sur bois
93 × 73
Ni signé ni daté
Collection particulière

52. Cosmogonie bleue sans titre – pluie
(COS 12), 1961
Pigment brut et liant indéterminé sur papier
monté sur bois
105 × 76
Ni signé ni daté
Collection particulière

53. Cosmogonie rose sans titre – vent
(COS 24), vers 1961
Pigment brut et liant indéterminé sur papier
monté sur toile
105,5 × 75,5
Ni signé ni daté
Collection particulière

54. Cosmogonie rose sans titre – vent
(COS 25), vers 1961
Pigment brut et liant indéterminé sur papier
monté sur toile
102,5 × 60
Ni signé ni daté
Collection particulière

Reliefs planétaires

55. Ci-gît l'espace
(RP 3), 1960
Feuille d'or, collage d'objets divers : éponge
peinte, fleurs artificielles et feuilles d'or volantes
sur bois
100 × 125 × 10
Aucune inscription visible
Collection Musée national d'art moderne, Centre
Georges Pompidou, Paris,
don Rotraut Klein Moquay

56. Relief planétaire sans titre – Globe
(RP 7), vers 1961
Mappemonde avec globe en plastique et socle en
bois peints en bleu
Hauteur : 19
Diamètre : 12
Ni signé ni daté
Collection particulière

57. Relief planétaire sans titre
(RP 4), 1961
Pigment bleu pur et résine synthétique sur
polyester et fibre de verre
55 × 38 × 5,5
Signé et daté au dos, à la peinture bleue :
*+ **YK/61***
Collection particulière

58. Relief planétaire sans titre
(RP 6), 1961
Pigment bleu pur et résine synthétique sur
polyester,
fibre de verre, vinyle et bois
40 × 56 × 5,5
Ni signé ni daté
Collection particulière

59. Relief planétaire sans titre
(RP 10), 1961
Pigment bleu pur et résine synthétique sur bronze
86 × 65,5 × 5
Signé en bas à gauche, gravé dans le bronze
*sous la peinture : **Yves Klein***
Collection particulière
note : ce relief, qui porte la marque de la fonderie
***Godard** sur son côté inférieur droit, a été moulé d'après un original*
détruit vers 1969.

60. Europe-Afrique
(RP 11), 1961
Pigment bleu pur et résine synthétique sur gesso
sur bois
78 × 53 × 2
*Signé et daté à l'encre au dos : **Yves Klein 1961***
*Surimposé au fusain : + **Yves Klein/***
le monochrome/
1961/Relief Planétaire/« Europe-Afrique »
Collection particulière

Anthropométries

61. Princesse Héléna
(ANT), 1960
Pigment bleu pur et résine synthétique sur

papier monté sur bois
198 × 128,2
Signé et daté au dos, à l'encre foncée :
Yves Klein/le monochrome 1960
Inscrit au dos, au crayon rouge :
Princesse Héléna
Collection The Museum of Modern Art, New York,
don M. et Mme Arthur Wiesenberger, 1969

62. Anthropométrie de l'époque bleue
(ANT 82), 1960
Pigment pur et résine synthétique sur papier monté sur toile
155 × 281
Signature et inscriptions possibles cachées par le montage
Collection particulière

63. Grande Anthropophagie bleue
Hommage à Tennessee Williams
(ANT 76), vers 1960
Pigment pur et résine synthétique sur papier monté sur toile
276 × 418
Ni signé ni daté
Collection particulière

64. Hiroshima
(ANT 79), vers 1961
Pigment bleu brut et résine synthétique sur papier monté sur toile
139,5 × 280,5
Ni signé ni daté
Collection particulière

65. Cheveux
(ANT 46), 1961
Pigment bleu brut et résine synthétique sur papier monté sur toile
105,5 × 75,5
Ni signé ni daté
Collection particulière

66. People Begin to Fly
(ANT 96), 1961
Pigment bleu pur et résine synthétique sur papier monté sur toile
246,4 × 397,6
Ni signé ni daté
Collection D. et J. de Ménil, U.S.A.

67. Architecture de l'air
(ANT 102), 1961
Pigment bleu pur et résine synthétique, fusain sur papier monté sur toile
261 × 213
Ni signé ni daté
Inscrit au fusain, sur la toile, en haut à gauche :
« La climatisation de l'atmosphère à la surface de notre Globe/... La conclusion technique et scientifique de notre civilisation/est enfouie dans les/entrailles de la terre et assure/le confort par le contrôle absolu du/Climat à la surface de tous/les continents, devenus vastes/salles de séjour communes
... C'est une sorte de retour à l'eden/de la légende. (1951)/...Avènement d'une société nouvelle, destinée à/subir des métamorphoses profondes dans sa/condition même. Disparition de l'intimité/personnelle et familiale. Développement/d'une ontologie impersonnelle./La volonté de l'homme peut enfin/régler la vie au niveau

d'un/« merveilleux » constant. ; en haut à droite : L'homme libre/l'est à tel point qu'il/peut même léviter l/Occupation : les loisirs./... Les obstacles autrefois subis dans/l'architecture traditionnelle sont/éliminés. ; en bas au milieu : Soins du corps par des méthodes/nouvelles, telles « le lit d'air ».
Collection particulière

68. Anthropométrie sans titre
(ANT 85), 1960
Pigment brut et résine synthétique sur papier monté sur toile
155,5 × 352,5
Signé en bas à gauche, au recto : *Yves Klein/Rotraut*
Inscrit en haut, au recto : *Célébration d'une nouvelle ère anthropométrique* ; et en haut à droite : *Restany*
Daté en haut à gauche : *23 février 1960*
Inscrit en bas, au recto : *(Jacqueline) Gesehen als neue Art der Gestaltung* ; et en bas à droite : *Udo Kultermann*
Collection particulière

69. Anthropométrie sans titre
(ANT 101), vers 1961
Feu, or et cosmogonie sur papier monté sur toile
420 × 200
Ni signé ni daté
Collection particulière

70. Anthropométrie sans titre
(ANT 134), 1962
Pigment bleu pur et résine synthétique sur papier monté sur toile
108,6 × 76
Ni signé ni daté
Collection M. et Mme P.M. Schlumberger, U.S.A.

Anthropométries suaires

71. Suaire sans titre
(ANT SU 4), 1960
Pigments bleu, noir et rose purs et résine synthétique sur toile non tendue
65,5 × 94
Signé et daté en bas à droite, à l'encre noire : ✝ *Yves Klein/1960*
Collection particulière

72. Store poème
(ANT SU 15), 1ᵉʳ mars 1962
Pigments bleu, noir et rose et résine synthétique sur toile non tendue
1 480 × 78
Réalisé en collaboration avec Arman, Claude Pascal et Pierre Restany
Nombreuses inscriptions au recto, c.f. reproduction p. 98-99.
Collection particulière

73. Vampire
(ANT SU 20), vers 1960
Pigments bleu, noir et rose purs et résine synthétique sur toile non tendue
142,5 × 94
Ni signé ni daté
Collection particulière

74. Suaire sans titre
(ANT SU 2), 1961
Pigments bleu, noir et rose purs et résine synthétique sur toile non tendue aux bords brûlés montée avec clous dans une boîte en plexiglas bleue
Suaire : 128 × 66 ; boîte : 138,2 × 75,5 × 4,2
Signé et daté en bas à droite, sur la cuisse du modèle, à l'encre noire : ✝ *Yves Klein/1961*
Collection Moderna Museet, Stockholm

Peintures feux

75. Peinture feu sans titre
(F 2), 1961
Papier brûlé sur bois
146 × 97
Ni signé ni daté
Collection particulière, Suisse

76. Peinture feu sans titre
(F 20), 1961
Papier brûlé sur bois dans un cadre au bois brûlé
74,5 × 55,5
Ni signé ni daté
Collection particulière

77. Peinture feu sans titre
(F 24), 1961
Papier brûlé sur bois dans cadre au bois brûlé
139 × 200
Ni signé ni daté
Collection particulière

78. Peinture feu sans titre
(F 54), 1961
Papier brûlé sur toile
149 × 200
Ni signé ni daté
Collection particulière

79. Peinture feu sans titre
(F 74), 1961
Papier brûlé sur bois
139,5 × 102
Ni signé ni daté
Collection particulière

80. Peinture feu sans titre
(F 81), 1961
Papier brûlé sur bois
130 × 250
Ni signé ni daté
Collection particulière

Peintures feux-couleurs

81. Peinture feu-couleur sans titre
(FC 1), 1962
Pigments bleu et rose purs et résine synthétique sur papier, partiellement brûlé, monté sur bois dans cadre au bois brûlé avec traces de peinture
139 × 300
Ni signé ni daté
Collection particulière

82. Peinture feu-couleur sans titre
(FC 3), 1962
Pigments bleu et rose purs et résine synthétique
sur papier, partiellement brûlé, monté sur bois
dans cadre au bois brûlé
135 × 72
Ni signé ni daté
Collection particulière

Sculptures éponges

83. Éponge bleue sans titre
(SE), 1959
Pigment pur et résine synthétique sur éponge,
tige de métal et socle en pierre
54 × 23 × 16
Daté et signé à la peinture bleue, en bas sur un
coin de la pierre : *Yves/59*
Collection Fredirick Roos

84. Éponge bleue sans titre
(SE 160), 1959
Pigment pur et résine synthétique sur éponge,
tige de métal et socle en pierre
99 × 33,7 × 27
Ni signé ni daté
Collection The Solomon R. Guggenheim Museum,
New York,
don Mme Andrew P. Fuller, 1964

85. Éponge bleue sans titre
(SE 168), 1959
Pigment pur et résine synthétique sur éponge,
tige de métal et socle en pierre
114,9 × 57,2 × 31
Ni signé ni daté
Collection M. et Mme Burton Tremaine

86. Éponge bleue sans titre
(SE 205), 1959
Pigment pur et résine synthétique sur éponge,
tige de métal et socle en pierre
42 × 22 × 18
Signé et daté, au crayon, sous le socle :
YVES/59
Collection Fredirick Roos

87. Éponge bleue sans titre
(SE 33), 1961
Pigment pur et résine synthétique sur éponge et
sur socle en plâtre grillagé
42 × 37 × 20
Signé et daté à la base du socle, à la peinture
noire : *+ Yves Klein/61*
Collection particulière

88. Éponge bleue sans titre
(SE 90), sans date
Pigment pur et résine synthétique sur éponge,
tige de métal et socle en pierre
35 × 23 × 12
Ni signé ni daté
Collection particulière

89. Éponge bleue sans titre
(SE 100), sans date
Pigment pur et résine synthétique sur éponge,
tiges de métal et socle en marbre
20 × 24 × 20

Ni signé ni daté
Collection Louisiana Museum für moderne Kunst,
Humlebaek (Danemark)

90. Lecteur IKB
(SE 171), 1960
Pigment pur et résine synthétique sur éponge,
socle en cuivre
117 × 29,5 × 22
Signé et daté à l'encre noire, sur la base du
socle : *« Lecteur/IKB »/ + Yves Klein/1960*
Collection Albright-Knox Art Gallery, Buffalo (New
York),
don Seymour H. Knox, 1961

91. Lecteur IKB
(SE 172), 1960
Pigment pur et résine synthétique sur éponge,
socle en cuivre
119 × 30,5 × 22
Signé et daté à l'encre noire, à la base du socle :
Lecteur/IKB/ + Yves Klein/1960
Collection Albright-Knox Art Gallery, Buffalo (New
York),
don Seymour H. Knox, 1961

92. Lecteur IKP, rose
(SE 198), 1960
Pigment pur et résine synthétique sur éponge,
socle en cuivre
95,5 × 28 × 22,2
Signé et daté à l'encre noire, à la base du socle :
« Lecteur/IKP »/Yves Klein/1960/Rose
Collection Albright-Knox Art Gallery, Buffalo (New
York),
don Seymour H. Knox, 1961

93. L'Arbre, grande éponge bleue
(SE 71), 1962
Pigment pur et résine synthétique sur éponge et
sur socle en plâtre
150 × 90 × 42
Ni signé ni daté
Collection particulière

94. Eponge bleue sans titre
(SE 89), sans date
Pigment pur et résine synthétique sur éponge,
tige de métal et socle en pierre
41,4 × 19 × 15
Ni signé ni daté
Collection particulière

Dessins

95. Yves Peintures
1954
Porte-folio imprimé comprenant trois pages de
« préface » signées Claude Pascal, dix feuillets
libres avec des rectangles de papiers de
différentes dimensions et couleurs
Imprimé aux presses Fernando Franco de Sarabia,
Jaen 1, Madrid, le 18 novembre 1954
150 exemplaires
24,4 × 19,7
Non signé
Collection Marie Raymond, Paris

96. Dessin recto-verso sans titre
(D 8), 1951
Pastel sur carton
56,5 × 80
Signé et daté : *YK 51*
Collection particulière

**97. Carnet de croquis pour sculptures feu et
sculptures eau**
1958
Carnet à spirales comprenant huit pages de
croquis au fusain,
au crayon et au crayon de couleur
54 × 37
Nombreuses notations, ni signé ni daté
Collection particulière

**98. Maquette de chèque pour cession de
zones de sensibilité picturale immatérielle**
vers 1959
Plume et encre, peinture dorée, sur papier collé
sur une feuille-support gouachée en bleu
« Chèque » : 9,7 × 31
Support : 15,5 × 37
Signé en bas du « chèque » et au milieu, au
recto : *Yves Klein*
Au verso du « chèque » : croquis à l'encre bleue
Collection Musée national d'art moderne, Centre
Georges Pompidou, Paris

**99. Maquette de chèque pour cession de
zones de sensibilité picturale immatérielle**
vers 1959
Plume et encre, peinture dorée, sur deux feuilles
de papier collées l'une contre l'autre ; couverture
en papier gris gouaché en bleu
Chaque feuille de couverture : 10 × 33
« Chèque » : 10 × 31
Signé en bas, à droite du chèque, au recto : *Yves
Klein*
Collection Musée national d'art moderne, Centre
Georges Pompidou, Paris

Sculptures

100. Rouleaux
(S 8), 1956
Rouleaux de peintres peints en bleu et rose
sur grille de peintre métallique
26,5 × 28 × 25
Inscription : *Assemblage de rouleaux à peindre
usagés*
Signé et daté sur le socle : *Yves 1956*
Collection particulière

101. Piège bleu pour lignes
(S 14), 1957
Pigment pur et résine synthétique sur bois
22 × 21
Signé et daté sur la base du socle au stylo bleu,
sur une étiquette :
*+ Yves Klein/le monochrome/Piège Bleu
pour/lignes/mars 1957*
Collection particulière

102. Reliefs bleus
(S 1, S 3, S 4, S 5), 1957
Pigment pur et résine synthétique sur quatre

cubes de bois montés sur une plaque de plexiglas
12 × 19,5 × 19 chacun
Inscriptions cachées par le support en bois fixé
au plexiglas
Collection particulière

103. Sculpture sans titre
(S 18), sans date
Pigment pur et résine synthétique sur fil de fer
Hauteur : 73,5, largeur variable
Ni signé ni daté
Collection particulière

104. Escavatrice de l'espace
(S 19), 1958
En collaboration avec Jean Tinguely
Pigment pur et résine synthétique sur disque de
métal, moteur électrique, support en bois et pieds
en métal
17 × 22
Ni signé ni daté
Collection particulière

105. Sculpture tactile
(S 22), 1960
Prototype
Boîte en bois avec tige et socle peints en blanc,
techniques mixtes à l'intérieur
141,5 × 50 × 50
Ni signé ni daté
Collection particulière

106. Pluie bleue
(S 36), 1961
Pigment pur et résine synthétique sur douze tiges
de bois suspendues
Diamètre : 1,1 chacune
Longueur : de 200,9 à 208,9
La largeur varie selon l'installation
Ni signé ni daté
Collection Fondation de Ménil, Houston (Texas)

107. Pluie rouge
(S 37), 1961
Pigment pur et résine synthétique sur onze tiges
de bois suspendues
Diamètre : 1,1 chacune
Longueur : de 202 à 208,9
La largeur varie selon l'installation
Ni signé ni daté
Collection Fondation de Ménil, Houston (Texas)

108. Victoire de Samothrace bleue
(S 9), 1962
Prototype
Pigment pur et résine synthétique sur
reproduction en plâtre du Louvre
50,5 × 25,5 × 36
Signé sur le plâtre, sous la peinture, en haut de
l'aile droite : YK
Collection Mme Georges Pompidou, Paris

109. Vénus bleue
(S 41), sans date
Prototype
Pigment pur et résine synthétique sur copie en
plâtre de la Vénus de Milo du Louvre
Hauteur : 69,5
Ni signé ni daté
Collection particulière

Prototypes divers

110. Tapisserie bleue
Sans date
Tapisserie en laine teinte bleu outremer
190 × 148
Ni signé ni daté
Collection particulière

111. Mur de feu
Krefeld, 1961
Panneau métallique et becs bunsen
90 × 84 × 10
Ni signé ni daté
Collection Kaiser Wilhelm Museum, Krefeld

Crédits photographiques

Geoffroy Clements, New York pp. 90, 110, 128, 142, 144.
Jacques Faujour, Paris pp. 84-85, 96-97.
Jacques Faujour et Adam Rzepka, Paris pp. 91, 92,
118-119.
F.D.M. Productions Inc., New York pp. 108, 109.
Paul Hester, Houston pp. 68, 74-75.
Hickey-Robertson, Houston pp. 97, 102, 107, 112, 122-
123.
D. James Dee, New York p. 103.
Agence Keystone, Paris p. 86-87.
Christian Larrieu et Rotraut Klein Moquay, Paris pp. 81, 86,
87, 88-89, 90, 93, 94, 95, 97, 98, 99, 101, 102, 104, 105,
106, 111, 112, 113, 114-115, 116, 117, 124, 125, 129,
130, 131, 132, 133, 135, 138, 140, 141, 142, 143.
Louisiana Museum, Humlebaek p. 136.
Robert E. Mates, New York p. 103.
Wilhelm Maywald, Paris pp. 165, 184-185.
Moderna Museet, Stockholm p. 100.
Musée national d'art moderne, Centre Georges Pompidou,
Paris pp. 112, 139.
Gilles Raysse, Paris p. 71.
Klaus Rinke, Haan (R.F.A.) p. 91.
Martha Rocher, Paris p. 257.
Adam Rzepka, Paris pp. 82-83, 94, 95, 96, 103.
Paul Sarisson, Aubergenville pp. 88, 92, 267.
Harry Shunk, New York pp. 16, 20-21, 51, 72, 98-99, 198,
251, 269, 271, 279.
Manfred Tischer, Düsseldorf pp. 67, 264.
Sylvaine Vaucher, Genève p. 144.
F. Wember, Krefeld pp. 126-127.
Janet Woodard, Houston pp. 120-121.

Achevé d'imprimer le 28 février 1983
sur les presses de
Maury Imprimeur SA, à Malesherbes

Dépôt légal : mars 1983

Photogravure : Clair Offset, Paris
Composition : Maury Imprimeur, Malesherbes

Le cahier de Jean Tinguely :
Pour un ultime hommage

Photogravure et impression :
Offset 94